古代都城と律令祭祀

金子裕之 著
春成秀爾 編

柳原出版

図版 1　藤原宮全景と東方官衙（東から）

図版 2　藤原宮大極殿跡（北東・上空から）

図版 3　藤原宮の全景（南・上空から）

図版4　藤原宮大極殿跡と下層
　　　 の条坊道路・運河

図版5　藤原宮大極殿北側の
　　　 下層条坊道路

図版6　雷東方遺跡
　　　（西側の丘は雷丘）

図版7　雷東方遺跡全景
　　　（南から、北にみえる山は香具山）

図版8　西南からみた本薬師寺跡
　　　（北東は藤原宮大極殿）

図版9　本薬師寺の中門・塔・金堂跡
　　　（東から）

図版10　本薬師寺中門（西南から）

図版11　松林苑南面築地塀

図版12　空濠

図版13　東院庭園の全景

図版14　西池宮跡

図版15 園池の洲浜

図版16 西南池亭推定地

図版17 若犬養門跡

序

小笠原好彦

　金子裕之さんは國學院大學の大学院を修了し、奈良国立文化財研究所（以下奈文研）に勤務した。学生時代は主として茨城県広畑貝塚など縄文時代の研究をおこなっていたが、奈文研に勤務した直後から瓦の整理部門にたずさわっている。その早い時期の研究成果に飛鳥の川原寺に葺かれた軒丸瓦の瓦当笵の先後関係を詳細に検討した論文がある。その後は木製品の分野の資料整理にもかかわり、奈良時代や飛鳥・藤原京時代の幅広い研究領域にも携わっている。

　考古学の研究では、各時代に祭祀の分野がある。これは、時代と地域を問わず、恣意的な解釈を避けることが難しい分野である。金子さんは、平城京を中心とする古代の祭祀を、文献史料と厳密に付き合わせることによって、古代の祭祀の研究方法を確立することに尽力している。これには、平城宮・京はもとより、飛鳥・藤原京の基礎資料を踏まえたもので、都城制研究とも重なっていた。また、平城宮・京では古代の庭園遺構が検出され、さらに飛鳥でも園地の遺構が検出されるようになった。金子さんは、それまでの日本の庭園史が個々の意匠を説くことに終始している状況に飽き足らず、中国や朝鮮半島とのかかわりを踏まえた広い視野で把握すべきことを強く主張している。

　都城遺跡を対象とする奈文研の初期の調査では、平城宮・京はもとより、飛鳥・藤原京に関連する分野で、基礎資料が確定していなかった。それだけに少ない出土資料から、その後の調査を進めるうえでの基準資料をつくることが早急に必要な状況であった。これには、

慎重さとともに見通しが不可欠であった。

　このような奈文研に勤務した初期の研究状況のなかで、金子さんは鍛えられ、育ったことになる。彼はもちまえの忍耐強い精神で自らを鍛えながら研究生活をおくり、多くの研究者を束ねる平城宮跡発掘調査部長を担い、さらには飛鳥藤原宮跡発掘調査部長をも担っている。

　平城宮・京、藤原宮・京、あるいは古代寺院のような大規模遺跡を対象とする調査報告書では、学際的あるいは複眼的な研究が必要である。しかし、このような分野に通じることは容易でない。執筆分担する原稿には、調査にかかわる年数などによって、自ずと質的な差異が生じてくる。金子さんは若い研究者に対し、指導すべきことを自覚していたようで、金子さんの助言と指導には定評があった。しかし、奈文研の組織発展のためであったと思われるが、その手厳しさは必ずしも彼個人にはプラスになったとはいえない面が少なくなかった。奈文研のような大所帯の研究者からなる組織で、しかも国立（独立行政法人）の調査・研究機関で、どのように基礎研究を重視しながら新たな研究を進めるべきか、彼なりにその一つを実践したというべきであろう。彼はまだまだ、研究に余力をもっていたと思われるだけに、急逝したことが惜しまれる。

　金子さんの研究業績の一端は、このたび、春成秀爾さんの金子さんへの学問的友情と尽力によって一書として刊行されることになった。金子さんの学問の評価はこれからである。

（滋賀大学名誉教授）

目次

古代都城と律令祭祀　目次

序　　小笠原好彦

序　説　古代都宮の変遷

第1章　豊浦宮と小墾田宮 2

第2章　藤原京 5
　　1　最初の都市　5
　　2　手本は中国に　12
　　3　建設はいつか　14
　　4　なぜ短命だったのか　16

第3章　平城宮 21
　　1　平城宮概観　21
　　2　平城三山　22
　　3　宮の構造　24
　　4　宮と後苑　30

第Ⅰ部　古代都城の構造

第1章　飛鳥・藤原京から平城京へ 34
　　1　飛鳥への道　34
　　2　持統女帝の国家観　35
　　3　岡の飛鳥京跡　36
　　4　藤原京の建設　39
　　5　平城京へのみち　42
　　6　天武・持統直系の強調　45
　　補　記

第2章 古代都市と条坊制 ———————————— 49

はじめに

1　齋東方説の要旨——坊墻制は遊牧民の軍制に基づく—— 49
2　古代における条坊とその意味　51
3　政治から宗教へ　55

第3章 朝堂院の変遷 ———————————————— 58

はじめに

1　朝堂院のはじめ　59
2　朝堂院の二つの類型　63
3　朝堂院の変遷と課題　67

第4章 平城宮の大嘗宮 ——————————————— 73

はじめに

1　大嘗宮とは——史料にみる大嘗宮—— 75
2　平城宮の大嘗宮遺構と時期区分　80
3　奈良時代大嘗宮の諸問題　89

第5章 藤原京とキトラ古墳 —————————————— 97

はじめに

1　藤原京——最初の都市—— 97
2　キトラ古墳——死者の都のはじめ—— 99

第6章 藤原京の葬送地 ——————————————— 102

1　こもりくの泊瀬　102
2　藤原京の葬送地　102
3　羅鄧山と朱火宮　104

第7章 神武神話と藤原京 —————————————— 107

1　幽冥境を異にする　107

2　右京の神武陵　107
　　　3　大藤原京で問題に　109
　　　4　古墳を大規模に削平整地　109
　　　5　古墳を始祖墓に転用か　110

第8章　大化改新の舞台 ……………………………………………………… 112

第9章　平城京と祭場 ………………………………………………………… 118
　　はじめに
　　　1　平城京と祭場　120
　　　2　祓と祭祀具　153
　　　3　都城と祭場　167

第10章　平城京と葬地 ………………………………………………………… 186
　　はじめに
　　　1　平城京の葬地　187
　　　2　藤原京の葬地　193
　　　3　唐・長安城と洛陽城の葬地　194
　　まとめ

第11章　都城における山陵 …………………………………………………… 218
　　はじめに
　　　1　平城京・藤原京と山陵　219
　　　2　山陵の配置原理　220
　　　3　元明薄葬とその後　224

第12章　なぜ都城に神社がないのか ………………………………………… 230
　　　1　都城に神社がないのはなぜか　230
　　　2　宮殿の構造と伊勢神宮　233
　　　3　初期の宮と儀式の二類型　236

第13章 古代都城と道教思想 ………………………………………………………………… 242

    はじめに
    1 宮廷と苑池　242
    2 三山の思想と王都　246

第14章 記紀と古代都城の発掘 ……………………………………………………………… 251

    はじめに
    1 記紀の違い　251
    2 舒明王朝による飛鳥・藤原京の建設　252
    3 舒明・斉明と天武・持統の類似　253

第15章 長岡宮会昌門の楼閣遺構とその意義 ……………………………………………… 257

    はじめに
    1 楼閣遺構の発掘　259
    2 平安宮の翼廊楼閣遺構　262
    3 闕とその類型　264
    4 唐風化指向の長岡宮　267
    まとめ

第Ⅱ部　苑池と園林

第1章 宮廷と苑池 ……………………………………………………………………………… 284

    1 古代の庭園　284
    2 苑と嶋をめぐる語　288
    3 平城宮の苑池遺構　292
    4 8世紀苑池の源流　296
    5 南北の苑、東西の池宮　298
    6 神仙世界と浄土と嶋　303

第2章　宮と後苑 —————————————————— 309

  1 長岡宮北苑の発見　309
  2 宮城後苑の伝統　310
  3 苑地の機能　314
  4 平安宮の苑地　316
  まとめ

第3章　平城宮の園林とその源流 —————————————— 325

  1 古代都城と園林　325
  2 平城宮の園林　329
  3 園林と年中行事　339
  4 平城宮園林の源流　343
  5 園林と国際関係　348

第4章　嶋と神仙思想 —————————————————— 351

  1 古代庭園のはじめ　351
  2 半島型から中国型へ　354
  3 8世紀庭園の要素　361

第5章　宮廷と苑池 —————————————————— 368

  はじめに
  1 平城宮の苑と池宮　369
  2 苑池は複合施設　373
  3 苑池の原型と大陸　377

第6章　平城京の寺院園林 ———————————————— 384

  はじめに
  1 阿弥陀浄土院とその発掘調査　384
  2 寺院園林をめぐる問題一　386
  3 寺院園林をめぐる問題二　389

まとめ

第Ⅲ部 都城と律令祭祀

第1章 古墳時代の祭祀具 ……………………………………………………… 400
 1 武器・武具・農耕具 400
 2 楽器・酒造具・紡織具 408

第2章 古代の木製模造品 ……………………………………………………… 417
 はじめに
 1 木製模造品の種類と年代 419
 2 木製模造品の成立と律令的祭祀 430
 3 沖ノ島遺跡の模造品と木製模造品 434
 まとめ

第3章 律令期の祭祀遺物 ……………………………………………………… 441
 はじめに
 1 木製模造品 442
 2 土馬 448
 3 人面土器 450

第4章 人形の起源Ⅰ ……………………………………………………………… 453
 1 古代の人形 453
 2 人形の起源 456
 3 中国の人形 458

第5章 人形の起源Ⅱ ……………………………………………………………… 463
 1 祭祀信仰と人形 463
 2 古墳時代の人形 463
 3 神が好む人形 467
 4 偶像としての人形 472

        5　古墳時代の人形と律令期の人形　475

第6章　アマテラス神話と金銅製紡織具 ―――――――――― 477

        1　祭祀関連遺物とは　477
        2　神島の金銅製紡織具　477
        3　宗像の神と紡織具　479
        4　アマテラスと紡織具　479
        5　アマテラスと宗像三神　480
        6　神衣祭と八代神社　481
        7　紡織具を好む姫神　481
        8　七夕伝説と機織り　482
        9　織り姫信仰の中央化　483
        10　天上世界を写す地上　483

第7章　絵馬と猿の絵皿 ――――――――――――――――― 485

        1　最古の絵馬　485
        2　奈良時代の馬の遺品　486
        3　馬と奈良朝貴族　488
        4　猿を描く絵皿　494

第8章　都城祭祀と沖ノ島祭祀 ―――――――――――――― 497

        1　都でのさまざまな祭祀　497
        2　都城祭祀の実態　499
        3　地方への展開　506
        4　都城祭祀と沖ノ島　511

第9章　都をめぐる祭 ―――――――――――――――――― 515

        1　父母の願い　515
        2　最新医学の呪文　517
        3　漢神に祈る　521
        4　放生儀礼の隆盛　524

5　たまふりの琴　527
　　　6　いのちの泉　529

第10章　**考古学からみた律令的祭祀の成立**　──────────────── 533
　　　1　律令的祭祀と考古学　533
　　　2　律令的祭祀の成立年代　536
　　　3　都城祭祀の二元性　539
　　　4　世俗の権威と神──鎮護国家の神々──　541

資料　初出一覧／口絵図版一覧／挿図一覧／表一覧／史料一覧

金子裕之年譜

金子裕之さんを偲ぶ　　　舘野和己

編集後記　　　春成秀爾

凡例

1）本書は、1981年から2008年までの間に、著者が発表した35篇の論文を一書にまとめた論文集である。
2）編集にあたっては、以下のように調整した。
* 一書としての体裁を整えるために、序説第2章は、二つの文章を合わせて一つにまとめた。
* 文中の文体は「である」調に統一する方針をとり、序説第2章は編者が修整した。
* 内容が重複している記述があるが、初出のまま収録した。
* 文献表記は下記のように統一した。
　［○○　1982］
　ただし、奈良国立文化財研究所は「奈文研」、橿原考古学研究所は「橿考研」、○○○教育委員会は「○○○教委」と略した。
* 註と文献記述が明解でない場合は、初出通りにした。
* 原稿の註と参考文献の表記がまちまちのため、統一をはかった。
* 年号表記は元号と西暦を併記した。元号と西暦が異なる場合は元号を尊重した。元号だけの場合は西暦を付した。
* 挿図に関しては、文中に挿図番号が挿入されていない場合、適当な箇所に番号を挿入した。挿図があってもどこにも該当しない場合は、初出のままにした。

序説

古代都宮の変遷

第1章

豊浦宮と小墾田宮

「推古天皇の摂政となった聖徳太子は、小野妹子を中国の隋に派遣しました。遣隋使です。でも、妹子は男のひとです……」。それを聞いた教室は沸き立った。初めて歴史を学んだ頃の、遠い想い出である。

推古女帝（554〜628）の推古元（593）年に始まり、和銅3（710）年に平城京に遷都するまでの間を飛鳥時代という。この時代名は宮が飛鳥に置かれたことに基づく。その飛鳥は、現在の奈良県明日香村飛鳥を中心とする南北約2km、東西0.7kmほどの狭い地域である。飛鳥時代の幕開きとなる推古の即位は崇峻5（592）年12月、豊浦宮においてであった。女帝は推古11（603）年に豊浦宮から小墾田宮に移り、75歳で没するまでここで政治をみた。小墾田宮は推古没後も100年余りにわたって存続したようで、記録では『日本書紀』の皇極元年（642年）、斉明元年（655年）、天武元年（672年）、『続日本紀』の天平宝字5（761）年の条などにみる。

女帝の豊浦宮について、寺の縁起は豊浦寺と同一とする（『三代実録』）。豊浦寺は飛鳥川左岸にあり、1985年の講堂跡の発掘では、講堂基壇の下層から石敷きを伴う掘立柱の建物跡を発見した。全貌は不詳であるが、土器の年代や伝承からみて豊浦宮の一部である可能性は高い。遺構は現向原寺本堂の傍らに位置し、公開している。

次の小墾田宮も豊浦寺付近とされ、寺の北にあたる現明日香村豊浦字古宮土壇説が有力であった。その論拠は平安時代の『扶桑略記』が小墾田宮と豊浦宮を同一視することや、「飛鳥」の地名を冠する宮や寺は飛鳥川右岸に集中するが、小墾田宮は飛鳥を冠さず、川の左岸とみられたことにある。

しかし、1970年の発掘調査では、庭園遺構の一部などを発見

図1　墨書土器〈明日香村教育委員会提供〉

したが、宮殿の遺構はなく、また古宮土壇も中世に下る遺構と判明し、この説は下火になった。

　代わって浮上したのが雷丘東麓説である。雷丘は明日香村雷にある小丘で、飛鳥を東西に貫く阿倍山田道の傍らにあり、仏教説話『日本霊異記』には少子部栖軽が雷を捕まえた場所としてみえる。この東南には飛鳥の迎賓館ともいわれる石神遺跡、さらに飛鳥寺跡がある。

　雷丘東麓説の契機は1987年の「小治田宮（小墾田宮）」墨書土器の発見である（図1）。雷丘東南麓の井戸跡から発掘したもので、年代は9世紀初頭、推古小墾田宮と直接関わらないが、史料では淳仁朝まで宮が継続することから小墾

図2　雷丘東方遺跡〈奈良文化財研究所提供〉

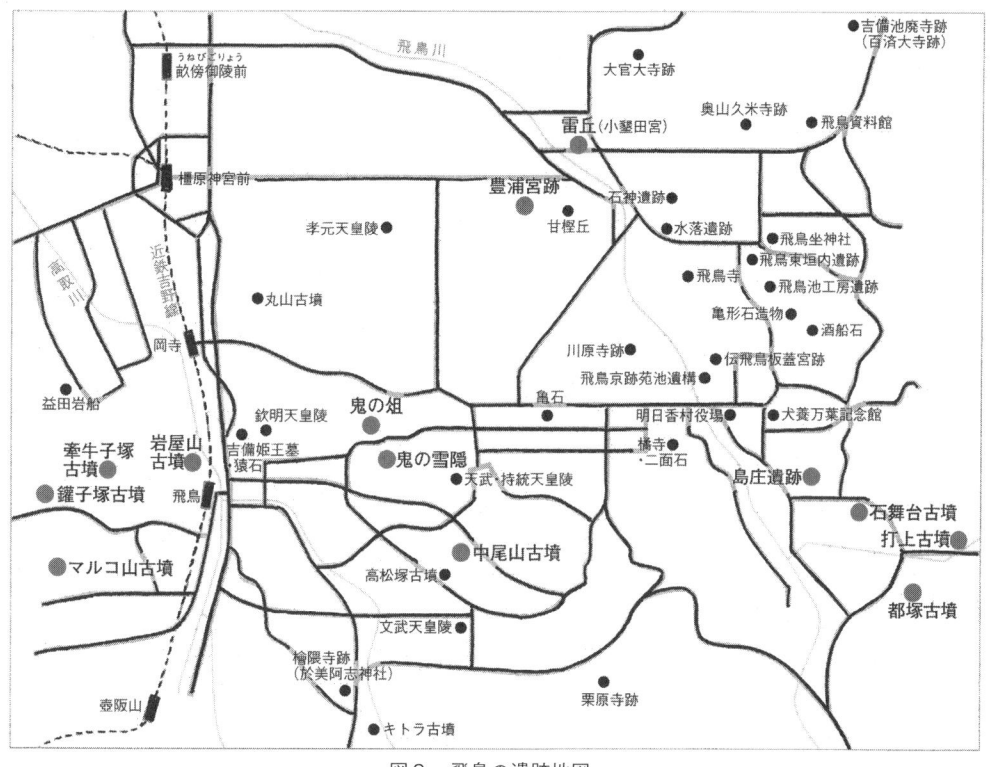

図3　飛鳥の遺跡地図

第1章　豊浦宮と小墾田宮　3

田宮跡の最有力地となった。

　山田道北側の県道拡幅に伴う1993〜94年の調査では、倉庫など7世紀前半代から9世紀中頃まで4期余りの遺構を発見した（図2）。前後して行われた雷丘南麓の調査では石積み園（苑）池遺構の発見もあり、周辺での調査成果と合わせると、ここに平安初期まで続く小墾田宮があった可能性が高い（図3）。

　宮の構造については岸俊男の復原がある。重層的な構造で、南の宮門を入ると左右に庁殿（まつりごとどの）がある広い朝庭があり、さらに閤門（こうもん）があって推古女帝の大殿（おおどの）にいたるとする。これは隋・新羅使節の来朝記事（推古16〈608〉年、推古18〈610〉年）などをもとにしたものである。この朝庭と推古20（612）年条の「須彌山（しゅみせん）の山形及び呉橋（くれのはし）」を構えたとある南庭が同じか否か明らかではないが、雷丘を南麓の園（苑）池と一体で須彌山に見立てた可能性もあり、小墾田宮はこの丘を含む広大な規模であろう。報告では300m四方と推定している。のちの藤原宮（694〜710）は約1km四方であるから、規模はその三分の一、面積では九分の一である。しかも、雷丘などを含むから、宮殿などを建てる面積はさらに小さくなる。小墾田宮の朝庭の広さはどんなだったのであろうか。今後の調査が楽しみである。

第2章

藤 原 京

1　最初の都市

　藤原京は、現在の奈良県橿原市の高殿町や醍醐町などに跨り、戦前は高市郡鴨公村に所属していた。

　この都は西暦694年から710年までの都であって、現在、平城京が建都1200年といっているけれども、藤原京はそれに先立つこと100年前の都である。

　ところが、中学校で教えている歴史の教科書では、日本の都は奈良時代の平城京から始まる。花開く天平文化とかいって、次いで平安時代に移ってゆき、藤原京や前期難波宮が抜け落ちている。そういう点では一般には馴染みがないうらみがある。

　藤原京の位置は『万葉集』で有名な香具山・耳成山・畝傍山の中心に位置する。『万葉集』の中には「藤原宮御井の歌」（巻1―52）というのがある（史料1）。ここでは香具山は日の経、畝傍山が日の緯、耳成山は日の背面の大御門、吉野山は日の影面の大御門とあって、吉野山を含めた大和三山が藤原京の東西南北の守りをなしている。藤原京は大和三山の中央にあると理解してよく、江戸時代の学者の賀茂真淵は『万葉考』の中で同様のことをすでに指摘していた。

　藤原京は、通常は日本最初の本格的な都という評価を与えられている。普通、都市は都市域がないといけない。その都市域を当時は京と書いて、ミヤコと呼んでいた。ミヤコの本来の意味は、宮がある所。宮というのは天皇の住まいのことだが、その宮のある所が宮処で、通常ミヤコといっている。

　前期難波宮については宮のまわりに都市域があったか否か明らかではない。これを含めて今のところ、藤原京以前の宮の周辺に、いわゆる官庁街や都市のようなものがあったかどうかは、まだはっきりとは確認できない。

やすみしし　わご大君　高照らす　日の皇子あらたへの　藤井が原に　大御門　始めたまひて　埴安の堤の上に　あり立たし　見したまへば　大和の　青香具山は　日の経の　大き御門に　春山と　しみさび立てり　畝傍の　この瑞山は　日の緯の　大き御門に　瑞山と　山さびいます　耳梨の　青菅山は　背面の　大き御門に　よろしなへ　神さび立てり　名ぐはしき　吉野の山は　影面の　大き御門ゆ　雲居にそ　遠くありける　高知るや　天の御陰　天知るや　日の御陰の　水こそば　常にあらめ　御井の清水

（小学館『日本古典文学全集2万葉集一』より）

史料1　藤原宮の御井の歌

ところが、藤原宮の場合には、天皇が住む宮の周辺に官庁街があって、さらに外側に広大な都市域としての京がある。そういう意味では、日本における最初の本格的な都といってよい。

　では、日本最初の本格的な都の姿は、一体どうであったか。

　実は、持統8（694）年に都が藤原京に移った後、わずか16年余りで710年には都が平城の地に移ってしまい廃都となる。その後、宮殿の跡を含め大半が田圃になり、現在でもそういった姿が残っている。地上に姿を留めるのは大極殿跡ぐらいで、基本的には水田の下になっており、全貌に関してははっきりとはわからない。都の跡が水田になったという点では平城京も同じけれども、平城京の場合は京の街わり（条坊）がそのまま水田の畦畔として残っており、その畦畔を調べることで、もとの都市の姿を復原できる。ところが、藤原京では条里制の地割を改めて行っているので、現在の水田の畦畔を調べてもそれだけで、昔の姿が復原できない難しさがある。

　これまでも、部分的な発掘調査や、文献の調査に基づいて、藤原京の当初の姿を、多くの研究者が復原している。

　この中で、藤原京の復原に関して大きな業績をあげたのは、戦前歴史学者として高名であった喜田貞吉である。非常に精力的な人で、古代史に関する論文・著書が多数あり、古代の都に関しては『帝都』という著書もある。藤原京の復原にあたり、喜田は、藤原京を大和にある古道との関わりで復原しようとした。ただ、喜田は古道が現在のどの道にあたるのかという比定と、藤原宮大極殿の位置を現在も水田の中に残る長谷田土壇と誤ったために、全体を530mほど西にずらせて復原してしまった。

　次いで、京都大学の先生をしていた岸俊男は、喜田説を継承して、藤原京を復原した。大和の古道は東西と南北の道があり、南北の道には上ツ道、中ツ道、下ツ道の3道がある。この三つの道は、672年の壬申の乱の時に大友皇子が率いる近江軍と、大海人皇子（天武天皇）の軍がこの道を利用して戦争をしたことが『日本書紀』に出てくるので、少なくとも672年の段階では、大和盆地を南北に貫いた三つの道があったことがわかる。平城京の南などで検出した下ツ道の道幅は、8車線の道にあたる約24m。今日でもあまりみない堂々とした道路で、これが7世紀の後半には成立していた。その多くは滅びたけれど、中ツ道は今も1車線ほどの細い道として残っている。

　東西の古道は2道があり、その一つが耳成山の南にある、いわゆる横大路である。河内と大和を結ぶ幹線道路で、近世では長谷寺への参詣ルートとして長谷街道といういい方をしている。これのさらに南側にあるのが阿部・山田道である。9世紀初めに成立した仏教説話集の『日本霊異記』の中に、山田寺の前と豊浦寺の前の道を通って、少子部栖軽が雷を捕まえにいったという物語の道である。以上の四つの道。下ツ道、中ツ道、それから横大路、阿部・山田道で区画された範囲を藤原京の京域と考えた。この京域は地図上で測ると、東西が約2.1km、南北が約3.1kmになる。

　では、京の内部の区画わり、いわゆる街区はどうやって決めたのか。これについて

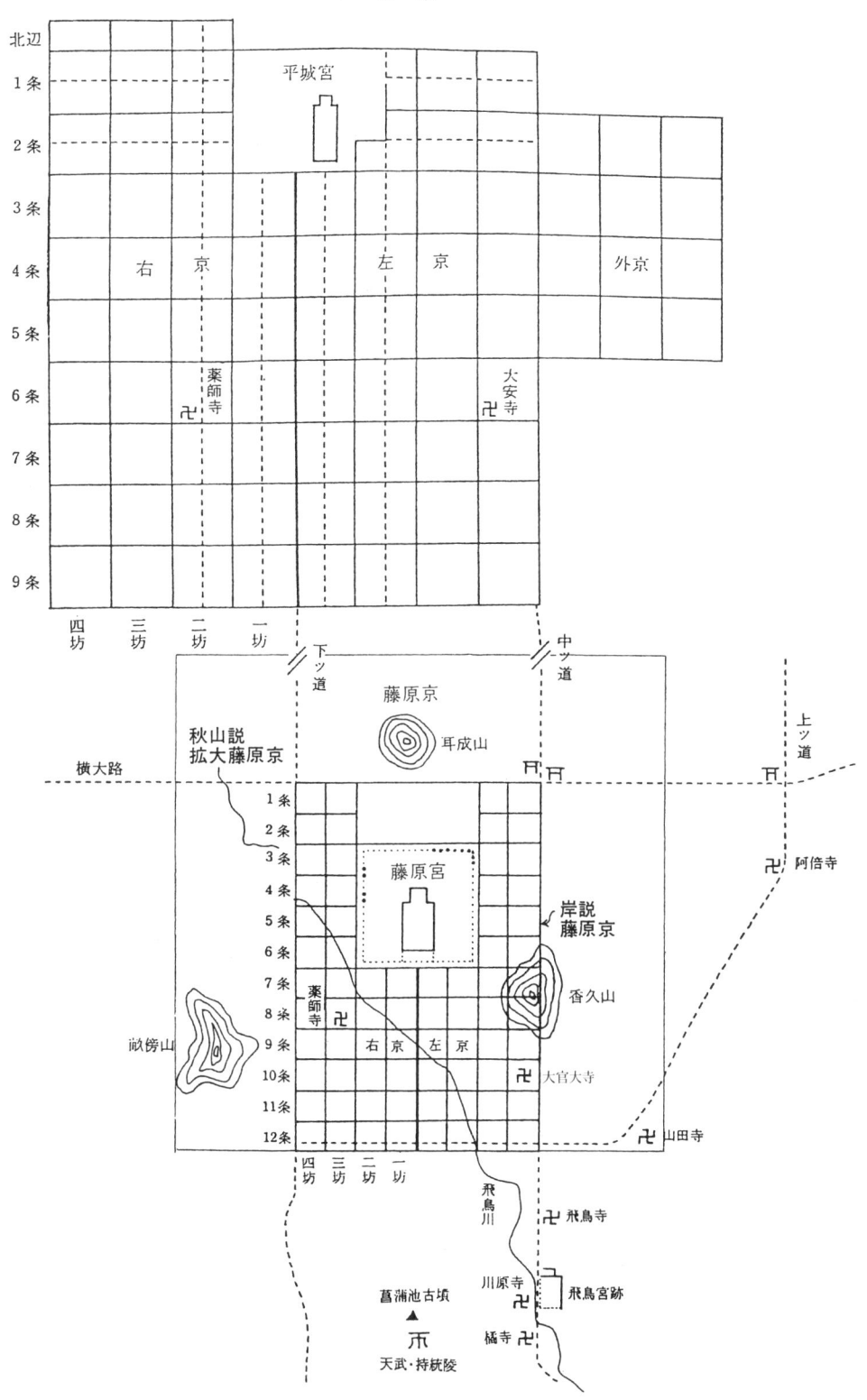

図4　藤原京・平城京の比較図（岸説に秋山説を加筆）

第2章　藤原京

は、当時の法律書である令の規定をもとにした。今日、『令義解』『令集解』の本文として伝わる『養老令』は8世紀初頭に編集された「大宝令」をもとにする。この中に「左右京職」という都に関する規定があり、坊令24人とみえる。坊令は坊（街区）の警察・行政を担当する役人のことで、四坊に1人とあり、東西に並ぶ坊を考えると、それから十二条八坊の区画を復原できる。区画わりをする東西方向の道を条、南北方向の道を坊といい、合わせて条坊制という。藤原京では南北十二条東西八坊で、南北が3.1km、東西が2.1kmという、図4の下にお馴染みの図を復原した。

その後、奈良国立文化財研究所を含め、橿原考古学研究所、橿原市、桜井市の調査によって、確かに岸俊男が復原した十二条八坊の道も全部ではないが出てきた。ところが1979年以降、岸が復原した下ツ道や横大路の外側から道路遺構がみつかるという状況になり、秋山日出雄は、岸説の藤原京の外側に、より大きな京域が広がると考えた。これを拡大藤原京説という。

秋山説では東西約4.2km、南北4.7kmとなり、岸説の藤原京を内城とし、その外側を外京とした。このように考えると、岸説ではうまく説明がつかなかった四条町、内膳町、兵部町など古代の都に関連した現在の地名は外京に含まれる。また、「天武紀」には盛んに京内廿四ヵ寺といった表現がみえるが、これもすべて外京に含まれることになる［秋山1980］。この拡大藤原京説に関しては、阿部義平説［阿部1993］などいくつかのバリエーションがあって、今なお京域は確定していないのが実情である。

この拡大藤原京を認めると、その京域の建設時期はいつなのかという新たな問題が生じてくる。これについては、大きくは遷都以前の天武期とする見方と、ある時期——たとえば大宝元（701）年の「大宝令」の施行を契機とする見方があるが、いずれも決め手を欠いている。

藤原京の中心のやや北寄りに藤原宮がある。よく京と宮を混同するが、宮は天皇の住まいがある所。藤原京の時代には、単に天皇の宮だけではなく、それ以外に役所が付属していた。東京でいえば、皇居に霞が関の官庁街が一緒になったようなものである。

藤原宮は掘立柱塀で区画した一辺が約1km四方の宮である。

藤原京も平城京も、1里2里という当時（令制）の里制を基準に都市計画を行っている。里というと、すぐ江戸時代の1里が約4kmを思い浮かべるが、奈良時代の1里は、それよりも短く、大体530mぐらいである。計算の仕方としては、1里が1,800尺（180丈）になる。問題は1尺の長さである。この場合、1尺が30.3cmという法定尺より短く、大体29.5～29.7cmぐらい。29.5に1,800をかけると、530m前後になる。藤原宮は2里四方なので約1,060mになり、約1kmとなる。これは京城の設定も同じで、すべて里を中心にしている。

藤原宮の四面には宮に出入りするための宮城門がある。これは各面3門を合わせて12門があり、これを宮城12門ということが多い。この門には大伴門とか壬生門とか氏

族の名を冠している。この氏族は7世紀前半に天皇の傍に控えた近衛の氏族たちだという［佐伯 1963］。なお、宮城正面の門を朱雀門と呼ぶのは中国の四神思想で朱雀（朱鳥）が南を守る神だからである。

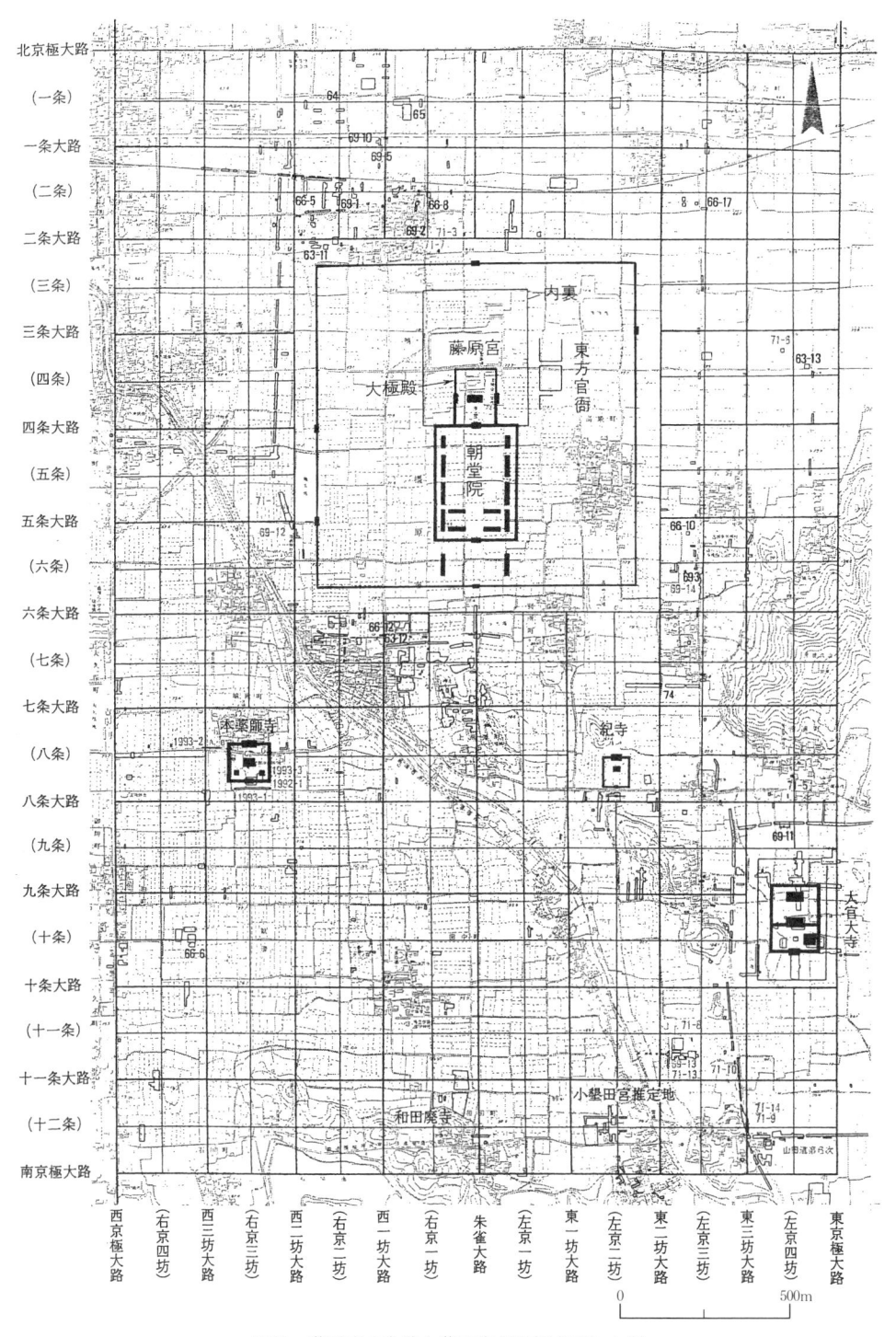

図5 藤原京の条坊と藤原宮（京域は岸説による）

藤原宮の中心には、北側から内裏、大極殿、朝堂院という大きな宮殿・施設が南北に並んでいる（図5）。内裏は天皇の居所にあたる所で、平安宮の「大内裏図」によると、ここに紫宸殿などの建物があるが、藤原宮では中心が溜池（醍醐池）となっており、構造などはわかっていない。この内裏の区画は柱を直接地中に埋める掘立柱塀で行っており、東西305m、南北は大極殿院を含めて378mある。

　その南側の、宮の中心には大極殿がある。北天の中心に輝く北極星のことを、中国では太極星といい、その太極星に基づいた殿舎である。即位の時や、元日の朝賀、それから外国使節の接見など、重要な国家的行事に使用された。正月に群臣が新年の祝いを述べる朝賀の時には、大極殿の高御座と呼ばれる椅子に天皇がつくことになる。大極殿は高い基壇をもつ礎石建物で、しかも瓦葺である。『日本書紀』には藤原宮以前にも大極殿の名がみえるが、高い基壇をもち、瓦を葺いた大極殿が成立するのはこの藤原宮がはじめてで、大きな意味がある。

　前期難波宮には「瓦がない」といわれるが、日本には瓦葺の建物は、寺院建築として入ってきた。日本最古の本格的な寺院は飛鳥寺で、6世紀末のことである。

　それ以後も瓦葺は寺の代名詞でもあり、10世紀に成立した法律書である『延喜式』の忌詞でもまだそうした意識が続いている。だから、住宅や宮殿には瓦を葺かないという伝統が生じた。『日本書紀』によると、斉明天皇の代に小墾田宮に瓦葺の宮殿を建てようとしたが失敗したという（斉明元〈655〉年10月条）。その理由は単に建築技術の問題であるだけでなく、人々の意識が瓦葺の宮殿を受け入れなかったからであろう。それが藤原宮で初めて、宮殿あるいは役所で瓦を用いることが実現した。そういった意味でも藤原宮は一つのエポックにもなるわけである。

　大極殿の南側には朝堂院という施設がある。東西230m、南北318mの回廊で区画した内部に12の建物があり、十二朝堂といういい方をすることもある。朝堂のチョウは「朝」という字を書く。なぜ朝の字かというと、近代文明が発達する以前は、みな夜明けとともに起きて仕事をして、日暮れとともに寝るという生活を行っていた。古代も、その例外ではなく、役人たちは夜明け前に出勤し、夜明けとともにその朝堂の中に入って政務を執った。そして、午の時（正午）に、退朝の合図とともに帰るという生活を行った。要するに、早朝に来て、朝に仕事をするということで朝堂院と呼ぶ。これもまた中国の伝統に基づくものである。

　ちなみに、朝堂と朝堂院はどう違うかというと、朝堂は特定の機能をもった建物を指す名詞で、ここでは12ある。そのまわりを塀、あるいは築地塀、回廊で囲んだ状態を院という。だから、朝堂院といった時にはエリア全体を指す。藤原宮の朝堂院の面積は大極殿院の4倍にあたる。なお、のちの平城宮や平安宮の朝堂院は藤原宮のそれよりもやや小さくなっており、平城宮の朝堂院は藤原宮の7割しかない。これは逆説めくけれど、次に述べる官僚組織の発達と相関関係にある。

　この朝堂院の左右には、いくつかの役所（官衙）がある。「大宝令」施行後の奈良時

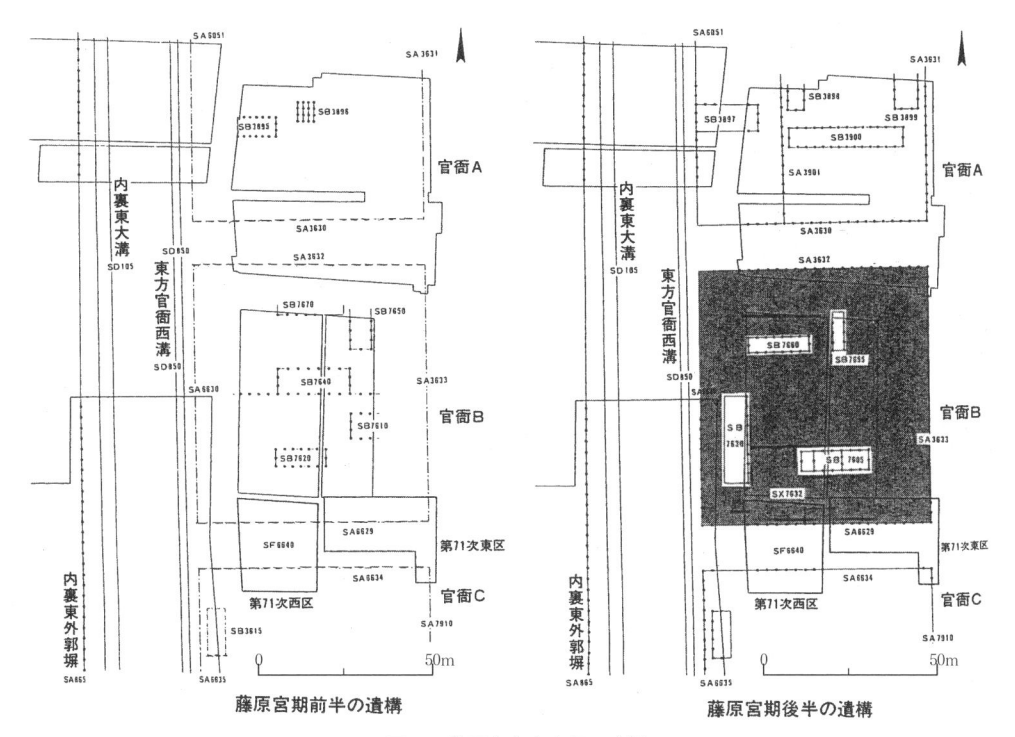

図6　藤原宮東方官衙の変遷

代になると組織の整備が進み、八省百官といういい方があって、神祇官と太政官の二官の下に二職、十五寮、三十司が付属し、さらに一台、三府、二司、二寮があり、後宮に十二司、春宮坊に三監、六署（左右は一と数える）が属した。総計で88となる。藤原京の段階ではそこまで行っていたかどうかはまだはっきりしていない。

　なお平城宮では、役所（官衙）の建物の配置がかなりわかってきているが、藤原宮ではまだ全体の1割ほどしか調査が進んでおらず、そこまでは及んでいない。ただ藤原宮の時代でも大きく2時期の官衙の建て替えがあり（図6）、「大宝令」を契機に大規模な官衙の変更があったことがはっきりしてきており、後期の藤原宮では、標準的な役所のブロックが大体72m四方ぐらい、当時の尺でいうと250尺前後の尺で区画したことがわかってきた。

　なぜこうした寸法が出てくるかというと、藤原宮が2里四方で設計していることと関わる。方2里の宮域の四面に宮城門を各三つ開くと、門相互の距離は900尺（半里）となる。この900尺を三等分し、官衙との間に道路などを設けると、250尺という数字がでてくる。ちなみにこの規格は、兵部省や式部省など平城宮の官衙の標準的な大きさとして受け継がれる。言い換えると、平城宮の官衙の規模やあり方を決める上に、「大宝令」が大きく影響したといってよいと思う。

2 手本は中国に

　こうした内裏、大極殿、朝堂が並ぶ宮の形態は、日本では推古の小墾田宮まで遡ると考えてよいだろう。

　推古女帝の小墾田宮は、推古11（603）年から推古37（629）年まで宮であった。この宮については岸俊男が『日本書紀』から復原した一つの概念がある（図7）。推古16（608）年に、小野妹子とともに来日した隋使の裴世清を小墾田宮に迎える記事があり、推古18（610）年には新羅の使などを迎える記事がある。それによると、小墾田宮の区画があって、正面に門（南門）がある。その門を入ると庭（広場）があり、庭の両側に庁殿（まつりごとどの）という大きな建物が二つある。庭の先に大門があって、その門の奥に天皇がいる大きな建物、大殿がある。そういった区画を岸は復原した。一番奥の、天皇がいる建物を内裏とすると、手前の広場（庭）とその両側に建物（庁殿）がある状態は朝堂院の姿とよく似ている。

　ただ藤原宮の場合は、朝堂院の建物（朝堂）は12あるが、小墾田宮の場合は「推古紀」の記事から読み取れるのは庭の東西に一つずつの合計二つといった違いがある。

　この姿は実は中国の朝堂に近い。中国では朝堂は漢代から機能しており［佐藤 1977］、この場合は中軸線の左右、東西に一つずつしかない。要するに、中国では朝堂は太極殿の南に限らないけれど、建物としては東西に二つしかない。日本では藤原宮、平城宮、平安宮などではそれが12、前期難波宮では14もあるなど数が多く、日本の朝堂の原型については大きな問題がある。

　その点からいうと、推古の小墾田宮の朝堂のあり方は、中国に近いといえる。おそらくこれは、推古朝が行った対隋外交と深く関わる。推古は推古8（600）年から推古22（614）年までの間に5回もの遣隋使を派遣しており、小墾田宮の構造は中国の影響を強く受けた可能性が高いと思う。

　小墾田宮（史料2）の推定地に関しては特に有力な2説として、飛鳥川を挟んで左岸説と右岸説の両方がある。川は上流から下流に向かって、左岸・右岸というが、従来は左岸の明日香村豊浦の古宮（ふるみや）土壇周辺が小墾田宮の推定地として非常に有力であった。実際にここからは7世紀初頭の石を積んだ庭園跡がみつかっている（図8）［奈文研 1971］。仮に藤原京の条坊の呼び方で

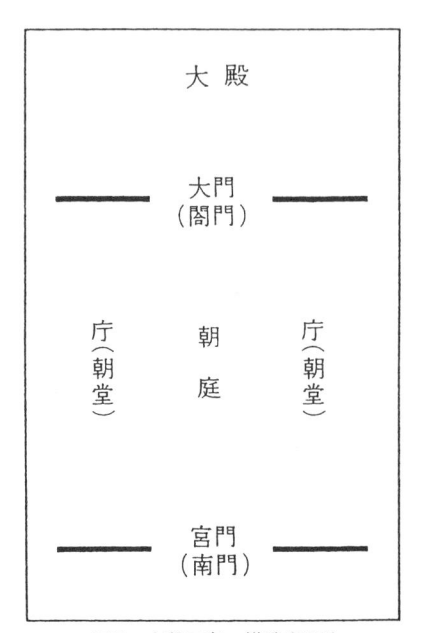

図7　小墾田宮の構造（岸説）

```
           大 殿
      ──────────
         大門
        （閤門）

  庁          朝        庁
 （朝         庭       （朝
  堂）                   堂）

      ──────────
         宮門
        （南門）
```

> 天平宝字四年（七六〇）八月辛未。播磨の糒一千斛、備前国の五百斛、備中国の五百斛、讃岐国の一千斛を転じて以て小治田宮に貯ふ。〇乙亥。小治田宮に幸す。天下諸国の当年の調庸、便即ち収納す。〇己卯。新京の諸大小寺および僧綱・大尼・諸神主・百官主典已上に新銭を賜ふこと各差あり。〇癸未。新京の高年の僧尼曜蔵・延秀ら卌四人に経経絁・綿を施す。
>
> 天平宝字五年（七六一）正月癸巳。詔して曰く、大史局ことを奏すること有るに依りて、暫く移りて小治田岡本宮に御す。
>
> 天平宝字五年（七六一）正月丁酉。車駕、小治田宮より至れり。式部の曹司を以て御在所となす。
>
> 天平神護元年（七六五）十月辛未。是の日、大和国高市郡小治田宮に到る。〇壬申。車駕、大原・長岡を巡歴し、明日香川を臨みて還る。
>
> （『続日本紀』）

史料2　小治田宮に関する記事

いえば左京十二条二坊にあたるこの推定地の南側には、飛鳥時代の寺院として有名な豊浦寺がある。

ところが、この川の右岸、古宮土壇から東に450mのところに雷丘がある。藤原京の条坊では左京十二条三・四坊にあたる所である。その雷丘の麓で、数年前に道路の拡張工事に際して明日香村教育委員会が調査したところ、平安時代初期の井戸がみつかり、井戸の中から直径10cmぐらいの土師器の坏がたくさん出てきた。

衝撃的だったのは、その裏側に「小治田宮」と墨書してあったことである（図9）。「小治田」も「小墾田」も意味は同じで、奈良時代の小治田宮がこの付近にあった可能性が高くなった。

図8　小墾田宮推定地の庭園跡（7世紀）（南から　北の木立が古宮土壇）〈奈良文化財研究所提供〉

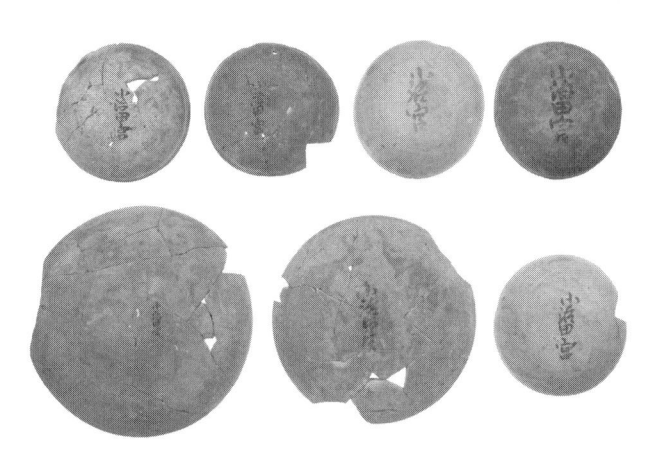

図9　「小治田宮」墨書土器（平安初期）〈明日香村教育委員会所蔵、写真：奈良文化財研究所提供〉

推古朝の小墾田宮はその後も何らかの形で存続したらしく、壬申の乱（672年）の時には「小治田兵庫」とみえ、奈良時代の淳仁朝や称徳朝にも、やはり小治田宮のことがでてくる。したがって、「小治田宮」の墨書土器はおそらくそれにあたるだろうということになった。

　1993年12月、私たちの飛鳥藤原宮跡発掘調査部もそこを調査し、3時期に及ぶ礎石立ち倉庫や多数の掘立柱建物をみつけた。そういったことから、推古朝の小墾田宮も、従来いわれていた飛鳥川の左岸ではなく右岸にあるとする意見が強くなってきた〔奈文研 1994〕。

　ただ、『日本書紀』の朱鳥元（686）年12月条に、天武天皇の無遮大会を伝える豊浦寺のことを「小墾田豊浦」と書いていることから旧説も否定できず、必ずしも左岸・右岸にとらわれる必要はないのではないか。従来の説も捨て難いし、かといって新しい発掘の成果も捨て難い。折衷案——川を挟んだ両側に宮が広がっていたと私は秘かに考えている。

　実は、川を挟む宮というのは中国の洛陽城に実例がある。日本に馴染みが深いものでは隋の洛陽城があり、これは605年に再建している。

　ちなみに、川を挟んだ宮は、日本にもう一つある。恭仁宮という、天平12（740）年から天平17（744）年の間のいわば都である。『続日本紀』には平城京から遷都したと出てくるが、発掘調査の進行によって、どれだけの建物が建っていたのか疑わしく、遷都とすることは信じ難い。この宮の中心地は京都府の南部、加茂町にある山城国分寺跡がそれである。恭仁宮自体は木津川の右岸にあるが、京域は木津川を挟んで左岸にも広がっている。それについては、かつて喜田貞吉が、あれは洛陽城であると『帝都』の中で述べている。

　なぜ川を挟んだ宮を造るのかという問題については、瀧川政次郎が、中国の都城はもともと天上世界を地上に写しとったものであり、川は天の川を象徴していると指摘している。おそらくそういったことから、推古朝の小墾田宮も川を挟んだ宮として造られたと、私は思っている。

3　建設はいつか

　では、藤原京はいつできたのか。古代の都——いわゆる都城は律令制度の一環として、日本で出現してくるのであるから、その京がいつ出来上がったのかがわかれば、日本における律令制の成立の時期がわかるという関係にあり、大変大きな問題を含んでいる。

　そういう点から、藤原京の成立時期が大きな問題となってくる。

　藤原京は持統8年、西暦（694）年の12月に遷都している（表1）。けれども、今日の小さな住宅を建てるのでも半年ぐらいかかるわけだから、12月に建てて12月に移るこ

とはあり得ない。当然準備期間がある。まして、従来にない新しい都を造るということになると、それなりの準備期間が必要だったと思う。

「持統紀」をみると、持統天皇の初年、遷都に先立つ3、4年ほど前から、遷都の準備に関わる記事がたくさん出てくる。たとえば、持統4（690）年には高市皇子、藤原宮地をみる、とあり、次いで持統天皇、公卿百僚を従え藤原宮地をみる、とある。さらに翌持統5（691）年10月には、使者を遣わして新益京を鎮祭す、とあり、また12月には諸王・諸臣に対する宅地班給を行っている。

ところが、発掘された遺構をもとにすると、持統天皇が即位した後に京を造りはじめたのではなくて、それよりも前、天武天皇の時代に藤原京を計画し、実行したと思われる具体的な例がいくつかわかってきた。

その一つは、宮殿の建物の下などから、藤原京の条坊、つまり道路の痕跡が出てきた。条坊の推定位置にあたるところでは必ずみつかる。条坊の痕跡だけでなく、建物跡もある。だから藤原京の場合、異例であるが先に京域の建設が進み、その後に藤原

表1　藤原京関係年表（抜粋）

西暦	年号	事項
672	天武1	壬申の乱に勝利。大海人皇子倭京に帰り、嶋宮に入り、岡本宮を経て飛鳥浄御原宮に遷る。
676	5	新城に都をつくらんとするが果さず。
679	8	初めて関を龍田山、大阪山に置き、難波に羅城を築く。
680	9	京内24カ寺に絁・綿などを賜う。皇后持統病気。皇后のために誓願して初めて薬師寺を興す。
682	11	三野王および宮内官大夫らを新城に遣わし、地形をみさせる。新城に行幸す。
684	12	天武天皇、京師を巡行す。「都城宮室は一処にあらず。必ず両参を造らむ。難波に都せんと欲す」
684	13	天武天皇、京師を巡行し、宮室の地を定む。諸王を畿内・信濃に遣わし、都とすべきところをみせしむ。
686	15・朱鳥1	天武病気。難波宮の大蔵省より失火し、宮室をことごとく焚く。天武天皇没す、南庭に殯す。
690	持統4	持統天皇即位。高市皇子、ついで持統公卿百僚を従え、藤原の宮地をみる。
691	5	使者を遣わして新益京を鎮祭す。諸王・諸臣に宅地を班給す。
692	6	持統天皇、新益京の路をみる。藤原宮地を鎮祭す。伊勢・大倭らの大神に新宮造営を告ぐ。
694	8	藤原宮に遷都す（12月）。
697	11	薬師寺において開仏眼会を設ける。文武天皇即位。
698	文武2	大極殿にて朝賀。薬師寺の構作ほぼ終了。
701	大宝1	大極殿にて朝賀。正門に烏形の幢および四神の幡を樹つ。大宝律令完成。
704	慶雲1	初めて藤原宮地を定め、宅の宮中に入る百姓1505烟に布を賜う。
705	2	文武百僚に朝堂にて宴を賜う。都下の諸寺に食封を施す。
707	4	諸王・諸臣に遷都のことを議せしむ。文武天皇没す。元明天皇即位。
708	和銅1	平城遷都の詔発布。平城に巡幸して地形をみる。平城の宮地を鎮祭す。
710	3	平城京に遷都す（3月）。

宮の建設が行われたことが明らかである。「持統紀」に藤原宮地をみるとあるのは、実態を反映しているのであろう。問題の京域を、いわゆる大藤原京とみるのか、岸説の十二条八坊の京域で考えるのかも課題である。では、その遺構の年代はいつなのか。1977年に行った大極殿周辺の調査では、道路の側溝とともにこれに交差して宮の中心にある大極殿の真下を通る運河を発掘した。この運河は道路の建設後に掘削され、大極殿の建設によって埋め戻し整地されたものである。この運河からは大量の土器などとともに、天武天皇10年代の年紀がある木簡が出てきた。西暦680年代にあたるから、運河や道路が680年代より前、遷都よりも14年も前に造られていたことになる。

藤原京右京八条三坊には有名な薬師寺がある。平城京にもやはり薬師寺がある。現在、奈良の西の京にある薬師寺のもとになった寺で、それを和銅3（710）年の平城京遷都に際して移したかどうかは建築史や美術史の上で非常に大きな問題になる。この藤原薬師寺――本薬師寺と通称しているけれども、これは右京八条三坊の地にある。右京八条三坊の地にあるということは、先に条坊がないと、そうならない。そうすると、薬師寺の創立年代がはっきりすれば、藤原京条坊の建設年代も明らかになる。

薬師寺の創立は『日本書紀』の記事によると、天武9（680）年に、持統皇后が病気になったので、その快癒を願って建立を発願したという。この記事の通りだとすると、京の計画は、680年よりも前になる。

1993年春、奈良国立文化財研究所の薬師寺中門跡の調査では、中門遺構の下から、藤原京の条坊にあたる道路の痕跡がみつかっている。土器や瓦はあったが、年紀を記した木簡がなく、厳密な年代を限定できなかった。だから、記録の通りだとすれば、藤原京は少なくとも天武9（680）年よりも前に新都に関する都市計画があり、予定地を整地し、道路を建設したという、大変大きな問題になる。

このように、藤原京がいつ造られはじめたかということは大きな謎で、まだ結論が出ていない。これからいろんな展開があると思う。

4　なぜ短命だったのか

「藤原宮期の建物を掘りあてたら、運がいい」。宮跡の発掘を担当する調査員の間では、こんな会話が珍しくない。持統8（694）年12月に遷都した藤原京は、都が平城京に移った和銅3（710）年3月にはその役割を終えた。寿命わずかに16年余りである。

藤原京は、碁盤目に区画した都市域（京）を備えた日本最初の都である（図10）。しかも、最近の調査成果によると、680年代にはすでに建設が始まったことが判明している。壬申の乱（672年）からわずか数年。政権基盤が軟弱な上、朝鮮半島をめぐる唐との軍事的緊張関係が続く困難な時代である。山積みしている課題をのり越え建設した新都がなぜ、これほど短命なのか。

その理由として、歴代遷都説や疫病大流行の後遺症を晴らす気分一新説など、いく

図10　藤原京の復原模型〈橿原市教育委員会所蔵〉

つかがある。なかでも、史学研究者の間にそれなりの支持者をもつのが、藤原宮手狭説ともいうべきもの。これは、大宝元（701）年の「大宝令」の完成によって、八省百官の機構が整い、官人が増加した結果、宮が手狭になり新たに平城京を建設したとするものである。

　藤原京の建設が、天武10（681）年に編集を始め持統

図11　藤原宮西方官衙の調査（1994年9月）〈奈良文化財研究所提供〉

3（689）年に完成した『飛鳥浄御原宮令』と一体とすると、和銅3（710）年の平城京遷都（つまり藤原京廃都）は「大宝令」の完成に関連することになり、まことに図式的な話となる。

　では、真相はどうか。最新の成果に基づき、この問題に迫ってみよう。

　「大宝令」の官員令によると、中央官制は太政官、神祇官の二官以下に八省および一台、五府、四寮などが付属し、「大宝令」下の平城宮では使い走りまで含めて6,500人余りの官人が勤務したと直木孝次郎はいう。こうした官制の充実によって、宮が手狭となったのであれば、藤原宮内は官衙（役所）だらけでなければなるまい。

　しかし、実態はかなり違う。それが、冒頭の会話の中身なのである。内裏地区では3時期の、官衙地区では数期に重複した建物跡などをみいだす。しかし後者の場合、

第2章　藤原京　17

多くは遷都直前のもので、肝心の藤原宮の建物跡は稀薄である。たとえば、1994年夏、あの異常な酷暑の中で行なった「藤原宮西方官衙」の調査では、調査面積2,000㎡に対し、みつかった藤原宮の建物はわずかに1棟（図11）。同期の遺構には塀が1条あるだけで余白が目立ち［奈文研 1995］、とても手狭とはいえない。同じことは宮内のそこここで経験するのであり、この点から宮手狭説は疑問が多い。

宮が手狭でないとして、遷都から7年後に完成した「大宝令」と、藤原宮は無縁だったかというと、これまた正しくない。藤原宮の官衙のあり方をみる限り、影響は大きい。先の宮手狭説の根拠でもあるのだが、「大宝令」官制の整備を契機に、宮内の官衙配置に大幅な変更があり、それは官衙全体に及んだようである。

たとえば、黒崎直が紹介した宮の東方官衙［黒崎 1994］では、前後2時期のうち建物配置が散漫な前期にくらべ、後期にはL字型配置となって建物数が増えるとともに、官衙区画も明確になる。区画塀がはっきりしない前期に対し、後期は東西245尺（65.6m）、南北245尺（72m）の区画であり、この時期には同規模の官衙が南北に3区画並ぶ。この後期の契機が「大宝令」であることは、この期の建設で整地したゴミ穴からみつかった木簡の記載が、「郡」とあったことから判明した。国の下部組織の郡は、「大宝令」以前は「評」と表記したのであり、これは後期の建設が「大宝令」の施行後、すなわち8世紀初頭にあることを意味する。

官衙の大幅な建て替えは、上にみた宮の西方官衙でもいえそうである。ここには馬寮がある。馬寮は、馬の飼育と管理をする役所のことで、南北約265m（900尺）、東西88m（300尺）以上の敷地に、馬場とこれを囲む長大な廐があり［奈文研 1978］、平城宮でも同じ位置に馬寮推定地がある。みつかった前身官衙は馬寮と配置が異なり、別の性格の官衙であろう。

言い換えると、馬寮が成立するのは藤原宮の後期であり、それが平城宮馬寮のもとになった可能性がある。このように、「大宝令」を境に官衙の大幅な割替えがあり、それが平城宮の官衙のあり方とも関連するらしい。

藤原宮後期の官衙が平城宮に影響したことはもう一つある。それは、官衙の規模を決める方式である。奈良文化財研究所飛鳥藤原宮跡発掘調査部の島田敏男らの研究によると、藤原宮の官衙規模には900尺（半里・約265m）を基準とする原理があった。つまり、900尺を最大とし、これを二等分あるいは三等分して東西、南北の規模を決めるのである。

先の、東方官衙は東西、南北ともに900尺を三等分する方法によったし、馬寮は南北を900尺、東西をその半分以下としたらしい。こうした規模は官衙自体の性格や、格によって決まるのであろう。

基準となる900尺は、宮城門に由来する。つまり、藤原宮以降の諸宮では、宮四面の大垣に各辺3門、計12の宮城門が開く。東側に東院がある平城宮は、一部がやや異例だが基本的にはこの型を踏襲する。2里（3,600尺・約1,062m）四方の宮城大垣に開く

門は、相互の距離が900尺、この門からやはり碁盤の目に宮内道路が通じ、諸官衙は、必然的にこの道路（宮城門相互の距離と同じ）の制約を受ける。

　藤原宮の方式は、奈良時代後半の平城宮兵部省、式部省の規模に反映している。兵部省は武官（軍人）の、式部省は文官の勤務評定などを行う役所であり、両官衙は、壬生門と第二次朝堂院との間に東西に分かれて位置する。両官衙の規模は、74m（250尺）四方であり、先の藤原宮東方官衙より少し広い。これは官衙周囲の犬走りの幅が、藤原宮と平城宮で違い、平城宮が狭いためである。このように、平城宮の官衙は藤原宮後期の官衙を媒介に、「大宝令」と関わる。平安宮（794〜1185）では、この官衙規模の決め方を大きく変え、京の条坊と同じ400尺に揃えるのであり、この方式は長岡宮に遡る可能性があるという［山中 1994］。

　このように後期藤原宮と「大宝令」が関わるのなら、平城京遷都と「大宝令」とはいかなる形で結びつくのだろうか。それを解く鍵の一つが、朝堂院の規模の変化である。

　藤原宮の中心には大極殿、朝堂院が南北に並ぶ。大極殿は太極星（北極星）に基づく建物で、最高権力の象徴である。天皇が座る高御座があり、藤原宮を初めとする。大極殿の南の朝堂院には12の朝堂の建物と、朝庭（広場）がある。朝堂は官人が政務をとる（朝政）だけでなく、天皇に挨拶すること（朝参）、儀式を行うこと（朝儀）の3機能があった。時代が下る平安宮では朝儀の場であるが、藤原宮では政務の場としての意味が強い［岸 1988］。

　実際、藤原宮朝堂院の規模は東西230m（760尺）、南北318m（1,050尺）もあって、諸宮の中で最大の規模を誇る。朝堂院だけで比較すれば、平城宮の朝堂院は藤原宮の7割しかない。これは、藤原宮の官衙が未発達である証拠である。

　政務の場である朝堂は、官衙が一定の充実をみれば、重要性が薄れる。藤原宮以降、朝堂院の規模が縮小することと官衙の充実とは相関関係にある［八木 1974］。これまで、藤原宮以降と思われてきたこの現象は、すでに「大宝令」の直後、後期藤原宮の段階に始まる。

　後期藤原宮では、官衙配置に変化があるが、最も重要な大極殿・朝堂院に変化はないらしい。これこそが、藤原京短命の最大の要因と思う。大極殿・朝堂院にあたる施設は、平城宮では二つになる。

　藤原・平城両京ともに、モデルとしたのは唐の長安城である［王 1983］。しかし、両京の違いは大きく、それは宮の中心構造にも及んでいる。大極殿・朝堂院にあたる施設が平城宮に二つある理由は、唐長安城の太極宮と大明宮を真似たためと思う。

　長安城の2宮殿のうち、太極宮は宮の中心にあって唐初に遡るが、大明宮は宮の東北方にあって、これが成立するのは662年のことである。それ以降、両宮殿を使い分け、太極宮では国家的儀式と大礼を、大明宮ではそのほかの儀式を行うようになった。平城宮でも、儀式の重要度に応じて二つの朝堂院などを使い分けている［奈文研 1993］。

同じ長安城をモデルにしながら、藤原宮が太極宮しか真似なかった理由は、情報不足であろう。藤原京の計画段階では、先にみたように唐との緊張関係が続き、大明宮などの情報が得にくく、新羅などを通じた情報を総合したが、不完全だったのである。このことが判明するのは、三十数年ぶりに派遣した粟田真人ら第7回遣唐使（702～704）の報告によってであろう。

　苦心して建造した藤原京と、長安城との違い。これこそが、より長安城に近い新都平城京の建設へと突き進む動機であり、「大宝令」と平城京遷都を結ぶ接点と思う。

［参考文献］
秋山日出雄　1980「『藤原京と飛鳥京』の京域考」『地理』第25巻第9号。
秋山日出雄　1980「藤原京の京域考」『考古学論攷』第4冊、橿原考古学研究所。
阿部義平　1993「藤原京以降の都城はなぜ条坊制をもつのか」『新視点日本の歴史』第3巻、新人物往来社。
王　仲殊　1983「日本の古代都城制度の源流について」『考古学雑誌』第69巻第1号。
金子裕之　1984「平城京と葬地」『奈良大学文化財学報』第3集。
岸　俊男　1988「朝堂の初歩的考察」『日本古代宮都の研究』岩波書店。
岸　俊男　1977「日本歴史の焦点」『宮都と木簡』吉川弘文館。
黒崎　直　1994「初めて確認された藤原宮の石敷き遺構」『明日香風』第55号。
佐伯有清　1963「宮城十二門号と古代天皇近侍氏族」『新撰姓氏録の研究』研究篇、吉川弘文館。
佐藤武敏　1977「唐の朝堂について」『難波宮と日本古代国家』塙書房。
高橋康夫　1983「平安京とその北郊について」『京都中世都市史研究』思文閣出版。
瀧川政次郎　1969『京制並びに都城制の研究』角川書店。
奈良国立文化財研究所　1971『飛鳥・藤原宮発掘調査報告』Ⅰ。
奈良国立文化財研究所　1978『藤原宮発掘調査報告書』Ⅱ。
奈良国立文化財研究所　1993『平城宮発掘調査報告書』ⅩⅣ。
奈良国立文化財研究所　1994『飛鳥・藤原宮発掘調査概報』24。
奈良国立文化財研究所　1995『飛鳥・藤原宮発掘調査概報』25。
八木　充　1974『古代日本の都』講談社。
山中　章　1994「初期平安宮の造営と構造」『古代文化』第46巻第1号。

第3章

平城宮

1　平城宮概観

　和銅3（710）年春、元明女帝の御駕と一行は、住みなれた飛鳥を離れ、奈良盆地の北へと向かった。平城遷都である。

　　飛ぶ鳥の明日香の里を置きていなば君が辺りは見えずかもあらむ

（『万葉集』巻1－78）

　この歌は女帝がその御輿を長屋原に停め、古郷をなつかしんだと伝えるものである。平城宮は、この年から恭仁宮や難波宮に遷都した5年間を除き、延暦3（784）年の長岡遷都までの70年間、元明・元正・聖武・孝謙（称徳）・淳仁・光仁・桓武の諸天皇の都として繁栄した。「青丹よし寧楽の都」と詠われた聖武天皇の代には、東大寺をはじめとする諸大寺、貴族の第宅が甍することを競い、世に天平と呼ばれる文化が花開いた。その華やかさの一端は、現在、正倉院宝物として目にできる。その一方で、長屋王事件のような政治的陰謀の数々、極官に昇りつめた藤原仲麻呂（恵美押勝）の反乱（天平宝字8〈764〉年）という前代未聞の大事件、天災などが相継ぎ、また、律令制の根幹をなす土地制度の大変更となる「墾田永代私有令」（天平15〈743〉年）が出されたのもこの時代であった。『続日本紀』によれば、遷都の議は文武天皇の慶雲4（707）年に起こり、翌和銅元（708）年に平城遷都が詔せられ、次いで造宮卿・造京司らの任命があって、同年12月には早くも平城宮地の鎮祭があり、詔から2年で遷都となった。しかし、準備不足は否めなかったようで、遷都翌年になっても「宮垣未だ成らず。仮に軍営を立てて兵庫を禁守す」る有様だった。

　遷都に伴う造営が一段落した後も、造営卿藤原武智麻呂が「工匠を率いて宮内を改作す」（養老5〈721〉年）とか、「大宮改修のため天皇田村第に移御す」（天平宝字元〈757〉年）のように譲位に際しての大造営、「平城の大極殿ならびに歩廊を壊ち、恭仁宮に遷し造る」（天平15〈743〉年）のように遷都に伴う造り替えなどがあって、70年の間、宮内では建設の槌音が絶え間なく響いていたのであろう。

　平城遷都の理由は、さまざまに推測されている。なかでも、文武直系で即位を約束された首皇子（聖武）のために、藤原不比等が遷都を主導したとする岸俊男説が有力だが、後にみるように、平城宮の宮殿配置に唐長安城の影響が著しいことと、大宝元（701）年に『大宝律令』が制定されたことなどを考えあわせると、為政者にとっては、

表2　平城宮研究と保存の歩み

年号		事　項
1852	嘉永5	北浦定政『平城宮大内裏跡坪割之図』完成
1900	明治33	関野貞「平城宮大極殿遺址考」発表
1901	明治34	棚田嘉十郎ら大極殿跡に木標を建てる
1905	明治38	関野「平城京及大内裏ニ就テ」講演す
1906	明治39	喜田貞吉「平城京の四至を論ず」発表
1907	明治40	関野『平城京及大内裏考』発表
1907〜8	明治40〜41	喜田「『平城京及大内裏考』評論」発表
1910	明治43	棚田・溝辺文四郎、平城遷都1200年祭挙行
1913	大正2	棚田・溝辺ら、奈良大極殿址保存会設立
1922	大正11	保存会、大極殿址保存記念碑建立、大極殿朝堂院跡を史跡に指定
1924	大正13	史跡地保存工事にともない発掘調査実施
1928	昭和3	岸熊吉、宮城東北部を発掘
1952	昭和27	平城宮跡を特別史跡とする
1954	昭和29	道路拡幅工事にともない事前の発掘を実施
1959	昭和34	奈良国立文化財研究所、継続的発掘調査開始
1962	昭和37	鉄道検車庫建設計画に全国的な保存運動おこる
1963	昭和38	全域史跡指定、国費収買決定
1965	昭和40	東張出し部の存在を確認
1979	昭和54	「松林苑」の発見

新しい律令体制を誇示するために、新しい都城を準備することが必要だったのであろう。

長岡宮を経て平安宮に遷都後、大同4（809）年平城上皇は再び都を平城の地に移そうと企てたが、果さなかった。上皇が平城の御在所で幽閉の身で没した後、平城の地はかつての繁栄を取り戻すこともなく、わずかな土壇を残して、ことごとくが水田と化した。

平城宮跡の調査研究は、幕末の柳沢藩士北浦定政にはじまる（表2）。彼は、生家に近い平城の故地を精密に実測し、史料にみる平安宮と対比して平城宮・京の規模を復原した（『平城宮大内裏跡坪割之図』嘉永5〈1852〉年）。明治維新後、西欧の方法論を取り入れた関野貞らの研究によって、平城宮の復原研究は大きく進展した。こうした歴史地理学的手法に対し、大正13（1924）年以来断続的に行われ、昭和34（1959）年以降、恒常化した発掘調査は、地下に埋れた宮殿跡を検出し、宮跡の復原研究を飛躍的に進展させるとともに、木簡をはじめとする莫大な遺物は、地下の正倉院と称されるほどに貴重で、史料学・手工業史・美術史など多方面の研究に影響を及ぼしている。ここでは、紙数の制約上、平城宮の諸問題のうち、3点に絞って取り上げることにしよう。

2　平城三山

和銅元（708）年2月の平城遷都の詔には、「方今平城の地、四禽図に叶い、三山鎮を作し、亀筮並びに従う、宜しく都邑を建つべし」とある。これは、平城の地が風水思想の上から、都にふさわしい地相にあることを示したものとされている。では、三

山とは具体的に何を指すのであろうか。三山で想起するのは、大和三山である。藤原宮が、耳成、香具、畝傍三山のほぼ中央に位置することは広く知られた事実であるし、かつては藤原宮が耳成山の中心に合わせて営まれたとの見方すらあった。山城の平安宮には、北に船岡山、東に神楽岡、西に双ケ丘のやはり三山がある。船岡山が宮（京）の中軸線上に位置することから、この山を基準に平安宮（京）は設定され、西の京極を双ケ丘にしたとの説もある。神楽岡と双ケ丘の位置関係は、ほぼ東西線上にある。

　平城遷都の詔にみられる三山は、村尾元融の『続日本紀考証』以来、大和三山とする解釈もあるが、以上のようにみてくると、平城京の周辺に求めなければならない（図12）。先の2例にみる三山の要件は、比較的規模の小さい独立丘であること、残る二山が東西軸上にほぼ並ぶことである。この要件を満たす三山を平城宮に求めると、まず北の山は、いわゆる「平城天皇陵」であろう。この「平城天皇陵」は直径約100m、周囲からの比高差12mほどの円丘で、宮の北面大垣に接し、第二次大極殿の中軸線上に存在する。この小円丘が「平城天皇陵」に治定されたのは近世のことだが、昭和38（1963）年の調査により、もとは前方後円墳（市庭古墳と名付けられた）で、宮の造営によって前方部が破壊されたことが判明した。次いで、昭和55（1980）年の調査で後円部側もやはり宮の造営時にかなり削平され、内濠は半分の深さまで埋められていることを確認した。つまり、現状の位置や規模は偶然ではなく、ある目的のもとに意識的に削り残された結果である［奈文研 1982］。その位置は、先に述べた第二次大極殿の中軸線にまさしく一致し、かつ北面大垣に接することから、耳成山あるいは船岡山に比す

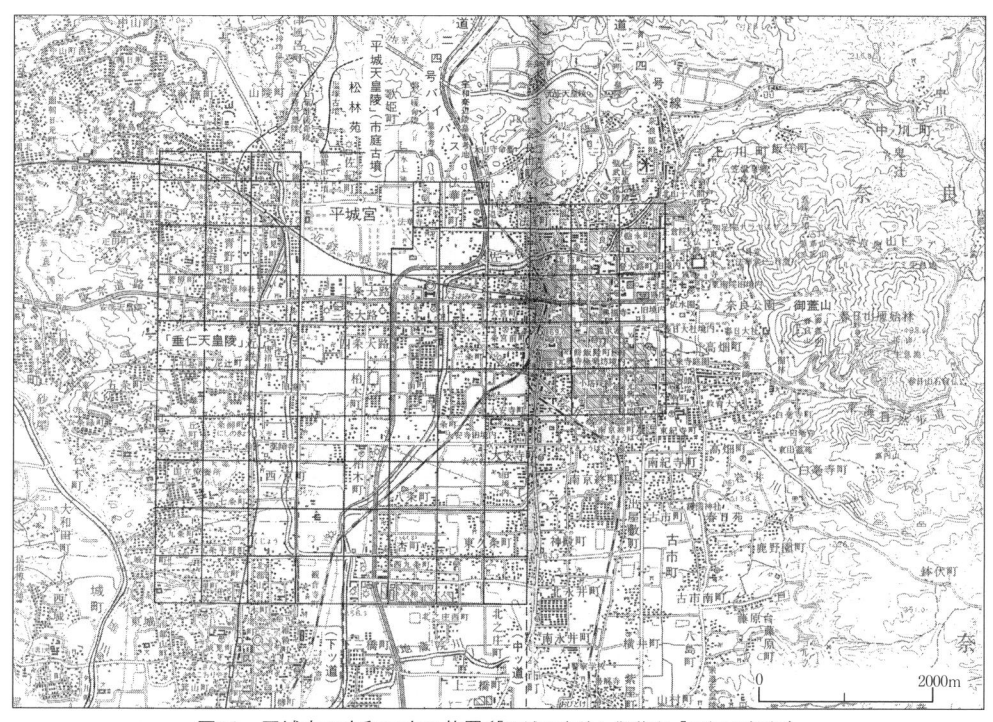

図12　平城京の大和三山の位置（「平城天皇陵」・御蓋山・「垂仁天皇陵」）

べき山と考える。

　次に、香具山・神楽岡に該当する山は御蓋山であろう。周知のように、御蓋山は春日社の神体山であるが、春日社の勧請以前の養老元（717）年に遣唐使が奉幣しており、遷都当初から信仰の対象であった。近年、この山を囲むように大規模な築地塀のめぐることが判明した。出土瓦に軒瓦がなく、厳密な造営年代はなお検討課題であるが、丸・平瓦は8世紀も初頭に近い頃の特徴を示している。御蓋山は平城京三条大路の東方に位置する。では畝傍山・双ケ丘にあたる山は何であろうか。これには垂仁天皇陵（櫛見山陵・生目入日子伊佐知天皇陵）に治定された古墳を考えている。「垂仁陵」は、全長220mを超す大前方後円墳で、右京四条三坊の一～三、六～八の坪を占める。この占地からも明らかなように、御蓋山のほぼ真西約6.5kmに位置する。古墳が、周辺と比高差のある丘陵末端部に位置するため、現在でも、その姿は平城宮跡から望まれる。このように、「垂仁陵」は、その規模と御蓋山との位置関係から、三山の一つと考える。

　以上が、平城三山についての見通しであるが、では、都城において三山はいかなる意味をもつのであろうか。すでにみたように、三山は、京城との位置関係からみて、京ではなく宮城を囲んでいるようである。三山で有名なものは、神仙思想に表れる三神山伝説である。『史記』には、渤海中に蓬莱・方丈・瀛洲の三神山があり、仙人が住み、不死の薬があり、豪華な宮殿があると伝える。この伝説は、斉地方の方士が蓬莱神仙の古信仰と不老不死の伝説を結びつけ、説いたもの［福永 1959］という。この伝説は時代とともに変形してゆくが、日本には5世紀頃に渡来人によってもたらされたとされ、平安中期に成立した『本朝文粋』には、三山五岳が「天下鎮」との文言もみえる。この三山伝説と、今までにみてきた宮都周囲の三山とを関連させて考えてみると、宮城の周囲に神仙の住む三山があるということは、宮城が不老不死の永遠の理想境であることを意味し、宮の主である天皇の住まいとしてもっともふさわしい場所となる。天平勝宝5（753）年正月、藤原清河・大伴古麻呂ら遣唐使一行が、長安城の蓬莱宮含元殿において、玄宗皇帝に謁したと『続日本紀』は伝える。長安城大明宮には蓬莱池があり、蓬莱宮が大明宮の別称であったことは、この辺の事情を物語るものではあるまいか。

3　宮の構造

　平城宮は、平城京の北端中央部、奈良山丘陵を背にした所に位置する。平城宮の復原図（図13）をみて、まず気づくことは、その特異な平面形であろう。八町四方の方形という北浦定政以来の定説を打破するきっかけとなったのは、現代の山城道ともいうべき国道24号線バイパス計画であった。1965年、宮の東に接する大宮大路上に計画された路線の事前調査では、大路の推定地に官衙が広がり、さらに、宮の東南隅では

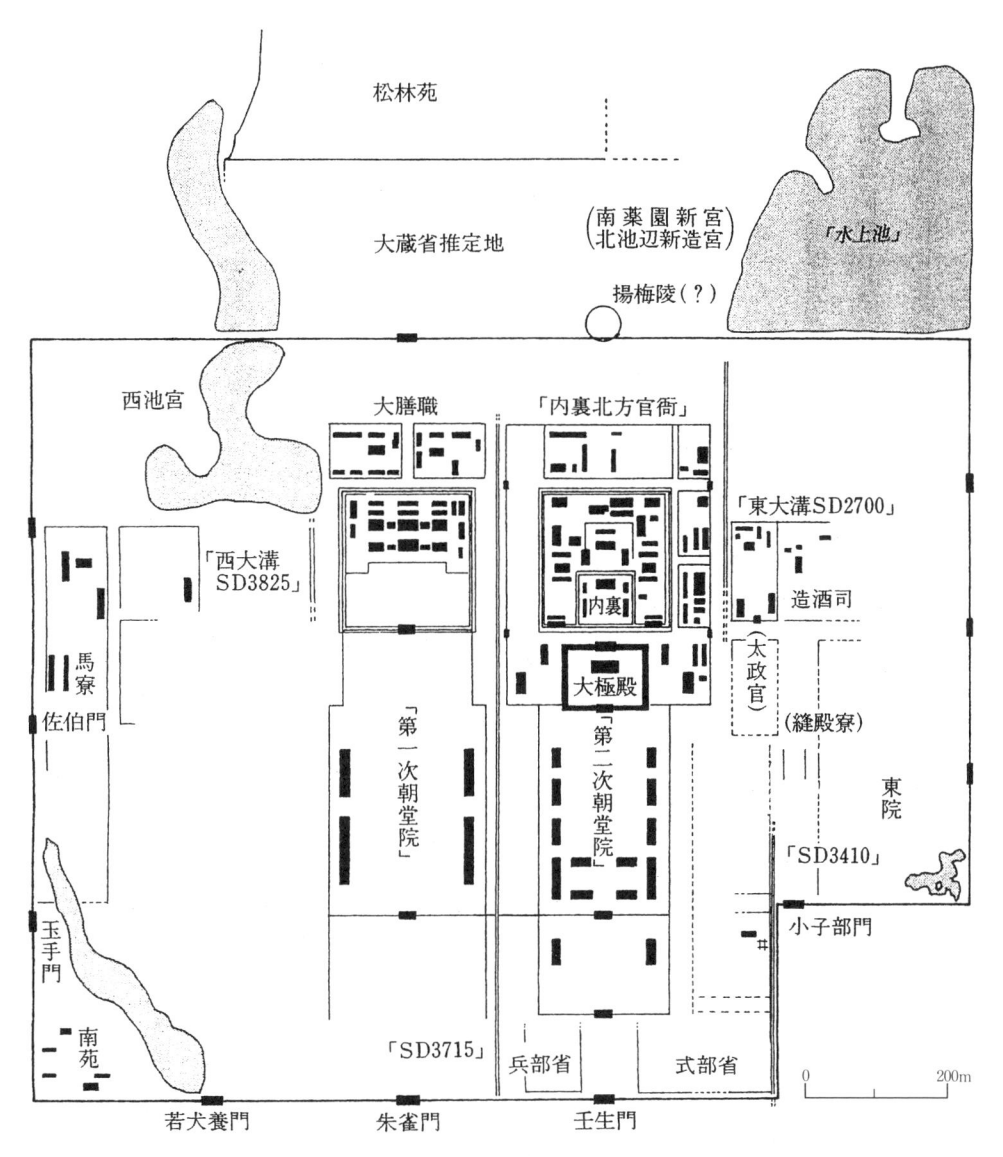

図13 平城宮の全体図

大路上に南面して建つ宮城門を検出した。平城宮が方形ではなく、東側に張り出し部をもつことを発見したのである。宮の規模は、京の条坊に規定され、条坊に換算すると、東西二・五坊分、南北二坊分となる。一坊は令制1里(180丈、約535m)を単位とするから、計画寸法では、おのおの約1.34km、1.07kmとなる。

宮城四周は、基底幅9尺(2.7m)、高さ5mの版築工法による築地大垣で囲み、大路に面して宮城門を開く。宮城門は、大伴(朱雀)門・壬生門・若犬養門など、氏族名を冠して呼び、藤原・平安宮では、宮城四周に3門ずつ計12門があった。平城宮では、東張り出し部があって、南面に4門が開き、北面では西面位置に現御前池が、東門位置には「平城天皇陵」があって、門の存在は未確認である。実際に12門があったとし

第3章 平城宮　25

ても、諸宮にくらべ変則的な配置と考えざるを得ない。

　遷都計画の実態を知る上に、宮城門や大垣の施行時期は重要である。宮正面の朱雀門の調査では、「大宝令」の規定に従った過所木簡(通行手形)が門下層の下ツ道側溝から出土し、門建設の上限年代が大宝元(701)年であることを示す。他方、壬生門(南面東門)の東では、大垣下層の排水溝から、神亀5(728)年の紀年銘木簡が出土し、北面では、大垣下層に掘立柱塀があるなど、和銅3(710)年の詔にみる「宮垣未成らず」が、場所によってはかなり後まで続いたようである。

　平城宮の特徴の第2は、宮の中央に二つの大極殿・朝堂院の区画が並ぶことである。藤原宮では、大極殿・朝堂院は宮の中心に一つしかないから、平城宮の姿は、のちの平安宮の朝堂院と豊楽院が並ぶ姿に近い。朱雀門の正面の区画を第一次大極殿・朝堂院、壬生門の正面の区画を第二次大極殿・朝堂院と通称する。もともと、この呼び名は、1960年代、大極殿・朝堂院全体が第一次から第二次に移転したと考え、名付けられたのだが、今日では、朝堂院が移転したとの考え方はなくなり、各々の区画を指すものとなっている。他に、中央区(第一次地区)、東区(第二次地区)という呼び名もある。

　平城宮の大極殿は、即位や元日朝賀など国家の大礼を行う宮城内でもっとも重要な建物であり、最初は第一次地区にある。第一次大極殿院は東西600尺(約177m)、南北1,080尺(約318m)の築地回廊で囲み、その南面中央に大きな大極殿門を開く。大極殿門の南北位置は第二次区のそれとも共通し、朱雀門心の北180丈にある。門の左右には「高殿」と呼ばれた巨大な楼建物を建てる。回廊内の北三分の一を、前面を塼積擁壁とした高い段に作り、その中央に9間4間の大極殿、背後に後殿を置き、南は砂利敷広場とする。高い段上に巨大な基壇建物を造ることは、規模こそ違え、唐長安城の大明宮含元殿に例があり、その模倣といわれる。この大極殿は、恭仁京大極殿と同じ規模であり、天平12(740)年頃、恭仁京に移建したと考えられている。天平勝宝5(753)年頃になって、この地域にはそれまでと性格の異なる宮殿が営まれる。築地回廊を北は約30m南に移して、内裏と同規模の東西600尺、南北620尺(約184m)の区画に縮める。そして塼積擁壁の段を南に拡張、大明宮の麟徳殿を模した特殊構造の正殿・付属屋から成る27棟の建物を配置した。この宮殿は延暦3(784)年の長岡遷都時まで存続する。この地域は、平城上皇の時代に再び使用された。

　大極殿院の南には朝堂院が付属する。朝堂は大極殿を正殿とする朝儀の場で、元日朝賀と朝賀・即位・大嘗祭の饗宴および外国使節の謁見などが行われた。岸俊男は、本来朝政の場であるとする[岸 1975]。第一次朝堂院は、東西720尺(約214m)、南北960尺(約284m)で、南北距離は第二次のそれと等しいが、東西は120尺(約34m)大きい。この区画は、最初掘立柱塀で、のち築地塀とする。朝堂院南門は5間2間の礎石建物で、朝堂と同じく建設はやや遅れる。朝堂院内は、はじめ広場であったが、神亀年間(724～729年)にいたり、藤原宮とは異なる四堂の朝堂が成立する。この朝堂は梁間は

ともに4間、桁行は第1堂が10間、第2堂が21間と非常に長大な瓦葺の礎石建物である（図14）。朝堂の建設年代が下ることから、下層に前身の掘立柱建物を想定する意見もある。しかし、調査成果からみて、その想定は困難である。朝堂の前庭では各種の儀式を行っており、関連した仮設建物や馬埒跡を検出している。朝堂院の南に朝集殿があったか否かは問題である。これまでの調査では、築地塀による朝集殿院の区画のみがあり、朝集殿は未検出である。

図14　第一次朝堂院東第2堂遺構（人は柱位置を示す、南東より）〈奈良文化財研究所提供〉

一方、第二次大極殿・朝堂院地区は、北から内裏・大極殿・朝堂院・朝集殿院が並ぶ。内裏は東西940尺（約279m）、南北1,260尺（約373m）の外郭中央にある。はじめ掘立柱塀の600尺四方の区画であったが、次に全体を南に20尺寄せて、南北610尺とし、のちに同一規模の築地回廊とした。内郭の建物配置は、正殿・前殿が区画中央部に単独であったが、南北規模を広げた時に、回廊・塀によって東西に三分し、さらに中央部を南北に三分して、正殿・後宮・付属舎を置く、全体的には『平安宮内裏図』に似た配置となるらしい。以後はこの配置を踏襲する。

図15　第二次大極殿院の発掘（西南より）〈奈良文化財研究所提供〉

大極殿院は、東西410尺（約122m）、南北296尺（88m）の複廊によって画し、南面回廊の東西に、内裏外郭の南面築地が取りつく。9間4間の大極殿は、後殿と軒廊で結ばれる（図15）。朝堂院の規模は先に述べたが、その区画は、掘立柱塀と築地塀の2期があり、内部には藤原宮同様の十二朝堂の跡が土壇として残り、調査した東第一堂は、藤原宮のそれより規模の小さい7間4間の四面廂建物であった。この大極殿・朝堂院の下層には、上層と中軸線を同じくした掘立柱遺構があり、大極殿下の7間4間の四面廂建物は、下層遺構の正殿である。大極殿の前庭部から、朝堂院前庭部にかけて、儀式関係の仮設遺構がある。なかには、桓武即位に関わると思う宝幢や四神の旗の跡、

第3章　平城宮　27

大嘗祭関連の建物跡などもある。大嘗祭遺構は3時期ある。これらは従来、文献によっていた儀式・即位式の状況を、遺構上から解明する資料となるものである。

朝堂院の南には、朝集殿院の区画がある。やはり、掘立柱塀と築地塀の2期があり、内部に礎石立ちの朝集殿を検出している。

以上、二つの大極殿・朝堂院について述べたが、発掘の進行状況によって遺構の理解に差があるのはやむを得ない。ここで問題になるのは、

1）第二次大極殿院・朝堂院の建造年代
2）同地区下層遺構の性格づけ

の二つである。1）に関しては、藤原武智麻呂伝に「工匠を率いて宮内を改作す」とあることから、聖武即位をめざした養老〜神亀（717〜729）年間の造営とする立場と、恭仁京から還都した天平17（745）年以降とする立場がある。大極殿は、前説では、神亀以降、恭仁遷都までの間、両地区にあったことになるし、後説では1基しかないことになる。このように年代差があるのは、大極殿・朝堂院使用の軒瓦（6225・6663型式）の年代観に隔たりがあるためである。ここでは後説に与するが、それは、内裏地区や大極殿閤門回廊地区の調査で、上の軒瓦と関係深い軒瓦と、下層遺構の軒瓦（6311・6304型式）との間に層位差を認めたこと、下層の軒瓦の年代は、養老〜神亀年間が妥当と考えることによるものである。第二次大極殿・朝堂院は、天平17年の還都後の造営で、この時、内裏や朝集殿院の区画も、掘立柱塀から築地回廊・塀に改め、意匠的に統一したのであろう。

次に、2）の下層遺構の性格については、早く、岸俊男が、即位を約束された首皇子（聖武）の東宮と推定し［岸1977］、最近、町田章も唐の影響を考慮して、同様に結論づけた［町田1986］。一方、下層遺構も朝堂院で、大極殿下層建物を正殿とし、前期難波宮にみるような掘立柱の十二朝堂があったとの見解がある。その可否は、調査の進展によって決するが、ここでは下層遺構も朝堂院と考えておく。その理由は、最近、朝堂院の南門位置で、二つの朝堂院をつなぐ東西塀を発掘したことである。これも、掘立柱と築地の塀があるようで、二つの朝堂院の区画が、遷都時に計画的に配置された可能性が一層高まった。さらに朝堂が本来朝参の場とすれば、宮城に不可欠の上に、比較的早い時期の史料に朝堂の用例がみえるのに対し、第一次朝堂院における朝堂の建設は、それより遅れるという事実がある。それゆえ、第一次地区のほかに朝堂院のごとく大規模施設を求めるとすれば、第二次の朝堂院下層しかないからである。以上の遺構変遷を奈良時代の前半・後半に大別すると、前半には大極殿は第一次地区にあり、その南の朝堂院には礎石建築の四堂型式の朝堂がやや遅れて成立した。十二堂の朝堂は、第二次地区に掘立柱建物としてあった。大極殿下層の建物が朝堂の正殿で、これを大安殿とみる説［寺崎1984］もある。後半、大極殿は第二次地区に成立、十二朝堂も礎石建築に改めるとともに、内裏から朝集殿にいたる区画を築地塀・回廊とした。第一次地区の大極殿跡には麟徳殿の宮殿を営み、南の朝堂院の区画は築地塀に改め、

図16　長安城の構造図

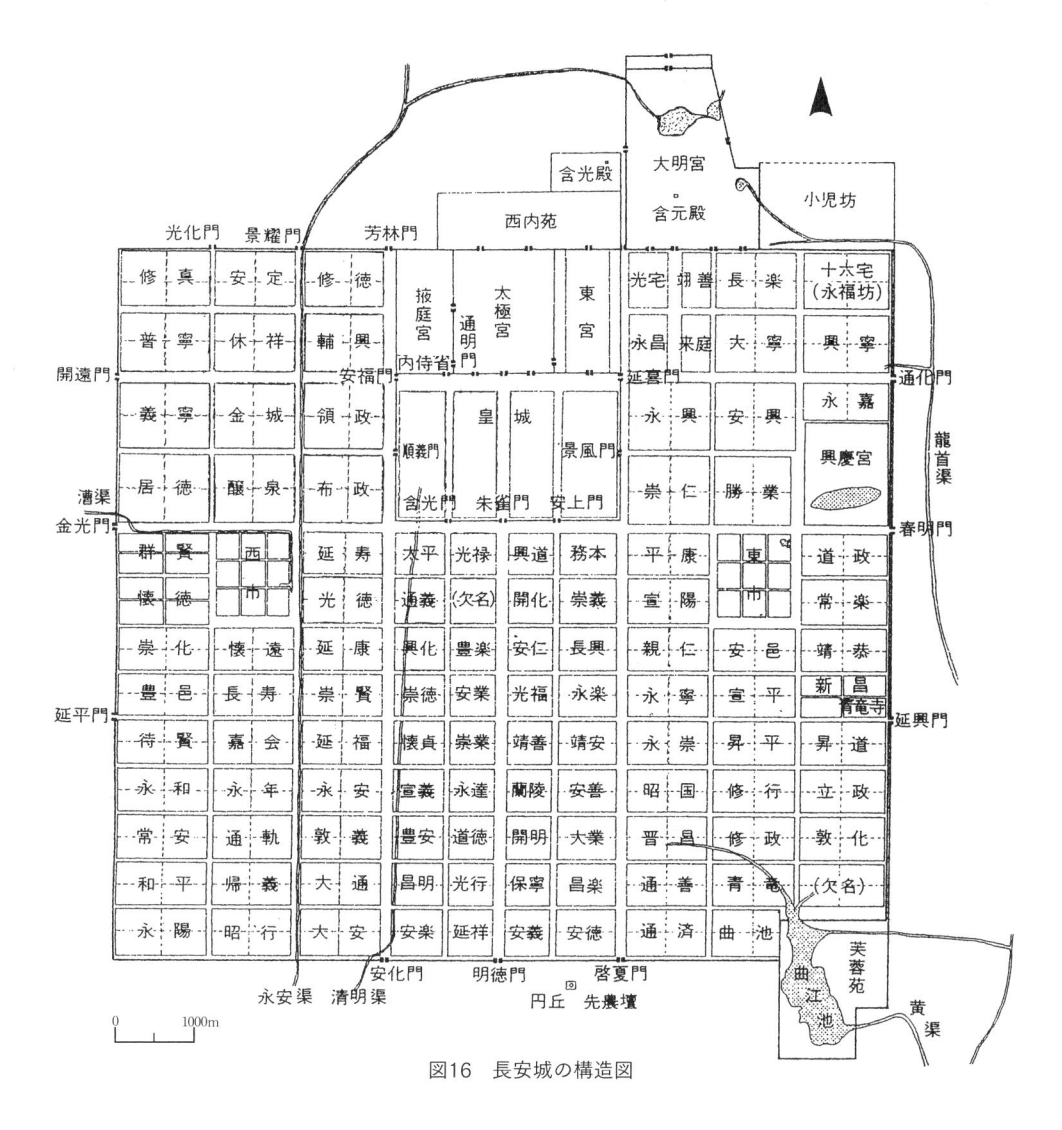

さらに南に朝集殿院の塀を新設したということになろう。

　二つの朝堂院は、今泉隆雄が平安宮朝堂の用例に見い出したように、第一次のそれが豊楽院朝堂、第二次のそれが朝堂院朝堂として機能したのであろう［今泉 1980］。

　次に、なぜ平城宮において二つの宮殿区・朝堂院が成立したのであろうか。これは、唐長安城の模倣の結果と思う。周知のごとく、長安城には太極宮・大明宮・興慶宮の三つの宮城があった（図16）。これらは位置関係から、西内・東内・南内と呼ばれたが、その成立は前記の順である。太極宮は、隋の大興宮を引き継いだもので、太極殿を正殿として宮城中央にあり、東には東宮が隣接する。大明宮は、竜朔2（662）年、長安城東北角に造営したものである。興慶宮を宮城としたのは、さらに下って玄宗皇帝の開元2（714）年である。大明宮造営の翌年から、高宗はここで政務をみ、大礼と国家の大事は太極宮で行うことにした［佐藤 1971］。詳細は省くが、平城宮の二つの宮殿区・朝堂院の並存は、長安城の二つの宮城をモデルにしたものと考えるのである。

大明宮の含元殿や麟徳殿の模倣が第一次大極殿地区で行われた可能性は先に述べたし、藤原仲麻呂の田村第の原型が玄宗皇帝の興慶宮であることは、別に論じた［奈文研 1985］。モデルといっても長安城をそのままではなく、日本の実情に応じた改変が加えられている。朱雀門正面に、中国風の最新の宮殿配置を取り入れ、対外的に威を発揚するとともに、東隣に伝統的な掘立柱施設を置くことで、対内的には融和をはかったのではなかろうか。宮中心部に二つの宮殿・朝堂区画を並列したため、長安城では太極宮に隣接していた東宮は、必然的に東の張り出し部に設けざるを得なかった。というのが、平城京中枢部の配置に対して秘かに抱いている見通しである。

4　宮と後苑

　正月や節日、冬至の饗宴などは大宮人にとって重要な年中行事であり、宮内各所には各地形を巧みに利用した園池（苑池）が営まれている。東院の庭園（図17）、史料に西池宮とみえる現佐紀池下層の池、秋篠川の旧流路を利用した、南苑とみえる宮西南隅の池などがある。

　宮に付属した園池はこれだけではない。1979年、平城宮北辺の丘陵上に築地塀で区画された広大な施設が発見され、これが史料にみえる松林苑にあたるとされた。松林苑は松林宮・北松林などとして天平年間（729〜749）の史料にみえ、正月17日の大射、3月3日の曲水宴、5月5日の騎射など重要な年中行事が行われたところである。その位置は、第一次大極殿の真北にあり、外郭と内郭の二重構造になっている。外郭の規模は東西0.5km、南北1km以上と推定されている。外郭の南辺築地は宮の北面大垣から北800尺（約240m）にあり、大垣と平行するが、西辺築地は直線をなさず、地形に沿って屈曲して走る。東面築地は痕跡をほとんど留めず、不詳な点が多い。発掘調査によって、この築地は基底幅が9尺（2.7m）で宮の大垣と等しいこと、出土した軒瓦が藤原宮式や宮造営当初の瓦を含むことから、遷都当初に築かれた可能性が強くなった［河上 1984］。

　松林苑の内部構造は今後の課題であるが、苑内に含まれる塩塚古墳の前方部に瓦葺の亭があったようで、瓦が散布し、また前方部自体も上面が整地されている。松林苑の発見によって生じた問題の一つは、先に述べた松林苑南辺築地と宮の北面大垣との間約240m

図17　東院の庭園跡（東南より）〈奈良文化財研究所提供〉

の余地をどう考えるかということである。平安宮では、宮の北辺を半条分（約265m）北に拡張し、大蔵省倉庫群を置く。岸俊男は、こうした点から、ここに平安宮同様大蔵省倉庫群の占地を想定した［岸 1980］。この「大蔵省推定地」に含まれる市庭古墳西北部の発掘調査では、古墳の外濠を利用した奈良時代の園池を検出し、また宮の瓦と同笵の軒瓦が多量に出土、この地に、宮に付属した公的施設があったことは、ほぼ確実となった。なお、この「大蔵省推定地」の西に接して、西堀河（秋篠川）まで東西に延びる細長い地割がみられ、その位置は宮の大垣の北約170mにあたり、幅は約15m、東西350m余り続く。その一部は「称徳天皇高野山陵」の前方部外堤と重複する。これが西堀河に通じる運河とそれに連なる道路遺構とすると、大蔵省への物資運搬という観点から重要である。

　もう一つの問題は、松林苑のごとく大規模な園池がいかなる契機で造られたかということである。宮城北側に苑地を置くことは中国都城に伝統があり、唐長安城では三苑と呼ぶ苑池があった。大明宮東南隅の東内苑、宮城の北に接する西内苑、これらを包みこむ形で広がる東西27里、南北23里、周120里（1里は約530m）の禁苑である（『大唐六典』）。松林苑をこの三苑に対比すると、その位置から、西内苑にあたる［岸 1981］。東内苑については成案を得ないが、東院の別称の東内に着目して、東院東南隅の庭園をあてるべきかもしれない。宮の北方には、これらのほかになお園池がある。東院地区の北、北面大垣から磐之媛陵古墳にいたる、広大な現水上池とその周辺である。水上池は宮造営時に築造された、東西・南北とも約380mの大規模園池である。池の北岸には池中に張り出した中島があり、布目瓦が散布している。未調査のため、詳細は不明だが、亭があった可能性がある。池の西岸には中島の字名があり、早く関野貞は、ここを『正倉院文書』などにみえる平城中島宮にあてている。今日でも、春先はとくに緑の美しい景勝の地である。こうした重要な園池にもかかわらず、従来、水上池とその周辺はあまり注目されなかったように思う。近年、河上邦彦は、松林苑が尾根筋にあって地形上園池を営み得ないとの批判などに対し、水上池と周辺を松林苑に含む復原案を提示した［河上 1984］。しかし先の平城中島宮比定説との関わりは不明である。

　このようにみてくると、水上池は、松林苑とは別の園池で、むしろ長安城の禁苑相当施設の一部と考えるべきではなかろうか。傍証になるが、唐の歴代皇帝の墓は長安から数十kmも離れた北方にあり、長安城北の禁苑は墳墓の空白地帯となっている。平城京も「称徳陵」を除く三天皇陵・皇后陵、高官の墓は佐保山丘陵に集中し、宮城の北方は墳墓の空白地帯となっている。現「称徳陵」は前方後円形を呈する上に、先の「大蔵省推定地」に連なる地割痕跡と重複し、なお検討する必要があろう。

　宮の北に禁苑相当施設を想定した場合、その範囲は、東限がJR西日本関西本線の通る谷筋、西限が京北条里の地、北限が木津川となろう。長安城の禁苑の北が渭水に近接する点、地形的にも類似する。木津川に面しては大安寺や薬師寺の木屋所があったし、宮の西北3.5kmには石のカラト古墳があったので、これは含まれない。このよう

にみると、地形に沿うのではなく、高橋康夫が、平安宮北方に長方形の範囲を復原した禁野［高橋 1983］との類似を考えるべきかもしれない。このように、平城宮北方に禁苑相当施設を想定したが、その証明には区画施設が未見であることや、想定地に分布する官瓦窯の問題など、解決すべき重大な障害がいくつかある。瓦窯については、かつて基礎的な考察を行った［金子 1984］が、残された問題は多い。こうした問題を含んではいるが、今日平城宮において禁苑の問題を考えてよい段階に達したのではあるまいか。

［参考文献］
阿部義平 1984「古代宮都中枢部の変遷について」『国立歴史民俗博物館研究報告』第3集。
今泉隆雄 1980「平城宮大極殿朝堂考」『関晃先生還暦記念日本古代史研究』吉川弘文館。
今泉隆雄 1984「律令制都城の成立と展開」『講座日本歴史』2、東京大学出版会。
上田正昭編 1976『都城』日本古代文化の探求、社会思想社。
金子裕之 1984「平城京と葬地」『奈良大学文化財学報』第3集。
河上邦彦 1984「松林苑の確認と調査」『奈良県観光』第277号。
河上邦彦 1984「松林苑の諸問題」『橿原考古学研究所論集』六。
岸　俊男 1975「朝堂の初歩的考察」『橿原考古学研究所論集』創立三十五周年記念、吉川弘文館。
岸　俊男 1977「日本歴史の焦点」『宮都と木簡』吉川弘文館。
岸　俊男 1980『遺跡・遺物と古代史学』吉川弘文館。
岸　俊男 1981『日本の古代宮都』NHK市民大学講座、日本放送出版協会。
佐藤武敏 1971『長安』世界史研究双書8、近藤出版社。
関野　貞 1907「平城京及大内裏考」『東京帝国大学紀要』工科第三冊。
高橋康夫 1983「平安京とその北郊について」『京都中世都市史研究』思文閣出版。
田中　琢 1984『平城京』古代日本を発掘する3、岩波書店。
寺崎保広 1984「平城宮大極殿」『佛教藝術』第154号。
奈良国立文化財研究所 1982『平城宮発掘調査報告XI』奈良国立文化財研究所学報、第40冊。
奈良国立文化財研究所 1985『平城京左京四条二坊十五坪発掘報告』。
福永光司 1959「封禅説の形成」『東方宗教』第6号。
町田　章 1986『平城京』考古学ライブラリー44、ニュー・サイエンス社。

第Ⅰ部 古代都城の構造

第1章

飛鳥・藤原京から平城京へ

1 飛鳥への道

　列島の日本は中国大陸からやや離れているが、東アジアの動向とは常に関わりがある。古代でも中国大陸における南北朝統一（589）と、それを契機とする東アジア動乱の開始は甚大な影響をもたらせた。王権は難を避ける目的から、6世紀の王朝が依拠した広闊な磐余の地（現在の桜井市西南部、後の藤原京左京域に重なる）からその南西に位置する狭隘な飛鳥の谷へと移動した。

　古代の飛鳥は非常に狭く、香具山以南、橘寺以北の飛鳥川右岸を指した［岸 1970］。ここは東から南が多武峯山系に、西は甘樫岡に連なる丘陵という天然の羅城に囲まれた要害の地であり、広闊で東西交通至便な磐余からこの地への移動は東アジア動乱を睨むものだった。

　飛鳥に移動した最初の王権は女帝推古である。敏達皇后の推古ははじめ飛鳥の西北に位置する豊浦宮（明日香村豊浦）に即位し（崇峻5〈592〉年）、次いで推古11（603）年に飛鳥川を隔ててその東方にあたる小墾田宮に遷った。小墾田宮の所在地については岸説の飛鳥川左岸説が有力だったが、その後の発掘調査などによって、現在では飛鳥川右岸の「雷丘」（明日香村雷）周辺の雷丘東方遺跡が有力である。

　ここは飛鳥の北端に近く、飛鳥と磐余、軽（現在の橿原市軽）を結ぶ幹線道路の阿倍山田道に直接する。この宮の構造はまだ明らかではないが、飛鳥を冠する飛鳥時代とは狭義には推古朝（592〜628）のことだから、女帝が飛鳥時代の開幕を告げたことは間違いがない。しかし、小墾田宮からさらに飛鳥の谷奥に入り込んで本格的な宮殿を建設して谷全体を宮と寺が集中する都（ここでは飛鳥京という）とし、のちに巨大な条坊制都城である藤原京（694〜710）を建設するのは、次の舒明天皇とそれに連なる血筋の人々だった。

　推古の死後、ライバルだった山背大兄（聖徳太子の息）を滅ぼし、629年に即位した舒明（田村皇子）は即位の翌年に飛鳥岡本宮（630）を造営し、小墾田宮から移った。平安時代初頭まで皇統が続く舒明王朝ともいうべき時代の開幕だった。

　ここでは観点を変えて、最近の万葉集研究の成果からみてみよう。

2　持統女帝の国家観

　関連するのが「原万葉集」に関する研究である。「原万葉集」とは、『万葉集』全20巻の成立過程に関する鍵語の一つである。『万葉集』20巻はすべてが一時期に成立したのではなく、収載歌には前後100年以上の時間差がある。

　江戸期の契沖は早くに巻第1から巻第16までと、巻第17から巻第20までの二部に大別できることを指摘した［築島ほか 1974］。

　その後、『万葉集』の大別や前後の部を構成する各巻の内容については精緻な研究の蓄積が進んだ。ここで問題になるのは前半の第1部である。この第1部もすべてが同時に編まれたわけではなく、幾度かの編纂過程があり、その最初が巻第1・2である。その原型が「原万葉集」である。

　橋本達雄説によると、巻第1・2には増補や追補があるという。そこでこれらを除いたものが「原万葉集」となる。すなわち、「現在の巻1・2には、のちに増補された部分や、さらにはその後に追補された痕跡が顕著であるので、その増補・追補を除いた部分」である［橋本 2006］。

　橋本説によると「原万葉集」は本来1巻本で117首から成り、成立は持統朝の末期。その編者は持統天皇と柿本人麻呂だという。そして「原万葉集」の狙いについて、宮廷の偉容を示す歌々を編纂して内外に公布するとともに、若い文武天皇（当時15歳）の地位を側面から不動たらしめる意図、などがあったとする［橋本 2006］。

　橋本説は飛鳥京や藤原京の成り立ちを考える上で興味深い。「原万葉集」編纂の意図は橋本説の通りだろう。と同時に、持統が自らの事績を称える賛歌の意味もあったのではなかろうか。「原万葉集」の意図を考える上で、題詞と歌の配列が重要な意味をもつので、この点を再確認しておこう。

「原万葉集」巻第1は天皇の代ごとの題詞がある特異なもので、橋本説によるとその配列は、

　　泊瀬朝倉宮治天下天皇代（雄略天皇）
　　高市岡本宮治天下天皇代（舒明天皇）
　　明日香川原宮治天下天皇代（皇極天皇）
　　後岡本宮治天下天皇代（斉明天皇）
　　近江大津宮治天下天皇代（天智天皇）
　　明日香浄御原宮治天下天皇代（天武天皇）
　　藤原宮治天下天皇代（持統天皇）

の順であるという。

　現行の『万葉集』における藤原宮治天下天皇代には、持統・文武天皇両時代の歌がある。この藤原宮治天下天皇代を持統天皇代とし、この後に続く寧楽の宮を含めた一

部の歌を後の増補歌、追補歌として除くのである。

「原万葉集」巻第1が泊瀬朝倉宮治天下天皇代（雄略）に始まること、高市岡本宮治天下天皇代（舒明）がそれに次ぐことはきわめて示唆的である。

泊瀬朝倉宮治天下天皇（雄略天皇）は偉大な大王で、『日本書紀』はその御代を画期として描く。これは書紀の編纂時にそうした認識があったことを物語っている。あるいは壬申の乱（672）に勝利し、成立した天武朝の偉大さを歴史的人物に仮託したものであろうか。『日本書紀』は持統（高天原広野姫）天皇で全30巻を終えており、「原万葉集」と『日本書紀』とは同じ歴史認識のもとで編纂が進んだのでこれは当然のことで、いずれにしてもある種の象徴として泊瀬朝倉宮治天下天皇代を劈頭に置いたことになる。そこで、「原万葉集」の実質的な歌は第2番目の高市岡本宮治天下天皇代となる。

すなわち舒明天皇である。するとその御代の歌が大きな意味をもつこととなる。この歌が「天皇登二香具山一望レ国之時御製歌」（『万葉集』歌番号2）である。

いうまでもなく国見の歌である。国見は土橋寛説によると、もともとは春の初めの予祝行事だったものが、天皇の行事となることで支配者の儀礼としての政治的性格を強くしたという［土橋 1965］。ここで香具山が登場するのはこの山が飛鳥の北端に位置し、北から飛鳥の正面を象徴するからだろう［岸 1988］。

すなわち単なる新年の国見の歌ではなく、「原万葉集」の編者持統天皇はこれをもって舒明が本格的な宮殿の飛鳥岡本宮（630）を建設し、飛鳥の谷全体を宮と寺が集中する都としたこと、これを含めた新王朝の成立を高らかに宣言したのである。

持統朝は通常は、天武朝と一体で天武・持統朝として扱うことが多い。舒明天皇を始祖とする意味をもたせたのは壬申の乱（672）に勝利した天武・持統朝であり、血統による強烈な王朝意識を前面に打ち出すことで、次に述べる飛鳥京跡Ⅲ期（後岡本宮・飛鳥浄御原宮）の整備や、のちの藤原京の建設に邁進した。

その理解のために、舒明の飛鳥岡本宮以下の飛鳥京跡に関する考古学の最新成果をみておこう。

3　岡の飛鳥京跡

舒明の飛鳥岡本宮の所在については古くから諸説があったが、現在では奈良県明日香村岡を中心とする飛鳥京跡にあたることがほぼ確かとなった（図18）。主に橿原考古学研究所を中心とする長い研究史はここでは省くが、この飛鳥京跡には上下3期の宮殿遺構がある。すなわち、

　　Ⅰ期　舒明天皇の飛鳥岡本宮（630〜636）
　　Ⅱ期　皇極天皇の飛鳥板蓋宮（643〜653）
　　Ⅲ期　斉明・天智の後飛鳥岡本宮、天武・持統の飛鳥浄御原宮（672〜694）

ここには二つの方位の宮殿群がある。すなわち、主軸方位が45度近くも西偏するⅠ

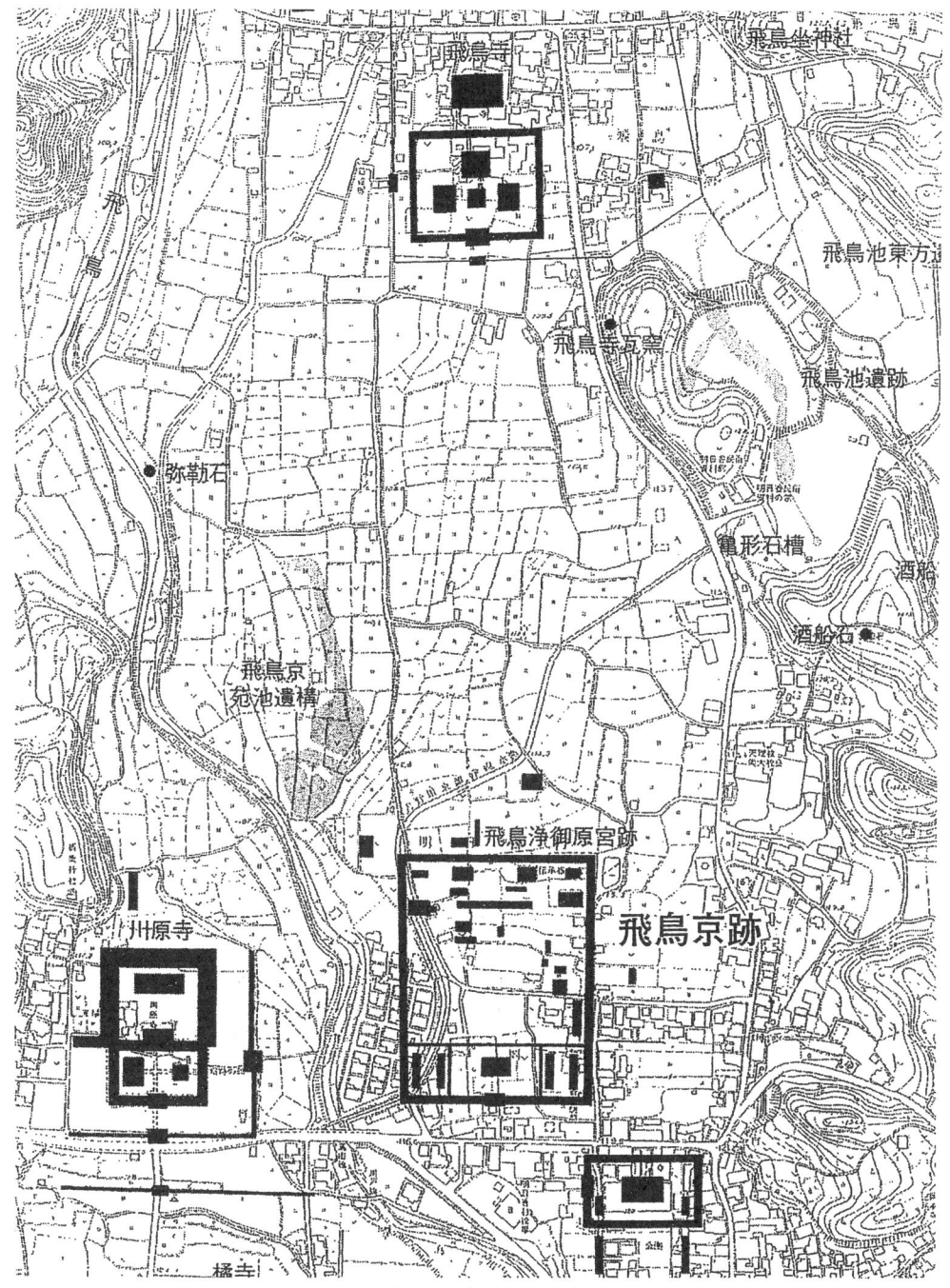

図18 飛鳥京の宮殿と寺

期の岡本宮跡と、正方位をとるⅡ・Ⅲ期の飛鳥板蓋宮および、後岡本宮・飛鳥浄御原宮である。Ⅰ期の方位は「岡」東側の山麓線のあり方とほぼ一致しており、飛鳥の地形に合わせたのだろう。これに対しⅡ期以降の正方位は北天を重視することで、中国のいわゆる天の思想だから、Ⅱ期段階（皇極女帝）にこの思想が飛鳥に浸透したのだろう。

Ⅰ～Ⅲ期のうち全体の構造がわかるのは最上層のⅢ期の遺構で、掘立柱遺構による外郭・内郭の二重構造を備え、令制の2里（約1km）四方の藤原宮（694〜710）に近い規模を備えたようだ。これに対し下層のⅠ・Ⅱ期宮殿の構造はなお明らかではない。

　これは、下層遺構の調査は上層遺構を避けて行うといった制約も要因であるが、やはり中枢部の位置が微妙にずれるのだろう。大化改新の舞台ともなったⅡ期の飛鳥板蓋宮について、林部均説はⅢ期遺構の東北に想定している。

　Ⅰ期岡本宮の中枢部はさらに東側の丘陵端に近く、現在の集落と重なる位置にある可能性がある。この飛鳥京跡の調査成果に、約1km（令制の2里）北方にある石神遺跡の調査成果などをあわせると飛鳥の宮の整備は大きく3段階があり、飛鳥京跡では舒明天皇がⅠ期宮殿を建設して整備の先鞭をつけ、その皇后だった皇極・斉明天皇がⅡ期宮殿の主軸を正方位に改めるとともに、板蓋宮として大規模化し、最終的に、息子夫婦の天武・持統がⅢ期宮殿の後岡本宮・飛鳥浄御原宮として拡充整備、といった過程を辿る。

　このうち北天重視を含め、飛鳥全体の整備が進行するのはⅡ期の皇極・斉明女帝（重祚した皇極）のときだが、いずれにしても明日香村岡を中心とするほぼ同位置に、Ⅰ～Ⅲ期宮殿を永続的に建設したことは確かである。これには地形的な要因も多少は絡む。

　Ⅲ期宮殿（おそらくⅡ期宮殿も）は、藤原京（694〜710）に連なる構造と規模を備えた大規模なものだった。しかし、狭隘な飛鳥の谷ではこうした構造と規模を備えた大規模宮殿を置く適地は、岡周辺にしかない。ここを除くと、東・南・西いずれも天然の羅城の丘陵地にかかってしまうのである。

　なお、門脇禎二は飛鳥を東から南にめぐる山並みを田身山として、ここをその一「田身嶺」に冠らしめた「周れる垣」とする［門脇 2005］。ここには斉明女帝が築いた（斉明2〈656〉年是年条）宮東の城郭・石山丘がある［明日香村教委 2006］。

　しかし、地形の制約以上に重要なことは、始祖の宮を踏襲することで王権の正統性を誇示したのだ。血統がそのことを示している。Ⅰ期の舒明（629〜641）以下、Ⅱ・Ⅲ期の皇極（642〜645）・斉明（655〜661）、天智（668〜671）、天武（672〜686）・持統（686〜697）の諸天皇は血筋を同じくする（図19）。

　皇極（宝）は舒明皇后であり、舒明の死後に即位し、斉明天皇として重祚する。そして中大兄皇子（天智）、大海人皇子（天武）の母である。持統は天智の皇女であるとともに、大海人皇子（天武）の妃となり、その死後に持統天皇として即位した。

　このうち中大兄皇子（天智）は近江（滋賀県）の大津京に遷都（667）するので飛鳥京では実質的な意味はそれほどないが、大津京の東側は琵琶湖、飛鳥の東は多武峰の山麓であることを別にすると、両京の基本構造・配置は一致する。

　いずれにしても、彼らを含めここに継続して宮を造営することで、王権の正統性を誇示したのだった。

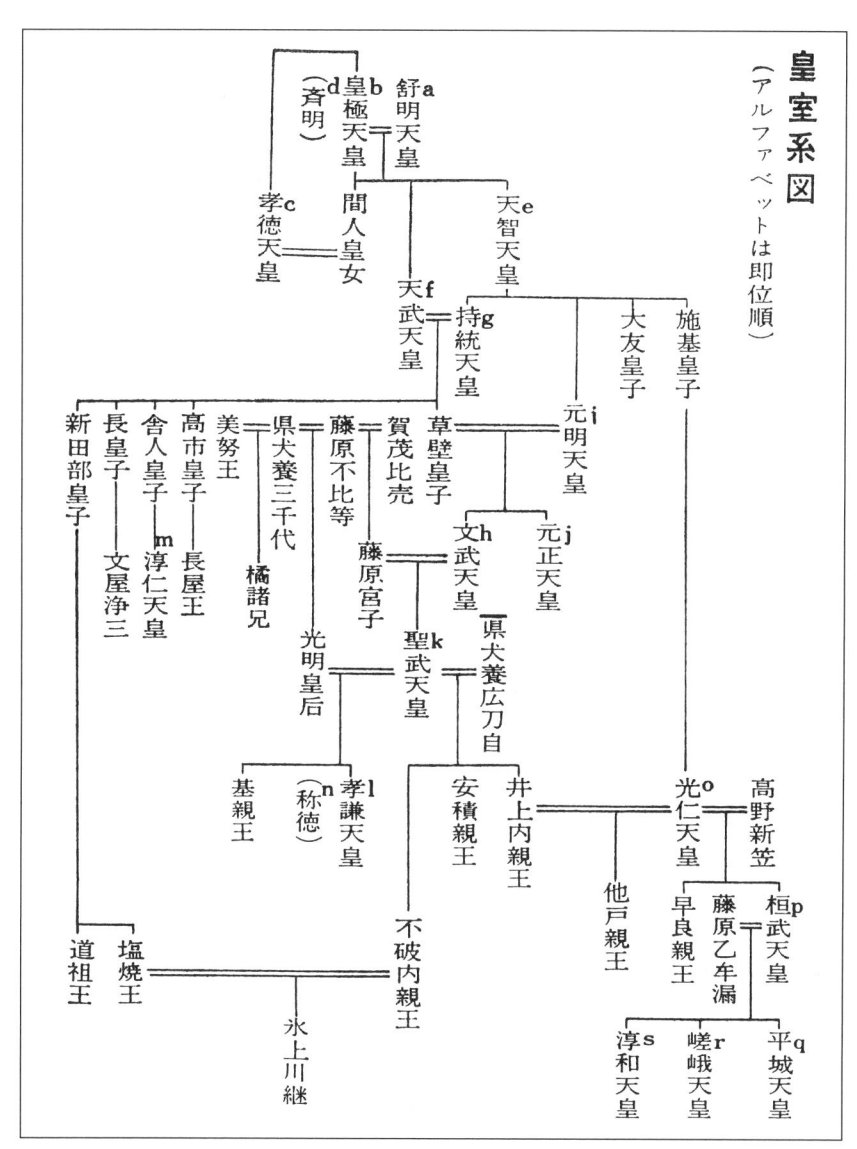

図19　舒明天皇をめぐる血筋

4　藤原京の建設

　持統8（694）年12月、王権は飛鳥の地から新たに建設した巨大な藤原京に遷った。飛鳥の谷から広闊な藤原の地への脱皮は隋を滅ぼして東アジアの覇権を握った唐に備えた「近代化」であり、国際情勢の変化と唐の律令制に対応した国造りの一環だった。
　それとともに自らの新都を誇示し、さらには始祖の事業を顕彰する意図がそこにはあった。藤原京は碁盤目の条坊制による初めての都城で、その建設は本薬師寺跡の調査など考古学的調査の結果からみて、天武10（680）年代以前に天武主導で始まったこ

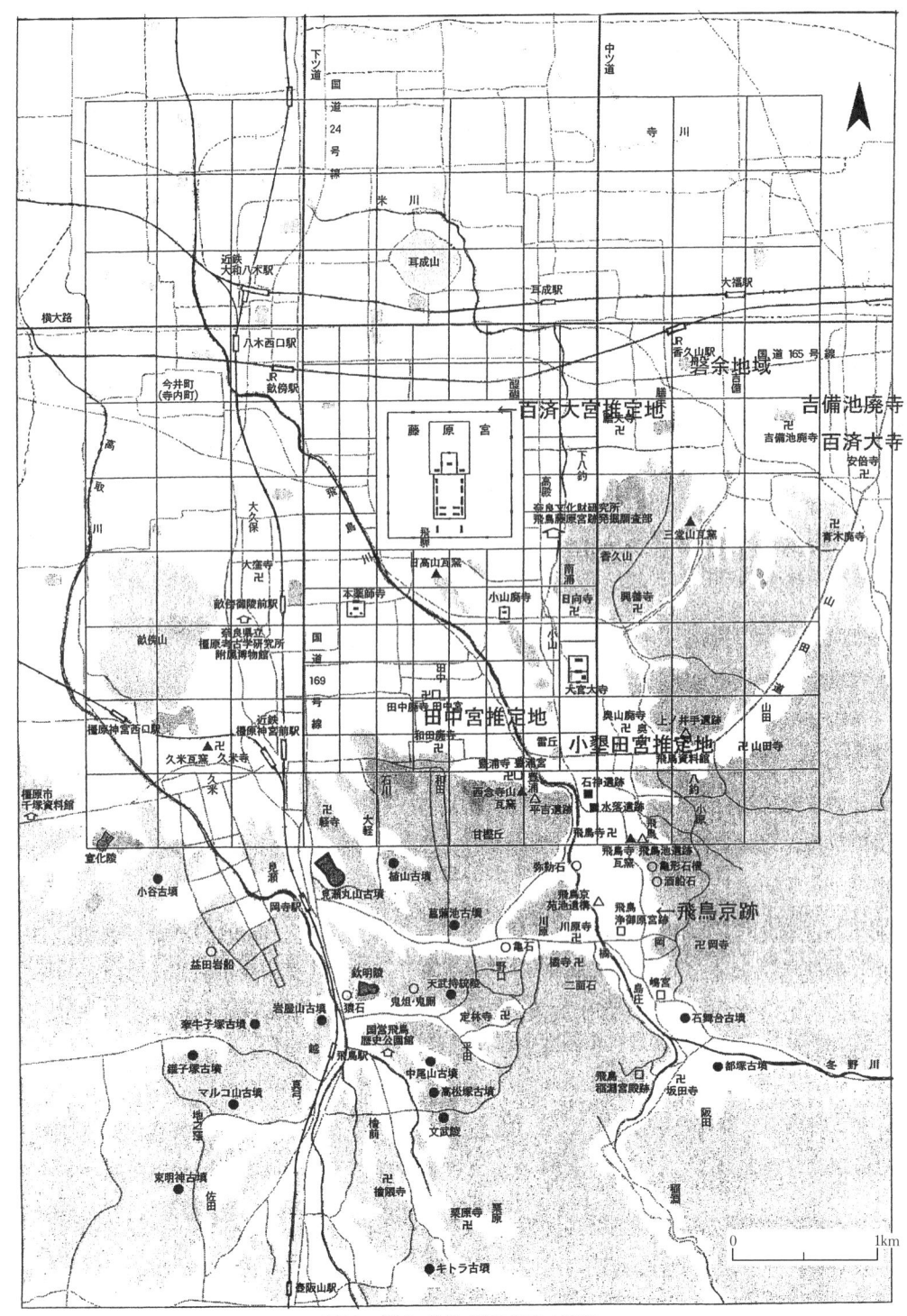

図20　磐余・飛鳥・藤原地域の遺跡

とは確かである。壬申の乱（672）からわずか5年ほどのようだ（天武5年是年条）。
　その規模は十条十坊（約5.3km・10里）説、十二条八坊説などがあり細部はまだ確定

していない。しかし、このうち東西は少なくとも十坊分（約5.3km）はあり、北端の遺構もほぼ明らかとなった。

　それらを含めると藤原京は現在の奈良県橿原市を中心とし、東は桜井市の西南部、いわゆる磐余の地とし、南は一部が未確定だが現明日香村の一部に跨る広大なものとなる（図20）。

　その占地はまた、奈良盆地を南北に貫く官道である下ツ道、中ツ道、難波と東国とを東西に結ぶ横大路を取り込んだものとなっている［奈文研 2002］。

　これら官道の利用は単に交通の便を求めたものだけでなく、自らがよって立つ王朝の始祖を顕彰する意図から、舒明の故地を京域内部に取り込んだ結果だった。

　即位した舒明天皇は飛鳥岡本宮を造営したが、舒明8（636）年に罹災。同年に田中宮に遷り、次いで舒明11（639）年に百済川の辺りに百済大宮と百済大寺を造営した（舒明11年7月条）。そして舒明12（640）年10月に百済宮に遷り、翌641年に没した（舒明13年10月条）。その間の640年4月には、伊予（愛媛）からの帰途、一時厩坂宮に滞在したという。

　このうち、舒明8（636）年に遷った田中宮の推定地は橿原市田中町付近にある。田中廃寺周辺が有力推定地である。厩坂宮も不明だが、宮の名の厩坂は「応神紀」3年10月条に厩坂道がみえ、同15年8月条の地名伝説には百済王が貢じた良馬を軽坂上厩に飼育したことが地名の由来とみえ、軽に近接した。軽の地名は現在の橿原市大軽町に、厩坂はその北の石川町に残る。近鉄橿原神宮前駅東口から下ツ道（国道169号）を隔てた東側付近である。宮跡が未詳の両宮に対し、後者の百済大寺の所在地は発掘調査の結果、ほぼ明らかとなった。

　奈良県桜井市吉備に所在する「吉備池廃寺」こそ、百済大寺である［奈文研 2003］。そこは磐余の中でも磐余池の伝承地として有力な堤跡（桜井市池之内）の東北、約500mほどの地であり、のちの藤原京では東京極の坊となる（平城京風には左京五坊）。

　百済大寺の位置が確定すれば、他方の百済大宮の位置を確定できる。百済大宮と百済大寺との位置関係は、書紀に「西の民は宮を造り、東の民は寺を作る」とある。すなわち百済川を挟んで東側に寺が、西側に宮があった。百済大宮跡は百済大寺跡の西方に位置するのである。

　現在、吉備池廃寺の西には南北に幾筋かの谷が並ぶ。すぐ西側には香具山東麓に源を発する磐余池伝承地からの谷筋があり、「吉備池」廃寺の名前が示すように寺域の西側は谷地形にあたっている。この谷筋を越えた西側には、香具山西北麓の埴安池推定地からのびる谷筋がある。

　そこで吉備池廃寺西方で、宮殿にふさわしい高燥な場所を求めると、香具山北麓の橿原市膳夫町付近か、埴安池を隔てた藤原宮東北地区が有力になろう。これには橿原市法華寺町付近と考える法華寺町説がある［千田 2004］。

　百済大宮跡が藤原京の北東部付近の下層にあったとすると、百済大寺（吉備池廃寺）

は藤原京左京の東京極付近にあたる。さらに、罹災した岡本宮から遷った田中宮推定地（橿原市田中町）もまた、右京の南京極、朱雀大路付近に近い。厩坂宮はその西側で下ツ道に近接し、いずれも京城内部に含まれる。

　これは単なる偶然ではなく、天武・持統による藤原京の造営（遷居は694年）は巨大な新国家建設の象徴であるとともに、飛鳥の谷を本格的に開発し、都とした偉大な始祖の事績を含めて顕彰する事業だった。あるいは、東西十坊は百済大寺跡を左京域に取り込むための工夫だったのではないか。

　「持統紀」には新都を意味する「新益京」（持統5〈691〉年10月条、持統6〈692〉年正月条）の語がみえる。これを岸俊男説は、従来の飛鳥の地を拡大して新たに益した京と解した。ここに述べたことからすると、その解釈はまさに正鵠を射ていた。このように考えた時に意味をもつのが持統天皇の御製である。

　「原万葉集」の藤原宮治天下天皇代（持統天皇）は、天皇御製歌で始まる。
　　春過ぎて夏来るらし白妙の衣干したり天の香具山　　　　　　　　　（歌番号28）
　いうまでもなく香具山の歌である。その解釈には諸説があるが、この歌が持統天皇代の最初に、しかも御製歌としてあることを考慮すべきであろう。これは飛鳥を象徴する香具山ではなく、藤原京のシンボル大和三山の一つとしての香具山の歌である。

　すなわち、新都藤原京の最初の国見の歌であり、持統天皇は御代の始めを天武とともに建設した藤原京の賛歌で飾ったのだ。そして、この歌は「原万葉集」で実質的な劈頭歌である舒明の御製歌（歌番号2）に対応し、一方が新都飛鳥京の、他方は自らの新都藤原京の賛歌としてともに響き合う仕掛けだった。

5　平城京へのみち

　和銅3（710）年、都は奈良盆地北端の平城京（710〜784）に遷る。壬申の乱直後の困難な時期に建設を開始した藤原京は、694年の遷都から僅か16年でその使命を終えた。これは古くからの謎だったが、新都平城京の建設は統一的な全体計画があって、粛々と遷都事業を進めたというものではなく、行き当たりばったりの計画だったようだ。

　平城京（710〜784）は長安城と相似形で面積は四分の一の九条八坊とし［井上 2005］、宮城を京城の北面中央に配置する北闕型をとる（図21・22）。対する藤原京は京の中心部に宮城を配する回の字型（あるいは井字型）だったから、新都のプランは長安城により近い。

　この平面形が平安京（794〜1185）の原型だから、北闕型で九条八坊が古代都城の標準といえよう。

　藤原京短命の謎について、かつては大宝元（701）年の『大宝律令』制定を契機とする官僚機構の整備に対応するもの、との説が有力だった［青木ほか 1989］。しかし、これ

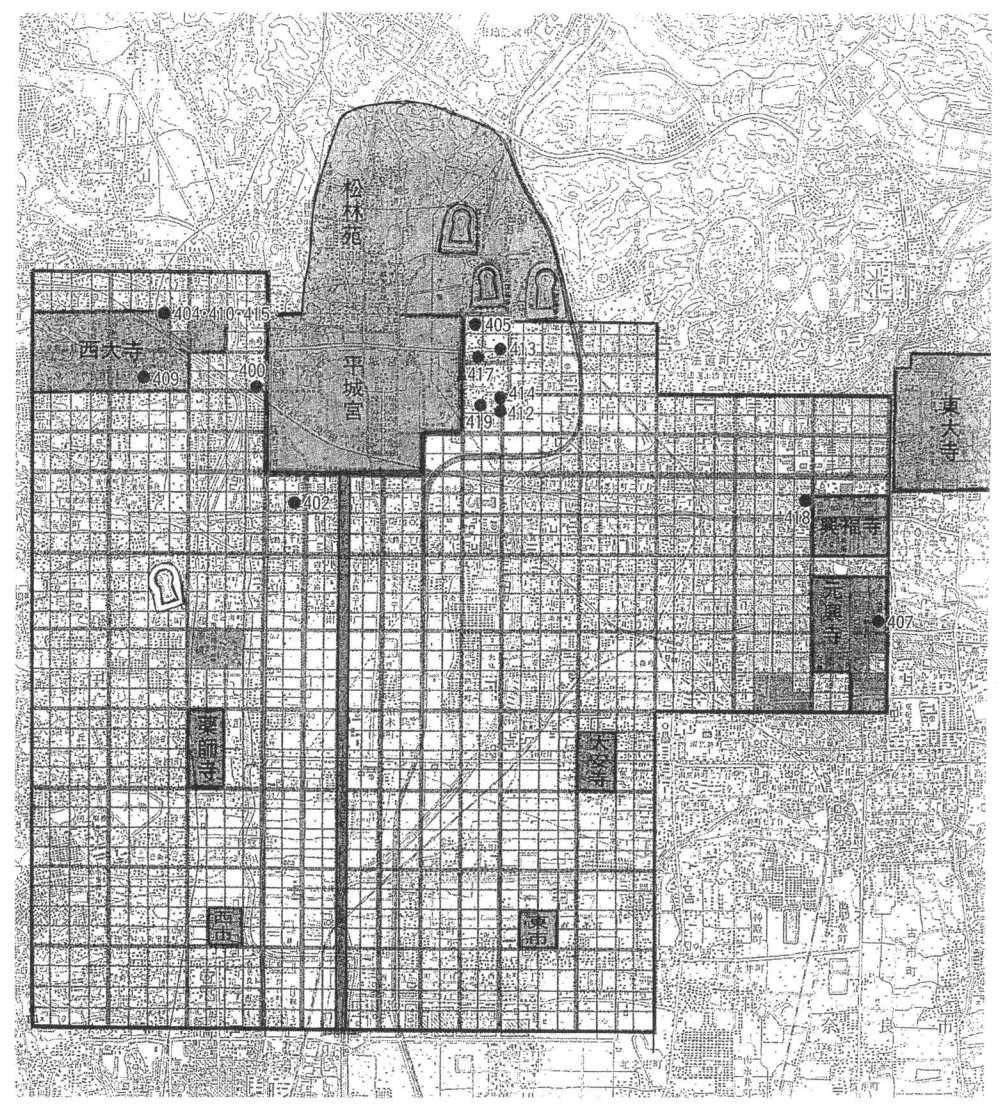

図21　平城京の平面形

は藤原京の規模が平城京の二分の一、面積で四分の一という岸説藤原京を前提としたものだった。

　藤原京が平城京を凌駕するほどの巨大な都城であることが判明した今日、この説は立論の根拠を完全に失った。藤原京と長安城の構造の基本的な違いこそ、平城京遷都の真の動機であり、16年という藤原京短命の最大の理由だった。

　平城京遷都の議はすでに慶雲4（707）年2月19日には始まっていたようだが（『続日本紀』同月戊子条）、これは大宝元（701）年の『大宝律令』制定を契機としてこの年に任命された粟田真人等第七次遣唐使（701〜704）の帰国後のことであり、真人等の報告によって両都の構造がまったく異なることが判明、それによって長安城と同じ北闕型の新都建設へと雪崩を打ったのだろう。

第1章　飛鳥・藤原京から平城京へ　43

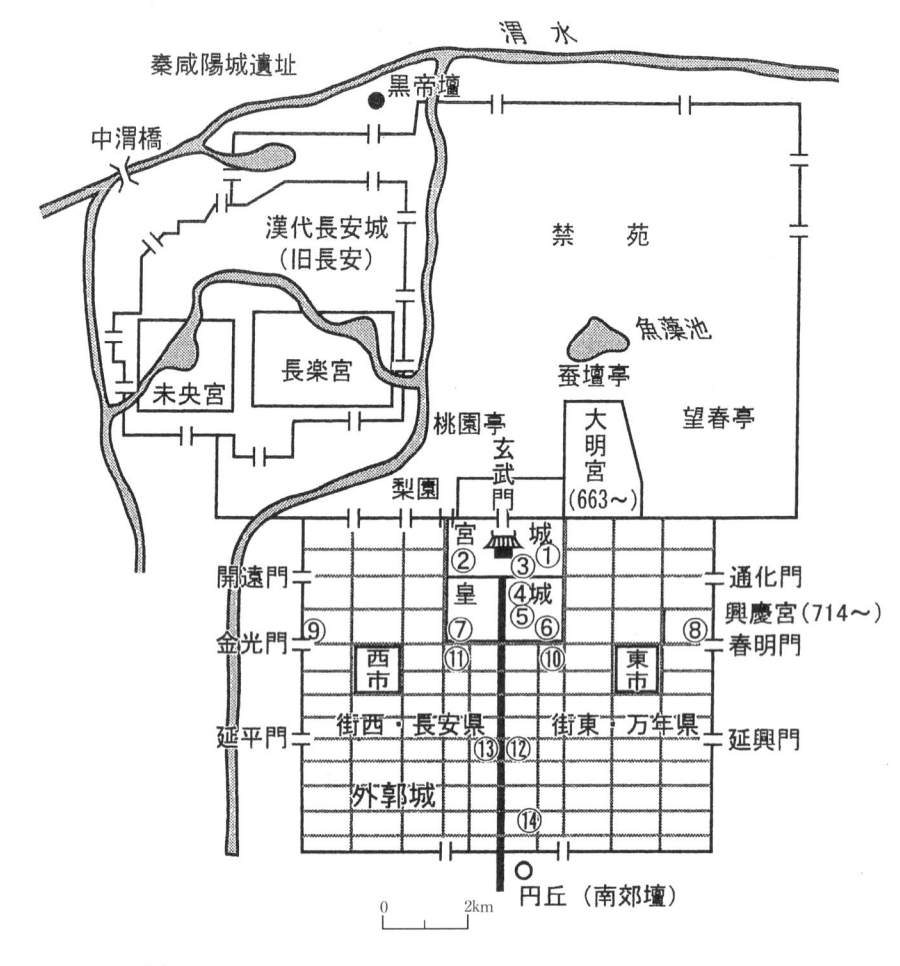

図22　妹尾達彦復原の長安城の平面形(『長安の都市計画』より)

　翌、和銅元(708)年2月には元明女帝による平城京遷都の詔があり、造営官司の任命や工事の進捗を伝える記事が続き、和銅3(710)年3月10日に平城京に遷るから(『続日本紀』同月辛酉条)、新都の建設は順調だったようにもみえる。ところがそれほど単純ではなかったようで、遷都時には平城京の規模すら決まっていなかった可能性がでてきた。

　平城京が九条八坊であることは幕末の北浦定政『平城京大内裏跡坪割之図』(1852年)以来の定説だが、実際には710年の遷都当初はまだ南北が九条ではなく十条だっ

たようなのである。

　左京の南京極の南、大和郡山市下三橋遺跡では大型商業施設建設の事前調査によって、京南特殊条里の下層から平城京十条関連遺構と掘立柱の羅城遺構を検出した［山川・佐藤 2007］。

　十条関連の条坊遺構は天平11（739）年頃までに廃絶、前後して九条大路を南京極とし、羅城を建設したのだという。言い換えると、この段階で初めて九条八坊になったことになる。これが事実なら、北闕型の新都ありきで外形は暫定プラン（藤原京十条十坊説では、藤原京プラン）で建設を始め、739年頃までに長安城に似せて九条八坊に縮小。その減少分を外京建設でカバーしたことになろう。

　そして、長安城のプランに関して704年の粟田真人帰国時には北闕型という以外に詳細な情報はなく、計画変更はその後の遣唐使の報告によったと考える他ない。三十数年ぶりに唐土に赴いた粟田真人は唐の最新情報や文物を多数持ち帰ったようで、その一部が高松塚古墳の海獣葡萄鏡とする王仲殊説は半ば通説化している。しかし、この一件からすると過大な評価は禁物なようである。いずれにしても、新都建設は「海図なき航海」に似たものだった。

6　天武・持統直系の強調

　平城京の建設は王権に新たな課題を突きつけることになった。平城京は舒明天皇の事績とは縁が薄い奈良盆地の北端に位置するから、もはや新都に舒明の事績を持ち出すわけにはゆかない。代わって前面に押し出したのが、天武・持統直系（嫡系）という血統の論理である。

　再び橋本説に戻ると、「原万葉集」の後継計画は聖武天皇（在位724～749）の即位を控えた神亀頃で、皇親政治の再現者である長屋王が、文武遺児の聖武（首太子）即位を控えた時代に企図したという［橋本 2006］。文武天皇の後には中継ぎとして草壁妃であるとともに文武実母の元明天皇（707～715）、次いで娘である元正天皇（715～724）が立ったから、一部勢力にとって聖武即位は天武・持統直系（嫡系）の男子天皇誕生として慶事だった。もっとも、長屋王は天平元（729）年2月、その聖武天皇と藤原氏に謀殺されるからこれは歴史の皮肉という他はないが。

　進んで平城京遷都自体、聖武（首太子）即位のための政治体制造りとする指摘があるほどである［林 1970］。

　聖武の後に即位する孝謙・称徳天皇など天武・持統系天皇の宣命には、元明女帝の「不改常典」を除いて、天武・持統直系（嫡系）の強調がみえる。前者の「不改常典」については皇位継承法で、天武・持統直系（嫡系）の法源を天智天皇に仮託した、とする説をはじめさまざまな解釈があり、いまだ定説をみない［青木ほか 1989］。

　いずれにしても天武の死後、持統天皇が覇権を確立したため、後継者は天武・持統

天皇直系（嫡系）を強調することで正統性を維持したのである。

　宝亀元（770）年、天武系の皇統は両天皇の子である「岡宮御宇天皇（草壁皇子）」（天平宝字6年6月3日宣命）直系を任じた称徳女帝をもって絶え、光仁天皇（在位770〜781）が誕生した。同じ舒明を始祖とする天智系であり、その子桓武天皇（781〜806）はのちに長岡京、平安京（794〜1185）と相次いで造営する。その遷都理由に辛酉革命説があることは興味深い［林 1972］。

　辛酉革命説とは、辛酉の年には天命が革まる、すなわち帝王が変わるという中国の革命理論である。桓武天皇がこの説を意識した背景には天武血統から天智血統への転換があったというが、藤原京という条坊制都城の成立からほぼ100年、始祖はいうに及ばず、血筋の論理もそのまま持ち出すには時代遅れで、中国思想で再武装したこととなろうか。

　この平安京をもって古代都城は終焉するから、舒明王朝の影響は7世紀前半の飛鳥京以降、主要な古代都城全体に及んだのだった。

補　記

　ここで述べた舒明王朝の考え方に立つと、『古事記』編纂に関わる問題の一つが解決する。『古事記』はいうまでもなく、『日本書紀』とともに8世紀初頭に成立した史書である。『古事記』は序文によると、天武天皇の命によって稗田阿礼が皇帝日継（帝紀）、先代旧辞（本辞）を誦習。これを元明朝の和銅4（711）年9月18日にいたり、太安萬侶に撰録させたもので、献上は和銅5（712）年正月28日のことである。

　『古事記』全3巻は上中下からなり、上巻は神代の、中巻は神代と人の、下巻は人の代の物語で「天地開闢より始めて小治田の御世に訖わる」とあって、「小治田御世」すなわち推古天皇の御世で巻を終える。天地開闢から始まることは他方の『日本書紀』（養老4〈720〉年成立）も同じであるが、こちらはそれより長く、全30巻を持統天皇の巻で終える。ほぼ同じ頃に成立した二書であるのに、一方は推古朝、他方は持統朝で終えた理由は何か。

　これについてはさまざまな説があり詳細は省くが、『古事記』が推古朝で閉じることは舒明王朝の考え方からすると、むしろ当然のこととなろう。

　中国では新たに王朝を樹立した天子は、新都を建て、度量衡を定めるなどの諸事業とともに、前王朝の史書を編纂した。それは王権の正統性を主張するためであった。

　『古事記』は天武天皇が編纂を命じたことが示すように、天武朝に企図されたものである。推古天皇は6世紀の王権が依拠した磐余（桜井市東南部、のちの藤原京左京域）から飛鳥に移り、それを受け継いだ舒明天皇はこの谷を「飛鳥京」として開発する。ただし、ここで両者を同一視することはできない。それは推古の小治田（小墾田）宮を飛鳥の入り口ともいうべき雷丘周辺に構えたのに対し、舒明はさらに谷奥に進んで岡に岡本宮を構えたことである。ここはのちに飛鳥京といわれる宮殿と寺院の集中地にな

る。

　そうした事業は舒明の皇后であった皇極（重祚して斉明）天皇、さらに子の天武天皇と后の持統天皇が強力に推進したのであり、後者は最終的に、巨大な藤原京を建設するとともに律令国家の基礎を築いたのである。これらの点からすれば、舒明天皇を始祖とする王朝の事業内容は推古朝と大きく異なる。

　加えて天武天皇には新王朝を樹立したとする自負があったであろう。その源は壬申の乱（672）で、兄の天智天皇亡き後の近江朝から王権を簒奪したこと。中国では王権の樹立は常に熾烈な権力闘争によったのであり、新王権は先に述べたように新都を定め、その正統性を主張するため前王朝の歴史書を編んだ。

　この観点からすると、『古事記』の編纂は前王朝の総括、藤原京は新都建設の事業となろう。ここで自らを始祖とするのではなく父天皇に仮託したのは、天武天皇の権力基盤がいまだ磐石でなかったためであろうか。

　『古事記』が述べるのは「上古」のことである。上古は歴史区分の用語として大化改新まで、中古は平安時代、近古は鎌倉・室町時代を意味するが、やはりおおむかし、上代といった意味であり、さらに深い意味があるという。

　西谷地晴美は『古事記』の「上古」は今（8世紀初頭の『日本書紀』編纂時）とはつながらない過去のこととし［西谷地 2007］、神野志隆光もやはり「八世紀初の律令国家成立時において、推古天皇以前が、直接自分たちとつながらないものとして「古」であった。」［神野志 2007］と主張する。

　これらの説によると、推古以後の舒明天皇に始まる時代は現代、すなわち「中古」であって、「上古」と自分たちは直接つながらないこととなる。これは上に述べたことと矛盾しない。実際、『古事記』編纂を命じた天武天皇、その筆録を太安萬侶に託した元明天皇（嫡子草壁の妃）はともに舒明王朝に連なる人々であった。

　このようにみると、『日本書紀』は「古」の次に位置する自らの歴史、「中古」の歴史でなければならない。それが持統女帝で閉じることは、天武没後にその事業を引き継いだ女帝が新都藤原京を完成させ、律令国家の基礎を築いたことを強く主張するからであろう。ここではともに夫の天皇に先立たれた皇后が、未完の大事業を完成させた点で、舒明天皇―皇后皇極（斉明）と天武天皇―皇后持統が対応しているのである。

　では、天武・持統天皇が心血を注いだ新国家の運営は誰が引き継いだのか。委ねたのは嫡子草壁皇子の遺児、文武天皇であった。『日本書紀』を継ぐ『続日本紀』が文武天皇から巻を起こすことがこのことを雄弁に物語っている。

［参考文献］
青木和夫ほか校注 1989『続日本紀1』新日本古典文学大系12、岩波書店、pp.382〜384、386。
明日香村教育委員会文化財課編 2006『酒船石遺跡発掘調査報告書』明日香村。
井上和人 2005「平城京形制の実像」『東アジアの都市史と環境史――新しい世界へ』科学研

究費基盤研究（S）「歴史学的視角から分析する東アジアの都市問題と環境問題」主催国際シンポジウム2005配付資料、中央大学文学部。
門脇禎二 2005「「田身嶺」について」『飛鳥文化財論攷』納谷守幸氏追悼論文集刊行会。
神野志隆光 2007『複数の「古代」』講談社現代新書1914。
岸　俊男 1970「飛鳥と方格地割」『日本古代宮都の研究』岩波書店、1988。
岸　俊男 1988「画期としての雄略朝——稲荷山鉄剣銘付考」『日本古代文物の研究』塙書房。
契　沖 1690『萬葉代匠記』（築島裕ほか編 1974『契沖全集』第7巻）岩波書店。
妹尾達彦 2001『長安の都市計画』講談社選書メチエ。
千田　稔 2004『古代日本の王権空間』吉川弘文館。
土橋　寛 1965『古代歌謡と儀礼の研究』岩波書店。
奈良文化財研究所編 2002『飛鳥・藤原京展』朝日新聞社、p.180。
奈良文化財研究所編 2003『吉備池廃寺発掘調査報告——百済大寺跡の調査』奈良文化財研究所学報第68冊。
西谷地晴美 2007年12月22日「記紀の読み方——神野志隆光氏の所論によせて」奈良女子大学21世紀COEプログラム研究会「古事記・日本書紀はいかに読むべきか」口頭報告。
橋本達雄 2006『万葉集の編纂と形成』笠間書店、pp.27、594～595。
林　陸朗 1970「平城遷都の事情」『国史学』第81号、pp.1～17。
林　陸朗 1972『長岡京の謎』新人物往来社。
山川均・佐藤亜聖 2007「下三橋遺跡の発掘調査について——古代都市平城京に関する新知見」『条里制古代都市研究』22。

第2章

古代都市と条坊制

はじめに

　古代都城の源はいうまでもなく中国にある。今日、最古の都城遺跡は河南省偃師の二里頭遺跡に遡り、司馬遷が『史記』で描いた伝説上の夏王朝は実在したという。夏王朝以降の長い歴史をもつ中国都城は、日本古代の都城のあり方を考える上に常に手本となる。

　北京大学・齊東方の論考「中国古代都城の形態と機能」は、長い歴史をもつ中国都城の意義を軍事防御に重点を置いて説くものであり、碁盤目区画（里坊制）が大きく展開する北魏洛陽城の契機として軍事的視点を強調している。

　小稿の課題は、日本都城での条坊制の意義について、平城京を中心に述べることにある。しかし北魏洛陽城については、かつて岸俊男が平城京の原型である藤原京の原型とした経緯もあり、齊説は今後の日中都城制の上からも論議の対象となるであろう。

　そこで今後に備えるために、小稿に関わる範囲で齊東方説を要約し、次いで平城京を例に古代条坊制の意義を述べることとしたい。

1　齊東方説の要旨——坊墻制は遊牧民の軍制に基づく——

　齊東方は総体的に中国古代の都城には政治の影響が最も大きく、その次が軍事防御の影響で、商業交通は単なる添えものであり、宗教の中心という役割は突出したものではなかったと総括する。氏が材料としたのは文字と文献および考古学の成果である。

　まずは文字と文献の分析から出発する。甲骨文の「城」の文字の分析では、人口の集中と軍事防御を意味する「城」が一般には城壁を有すること、「都城」の文字からはそれが神のために、君主のために、統治者のために建てられた施設とする。

　問題となる都城内部の行政単位である碁盤目区画の坊、すなわち坊墻制——一坊ごとに版築の堅固な墻壁で囲み、都市行政の単位とする——が、一貫して居住者（人々）の自由を抑圧する装置としてあったことを糾弾するが、同時にこれは中国の都城がもつ本質に由来することも明らかにする。

　次いで、人々の自由を抑圧する装置、坊墻制の具体的な発達段階については、考古学の成果によって語る。坊墻制は北魏平城城に起源し北魏洛陽城で大規模化するので

あり、それ以前にはそうした施設はない。最古の二里頭遺跡では青銅器、陶器、骨器の製作工房区はあるが、大半を占めるのは宮殿と宗廟という。前漢の長安城や後漢の洛陽城でも城域内の居住民の居住区は小さく、皇室・貴族の宮殿が全城域の二分の一から三分の二を占めた。これは甲骨文の「都城」が神のため、君主のための施設と解釈できることとも矛盾しない。

これに対して北魏洛陽城では、一般住民が住む広大な外郭城が成立する。中国における大規模な坊墻制の成立であり、これが東魏・北斉の鄴南城を経て、のちの隋唐の長安城は東都洛陽の里坊制のもとになり、さらに岸俊男や砺波護等が日本への影響を強調されたところである。

齊は北魏洛陽城の外郭城において坊墻をもつ広大な里坊区が成立した背景を、北魏を建てた鮮卑族に求め、彼らが軍事優先の遊牧民族であることを理由とした。すなわち、北魏は494年、故地であった山西省の平城城から長駆洛陽に遷都したのであるが、その折り、そこにあった後漢・西晋時代建造の洛陽城は皇室と官僚機構だけで占められた。そこで、他の多くの人口を収容するために、502年に新たに外郭城を拡大して配置した。その結果として、新構造の都城が成立しただけではなく、軍事的な性格を有する部族が行政管理化された都市の居住民へと移行したとする。

遊牧民族が新時代を開いた理由については、
　1）部族組織には軍事的編制の性質が備わっており、全体で移動するのに都合がよかった。
　2）鮮卑族には土地私有の概念がなく、居住場所を統一的に分配するのが容易であった。
とする。

つまり、鮮卑族には平均して共有するという習俗があり、それによって区域を定めることでこれらの部族を定住させたという。そして新たな都城構造については、その成立が遷都から8年後であることを踏まえて、
　3）新城へは先に設計した後で移住したのであり、統一的な計画はあったが、建造は比較的慌しく短時日で行われた。
とする。

北魏が大規模な遷都をなし遂げたことによって新しい里坊制度が創り出され、都市の人口を効率よく支配することが実現した。他方で北魏では「均田制」によって農民を郷村の土地に束縛したから、この国は碁盤目区画によって都市と農村を支配したのである。

北魏が創り出した坊墻（里坊）制度はこのように北魏洛陽城で成熟し、隋唐に栄えたが、これは一般的な居住機能ではなく、厳格な計画と管理を重視するものであった。

齊説の最終的な結論は、厳格な管理のための坊墻制は自由な経済活動を阻害するので、都市計画としては失敗作であったとするが、坊墻制の成立に関する要旨は以上で

ある。

2　古代における条坊とその意味

　平城京は中国の古伝説を背景にした神仙都市というべき世界であった。和銅元 (708) 年1月の平城遷都の詔には「方今、平城の地四禽図にかない三山鎮めをなし、亀筮並びに従う。よろしく都邑を建つべし」とある。奈良の地が都 (都邑) にふさわしい理由を述べたもので、三山は中国古伝説にみる蓬萊、方丈、瀛洲の三山のこと、四禽は四神、すなわち青龍、朱雀、白虎、玄武のことで、平城京 (710〜784) が神仙世界の四神相応の地であることを強調する。三山を都の周囲に準えることは藤原京の大和三山に始まり、平安京三山 (船岡山、双ヶ丘、神楽岡) に受け継がれるのであり、平城京の場合も宮周囲の小丘に擬している。つまり平城京は中国の古伝説を背景とした神仙都市であり、そこに条坊制を敷くことで中国的価値観に同化し、あわせてここが天皇中心の世界であることを視覚化したのである。条坊制の意義は齊説のいう政治そのものであった。

　平城京では朱雀大路を中軸線として左右京に分け、1里 (計画線で約531m) 間隔の大路によって九条八坊の碁盤目の街区を構成した (左京のいわゆる外京を別にして)。その行政の単位は1里四方の坊である (「養老令左京職条」)。ここでは坊墻ではなく、築地塀、掘立柱などの施設で画した (羅城もまた築地塀であった)。坊はさらに条間路や小路によって16の坪に等分されていた。

　平城京での条坊は、宮城や市などの諸施設に加え、寺院 (特に外京)、貴族・皇族以下の京戸に効率よく土地を配分すると同時に、宅地の規模や宮への距離によって天皇中心世界の序列を視覚的に表した。前者は齊説も説く厳格な計画と管理を重視する里坊制に由来し、平城京ではその特質が遺憾なく発揮されたことになる。後者の天皇世界における序列の視覚化は、平城京では宮城を囲んで周辺に大貴族・皇室の邸宅 (宅・第) が蝟集し、下級官人の宅地はその外郭にあり、京戸の微細な宅地がさらに外縁部にあるという姿によって表した。

　京戸に支給する宅地の面積は、五位の貴族の1坪分 (平均約120m四方、約14,000㎡強) を基準にして、位によって増減した。四・五位の「通貴」は一位が上るごとに倍増し、三位以上の「貴」では一律4坪分 (約57,000㎡) のようである。ただしこのクラスではさまざまな理由によって加増したのであろう。天平元 (729) 年2月、藤原氏の陰謀に倒れた長屋王 (左大臣正二位) の邸宅は私説では8坪分に及ぶ。ちなみに、興福寺や薬師寺など官寺 (国立寺院) は9坪が基準である [大岡 1966]。

　こうした大邸宅が宮城に近接する姿は、平城宮東南隅に接して建つ長屋王邸が象徴的である。ここは左京三条二坊にあたる。同じ坊には出土墓誌で知られる従四位外小治田安萬侶邸もあった。また光明皇后の父藤原不比等 (右大臣正二位) の邸宅が宮に隣

接した法華寺の地（左京二条二坊）にあることはよく知られているし、『古事記』の編纂者の従四位下太安萬侶邸は左京四条四坊に、奈良時代後半の右大臣大中臣清麻呂邸推定地は宮西の右京二条二坊にある［岸 1988］。

これと対照的に、六位以下初位までの中・下級官人に班給される宅地は一位下がるごとに二分の一、四分の一、八分の一……と半減し、初位はわずかに440㎡ほどであった。発掘成果によると小規模宅地は八・九条など京極南辺部に集中する［奈文研 1986・1989］。貴族・皇族の広大な宅地と下級官人の狭隘な宅地の境は、新田部親王宅（右京五条二坊、現唐招提寺）があった五条大路付近である。

宮城を囲む同心円の内側に大貴族・皇族の宅・第があり、その外郭に下級官人の宅地、さらに外縁部に微細な宅地を配するというあり方は、天空の秩序さながらである［瀧川 1967］。天空では北極（太極）星が北天中央に輝き、数多くの星を従える。天空を模した平城京の北端中心には平城宮があり、その中心に大極殿（北極星の異名である太極星に基づく宮殿）があり、天皇の座である高御座がある。大儀など重要儀式には天皇はこの高御座につき、官人は南の朝堂院の庭（朝廷）に整列する。この姿は平城宮周辺の都市域で宮城に接して皇族貴族の大邸宅が並び、さらに外縁に下級官人の住居が広がる事と相まって、天皇中心の世界が儀式のたびごとに現出することになる。このように平城京では条坊制が政治の手段としてあった。背景に天の思想があることを含めて、これは平城京の独自性というより長安城の影響とみるべきであろう。

妹尾達彦によると隋唐長安城は天子が地上を支配する天命を受ける宇宙の都としてつくられ、さまざまな伝統思想が、随所に有機的に盛りこまれている。それは、

1）地上における宇宙の鏡としての都を創り出す天文思想
2）王朝儀礼の舞台としての都を造る礼の思想
3）中国古来の『周礼』の理想都市モデル
4）陰陽五行思想
5）王者にふさわしい土地を鑑定する易経思想

などであり、中国の伝統思想をグリッド・プランの空間の上に柔軟にちりばめ、中国の正統王朝の都としての資格獲得を目指した。宇宙論によって王都を聖別化し、支配の正統性の確立を目指し、そのため宮城の中核をなす太極殿（隋の大興殿）は、宇宙軸を通して北極につながり、天空の秩序と地上の秩序は、天子－皇帝を媒介に王都の長安で結び合わされたのである［妹尾 2001］。中国では支配の正統性を天に求める思想は古くからあり、そのために太極星を中心とした星宿を地上に写すことが行われた。宮殿の配置を星宿に模した宮城中枢部が成立するのは、実際には曹魏の洛陽城であり、これが東晋を経て唐へ連なる［渡辺 2000］。

このようにみてくると、星の世界を写す平城京の条坊は、長安城の縮図であった可能性が高い。ただし、そのように言い切ってしまうには疑問がないわけではない。すなわち、平城京では宮城が京の北面に寄った北闕型であるから、高御座がある大極殿

は北極星（太極星）が輝く中天とはずれてしまうのである。唐の長安城も北闕型であるから同じ疑問が起きる。これについて長安城では宮城の北に位置する広大な禁苑を京の全体に含めることで解決する見方がある（図22）。禁苑の配置によって京の中心が北に寄り、太極殿が中天の位置に来るというのである。平城京でも宮の北に接して広大な松林苑があって、南北1.5km以上に及ぶから、同様に考えることができよう。

このように平城京条坊は宇宙の世界を模した長安城に準えた可能性が高い。長安城に準えることは、長安城の最新の住宅事情にも敏感に反応していることから判明する。隋の大興城を修建した初期の長安城では宮城中央の太極宮が宮殿として重要であったが、龍朔2（662）年に東北の龍首原に大明宮が成立して以降、皇権が大明宮に移った。それに伴って皇帝の出御に見えるため、大明宮南の街区には有力皇族・貴族、宦官や富商などの高級住宅が集中した［妹尾 2001、何歳利 2005］。それとともに、ここに近接した長安城東郊の葬送地には大型の墳墓が集中したという［中国社会科学院考古学研究所 1966］。

これは平城京の佐保路をめぐる事情と類似する。佐保路は法華寺の東門から東大寺の佐保路門に通じる南一条大路のことで、佐保大納言大伴卿で知られる大将軍大伴安麿など有力者の邸宅があった［川口 1976］。しかもこの路の北に接して聖武天皇陵があるように、天皇以下高位高官の火葬葬送地がある北方の奈保・佐保山丘陵への通路であり、さらには霊亀2（716）年の志貴（施貴）皇子の挽歌から窺えるように（『万葉集』巻2―230）、田原里（奈良市）など平城京東方の葬送地への葬送路でもあった。その先駆けのように長安の大明宮南辺の高級住宅地では、葬列が通る通化門（東面北門）、春明門（東面中門）への路は混雑したという。

この佐保路の原型は実は、平城京以前の藤原京段階にすでにみられる。藤原京左京の一条大路・東四坊大路交差点付近から出土した木簡に天武皇子の「穂積親王宮」とあって、発掘調査地の近傍に穂積皇子の邸宅があったのではないか、という。この結果、藤原宮の東から宮東南部、香具山の西北麓にかけて、藤原不比等の城東第、穂積親王宮、大津親王宮などが並んでいた可能性がでてきたのである。さらに、この地域の東方には有力火葬地である初瀬山があり、そこへは横大路が通じた。こうしたあり方は佐保路の祖形というべきものであり［金子 2005］、長安城街区の最新情報は藤原京を経由して平城京の佐保路に反映したのであろう。

彼の地の事情に敏感なことは都の並木にも通じる。蛇足だが述べておこう。宇宙の都、長安城では街路樹として柳の他に槐を重視した。槐は最高官職（三公）の象徴で、三槐は平安期では太政大臣、左右大臣の3名を指す。平安末期の公卿で内大臣であった中山忠親が自らの日記を『山槐記』（仁平元〈1151〉年～建久五〈1194〉年）としたのはこの意味であり、宮殿内と同じように槐を並木とし、上下の秩序を象徴した。長屋王邸の北からみつかった二条大路木簡には京戸に税として槐花を進上させたことがみえる。この槐は並木から採取した可能性がある［東野 1992］。木簡の年代は天平10（739）

図23　奈良時代の大宰府街区と鴻臚館に通ずる官道

年前後。長安城に倣い平城京では8世紀前半から槐を街路樹としたのであろう。

　奈良時代、遠朝廷といわれ外交交渉の窓口でもあった大宰府（福岡県太宰府市）も、条坊制が文明国の証であると信じた傍証となろう。大宰府では8世紀段階から、政庁の南側にある種の条坊区画が成立する。道幅は3m程度の小路を中心とし、規模は平城京とは比較にならないが、その痕跡は現在では相当数に達する。これらの遺構は何故か坊（南北）方向のみが通り、条（東西）方向は未発達のようで検出できないという（図23）。その理由を狭川真一は、大宰府に来朝する外国使節を意識したためという。つまり、使節は博多湾に近い鴻臚館から西北の官道を通って大宰府に入るので、彼ら

は碁盤目の街割りと家並みをみせるには、坊（南北）方向があれば十分というのである。

　このように条坊制という碁盤目の区画は平城京では、対内的には神仙世界が天皇中心の秩序からなることを視角化する装置であり、対外的には先進国、文明国の証であった。そのため手本となる長安城の動向には、きわめて敏感であったといえよう。

3　政治から宗教へ

　平安後期の11・12世紀になると、平安京の周縁部に浄土都市とも呼ぶべき衛星都市が成立する。これは離宮や貴族の別業が中心になったもので、平安期の末法思想の流行を背景に、現実世界ではあるがそれをやや離れた地にこの世の浄土を建設し、浄土を構想することで死後に往生を願うものであった。

　その一つである宇治では永承7（1052）年3月、宇治川谷口部左岸に藤原頼通が父道長から伝領した宇治別業を喜捨して平等院を建立し、これを契機に左岸に新たな浄土が現出した［杉本・吹田 2005］。宇治を選んだ理由は、ここが神仙思想による理想郷だからであろう。宇治川左岸には槙尾山、右岸には仏徳山があり、その間を宇治川が流れる。これは鞍馬寺創建伝説に「二つの山指し出でて、中より谷の水流れ出でたり。絵に画ける蓬莱山に似たり。」（『今昔物語集』巻11第35「藤原の伊勢人、はじめて鞍馬寺を建てたる語」）とある双山を想わせる。宇治では宇治川を境に左岸が彼岸、右岸が此岸であり、右岸の東側には仏徳山とともにやはり円錐形をした双山の朝日山がある。これも上の蓬莱山と同じであり、この双山を此岸のランドマークとしたのであろう。あるいは左岸にあって宇治川（海）に東面する鳳凰堂の中心を、この双山の間から昇るある時期の朝日が射す、といったことがあるのであろうか。そして平等院伽藍が建立をみるとともに、伽藍の西側には頼通の一門の別業が成立するという。宇治川を海に擬した平等院はまさに海の彼方の西方浄土になり、平等院背後の別業は西方浄土でも中心部となろう。浄土を観想するのには最適な場所である。こうして宇治街区が成立する［杉本 2005］。

　杉本宏によると、宇治街区の成立－別業の進出は次のように想定できるという（図24）。すなわち、左岸には当初槙尾山などの山裾を通って東西に走る奈良街道があり、古宇治橋を経て右岸に通じ、北上して山科経由で京都へ通じた。道長の宇治別業はその奈良街道の北に営まれたが、平等院が奈良街道の一部を塞ぐ形で宇治川に接して成立したことで、奈良街道は平等院の西辺を北進することになり、宇治橋も古宇治橋から500mほど下流に移った現宇治橋に場所を移した。そして平等院西辺を南北に走る奈良街道を基準に、方格の地割り（条坊では問題があり、方格地割りとする）が形成され、別業が成立してゆく。この過程は全体計画があるわけではなく、奈良街道を基準線として直角に曲がる西行きの道ができ、これを基準に南行きの道を造る形で地割りをし

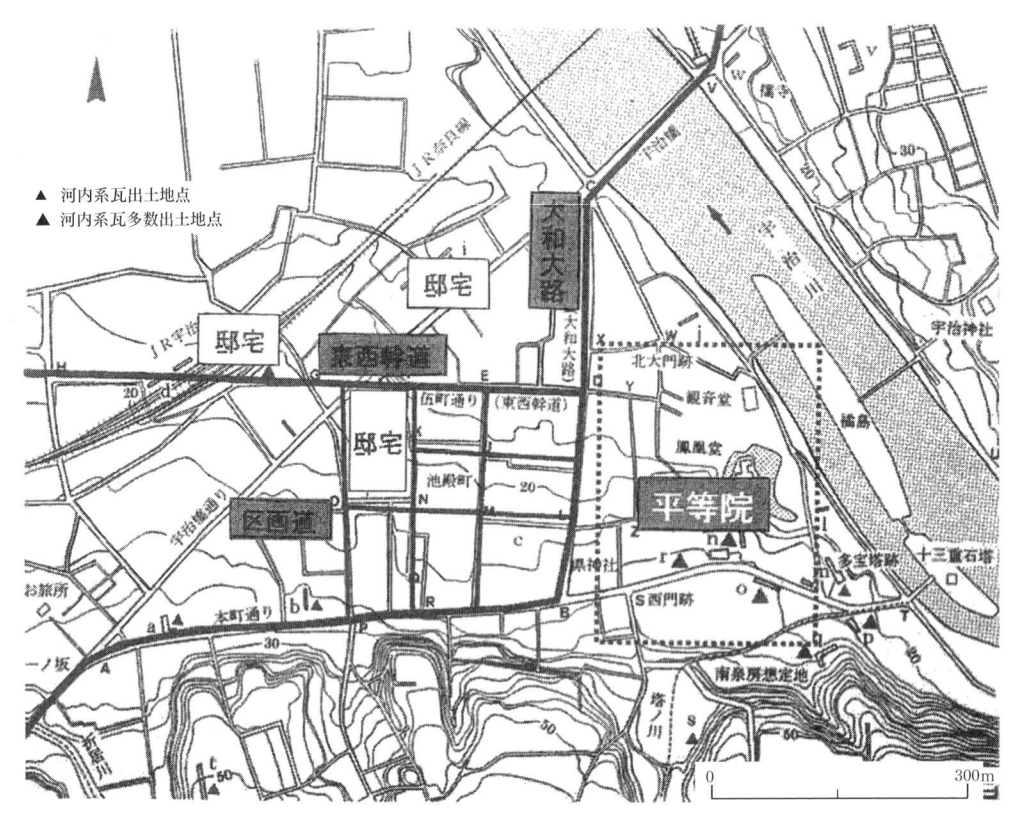

図24　12世紀前葉における宇治街区の成立（作図は杉本宏による。奈良女子大学COE研究会発表資料の「権門都市宇治の成立」2005年6月28日から引用）

たという。地割りの寸法は一応平安京街区の40丈（120m）四方を意識しているが、順次形成されたために統一性がなく、一辺が約70mから約120mまでばらつきがある。

　浄土の様子を絵画化した浄土変相図では阿弥陀三尊の背後には多くの宝楼が描かれる。平等院西方の別業はこうした宝楼の位置にあたるから、頼通一門の貴族にとっては、自らの別業を平等院背後の宝楼に加え、ここで浄土往生への時を過ごしたのであろう。平安後期（11・12世紀）の宇治では、方格地割りは貴族の別業を平等院西方の浄土に都合よく配列する機能を担ったようである。配置の順序はまだ明らかではないというが、あるいは阿弥陀仏がいる平等院の真西に接した地が一等地であり、それを中心に配置されたのであろうか。仮に阿弥陀仏との遠近が、往生実現と関わりがあるのなら、この宇治街区は浄土への遠近を表すことになろう。

　ここにみた11・12世紀の宇治街区は8世紀の平城京とは時代を異にするが、その方格地割りは限られた敷地に、効率よく邸宅を配するというかつての里坊制の名残をなお留めるものであった。他方、宇治街区が浄土往生を自覚した藤原頼通一門の貴族が浄土への席次を争うものなら、8世紀の平城京が天皇中心の神仙世界における序列を視覚的に表したのとくらべても隔たりは大きい。かつての都城が担った天皇を中心とする政治の世界は、自己の往生実現という宗教の世界へと大きく転換したのである。

中国での里坊制における政治と軍事防御の影響を強調した齊説は、宗教の役割を小さなものと評価したが、日本では11・12世紀にいたって政治はその主役の座を、宗教に譲ったのであろう。条坊制の受容から３世紀余り後のことであった。

[参考文献]
大岡　実　1966『南都七大寺の研究』中央公論美術出版。
何　歳利　2005「唐長安城の実態」『奈良女子大学21世紀COEプログラム報告集』Vol.5、東アジアにおける古代都市と宮殿。
金子裕之　2005「藤原京中ツ道遺跡の発掘余話」『あざみ』第18号。
川口常孝　1976『大伴家持』桜楓社。
岸　俊男　1988「嶋雜考」『日本古代文物の研究』塙書房。
杉本　宏　2005「平安時代の宇治を発掘する」『佛教藝術』第279号。
杉本　宏・吹田直子　2005「平等院発掘」『佛教藝術』第279号。
妹尾達彦　2001『長安の都市計画』講談社。
瀧川政次郎　1967『京制並に都城制の研究』法政史論叢、第2冊、角川書店。
中国社会科学院考古学研究所　1966『西安郊区隋唐墓』。
東野治之　1992「二条大路木簡の槐花」『長岡京古文化論叢』II。
奈良国立文化財研究所　1986『平城京左京九条三坊十坪発掘調査報告』。
奈良国立文化財研究所　1989『平城京右京八条一坊十三坪・十四坪発掘調査報告』。
渡辺信一郎　2000「宮闕と園休」『考古学研究』第47巻第2号。

第3章

朝堂院の変遷

はじめに

大極殿と朝堂院

　古代の都城では、大極殿と朝堂（朝堂院）が宮城中心部の広大な面積を占める。大極殿は宮城の中心に位置し、即位や元日の朝賀などに用いる最重要の殿舎であり、その名は北天中央の北に輝く太極星（北極星）に由来する。史料の上からはともかく、日本では藤原宮において初めて成立をみるのであり、築地回廊が周囲をめぐり大極殿を構成する［鬼頭 1978］。他方の朝堂は大極殿の南にあって、広大な朝庭とその東西に並ぶ複数の朝堂から成り、これまた周囲を築地塀などで区画し院（朝堂院）を構成する。ここは即位や朝賀、朝参などの国家的大礼にあたり、親王や諸臣が参加し儀式（朝儀）を行う場であるとともに、朝政の三機能を兼ねた施設である［岸 1988］。

　朝堂や朝政、朝参など「朝」の字を冠するのは、古代では官人が日の出とともに勤務したことに由来する。朝堂あるいは、朝堂院の語自体は次にもみるように比較的下るが、ここでは状況に応じて適宜用いることにしたい。

　大極殿と朝堂院の接続の方法、あるいは、朝堂の数や配置は時代や宮城によって違いがあり、その理由をめぐっていくつかの分析がある。たとえば、古代政治史の立場からは、構造変化の背後に天皇権力のあり方や消長を読み取る試みがある［直木 1975］。これとは別に、朝廷儀礼のあり方と変容を重視する立場もあり［橋本 1995、古瀬 1984］、さらに、日本の都城がその手本とした中国（唐）長安城の宮殿や儀礼のあり方を重視する立場もあるなど［奈文研 1993a］、さまざまなアプローチがある。

　ここではやや観点を変え、朝堂院の型を一つの様式とみなし、その違いを問題にしたいと思う。似た試みは従来からあるが、様式変化を第一義に追究するというより、史料を重視して逆にそこから朝堂院類型の意義を考えようとする傾向が強い。しかし、様式はそれ自体の法則性があり、その意を問うことから出発して、その後に史料上の検討を行うのが本来ではなかろうか。以下ではこの観点から、朝堂院の変遷過程を考え、そこから派生する問題について述べよう。

1 朝堂院のはじめ

(1) 朝堂の初見

　朝堂院の成立を考える上で重要なのは、「朝堂」の語の確実な初見例であり、いま一つは、8世紀以降の朝堂の機能がどこまで遡るのかを確認することであろう。

　朝堂の語が多数登場するのは、文武天皇から桓武天皇までの史実を記した『続日本紀』であり、先立つ『日本書紀』にはその初期の例がいくつかある。たとえば、清寧天皇4年正月条や、皇極天皇2年（643）10月3日条（ここでは朝堂庭）、斉明天皇6（660）年7月16日条に引く伊吉連博徳書、および持統天皇4（690）年7月9日・14日条などである。このうち、「清寧紀」の朝堂は後世の潤色の可能性が強く、また「斉明紀」の記事は百済の朝堂を述べたのであり、これらを除く「皇極紀」以降の史料が問題となろう。しかし、「皇極紀」の「朝堂庭」は朝堂の文字はあるものの、「推古紀」以前の記事などにみる大庭(おおば)と近いのではなかろうか。

　これに対して、持統紀4（690）年7月9日条には「凡そ朝堂の座の上にして、親王を見むときには常の如くせよ。大臣と王とには、起ちて堂の前に立て。二の王より以上には、座より下りて跪け」とあり、さらに、同14日条には「朝堂の座の上にして、大臣を見むときには、坐を動きて跪け」とある。この記事に前後する7月1日と7月7日条には朝服に関する規定があって、持統朝の初期、飛鳥浄御原宮の後半段階には朝堂の制度が充実してゆく状況が窺える。ただし、鬼頭清明はこれが詔、すなわち法令であって現実とのずれがあることと、飛鳥浄御原宮推定地での調査状況を考慮して、大宝元（701）年正月16日条の「皇親と百寮とを朝堂に宴す。直広弐已上の者には、特に御器膳、并せて衣・裳を賜ふ。楽しびを極めて罷む」と、文武天皇2（698）年8月26日条の「朝儀の礼を定む。別式に具なり」とを関わらせて、朝堂の語は藤原宮に始まるとした。なお朝堂院の語は、「射を朝堂院に観る」とある延暦16（797）年正月17日条などに下る［鬼頭 1984］。

　この点を含め、朝堂儀礼などの成立時期を知るために準備したのが、朝堂の用例（表3）である。この表では朝堂の語だけでなく、それと同義と思われる朝庭・朝廷・大庭などの史料を、『日本書紀』および『続日本紀』から抽出し、用例に従って配列した（表中の史料番号は、『日本書紀』『続日本紀』朝堂史料［金子 1996］と対応）。表の分類項目は中国朝堂のそれに倣った。中国の朝堂に関しては、佐藤武敏の唐代朝堂についての論考がある［佐藤 1977］。これはその名の通り唐代を主とした業績であり、ここでは漢代から唐代まで史料を博捜された山崎道治の業績（1991年9月30日難波宮研究会の報告および今回）を借用した。その分類項目は日本の実態に合わないところがあるが、彼我の違いを明確にする効果もありそのままとした。

　山崎によると、朝堂の機能は漢代には朝政を主としたが、時代が下るにしたがって

表3　朝堂（朝廷・朝庭・庭・朝堂・南庭）の用例　儀式は一連で続くが個別に書き出す。但し賜宴・賜物は賜宴に一括。

	推古朝以前 〜593	推古朝 593〜628	皇極孝徳斉明 642〜661	天智朝 661〜671	天武・持統朝　浄御原宮 672〜694	藤原宮 694〜710
国事の審議			国司授位35？			
案件の処理						
詞訟、進言の受理 審査・決定						
治獄、弾劾、譴責(出頭)					30朝庭中 まつりごとどころ	
処　　罰						
受策(詔勅、任命、訓辞) 就任挨拶						
登用試験．考課						
宴会・饗宴	34,45大庭		35		1/7.24 1/15.25 1/18.33	1/7.52 1/15.51 1/16.50 53
賜　　物						
外　　交		15唐客 16新羅			(26,使節宴)	(52,53新羅
官吏等の集合					朝賀 1/3.27,1/1.31.32	
葬　　儀		39南庭 殯宮	41南庭　殯宮		42南庭　殯宮	
礼　　式				21礼式	29立礼,37朝堂座	
位置．附属物件 当直制度．守(入)朝堂 朝堂の統括						
その他		38南庭須彌山 40東宮南庭	17大射 18瑞・白雉献 19新宮鎮祭読経		25進薪,28隼人相撲 歌舞 1/18.(33),49 43東庭射 46,47西門庭.大殿之庭	
朝堂の種類						

　さまざまな要素が付加して次第に儀礼化が進み、北魏と隋唐で大きな展開があった、とする。

　日本朝堂の成立にあたって影響を受けた可能性があるのは、年代からみて隋・唐のそれであろう。隋・唐朝堂の用例と日本の場合を比べると、朝堂における賜宴・賜物など共通するところもあるが、違いも大きい。その最も顕著な例が、法律実務に関わる訴訟や審査、あるいは弾劾、処罰（処刑）などであろう。こうした記事は、日本の朝堂史料にはあまりみえないようである。

(2) 藤原宮に成立

　ところで、岸俊男説のごとく日本の朝堂が朝政、朝参、朝儀の機能をもつとしても、

『日本書紀』『続日本紀』には、朝政記事はほとんどみえず、主体となるのは朝儀の記事である。したがって、この表では朝儀の淵源を探ることが主題となる。「雑令 諸節日条」には、正月1日（元日節会）、7日（白馬節会）、16日（踏歌節会）、3月3日（曲水宴）、5月5日（端午節会）、7月7日（相撲節会）、11月の大嘗の日（ここでは新嘗祭）、みな節日とせよ（『令義解』巻10）、とあり、元日から11月の大嘗祭にいたる節日の規定がある。これに則って年中行事のあり方をみると、1月1日の朝賀、1月7日の白馬節会、1月16日の踏歌節会（この場合は大安殿）があり、また、年中行事の一つ1月15日の御薪などは天武・持統朝からみえてくる。続く藤原宮（694〜710）でのあり方もこれとあまり差がない。この点を重視すると、天武・持統朝に朝堂の制度が成立したとの結論が導けそうである。しかし、朝堂が大極殿とセットになり、「大極殿に天皇が御し、朝堂で賜宴す」といった8世紀代のパターンが成立してくるのは鬼頭説のごとく藤原宮でのこと［鬼頭 1978］であるから、朝堂の制度以前のこととしなければなるまい。ここでは、天武・持統朝の朝庭・大庭行事を大極殿、朝堂院行事の先駆形態と呼ぶことにしよう。

いずれにしても、この表は朝堂の成立にとって天武朝が大きな転換期となったこと、次いで持統天皇9（694）年に遷都した藤原宮を経て、大宝令下の平城宮で朝堂の制度が確立することを物語っている［金子 1992］。

(3) はじまりは小墾田宮

では、日本朝堂のはじまりはどこに求めるべきか。（表3）からもある程度窺えるように、これを推古小墾田宮（603〜655）としたのは岸俊男である。

> 「客等、朝庭拝む。是に、秦造河勝・土部連菟に命せて、新羅の導者とす。間人連塩蓋・阿閉臣大籠を以て、任那の導者とす。共に引きて南の門より入りて、庭中に立てり。時に大伴昨連、蘇我豊浦蝦夷臣・坂本糠手臣・阿倍鳥子臣、共に位

第3章 朝堂院の変遷

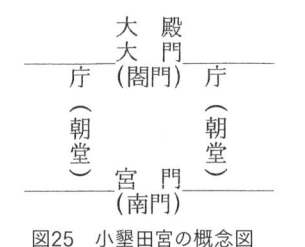

```
　　　　大　殿
　　　　大　門
　　庁　（閤門）　庁
　（朝　　　　　朝
　　堂　　　　　堂
　）　宮　門　（
　　　　（南門）　）
```
図25　小墾田宮の概念図

より起ちて、進みて庭に、伏せり。是に、両つの国の客等、各再拝みて、使の旨を奏す。乃ち四の大夫、起ち進みて大臣に啓す。時に大臣、位より起ちて、庁の前に立ちて聴く」（「推古紀」18年10月9日条）

　これは推古18（610）年、新羅の使節を小墾田宮に迎えた記事である。これより2年前、推古紀16（608）年秋8月12日条には、隋使裴世清等の迎接記事があって、隋使が持参した煬帝の書を、阿倍臣と大伴囓連が宮の大門前の机上に置いたことがみえる。

　岸はこの史料に、推古12（604）年9月条の礼法改正記事や、山背大兄王が推古の病篤しと聞き、小墾田宮に駆けつけた舒明即位前紀の記事などを加えて分析し、慎重な留保条件をつけた上で、この宮は天皇が座す大殿がある一画の南に、朝庭と朝堂があるとする概念図を明らかにした（図25）[岸 1988]。すなわち、この宮は南門を入ると朝庭があり、その左右には大臣・大夫、皇太子・諸親王が座位する庁殿、すなわち朝堂が並び、朝庭の北には大門（閤門）があって、その奥に天皇の大殿（いわゆる内裏）があるとしたのである。この説にしたがえば、庁すなわち朝堂が7世紀初頭の推古小墾田宮に始まることになろう。

(4) 隋の影響か

　朝堂がこの宮に淵源したとすると、その契機が次の課題となろう。これについては、隋の影響を考えたい。その論拠はまず、『隋書倭国伝』によると推古朝は推古8（600）年に遣隋使を派遣しており、それは推古22（614）年——帰国は推古23（615）年——までの間に5回を数えること。短期間にこれほどの遣隋使を送ることは異例であり、多くの文物制度を移入したことであろう。さらに、岸説では小墾田宮の庁（朝堂）が東西2棟程度となることがある。後述するように、日本の朝堂は14堂、12堂、8堂などと数が多いのに対し、中国では太極宮や東宮などに属する朝堂は史料によると東西2堂であり、発掘によって明らかとなった大明宮含元殿の朝堂も、東西棟2堂から成る[馬得志 1987]。

　次に、小墾田宮では外国使節（唐・新羅）を朝庭に迎えること。外交は中国朝堂の機能の一つであり、小墾田宮の外交記事は数が少ないとしてもその可能性があろう。

　加えて、殯宮を「南庭」に建て、葬儀を行うことがある。推古天皇は治世の36年（628）3月7日に没した。「天皇崩りましぬ。時に年七十五。即ち南庭に殯す」とあり、殯の記事は欽明紀からみえ[和田 1995]、令制下でも行われたが（『葬喪令集解』親王一品条に引く古記に「凡天皇崩時者、（略）殯所而供奉其事」とある）、南庭での殯宮記事は推古朝に初見し、似た表現は皇極紀から天武紀までみえる。

　この南庭については、天皇の座す大殿の南の庭を指すのか[秋山 1981]、朝庭の意味か、他の場所か検討が必要であろう。仮に前者なら、大殿はのちに内裏正殿と大極殿

に分かれるのであり、中国皇帝の葬儀を太極殿で行うことが思い起こされる。

　たとえば、玄宗（李隆基）が帝位に就くきっかけとなった景龍4（710）年の中宗暗殺事件では、6月壬午に韋后に毒殺された中宗の遺骸は「太極殿に発喪」とあって、太極殿に安置し、丁亥に皇太子李重茂（殤帝）は中宗の柩を安置した太極殿で即位した（『旧唐書』本紀第7中宗）。また、宋の程大昌も「諸帝の梓宮は皆太極に殯す」（『雍録』巻3　唐宮総説）と述べるなど、歴代皇帝の葬儀は太極殿で行っている。

　さらに、朝堂での葬儀は晋代から隋代まで例があり、推古以降の殯記事と何らかの関係があるのではなかろうか。こうした事象をみると、これらは単なる偶然ではなく、中国の影響を第一義にすべきと思う。

2　朝堂院の二つの類型

(1) 数が多い朝堂

　遺構の上で確認している朝堂の例は、前・後期の難波宮と藤原宮、および平城宮の第一次地区と第二次地区の下・上層、さらに長岡宮、平安宮がある。このうち、平安宮については、大都市京都という制約を『九条家本延喜式』などの記録類や、これらを考証した裏松固禅の『大内裏図考証』の成果を援用するかたちで補い、解明が進んでいる［古代学協会 1994、京都市埋文研 1995］。

　これらの朝堂は数や構造にやや違いがあり、数の上では14堂、12堂、8堂、4堂が

前期難波宮
(652?～686)

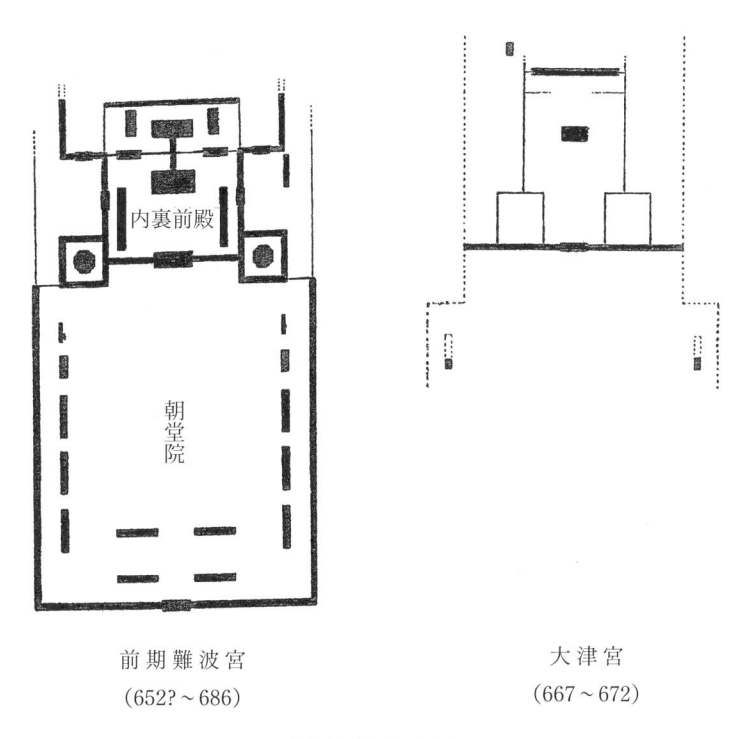

大津宮
(667～672)

図26　初期の朝堂

ある。14堂は前期難波宮（図26）が、12堂は藤原宮と平城宮第二次地区の上下2時期の朝堂院、および平安宮の八省院が、8堂は後期難波宮と長岡宮が、4堂は平城宮の第一次地区の朝堂院がそれぞれあたる。また、構造上は掘立柱建築と瓦葺礎石建築の2種類がある。前者は前期難波の宮と平城宮第二次地区の朝堂院下層であり、後者は平城宮第二次地区下層を除く藤原宮から平安宮にいたる朝堂である。先にみたように、中国では太極宮や大明宮に付属する朝堂は2堂であり、日本朝堂の数は、鬼頭説のように新羅との関わりを考えても独自性が強い［鬼頭 1984］。

　史料上の初見はともかく、遺構として遡る朝堂は前期難波宮であろう。上町台地の北端付近に位置するこの宮には、南北の中軸線を揃えた上下2時期の宮跡がある。上層は奈良時代の聖武朝難波の宮、下層は前期難波宮であり、後者の年代をめぐっては論争がある。前期難波宮の廃絶年代を、朱鳥元（686）年1月14日の難波宮焼失記事に求めることに異論はないが、上限に関しては白雉2（651）年12月（「孝徳紀」）に遷った難波長柄豊碕宮とする見方と、天武朝の670年代に下るとする2説がある。前者は下層宮殿直前の土器の年代や宮殿全体の計画性などを根拠とし［中尾 1995］、後者は前期難波宮の規模が当時の国制とは不釣り合いなほど大きいことに疑問を呈し、天武8（679）年11月の「難波に羅城を築く」記事などをもとに天武朝の可能性を示唆する［岸 1994、山中 1986］。

(2) 16堂の可能性も

　前期難波宮では、のちの大極殿の位置にある掘立柱建物の内裏前殿の南に、東西約233m（800尺）、南北約263m（900尺）の広大な朝堂院（『日本書紀』の表現では、「朝庭」とか「大庭」にあたるのであろう）があり、ここに南北棟建物10棟、東西棟建物4棟からなる14の朝堂がある。1995年12月の調査成果（NW95－14）によると、東西の各第6・7堂にあたる4棟の東西棟建物のうち、第6堂と第7堂は桁行規模が違い、前者が桁行14間以上（15間か）であるのに対し後者は12間と異例である。さらに、調査関係者によると第7堂と南面回廊との間には、なお東西各1棟が存在する余地があるという。推定の通りなら16朝堂となり、様相は一層複雑になる。

　前期難波宮の終末時期に平行する天武天皇の飛鳥浄御原宮については近年、飛鳥京跡が確実視されている。この宮跡は調査状況の進展に伴ってさまざまな構造案がある。秋山日出雄は、解明が進む内郭の南に朝堂院を考えたが［秋山 1980］、現飛鳥川に跨るなど地形的に問題がある。他方、内郭を岡本宮とし、その東南のえびのこ郭に、4堂型式の朝堂を想定する案があったが［小沢 1988］、その後の調査では建物の南を掘立柱塀が閉ざすことが判明し、この宮における朝堂院の探索は振り出しに戻った［橿考研 1993］。

　初期の朝堂遺構については、天智朝の大津宮でその可能性がある建物が見つかっている（図26）［林 1984］しかし、全体構造を窺うにはいたっておらず、調査の進展に待つ

ところが大きい。

(3) 藤原宮型の類型

　朝堂院が大極殿とセットになり、宮城の中枢部を形成するのは持統天皇9年（694）に遷都した藤原京（694〜710）が最初である。以下、藤原宮から平安宮にいたる朝堂院が内包する問題をみてみよう。

　大極殿と朝堂院の配置には、藤原宮型と平城宮型の2型式がある。藤原宮型とは、宮城の中心部に大極殿、朝堂院が南北軸線上に並ぶ形をいい、平城宮型とは大極殿、朝堂院にあたる区画が二つ並列する形をいう。前者は藤原宮の他に後期難波宮と長岡宮があり、後者は平城宮と平安宮がある。

　藤原宮では宮中枢部に内裏、大極殿・朝堂院の区画が南北に並び広大な面積をしめる。回廊によって区画した大極殿の南にある朝堂院は、これまた回廊で区画する。その規模は東西約230m（760尺）、南北約318.5m（1,050尺）、内部には礎石建ち瓦葺の12堂を配置する［日本古文化研究所 1940］。朝堂院自体の面積は約73,000㎡と、諸宮最大である。大極殿院と朝堂院の規模は長さで1対2、面積比で1対4の関係にある。

　藤原宮型に属する後期難波宮と長岡宮は、いずれも朝堂の数が8堂と少なく、正しくは亜式とすべきかもしれない。後期難波宮はいわゆる聖武朝難波宮であり、造営開始は藤原宇合が知造難波宮事となった神亀3（726）年頃とする見方が強い。天平16（744）年には一時皇都となったが、長岡京遷都後の延暦12（793）年頃に廃止となった。この宮の朝堂院は東西159.8m（536尺）、南北は大極殿回廊と南面回廊の距離が179m（約600尺）で、後世の破壊などにより朝堂の調査は一部に留まるが、長岡宮朝堂院の調査成果なども援用して、6棟の南北棟と2棟の東西棟からなる8朝堂を復原している［中尾 1992］。

　長岡宮（784〜794）の朝堂院は東西156m（520尺）、南北159.2m（530尺）であり、8堂ある朝堂の配置は難波宮とほぼ同じようである。大極殿と朝堂院の配置は難波宮とよく似ており、近年の調査では、後期難波宮の施設を長岡宮にそっくり移建したことが裏づけられた［向日市教委 1983］。

(4) 平城宮型の類型

　平城宮と平安宮がある。

　平城宮（710〜784）では、年代による中枢部の変遷があり、最初にこの説明から始めよう。ここでは、大極殿と朝堂院にあたる区画が朱雀門の正面と壬生門の北の2ヵ所にあり、前者を第一次地区、後者の壬生門北にある区画を第二次地区と呼ぶ。これは当初、朱雀門の北にあった大極殿を奈良時代後半に二次地区（東）に移動したとする仮説［奈文研 1962］に由来するが、一・二次地区に朝堂が併存することが判明した現在では、単なる地区の呼称となっている。

両地区とも上・下2時期の遺構がある。第二次地区では下層の第Ⅰ期はすべて掘立柱の遺構で、正殿と後殿がある約71m（東西240尺）、約82m（南北270尺）の区画の南には掘立柱建物の朝堂院がある。その規模は東西600尺（500大尺）、南北960尺（800大尺）の院内には12棟の掘立柱朝堂が並ぶ。奈良時代後半の上層朝堂は12堂すべて四面庇建物であるのに対し、下層は第1堂のみが四面庇建物で、他ははじめ身舎のみの建物であったものをのちに改築して庇を付加する。庇は第2堂から第4堂までが片庇、第5・6堂が両庇である。その年代は、神亀元（724）年の聖武即位をめざした造作の可能性が強い。

他方、第一次地区には奈良時代前半に大極殿があり、東西が約118.7m（400尺）、南北が約84.9m（287尺）の大極殿院の南には、東西600尺（500大尺）、南北960尺（800大尺）の朝堂院がある。その区画ははじめ掘立柱塀で、8世紀後半に築地塀とする。内部は当初は広場であり、奈良時代前半に礎石建ち基壇建物の4朝堂を建てる。これは、奈良時代末まで存続する。朝堂院自体は奈良時代の前後を通じて両地区に存続するが、大極殿はいわゆる恭仁京遷都（740～744）に伴って解体・移建し、その跡地は西宮とする。

このように、平城宮では奈良時代の前半には朱雀門の正面に大極殿と4朝堂がそびえ、壬生門の正面には掘立柱の正殿と12朝堂があって並列し、奈良時代後半には壬生門の正面に大極殿を建造し、南の朝堂を礎石建ち瓦葺建築とする。この時期は藤原宮と同様に、大極殿は12朝堂の正殿としての位置を占める［奈文研 1993b］。

平安宮（794～1185）は、基本的に奈良時代後半の平城宮型を継承する。ここでは、宮の中央に大極殿・朝堂院と豊楽院とが並列し、大極殿・朝堂院は朱雀門の北に、豊楽院はその西に位置する。諸施設の規模については、平安宮指図の数値を近年の調査成果によって大幅に改訂しており［寺升 1994］、最近再改訂した［京都市埋文研 1995］。これによると、朝堂院（八省院とも呼ぶ）は東西640尺、南北は北を龍尾壇とすると840尺となり、12堂を配置する。ここでは各々の堂が名前をもつ。

朝堂院の西にあって、節会や饗宴などの場として重要な豊楽院は、正殿の南に4堂があり平城宮第一次朝堂院の後身である［橋本 1995］。その規模は東西570尺、南北1,340尺である。ただし、この数値は豊楽殿後殿にあたる清暑堂や、南の儀鸞門の外にあって朝集殿にあたる延英堂・招俊堂を含むので、南北規模は朝堂院より過大になり、注意が必要である。

朝堂院と大極殿院との境を龍尾壇とし、東西に蒼龍楼と白虎楼を設けることは平安宮に始まる。これは大極殿院の南を回廊とし閤門を開く諸宮とは大きく異なり、唐大明宮含元殿の模倣であろう。

3　朝堂院の変遷と課題

(1) 画期としての平城宮型

　いま述べた大極殿・朝堂院のあり方を大局的にみると、藤原宮と平城宮の間に大きな飛躍があり、それが平安宮に受け継がれる様子が明らかであろう。これに、長岡宮にみる細部の構造の変化、たとえば長岡宮大極殿院の内部では北面回廊が北にのび、それまで回廊に接続した大極殿後殿が独立すること、大極殿の北に軸線をそろえて位置した内裏が東北に退くことなどが受け継がれ、平安宮の平面形が成立したのであろう。ではなぜ、平城宮において新しい型が始まるのであろうか。

　平城宮に始まる二つの大極殿、朝堂院区画は、唐（618〜907）長安城の二つの宮殿、すなわち太極宮と大明宮を祖型とするのではなかろうか。長安城には、太極宮・大明宮・興慶宮の三つの宮殿がある。これらは一時期に成立したのではなく、この記載順に成立した。つまり、太極宮は隋の大興殿を引き継ぎ、武徳元（618）年5月に太極殿と改称し（『旧唐書』本紀第1高祖618・武徳元年5月条）、景雲元（710）年には太極宮と改めた（『唐会要』巻30）。次いで、大明宮（蓬莱宮のこと。大明宮と改めるのは705年）は太極宮の地が低く、湿気が多いことから東北の龍首原に離宮として営んだものがはじめである。しかし、龍朔2（662）年に大規模に修建し、翌、龍朔3（663）年には含元殿が竣工し（『唐会要』巻30）、それまでの性格を大きく変えた。他方の興慶宮は、開元2（714）年の玄宗即位後に成立するのであり、宮外の東南方にあって京城の外郭城に接した。これは玄宗が皇子時代に居住した興慶坊を即位後に改造し、宮としたことによる。開元8（720）年には花萼相輝楼、勤政務本楼を建てるなど大幅に拡張する［平岡1956］。この三宮殿はその位置から、西内（太極宮）、東内（大明宮）、南内（興慶宮）と呼ばれた。

　唐朝の初期には主たる儀式は太極殿で行ったが、龍朔2（662）年から高宗は修建なった大明宮に移って政務をみたので、太極殿と大明宮との間で儀式の分化が生じ、さらに下って玄宗皇帝の開元16（728）年1月には杖を興慶宮に移し聴政すとあり（『唐会要』巻30、『旧唐書』本紀第8玄宗上）、この時代には興慶宮が政治の中心になり花萼相輝楼の使用が増えるなど（『旧唐書』本紀第8玄宗上729・開元17年8月条）、様相はさらに複雑化したようだが、宮殿による儀式の分化は継続したらしい。宋の程大昌によると、「諸帝多くは大明宮に居り、或は大礼大事に遇わば復た太極に在り。高宗、玄宗の如きは五日毎に一たび太極に御す。諸帝の梓宮は皆太極に殯す。初め大位に即くこと有らば大明に於てせずして太極に於てするは太極の大明より尊きを知るなり」（程大昌『雍録』巻3　唐宮総説）とあって、その区分けは即位（『旧唐書』本紀第1高祖618・義寧2年5月条など）や朝賀、および大礼に属することは太極殿で行い、その他の儀式は大明宮で行ったという。

(2) 手本は長安城

　平城宮に始まる大極殿院・朝堂院の新しい平面形は、長安城の太極宮と大明宮のあり方が反映しているのではなかろうか。ことに大明宮含元殿に対する意識が強いように思う。たとえば、8世紀前半の第一次大極殿は含元殿に似せて高い壇上（2ｍほどだが）にそびえる形をとるし、その大極殿を天平12（740）年に恭仁宮に移建した跡地に営む西宮の正殿もまた、大明宮麟徳殿の雛形だという［奈文研 1982］。ちなみに平安宮の大極殿は、含元殿をより忠実に模したのであり、やはり龍尾壇上に建ち南面を広場とし、含元殿の東西閣に倣って東西に楼を置く（含元殿東西の翔鸞閣・棲鳳閣の名前は、朝堂院南門にあたる応天門東西の楼名とした。ただし含元殿とは東西が逆）。内裏正殿の平面形がいわば鶴翼の形をとるのも、含元殿と東西の閣による平面形の模倣であろう。

　平城宮における儀式のあり方もまた、長安城の儀式の分化と関連すると思う。寺崎保広の大極殿史料の検討によると、奈良時代の当初から宮廷儀式に大・中・小の3区分があり、その重要度に応じて天皇の動向を「御大極殿」、「臨軒」としたり、儀式名のみをあげてその動向には触れないなどの使い分けがある。具体的に3区分の儀式を二つの宮殿に対比すると、「御大極殿」「臨軒」および、大極殿閣門出御とある場合は第一次地区の大極殿と4朝堂を用い、朝政・告朔・授位と聖武朝にのみみる「臨朝」の際は、第二次地区の掘立柱の正殿とやはり掘立柱の12朝堂を用いた。言い換えると、奈良時代の前半には第一次大極殿はのちの大儀にあたる即位・朝賀、中儀にあたる蕃客辞見などの国家的な儀式に用い、他の儀式は第二次の掘立柱の正殿と朝堂を用いた可能性が強い［寺崎 1993］。

　さらに憶測を重ねるなら、朱雀門の中央にあった大極殿が奈良時代の後半に東側に移動する理由も、長安城との対比である程度説明ができると思う。すでにみたように、大礼と国家の大事という形式上はともかく、実質的な行事などでは大明宮の重要性が増しており、天平勝宝5（753）年正月には、遣唐使大伴宿禰古麻呂らもこの大明宮（蓬莱宮）含元殿で玄宗皇帝に接見している（『続日本紀』天平勝宝6年正月30日条）。これを位置関係でみるなら、西から東となって、平城宮大極殿の位置関係とも符合する。平安宮でも大極殿は、相対的には並列する区画の東側に位置する。この場合、平城宮と異なるのは、朱雀門の中央に大極殿が位置するように、並列する区画全体を西に寄せたことである。

(3) 契機は大宝令

　こうした新プランが成立する契機となったのは、『大宝律令』の完成と、粟田真人ら第七次遣唐使（701〜704、702年に再出発）の報告ではなかろうか。大宝元（701）年『大宝律令』の完成直後に、三十数年ぶりに渡唐した遣唐使は多数の知識を故国にもたらせたのであり、その中には粟田真人が大明宮の麟徳殿において則天武后と接見したことを含め（『新唐書』）、長安城に関する最新知識があったことだろう。和銅元（708）年

２月の平城遷都の詔まで、それから僅か４年である。上に述べたことを言い換えると、
　　藤原京－飛鳥浄御原宮令
　　平城京－大宝律令
となって、通説に落ち着くかのようである。ただし、近年の藤原宮の調査によると大宝令の影響は、すでに藤原宮の内部構造に表れている。宮の東方官衙の調査では、大宝令の施行を境に官衙の大幅な改変があり［奈文研 1993b・1994］、それが平城宮官衙の原型になった可能性が強く、これまでの単純な図式では解釈が難しい状況にある［金子 1995］。

(4) 主都と副都で違い

　これまで述べたように、大極殿と朝堂院のあり方からみると、藤原宮→平城宮→平安宮の系譜は合理的な変遷として理解できる。このようにみた時に大問題となるのが、藤原宮型をとる後期難波宮と長岡宮の解釈である。ここでは、主都に対する副都の系譜と解釈したい（図27）。

　周知のようにこの時代は中国と同様に、複都制をとっていた。683年に天武天皇は、「凡そ都城、宮室は一処にあらず、必ず両参を造らむ。故にまず、難波に都せんと欲す」（「天武紀」12年12月条）と詔し、主都の他に副都（陪都）を設けることを宣言してい

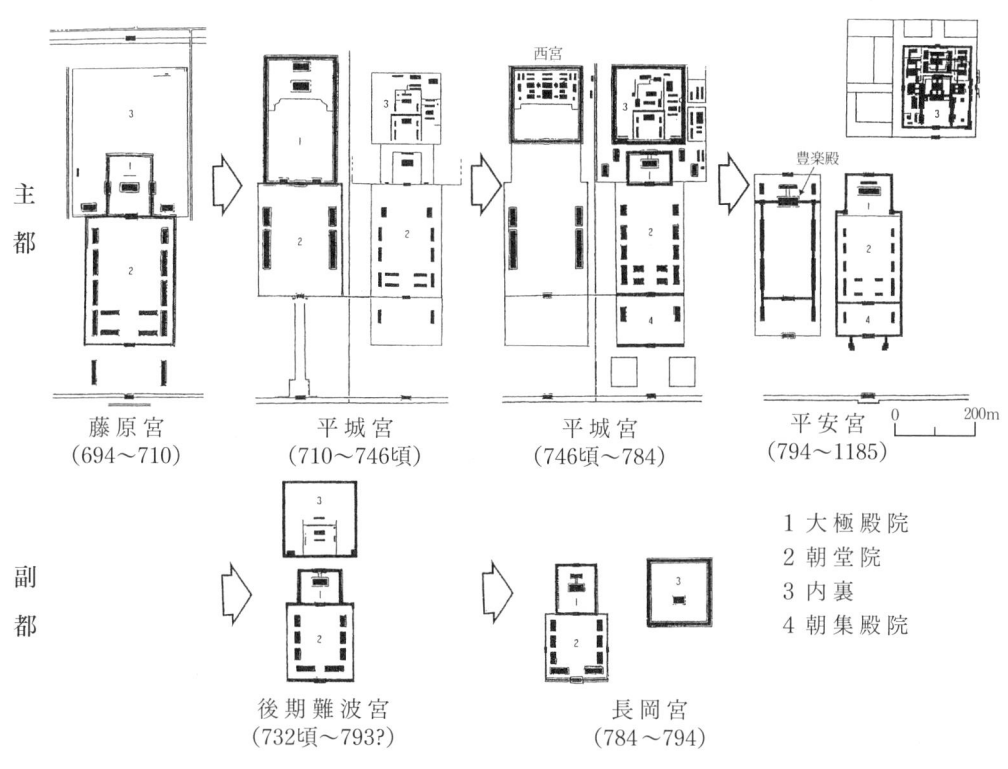

主都　藤原宮（694〜710）　平城宮（710〜746頃）　平城宮（746頃〜784）　平安宮（794〜1185）

副都　後期難波宮（732頃〜793?）　長岡宮（784〜794）

1　大極殿院
2　朝堂院
3　内裏
4　朝集殿院

図27　大極殿・朝堂院の系譜

る。これは唐が長安（西京）の他に洛陽（東京）、太原（北京）、鳳翔（西京）、成都（南京）を置いたことと関連するのであろう（長安、洛陽、太原は三都）。したがって、後期難波宮は奈良時代にあって一時皇都とする宣言があったとしても、基本的には平城宮の副都である。これを重視すると8世紀には、主都と副都の間に朝堂院などの施設に差があったのではなかろうか。それは朝堂の数にとどまらず［直木 1987］、大極殿・朝堂院相当施設全体に及ぶと思う。これを簡略に示すと、

　　主都－大極殿・朝堂院相当施設2区画。12朝堂
　　副都－大極殿・朝堂院相当施設1区画。8朝堂

となろう（大極殿院相当施設は2区画であるが、大極殿自体は1基である）。

　この考え方の障害になるのが長岡宮である。長岡京（784～794）については、謎が多い。一つは、10年というその短命さであり、いま一つは、遷都をめぐる謎であり、ともに多数の論著がある。このうち遷都については、桓武天皇の思想を重視する立場がある。奈良時代の歴代天皇が天武系であったのと異なり、天智系の血筋であること、母の高野新笠が渡来系という当時では卑母の許に産まれながら、幾多の強運に恵まれて即位した桓武天皇は、自らを新王朝の始祖とする強烈な意識をもっていた。王朝を樹立した中国の皇帝は新都を定め（建設）、前王朝の歴史を著し、度量衡を定めるなど事業を行う。桓武もそれに倣って、新京（長岡京）を造営したという［瀧川 1967］。卓見であろう。

(5) 長岡「遷都」か

　たしかに、『続日本紀』延暦3（784）年5月16日条には「遷都のため、乙訓郡長岡村の地を相せしむ」とあり、同年11月11日条に「長岡宮に移幸す」とあり、通説はこれをもとに長岡京遷都とする。記録が述べるように最初から主都として計画したのなら、私の見通しは成り立たない。しかし、この遷都にはいくつか疑問がある。

　まず、主都とすると朝堂院は8堂しかない上に、他の諸宮の朝堂に比べて規模が極端に小さい。面積比では藤原宮朝堂院の3割強、平城宮第二次朝堂院の5割弱、平安宮朝堂院の5割である。朝堂院の面積自体は藤原宮が最大で、以降の宮では面積を減じており、これは曹司、つまり官衙の発達と関わるのであり面積の大小だけでは一律に評価できないが［八木 1974］、やはり無視できない。しかもこの場合、平城宮や平安宮では朝堂院区画が並列するから、それを考慮すると実質面積はさらに小さくなる。

　次に、平城宮の第二次大極殿院の調査などでは、旧都となった平城宮の施設は長岡京遷都からしばらくは手つかずだったらしい。史料の上でも、「平城宮の諸門を壊ちて長岡宮に移作せしむ」とみえるのは遷都から7年もたった延暦10（791）年9月16日条である。この点を怪しんだ喜田貞吉は、『日本三代実録』貞観6（864）年11月7日条の大和国言に、「平城旧京は延暦七年に都を長岡宮に移してよりここに七十七年、道路変じて田畝となる」とある記事をもとに、実質的な長岡遷都は延暦7（788）年かと疑

う［喜田 1979］。

　平城宮からの移建が遅れることは、長岡京延暦3（784）年遷都説を強力に主張する清水みきも認めるところで、平城宮から運んだ資材は延暦7年から10年頃の氏の言う後期造営時に使用するという［清水 1986］。

(6) 基本設計は副都型

　先にもみたように、長岡宮の内裏、大極殿院の配置には内裏の位置や大極殿後殿のあり方など、平安宮に直接連なる新要素がある反面、朝堂院の規模や朝堂の配置は難波宮と同じであり、しかも瓦など資材を含めて難波宮から移建したことが判明している。したがって、「遷都」の字句にとらわれず、実態に即して考えると、長岡京は本来平城京の副都として計画した可能性を否定できないように思う［金子 1992］。中尾芳治は、平城京から遷都することには反対勢力が強く抵抗し、便宜的に副都の難波京を長岡へ移建する形をとって遷都したとする［中尾 1992］。

　奈良時代の歴史を伝える『続日本紀』の編纂は、新王朝の始祖として桓武天皇が主導した事業である（瀧川説）。その関わり方は尋常ではなく、桓武の筆は個々の記事内容にまで及んだという［笹山 1989］。長岡京「遷都」関係記事については、こうした『続日本紀』の成り立ちから改めてみることも必要ではなかろうか。

　仮に、私説のごとく、長岡京は本来平城京の副都として計画したとすると、朝堂院のあり方一つをとっても主都としては不完全であり、平安京遷都はそれを補う当然の帰結であり、長岡京がわずか10年に終わった根本的理由もまた、そこに求めるべきと思う。

［参考文献］
秋山日出雄 1980「飛鳥宮室の復元的考察」『飛鳥京跡Ⅱ』奈良県教育委員会。
秋山日出雄 1981「八省院＝朝堂院の祖形」『難波宮址の研究』第7、大阪市文化財協会。
今泉隆雄 1993『古代宮都の研究』吉川弘文館。
小沢　毅 1988「伝承板蓋宮跡の発掘と飛鳥の諸宮」『橿原考古学研究所論集』第9冊。
橿原考古学研究所 1993『奈良県遺跡調査概報1992年度』。
金子裕之 1992「大極殿と朝堂」『日中都城研究の現状』奈良文化財研究所資料。
金子裕之 1995「藤原宮は手狭だったか」『季刊明日香風』第55号。
金子裕之編 1996「『日本書紀』『続日本紀』朝堂関係史料」『古代都城の儀礼空間と構造』古代都城制研究集会第1回報告集、奈良国立文化財研究所。
岸　俊男 1988「朝堂の初歩的考察」『日本古代宮都の研究』岩波書店。
岸　俊男 1994『日本の古代宮都』日本放送協会、岩波書店。
喜田貞吉 1979「帝都」『喜田貞吉全集』第5巻、平凡社。
鬼頭清明 1978「日本における大極殿の成立」『古代史論叢　中』吉川弘文館。
鬼頭清明 1984「日本における朝堂院の成立」『日本古代の都城と国家』塙書房。
京都市埋蔵文化財研究所 1995『平安宮1』京都市埋蔵文化財研究所調査報告、第13集、真陽社。
古代学協会 1994『平安京提要』角川書店。

笹山晴生 1989「続日本紀と古代の史書」『続日本紀1』新日本古典体系12、岩波書店。
佐竹　昭 1993「古代宮室における「朝庭」の系譜」『日本歴史』第547号、吉川弘文館。
佐藤武敏 1977「唐の朝堂について」『難波宮と日本古代国家』塙書房。
清水みき 1986「長岡宮造営論——二つの画期をめぐって——」『ヒストリア』第110号。
瀧川政次郎 1967「革命思想と長岡遷都」『京制並に都城制の研究』角川書店。
瀧川政次郎 1988「御代初め諸儀式の法的意義」『律令と大嘗祭——御代始めの諸儀式』国書刊行会。
寺崎保広 1993「大極殿史料の検討」『平城宮発掘調査報告XIV』奈良国立文化財研究所。
寺升初代 1994「平安宮の復元」『平安京提要』角川書店。
直木孝次郎 1975「大極殿の門」『飛鳥奈良時代の研究』塙書房。
直木孝次郎 1987「難波宮の一二朝堂と八朝堂」『難波宮址を守る会ニュース』100。
中尾芳治 1992「難波宮発掘」『古代を考える難波』吉川弘文館。
中尾芳治 1995「前期難波宮をめぐる諸問題」『難波宮の研究』吉川弘文館。
奈良国立文化財研究所 1962『平城宮発掘調査報告II』。
奈良国立文化財研究所 1982『平城宮発掘調査報告XI　第一次大極殿地域の調査』。
奈良国立文化財研究所 1993a『平城宮発掘調査報告XIV　第二次大極殿院の調査』。
奈良国立文化財研究所 1993b『飛鳥・藤原宮発掘調査概報23』。
奈良国立文化財研究所 1994『飛鳥・藤原宮発掘調査概報24』。
日本古文化研究所 1940『藤原宮跡発掘調査報告』。
橋本義則 1995「朝政・朝儀の展開」『平安宮成立史の研究』塙書房。
橋本義則 1995「平安宮草創期の豊楽院」『平安宮成立史の研究』塙書房。
林　博通 1984『大津京』ニュー・サイエンス社。
平岡武夫 1956『唐代研究のしおり第7　長安城と洛陽地図』京都大学人文科学研究所。
福山敏男 1955「朝堂院概説」『大極殿の研究——日本に於ける朝堂院の歴史——』平安神宮。
古瀬奈津子 1984「宮の構造と政務運営法——内裏・朝堂院分離に関する一考察」『史学雑誌』第93編、第7号。
馬　得司 1987「唐長安城発掘新収穫」『考古』1987年第4期。
向日市教育委員会 1983『長岡宮朝堂院西第四堂跡発掘調査報告』向日市埋蔵文化財調査報告書、第10集。
八木　充 1974『古代日本の都』講談社。
山中敏史 1986「変化と画期」『岩波講座日本考古学』第6巻、岩波書店。
和田　萃 1995「殯の基礎的考察」『日本古代の儀礼と祭祀・信仰』上、塙書房。

第4章

平城宮の大嘗宮

はじめに

　小稿では平城宮における大嘗宮遺構の基礎的検討を行い、大嘗祭に関する基礎史料である『儀式』にみる大嘗宮の制との関わりを明らかにする。

　大嘗宮とは大嘗祭に建てる仮設の宮殿のことである。大宝元（701）年に成立した「大宝令」の時代（令制下）、毎年の11月には稲の初穂を神に供える新嘗祭（「神祇令」仲冬条）を行うが、このうち即位直後の祭を大嘗祭と呼んで（「神祇令」大嘗条）、大嘗宮を特別に建て盛大に行った。大嘗祭は践祚大嘗祭ともいうように（『延喜式』巻7）、即位儀に関わり、令制下では最大の大祀である（衣服令諸臣条、内命婦条）。

　大嘗祭については『儀式』巻2-4（872～877年頃）、『延喜式』巻7（927年撰進）をはじめとして、歴代天皇の祭に関して豊富な史料や図面があり、江戸時代以降はこれらによる膨大な研究がある。そうした研究を簡潔に総括したものに加茂正典の業績があり［加茂 1999］、研究の全体と趨勢を総覧するのに便利である。

　大嘗宮については、幕末の勤皇家である裏松固禅『大内裏図考証』（巻3附録）に規模・構造に関する詳細な研究があり、これをもとにした建築史の分野からの蓄積がある。先鞭をつけたのは関野克であり、大嘗宮に加えて北野の斎院や外院など施設全般にわたる復原研究がある［関野 1939a・1939b］。次いで福山敏男の大嘗宮正殿と住吉社との類似を強調した研究［福山 1984］があり、近年では池浩三の祭儀用の仮設宮殿という観点からの研究［池 1983］などがある。

　これらは図面を含めて文献史料による研究である。しかし、大嘗宮の研究にとって基本文献となる『儀式』は、成立が平安前期の9世紀後半に下り、その大嘗宮の制はどの天皇のいつのものか明らかでない。それゆえ大嘗宮や大嘗祭の成り立ちを再構成するためには、基本的な年代問題を解決することが必要である。この最良の手懸かりが平城宮で発掘した大嘗宮遺構である。

　大嘗宮遺構の発掘は2度ある。最初は1984・85年と1988年、平城宮第二次（東区）朝堂院の朝庭部分における発掘であり、それから20年後の2004・05年における平城宮第一次（中央区）朝堂院地区での発掘である（図28-a）。

　2度の発掘によって奈良時代の7代6天皇（孝謙・称徳は重祚）のうち、朝堂院地区に存在した6期の大嘗宮遺構が明らかになった。史学研究の鉄則は同時代史料の使用

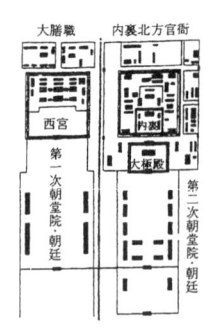

a 平城宮復原図と二つの朝庭の位置

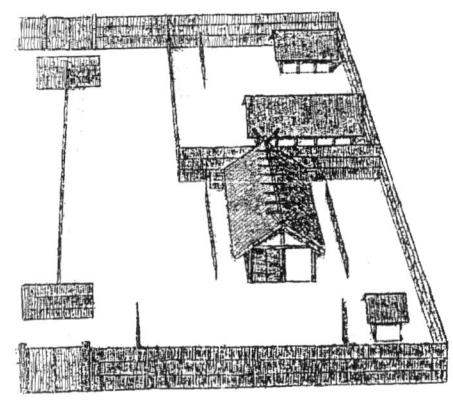

b 大嘗宮悠紀院復原図（岩永省三画）

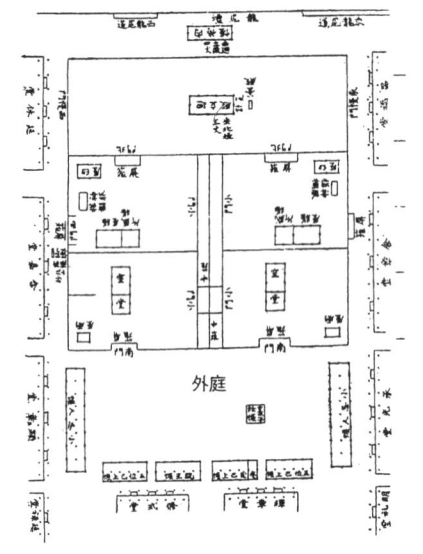

c 大嘗宮復原図（『大内裏図考証』の復原）

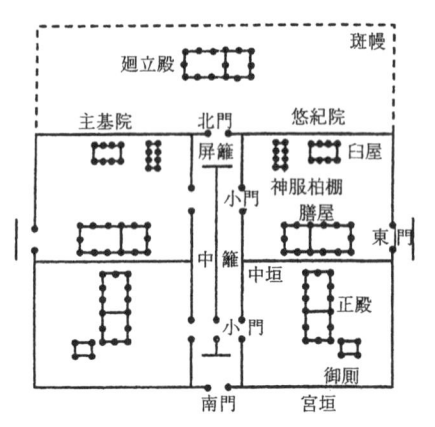

d 『儀式』による大嘗宮復原図［奈文研 2005］

e 大嘗宮外院復原図［池 1983］

1 神座殿　2 高萱片葺御倉
3 稲実殿　4 倉代殿　5 御贄殿
6 鋪設殿　7 黒酒殿　8 白酒殿
9 麹室屋　10 大炊屋　11 臼殿

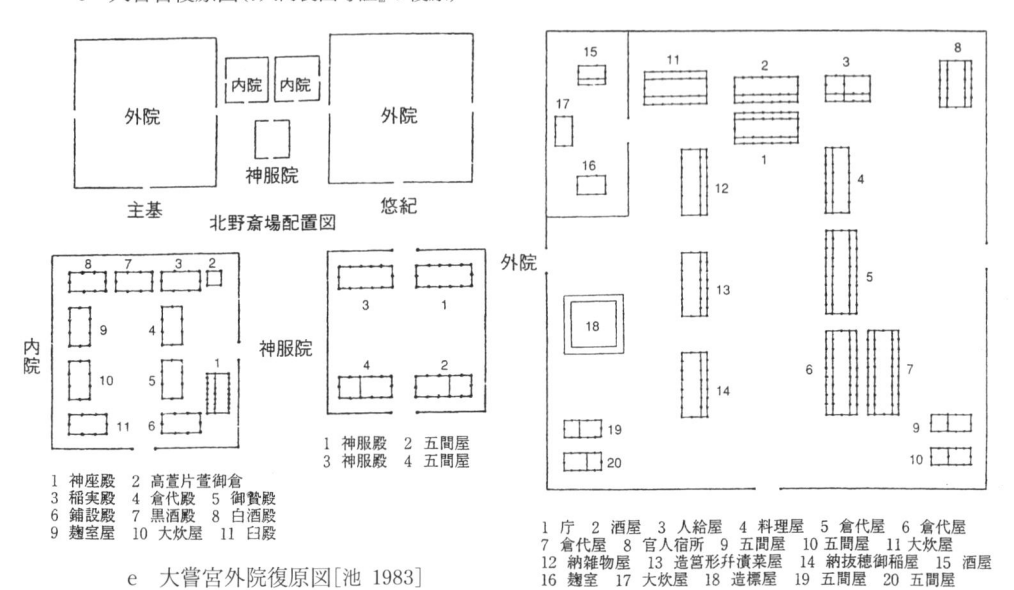

1 神服殿　2 五間屋
3 神服　4 五間屋

1 庁　2 酒屋　3 人給所　4 料理屋　5 倉代屋　6 倉代屋
7 倉代屋　8 官人宿所　9 五間屋　10 五間屋　11 大炊屋
12 納雑物屋　13 造営形升漬菜屋　14 納抜穂御稲屋　15 酒屋
16 麹室　17 大炊屋　18 造標屋　19 五間屋　20 五間屋

図28　平城宮の大嘗宮跡と大嘗宮復原図

である。発掘遺構は歴代天皇の大嘗宮跡そのものであり、大嘗宮研究にとって最高・最大の資料である。前後の発掘調査では即位式に関わる宝幢や儀仗の遺構なども検出しており、こうした遺構群から考古学的に大嘗祭を再構成する途が開かれたのである。

考古学による大嘗祭の再構成は将来の課題として、ここではその一環として、『儀式』にみる大嘗宮の制度がどこまで遡るのかに焦点を絞って平城宮の大嘗宮遺構を分析し、結果と課題についての見通しを述べたい。

結論を先に示すと、『儀式』が描く大嘗宮の宮殿構造は8世紀後半にはほぼ成立する。しかし、廻立殿や幄舎、外庭など大嘗宮付帯施設はこれより遅れ、一部は平安初期に下る可能性がある、というものである。

これは『儀式』などによる研究では未解明の部分であり、発掘調査による新知見によって大嘗祭の発展過程を再構成する手懸かりは格段に増加したのである。

1 大嘗宮とは ── 史料にみる大嘗宮 ──

(1) 大嘗祭の始め

即位儀礼の一環としての大嘗祭は、7世紀後半の天武朝に始まる。『日本書紀』の天武2（673）年12月条は大嘗に関する最初の史料であり、それまでは年ごとの祭も即位に伴う祭もともに「新嘗」であった。天武紀では新嘗と大嘗の明確な使い分けがあるが、大嘗祭の特徴とされる悠紀・主基国の国郡卜定は両祭でともにみられる。すなわち大嘗祭では悠紀・主基国を卜定し、両国の斎田からの稲米をもって大嘗神事に用いる飯や酒の料とする。大嘗の始めとなる天武2（673）年では悠紀・主基は播磨と丹波であるが、国郡の卜定は天武5（676）年9月、天武6（677）年11月の新嘗でもある。このことからみても天武朝の大嘗と新嘗には後世のような相違はなく、規模も似たものだという［加藤 1980］。

大嘗の記録は天武以降の各天皇の即位記事にみえる。持統5（691）年11月条には持統女帝の、文武2（698）年11月条には文武天皇の大嘗がそれぞれみえており、これが令制大嘗祭の原型となるのであろう（表4）。

(2) 大嘗祭の次第

次に大嘗宮を理解する前提として「践祚大嘗祭儀」（『儀式』巻2-4。以下『儀式』と略）から大嘗祭の次第を要約し、解説を少し加えておこう。

大嘗祭は即位が7月以前の時はその年の11月に、8月以後の時は翌年に行う原則であった。これは大きく事前の準備と、卯日の大嘗宮儀、その後の節会に分かれる。事前の準備は大内裏の北方にあたる北野斎場が主体であるが、卯日以降は舞台が宮内の朝堂院朝庭と豊楽院に移る。

大嘗祭の中核は11月卯日の夜の大嘗宮儀である。大嘗宮の北にある廻立殿で湯浴み

表4 奈良時代の大嘗祭略年表

日　時	関連記事
天武天皇 天武2年（673）12月5日丙戌	大嘗に侍奉れる中臣・忌部及び神官人等、ならびに播磨・丹波二国の郡司、亦以下の人夫等悉く禄を賜ふ。因りて郡司等に各々爵一級賜ふ。
天武5年（676）9月21日丙戌	神祇官奏して曰く、「新嘗の為に国郡を卜しむ。斎忌は尾張国山田郡、次は丹波国訶沙郡、並びに卜に食へり」。
天武5年（676）10月3日丁酉	相新嘗の諸神祇に祭幣帛る。
天武5年（676）11月1日乙丑朔	新嘗の事を以て告朔せず。
天武6年（677）11月21日己卯	新嘗す。
天武6年（677）11月27日乙酉	新嘗に侍へ奉りし神官及び国司等に禄賜ふ。
持統天皇 持統5年（691）11月24日？戊辰	大嘗す。神祇伯中臣朝臣大嶋天神寿詞を読む。
持統5年（691）11月28日丁酉	（略）神祇官の長上より以下、神部に至るまで、及び供奉れる播磨・因幡国の郡司より以下、百姓の男女に至るまで饗たまひ、絹等を賜ふ。
文武天皇 文武2年（698）11月23日己卯	大嘗す。直広肆榎井朝臣倭麻呂大楯を竪つ。直広肆大伴宿禰手拍楯鉾を竪つ。神祇官の官人、事に供する尾張美濃二国の郡司百姓等に賜物。
元明天皇 和銅元年（708）11月21日己卯	大嘗す。遠江但馬二国その事に供奉す。
和銅元年（708）11月23日辛巳	五位以上を内殿に宴し、諸方の楽を庭において奏し、賜禄。
元正天皇 霊亀2年（716）11月19日辛卯	大嘗す。親王已下及び百官の人等に賜禄。由機遠江、須機但馬国の郡司二人位一階を進む。
聖武天皇 神亀元年（724）11月23日己卯	大嘗す。備前国を由機とし播磨国を須機とす。従五位下石上朝臣勝男・石上朝臣乙麻呂、従六位上石上朝臣諸男、従七位上榎井朝臣大嶋等、内物部を率る、神楯を斎宮の南北二門に立つ。
孝謙天皇 天平勝宝元年（749）11月25日乙卯	南薬園新宮にて大嘗す。因幡国を由機国とし、美濃を須岐国とす。
淳仁天皇 天平宝字2年（758）11月23日辛卯	乾政官院に御して大嘗の事を行ふ。丹波国を由機とし、播磨国を須岐とす。
天平宝字2年（758）11月25日癸巳	閤門に御して五位已上を宴す。賜禄。
称徳天皇 天平神護元年（765）11月16日癸酉	廃帝淡路に遷り、天皇重ねて万機に臨む。ここにおいて、更に大嘗の事を行ふ。美濃国を以て由機とし、越前国を須岐とす。
天平神護元年（765）11月23日庚辰	詔して曰く、（略）又詔して曰く、今勅りたまはく、今日は大新嘗の直会の豊の明り聞こし召す日に在り。然るにこのたびの常より別に在る故は、朕は仏の御弟子として菩薩の戒を受け賜ひて在り（略）、次には天社・国社の神等をもいやびまつり、（略）、と宣りたまふ。
光仁天皇 宝亀2年（771）11月21日癸卯	太政官院に御して大嘗の事を行う。参河国を由機とし、因幡国を須岐とす。（略）石上朝臣宅嗣（略）、榎井朝臣種人神楯鉾を立つ。（略）大中臣朝臣清麻呂神寿詞を奏す。（略）十一月二十三日乙巳、是日、五位已上を閤門前幄に宴す。賜禄。
桓武天皇 天応元年（781）11月13日丁卯	太政官院に御して大嘗の事を行う。越前国を以て由機と為し備前国を以て須機と為す。両国種々甑好の物を献じ、土風の歌舞を庭に奏す。五位已上賜禄。
天応元年（781）11月15日己巳	五位已上を宴す。雅楽寮の楽及び大歌を庭に奏せしむ。

(禊ぎ)をした天皇が、悠紀・主基の両正殿で神饌を神とともに食する。この悠紀殿の悠紀は「斎城」の意味で斎み清められた神聖な一区域を指し、主基殿の主基は「次の悠紀」の意味である［西宮 1978］。

大嘗祭の本質が悠紀・主基殿の儀にあるとする点は諸説が共通するが、祭の本質については大きく２説が対峙している。一方は折口信夫説の系統で、悠紀・主基正殿に設える御衾を『日本書紀』の天孫降臨神話にみえる真床覆衾と同じであり、ここでの秘儀が天皇霊の復活再生に連なるとし［折口 1966］、この大嘗の儀に何らかの秘儀を認める説［井上ほか校注 1976］、聖婚の場とする聖婚説［岡田 1989］などがある。これに対して岡田荘司説は、御衾は神座の設えであり祭儀の本質は夕御饌・朝御饌の共食にあるとし、折口説とその亜説を批判する［岡田 1990、加茂 1999］。

(3) 大嘗祭の設営

大嘗宮は朝堂院の朝庭、八省院朝堂の第１・２堂の前に設置し、祭の７日前に造り始めて５日の内に終わり、大嘗祭の終了と同時に解体する規定であった。

大嘗宮の構造は南北15丈（約45m）、東西21丈４尺（約64.2m）の柴垣で囲んだ中央に中垣を設けて東を悠紀院、西を主基院とし、中垣の南と北、悠紀・主基院の東西やや北寄りにそれぞれ一門を開き、東西門の外側には目隠し塀を建てる。

そして悠紀・主基両院の内部をさらに南北２区画に分け、北には臼屋と膳屋、神服柏（楢）棚を、南には正殿と厠を各々建て、中垣に向けて小門を開くものである。大嘗宮の縦横の比は１：$\sqrt{2}$の関係にある［関野 1939a・1939b］。

なお、『儀式』の大嘗宮の復原については、大嘗宮に開く門の有無・位置に関して裏松説と関野説とで微妙な違いがある。『儀式』の本文からみる限り関野克説が合理的であり、図28－dはこの観点による。

悠紀院・主基院の正殿は南北棟建物、他は東西棟建物であり、『儀式』はその規模を「五間正殿一宇、長四丈広一丈六尺」などと記している。４丈を５間で除すと柱間寸法が８尺（約2.4m）となり、梁間の１丈６尺は２間となるので、以下では裏松固禅や関野等の先行研究にしたがって、正殿と膳屋が桁行５間・梁間２間、臼屋が桁行３間・梁間２間などと記す。

正殿の内部は間仕切りし、３間の室と２間の堂にする。この室での大嘗儀が大嘗祭の本質であり、ハイライトであることはすでに述べた。

大嘗宮の北には廻立殿がある。天皇が湯浴みをし神服に着替える廻立殿は、周囲に斑幔をめぐらせ、廻立宮と呼ぶこともある（『延喜式』巻７　廻立殿条）。廻立殿は桁行５間・梁間２間の東西棟建物であり、正殿と同様に内部を間仕切りし３間２間とする。

大嘗宮柴垣の南と北には柱間１間の門がそれぞれ開く。卯日の当日、両門には石神・榎井・伴・佐伯氏らが神楯・戟（鉾）を立てた。

楯や鉾の樹立は大儀における荘厳であり、即位儀、元日朝賀儀と同じである。その記録は文武2（698）年11月の文武大嘗祭や、神亀元（724）年11月の聖武大嘗祭にもみえ、また、元明女帝の和銅元（708）年の歌もそれを示唆する。

　　　ますらおの鞆の音すなりもののふの大臣楯立つらしも　　　　　（『万葉集』巻1−76）

折口信夫の解釈では、この歌は元明自身の大嘗祭の直前、まさに楯を立てる情景を歌ったものという。なお、この大嘗祭は藤原宮における祭儀である。

南門の外は外庭（『延喜式』では中庭）を構成し、卯日、皇太子以下の版位をここに置き、周囲に布張りの幄舎を配置した。その数は7棟。皇太子、親王、参議、五位以上および小忌（厳重に物忌した官人）の各幄舎があり、これとは別に、龍尾壇の下には内侍の幄舎1棟がある。皇太子幄は軽幄である。小忌幄舎を桁行7間・梁間2間、他は桁行6間梁間2間にそれぞれ復原する（図28−c）。

卯日の南門前の行事には二つの場面がある。一つは事前の準備に関わり、神祇官に引率された国郡司ら悠紀・主基両国の供物が大嘗宮に入り大嘗儀の設えを行うこと。北野斎場を出た一行の経路は一旦平安京の七条の衢まで南下し、そこから再び北上して宮城正面の朱雀門を経て宮城内に入る。そして大嘗宮の南門外に集まり、左右に分かれて北門に進み、設えを行う。

いま一つは天皇が悠紀・主基正殿に入る大嘗宮儀の時であり、大嘗宮南門前では吉野国栖、檜笛工らが古風を奏し、語部が古詞を奏し、次いで皇太子以下が跪き拍手4度を行いこれを繰り返す。これは八開手という厳重な拍手で32回手をたたくものである。南門前での芸能や跪座拍手では、皇太子以下の版位を門前の外庭に設置して位置を決めた。こうした儀式の基本は平安宮の大儀である朝賀儀と共通し、皇太子の座は龍尾壇上での次第と類似するようである［井上 1969］。

(4) 黒木の宮殿

大嘗宮や関連する施設は黒木造で、屋根や壁には草を用い、蔀は柴とする（図28−b）。黒木は黒く焼いた柱との説があるが［折口 1966］、通説は白木に対する言葉で、皮つきの丸柱の意味である。祭のたびに神を迎えるため、神の住まいを新調する［岡田 1992］のと同じ意味であり、マツの黒木は青葉（若い茅の意味）の屋根とともに生命力を象徴する。黒木造を材質を生かした清浄で豪華な建物としたり、粗末な建物とする解釈がある。後者は元弘2（1332）年、隠岐島に流された後醍醐帝の配所の黒木御所（『太平記』巻4）からきているが、いずれも誤りである。

生命力あふれる黒木や青葉は強いたまふり（魂振り）効果がある。たまふりはたましずめ、たま結びなどともいい、肉体から遊離したたま（魂）を呼び戻して体内に鎮めたり、衰えた魂を揺り動かして霊力を復活させる呪術のことである［土橋 1989］。黒木の宮殿はその生命力が主人に長寿をもたらすのであり、なかでもマツは冬にも青葉を保ち長寿を言祝瑞木である。日本武尊伝説では、尾津の崎（三重県桑名郡多度町）の松

表5　大嘗祭の次第（『儀式』『延喜式』による）

日　時	大嘗祭の次第
事前準備	黒酒・白酒を作る稲をとる悠紀国・主基国の卜定。準備にあたる悠紀・主基国行事所の設置。
8月上旬前～9月下旬	北野斎場（平安京の北郊）を卜定。方48丈の斎院内外院・服院・雑殿地を点定。大嘗宮の材を取る山野卜定。 悠紀・主基の外院・内院、服院などを設け、雑殿を立てる（7間の庁、7間の酒屋、5間の人給屋等）。 近くに大嘗会所（官人の準備作業所、起居の場）を設置。
8月上旬	大祓使を卜定。諸国に派遣し大祓を行う。
8月・9月上旬	由加物使（由加物は儀式に使用する雑器、天皇が食す雑贄。由加物使はその製作・採取を監督）を畿内に派遣。
8月下旬	抜穂使（神祇官人）を悠紀・主基国に派遣。両国の斎場で抜穂に従う男女（造酒童女・稲実公ら）を卜定。 田の近くに斎場を作る。抜穂の後、9月上旬、北野の斎場にいたる。
9月上旬	神服使を駿河国に派遣、天皇が着る神服を織る服長・織女などを卜定。服長ら10月上旬に上京する。
9月下旬	内院の雑殿を造る（8間神座殿、稲実殿、片葺御倉など11棟。黒木柱に萱葺）。
10月上旬	北野斎場の御井、童女（さかつこ）井を掘る。悠紀・主基国の稲と男女より酒を醸す。
10月上旬	卯日の神事用の酒を悠紀・主基内院で醸す。御禊。御禊座は5丈幄2宇を並び立て、皇太子幄、神祇官幄など。
10月中旬	服院の中に悠紀・主基の神服院（黒木柱、萱葺）を設け駿河国の神服女・服丁が神服を織る。大嘗宮の材を取る。
10月下旬	外院に大嘗宮の雑殿を構える。天皇が斎場近くの川で禊。人々11月1日から1ヶ月間の物忌（散斎）。
11月下卯10余日前	大嘗宮の料の雑材、萱を朝堂第二殿前に置く。
11月下卯7日前	龍尾道の南庭を鎮祭し、大嘗宮を造り始め、5日の内に終わる。 大嘗宮＝東西21丈4尺、南北15丈。中分し東は悠紀院、西は主基院。構えるに黒木とし青草（あおがや）等を葺く。 木工寮大嘗院以北に横5間の廻立殿を造る。柱は黒木、板は葺き、苫で覆う。
11月卯日前日	承光・顕章堂（3堂）前に小斎人7丈幄1宇（縦）、暉章堂（東5）前に参議以上・五位以上5丈幄2宇（横）、参議以上幄の以北に皇太子軽幄、修式堂前（西5）に親王・五位以上5丈幄2宇（横）を、廻立殿の北に内侍5丈幄1宇を建つ。
11月卯日前日	鎮魂祭（天皇の霊魂を身体に鎮める祭）を行う。
11月卯日	石神・榎井・伴・佐伯氏ら大嘗宮門左右に神楯・戟を立て、楯下の胡床に就く。神祇官・国郡司ら悠紀・主基両国の供物が行列し、北野斎場から七条の衢・朱雀門を経て大嘗宮に向かう。神祇官両国の供物を率いて大嘗宮南門の外に至り、左右に分かれ北門に到る。
11月卯日夜	天皇は廻立殿で浴湯、祭服を着し、悠紀正殿に入り神饌を共し、御饌につく。御衾（まどこふすま）の儀？ 吉野国栖、檜笛工ら門前の版位に就き古風を奏し、語部古詞を奏す。皇太子以下版位に就き跪座拍手4度。 再び廻立殿で浴湯、祭服を着し主基正殿に赴く。右と同儀式を終え、廻立宮を経て宮に戻る。 大嘗宮の門を閉じる。
11月辰日朝	大嘗宮の鎮祭・解体。跡地の鎮祭。大殿祭を仁寿殿で行う。
11月辰日	豊楽院悠紀帳にて中臣が天神寿詞を奏し、忌部が神璽之鏡剣を奉る。天皇に御膳を供し、五位以上を饗し、風俗歌舞を奏す（悠紀の節会）。
11月巳日	豊楽院主基帳にて中臣が天神寿詞を奏し、忌部が神璽之鏡剣を奉る。 天皇に御膳を供し、五位以上を饗し、和舞、風俗舞、田舞を奏す（主基の節会）。
11月午日	豊楽院の悠紀・主基帳を撤し、高御座を設け、悠紀・主基国司に叙位、久米舞など奏す（豊明の節会）。
11月未日	六位以下、二国の郡司以下に叙位、賜禄。
11月晦日	在京諸司の大祓。
12月上旬	両国で御膳の8神を祭り、斎郡の解斎解除を行う。

を瑞木と讃えるし、『日本霊異記』にはマツの葉を食べて神仙道に励む話がある（上巻28話）。

マツの黒木に青葉で葺く大嘗宮は強いたまふり効果を発揮する。大嘗宮を折口説[折口 1966]は新天皇に天皇霊を取り憑け、強化するたまふり行事とする。天皇霊については異論があるところであるが、舞台となる宮殿は霊力にあふれている。

平城宮では大嘗宮の北、大極殿南（閣）門の南にある7間×4間の東西棟建物SB11223（東妻柱南から2番目の柱穴）と、東に隣接する5間×3間の南北棟建物SB11806（東北隅柱穴）からマツの柱根を検出した[奈文研 1985]。これら建物の性格については検討は必要だが、大嘗宮や関連施設をマツの黒木造とする記述が8世紀代に遡る根拠となろう。

大嘗宮と対になるのが大嘗祭の経営に不可欠な悠紀内・外院、服院（はとりいん）などの諸施設である。平安宮北郊の北野では、大嘗祭の2〜3ヵ月前に斎場の建設が始まる。北野は大内裏の北の野の意味で、一画には伊勢神宮に奉仕する斎王が潔斎する野宮などがあり、また内膳司の農園（『延喜式』巻39）などがあった。この悠紀内・外院、服院などの諸施設の成立も大嘗宮の充実に対応するものであり、その成立過程も課題である（表5）。

2　平城宮の大嘗宮遺構と時期区分

(1) 大嘗宮遺構の発掘

平城宮における大嘗宮遺構の発掘は1984・85年、1988年と、2004・05年である。前者は平城宮第二次（東区ともいう）朝堂院の朝庭からであり、後者は第一次（中央区ともいう）朝堂院の朝庭からである（以下、朝堂院朝庭を単に朝庭と略す）。第二次（東区）朝庭の大嘗宮遺構には5期分が、第一次（中央区）朝庭には1期分がある。

第二次（東区）朝庭の遺構群については発掘当時は3時期の遺構と思われていた。すなわち、調査概報では遺麟をA〜Cの3時期に区分した[奈文研 1985・1986]。対して建築史の上野邦一は、A・B・C各期とは別に01期、02期が存在すること、これらがA・B・C期に先行することを明らかにした[上野 1993]。これによって第二次朝堂院朝庭には都合5期分（01、02、A、B、Cの各期）があることが判明した。ここは平安宮における大極殿前庭にあたり、そこに大嘗宮を営むとする『儀式』の記述が8世紀に遡るとともに、大嘗宮の場所が宮内における皇権の所在地と密接な関係にあることが明らかになった[水林 2002]。

この遺構群についてはいまだに正式報告がないために、遺構の前後関係など細部にわたる検討が行えない[1]。しかし、2004・05年に第一次区朝庭の大嘗宮遺構を発掘したことで、基本的な疑問点が解消され、各遺構と天皇との対比が可能となった。

(2) 大嘗宮遺構と天皇の比定

　平城宮で即位した天皇は元正から桓武にいたる7代の天皇であるが、孝謙と称徳天皇は同一人物（重祚）であるから、7代6天皇となる。このうち、大嘗宮の場所を明示するのは孝謙天皇の「南薬園新宮（みなみやくえんしんみや）」、淳仁天皇の「乾政官院（けんせいかんいん）」、光仁・桓武天皇の「太政官院（だじょうかんいん）」である（表6）。孝謙天皇の「南薬園新宮」は、現状では平城宮東側張り出しにある東院地区に比定すべきであろう。奈良時代前半にはここが南苑であり薬園はその一施設の可能性があるからである［金子 2003］。

　次に、乾政官院と太政官院は同一施設であり、これは朝堂院の別称である。これを太政官の庁舎とする見方があったが誤りである［金子 1996a］。大嘗宮跡が平城宮の二つの朝堂院にあることも、この解釈を支持する。すなわち、孝謙天皇を除く6天皇の大嘗祭が、平城宮の二つの朝庭で行われたことになる。

　遺構と天皇の比定に移ると、第二次（東区）朝庭の遺構は重祚した称徳を除く元正天皇から桓武天皇の大嘗宮跡であり、第一次（中央区）朝庭の遺構は称徳天皇の大嘗宮跡であろう。これは第二次（東区）朝庭の遺構が奈良時代初期から末まで各時期に跨るのに対して、第一次（中央区）朝庭の遺構は1期分しかない上に、柱穴の根固めに入れた軒瓦の様式が8世紀後半に下ることから判明する［奈文研 2005］。

　現時点における遺構と天皇との関係は表6の通りとなり、ここでは各期大嘗宮を、①～⑥期として呼称する。

表6　平城宮における大嘗宮遺構と天皇

時期	遺　構	天　皇	大嘗祭
①期	第二次（東区）朝堂院朝庭　01期遺構	元正天皇	霊亀2年（716）11月
②期	第二次（東区）朝堂院朝庭　02期遺構	聖武天皇	神亀元年（724）11月
③期	第二次（東区）朝堂院朝庭　A期遺構	淳仁天皇	天平宝字2年（758）11月
④期	第一次（中央区）朝堂院朝庭　遺構	称徳天皇	天平神護元年（765）11月
⑤期	第二次（東区）朝堂院朝庭　B期遺構	光仁天皇	宝亀2年（771）11月
⑥期	第二次（東区）朝堂院朝庭　C期遺構	桓武天皇	天応元年（781）11月

(3) 遺構の時期と配置

　次に、5期の大嘗宮遺構が集中する第二次（東区）朝庭を中心に、遺構配置をみておこう。第二次朝堂院の遺構は奈良時代の前後で上・下2層に分かれ、意匠や構造に大きな違いがある。すなわち上層遺構は築地塀と築地回廊で画し、内部の殿舎は礎石建瓦葺とするが、下層遺構は掘立柱塀で画し、内部の殿舎は掘立柱檜皮葺とする。

　また、朝堂院の規模も上・下層遺構で若干違いがある。東西は450尺（135m）と共通するが、南北は20尺の差があり、下層朝堂院が960尺（288m）、上層朝堂院は940尺（282m）である。この差は下層から上層の移行にあたって閤門位置を20尺南に移動させたことによって生じたものである［奈文研 1993］。

　天平12（740）年のいわゆる恭仁宮遷都が下層から上層へ建て替える契機であるか

175尺

133尺

北門

SB11797
SB11795

SB11811
SB11812

02期大嘗宮の遺構配置
(網はA期の大嘗宮の垣)
［上野 1993］

SB11740
SB11797
SB11795
SB11750
SB11812

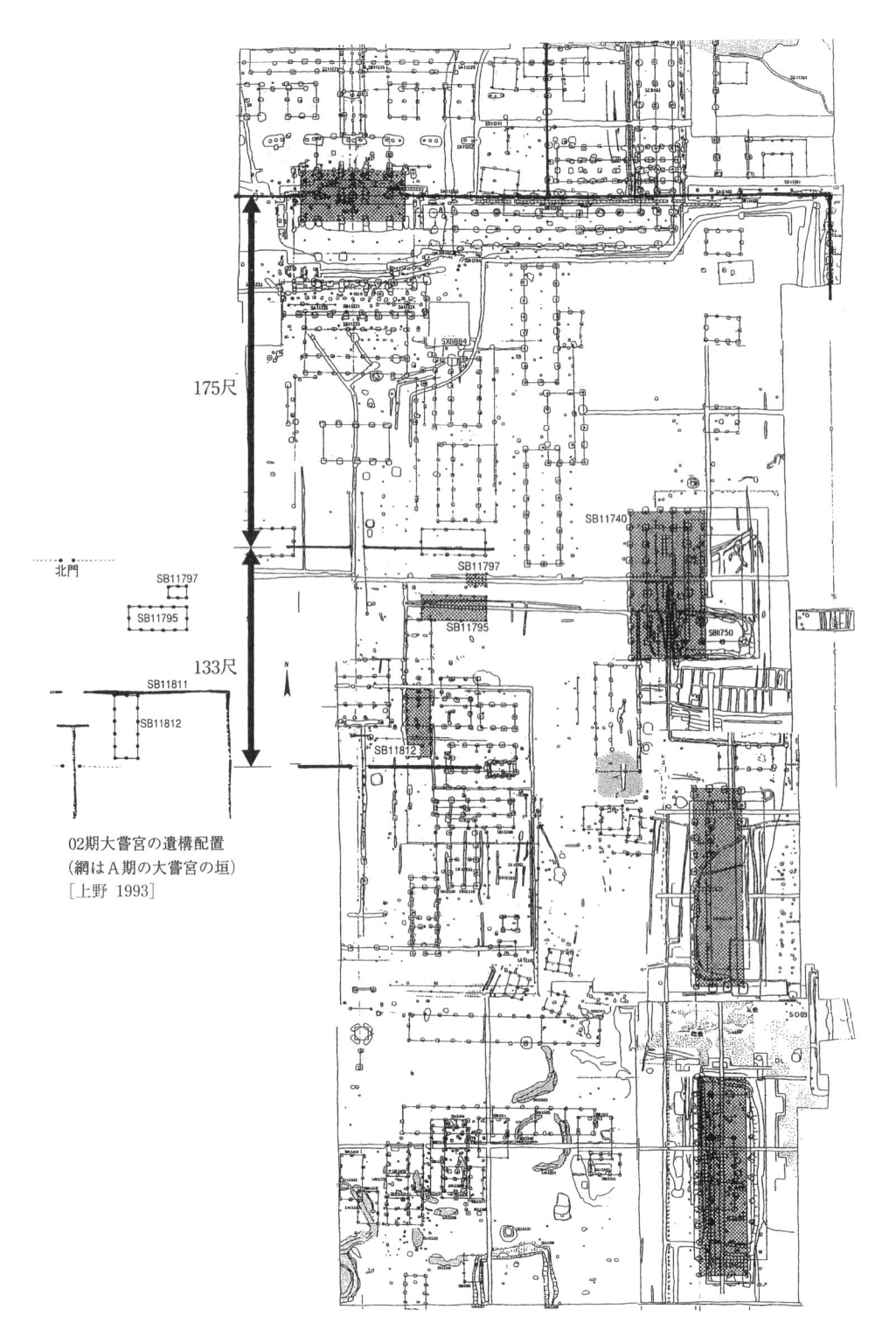

図29　平城宮聖武大嘗宮の遺構（［岩永 1996］を一部改変して引用）

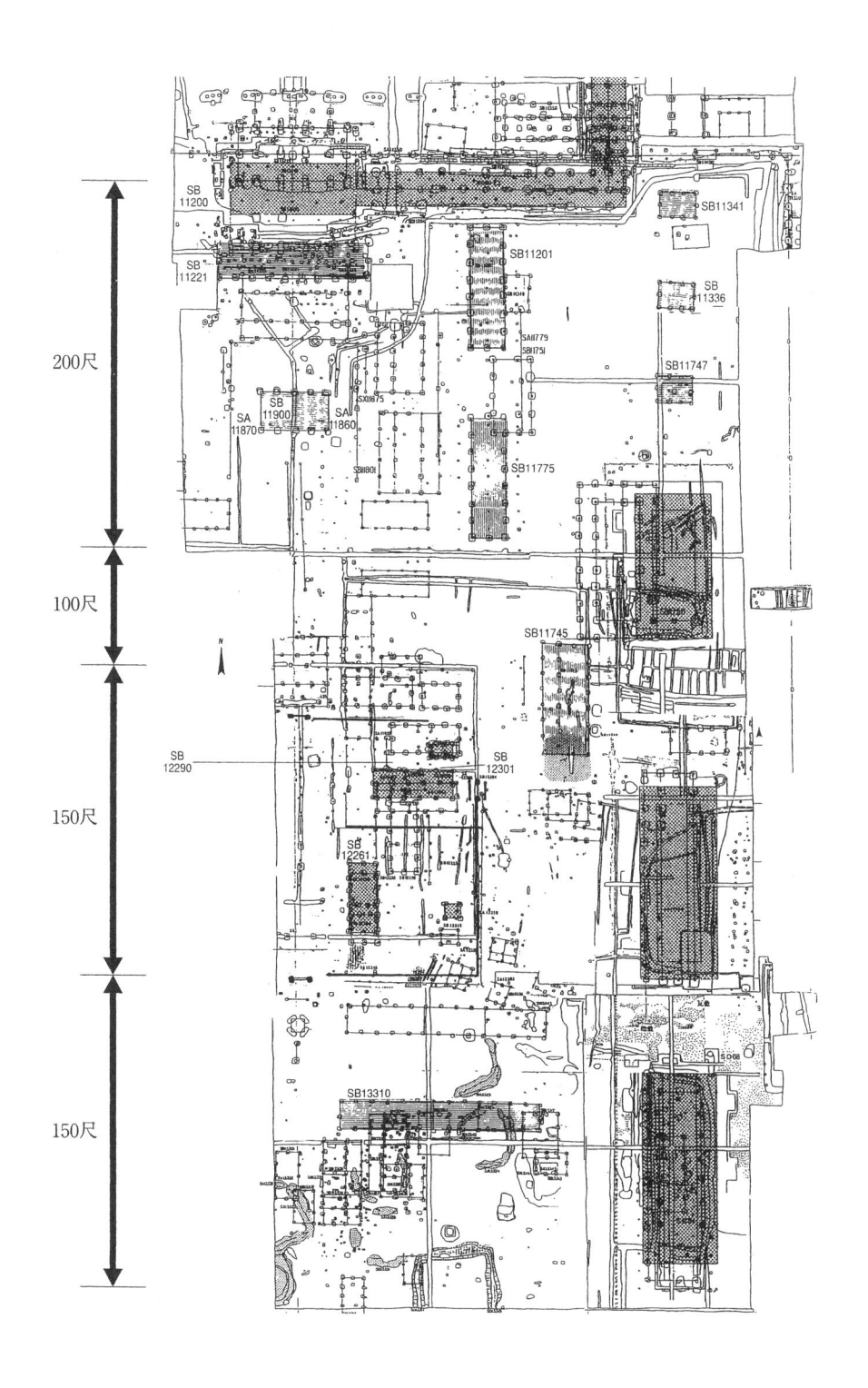

図30　平城宮桓武大嘗宮の遺構配置推定（[岩永 1996]を一部改変して引用）

ら、ここでは下層遺構を奈良時代前半、上層遺構を奈良時代後半とする。また、大嘗宮の構造や関連施設は上層の③⑤⑥（A・B・C）期の３時期が明確であり、これらを中心に述べ、適宜第一次朝庭の④期称徳大嘗宮遺構を参照する。

　大嘗宮遺構は大極殿南（閤）門基壇から朝堂院第５堂基壇までの間の朝庭部分、南北は約640尺（192m）、東西は朝堂院東西第２堂の基壇間、約390尺（117m）の範囲に位置し、北・中央・南の各遺構群に分けることができる。

　大嘗宮はこのうち中央の遺構にあたり、やや横長の区画内部に悠紀・主基の正殿、膳屋、臼屋、厠などを配する。また、南の遺構にはのちの幄舎にあたる建物、井戸、あるいは宝幄跡かと思われる遺構等があり、北の遺構には大極殿南（閤）門周辺の幢幡遺構と、大嘗宮とは別のコの字形配置をとる建物等がある。これらの柱穴掘形は仮設とは思えないほど大きく立派である［奈文研 1986］。①②③⑤⑥期の配置は、図29・図30に示した。

(4) 下層遺構の配置

　奈良時代前半期、①②期の大嘗宮は位置や平面規模が後半期とはやや異なる。全体の位置は大極殿南（閤）門側に約100尺（約30m）～130尺（39m）ほど寄っている。

　①期（上野説の01期）の遺構には正殿SB11813、膳屋SB11796と大嘗宮南北両門があり、②期（上野説の02期）には正殿SB11812、臼屋SB11797、膳屋SB11795、大嘗宮南北両門がある。宮の区画施設などは一部しか明らかではなく、大嘗宮周辺の遺構も不詳である。朝堂院では下層から上層の遺構への建て替えに際して遺構面をかなり削平しており、その影響でもあろうか。大嘗宮の南北規模は①②期ともほぼ133尺前後であろう。

　②期の北門は下層閤門の南175尺に位置し、下層閤門から大嘗宮南門までは約303尺である。奈良時代後半期には300尺という数値が意味をもつが、これはそれに近い。

(5) 上層遺構の配置

　上層については大嘗宮、廻立殿相当の遺構、幄舎と外庭の施設など項目を分かって述べる。

大嘗宮

　大嘗宮は時期によりややずれがあるが、大極殿南（閤）門と朝堂院第５堂との南北中間点より北寄りに位置する。③⑤⑥の３期の遺構に第一次（中央区）朝庭の④期称徳天皇の遺構を合わせた大嘗宮の構造は次のようである。大嘗宮区画の規模は時期による違いがあり、南北は③期がやや過大であるが、⑤⑥期には150尺に近くなる。これに対して東西規模はバラツキが大きく統一性がない。

　大嘗宮に開く門では南北の門は当初からあるが、東西の門は③期にはなく、出現は④期に下る。また、③～⑥期を通じて臼屋・膳屋には区画があって中垣側に門が開く

表7 大嘗宮遺構③④⑤⑥期規模一覧表 (1尺=0.296mとする)

(『平城宮跡発掘調査部概報』1986」『奈良文化財研究所紀要 2005』による)

		悠紀院(黄半部)		白屋・膳屋区画		白屋				膳屋				正殿				御厠			
		東西	南北	東西	南北	桁行		梁間		桁行		梁間		桁行		梁間		東西		南北	
『儀式』		107尺	150尺	記載なし	記載なし	(16尺)5.3尺等間		10尺		(40尺)8尺等間		(16尺)8尺等間		(40尺)8尺等間		(16尺)8尺等間		10尺		8尺	
③期		31.325m 106尺	46.500m 157尺	18.050m 60尺	17.900m 60尺	6.22m (21尺)7尺等間 SB11790 3×1間東西棟		4.14m (14尺)7尺等間		11.84m (40尺)8尺等間 SB11785 5×2間東西棟		4.74m (16尺)8尺等間		11.84m (40尺)8尺等間 SB12270 5×2間南北棟		4.74m (16尺)8尺等間		2.66m 9尺 SB12243 1×1間		2.37m 8尺	
④期		31.20m 105尺	43.8m 148尺	22.325m 80尺	18.90m 62尺	4.88m (16.5尺)5.5尺等間 SB18630 3×2間東西棟		2.96m (10尺)5尺等間		11.84m (40尺)8尺等間 SB18635 5×2間東西棟		4.74m (16尺)8尺等間		11.84m (40尺)8尺等間 SB18640 5×2間南北棟		4.74m (16尺)8尺等間		2.36m 8尺 SB18645 1×1間		2.96m 10尺	
⑤期		32.50m 110尺	45.0m 152尺	22.325m 89尺	18.90m 64尺	4.17m (14.1尺)4.7尺等間 SB12300 3×2間東西棟		2.37m 8尺		14.06m (47.5尺)9.5尺等間 SB12280 5×2間東西棟		4.74m (16尺)8尺等間		11.84m (40尺)8尺等間 SB12260 5×2間南北棟		4.74m (16尺)8尺等間		2.96m 10尺 SB12242 1×1間		2.36m 8尺	
⑥期		31.325m 106尺	44.4m 150尺	22.6m 76尺	18.9m 64尺	4.17m (14.1尺)4.7尺等間 SB12301 3×1間東西棟		2.37m 8尺		14.06m (47.5尺)9.5尺等間 SB12290 5×2間東西棟		4.74m (16尺)8尺等間		11.84m (40尺)8尺等間 SB12261 5×2間南北棟		4.74m (16尺)8尺等間		2.66m 9尺 SB12244 1×1間		2.36m 8尺	

ことは共通するが、正殿・厠には区画がない。また建物配置は基本的には③〜⑥期で共通するが、④期以降に正殿が中垣側に移動することなどが特徴といえよう［奈文研2005］。各時期の建物の遺構番号、規模、変遷などは紙数の関係から表7と図31に譲り、記述は省略する。

　この変遷をみると、大嘗宮自体の全体的な構造は③期の淳仁大嘗宮で成立し、④期称徳大嘗宮において東門が成立し殿舎配置もより計画的になるといった傾向にある。

淳仁天皇(758)　　　　　　　　称徳天皇(765)

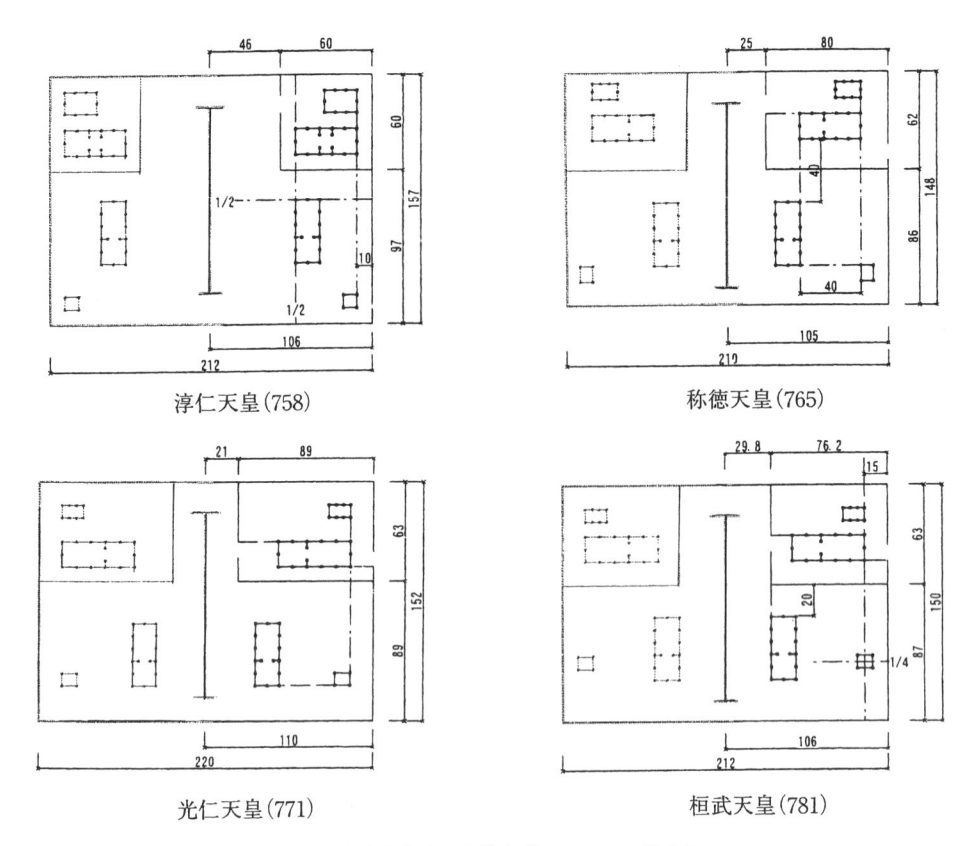

光仁天皇(771)　　　　　　　　桓武天皇(781)

図31　奈良時代後半の大嘗宮（[奈文研 2005]）単位：尺

大嘗宮の発展段階からすると、③期と④期が画期といえよう。

廻立殿相当の遺構

　大嘗宮の北には2～3時期分の遺構がある。『儀式』が説く廻立殿に相当する施設と、それとは別の遺構のようである。後者は大極殿閤門前の諸施設で検討するとして、ここでは廻立殿相当施設についてみてみよう。

　廻立殿は大嘗宮の北にある桁行5間・梁間2間の東西棟建物である。しかし、第二次朝庭ではその位置に桁行5間の東西棟建物はない。これに代わるのが桁行4間・梁間1間のSB11900と、桁行4間・梁間4間（？）のSB11820であろう。ともに柱間4間で、中央の柱が大嘗宮中軸線上にくる構造である。前者のSB11900の東西には、目隠し塀的な南北塀SA11870・11860が付属する。これらの位置は、SB11900の南側柱が上層閤門と⑥期大嘗宮南門との中点から北約4mにあり、SB11820は南側柱が⑤期大嘗宮南門にほぼ接する。SB11900は奈良時代前半期の聖武大嘗宮の廻立殿とされたこともあったが[奈文研 1986]、廻立殿相当施設が2時期分しかないことからみて無理があろう。二つの建物は⑤⑥期に下るのであろう。なお、SB11820は⑤期大嘗宮南門に近接し、その間隔は約0.9mである。あるいは二面庇ではなく南と北は区画施設とみるべきかもしれない。

幄舎と外庭の施設

過去の研究は大嘗宮の検討には熱心であったが、周囲の遺構については極めて冷淡であった。大嘗祭の本質が悠紀・主基正殿の内部構造にあると考えて、そこに論議が集中していたからである。しかし、儀式の成立・展開過程を再構成する上で、周辺施設のあり方は重要であり、その検討は欠かせない。

幄舎相当施設からみよう。大嘗宮の周囲には幄舎にあたると思われる建物がある。ただし、数はそれほど多くなく、3期ある大嘗宮との関係が課題である。大嘗宮の南には13間×2間の長大な東西棟建物SB13300・SB13310があり、東側には7間×3間の南北棟SB11745がある。さらに東北には3間×2間の東西棟建物SB11341・11336・11747がある。これらが幄舎相当の建物であろう。大嘗宮中軸線の西側対称位置にも同じ建物があって、左右対称の配置なのであろう。

南北棟建物SB11745と3間×2間の東西棟建物SB11341・11336・11747はそれぞれ1時期のようであり、時期を下らせるべきであろうか。次の長大な東西棟SB13300、SB13310のいずれかに伴うのであろう。

13間×2間の東西棟建物SB13300とSB13310は40尺（約12m）の距離を置いて並び、大嘗宮の南垣からはそれぞれ16尺（約5m）と70尺（約21m）を測る。SB13300は大嘗宮南門の正面の宝幢（？）SX13320と筋を揃えるのであろう。両建物は間仕切りがあり、SB13300は西から5・4・4間とし、SB13310は西から3・3・3・2・2間とする。位階・官職に応じた区画であろう。

しかし、時期は2時期であろう。それはSB13300の大棟の東西軸の振れが大きいことや、SB13310の柱穴からは軒瓦（平城宮Ⅲ期）を検出しているのに、SB13300にはないなどの理由からである［奈文研 1989］。ただし両建物の前後関係を直接判別する手懸かりは乏しい。

大嘗宮南門の南中軸線上には四つの掘形が菱形に並ぶ遺構SX13320がある。あるいは四方に支脚がある宝幢であろうか。その南にも幢幡支柱とみられるSX13321がある。

大嘗宮は3時期分あるが、これに対して幄舎相当施設は2〜1時期分、宝幢・幢幡（？）遺構は1時期分しかない。この理由は大嘗宮と幄舎や宝幢（？）等との発展段階に違いがあり、幄舎や宝幢（？）等の出現時期が遅れることを意味するのではあるまいか。

言い換えると出現時期は奈良末期に下るのであろう。このように考えると、幄舎は⑤⑥期に、宝幢（？）等は⑥期に属することになる。その正否については、今後の④期称徳大嘗宮の発掘成果に注目したい。

外庭の他の施設

SB13310の南に井戸SE13330がある。西の対称位置にもあるのではなかろうか。閤門心の南600尺の位置にある。発掘調査概報では出土土器を根拠に時期を平安初期とするが、これは廃絶時期であろう。定期的な井戸浚えによって、通常は古い時期の遺

物はない。北野斎場の御井との関わりで注目できる井戸であろう。

　大極殿南（閤）の施設

　閤門前には朝堂院中軸線にのる2棟の東西棟大型建物と、関連する南北棟建物等が2〜3時期分ある。それぞれ性格が異なる遺構群であろうか。

　東西棟建物には二面庇の7間×4間SB11223と、身舎のみの9間×2間SB11221がある。前後関係は右の順であり、二面庇建物SB11223には東脇殿として5間×3間西面庇の南北棟建物SB11806があり、9間×2間のSB11221には東脇殿に7間×2間の南北棟建物SB11201・SB11775がある。このうち前者は朝堂院中軸線西側の対称位置には遺構がなく、左右非対称の逆L字型ともいうべき配置となる。

　南北棟建物SB11806の南にはSB11801が位置する。これは東西二面庇の5間×4間建物であり、これもSB11223の脇殿の可能性があるが、SB11806は西庇建物であるのに対してSB11801は東西二面庇である上に、西の柱筋が揃っておらず微妙にずれている。残っていた柱根もSB11223とSB11806がマツ、対するSB11801はヒノキであり、別時期の性格を異にする建物の可能性もあろう。

　他方、東西棟建物SB11221を主殿とする南北棟建物SB11201・SB11775は左右対称のコの字形配置をとるのであろう。その配置は200尺四方を意識している。すなわち、閤門心から東脇殿SB11775南妻までが200尺、東脇殿から中軸線で折り返した推定西脇殿の入り側柱間もまた、200尺である。そして東脇殿SB11201とSB11775の南北両妻間の距離は、主殿SB11221の桁行総長の2倍値に等しい。

　南北棟建物SB11775と重複する南北棟建物にはSB11751がある。梁間が広い4間×2（？）間の建物である。調査概報はその前後関係をSB11775→SB11751とする［奈文研1985］。しかし、柱穴の重複状態は微妙であり確実とは言えないようである。儀式書の『北山抄』には、廻立殿の東に廻立殿で用いる湯を沸かす施設である御釜殿を造る記事があり、廻立殿相当のSB11900と一体という［奈文研1985］。

　第二次大極殿院の調査報告書では東西棟建物SB11221の時期を桓武朝とみている。柱穴が上層閤門の階段を避けていることや門に付属した土庇の柱穴を切っているからである［奈文研1993］。ただし、南北棟SB11751が廻立殿相当のSB11900と一体とすると、両者の時期的な関係は微妙になる。なお、『儀式』ではここに内侍幄を置くが、それに該当しそうな単独の東西棟建物はなく明らかではない。

　以上から、大嘗宮周囲に幄舎など付属施設が成立し始めるのは⑤期であり、それなりに整備が進むのが⑥期とすると、大嘗宮と関連施設の配置は大枠で次のようになる。すなわち、閤門の南200尺の範囲にはコの字型配置をとるSB11201・SB11775があり、閤門から300尺（東脇殿SB11775の南妻から100尺）の位置には大嘗宮の北門が位置し、そこからさらに南300尺には井戸SE13330が位置する（図30）。

　300尺は言うまでもなく令制1里（1,800尺）の六分の一であり、平城宮内裏の当初規模、600尺四方の半分となろう。大嘗宮の南北規模150尺という数字は600尺四方の四

分の一となる。

3 奈良時代大嘗宮の諸問題

(1) 大嘗宮の規模・構造

前節での平城宮大嘗宮遺構の変遷を踏まえ、『儀式』が示す大嘗宮の構造と比較すると、大嘗宮の制はある時期に劇的に成立したのではなく、奈良時代の後半から平安時代初期にかけて、順次形成されたようである（表8）。

表8 『儀式』と平城宮大嘗宮の比較

	①元正天皇	②聖武天皇	孝謙天皇	③淳仁天皇	④称徳天皇	⑤光仁天皇	⑥桓武天皇
『儀式』にみる大嘗宮等							
場所 朝堂第1堂以南	△	△	—	○	○	○	○
規模 21丈4尺・15丈	△	△	—	○	○	○	○
北・南門	?	○	—	○	○	○	○
西・東門	?	?	—	×	○	○	○
宮殿 正殿5間	5間×2間	5間×2間	—	5間×2間	5間×2間	5間×2間	5間×2間
膳屋5間	5間×2間	5間×2間	—	5間×2間	5間×2間	5間×2間	5間×2間
臼屋3間	—	△2間×1間	—	3間×2間	3間×2間	3間×2間	3間×2間
厠 1間	—	—	—	1間×1間	1間×1間	1間×1間	1間×1間
服棚3間	×	×	—	×	×	×	×
廻立宮							
廻立宮区画	×	×	—	×	?	×	×
5間廻立殿	×	×	—	×	?	4間×4間?	4間×1間
外庭							
皇太子軽幄	×	×	—	×	?	×	×
幄舎							
小斎人7丈幄（縦）	×	×	—	×	?	×	7間×3間
参議・五位以上5丈幄	×	×	—	×	?	13間×2間	13間×2間
外庭	×	×	—	×	?	?	?
北庭							
内侍5丈幄	×	×	—	×	?	×	×

孝謙天皇の南薬園新宮は未発掘。称徳天皇の大嘗宮は南門外と外周が未発掘。

平城宮大嘗宮のうち上層遺構に伴う③～⑥期の遺構は、朝堂院第1・2堂の前に位置し、柴垣区画の規模は東西21丈3尺（約63.5m）、南北15丈（約45m）前後であり、内部に配した臼屋、膳屋、悠紀（主基）正殿、御厠などの規模も大きくは変わらない。この大枠は③期の淳仁大嘗宮に固まり、④期の称徳大嘗宮では東西門が開くことや正殿、膳屋など各建物配置が洗練される等の改良が加えられる［奈文研 2005］。

すなわち、大嘗宮の大枠は平城大嘗宮③期・④期に成立するといえよう。なお、大嘗宮東・西門外側の目隠し塀などは、遺構では確認できない。これらは奈良時代以降に起きた変化のようである。

(2) 5間×2間の廻立殿

廻立殿は問題が多い。すなわち、平城宮では桁行5間の廻立殿は存在しない上に、

相当施設である4間×4間（?）のSB11820と4間×1間のSB11900の出現も、⑤期光仁大嘗宮とそれ以降に下る。両建物ともに桁行4間で中央の柱位置が大嘗宮中軸線上にくる、やや特異な建物である。この点を第一次（中央区）朝庭の④期大嘗宮に確認すると、ここにも該当施設はないようである。2004年の調査時、廻立殿とされた5間×4間の南北二面庇建物SB18660があるが、これは2005年の調査によって後出の遺構と関わることが判明し、大嘗宮廻立殿とみることには否定的となった［奈文研 2005］。

　このように廻立殿の成立は⑤期の光仁大嘗宮に下り、しかも桁行5間となるのは平安時代のことのようである。桓武天皇以降、清和天皇（在位858〜876）までの諸天皇（平城、嵯峨、淳和、仁明、文徳）の大嘗宮に関わるのではあるまいか。

　なお、『延喜式』では廻立殿を廻立宮とも呼び斑幔によって周囲を画している。第二次朝庭のSB11900の東西にある目隠し塀SA11870・SA11860は、斑幔の前身であろうか。

　このように大嘗宮と廻立殿の展開が異なるのは、廻立殿が後に付加された要素であることを物語る。『儀式』の当該条が大嘗宮と廻立殿について項を分かつことや、『延喜式』の廻立殿呼称が、その傍証となろう。

(3) 南門前の幄舎遺構

　従来ほとんど論議の対象にならなかった大嘗宮南門外では、門外の空間とその周囲に建つ幄舎相当施設が問題となる。『儀式』では南門外を外庭（『延喜式』では「中庭」）と呼んで、皇太子以下の版位を設けること、その周囲に建てる幄舎などについて述べる。それによると承光・顕章堂（朝堂東第3堂）前に小斎人の7丈1宇（南北棟）を建て、暉章堂（朝堂東第5堂）前と修式堂（朝堂西第5堂）前には参議・五位以上および親王・五位以上の5丈幄（東西棟）各2宇を横に並べ、さらに皇太子の軽幄を参議以上の幄以北に建てる。この幄舎配置は外庭を意識したものであろう。ただし、この外庭の広さについては記述がなく不詳である。

　前節までの検討によると、幄舎相当の施設は2時期〜1時期分がある。これらは位置からみて3群があり、そのうち朝堂第1堂の北にある3間×2間の小規模な3棟は『儀式』に該当する施設がない。北の遺構に関わる可能性があるので除外すると、問題となるのは朝堂東第1・2堂前の7間×3間の南北棟SB11745と、大嘗宮南門前（第5堂前）の13間×2間の東西棟SB13300とSB13310である。

　前者の南北棟SB11745は『儀式』が伝える朝堂東第3堂前ではなく、第1・2堂（平安宮では昌福・含章堂）前であるが、小斎人の7丈幄にあたるのであろう。ただし1時期分である。

　後者の長大な13間×2間の東西棟SB13300とSB13310は間数が『儀式』とは異なるが、位置からみて参議・五位以上の5丈幄（東西棟）、および親王・五位以上の5丈幄（東西棟）各2宇に相当するのであろう。これからみると、奈良時代には長屋風に細か

く間仕切りしたものを平安初期には複数の幄舎としたのである。両建物の間仕切りはSB13300が5・4・4間、SB13310が3・3・3・2・2間である。こちらは2時期分である。

これからみて舎相当施設の出現は奈良末の⑤期〜⑥期に下るのであろう。

(4) 南門前の外庭

『儀式』では大嘗宮南門前の外庭を囲む位置に、参議・五位以上の5丈幄、親王・五位以上の5丈幄が並ぶようであるから、東西棟建物SB13300とSB13310の配置は外庭の有無を示唆するものとなろう。大嘗宮の南垣から東西棟建物SB13300の北面までは16尺（約5m）、東西棟建物SB13310までは70尺（約21m）である。南垣から離れたSB13310の位置なら、南門との間にはそれなりの余地が生じるが、SB13300では南垣に近接しすぎる。殊に、これと宝幢（？）SX13320とが同時期とすると、宝幢（？）と南門の間隔は約7mしかなく、南門前に外庭があることにならない。

なお、平安宮の元日朝賀儀では大極殿の前面に7種の宝幢を立て、大極殿と宝幢の間を奉賀使が動いて大極殿前に立つが、宝幢と大極殿との間隔は15丈4尺（約46m）もあり、奉賀使の動線を妨げることはない。しかし、平城宮の場合はあまりにも狭く、ここに版位を置き跪座拍手や芸能などを行う余裕は考え難い。⑤⑥期に外庭があり得たか否か、検討が必要である。第一次（中央区）朝庭の④期称徳大嘗宮（765年）では、大嘗宮南門前は未調査であり、将来の調査によって奈良時代後半期の南門前の状況は明らかになるであろうが、現状からみる限り平城宮大嘗宮幄舎群と外庭は未発達である。

(5) 北の遺構群の性格

平城宮では大極殿南（閤）門と朝堂院第1堂の間にも大嘗宮関連仮設建物がある。それぞれ性格が異なる3、4種の遺構のようである。ここでは四つの可能性をあげておきたい。一は光仁大嘗祭直後の賜宴に関わらせるもの、いま一つは大嘗宮外院と関わらせるもの、三は廻立殿に伴う御釜殿とみるもの、そして『儀式』が述べる内侍幄にあてるものである。

一から述べると、宝亀2（771）年11月23日（乙巳）条には、「是日、宴五位已上於閤門前幄。賜五位已上及内外命婦禄。各有差」（『続日本紀』）とある。

五位已上への賜宴にはかなりの規模の建物が必要である。閤門が大極殿閤門と同義なら、ここで問題としている閤門前になり、閤門前の9間×2間の東西棟建物SB11221を主殿とするコの字型配置の建物は、「閤門前」にそれなりにふさわしい。

ただし、「閤門前」についての可能性をあげるなら、閤門前を大嘗宮南門前にまで拡大して、「前幄」を長大な東西棟SB13300・13310など幄舎群にあてることもできる。ここなら「幄」の語にも、また五位已上という規模にも対応できるが、この場合は大嘗宮南門前が『続日本紀』が伝える「閤門前」にあたるか否かと、遺構の年代が問題

表9 『儀式』と平城宮大嘗宮

日　時	『儀式』	平城宮大嘗宮
8月以前～9月下旬	北野斎場を卜定 方48丈の斎院内外院・服院・雑殿地を点定 悠紀・主基の外院・内院、服院等設置、雑殿を立つ	松林苑に設置か？ 閤門前SB11221・11201・11775等に3期分遺構？
9月下旬	大嘗会所（官人の準備作業所、起居の場）設置 内院の雑殿を造る	
10月上旬	北野斎場の御井、童女井を掘る	朝庭の井戸4ヵ所SE13330・11745
10月中旬	服院に悠紀・主基の神服院を設置	
10月下旬	外院に大嘗宮の雑殿を構う	
11月下卯 　10余日前	大嘗宮材料朝堂第2堂前に置く （朝堂第1堂以南に設置）	第二次朝庭③期～⑥期
11月下卯7日前	大嘗宮＝東西21丈4尺、南北15丈	第二次朝庭③～⑥期
11月下卯7日前	黒木柱、青草葺等	松の柱根：SB11223・11806
11月下卯7日前	木工寮横5間の廻立殿を造る	4間4間？SB11815＝第二次朝堂⑤期？ 4間1間　SB11900＝第二次朝堂⑥期？
11月卯日前日	小斎人7丈幅1宇（縦）：承光・顕章堂（東第3堂）前 参議・五位以上5丈幅2宇（横）：暉章堂（東第5堂）前	SB11745？：7間3間、1期分のみ SB13310：13間2間（間仕切3・3・3・2・2）
	親王・五位以上5丈幅2宇（横）：修式堂（西第5堂）前 皇太子軽幄・参議以上幄以北 内侍5丈幅1宇・廻立殿の北	SB13300：13間2間（間仕切5・4・4） ？
11月卯日	大嘗宮の門に神楯・戟を立つ	第二次朝堂SX13320、またはSX13321？
11月卯日	神祇官・国郡司ら悠紀・主基両国の供物が行列 北野斎場から七条の衢・朱雀門経由大嘗宮に	
11月卯日夜	天皇廻立殿→悠紀正殿にて神饌共食、御衾 廻立殿→主基正殿にて神饌共食、御衾 吉野国栖、檜笛工ら門前の版位に就き古風を奏す 語部古詞を奏す。皇太子以下版位に跪座拍手4度 廻立宮を経て宮に戻る	外庭＝？ 北門＝SB11820・18631・12310・13311
11月卯日夜	大嘗宮の門を閉じる	南門＝SB12265・18644・12238・12239・13322
11月辰日朝	大嘗宮の鎮祭・解体。跡地の鎮祭。仁寿殿に大殿祭	
11月辰日 （悠紀節会）	豊楽院悠紀帳に中臣天神寿詞を奏し、忌部神璽之鏡剣を奉ず 天皇に御膳を供え、五位以上を饗し、風俗歌舞を奏す	第一次朝堂？
11月巳日 （主基節会）	豊楽院主基帳に中臣天神寿詞を奏し、忌部神璽之鏡剣を奉ず 天皇に御膳を供え、五位以上を饗し、和舞、風俗舞、田舞を奏す	第一次朝堂？
11月午日 （豊明節会）	豊楽院の悠紀主基帳を撤し高御座設置、悠紀・主基国司へ叙位、久米舞など奏す	第一次朝堂？

となろう。

　二は大嘗宮外院の前身に関わらせるもの。大嘗宮外院の庁、料理屋、倉代屋、納雑物屋、造筥形井漬菜物屋など外院の建物はコの字型の企画性が強い配置であり、20棟を建てる（図28－e）。7間×4間の二面庇東西棟SB11223を主殿とする群や9間×2

間の東西棟建物SB11221を主殿とする群を、この一部にあてるのである。

　この場合の最大の問題は、外院の場所である。平安宮で外院が置かれた北野を平城宮に求めると、宮城北方の大蔵省推定地か松林苑にあたるが、面積からみると後者の松林苑がふさわしいであろう。この点は今後の松林苑の発掘調査に期待しなければならない。ただし、方48丈と伝える斎院内・外院、服院、雑殿地などの構造、諸施設が平安時代初期に、北野で一気に成立したとするのも無理がある。やはり何らかの前段階があると考えるべきであろう。

　その一つの筋書きが、平城宮大極殿南（閤）門の庭に「外院」の萌芽的施設が成立し、これが大嘗宮外院として9世紀後半の平安宮で大規模化する可能性である。平安宮北野には伊勢神宮に奉仕する斎王の斎宮も置かれたが、奈良時代、平城宮の斎宮はやはり松林苑にあった可能性があり［金子 1996b］、今後の検討が必要であろう。

　三の御釜殿説は南北棟建物SB11775と重複する南北棟建物SB11751をあてるもので、根拠は『北山抄』に、廻立殿東に御釜殿を建てるとあること［奈文研 1985］。南北棟建物SB11801をこれに類した施設とみるなら、候補は2棟となり廻立殿の数とは合う。

　四の内侍幄については、『儀式』が5間の幄舎（5丈幄）とするが、現存遺構の規模はこれをはるかに超えており、該当するものがない。内侍幄は平城宮では未成立とみるべきであろうか。ここでは遺跡群の解釈として四つの可能性を検討した。一部は相互に矛盾するところもあり、そのいずれが合理的であるのかも含めて今後に委ねたい。

(6) まとめと課題

　以上、数項目に分かって検討してきた。発掘遺構との比較によると『儀式』にみる大嘗宮の制は奈良時代の後半から末にかけて順次成立するが、平安期に下る様相も少なくない。改めて要約すると、以下の通りである。

1）大嘗宮の規模や平面構造の基本が成立するのは、③④期の淳仁および称徳大嘗宮である。

2）廻立殿に相当する施設は、⑤期の光仁大嘗宮に初現するようだが、桁行は4間であり、5間の施設はみられない。

3）南門外の幄舎関連施設も廻立殿相当施設と同様に、⑤期の光仁大嘗宮に始まり、⑥期の桓武大嘗宮でやや充実をみる。

4）幄舎のうち龍尾壇の南にある内侍幄は、相当する遺構が確認できない。

5）大嘗宮の南に『儀式』にみるような外庭は、確認できない。外庭は卯日の大嘗宮儀では皇太子以下官人の跪座拍手、吉野国栖、檜笛工や語部の芸能を行う重要な場である。跪座拍手では外庭に設けた版位に皇太子以下が就く。その版位の制、諸芸能などが平城宮でどこまで行われたのか、検討が必要であろう。

6）大極殿南（閤）門前の遺構には大嘗宮外院施設の一部や、光仁大嘗祭の賜宴施設の可能性が含まれるなどなお明らかではなく、今後の検討が必要である。なお、

『儀式』にはこれらに関連した施設はみえない。この書の成立以前に変容したのであろう。

このように『儀式』大嘗宮の制は、一部が奈良時代後半期に遡ることは確実であるが、廻立殿や外庭などは未発達で、これらは平安時代に入って大きく発展するのであろう。

こうした所見をもとにすると、今後はこれらの比較検討によって、奈良末以降、『儀式』編纂時（871年頃）までの大嘗宮儀の変容過程が明らかにできるであろう。外庭を例にとるなら、これは卯日の大嘗宮儀では跪座拍手や芸能の舞台となる。そこでは皇太子以下の版位を設け、周囲には幄舎と軽幄を配している。

これは平安宮の大儀である朝賀儀における龍尾壇での設えに似たもの──厳密には違いもあるが──であろう。朝賀儀との類似は大嘗宮の南・北門に大楯など樹立することを含めて当然であるが、やはり9世紀後半の朝賀儀に同化した大嘗宮儀の姿を示すのであろう。

言い換えると、それ以前の姿を表す平城宮の大嘗宮遺構は重要である。ここでは祭儀としての独自性をどこまで留めるのか、奈良時代の宮廷儀式と同化しているのかについては今後検討が必要となるが、初期の大嘗宮儀と朝賀儀のあり方を比較する上にも貴重な手懸かりとなろう。こうした観点を含め、平城宮大嘗宮遺構について多方面からの検討が行われることを期待したい。

［註］
1）平城宮大嘗宮遺構については正式の調査報告書が未刊であり、小稿は遺構図を含めて発掘調査概報の成果に基づいている。そのために細かな遺構の前後関係や年代については制約がある。本論で用いた書目は次の通りで、遺構図面はそれから起こしたものである。なお、奈良国立文化財研究所と後身の独立行政法人文化財研究所奈良文化財研究所はすべて奈文研と略称している。史料については寺崎保広の教示を得た。

奈文研編　1985「第二次朝堂院地区の調査第161・163次」『昭和59年度　平城宮跡発掘調査部発掘調査概報』4、pp.20〜38。

奈文研編　1986「推定第二次朝堂院朝庭地区の調査　第169次」『昭和60年度　平城宮跡発掘調査部発掘調査概報』2、pp.25〜44。

奈文研編　1989「第二次朝堂院朝庭域の調査　第188次」『昭和63年度　平城宮跡発掘調査部発掘調査概報』1、pp.3〜10。

奈文研編　2004『平城宮中央区朝堂院の調査　平城宮第376次調査』pp.1〜4。

奈文研編　2005「中央区朝堂院の調査　第367・376次」『奈良文化財研究所紀要　2005』pp.86〜94。

［参考文献］
池　浩三　1983「大嘗宮の建築」『家屋文鏡の世界』相模書房、pp.121〜210。
井上充夫　1969『日本建築の空間』SD選書。なおこの書では5間×2間の建物はごく一般的な建物とする。

井上光貞ほか校注 1976『律令』日本思想大系3、岩波書店。
岩永省三 1996「平城宮」『古代都城の儀礼空間と構造』奈良国立文化財研究所、pp.57～12。
上野邦一 1993「平城宮大嘗宮の再考」『建築史学』第20号、pp.90～101。
大野健雄校注 1985『践祚大嘗祭』(神道大系編纂会編「神道大系」朝儀祭祀編5) 神道大系編纂会。
岡田精司 1989「大王就任儀礼の原形とその展開」『天皇代替わり儀式の歴史的展開』柏書房、pp.7～50。
岡田精司 1992「神と神まつり」『古墳時代の研究』12、雄山閣出版、p.138。
岡田荘司 1990『大嘗の祭り』学生社。
折口信夫 1966「大嘗祭の本義」『折口信夫全集』3、中央公論社、pp.174～240。
加藤 優 1980「「大嘗祭」「新嘗祭」の呼称について」『関晃先生還暦記念　日本古代史研究』吉川弘文館、pp.85～112。
金子裕之 1996a「朝堂院の変遷をめぐる諸問題」『古代都城の儀礼空間と構造』奈良国立文化財研究所、pp.263～273。
金子裕之 1996b「平城宮の後苑と北池辺新造宮」『瑞垣』第175号、神宮司庁、pp.80～85。
金子裕之 2003「平城宮の園林とその源流」『東アジアの古代都城』奈良国立文化財研究所、pp.131～162。
金子裕之 2005「平城宮の法王宮の法王宮をめぐる憶測」『古代日本と東アジア世界』奈良女子大学21世紀COEプログラム報告集6、pp.5～24。
加茂正典 1999「大嘗宮に関する研究動向と課題」『日本古代即位儀礼史の研究』思文閣出版、pp.15～42には近年の大嘗祭と大嘗宮に関する研究動向が簡潔にまとめられており、また巻末には詳細な文献目録がある。
川出清彦 1990『大嘗祭と宮中のまつり』名著出版。
宮内庁書陵部 1991『大嘗会関係資料展示目録』。
国史講習会編 1928『御即位礼と大嘗祭講話』雄山閣出版。
神宮文庫編 1990『即位の礼と大嘗祭　資料集』国書刊行会。
関野 克 1939a「貞観儀式大嘗宮の建築(上)」『建築史』第1巻第1号、pp.1～12。
関野 克 1939b「貞観儀式大嘗宮の建築(下)」『建築史』第1巻第2号、pp.122～139。
瀧川政次郎 1988『律令と大嘗祭——御代始め諸儀式——』国書刊行会。
田中 卓ほか 1990『平成時代の幕明け：即位礼と大嘗祭を中心に』(歴史研究会文化講演会編集)、新人物往来社。
田中初夫 1975『践祚大嘗祭』木耳社。
谷川健一 1990『大嘗祭の成立——民俗文化論からの展開——』小学館。
土橋 寛 1989『日本古代の呪禱と説話』塙書房。
鳥越憲三郎・有坂隆道・島田竜雄編著 1990『大嘗祭史料：鈴鹿家文書』柏書房。
奈良国立文化財研究所 1993『第二次大極殿院の調査』(「平城宮発掘報告」XVI)、p.136。
西宮一民 1978「践祚大嘗祭式重要語彙攷証」『大嘗祭の研究』皇學館大学出版部。
西宮一民ほか 1989『天皇代替わり儀式の歴史的展開』柏書房、pp.64～65。
林 一馬 2001『伊勢神宮・大嘗宮建築史論』中央公論美術出版。
平野孝國 1986『大嘗祭の構造』ぺりかん社。
福山敏男 1984「神社建築概説」『神社建築の研究』福山敏男著作集4、中央公論美術出版、pp.8～9。
真弓常忠 1985「神と祭りの世界」『祭祀の本質と神道』朱鷺書房。

真弓常忠 1989『大嘗祭の世界』学生社。
水林　彪 2002「平城宮読解」『日本古代王権の成立』岩波書店、pp.105〜188。
吉野裕子 1987『大嘗祭──天皇即位式の構造──』弘文堂。
吉野裕子 2000『天皇の祭り──大嘗祭＝天皇即位式の構造──』講談社学術文庫1455。

〔追　記〕
　校了後に知った次の文献は、私説と密接に関わるが本論に取り入れることができなかった。あわせて参照し批判していただければ幸いである。
岩永省三　2006「大嘗宮移動論──幻想の氏族合議制──」『九州大学総合研究博物館研究報告』第4号、pp.99〜132。
岩永省三　2006「大嘗宮の付属施設」『喜谷美宣先生古稀記念論集』喜谷美宣先生古稀記念論集刊行会、pp.343〜355。

第5章

藤原京とキトラ古墳

はじめに

(1) 文物の儀備わる

『続日本紀』大宝元（701）年正月朔日条は、藤原宮における朝賀儀を次のように伝える。「其儀、正門に烏形幢を樹つ。左は日像、青龍、朱雀の幡。右は月像、玄武、白虎の幡。蕃夷の使者左右に陳列す。文物の儀、是に備われり」（『続日本紀』同日条）。大宝元年正月の朝賀において、藤原宮の中心部にある大極殿門では烏形幢を中心に、左には日像・青龍・朱雀幡を、右には月像・玄武・白虎幡を立て、大極殿門の左右には蕃夷の使者が整列した。盛儀だったのであろう。この儀式によって文物の儀が備わったと宣言したのである。

日像、月像や四神の図像は唐の影響である。四神は方位を正し（『礼記』曲礼）、陰陽を整えて不詳を避ける（左龍右虎辟不詳朱雀玄武順陰陽）のであろう。ここには鼠・虎像の幡のことはみえないが、大宝元年からおよそ150年～200年後に編集された『貞観儀式』（9世紀後半頃）や『延喜式』（927年成立）によると、儀式には大儀・中儀・小儀の区別があり、大儀である元日朝賀や即位式では宝幢に加え、鼠や虎など多数の幡を樹立した（『文安御即位調度図』）。

鼠・虎像の幡は十二支に由来するという。十二支は時間を司り、四神が司る方位と相まって世界の規則正しい運行を助けるのであろう。

大宝元（701）年には古代社会を変革した「大宝令」が完成する。「文物の儀が備わる」とは中国の礼制による宮廷儀式の整備が法典上も実際上も整った事を宣言したのである。ただし「文物の儀」は地上の宮廷儀式を指すだけではない。藤原京では地上の都と地下の都が分かれたはじめであり、地下の宮廷（死者の都）にも通じた文物の儀であろう。キトラ古墳壁画の四神像と十二支像は、藤原宮における大宝元年正月の盛儀に対応する凶礼の一環ではなかろうか。

1 藤原京 ──最初の都市──

(1) 最初の都市

持統8（694）年に遷居した藤原京（694～710）は日本最初の広大な都市域、すなわ

ち「京」を備えた都である。その規模はなお明らかではないが、最大にみる説では南北・東西ともに約5.3kmに達する。和銅3（710）年に遷都する平城京（710～784）は南北約4.8km、東西約4.3kmであるから、これを凌ぐ古代最大の巨大な都市であった。

　藤原京のほぼ中心には宮城である藤原宮がある。規模は約1km四方。宮とは本来「御や」で、特別な住まいの意味であろう。「大宝令」の時代には天皇と兄弟（親王・内親王）の住居を意味し、通常は天皇の宮（皇居）を指した。藤原京ではこの宮城周囲に広大な都市域が成立する。

(2) 天円地方

　藤原京は街区を東西南北の広闊な道路によって方格に区画した碁盤目の都市である。これは天上世界の姿を投影したものであり、中国の影響である。古代中国では天子（皇帝）は天上（星）世界の権威を背景に地上を支配し、その象徴として地上の形を天上世界に模した。

　キトラ古墳の天文図にみるように、天上の中心は北極星であり、紫微垣などが囲み、さらに28宿の星座が囲む。藤原京の中央に位置する藤原宮には、中心部に内裏・大極殿・朝堂院がある。内裏は天皇の宮殿、大極殿は太極星（紫微・北極星）に由来する宮殿（太極殿）で、儀式や政務には天皇が御すが、本来は天子が天上世界と交感する装置であったと妹尾達彦は論じている。朝堂院は官人が儀式や政務を行う殿舎である。これらを囲んで官庁街（官衙）があり、宮城外側の京域には官人の居住区が広がる。こうした大極殿を中心とする殿舎等の配置は、星の世界の投影であった。ここで注意すべきは、碁盤目の都は天上の秩序を写すものであるが、ドーム状を呈する天上（蓋天説）に対し、地上は方形型であること。天円地方（天はまるく地は四角）である。

(3) 京の建設開始は天武初年

　藤原京遷都は持統8（694）年だが、藤原京の建設開始はその十数年前に遡る。右京八条二坊にある薬師寺（本薬師寺）は、『日本書紀』によると創建が天武9（680）年である。薬師寺の下層からは藤原京の街区跡がみつかっており、藤原京の建設が680年以前に遡ることが確実である。『日本書紀』には天武5（676）年頃から新城建設の記事が散見し、この頃に藤原京建設が開始された可能性がある。しかし、朱鳥元（686）年9月天武天皇が没し、この巨大プロジェクトは中断する。再開は持統女帝の即位後であろう。

(4) 藤原宮建設は天武没後

　藤原京では京域の街区建設が先行し、宮城の位置決定・建設は遅れる。通例では都市計画は一連であるから、藤原京は異例である。宮城建設が遅れることを示す根拠が藤原宮の地下に広がる道路の痕跡であり、藤原宮大極殿の真下を南北に貫く運河跡で

ある。後者は宮の建設資材を運搬した運河であり、その埋め立ては木簡によると天武10（681）年代であり、藤原宮中枢部の建設が本格化するのは、これ以降である。

藤原宮では官庁街の建設が先行し、中心の大極殿・朝堂院の建設は遅れる。軒瓦の様式などからの推定であるが、これら史料の初見が下ることとも一致する（大極殿は698年、朝堂院は701年）。

(5) 16年で大規模建て替え

西方官衙地区などの調査によると、官庁街には大きく前後の2時期があり、官衙規模・配置に大きな変化がある。藤原京はわずか16年で廃都となり、都は平城京に遷る。これほどの短期間にも拘わらず、大規模な建て替えを行った理由は何か。

最大の要因は大宝元（701）年に成立した「大宝令」であろう。この法律によって太政官・神祇官を中心とする二官八省のいわゆる百官の制度が確立し、その施行によって藤原宮の官庁街は再整備が進んだのであろう。現代にいう行政改革である。

2　キトラ古墳──死者の都のはじめ──

(1) 生者と死者とは別世界に

京内への埋葬を禁じた藤原京では、死者の都（葬送地）は京外の丘陵地などにあった。生者と死者は別世界に住むとした中国思想に基づくもので、藤原京は死者の都のはじまりでもある。名実ともに、幽冥境を異にしたのである。万葉歌に火葬のことがみえる泊瀬山の山麓などは、その一部であった。なかでも天皇陵があって格が高いのが藤原京の南西にある藤原京南西古墳群である。

(2) 藤原京の南西古墳群

ここは岸俊男によると、藤原京の南北中軸線の南延長線上にある天武・持統陵（大内山陵）を起点とするようで、その範囲は東西・南北とも2kmほどであろう。天武・持統陵を中心に、その南には文武（683〜707）陵説が有力な中尾山古墳、近接して高松塚があり、西方にはマルコ山古墳、東明神古墳などがある。図式的には天皇陵の南や西側に皇親や貴族、重臣の墳墓が広がるのであろう。以下にも述べる唐の陵園区に準じて、天武・持統天皇および文武天皇の陵園区とその陪葬区とみることもできよう。天武陵の建設は持統元（687）年10月であり、死者の都の整備が進む時期を示唆する。

(3) 相似形の地上と地下（三部世界観）

この時代の特徴は三部世界観の浸透である。三部世界観とは、天上と地上、地下世界を相似形とみるもので、天上と地上世界の対比は先に述べたところである。

唐墓の例をもとに、地上と地下宮殿の関係を述べると、皇帝陵の構造は地上の宮殿

と同様に重層構造である。三代高宗の乾陵（高宗・則天武后陵）では内外二重の城壁があり、4面に門を設け、南門には3道がある。第1道は山の麓に、第2道は外城壁の南門に通じ、第3道の門は内城壁の南門である。4門にはそれぞれ一対の石製獅子があり、北門には三対の石馬が、さらに南門の第2・3道の間の両側には多くの石刻がある。朱雀門にいたる中央の参道は長安城を南北に貫く朱雀門街に、内城壁内側は宮城に、地宮は宮殿に対応する。

(4) 唐の陵園制度

皇帝陵の周囲には広大な陪葬墓区があり、功績があった皇親や勲臣には特に埋葬を許した。この陵園制度の成立は三代高宗の乾陵に下るが、陪葬墓の数では第二代太祖の李世民の昭陵が最も多く、昭陵の東南方に分布する陪葬墓は167基に達する。

「唐昭陵図」（『長安図志』）によると、皇帝陵の東南に広がる陪葬墓などは、大極殿を中心とした殿舎配置や京内居住区の相似形であり、藤原京南西古墳群を考える上にも示唆的である。

(5) 宮殿と地下宮殿（地宮）

宮殿構造の基本は乾陵陪葬墓区の壁画墓にも投影している。懿徳太子李重潤（680～701）の壁画を論じた中国の李求是は、壁画墓と宮殿を対比している。

第1過洞－宮城門
第2過洞－宮門
第3過洞－殿門

そして過道の各所に描かれた多数の列戟は、太子の規定に一致する。また、壁画の男官・女官像等も外廷・内廷の制度に合致するという。それぞれの墓は地下宮殿として地上の宮殿に準えたのであり、さらに宇宙を凝縮するものであった。このことは墓室天上に輝く星宿が象徴する。

(6) 壁画古墳キトラ

キトラ古墳は高松塚古墳とともに壁画古墳として藤原京南西古墳群の中では特異な存在である。終末期の凝灰岩切り石を組み合わせた古墳であり、内部に漆喰を塗り美しい壁画を画く。内容は天井には日月と星宿、四壁上部には朱雀・青龍・白虎・玄武の四神を、下部には獣首人身の十二支像を描く。高松塚古墳とは十二支像と男女の群像が異なるが、天井の日月・星宿や星は金箔を貼ること、四壁の四神像（ただし朱雀は未見）が共通する。

(7) 唐墓に類似の星宿・四神

キトラ古墳壁画のあり方は、唐墓の墓室天井部のそれと通じよう。地上の宮殿を象

徴化した唐墓では、墓室などの側壁と天井部との境には宮殿軸部の斗拱など組み物を表現する。そして斗拱より上、天井部には四神や星宿を描き、斗拱より下、側壁には人物像などを描くことがある。構造が複雑な懿徳太子墓などでは四神像は墓道に、星宿は墓室天井といった描き分けがあるが、構造が単純な場合は簡素化しており、山西省太原南郊唐代壁画墓では人物像などは墓室側壁に、四神、花文と星宿は天井部に描く。

　このあり方は時代が下るが、浙江省臨安市五代呉越国康陵（墓葬年代天福4〈939〉年）とも共通するようで、ここでは墓室天井には金箔を貼る星宿があり、墓室の壁には四神と十二支像（獣首人身）の彩絵彫刻があり、朱雀・玄武と十二支には龕を付す。このようにキトラ古墳壁画の全体が唐墓の墓室天井部に対比できるのではあるまいか（『文物』1990-10によると、河北宣化下八里遼金2号墓壁画は天井に28宿と十二支像を画く）。

　キトラ・高松塚古墳の棺座金具はいずれも乾陵陪葬墓区にある懿徳太子墓や永泰公主李仙蕙墓の過道壁画の花文と類似し、盛唐期の特徴を備える。懿徳太子、李仙蕙（684〜701）は章懐太子李賢とともに則天武后によって迫害されたが、則天武后の死によって名誉を回復し乾陵の陪葬墓区に改葬されたのである。神龍2（706）年のことである。

　キトラ古墳壁画は唐壁画墓との関わりで解釈すべきと思う。なお、中国の汪勃は唐墓が金銀箔で星宿を表すのは章懐太子李賢墓（706年）が最初で、その年代を景雲2（711）年とし、妃の房氏を合葬した時点とみる。

第6章

藤原京の葬送地

1　こもりくの泊瀬

　　　こもりくの泊瀬の山の山の際にいさよふ雲は妹にかもあらむ
　　　　　　　　　　　　　　　　　　　　　　　　　（『万葉集』巻3－428）

　この歌は『万葉集』の挽歌(ばんか)（葬送の歌）として名高い一首である。その大意は、泊瀬山(はつせやま)の山の辺りに去りもやらずにいる雲は妹であろうか（岩波古典体系本『万葉集』）というもので、歌の題詞に「土方(ひじかた)娘子を泊瀬山に火葬せし時、柿本朝臣人麻呂の作る歌一首」とあるように、いさよう雲は火葬の雲に他ならない。

　宗教学者の堀一郎はかつて、万葉時代の霊魂観・他界観を知るために頭書の歌を含めた『万葉集』の挽歌94首を分析し、死者の霊魂が山に昇ると解し得る歌が7割強に達するとした［堀 1953］。死者の行方を詠じた歌のうち、泊瀬山を詠み込む挽歌は7首を数え、特定の山を指す歌としてその数はやや異例ともいえるほど多い。

　この泊瀬(はせ)（初瀬・長谷）山が奈良県桜井市の東部、『古事記』『日本書紀』の神話で名高い三輪山（467m）、纒向山(まきむくやま)（566m）に連なる標高548mの山であることはいうまでもない。そして、この泊瀬山を冠した挽歌は観念の所産ではなく、7世紀後半に成立する藤原京（694～710）の葬送地の実態を具体的に踏まえたものであった。

2　藤原京の葬送地

　持統8（694）年12月に遷都した藤原京は、「京（都市域）」を備えた日本最初の本格的な都である。隋の『開皇令』には「都にあって葬らば、城を去ること七里の外」とあり、8世紀に成った『養老令』にも皇都への埋葬を禁ずる規定があるように、死者は都の外に葬ることが大原則であった。実際、藤原京造営の先鞭をつけた天武天皇と、その死後に造営事業を受け継いだ持統天皇の合葬陵（檜隈大内山陵(ひのくまおおうちのみささぎ)）が藤原京の南、その朱雀大路（中軸線）の延長線上にあることは岸俊男が聖なるラインとしてつとに指摘したところである。天武・持統合葬陵の西南には文武天皇陵説が有力な中尾山古墳が、その西には高松塚古墳、さらにはマルコ山古墳、キトラ古墳など7世紀末から8世紀初頭の終末期古墳が集中し、藤原京南西古墳群としていわゆる王家の谷を形成している（図32）。

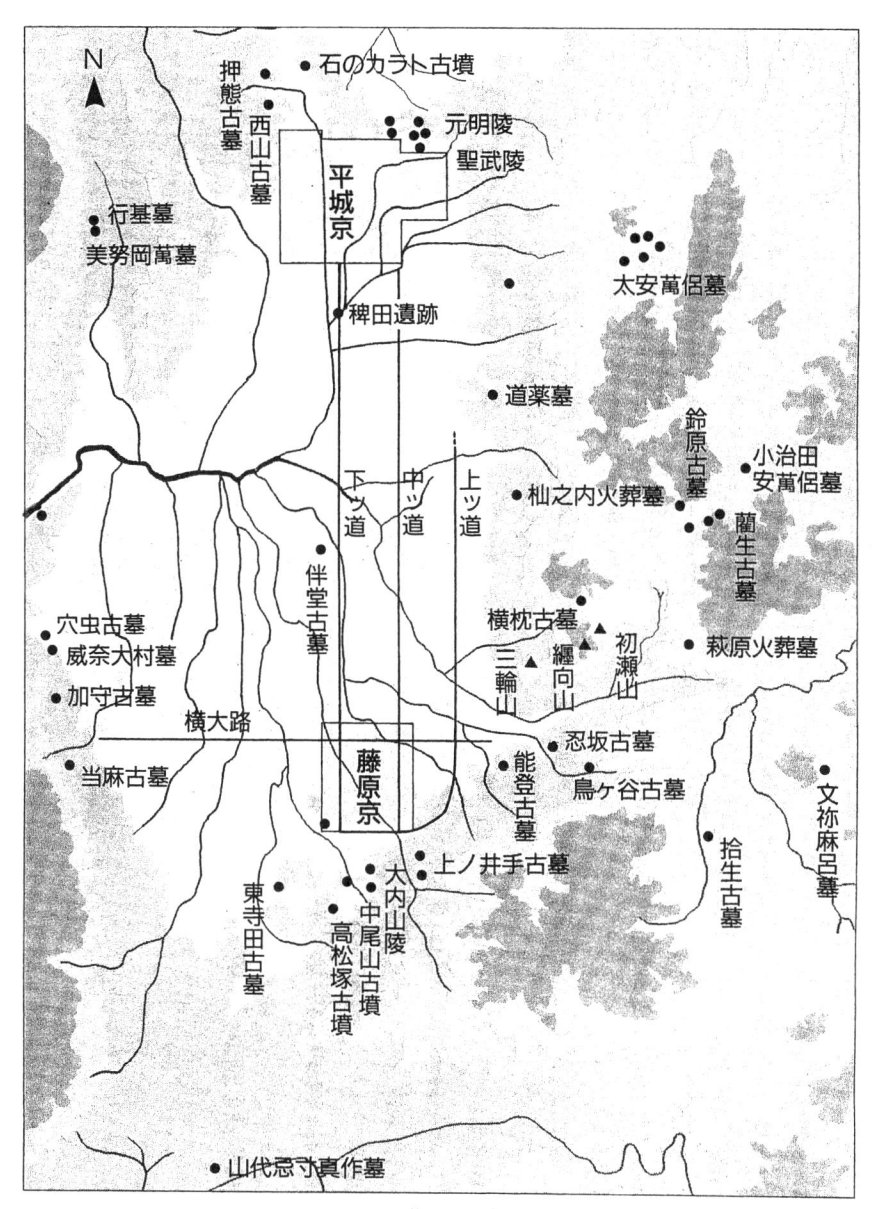

図32 藤原京の葬送地

　藤原京の葬送地は南だけでなく京の東北にあたる初瀬川に添った初瀬谷、それに連なる丘陵などにも広がり、壬申の乱の功臣で墓誌で有名な文禰麻呂墓（慶雲4〈707〉年没）、金銅製蔵骨器を出土した拾生古墓などが点在する。また、初瀬山の北麓には萩原火葬墓などがある。これらは偶然の機会にみつかったこともあって全容は不明だが、その一部は8世紀代に下るという。7世紀以来の伝統によるのであろう。のちの平城京や平安京の例をみると河川敷は庶民の葬送地であり、初瀬川が記録にみえない庶民の墓であった可能性はある。

　また、西の二上山麓の葬送地にも、終末期古墳や墓誌を出した　墓（慶雲4〈707〉

第6章　藤原京の葬送地　103

年没）などがある［金子 1984］。

　このうち、二上山雄岳の中腹にある鳥谷口古墳は、凝灰岩切り石による終末期古墳で、土器の年代などから7世紀末という［橿考研 1984］。この古墳はその位置や年代から、天武天皇の皇子で父の死後、持統女帝に謀殺された大津皇子との関連が注目できる。大津皇子の墓については、皇子の屍を葛城の二上山に移し葬った時の大來皇女の作歌に
　　うつそみの人なる吾や明日よりは二上山を兄弟と吾が見む　（『万葉集』巻2 − 165）
とあって、二上山との関わりが強い。

　かく述べ来ると、『万葉集』挽歌の一部は、藤原京の葬送地をそれなりに踏まえていたことが理解できよう。ところで、現実的背景をもつとはいえ藤原京の葬送地と『万葉集』挽歌との間に微妙なずれがあることも、事実である。

　先にも述べたように、藤原京では王家の谷がある南方の葬送地が重要であるにも拘わらず、挽歌にはその痕跡が必ずしも顕著ではない。たとえば、草壁皇子の挽歌に
　　外に見し壇の岡も君坐せば常つ御門と侍直するかも　　　　（『万葉集』巻2 − 174）
　　朝日照る佐太の岡辺に群れゐつつわが哭く涙やむ時もなし　（『万葉集』巻2 − 177）
などと、壇（真弓）岡や佐太岡などの葬送地を詠み込んだ歌はあるが、これは魂の行方を指すものではない。同じく、西方の葬送地も大來皇女の歌を除くと、みるべきものは少ない。このようにみると、初瀬山は現実の葬送地の実態を超え、魂の行き先として象徴的存在となっていたようである。

　では何ゆえ、初瀬山がそうしたシンボルとなったのであろうか。

3　羅酆山と朱火宮

　天武・持統陵など、天武・持統朝の王家の谷が京の南方にあることは、のちの平城京（710〜784）や平安京（794〜1185）において、王家の谷が北方にあることと大きく異なる。

　この理由について、道教思想をもとに解釈を試みたのが福永光司である。すなわち、5・6世紀の交に成立した道教の重要教典『真誥』（陶弘景撰。神仙のお告げの意味）では、死者が神仙世界に昇仙するプロセスを述べており、その中に、高位高官であった者は都の南の朱火宮（南宮）において昇仙のための錬成を受けるとある。福永は、王家の谷が藤原京の南にあることは、この朱火宮の思想に由来すると言うのである［福永 1987］。天武天皇が道教思想に通じ、壬申の乱（672）では式をとり戦況を自ら占った（「天武紀」元〈672〉年6月条）ことや、天渟中原瀛真人という天武の諡のうち瀛は、『史記』などにみえる三神山伝説の瀛州を、真人は神仙世界の高級官僚を指すことなどからも広く知られ、有力な仮説といえる。

　ところで、『真誥』によると、死者の魂はまず羅酆山に赴く。この山は癸地の方角、

陸地から遠く離れた北海の中にあり、高さ2千6百里、周囲3万里という。ここには六つの天宮があり、死者はそこで生前の行為（功過など）に対する審判を受け、神仙世界に昇るもの、鬼の世界に落ちる者にふるい分けられ、神仙世界に昇る者も生前の功過罪福などにより、百年単位の修行が必要であった。もっとも、幸いに仙界に昇れてもそこには地上の官僚組織を反映した巨大なヒエラルキーがあって、高級官僚への道は容易ではないのだが［石井 1993］。

図33　藤原宮からみる纏向山・三輪山・初瀬山

さて、癸地は東北、いわゆる鬼門の方角を指す。そして、小稿が問題にしてきた初瀬山は初瀬川の彼方、藤原京の鬼門の位置にそびえる。初瀬川は平城遷都の歌（『万葉集』巻1-79）などにみるごとく、古くは水運の発達した川で、こうした水面を「うみ」に見立てることは木津川などにみられる。つまり、天武・持統朝の知識人は「うみ」の彼方の初瀬山を羅酆山として意識したのではあるまいか（図33）。

霊魂が集まる死者の山であると同時に、神仙世界と結びついた聖なる山。そうした、一見すると矛盾したイメージが、初瀬山を藤原京葬送地の実像を超えて強調する方向に作用し、万葉歌に魂の昇る山として現れたと、私は思う。

ちなみに、福永光司は、比叡山を平安京における羅酆山に比定する。羅酆山の六天宮のうち、第二・三・五・六の四天宮は東西南北の四明公が支配する。琵琶湖西岸に連なる比叡山の最高峰を四明岳と呼ぶことは、この四明公に由来するという。そして、都をこの鬼門の羅酆山から守るのが延暦寺である［福永 1987］。

現状では初瀬山を羅酆山とする直接的証拠は、なお見い出し難いが、この山の麓には長谷寺（山号は豊山）があり、延暦寺と同じように千年の伝統を誇ることも単なる偶然とはいえまい。長谷寺の創建年代に関しては諸説があり、国宝「銅板法華説相図」の銘文から朱鳥元（686）年説、文武天皇2（698）年説、和銅3（710）年説があり、前二者が有力である［奈文研 1976］。その創建理由については、先に述べた視点も加味することが必要と思う。

以上の推論に大過がないとすると、死者の魂が山に昇るとする思想は、古くからの霊魂観やただよう火葬の煙からの連想とは別に、道教の死後昇仙思想との関わりから改めて検討すべきでなかろうか。

［参考文献］

石井昌子　1993『真誥』中国古典新書続編14、明徳出版社。

橿原考古学研究所　1984『奈良県遺跡調査概報1983年度』第2分冊。

金子裕之　1984「平城京と葬地」『奈良大学文化財学報』3。

奈良国立文化財研究所　1976『飛鳥白鳳の在銘金銅仏』。

福永光司　1987『道教と古代日本』人文書院、p.114など。

堀　一郎　1953「万葉集にあらわれた葬制と他界観・霊魂観について」『宗教・習俗の生活規制』未来社、1963。

第7章

神武神話と藤原京

1 幽冥境を異にする

　藤原京は死者の都の始まりでもある。天上と地上、地下は別世界とする中国の三部世界観に基づいて京内への埋葬を禁じたためで、喪葬令の皇都不得葬埋条には「皇都および道路の側近には葬り埋めることを得ざれ」とある。これは養老2（718）年に編纂、天平宝字元（757）年に施行された『養老令』の規定であるが、同条は大宝元（701）年成立の「大宝令」に遡ることが確実で、この原則は藤原京に始まる。

　死者の埋葬地は京外の丘陵、河川敷など何ヵ所かにある。万葉歌に火葬のことがみえる泊瀬山の山麓などはその一部であった。なかでも天皇陵があって格が高いのが、藤原京の南西にある藤原京南西古墳群である（図32）。

　古墳群は藤原京の南北中軸線の南延長線上にある天武・持統合葬陵（大内山陵）を起点とするようで［岸 1988］、その範囲は東西・南北ともに2kmほどである。天武・持統陵の南には文武（683～707）陵説が有力な中尾山古墳、近接して高松塚古墳があり、西方にはマルコ山古墳、束明神古墳などがある。

　図式的には、天皇陵の南西に皇親や貴族、重臣の墳墓が広がるのであろう。中心となる天皇陵の建設は持統元（687）年10月であり、南西古墳群の整備は藤原京の建設と一体のようである。

2 右京の神武陵

　京外埋葬を原則としたはずの藤原京であるが、なぜか畝傍山麓に神武天皇以下、四代の陵がある（『日本書紀』巻第3・4、『延喜式』諸陵寮）。神武天皇は『古事記』『日本書紀』が描く初代の天皇で、諡は神日本磐余彦火火出見尊である。その神武の陵が、なぜ畝傍山麓にあるのか。それは橿原に都を造ったとする伝承からであろう。

　『日本書紀』神武即位前紀己未年3月丁卯条には「六合を兼ねてもって都を開き、八紘を掩ひて宇にせむこと、亦可からずや。観れば、夫の畝傍山の東南の橿原の地は、蓋し國の墺区か。治べしとのたまふ」とあり、神武は橿原宮を造営したという。神武陵以下の諸陵は、その橿原宮の西に位置したことになる。そして、国の中心となる橿原の都は藤原京と重なることから、神武陵以下の諸陵の位置と京外埋葬の原則につ

いても、神武の伝承との関わりで考えるべきではなかろうか。

神武天皇は『日本書紀』によると、彦波瀲武鸕鷀草葺不合尊の第4子で、母は海神の娘玉依姫である（表10）。天孫瓊瓊杵尊が高天原から天下って179万2470余歳後に、神武は日向から東征の旅に出た。そして数々の苦難の末に大和に入り、国の真ん中にあたる橿原宮で即位し一生を終える。この一代記がいわゆる神武東征神話である。

表10　神武天皇の系図（『日本書紀』神代下による）

```
瓊瓊杵尊 ─┬─ 木花咲夜姫
          │
          彦火火出見尊 ─┬─ 豊玉姫（海神の娘）
                        │
                        彦波瀲武鸕鷀草葺不合尊 ─┬─ 玉依姫（海神の娘）
                                                │
                                                神日本磐余彦火火出見尊
```

こうした神武神話については、津田左右吉の記紀批判——記紀に書いてあることがすべて史実ではないとし、中国文献など同時代史料と厳密に比較検討して誤りをただす作業——以来、神武以下、綏靖、安寧、懿徳など初期の天皇は実在せず、『記紀』が編纂された7世紀前後以降に作られたとするのが定説化している。

しかし、津田がいうように神武天皇に関するすべてが創作なのか、何らかの伝承があり、それらが編纂段階で記紀にみえるかたちになったのかは課題になるとしても、近年の藤原京をめぐる考古学的成果からみると、神武陵をはじめとする畝傍山周辺の諸陵は、神武神話の具現化が7世紀後半の天武朝と密接に関わることを示唆する。

『日本書紀』では神武を「畝傍山の東北陵」——『古事記』は「畝傍山北方の白橿尾上」とする——に葬るとし、懿徳陵までの所在地を畝傍山周辺と記している。それらをまとめたものが表11である。

表11　神武以下初期天皇の陵

		『日本書紀』	『延喜式』諸陵寮
神武天皇	畝傍山の東北陵		畝傍山の東北陵
綏靖天皇	畝傍山の北陵	桃花鳥田丘（つきだのおか）上陵	桃花鳥田丘上陵
安寧天皇	畝傍山の南陵	御陰井（みほとい）上陵	畝傍山西南御陰井上陵
懿徳天皇	畝傍山の南陵	繊沙谿（まなごのたに）上陵	畝傍山南繊沙谿上陵
孝昭天皇	掖上の博多山上陵		掖上博多山上陵

これをもとにした陵墓の一覧である『延喜式』諸陵寮では、神武陵は「畝傍山東北陵畝傍橿原宮御宇天皇。在大和国高市郡。兆域東西一町。南北二町。守戸五烟」とされ、宮内庁の治定陵が畝傍山周辺にある。神武陵は現在、八角墳となっているが、これは文久3（1863）年の修築によるもので［上野 1989］、それを写した「諸陵周垣成就記」、諸陵寮蔵「神武天皇山陵新図」は『古事類苑』帝王部などに収められている。その他の陵は宮内庁が公表した書陵部所蔵の実測図などをみる限り、一部は古墳のようである。

3 大藤原京で問題に

　畝傍山麓の諸陵は藤原京の京域が明らかになることによって、問題化した。それらが右京域に含まれることになるからである。藤原京の規模について、一世を風靡した岸俊男説では、東西約2.2km、南北約3.2km、平城京のスケールで二分の一、面積では四分の一であった。この説によると、畝傍山麓は京外となるので、陵の問題はそれほど注目を浴びなかったのである。ところが、その後の調査で判明した藤原京は岸説より遥かに規模雄大で、東西約5.3km（令制の10坊、南北は10条説と12条説があり、北辺の遺構は明らかであるが南辺については未決着）である。これを岸説は藤原京と区別するため、大藤原京ということもあるが、この広大な藤原京が明らかになったことによって、状況は大きく変わった。なぜなら、畝傍山麓とそこにある諸陵は、現安寧天皇陵を除いて右京域に含まれてしまうからである。藤原京の条坊呼称は未だ確定していないので、仮に平城京に倣っていうと、右京四坊および五坊に跨る。

　すでに述べたように、京外埋葬は他ならぬ藤原京で実現するから、この地に陵墓があることは、その原則に背馳する大問題となる。言い換えると、そうした状況で陵墓があることは、その陵墓が藤原京の建設以降に下るか、あるいは建設時にあった古墳を何らかの目的によって残したことになり、いずれにしても神武神話の成立時期を推測する手懸かりとなる。

4 古墳を大規模に削平整地

　この考え方の裏づけとなるのが、藤原京建設で多数の古墳を破壊していることである。これは史料の上からも推測ができることで、遷都の前年、持統7（693）年に「造京司衣縫王等に詔し、掘りいだせる尸（かばね）を収めしむ」とあり、藤原京造都工事で多くの古墳を破壊したこと、それにより掘り出された死骸を埋葬しなおしたことが知られる。また、実際にこの詔が契機となったと思われる遺構が、藤原宮南の朱雀大路上にある。

　藤原宮の南約260m、朱雀大路上にあたる日高山では、大路の建設工事により破壊された古墳時代後期の横穴4基が発掘された。横穴にはともに改葬の跡があり、内部を清掃した後に、きれいな土で埋め戻していた［奈文研 1986］。

　この他に、木の埴輪で有名になった四条古墳［橿考研 2002］など、造都工事で破壊した古墳は1、2に留まらない。工事は実に大規模で、むしろ京域の一部を除いてほとんどの古墳を破壊している実態が明らかになりつつある。過去40年の藤原京調査によると、そうした古墳の数は50基を超え、分布も京域全体に広がる。

　こうした状況にありながら、いくつかの古墳が畝傍山の麓や香具山東方の山麓に残っているのは、特異なことといわねばなるまい。後者の香具山東麓は左京域でも山地

第7章　神武神話と藤原京

に近く、この理由から削り残した可能性が高いと思うが、他方の畝傍山周辺古墳については、近接した四条古墳なども完全に破壊しており、逆に地上に姿を留めるのは特殊な事情があったとみるべきであろう。

5　古墳を始祖墓に転用か

　早くからこの問題に取り組む今尾文昭は、新羅王京の始祖墓にアイデアを借りて、神武以下の始祖墓を造るため、そこにあった古墳を意図的に削り残したとみる。今尾が神武陵とみるのは現在の治定陵ではなく、四条塚山古墳──宮内庁は綏靖陵と治定──である。その理由は古墳が藤原京の南北二等分点上に位置することである［今尾2006］。

　古墳は時期による変遷があるが、少なくとも5世紀代には前方後円墳、前方後方墳、円墳、方墳の序列化が進行し、さらに規模の大小があって、これが背後にある権力関係と対応している。

　それゆえ「初代天皇」陵であれば、それなりの構造・規模を備えているはずである。しかし、残念ながら畝傍山麓の陵には、そうした要件を満たさない、そこそこの規模の円墳が多いようである。これらが古墳時代後期の円墳ならば、その主は大和王権の中級程度の官僚か、あるいは直接の臣従関係をもたない、いわゆる陪臣の可能性がある。

　『日本書紀』では神武陵が以前からあったように装い、天下分け目の壬申の乱に勝利をもたらす存在として登場する。戦いでは大海人皇子（天武天皇）軍と大友皇子の近江軍が一進一退の攻防を繰り広げたが、勝敗を決したのは神武陵への戦勝祈願であった。天武元（672）年7月条によれば、壬申の乱の最中に、高市社の事代主神と身狭社にいる生霊神が高市郡大領高市県主許梅に憑り移り、「神日本磐余彦天皇の陵に、馬および種々の兵器を奉れ」との託宣を下していた。身狭は現在の橿原市見瀬町に地名を留める。

　神武陵に馬および武器・武具を供えれば勝利は確かになると解し、許梅を神武陵に派遣して祭ったところ、軍事行動への示唆があり、大勝利を収めたという。武器──弓矢と太刀──を神の幣とすることは、『日本書紀』の垂仁天皇27年8月己卯条にみえ、兵器によって天神地祇を祭ることの始めとしている。

　大海人皇子すなわち天武天皇は、壬申の乱の正統性を「初代天皇」の権威に求めたのであろう。当時、皇位継承における長子相続の原則はまだ確立していないが、天智の弟である大海人皇子が、天智の後を継いだ大友皇子を擁する近江朝に反旗を翻すには、大義名分が必要であった。

　実在が疑われる始祖の権威を借りた以上、即位した天武天皇は実際に陵を造る必要があった。天武5（676）年には「新城に都造らん」としたが、限りの内の田園は耕さ

れることなく荒れたという記事があり、これ以降、新城に関する記事が散見する。藤原京域を決める一連の工事は天武5年頃には始まったようであるから、この時に始祖墓などの工事も行ったのであろう。

　藤原京の過去40年にわたる調査成果は、神武神話が『日本書紀』にみえる形になった時期が天武朝の初頭にあることを示唆している。

[参考文献]
今尾文昭　2006「考古学からみた律令期陵墓の実像」『日本史研究』521号、pp.8〜31。
上野竹次郎編　1989『山陵（新訂版）』名著出版、pp.15〜16。
橿原考古学研究所編　2002「橿原四条古墳」『大和の考古学100年』p.13。
岸　俊男　1988「飛鳥から平城へ」『日本古代宮都の研究』岩波書店、pp.47〜66、特にp.60。
奈良国立文化財研究所　1986「朱雀大路・左京七条一坊（日高山）の調査」『飛鳥・藤原宮発掘調査概報』16、pp.29〜35。
奈良国立文化財研究所　1991「朱雀大路上の改葬横穴」『藤原宮と京展示案内』p.13。

第8章

大化改新の舞台

　大化改新は皇極 4（645）年に始まる一連の政治改革で、発端は 6 月12日の蘇我入鹿暗殺であった。蘇我氏は 6 世紀以来稲目、馬子、蝦夷、入鹿と代々大臣を勤めた当時最大の権力者だったから、これは古代史を揺るがす大事件であった。

　これがほんとうの改革か、中大兄皇子が権力を握るために蘇我氏を滅ぼすことに主眼があったのか論議のあるところだが、近年、飛鳥ではこの蘇我入鹿に関連する発見が相次いだ。まずは、入鹿の谷の宮門発見に関わるニュースからみることとしよう。

　大権力者蘇我氏を滅ぼすには、大義名分がいる。それが「天皇をないがしろにした」との論理である。

　『日本書紀』の皇極 3（644）年11月条は、蘇我氏が甘樫丘に要塞まがいの邸宅を建てて宮門と呼び、子供を皇子と呼ばせるなど不徳な行いがあったとする。いずれもみかど、すなわち天皇をさしおいて何ごとかという非難の意味である。

　　「蘇我大臣蝦夷と子の入鹿臣は、家を甘樫岡に並べて建て、大臣の家を上の宮門、
　　入鹿の家を谷の宮門とよんだ。また男女を王子と呼んだ。家の外には城柵を造り、
　　門のわきには兵庫（武器庫）を造り、門ごとに水を満たした舟一つと木鉤数十本と
　　を置いて火災に備え、力の強い男に武器を持たせていつも家を守らせた」［井上監訳
　　1987］。

　記事は天皇に逆らったいわゆる朝敵を非難する常套的な文言で、奈良時代後半に下るが、天平宝字 8（764）年 9 月に叛乱を起こし、近江国（滋賀県）で処刑された正一位太政大臣藤原仲麻呂の故事を思わせる。

　仲麻呂の悪行の一つは自邸の田村第に臣下が禁じられた楼を構えて内裏を覗いたこと、門に櫓を構えたことである。殊に後者は蘇我氏の「悪行」と、そっくりである。入鹿の死後、父の蝦夷は中大兄皇子等に反撃することなく、上の宮門・谷の宮門に火を放って息子の後を追い、蘇我本宗家はここに滅びた。

　この蘇我親子と中大兄皇子等の死闘の舞台は、実際にはちまちました狭い空間でのことで、現地に立つとそれがよく分かる。

　甘樫丘は天険の要塞ともいうべき飛鳥の中で、西面の羅城にあたる。蘇我氏の本宅は畝傍山の麓にあったから、『日本書紀』が伝えることとは違って、彼らはここで西の羅城を守備していたのではあるまいか。

　長らく謎であった上の宮門、谷の宮門の手懸かりは1994年に得られた。甘樫丘南西の谷は字名が「エミシ」で、地元では蘇我氏の谷の宮門の場所としていた。その一郭、

甘樫丘東麓（地番は明日香村川原）に、飛鳥国営公園事務所が甘樫丘駐車場を建設することになり、事前調査で谷の宮門に関わる可能性が高い大量の炭化物や7世紀中葉頃の土器などを発掘したのである。甘樫丘東麓遺跡の発見である。これは前年末に私が試掘を担当して遺跡と確認、本調査はこれをもとにしたものだった。

　2005年12月には、隣接する西側で7世紀中葉から後半の掘立柱の建物4・5棟を発掘した。建物の方位は北で西に大きく振れて飛鳥期の特徴を示すが、谷の宮門よりも後の遺構だった。しかし、2006年10月から2007年3月の調査では、これらの建物の下層から7世紀前半に遡る石垣などを発掘した。谷の宮門に関連する遺構の一部をようやく、捕まえたのある［奈文研 2007］。

　甘樫丘西側の丘陵尾根は丘陵裾野を逆コの字型に削り込んで壁のように整形している。試掘調査時には近世の開田工事のためかと思われたが、発掘調査の結果、この土木工事が7世紀前半の谷の宮門建設やそれ以降の工事に関わる可能性が高くなった。この一帯を西の羅城とした時に大規模な工事を行い、蘇我氏滅亡後も修復を繰り返したようである。

　また、羅城なら西への関門として遺跡の南側、現在川原寺が位置する丘陵との間の大きな谷（現在の町道部分）には関門として羅城門がなければならない。これらの調査は手つかずである。谷の宮門全容については今後の調査に期待したい。

　他方で、谷の宮門の主、蘇我入鹿終焉の場所も次第に絞られてきた。入鹿はこの日、韓半島の三韓（高句麗・百済・新羅）が調とともに上表文を奉るとして飛鳥板蓋宮大極殿に誘い出され、そこで最期を遂げた。

　大極殿は藤原宮以降の宮城の中では最高格式の殿舎で、礎石建ち瓦葺、9間4間の4面庇建物だった。成立するのは持統8（694）年の藤原宮であるが、名称自体はいま少し遡るようで、天武10（681）年2月の浄御原宮史料にはみえる。しかし、大化元（645）年にはまだその名称はなく、大極殿の名は8世紀初頭の『日本書紀』編纂時に付されたもので、ほんらいは某「安殿」のはずである。あるいは「大安殿」かと思うが、混乱を防ぐためにここでは大極殿の名称をそのまま用いる。

　問題の飛鳥板蓋宮の大極殿はどこか。これは明日香村岡にある飛鳥京跡の一郭にあった。飛鳥京跡には3期の宮殿遺構がある。上層のⅢ期は斉明・天智天皇の後飛鳥岡本宮と天武・持統天皇の飛鳥浄御原宮（672～694）、中層のⅡ期は皇極天皇の飛鳥板蓋宮（643～655）、下層のⅠ期は舒明天皇の飛鳥岡本宮（630～636）である。ここでは主軸方位が大きく西偏する遺構と、正方位をとる遺構がある。前者は地形に沿うもので、後者は北極星を中心とする天の思想によるものであろう。

　このうち飛鳥岡本宮は規模や中枢部が不詳であるが、主軸方位は大きく西偏する。これに対し、Ⅱ期の飛鳥板蓋宮以降は正方位をとる。前後する時期は『日本書紀』に土木工事に狂奔したと記された皇極・斉明女帝（皇極が重祚）であり、それなりに宮殿整備が進んだようである。この飛鳥板蓋宮の中心部は、Ⅲ期遺構の東北部にあるとい

表12 『儀式』『延喜式』にみる大儀の儀仗・纛幡の配置

青龍白虎楼東西（近衛府）	龍尾道東西階下（兵衛府）	会昌門外（衛門府）*
鼓1面　　　　　（巻21中務省）		
鉦1面　　　　　　〃		
兜纛幡1旒　　　（巻21中務省）		
鼓1面	鼓1面	鼓1面
鉦1面	鉦1面	鉦1面
小幡（黄色）21旒		
小幡（緋色）21旒	小幡96旒	小幡39旒（式は49旒）
鷹像隊幡1	熊像隊幡1旒	
鷹像隊幡1	熊像隊幡1旒	
鷹像隊幡1	熊像隊幡1旒	鷹像隊幡1
鷹像隊幡1	熊像隊幡1旒	鷹像隊幡1
龍像纛幡1旒	虎像纛幡1旒	鷲像纛幡1旒
〔大極殿〕		
龍像纛幡1旒	虎像纛幡1旒	鷲像纛幡1旒
鷹像隊幡1	熊像隊幡1旒	鷹像隊幡1
鷹像隊幡1	熊像隊幡1旒	鷹像隊幡1
鷹像隊幡1	熊像隊幡1旒	
鷹像隊幡1	熊像隊幡1旒	
小幡（緋色）21旒	小幡96旒	小幡39旒（式は49旒）
小幡（黄色）21旒		
鉦1面	鉦1面	鉦1面
鼓1面	鼓1面	鼓1面
兜纛幡1旒　　　（巻21中務省）		
鉦1面　　　　　　〃		
鼓1面　　　　　（巻21中務省）		

＊北殿門・龍尾壇南諸門および朱雀門の隊幡・小幡は省略

う［林部 2003］。

　飛鳥板蓋宮の様子はどうか、想像してみよう。ⅠからⅢ期の宮殿遺構のうち全体構造が分かるのはⅢ期遺構で、Ⅱ期の飛鳥板蓋宮の構造は未だに不明である。とはいえ、基本的な構造はⅢ期宮殿とそれほど違いがないはずである。

　ここは外郭と後の内裏にあたる内郭から成る。そして内郭の北半部には大小の掘立柱建物と井戸などが集中するが、南半部は正殿級のやはり掘立柱大型宮殿3棟などが並ぶ。これらは桁行7間・梁間4間の4面庇建物1棟と桁行8間・梁間4間の南北2面庇の建物2棟である。この内郭南半部が、宮廷儀式の場であろう。

　飛鳥板蓋宮大極殿をⅢ期内郭の東北部付近と想定すると、そこから父蝦夷がいる甘樫丘の宮門までの距離は、800m〜1km。入鹿の異変は甘樫丘からも察知できた。事件後、中大兄皇子等が蘇我氏の反撃に備えた飛鳥寺はさらに甘樫丘に近く、わずかに400mほど。敵の細かな息づかいまで、逐一確認できたことだろう。

　事件があった大極殿に再び戻って、現場はそのどこか。入鹿暗殺の場面では必ず引かれる談山神社蔵の『多武峯縁起絵巻』（江戸時代）は、事件が大極殿内であったように描くが、大間違いである。7世紀の宮廷儀式のあり方からみて、場所は屋外の大極殿前庭でなければならない。

表13　調度図にみる大儀の儀仗

〔大極殿前庭左右〕	〔会昌門左↓〕
「〔鉾・鳥形〕幡図解」　頁119下	「狛犬形図解〔側画像〕」。左衛門府式云。兇像云々。其躰狛犬也云々。延喜式。左右衛門。凡大儀之日居_兇像於会昌門左
「〔三鋒鉾・獣形〕幡図解」に接続	「〔鷲像〕蠧幡図解」
「〔三鋒鉾・獣形〕幡図解」　〃	「〔三鋒鉾・獣形〕幡図解」
「〔熊形蠧幡〕図解」兵衛府。	「〔三鋒鉾・獣形〕幡図解」
「鼓図解〔火焔臺・駒足形臺〕」	〔中務省↓〕文字省略？〕
「鉦図解」	「鼓図解〔火焔臺・駒足形臺？〕」
「〔鉾〕・鷹形幡図解」　柱盛土	「鉦図解〔火焔臺・駒足形臺？〕」
「〔鉾〕・鷹形幡図解」	「兜蠧幡図解」
「〔鉾〕・鷹形幡図解」　柱盛土	「〔三鋒鉾・獣形〕幡図解」
「〔鉾〕・鷹形幡図解」	「〔鉾・鷲形？〕幡図解」
「〔三鋒鉾・万歳幡〕図解」柱盛土	〔龍尾道下左↓〕
「龍像蠧幡図解」	「鼓図解〔火焔臺・駒足形臺？〕」
「鉦図解〔火焔臺・駒足形臺〕」	「鉦図解〔火炎臺・駒足形臺？〕」
「鼓図解〔火焔臺・駒足形臺〕」	「〔虎像〕蠧幡図解」
「鼓図解〔小形馬形臺〕」兵庫寮鼓鉦鼓。	「〔三鋒鉾・熊形〕幡図解」熊形兵衛府
「鉦図解〔小形馬形臺〕」	「〔鉾・鷹形〕幡図解」手鉾。兵衛府
「帽額図解」・大極殿中の間　・中心	
「鼓図解〔火焔臺・駒足形臺？〕」	「〔鉾・鷹形？〕幡図解」
「鉦？図解〔火炎臺・駒足形臺？〕」	「〔三鋒鉾・熊形？〕幡図解」
「〔龍像蠧幡〕図解」	「〔虎像〕蠧幡図解」
「〔三鋒鉾・万歳幡〕図解」柱盛土	「鼓図解〔小馬形〕」
「〔鉾・鷹形幡〕図解」	「鉦図解〔小馬形〕」
「〔鉾・鷹形幡〕図解」柱盛土	〔龍尾道下右↑〕
「〔鉾・鷹形幡〕図解」	「〔鉾・鷲形？〕幡図解」
「〔鉾・鷹形幡〕図解」柱盛土	「〔三鋒鉾・獣形〕幡図解」
「鼓解〔火焔臺・駒足形臺？〕」	「〔兜？〕蠧幡図解」
「鉦図解〔火炎臺・駒足形臺？〕」	「鼓図解〔火炎臺・駒足形臺？〕」
「〔熊形蠧幡〕図解」兵庫寮	「鉦図解〔火炎臺・駒足形臺？〕」
「〔三鋒鉾・獣形〕幡図解」	〔中務省↑〕
「〔三鋒鉾・獣形〕幡図解」	「〔三鋒鉾・獣形〕幡図解」
「〔鉾・鳥形〕幡図解」	「〔三鋒鉾・獣形〕幡図解」
	「〔鷲像？〕蠧幡図解」
	「鼓〔小馬形〕」
	「鉦〔小馬形〕」
	「狛犬形図解〔側面像〕」
	〔会昌門右↑〕

　当時の宮廷儀式は宮城中枢部の庭（おおば）がメインで、天皇が座す大殿（おおどの）前面には門（閤門）があり、門を入った大殿の庭（中庭（なかのおおば））で行う場合と、門南側の庭で行う二通りがあった。

　隋使裴世清や新羅使を迎えた推古16（608）年、推古18（610）年の小墾田宮での儀式は後者の「庭」でのことに、祥瑞の「白雉を献上」する白雉元（650）年の難波小郡宮での儀式は、前者の「中庭」でのことにあたる。祥瑞は良い政治に対して天が下すめでたい印のこと。両者の違いはのちの大中小とある儀式に対応し、奈良時代の大極殿儀式のもとになってゆく。

　飛鳥板蓋宮大極殿に近い姿をⅢ期遺構に仮に求めると、内郭南門SB8010を入った奥

第8章　大化改新の舞台　115

表14 調度図儀仗の復原

[大極殿前庭左右]	[大極殿前庭四神旗左右]	[龍尾道下左右]	[会昌門外左右と門内]
[鉾・鳥形] 幡図解　頁119下 [三鋒鉾・獣形] 幡図解　［二段続］ [三鋒鉾・獣形] 幡図解　〃 [熊形纛幡 ［火焔臺・駒足形臺?］ 図解　兵衛府。　3本足 鉦図解 [鉾・鷹形] 幡図解　柱盛土 [鉾・鷹形] 幡図解 [鉾・鷹形] 幡図解　柱盛土 [鉾・鷹形] 幡図解 [三鋒鉾・万歳幡] 図解　柱盛土 龍像纛幡図解 鼓図解 ［火焔臺・駒足形臺?］ 鉦図解 ［火焔臺・駒足形臺?］ 幡領図解・大極殿中の間 唱像纛幡図解・大極殿中の間 鉦図解 ［火焔臺・駒足形臺?］ 鼓図解 ［火焔臺・駒足形臺?］ 龍像纛幡 図解 [三鋒鉾・万歳幡] 図解 [鉾・鷹形] 幡 図解　柱盛土 [鉾・鷹形] 幡 図解 [鉾・鷹形] 幡 図解　柱盛土 [鉾・鷹形] 幡 図解 鉦図解 ［火焔臺・駒足形臺?］ 鼓図解 ［火焔臺・駒足形臺?］　3本足 [熊形纛幡] 図解 [三鋒鉾・獣形] 幡 図解 [三鋒鉾・獣形] 幡 図解 [鉾・鳥形] 幡 図解	[鉾・鷲形?] 幡図解 [三鋒鉾・獣形] 幡図解　3本足 [兒 纛幡図解 ［火焔臺・駒足形臺?］ 鼓図解 ［火焔臺・駒足形臺?］ 鉦図解 ［火焔臺・駒足形臺?］ [中務省↑] [中務省↓文字省略?] 鉦図解 ［火焔臺・駒足形臺?］ 鼓図解 ［火焔臺・駒足形臺?］　3本足 [兒纛幡図解] 幡図解 [三鋒鉾・獣形] 幡図解 [鉾・鷲形?] 幡 図解	[鉾・鷹形?] 幡図解 [三鋒鉾・熊形?] 幡図解　3本足 [虎像] 纛幡図解 ［小馬形］ 鼓図解 ［小馬形］ 鉦図解 鉦図解 ［火焔臺・駒足形臺?］ 鼓図解 ［火焔臺・駒足形臺?］　3本足 [虎像] 纛幡図解　熊形兵衛府。兵衛府。 [三鋒鉾・鷹形] 幡図解　手鉾	[三鋒鉾・獣形] 幡図解　3本足 [三鋒鉾・獣形] 幡図解　3本足 [鷲像?] 纛幡図解　3本足 鼓 [小馬形] 鉦 [小馬形] 狛犬形図解 ［側面像・門内］ 狛犬形図解 ［側面像・門内］　左衛門府式 [鷲像?] 纛幡図解　3本足 [三鋒鉾・獣形] 幡図解　3本足 [三鋒鉾・獣形] 幡図解　3本足

に位置する内郭前殿SB7910があたるであろう。これは建物まわりを礫敷きとしており、ここが儀式の場となる。皇極4（645）年6月12日の設えは『日本書紀』によると、次のようである。

　大極殿には皇極天皇が古人大兄とともに御した。殿前の庭には蘇我倉山田石川麻呂臣が侍し、三韓の上表文を読みあげる傍らには大臣蘇我入鹿が座に就いていた。上表

文を読む蘇我倉山田石川麻呂の前には机があり、上表文は最終的には侍臣の手で殿前に奉ったことであろう。そして、倉山田石川麻呂は上表文を座って、読んだのであろう。

大極殿の陰では中大兄皇子が率いる暗殺集団が潜み、隙を窺って斬りかかる。座に就いていた入鹿は、不意をつかれ、立ち上がるいとまもなく切り倒された。その場（礫敷きの庭）に放置された入鹿の死体には席障子（むしろしとみ）がかけられたが、無常の雨が降り注ぎ、庭には雨水があふれた、という。

南郭前殿SB7910を画する区画塀は東西が広く約70mを測るが、南北は約42mと狭く、南門SB8010との間は12〜13mほどしかない。儀式参加者の多くは殿前ではなく、大極殿の左右前方に並ぶしかないであろう。

しかし、これはあり得ないこと。『日本書紀』が儀式の参加者を蘇我入鹿と蘇我倉山田石川麻呂だけかのように書くのは、飛鳥板蓋宮の大極殿が実際にこれと似た構造で、参列者はごく少数だったのであろう。

[参考文献]

井上光貞監訳 1987『日本書紀』下、中央公論社。

奈良国立文化財研究所 2007「甘樫丘東麓遺跡の調査第146次」『奈良国立文化財研究所紀要』pp.86〜92。

林部 均 2003『飛鳥・藤原京、および平城京の都市機能の比較研究』科学研究費成果報告書、課題番号11610429。

第9章

平城京と祭場

はじめに

　奈良の都、平城京跡は、近年その構造や他の宮都と比較した特質などがかなり明らかとなり、日本の古代都城を分析・再構成する上で重要な視点を提示しつつある。
　平城京[1]における祭場の分析もまた、古代都城の特質を考える上で重要な視点となるものである。小稿の目的は、平城京の祭場を出発点として都城における祭場の実態を分析し、これが律令制都城で担った役割を意義づけることにある。
　本論の前に平城京の祭場とはいかなる要件の遺跡を指すのか明らかにしておこう。
　これまで宮を含めた京跡のあらゆる場所——道路側溝・運河・水路・井戸・土壙・柱穴・包含層から各種の、おびただしい量の祭祀遺物が出土している。これらは平城京における無数の祭祀を考古学的に跡づけ得る資料であるが、小稿が対象とするのはこの無数の祭祀のうち、路上を祭場にした祭祀である。
　ところで、祭祀遺物は稀に祭祀の状態を留めて出土するが、大半は祭祀終了後の遺棄状態で出土し、祭場がどこか特定できない。しかし、後に述べる祭祀遺物の性格と量、同時代記録の援用などによって、道路側溝や運河などが出土地の場合、この溝を含めた傍の路上を臨時の祭場と判断し得るのである。したがって、正しくは臨時のと形容すべきだが、多くの場合遺物の量と広がりからみて臨時とはいえほぼ常設的な状況にあり、敢えて祭場とした。
　第一の課題はこの祭場における祭祀とは、いかなる性格の祭祀かということである。これは遺物の性格を追求することで明らかにし得よう。この分析の前提になるのが律令的祭祀との関係である。
　律令的祭祀とは、8世紀初頭に完成した「大宝令」の「神祇式」に規定された国家的祭祀のことを指す。「令」の規定は施行細則である「式」によって実施したのであり［井上 1984］、律令的祭祀の具体的内容は10世紀に成立（927年撰進、967年施行）した『延喜式』によって一応知り得る。
　私は先に、平城京跡を含めた宮都などで類例を増している木製祭祀具を木製模造品の名で概括し、5世紀代からみる木製模造品が7世紀後半の天武・持統朝を境として種類やあり方に質的な差を生ずること、以降の模造品と『延喜式』の祭祀記載とにいくつかの共通項目を見い出すことから、木製模造品の一部に律令的祭祀の内容が反映

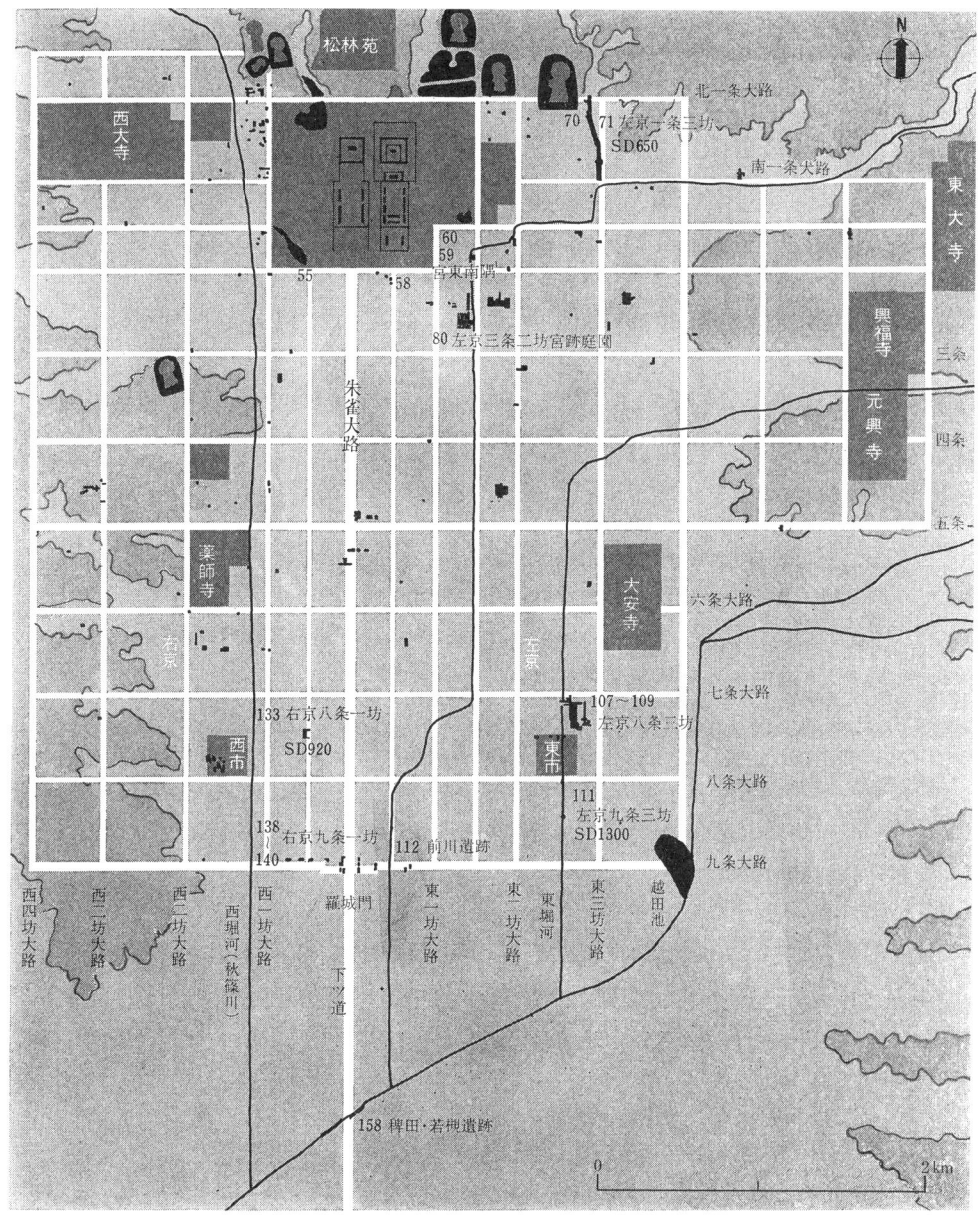

図34　平城京全図（黒塗り部分は発掘調査区を示す）

していると指摘した[金子 1980]。

　平城京跡にみる祭祀遺物には、この木製模造品に加え、人面土器や模型土器、土製品、青銅ないし金銅製祭祀遺物などがある。これらと律令的祭祀との関係は、従来あまり論議されていない。したがって、この点を含めた祭祀の検討が必要である。

　結論を先に言えば、これらの祭祀遺物は律令的祭祀の中でも重要だった大祓に関与したもので、ここでいう祭場とはその祓所と考える。なぜ路上を臨時の祭場としてかかる祭事を修したかといえば、道は一般には外界と接する危険な境であったからであ

第9章　平城京と祭場　119

ろう。なかでも道と道の交差する衢は、特に危険であった。

　白川静によると［白川 1970・1984］、道の原義は異族の首を携え、修祓しながら進むことにあった。これは古代中国の例だが、日本にあっても道は同様の観念をもっていた。

　道は、両側に溝があることで道と認識し得る。外界との境という点では、溝も道と同義に考えるべきであろう。

　こうした観点からすれば、祟りなす穢を速やかに外界（底之国、根之国）に追放する大祓を、路上で修し祭祀具を溝に流すことは理に叶った思考といえる。

　平城京跡では、こうした祭場跡が京の内側などにかなりあり、今後も増加の見込みである。第2の課題は、京内にこうした祭場が無数ある理由をいかに考え、律令制都城の中にどう位置づけるかということにある。この課題は、祭場の分布が宮・京といかなる位置関係にあるかという都城の構造との関わり、および他の宮都との関連性を考えることで解釈が可能であろう。

　私は、平城京の祭場が、史料にみる平安京の七瀬祓の原型をなすとの予測を抱いている。七瀬祓については従来、語源や先後の論議しかなく、古代都城における意義づけが不明確である。ここでは、七瀬祓を上に述べた、都城の構造との関わりの中で考えることで、その意義を明らかにし得ると思う。

　小稿は以上の課題について検討し、都城における祭場の意義・評価を考え、そこからいかなる展望を得るかということについても論及する予定である。

1　平城京と祭場

(1) 稗田遺跡

　都城の建設は、単に建築学的な面だけでなく、都にふさわしい土地の選定に始まり都城全域の河川管理や排水計画の実施、交通路や通信網の整備までも含む広汎な総合体系を要した。その一端を垣間見せたのが稗田遺跡の発掘である（No.158）。稗田遺跡は平城京羅城門から下ツ道を南に約1.5km下ったところにある。1976年と1980年の発掘によって、下ツ道の跡と、これに交差する奈良時代の河跡、および河に架かる橋の跡を検出した（図35）。河の流れと遺存地割などの検討から、京の造営に伴う河川つけ換え工事の実態が明らかになった。つまり盆地東麓に源をもつ河川のうち、能戸川・岩井川などは、京の東辺で流路を南に曲げられ、京東南隅の現五徳池（越田池）付近から条里に対し、約45°の角度で西南流し、下ツ道と交差する。現在岩井川は七条大路付近を流れているが、つけ換え工事の痕跡は五徳池の北に連なる溜池に残る[2]。

　従来、平城京の造営にあたっては河川の大規模なつけ換えが行われたとする説が定説化し、左京では加茂川を京外につけ換えている。平城京の河川つけ換えの実態はその全容が未だ明らかではないが、現状においても平安京の加茂川改修、東堀川の掘削の先蹤を平城京にみることができる。

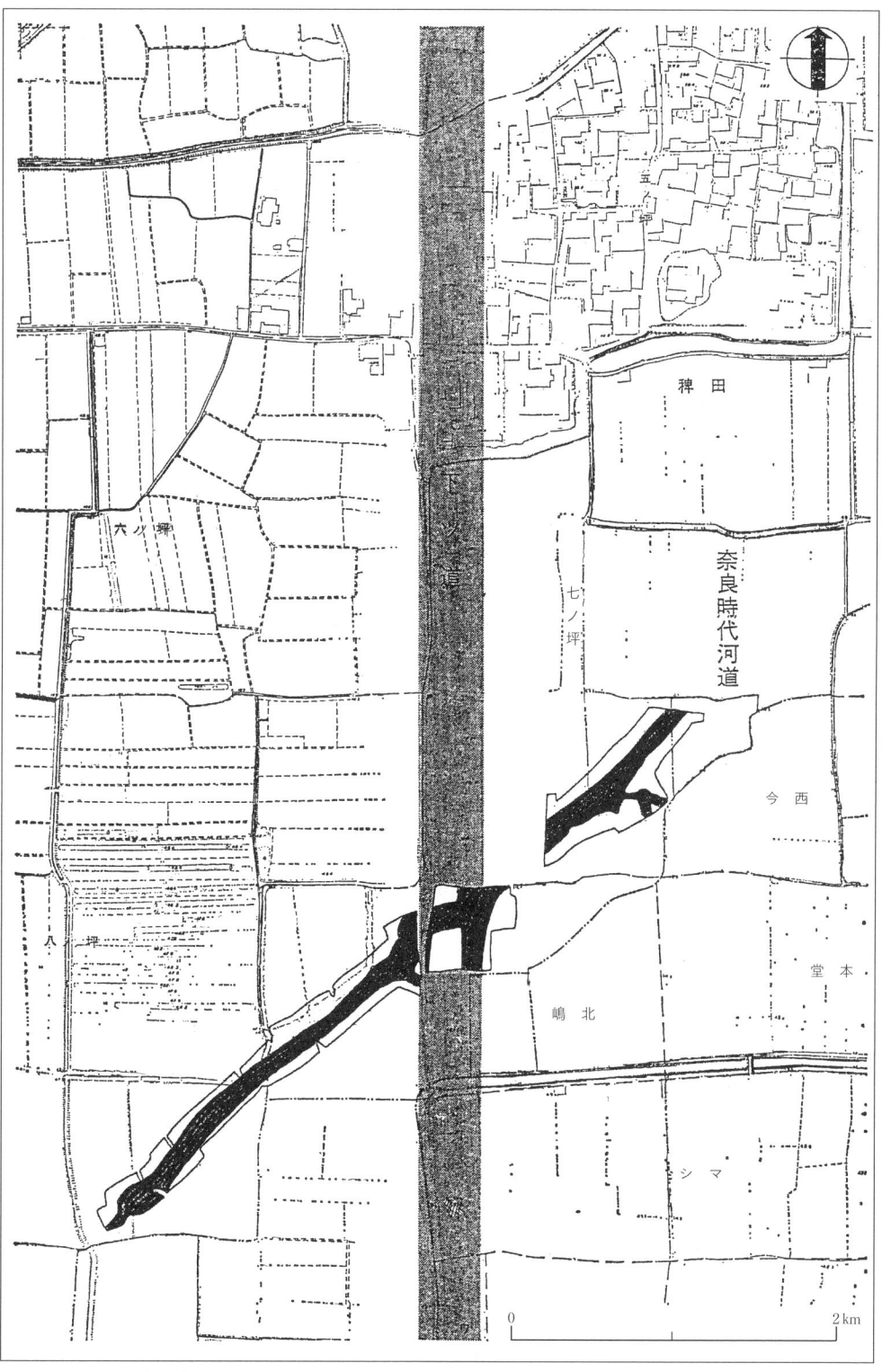

図35　稗田遺跡周辺の奈良時代河川（奈文研作成「大和国主要荘園図―若槻荘」1/2,000を使用）

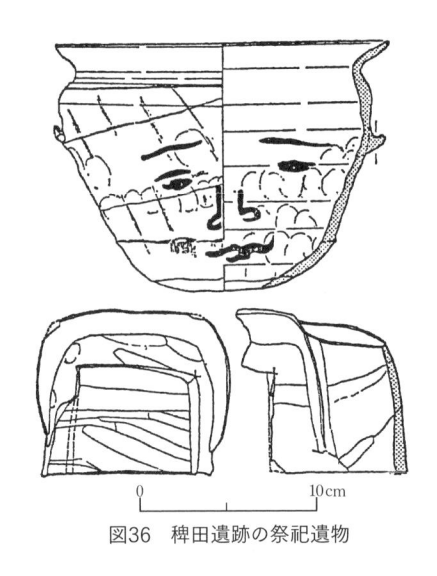

稗田遺跡で検出した人工河川の総延長は約400m、川幅は15m、深さは最も深いところで、検出面から1.5mを測り、地下層から霊亀3（717）年銘の木簡が、最終堆積層から饒益神室（859年初鋳）が出土したことで、この河が奈良時代はじめに掘削され平安時代前半に廃絶したことがわかる。

　下ツ道に架かる橋は木造橋で3〜4期の造替があり、奈良時代の橋は最初の2期である。その第1期は7間3間と推定され幅員18m、橋脚の配置が流れに沿うため、平面形が菱形を呈している。第2期は橋脚の配置が方眼方位に則り4間4間、それとともに幅員が12mに減少されている。川の堆積層からは、おびただしい量の遺物とともに、人面墨書土器（以下人面土器と略称）、模型カマド、土馬、人形、斎串、絵馬、獣骨、皇朝銭が出土した（図36）。これらの一部は上流部から出土したが、その多くは橋周囲のシガラミ周辺と下流部から出土し、下ツ道および橋の上から、祭祀遺物が川中に投じられたことがわかる。なお、下流部の発掘では、薦にくるまれた小児の死体も検出されており、私はここから西方一体の河川敷が平安京のいわゆる佐比河原にあたる百姓葬送地と推定している［金子 1984］。稗田遺跡は、平城京の正面にある祭場の一つで、京の穢をここに祓うとともに、百姓の「死穢」をも流す場であった。

　正史には、奈良朝政府が外国使節を平城京羅城門の「三椅」に迎える記事がみえる。和銅7（714）年12月己卯条には「新羅使入京遣従六位下布勢朝臣人、正七位上大野朝臣東人率騎兵一百七十迎於三椅」（『続日本紀』以下、『続紀』と略す）、宝亀10（779）年4月庚子条には「唐客入京、将軍等率騎兵二百、蝦夷廿人、迎接於京城門三椅」（『続紀』）とある。椅は『箋注倭名類聚抄』によると橋と同義であるから、「三椅」に外国使節を迎接することが恒例化していたようである。したがって、天平勝宝6（754）年2月4日の鑑真和上の入京記事[3]、「(和上) 入京、勅遣正四位下安宿王、五日於羅城門外、迎拝慰労、引入東大寺安置」（『唐大和上東征伝』）にみえる「羅城門外」も、具体的には「三椅」を指すものかもしれない。

　この「三椅」については従来二通りの解釈がある。その一は瀧川政次郎の、三椅が羅城門前の濠に架けられた三枚橋を指すという説［瀧川 1967][4]。他方は、稗田遺跡の北約1km付近に三橋の地名（現大和郡山市下三橋町・上三橋町）があることから、これとの関連を考える説［吉田 1900］である。史料にみえる「三椅」が複数の橋から生じた名である点は誤りないと思うが、瀧川説には賛同できない。1984年5月、稗田遺跡の南0.5kmで、稗田遺跡と同様、盆地東麓に源をもつ河川跡と下ツ道との交差部を発掘し

図36　稗田遺跡の祭祀遺物

ている。道路拡幅工事に際しての小規模発掘で、詳細は不詳だが橋脚の一部と和同銭などが出土した[5]。「三橋」はこうした下ツ道と交差する複数の河川に架けられた橋から生じたのではなかろうか。この仮定が正しいとすれば、先に述べた河道つけ換え状況からみて、稗田遺跡が「三橋」の一つとなる可能性は高い。

　時代は下るが、『延喜式』臨時祭には「唐客入京スル路次神祭」、「蕃客送堺神祭」、「障神祭（サフル）」など外国使節の入京に際しての厳重な祭式を規定している。稗田遺跡は、先にも述べたように平城京の正面にある祭場の一つであるから、外国使節の入京をこの地に迎えることは、儀礼的な意味に留まらず、使節の身についた強力な蕃神、すなわち疫神を入京直前に攘うという、優れて実質的な意味があったのではなかろうか。

(2) 羅城門とその周辺

　平城京の正門は、羅城門と呼ばれる。これはいうまでもなく羅城に開く門をいう。中国では都城の周囲に羅城と呼ぶ城壁をめぐらすのが通例であるが、平城京では遺存地割等からみて、南京極すなわち九条大路の南側にのみ設けられたと推定されている。

　平城京羅城門の研究は、平城京研究の先駆者北浦定政が現大和郡山市下三橋町の北にライセ墓、ライセ川という地名があるのを取り上げ、ライセを羅城の転訛として、この地に羅城門を推定したことに始まる。北浦定政の推定は正しく、羅城門は廃都後に流路を変更した佐保川によって、基壇の東縁を侵蝕され、残る主要部分は、堤防の下に埋没している。

羅城門跡の調査

　1969・70・72年の発掘調査［奈文研 1972］によって、羅城門は5間2間で、基壇規模は東西が約32.7m、南北が約17.8mに復原された。これは、平城宮正門の朱雀門とほぼ同規模である。門には築地塀が取りつき、門の西では朱雀大路西側溝の一部を検出し

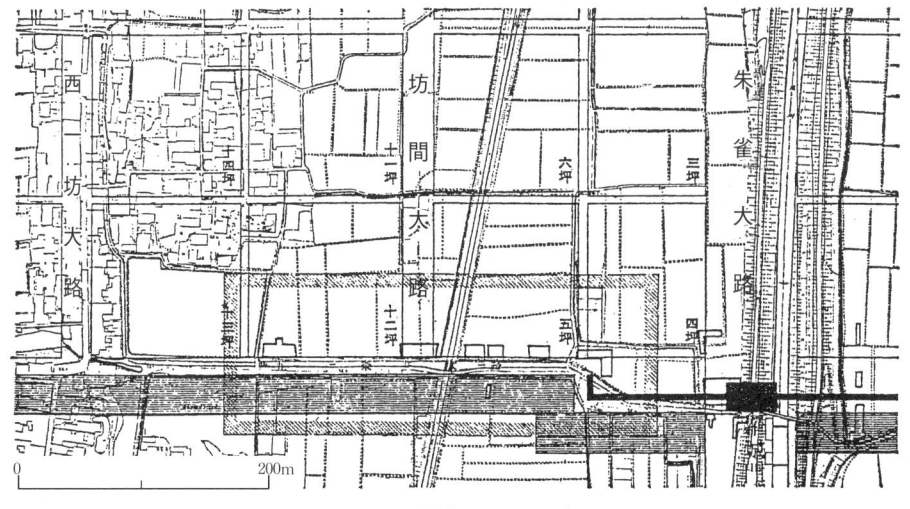

図37　羅城門周辺の調査区

図38　小型海獣葡萄鏡（九条大路北側溝SD950）
〈奈良文化財研究所提供〉

た。溝幅は約4m、深さ0.9m、東岸にはシガラミによる護岸がある。この溝からは人面土器が14個体出土したが、溝自体は平安初期まで流れていたようで、その時期の土器も含まれている（図34－No.69、以下図34－は省略）。この発掘の成果と遺存地割などの検討から九条大路は、羅城門の東西各2町分で南側に幅員を広げ、羅城門に取りつく築地塀は、この2町分しかなく、羅城の南側は、濠の存在が推定された（図37）。

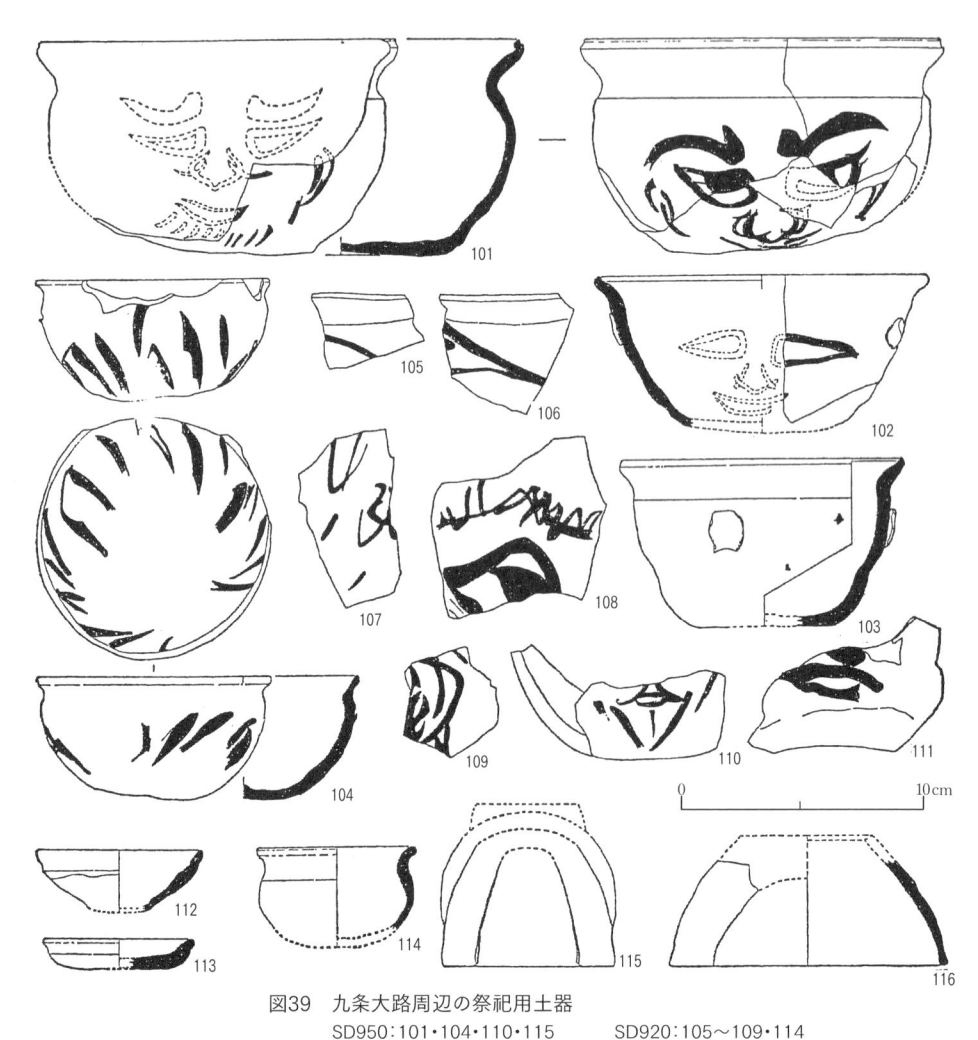

図39　九条大路周辺の祭祀用土器
SD950：101・104・110・115　　SD920：105〜109・114
SD959：102・103・111・116　　SK960：112

九条大路の調査

近年、九条大路上に、都市計画道路が計画されたため、1980・83年の2年度、路線予定地の調査が行われ、九条大路の北側溝と、これに交差する西一坊々間路西側溝および、右京九条一坊五坪と四坪の坪境小路の側溝を検出した（No.138～140）［奈文研 1978］。発掘面積が少なく、遺物量も多くはないが、九条大路北側溝からは小型海獣葡萄鏡1（図38）、土馬1、人面土器、模型カマド、人形2、斎串などが、西一坊坊間路西側溝SD920からは人面土器、模型カマド、人形、斎串などが出土した（図39）。小形海獣葡萄鏡は、同笵と考えられる鏡が、石川県寺家遺跡［羽咋市教委 1984］や三重県神島［梅原 1950・1952、矢島 1953、大西 1955］[6]など9ヵ所から計15面が出土ないし伝世されているが、年代を明確に限定できない憾みがあった。本例は、出土層位からその年代を8世紀中葉に限定できる貴重な資料である。

西一坊坊間路西側溝は国鉄（JR）関西線の線路際であったために、遺構を確認した段階で発掘を中止したが、溝を完掘していれば多量の祭祀遺物が得られたであろう。

前川遺跡

この遺跡は河川改修工事に伴って、羅城門跡の東約500mのほぼ九条大路上で発見された遺跡である［奈文研 1974］。遺跡は工事がかなり進行した段階で発見されたため、遺跡の状況や全体的な性格の把握が十分ではない。多くの遺構と遺物を認めたところは、九条大路と東一坊大路の交差点から西約50mの地点という。ここで、九条大路の路面敷に掘られた井戸2基と、土壙8基を検出した。このうち、1基の井戸からは人面土器1と土馬2が出土し（No.112）、土壙の一からは土馬20が出土した（No.113）。人面土器は、独特の製作法を示す人面用の土器で、目と口だけの顔が2面に描かれたものである（図40）。伴った土師器は天平末年頃の特徴を示しているので、この人面土器は、平城京において人面用土器の出現期を知る上に貴重である。本遺跡の井戸や土壙は九条大路上に営まれていることや、各遺跡から出土した土器がほぼ単一の時期であること、人面土器、土馬のあることから、報文では、本遺跡が羅城門の祭祀に関連した遺跡と推定している。羅城門を挟んだ東西の九条大路上でこうした祭祀が行われたことは、羅城門の性格からみて偶然ではない。

羅城門は、天平19（747）年6月条に雩の場としてみえ（『続紀』）、時代が下るが平安京では貞観元（859）年の清和天皇の大嘗祭に先立ち、この門外に祭事を修したとみえる（『日本三代実録』貞観元年10月15日条）。こ

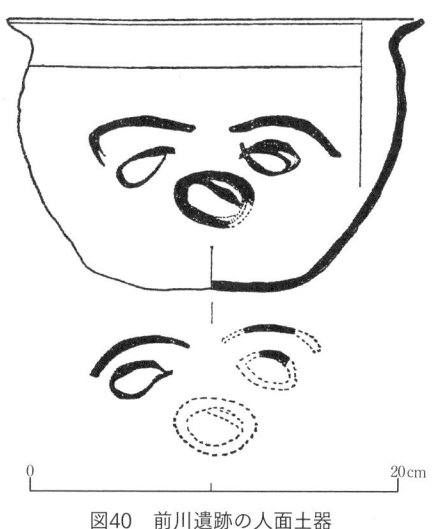

図40　前川遺跡の人面土器

れは『延喜式』左右京職、大祓大祓条にみえる大祓大祓であろう。この条には「官人率二坊令坊長姓於羅城門外一。東西相対分裂左京西面北上朝使者坐二中央一南向。訖即解右京東面北上
除」とある。こうした祭祀が羅城門で行われたのは、羅城門が京正面の入り口という重要な境であったからであろう。上の清和天皇の羅城門外の祭事の前年9月10日に、朱雀門前で臨時大祓があった（『日本三代実録』）。瀧川政次郎は、清和即位に向けての一連の大祓をもとに、宮の穢を朱雀門前に、京内の穢を羅城門前に祓うという定式を述べている［瀧川 1967］。この祓のいわば定式が、すでに平城京に成立していた可能性は、上の祭祀遺物の出土状況が物語る。

(3) 東堀河

　平安京では、造営にあたり、大規模な河川のつけ換えを行ったことが定説化している。すなわち右京では紙屋川を東にずらせて西堀川（にしのほりかわ）とし、左京では加茂川、高野川を京外に移し、加茂川の旧流路を東堀川（ひがしのほりかわ）としている［村井 1970］。こうした大規模な河川改修は、律令制都城を考える上で、興味深い問題を含んでいるのだが、それはそれとして、平城京の造営にあたって、(1)でみたように、平安京河川改修の先蹤ともいうべき大工事が行われていた。ここに述べる東堀川の開鑿もその一環であった。

　平城京の堀河のうち、西堀河が秋篠川にあたることは、その条坊上の位置や史料の上から明らかであるが、東堀河に関しては諸説があった。

　1975年、左京八条三坊の東市推定地北辺の一画に団地が建設されることになり、その事前調査が実施され、ここで東市を貫流する奈良時代の川跡を発見した［奈文研 1976］。川幅は約11m、深さ約1.4mであった。この川跡は、地図上で検討した結果、大安寺宮地町付近から京外の地蔵院付近まで、南北3kmにわたって痕跡を辿ることができ、これが平安京の東堀河に該当することが明らかとなった。

　東堀河は、これまで東市の北側で3ヵ所、東市の南側で1ヵ所調査されており、その結果、少なくとも東三坊を六条から九条まで、各坊の九〜十二坪の中央を南北に真直ぐ貫流するように、設計・施行されたことが判明した（図41）。すなわち、後に述べる左京九条三坊の調査で得られた堀河心の座標値は、過去の調査で得られた朱雀大路心の東1,398.744mに位置する。この数値を朱雀大路心から東堀河の心までの計画寸法10.5町で除して求められる単位尺は0.296尺となる。これは、近年の京内調査の結果から得られている単位尺とほぼ一致するので、東堀河の心はまさしく朱雀大路心の東10.5町の位置、つまり東三坊の九〜十二坪の中央を貫流したといえる。また、東市の北と南の調査区間における堀河底の比高差は約1.64mを測る。これを勾配に換算すると約500分の1で、かなり緩い勾配となっている（図42）。古代の運河にあって、船は岸から引き綱によって曳航されたといわれている。この東堀河において船は引き綱によったのか、棹によったのか明らかではないが、河底の勾配が緩いほど、一つの閘門によって航行し得る距離が長くなり、船の航行には有利であった。東堀河はこの点でも優

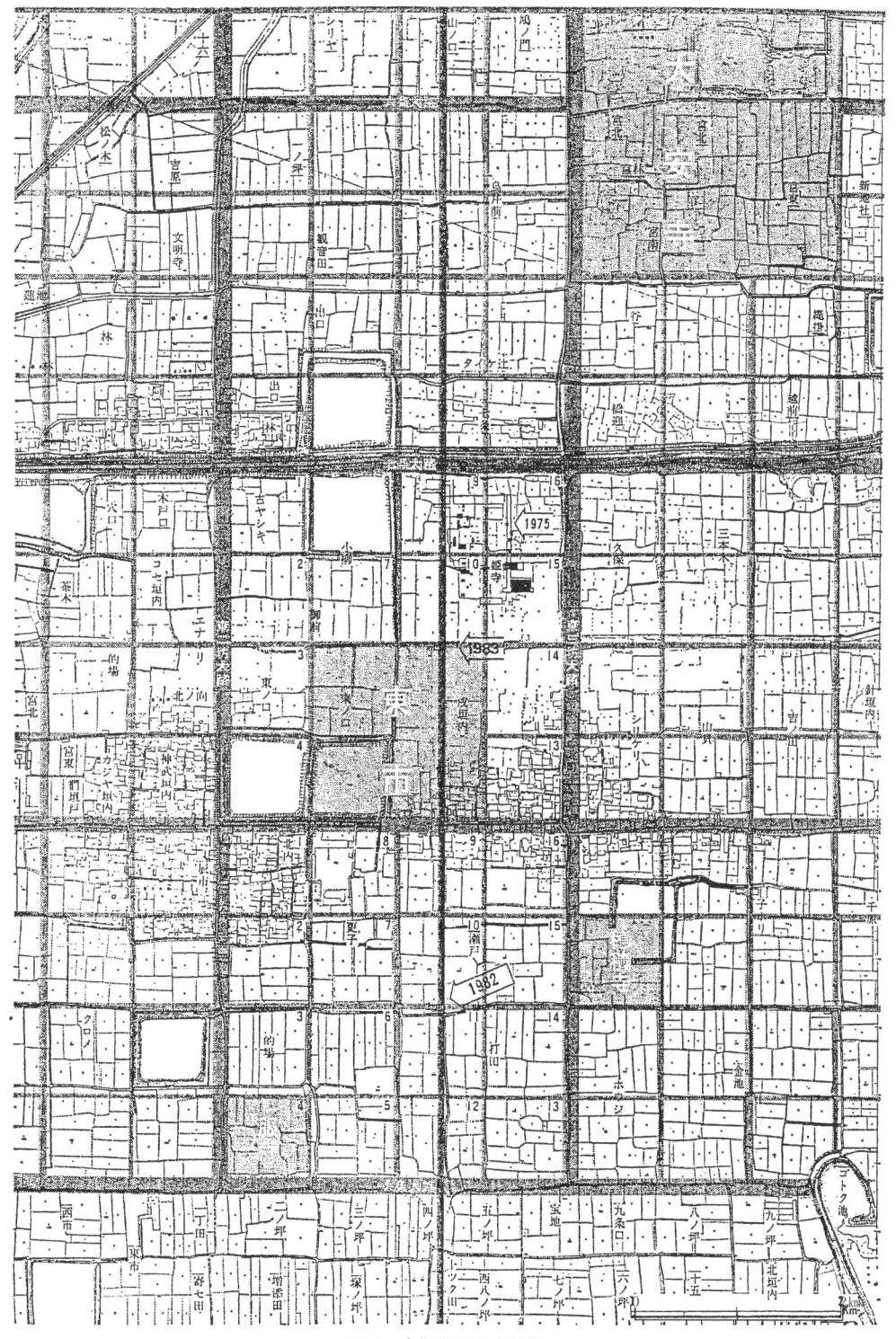

図41　東堀河と調査位置
（奈文研作成1／1,000地形図「八条・大安寺・西九条・東九条」使用。地形地物は1962年12月現在）

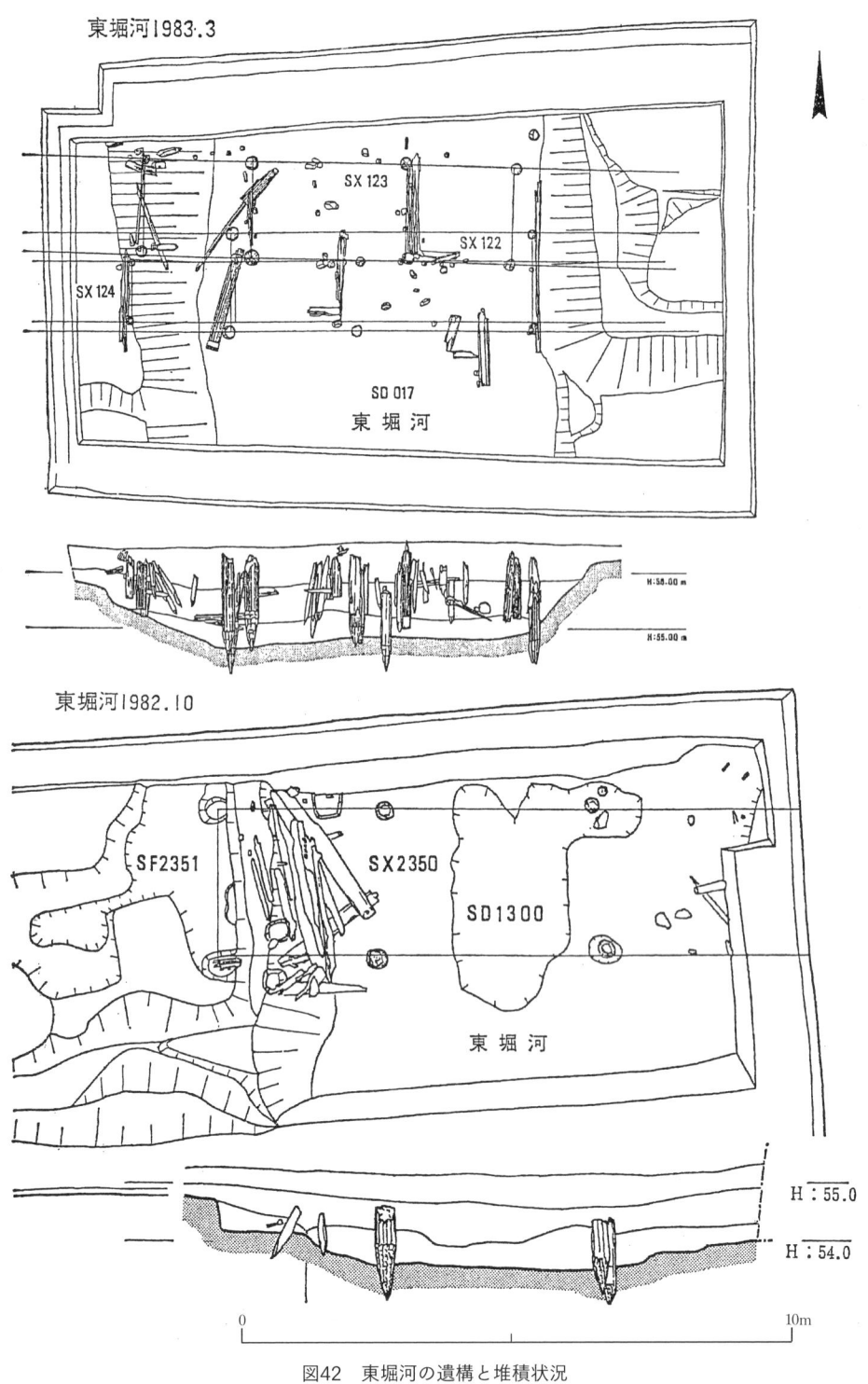

図42 東堀河の遺構と堆積状況
（上）左京八条三坊　奈良市調査区　　（下）左京九条三坊　奈文研調査区

れた設計思想にささえられていたのである。

　これまでの発掘面積は限られたものであるが、多量の遺物と祭祀遺物が出土してい

る。以下簡単にみてゆくことにしよう。

左京八条三坊九坪

　ここでは幅わずか3mのトレンチで堀河を検出した。堀河は当初、幅員が11m、深さ1.4mであったものを、のちに幅員を8mに縮め、西岸にはシガラミの護岸を行っているという知見を得た（図43）。祭祀遺物は、発掘面積にくらべると比較的多く、土馬123、人面土器56、人形2、斎串4、青銅鈴1、模型カマドなどがある。

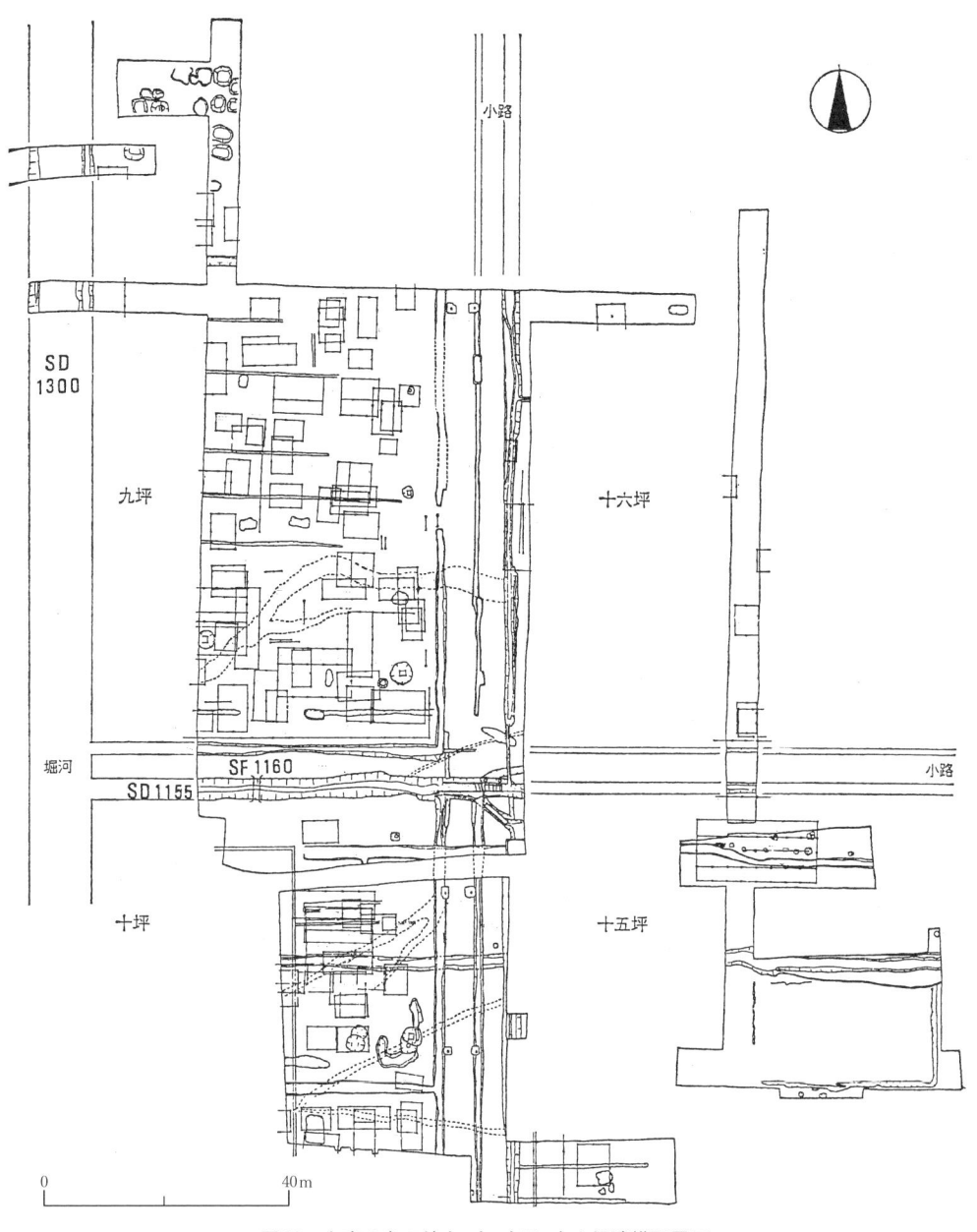

図43　左京八条三坊九・十・十五・十六坪遺構配置図

左京八条三坊十一坪の北辺

　平城京東市の北辺部、八条々間路との交差点では、203㎡の発掘区を設定した［奈良市教委 1984］。ここでは大きく3層の堆積が認められ、八条条間路に架かる木橋を検出した。これは8世紀中頃から9世紀末迄、堀河が埋まるのにしたがって3時期の造替が認められるという。ここでは堀河の西岸を未検出のため、川幅は不明だが、やはり11～12mと推測され、遺構検出面からの深さは約1.6mで、大きく3層の堆積が認められたという。遺物には、人面土器62、土馬47、人形6、斎串1があり、他に三彩の小型火舎や小壺、および蓋が出土した（図44～47）。皇朝銭は和同・萬年・神功銭を中心に、饒益神宝まで100枚余りが出土した。また帯金具や鉄鏃・刀子・鎌・釘なども、かなりまとまって出土した。饒益神宝（859年初鋳）は最上層から出土し、堀河が最終的に埋没する年代を示している。

左京九条三坊

　ここはわずか180㎡の小規模な発掘であったが、東堀河とこれに交差する九条条間路および堀河に架かる橋を検出した［奈文研 1983］。堀河の幅員は東岸が未検出のため不詳だが、橋脚心から折り返すと約11m。橋は九条条間路の南北中軸線に合わせて架けられたもので、桁行5間、梁間1間、8脚の木造橋である。西岸の護岸には橋の桁や梁材を転用していたので、これから橋の構造を復原することができた。堀河の堆積層からは、多量の土器とともに、青銅鈴1、土馬58、模型カマド3、人面土器55、人形9、刀形1、斎串4、鉄製品は鉄製工具類や鏃などの武器や、鎌、釘など283点があり、さらに帯金具、飾金具がある。皇朝銭は、和同・萬年・神功銭を中心に91点が出土した。人形は9点のうち3点が1m前後から1mを超す等身の人形で、その1点は復原すると1.5mを超すものである。堀河の堆積層は数層に分けられるが、一見して整合性を保つとみえる最下層の一部からさえ、平安初頭と考えられている土器などが出土し、東市北辺部の調査で提示されるような遺物相互の関係を捉えることは困難があった。遺物の大半は磨滅痕などもないことから、橋の周辺から投棄され、そのまま堆積したのであろう。

　東堀河は、東市への物資運搬という目的で開鑿されたが、京の住民にとってはまったく別の機能を果すことになった。それを示すのが堀河の底から出土した祭祀遺物である。発掘面積がごく限られたものであることや、『延喜式』の規定から、堀河が定期的に浚えられていたことを考えるなら、東堀河全体に投じられた祭祀遺物の総量は想像を絶する。東堀河はまさに京住民の祓川としても機能したのであった。

⑷ 左京八条三坊坪境小路側溝SD1155

　稗田遺跡で検出した旧河川を含め、小稿で扱っている条坊関係の溝は多くの場合、平城京の存続した数十年間にわたり機能していたために定期的に浚えられていること、さらに水流による攪乱が複雑であるため、祭祀遺跡の年代を限定したり、遺物相互の

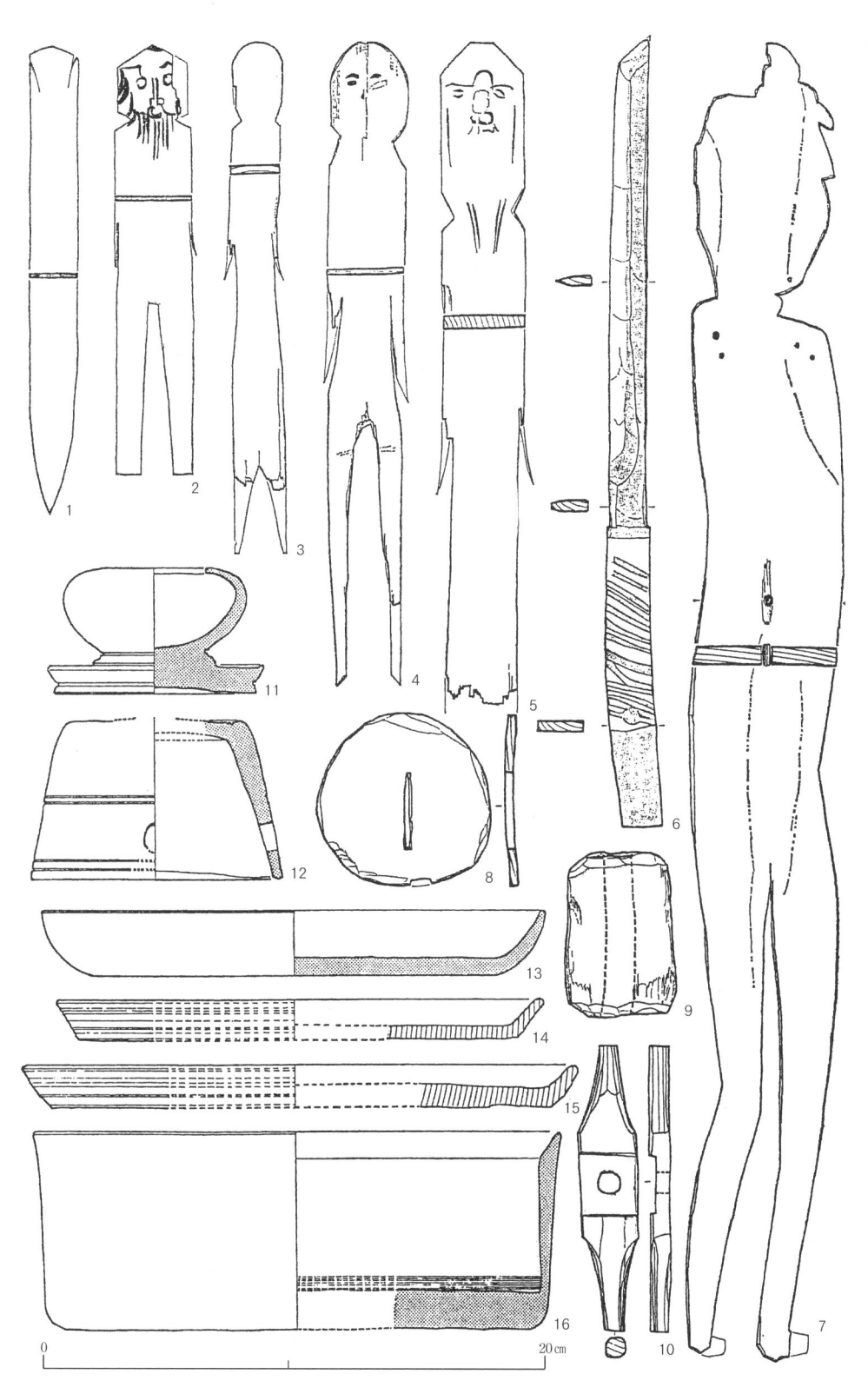

図44 東堀河の木製模造品ほか 左京八条三坊

第9章 平城京と祭場

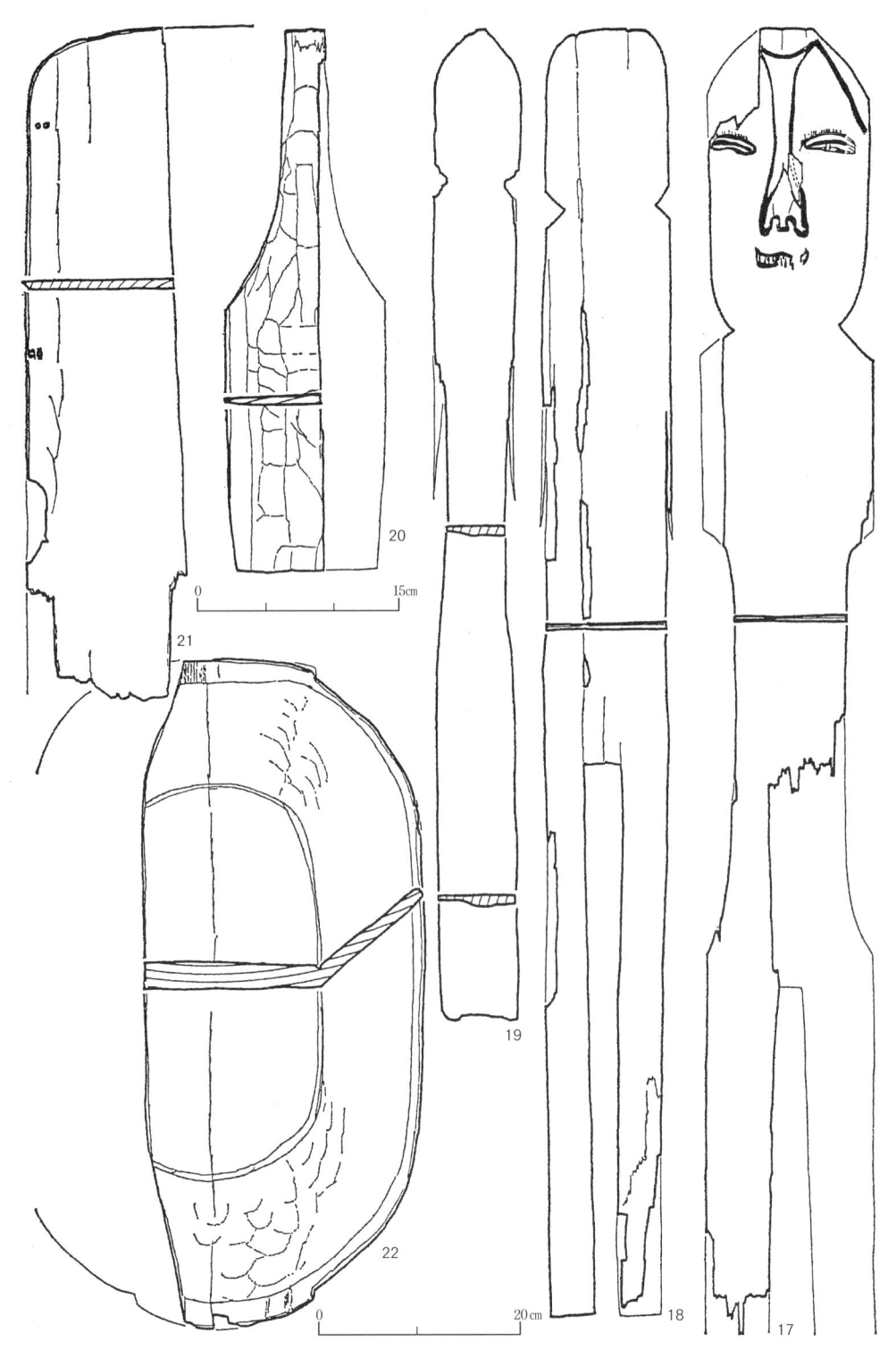

図45 東堀河の木製模造品ほか　左京九条三坊

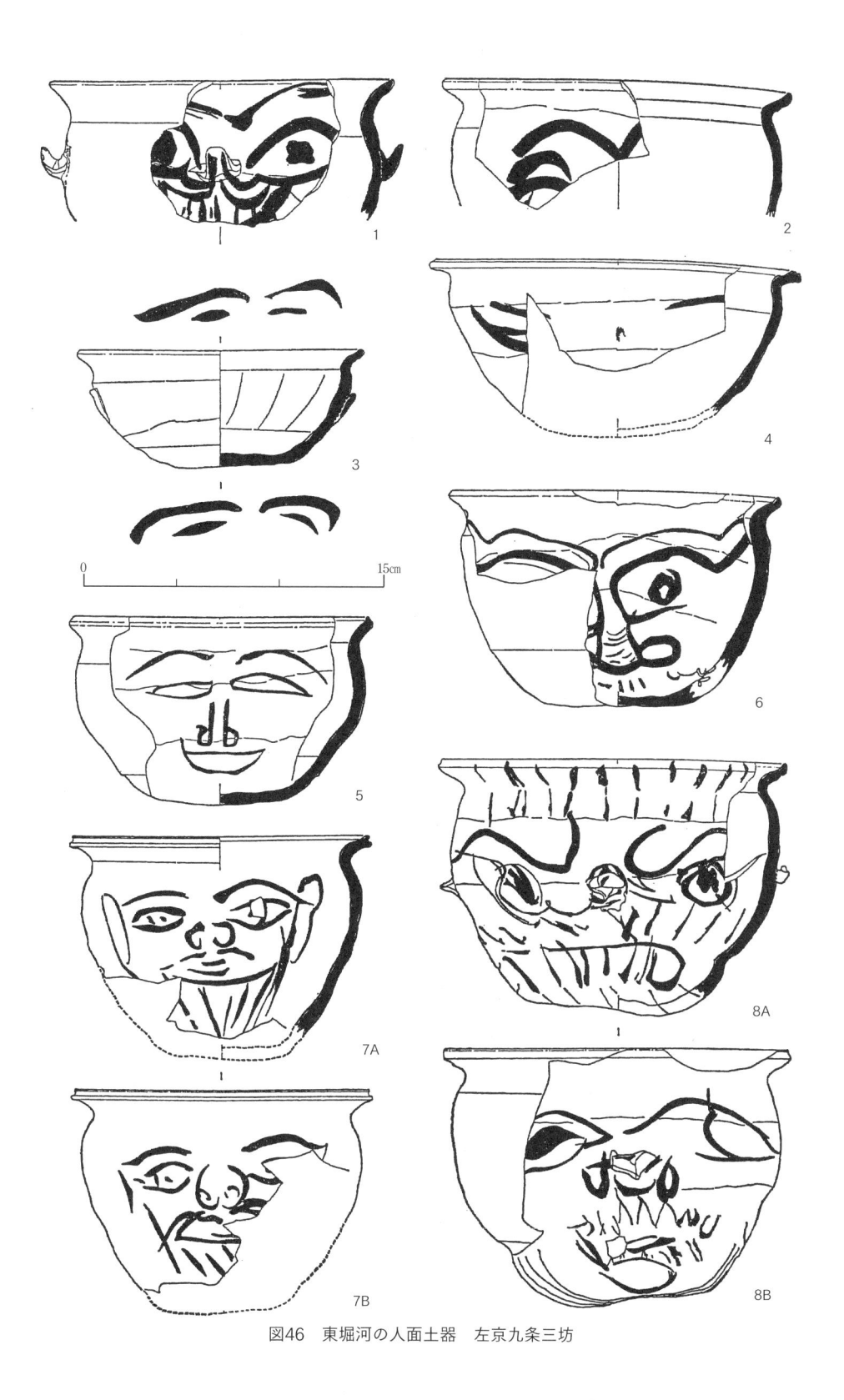

図46　東堀河の人面土器　左京九条三坊

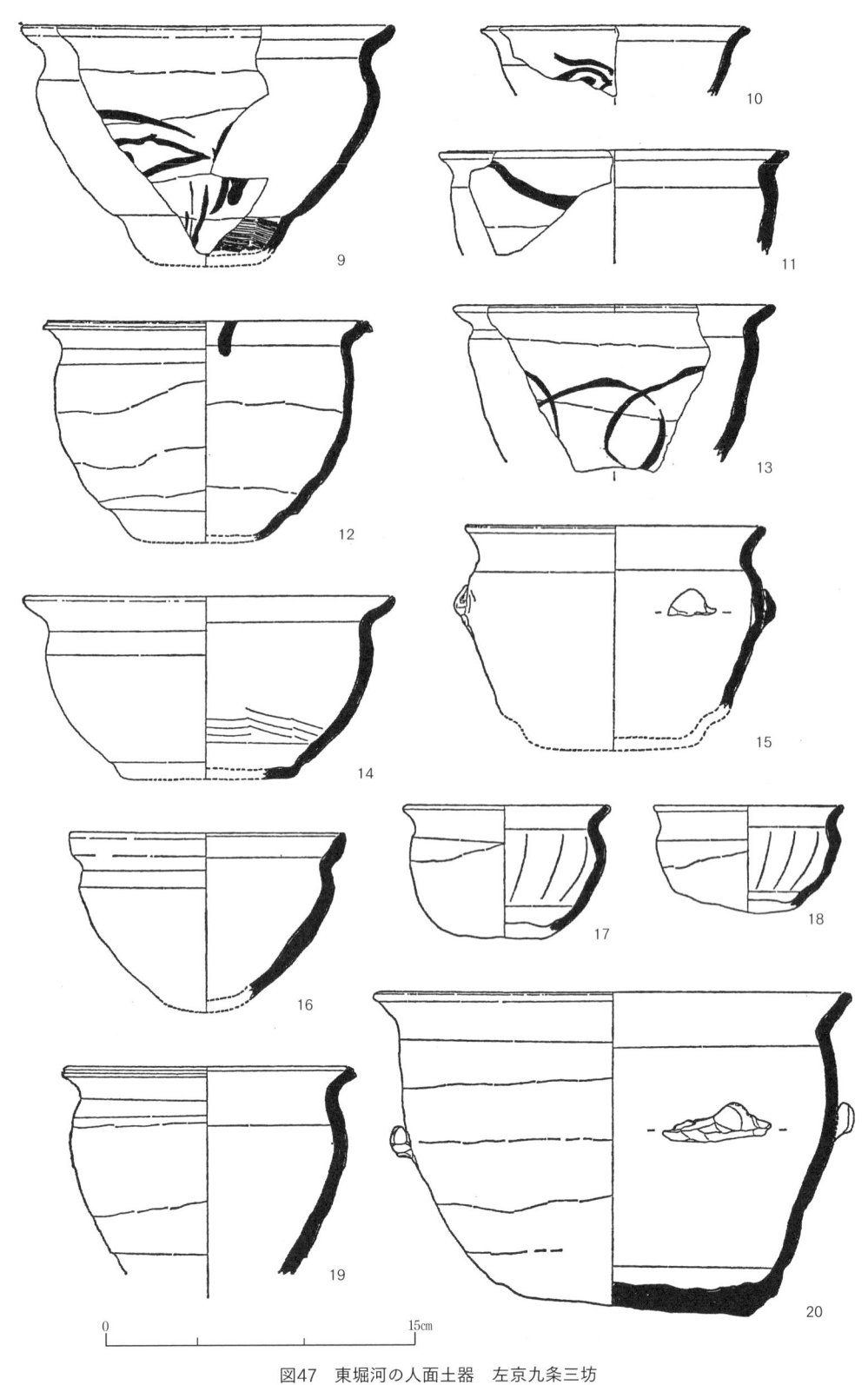

図47　東堀河の人面土器　左京九条三坊

関係を捉えることは、よほどの幸運に恵まれないと困難なことが多い。ここに述べる遺構はその貴重な一例となろう。この小路側溝SD1155は、東市北方の左京八条三坊の九・十坪を南北に分ける坪境小路SF1160の南側溝である［奈文研 1976］。この左京八条三坊は先にも触れたように、1975年団地の建設に先立って調査されたもので、約8,900㎡を発掘し、平城京の宅地割の一端を明らかにする画期的成果をあげた。北側の九坪では、九坪東南部にあたる東西47m、南北73mの調査地内に、掘立柱建物45棟、井戸4基、地割り溝などがあり、5基の造替・変遷が認められる。このうち代表的なⅡ期を例にとると坪内は、東西の細溝と掘立柱塀などによって、南から八分の一町、十六分の一町、十六分の一町、十六分の一町と区切られ、その区分ごとに井戸が1基ずつあり、建物群もこの単位で一定のまとまりをもち、二行八門制を基本とすることが明らかとなった。

　北の十坪では、十坪の東北隅の東西25m、南北55mの調査地内に掘立柱建物26棟、井戸5基などを検出、ここもまた5基の変遷が認められる。この坪では九坪と異なって、東西方向の地割り溝はなく、南北に走る溝で当初は全体を四分の一町に区画したものをのちに、八分の一町に区画する傾向がみられ、また当初みられた大型建物はⅡ期以降小型化して九坪の場合と異ならなくなるという。

　九坪と十坪を分ける坪境の東西小路SF1160は、道路両側に側溝1115・56をもつ。北側溝SD1156は幅1.2m、深さ0.4m。南側溝SD1155は幅3.4〜3.8m、深さ1.2mあって、両溝とも西に流れ、東堀河SD1300に落ちる。両側溝の心々距離は6m（20尺）である。SD1155は、発掘区のほぼ中央に、十坪に入る4間の小橋がある。東西小路は、南北小路SF1170と交差するが、北側溝は北折するのに対し、南側溝は道路を横切ってさらに東に延びる。この交差点では、南側溝に最初は橋が架けられていたがのちに溝の両側に杭を立て、杭上に梁を渡して土をのせた特殊な暗渠構造に改められた。この南側溝SD1155からは多量の遺物とともに、青銅儀鏡1、鈴1、土馬58、人面土器27、人形3、斎串22、鳥形1、などの祭祀遺物が出土した。これらは発掘区全体に分布していたが、交差点の暗渠部分にやや集中する傾向がみられた。この溝から出土した土師器、須恵器、中国製青磁壺などは、奈良時代中頃のものに限定され、祭祀遺物の年代と用法を考える上で重要である。

(5) 右京八条一坊西一坊坊間路西側溝SD920

　この西一坊坊間路西側溝は、SD920の約800m上流にあたる。この調査は、大和郡山市の清掃工場建設に伴う事前調査として実施したもの［奈文研 1984］で、十一坪を含めた発掘面積は約3,000㎡である。平城京の条坊道路の側溝は、前項でもみたように、一方が深く幅の広いのに対し、他方は浅く幅狭いという傾向がみられる。この調査区においても同様で、西一坊坊間路の東側溝は深さ0.3〜0.7m、幅0.9〜1.0mであったのに対し、条坊交差点付近から南北70m余を発掘した西側溝SD920は、深さが1.5〜1.75m、

幅は5.5〜11mを測る。この西側溝の規模は、従来検出した平城京の側溝等では、東堀河に次ぐものである。このように、西一坊坊間路西側溝が運河ともいうべき程の規模をもつ理由について、起伏のある左京地区から降雨時に吐き出される流水をさばくため、秋篠川（西堀河）の放水路として施行された［奈文研1984］という。

西側溝の堆積層は3時期に分かれ、溝の最下層からは平城宮土器編年のⅡ・Ⅲ期（730〜750年頃）の土器が、上層からは奈良末・平安初期の土器が、溝をおおう埋土からは9世紀代におさまめ灰釉陶器がそれぞれ出土した。

西側溝SD920からは、まさに莫大な量の遺物が出土した（図48）。主として土師器・須恵器で、整理箱に換算すると2,000箱近い量であった。祭祀遺物は6（素文唐鏡4・儀鏡2）、金銅製鈴6、人面土器509、土馬141、模型カマド40、人形16、斎串11、刀形・鏃形各1などがある（図49〜55）。その出土状況は鏡や鈴が2ヵ所にまとまるという傾向を示したものの、人面土器や土馬は溝全体に広く分布していた。これは、土馬が8世紀初頭から9世紀前半までの7型式に、人面土器も8世紀中葉頃から9世紀初頭までの10型態に分類［奈文研 1984］できることが示すように、長期間多数の人々によって溝に投ぜられたのであろう。

(6) 平城宮壬生門前二条大路北側溝SD1250

律令的祭祀の中で重要な祭祀の一つが大祓（おおはらい）である。大祓は毎年6月と12月の晦日に、百官男女を祓所（はらえど）に聚集して実修した祭祀で、『貞観儀式』などには朱雀門前で行われたとみえる。平城宮の朱雀門は、門跡自体は兎も角、門前の部分は溜池などがあって発掘ができず、遺構・遺物からこの問題にアプローチできなかった。1980年春の壬生門（みぶ）（南面東門）跡の発掘（No.58）は、この問題に手懸かりを与えてくれた。

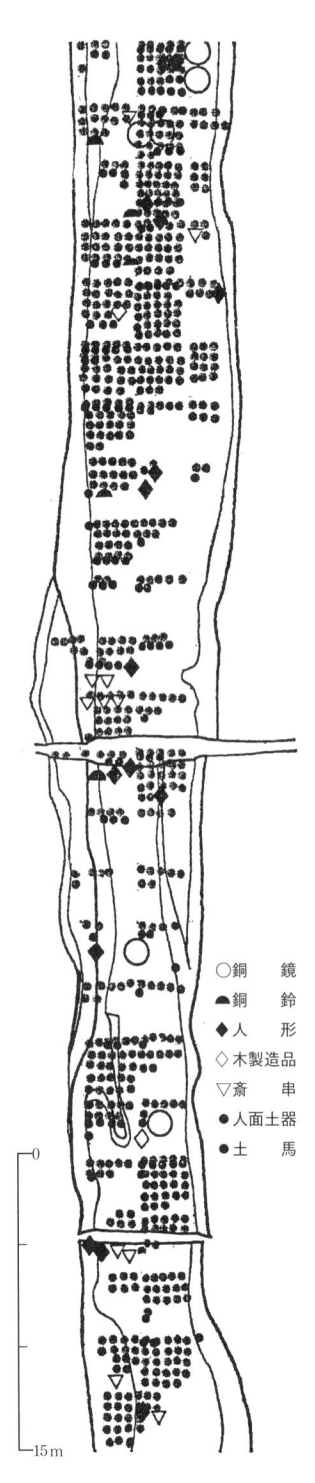

○　銅　　鏡
▲　銅　　鈴
◆　人　　形
◇　木製品
▽　斎　　串
●　人面土器
●　土　　馬

図48　SD920の祭祀遺物分布

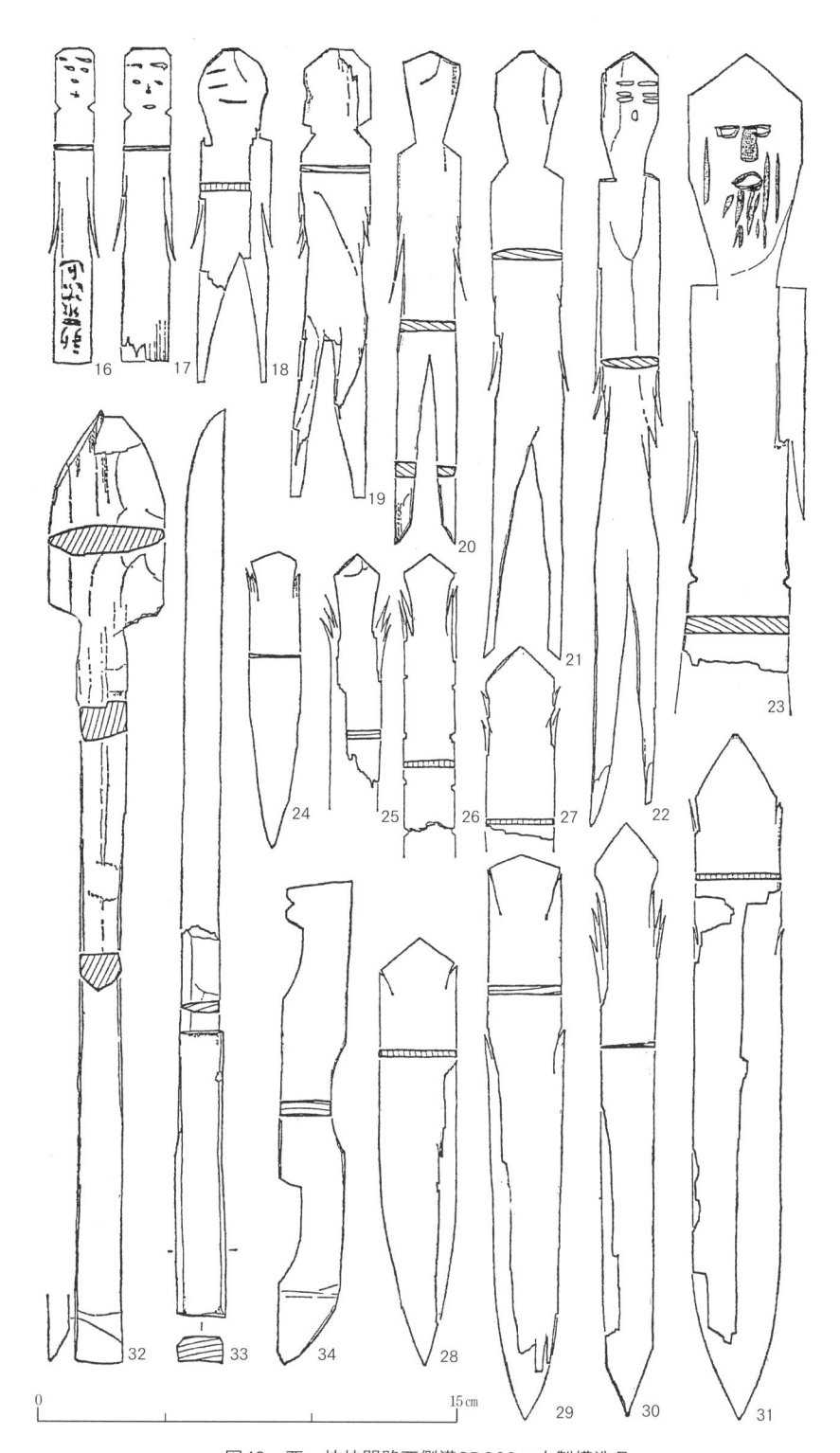

図49　西一坊坊間路西側溝SD920の木製模造品

第9章　平城京と祭場

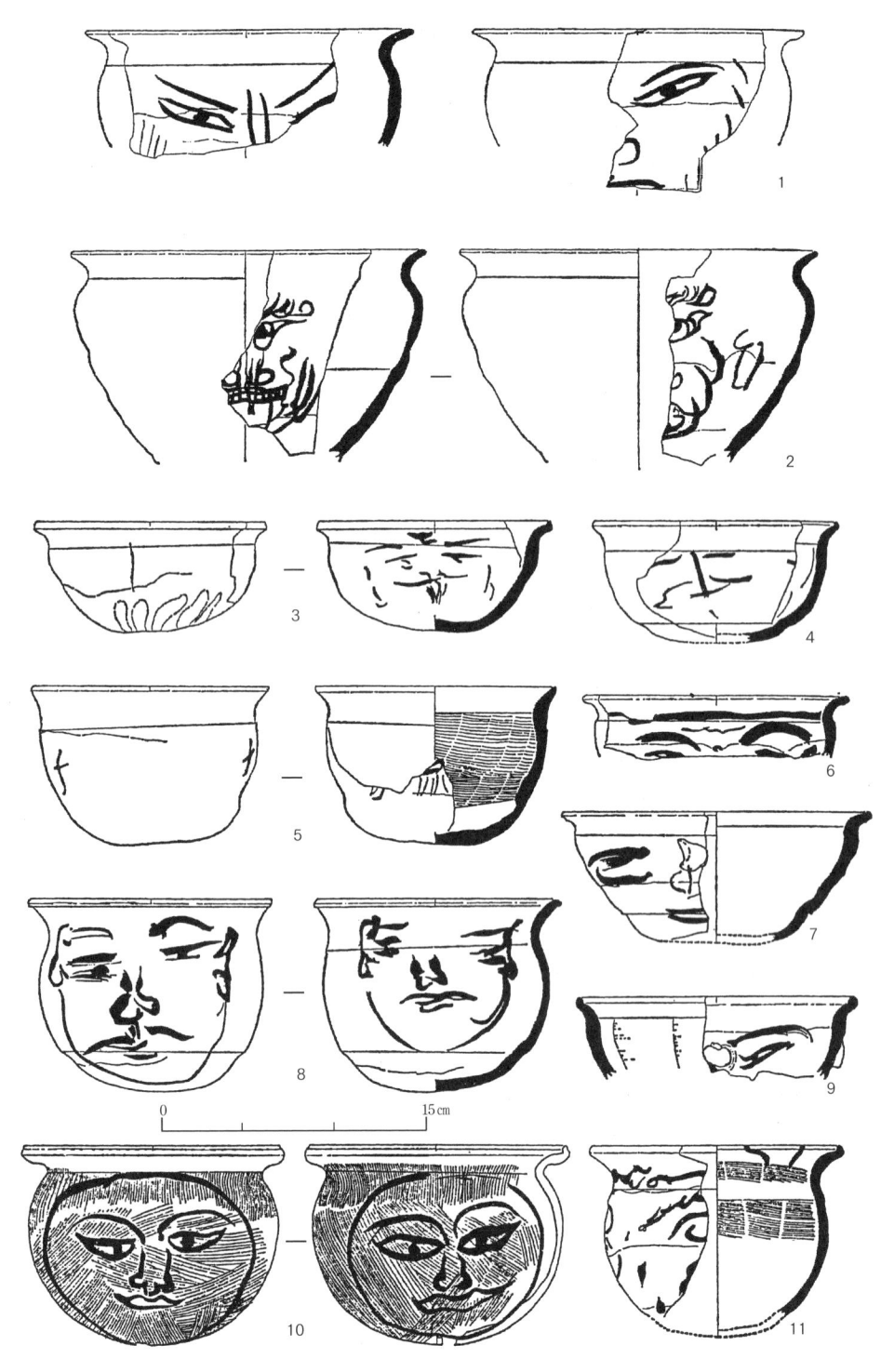

図50　西一坊坊間路西側溝SD920の人面土器(1)

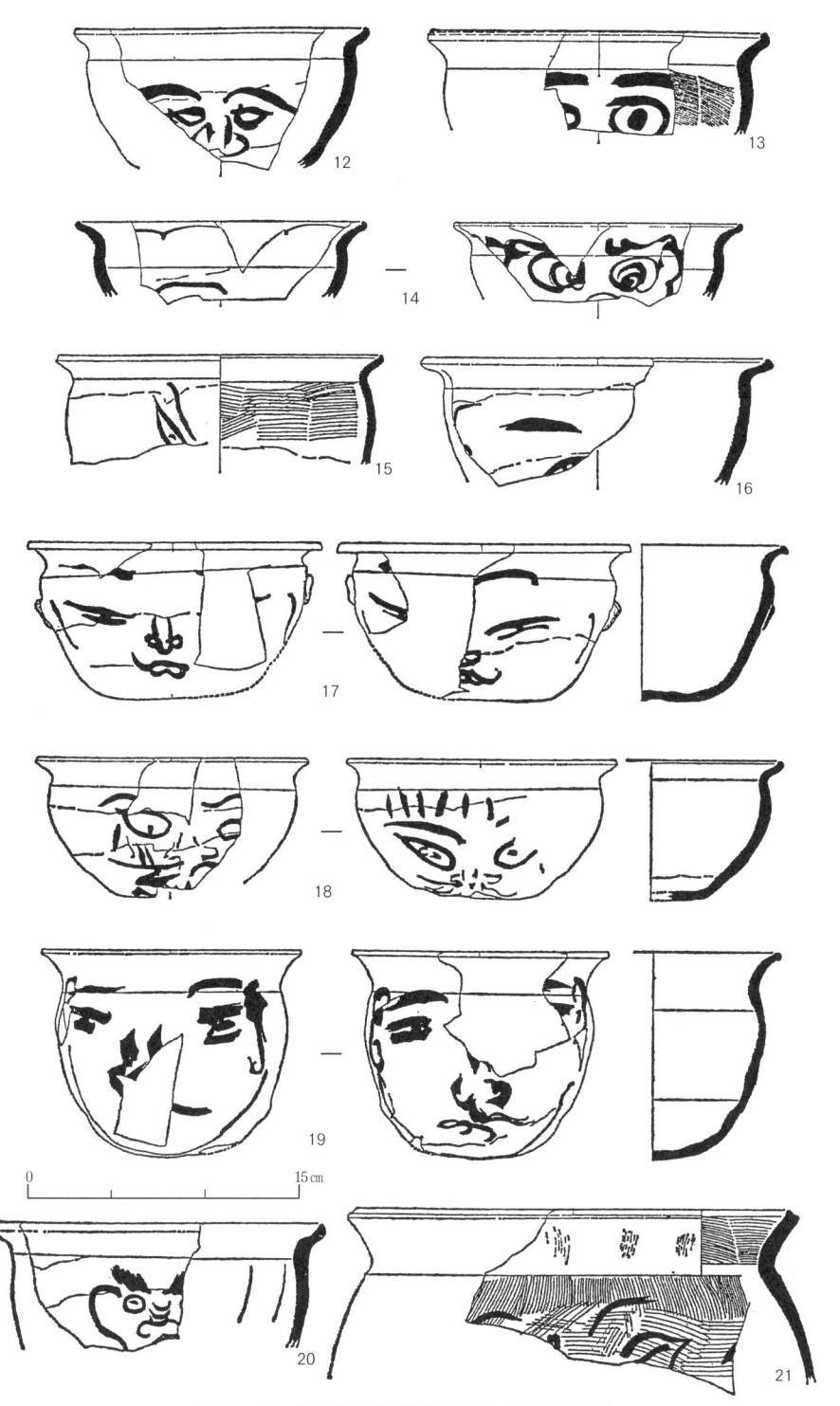

図51　西一坊坊間路西側溝SD920の人面土器(2)

第9章　平城京と祭場

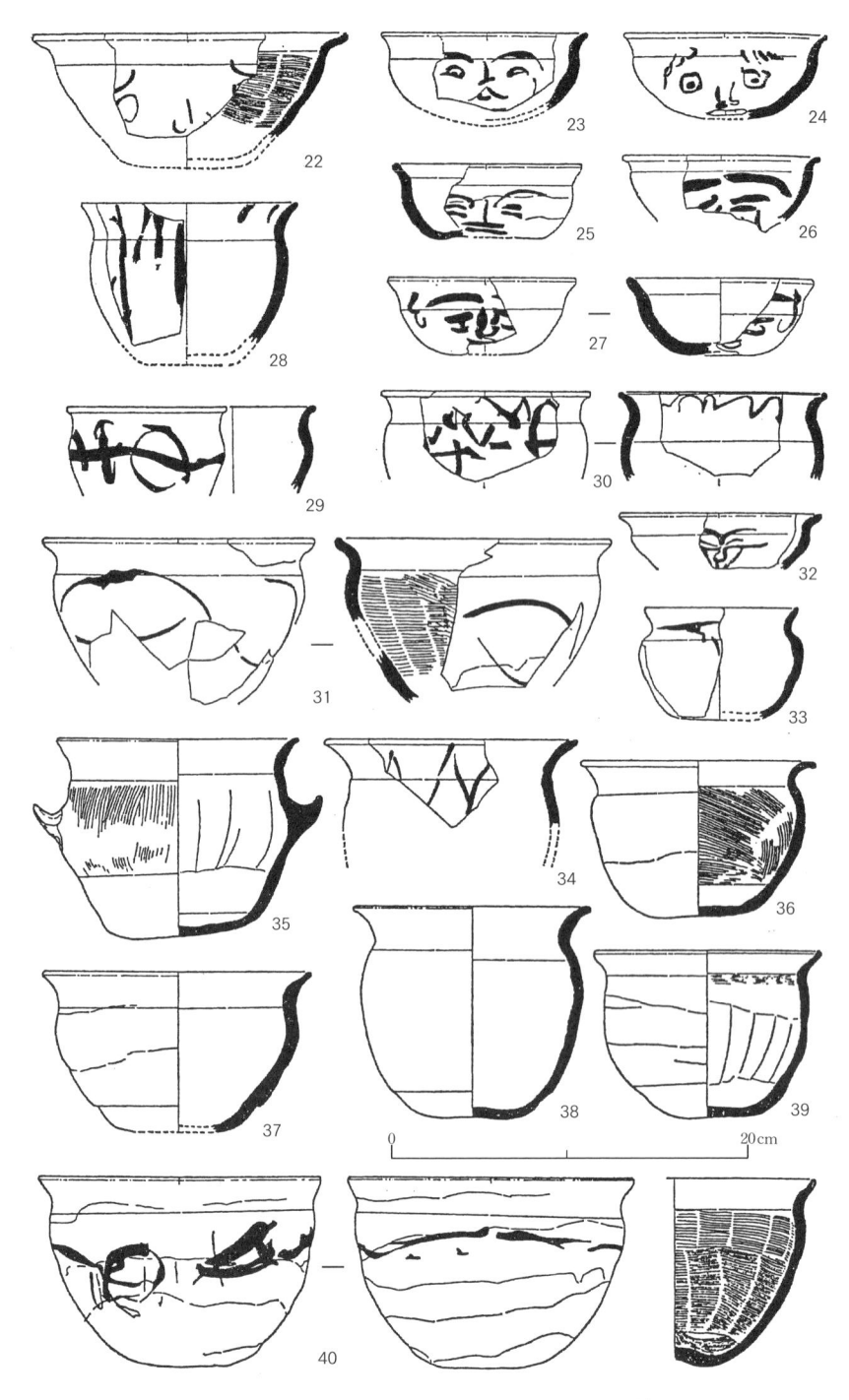

図52　西一坊坊間路西側溝SD920の人面土器(3)

140　第Ⅰ部　古代都城の構造

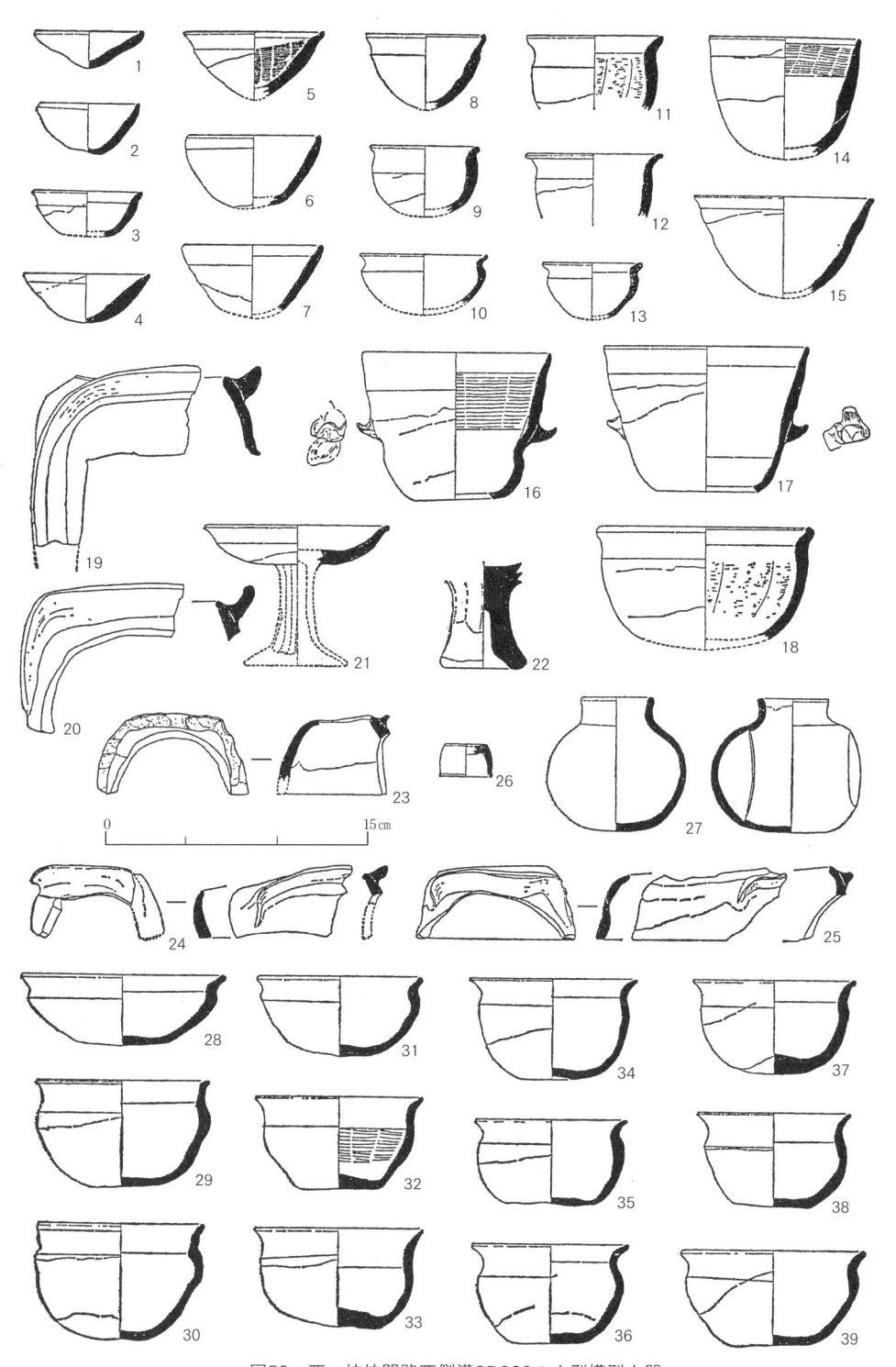

図53　西一坊坊間路西側溝SD920の小型模型土器

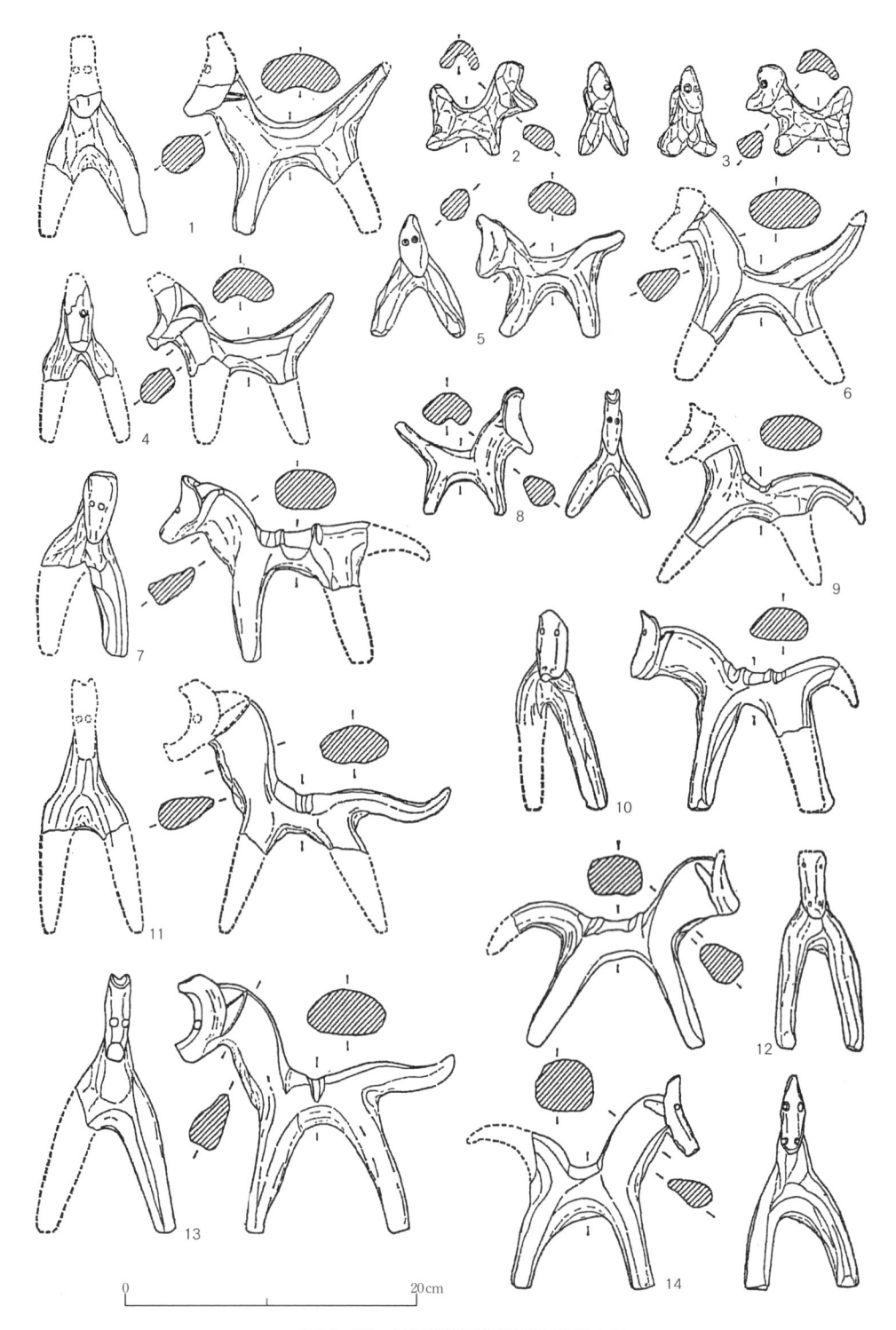

図54 西一坊坊間路西側溝SD920の土馬

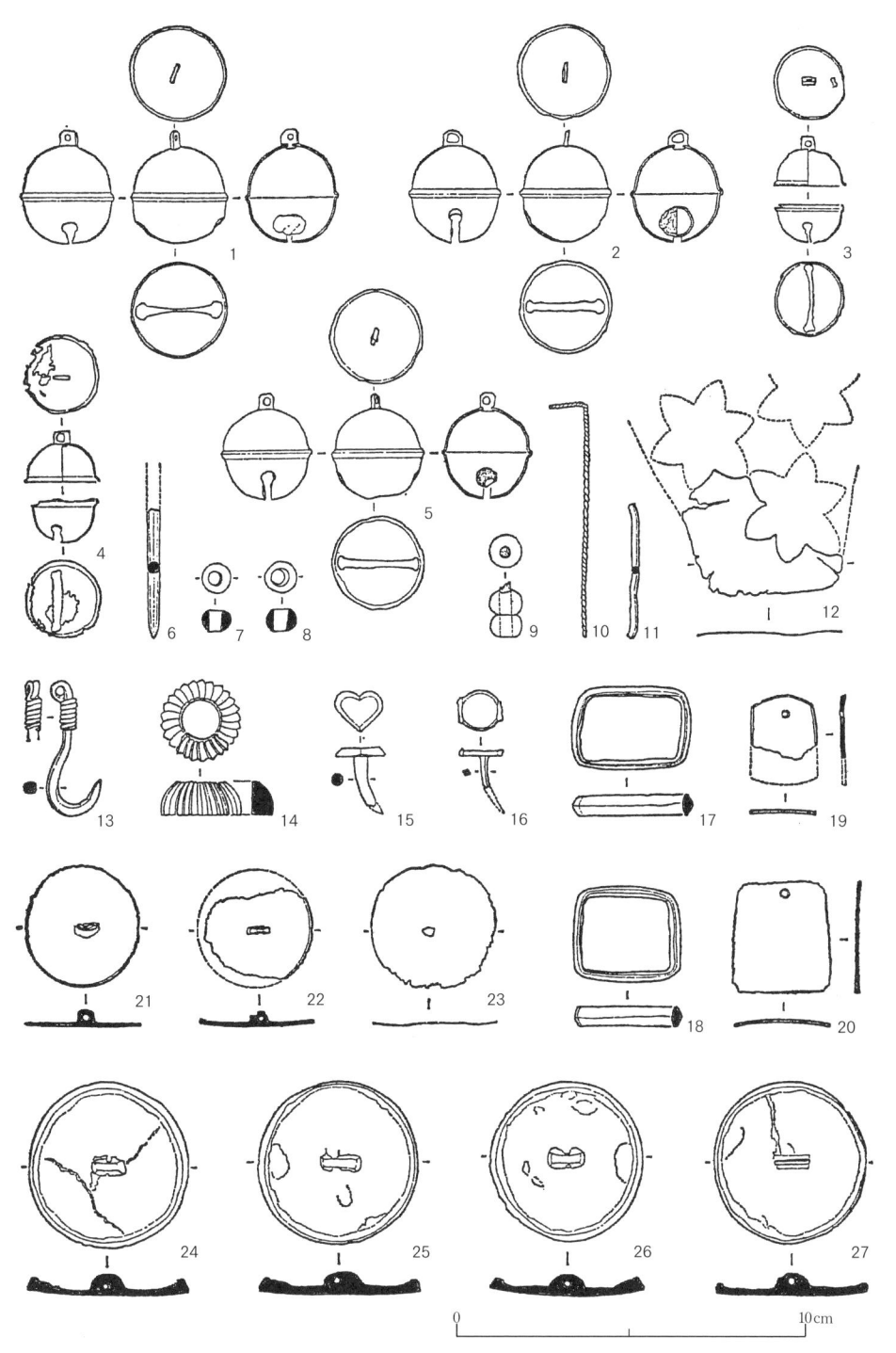

図55　西一坊坊間路西側溝SD920の鏡・鈴そのほか

第9章　平城京と祭場　143

壬生門跡の調査

　この調査では［奈文研 1981］、壬生門跡とその東西に取りつく南面大垣、および門前の二条大路等を発掘した（図56）。大祓の手懸かりは、このうち二条大路の北側溝（宮外濠）から得られた。つまり、二条大路北側溝SD1250から、207点の人形と少数の鳥形、舟形、斎串などが出土したのである。二条大路北側溝は壬生門前を西から東に流れ、次項にみる東一坊大路西側溝と合流し南に流れるが、壬生門前では奈良時代に3期の変遷があった。すなわち、この溝は当初（A期）素掘溝であったが、B期に門前の東西34m分のみ玉石による護岸を行い、C期にこの護岸部分を埋め立て陸橋とした。祭祀遺物の大半は、この陸橋下から出土した。伴出木簡には、□亀4年、天平3（731）年～6（734）年の年紀のものや、郷里制（霊亀元〈715〉年～天平12〈740〉年頃まで施工）、郡郷制による記載のものもあった。以上から『概報』では、B期を養老頃、C期を天平宝字年間の改作にあてるが、私は上の木簡からC期の上限を天平年間に遡らせてよいと考えている。編纂の時期は平安時代に下るが、『法曹類林』[7]巻200に引く「式部記文」に、大祓儀を「於大伴壬生二門間大路」とある。この「式部記文」の年代は未詳だが、これを平安宮でのこととみるのは、平安宮応天門が大伴（朱雀）門の転訛であることから困難があり、それ以前の宮の可能性が強い。この記事と発掘調査の状況とがよく合うことからみて、おそらく平城宮でのことを指すのだろう[8]。この推定に誤りがないとすると、壬生門前の人形は天平年間の大祓の跡を伝える貴重な資料となる。

　207点の人形は、全長が5.1cmの小さなものから30.8cmのものまであるが、9～16cmの人形が多い。ここでは作りや表現の似た人形が2点なり3点なり折り重なって出土し、祓の人形は複数を組み合わせたことが判明した。また、人形の型式でも新知見が得られ、かつて述べた人形の分類［金子 1980］も一部修正を要することになった。つまり、従来、平城京跡で一般的な8世紀の人形は、短冊状薄板の一端を頭とし、両側辺の切り欠きで顔と肩を、両側辺下方からの切り込みで手を、下端の三角状の切り欠きで足を、それぞれ作る型式で、ここでも数が多い。しかし、この他に、上述の人形の腰の部位を切り欠く型式がかなりの数あり、肩の形や手の有無などに細かな違いがある。この型式（図57－1）は従来、静岡県伊場遺跡で知られていたが、平城京跡で確認するのは初めてのこと。両型式は、これ以降併存しつつ型式変化したようである。

若犬養門跡の調査

　壬生門跡の調査成果と関連するのが、若犬養（南面西）門跡の調査である［奈文研 1982］。

　この調査では、門前の二条大路北側溝を約60m分発掘した。溝は発掘区東端で幅3.0m、深さ1.2m、西に向かって広がり、宮西南隅の「南苑」の池SG10240の排水路SD10250との合流部以西は、幅が10m強、深さが1.5mとなる。

　この北側溝から出土した紀年銘木簡は、神亀3（726）年～天平勝宝2（750）年であるが、池SG10240の堆積土には10世紀頃の遺物も含まれており、二条大路北側溝の上

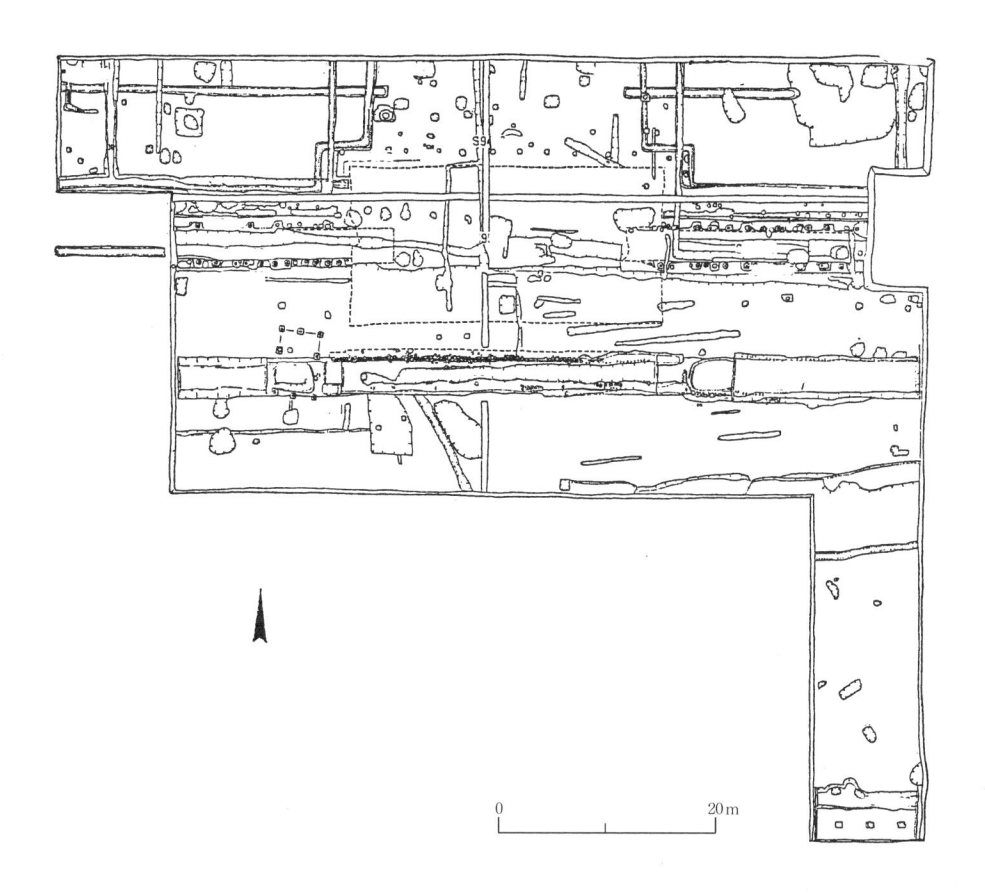

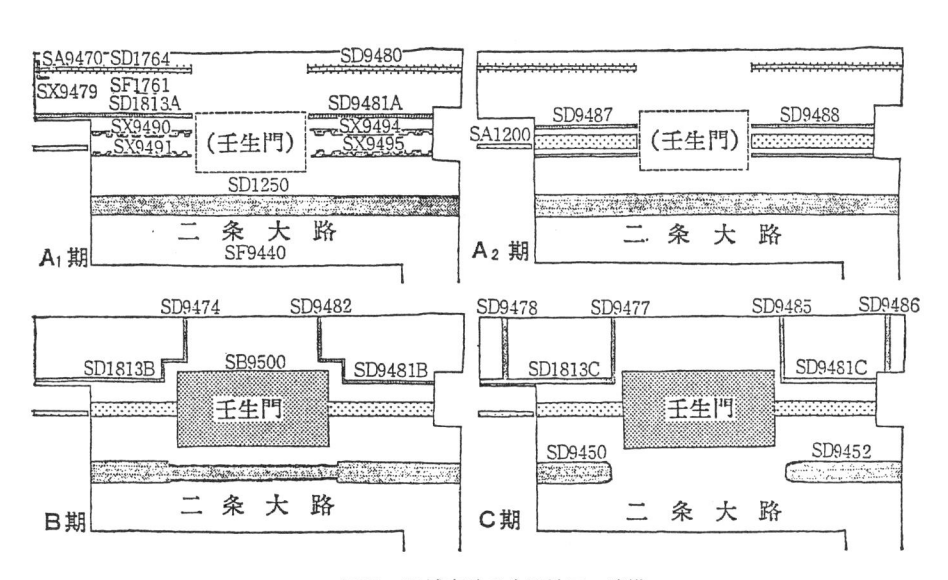

図56　平城宮跡壬生門地区の遺構

第9章　平城京と祭場

層部分は、その頃まで機能していた可能性がある。

　この溝から出土した遺物（図57）のうち人形は50余点、主に合流部とその西にまとまっていた。人形は、池SG10240や池の排水路SD10250でも出土しており（No.55・56）、北側溝の人形の一部は宮内から流れ出たことも考え得る。しかし、作りや表現が壬生門前の人形と酷似したものがあって、先の大祓との関連を窺わせる。

　なお、壬生門、若犬養両門、朱雀門西側調査の二条大路北側溝からは、人面土器、模型カマドが今のところ出土せず、土馬も壬生門前の陸橋西側から1点が出土したのみである。これは、次の宮東南隅の調査所見と異なるところで、注意を要しよう。

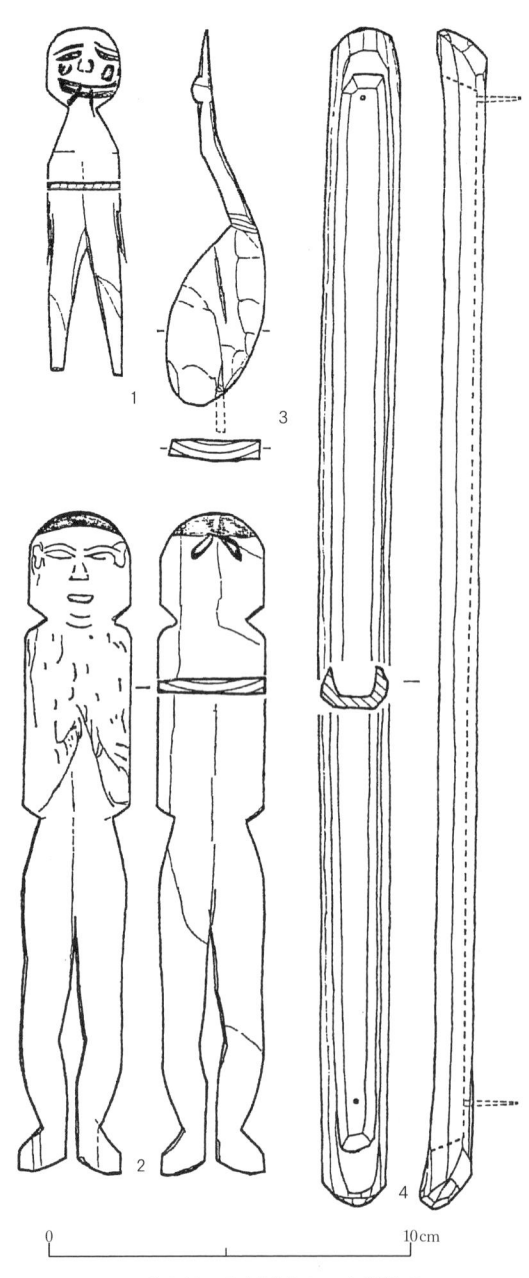

図57　若犬養門北側溝出土の木製模造品

(7) 平城宮東南隅東一坊大路側溝 SD4951

　境あるいは四隅は、古代の祭祀の場として重要であった。「神祇令」の規定では、毎年6月と12月の晦日に、宮城四方の外角において鎮火祭を行うことがみえ、時代は下るが『延喜式』には「宮城四隅疫神祭」（巻三臨時祭）がみえる。宮四隅の祭がいかなる形で行われたのか、平城京での実態を窺う可能性を秘めているのが平城宮東南隅にあたる東一坊大路と二条大路の交差点付近の発掘成果である。

宮東南隅の発掘

　1966年の発掘では、東一坊大路とこれに交差する二条大路およびこれらに接する坪の一部を発掘した（図58）［奈文研1966］。東一坊大路は、東側溝が細く浅いのに対し、西側溝SD4951は幅約6.9mと広く、また深い。SD4951は二条大路との交差点で、二条

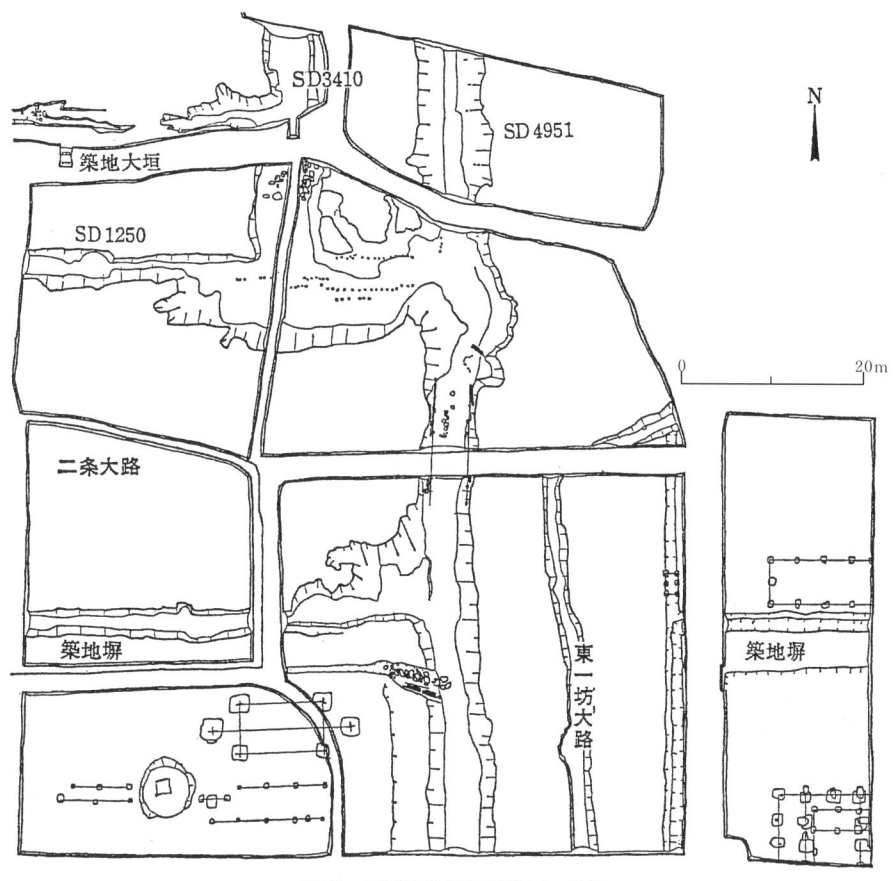

図58 平城宮跡東南隅地区の遺構

大路の北側溝SD1250と、SD4951の西約18mを南北に流れる宮の幹線排水路SD3410と合流し、二条大路の路面を横切って南に流れる。二条大路の中ほどのSD4951には、6間（幅13.4m）の木橋が架けられていた。

東一坊大路西側溝SD4951からは、莫大な量の土師器、須恵器、瓦塼、木製品、金属製品、銭貨が出土、隆平永宝（796年初鋳）は190枚がまとまって出土した。祭祀遺物は、鏡、鉄人形・銅人形各3（図59）、土馬17、人面土器18、模型カマド10、木製の人形・斎串・鳥形などが出土した。祭祀遺物の大半は、三つの溝の合流部と、橋の南の淀みとから出土した。銅人形は薄い銅板を切り抜いた全長13cm、幅1cm程度のもの

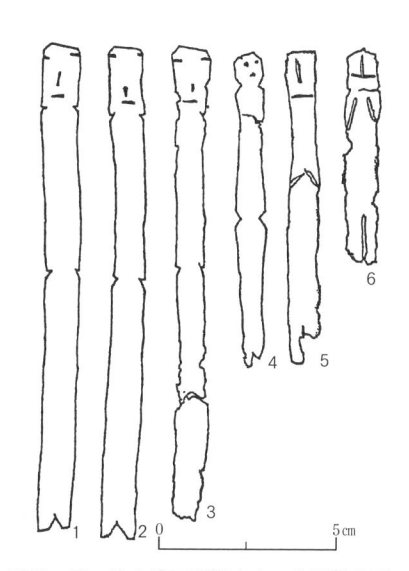

図59 東一坊大路西側溝出土の金属製人形

第9章 平城京と祭場　147

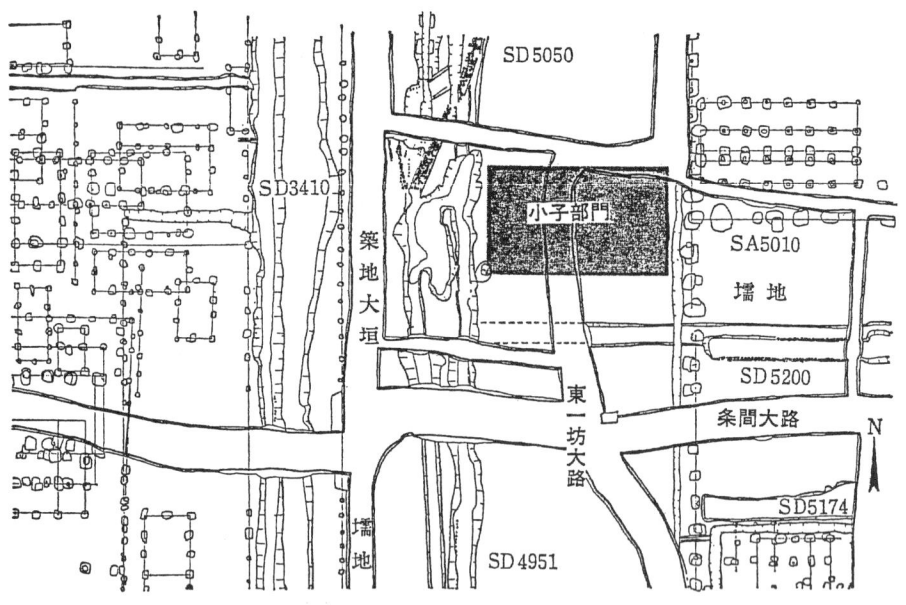

図60　平城宮跡小子部門地区の遺構

で、顔や腰、足は切り欠きによって表すが、手の切り込みはない。型式的には壬生門地区の人形の一部と共通する。鉄人形は、細い鉄板にタガネで顔や手足を刻むようである［松村 1984］。

　須恵器や土師器には9世紀代の特徴を示すものがあり、東一坊大路西側溝は9世紀代まで長期間使用されていた。この溝が廃都後もなお長い間機能していたのは、この溝と西18mを流れる宮幹線排水路SD3410との位置が、尾根筋にある第二次大極殿および東院地区とに挟まれた広い谷の中央にあり、この谷全体の排水路として重要であったからである。祭祀遺物が他の地区とくらべ少ない印象を受けるのは、溝が廃都後も長期間機能していたことによるものではないか。祭祀遺物の多くは東一坊大路と二条大路の交差点付近で溝に投じられたのであろうが、SD4951・1250・3410の合流部付近の遺物は上流（宮内）の遺物が含まれている可能性もある。つまり地名表に明らかなように、宮の幹線排水路SD3410の上流や、このSD3410に注ぐ南面大垣の北側溝からも人形、刀形や斎串などが出土しているからである。木簡では約300m離れて出土したものが接合した例があり［奈文研 1981］、木製品は相当流されることを考慮する必要がある。

　小子部門の発掘

　1967年の発掘は1966年調査区の北約260m、東西南門の推定地でやはり、国道24号線バイパスの事前調査であったが、平城宮研究の上で画期的な発見を伴った［奈文研 1966］。つまり、幕末の北浦定政以来、平城宮は方一町と信じられてきたのだが、この調査によって、東一坊大路の正面に開く宮城門（小子部門）とそれに取りつく東西方向の築地堀、二条条間路と両側溝などを検出し、平城宮が東側に約260mの張り出し部

――東院地区をもつことを明らかにしたのである。

　小子部付近の東一坊大路西側溝からは、銅人形13、木製人形および土馬片1が出土した。東一坊大路西側溝は、小子部門[9]の西側を通って宮内の排水路と接続しているが、小子部門の西側付近では溝のつけ換えが行われていた。つまり、SD4951は、門の西側では埋め立てられて、西側に迂回させている（SD5100）。しかし迂回溝はその角度が急なためか、間もなく角度の緩やかなSD5050に改修し、小子部門の南約45mの地点で、もとのSD4951に合流するようにしている（図60）。銅人形は、12点が改修されたSD4951から出土している。出土した年紀木簡からSD4951の上限は神亀頃と推定されている。この所見から13点の銅人形の上限年代は神亀年間（724～729）にある。その下限年代は明らかではないが、銅人形が平城宮と密接な関連を有していることを考慮するなら、やはり奈良時代の所産と見做すべきである。平城全体での銅人形の発見例が21点、鉄人形が3点と、木製人形にくらべ僅少であることから、使用者を天皇・中宮・東宮に限定して誤りあるまい。『延喜式』大祓条では、内裏で天皇に供された鉄人像は、卜部が祓所に解除することになっている。銅・鉄人形の分布（図61）はその祓所の位置と、それが複数あることを示すと思う。各地点の人形に共通性のあることをみると、同時に数カ所に分かれて解除したのではなかろうか。

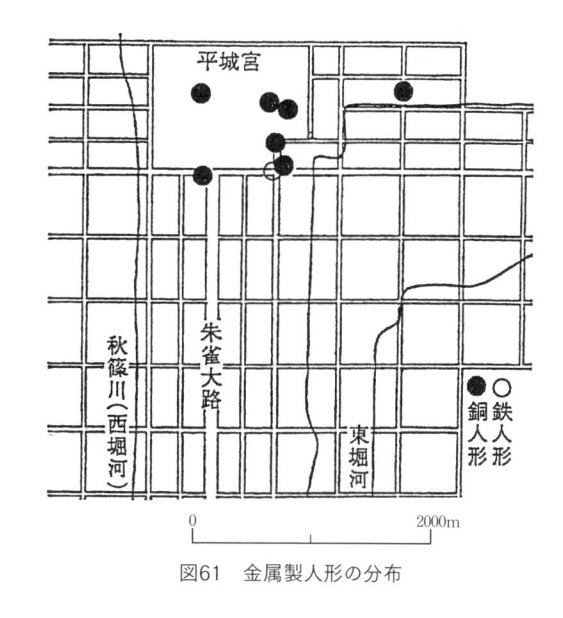

図61　金属製人形の分布

(8) 平城宮東大溝SD2700

　壬生門前の多数の人形が、官人たちの大祓のあととすれば、この東大溝の祭祀遺物は、宮内における祓を示すものといえよう。

　東大溝とは、平城宮を南北に貫く幹線排水路のうち、内裏の東方を流れる溝の通称である。この溝は1928年、当時奈良県技師であった岸熊吉の発掘によって存在が知られたもので、その後、平城宮の発掘が継続的に実施されるようになった1964～65年に一部が発掘された。しかし、当時、保存技術が確立していなかった木簡類が多量に出土したことと、調査の主眼が内裏や大極殿地区に向けられたため、東大溝の発掘は休止された。近年、内裏東方官衙の追求が課題となり、東大溝とその周辺を継続的に調査中である［奈文研 1965・1982・1983・1984］。これまで発掘した東大溝の総延長は約300mに及ぶ。

　東大溝は、宮東北隅の北に接する広大な現水上池を水源とし、内裏東方を流れる。

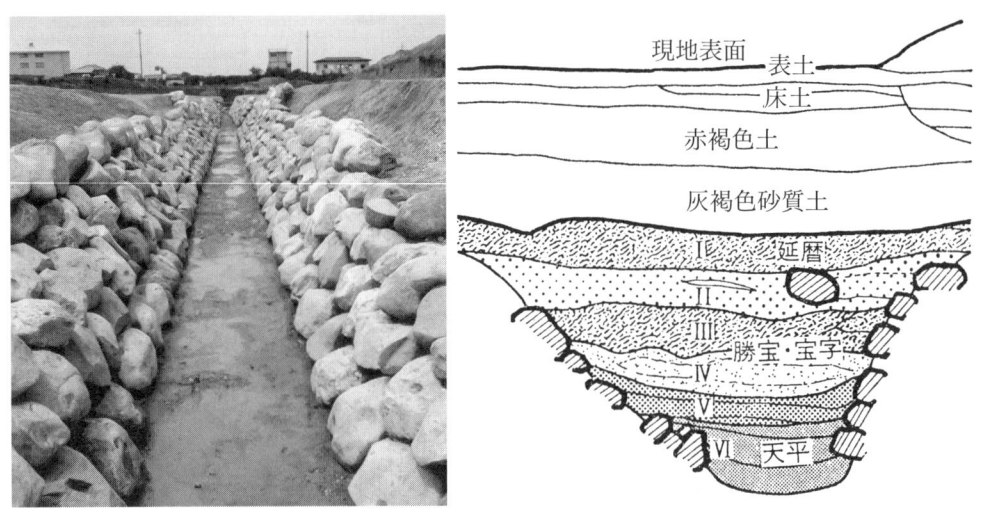

図62　東大溝SD2700と堆積状態〈奈良文化財研究所提供〉

　この溝の南端は未掘のため、不詳だが、旧水田の畦畔でみると第二次朝堂院の付近で東折し、幹線排水路の一つSD3410に合流し、宮外に流れ出ると推定されている。
　東大溝の規模は、調査地点によって少しずつ異なるが、1964・65年の調査区では、溝の上幅が約2.6m、下底幅が0.7m、深さが1.5mで、両岸には玉石の護岸がある（図62）。溝の埋土は層をなしており、その上下関係は出土した年紀のある木簡によって、最上層が奈良末（延暦年間）、中層が奈良中葉から後半（天平勝宝・天平宝字）、下層が奈良前半（天平初）にほぼ比定できる。この溝からは祭祀遺物を含め、莫大な量の遺物が出土した。祭祀遺物には、地名表（No.21・22・25）に示したように、土馬、模型カマド、人面土器、木製模造品などがある。これらは発掘した南北約300mの溝の所々の淀みに集中し、この状態からみて、祭祀遺物の投棄地点は広い範囲にわたる。1984年1月の調査区では「左目病作今日」と墨書した眼病平癒祈願の人形［奈文研 1984］（図65－1）も出土した。
　東大溝と同じく、宮を南北に貫く幹線排水路は第一次大極殿・朝堂地区の東西にもある。SD3715（No.8～10）はこの地区の東大溝であり、SD3825（No.29）は西大溝であり、ともに祭祀遺物が出土している。
　宮の幹線排水路の祭祀遺物は、先の左目病作の人形のごとく、事に応じた祓の祓種（はらえぐさ）などもあったであろう。しかし、『延喜式』四時祭の毎晦御麻条などによると、天皇・中宮には毎月晦日に鉄人像が供されているし、正史には臨時大祓を、内裏外郭正門の建礼門前で行うとみえる（『日本文徳天皇実録』嘉祥3〈850〉年7月9日条他）。平城宮ではこの記録はみえないが、祭祀遺物の状況から、同様の祭祀をより後半に行ったと考えてよいのではないか。宮内の溝も京内と同様に、祓所としても機能したのである。

(9) 左京一条三坊東三坊大路側溝SD650

稗田遺跡が平城京の入り口の祭場なら、この東三坊大路は京の出口の祭場である。
　大和から山城へ通じる道はいくつかあるが、8世紀初頭の代表的なルートが奈良坂越と歌姫越であった。歌姫越は、下ツ道を北上して現奈良市歌姫町付近を通り山城に抜ける道であったが、奈良山丘陵の一画に平城宮が造営されたため、下ツ道（朱雀大路）を朱雀門前で東に折れ、東三坊大路を北上してウワナベ古墳の傍を通り泉津へ抜けるルートに変更された。このルートは藤原道長が金峯山参詣（寛弘4〈1007〉年）の際にも通った形跡があり、平安時代にあってなお大和と山城との往還路であった［奈文研 1974］。

　この東三坊大路の発掘は、現代の山城道国道24号線のバイパス工事の事前調査として実施したもので、一条大路以北の東三坊大路と東側溝を南北240mにわたって発掘した。側溝は、時期を異にする2条の溝が上下に重なっており、上層の溝をSD650B、下層の溝をSD650Aと呼んでいる。SD650Aは幅2.5m前後、三坊大路の残存路面からの深さが1.1m前後の素掘溝である。ただし溝底の平均勾配が100分の1と急であるために、水流によって大きくえぐられたり、逆に溜りとなる箇所によって幅員や深さも若干異なっていた［奈文研 1974］。堆積土からは多量の土師器、須恵器、灰釉陶器、瓦塼、木器、金属器などが出土した。祭祀遺物には、青銅儀鏡2、銅人形3、鈴2、土

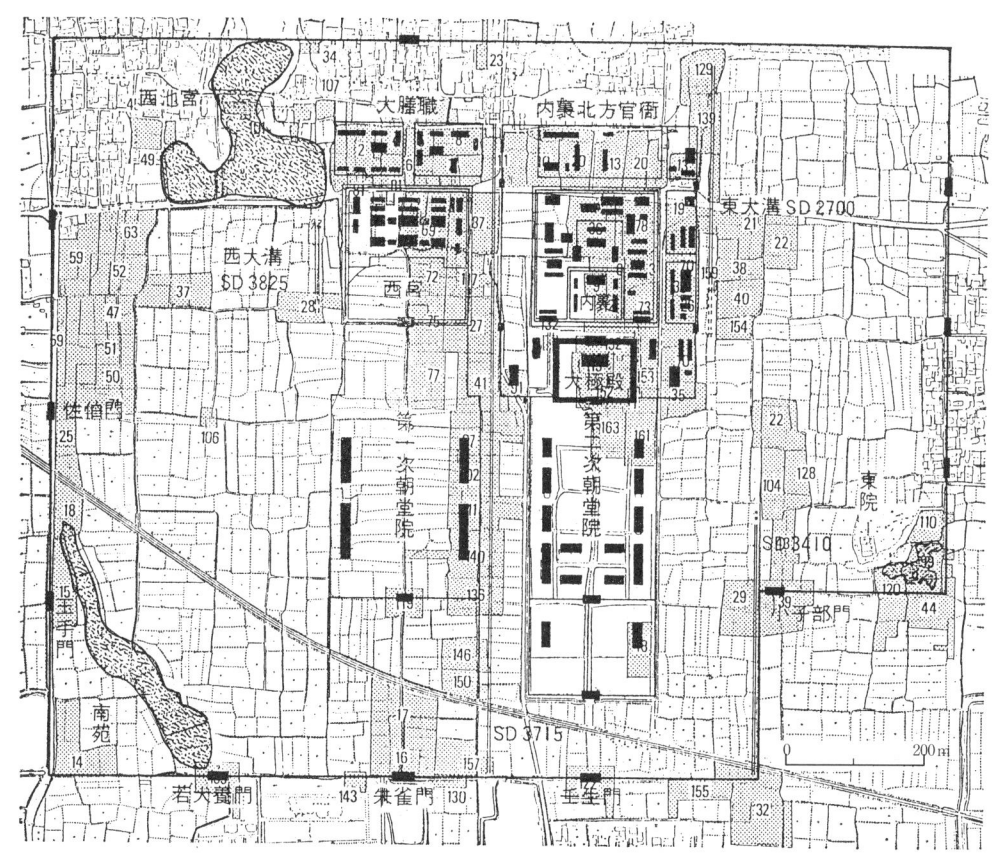

図63　平城宮復原図（大極殿朝堂は奈良時代後半のもの。数字は発掘調査次数）

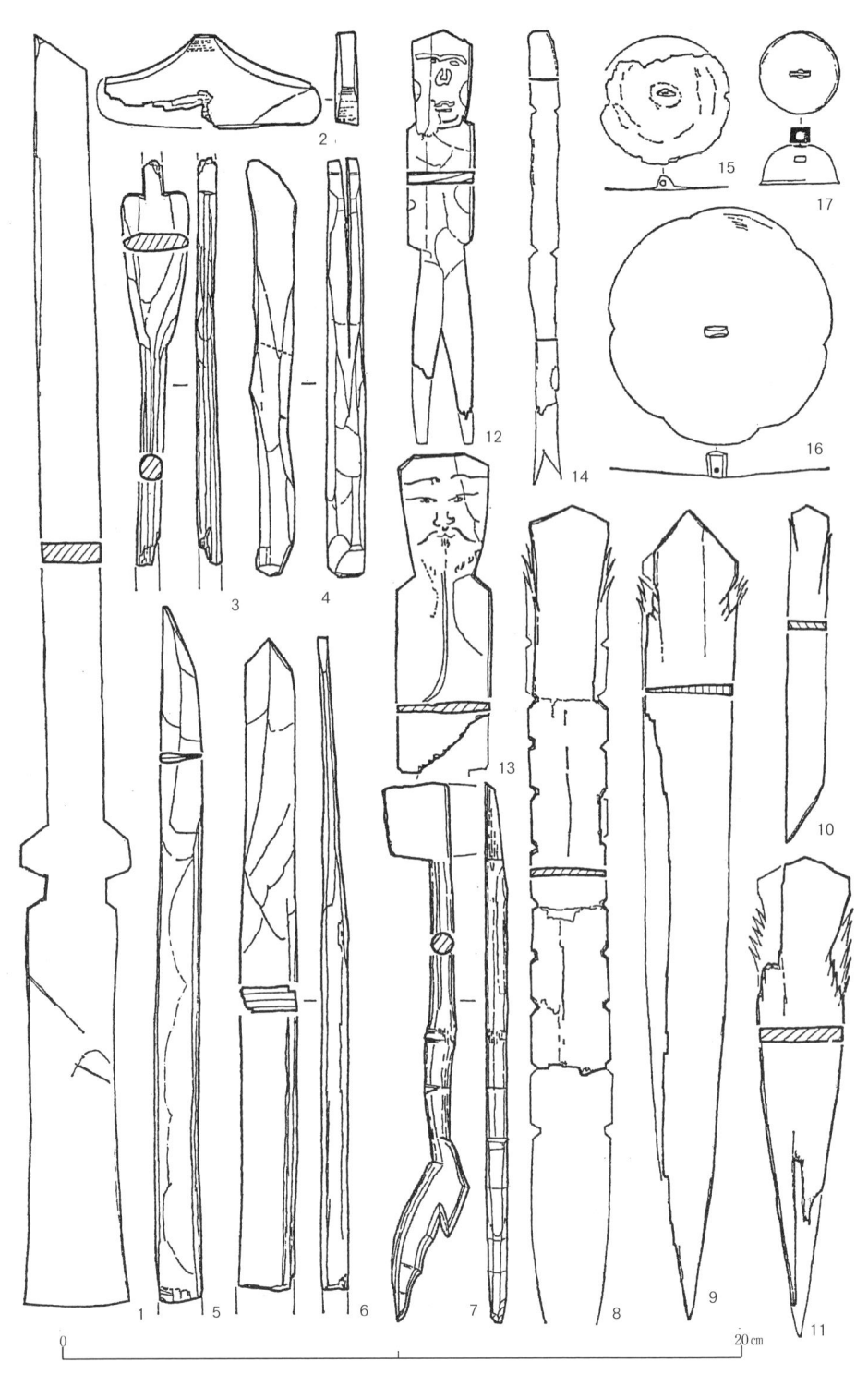

図64 東三坊大路西側溝SD650の祭祀遺物(木製模造品1〜13 金属製模造品ほか14〜17)

馬31、人面土器9、人形16、斎串91、刀形2、鏃形、鎌形、鳥足形などあるが（図64）、発掘面積からみて必ずしも多くないのは溝底の勾配が急で遺物が滞留しにくいのと、東側溝が奈良末から平安初期に大規模な浚渫工事を受けたためである。SD650Aの年代は天長5（828）年の告知札が象徴するように9世紀初頭、SD650Bは9世紀後半から末葉と考えられているが、帯金具のように一部には8世紀の遺物もある。なお斎串の一部には、西一坊坊間路西側溝の8世紀末の例［奈文研 1974・1984］と同型式のものがあり、また二面の青銅儀鏡のうち一面は同型式のものがやはり西一坊坊間路西側溝から二面が、左京八条三坊SD1155から一面が出土している。SD1155の土器は上述のように8世紀中葉であるので、このSD650A出土例もその時期まで遡る可能性を含む。他方、伴出した人面土器や土馬（大和型）、模型カマドは年代を確実におさえ得る例では最も下る例であり、その下限年代を知る上に重要である。

　以上から、一条付近の東三坊大路が祭場となったのは8世紀代のことであるが、この路は長岡・平安遷都後も大和・山城往還路として機能していたことと、9世紀の初頭には旧京内にかなりの建物があり、相応の居住者がいた形跡[10]があることから、祭場としての伝統がなお続いていたのではないか。

2　祓と祭祀具

(1) 木製模造品

　ここでは、京内出土祭祀遺物の性格を簡単に考察しよう。最初に取り上げるのは木製模造品である。これには人形、鳥形、馬形、舟形、刀形などと、他に斎串がある。

　人形

　木製模造品のうち、機能からみた代表は、人形であろう。奈良時代の人形は、扁平な板状品を切り欠いた正面全身像が主体で、側面像や組み合わせ人形もみられるが少ない。また、丸棒などを削った立体的な人形もみられるがやはり少数である。

　人形は人間の形代で、人間の肉体的、精神的苦悩の解消や、欲望達成の手段としても使われた。人形を病気の治療に使うことは、広く未開社会にみられるところで、古代日本にあっても例外ではない。持統・文武・元明の三代の天皇の都、藤原宮跡の内裏北方の排水路SD105からは、典薬寮関係の大量の木簡とともに2点の人形が出土した。その1点は顔の墨書のうち、眼の部分に異常な表現があることから、典薬寮所属の呪禁師が眼病の治療に用いたものと、かつて推定された［岡・猪熊 1969］。これは状況証拠だが、実際に病気治療を裏づける例が、1984年1月、平城宮の内裏東方を流れる東大溝SD2700から出土した（図65-1）。全長11.3cmの小型の人形で、表に顔の墨書があり、裏面に、「左目病作今日」とある。中央に左目病作と書かれ、両足に割書風に今日、今日とあったのだろう。これこそ病気治療の人形で、眼病が発病したその日に流したのであろう。出土層位から、8世紀前半のものと推定されている［奈文研 1984］。

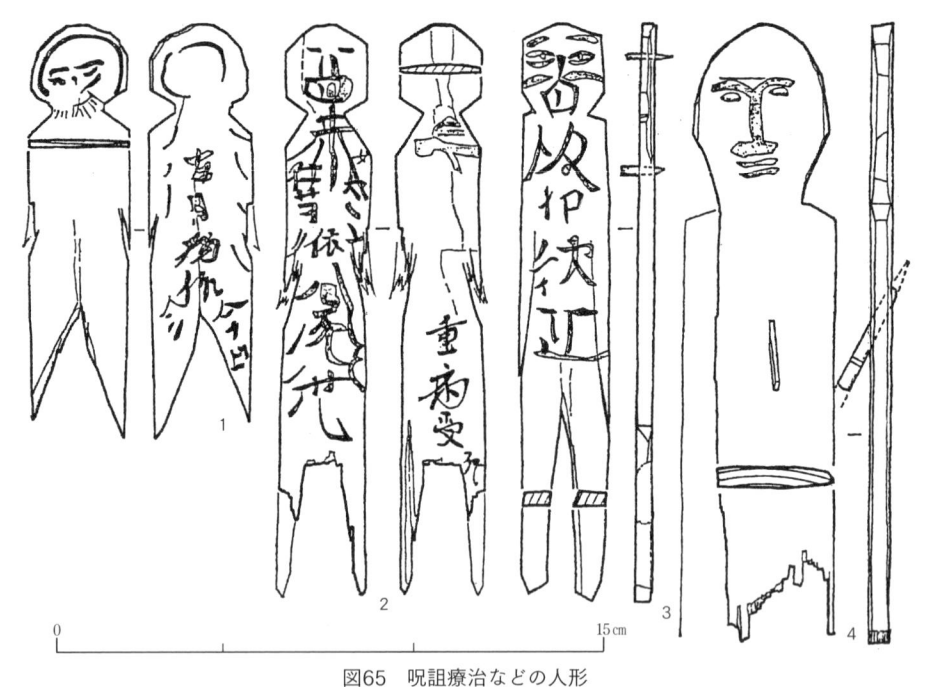

図65 呪詛療治などの人形
1 平城宮跡東大溝　2 壬生門前二条大路側溝　3 大膳職井戸SE311　4 若犬養門地区園池

1　漢書　巻四五　江充伝　…於是上以充為使者治巫蠱充将胡巫掘地求偶人捕蠱及夜祠視鬼染汙令有處……宮中有蠱気先治後宮希幸夫人以次及皇后遂掘蠱於太子宮得桐木人……。
2　宋書　巻九九　二凶伝　…後遂為巫蠱以玉人為上形像埋於含章殿前……書数百紙皆呪詛巫蠱之言得所埋上形像於宮内道……。
3　陳書　巻二八　叔堅伝　…叔堅不自安稍怨望乃為左道厭魅以求福助刻木為偶人衣以道士之服施機関能拝跪書夜於日月下醮之視詛於上……。
4　隋書　巻四五　文四子伝　…太子（秀）陰作偶人書上（帝＝北史）及漢王姓字縛手釘心令人埋之華山下令楊素発之……書其形像書其姓名縛手釘心枷鏁杻械……。
5　旧唐書　巻一八二　高駢伝　…密入城掘其家地下得銅人長三尺余身被桎梏釘其心刻高駢二字於胃蓋以魅道厭勝蠱惑其心以至族滅。
6　唐賊盗律厭魅条　疏議曰　有所憎嫌前人而造厭魅厭事多方罕能詳悉或図画形像或刻作人身刺心釘眼繋手縛足如此厭勝事非一緒……
7　日本賊盗律厭魅条　前人を憎嫌する所有りて厭魅を造る。厭は事多方にして、能く詳悉すること罕なり。或は人身を刻作して、手を繋ぎ足を縛る。此の如く人の厭勝は、事一緒に非ざるなり。魅とは、或は鬼神に仮託し、或は妄りに左道を行うの類なり。或は咒し、或は詛して、以って人を殺さんと欲する者なり。（下出積與道教）
8　日本　律書裏書厭魅事　古答云　二也　邪俗陰行不軌。或作人形　刺心釘眼。繋手縛足。欲令前人疾苦及死者。

史料3　呪詛関係資料

なお、人形ではないが、静岡県伊場遺跡には、「若倭マ小刀自女依有病[呪語]」と書いた斎串がある［浜松市立郷土博物館 1976］。

呪詛人形

　人形を呪（のろい）の道具とすることも、また世界に広くみられる。今から二十数年前に、平

図66　祓所の状況（山形県俵田遺跡の遺物出土状態）

城宮跡大膳職の井戸から発見された人形は（図65－3）、両面に人名「坂部□建」の墨書があり、両眼と胸に木釘が打たれていることから、近世のいわゆる丑刻参りの伝説と絡めて、「呪い人形」として広く喧伝された。最近、平城宮若犬養門の調査では、胸に鉄釘を打たれた人形も出土した（図65－4）。鉄釘であるところをみると、若犬養門に打ちつけたものであろうか。『唐賊盗律』厭魅条には、厭を註して「或は人身を刻作し、心を刺し眼を釘うち、手を縛ぎ足を縛る」ことを挙げている。この条文は『日本律』にほぼ同文があることから、こうした人形が呪詛の目的で作られたこと、その起源が中国にあることなどが知られる［金子 1981］。また、藤沢一夫は、人形を井戸に投げ込むことが呪詛の一形態であると、奈良時代末の光仁天皇の皇后井上内親王と皇太子他戸王の厭魅大逆事件をもとに、論じている［藤沢 1968、澤田 1984］[11]。井戸から人形が出土した例は先の「呪い人形」を含め、平城宮で3例（No.19・32）、平城京で1例（No.99）と少ないが、出土状況のみですべて呪詛人形と律しきれるかどうか疑問が残る。平城宮大膳職の「呪い人形」を参照すると「山下倉人豆主」と人名を書いた左京五条五坊七坪の井戸出土例は、この範疇に含めてよいかもしれない。なお、次の祓の人形の用法を参照すると、人形を単数で使うことは、特殊な目的を考慮すべきと思う。

祓人形1

8世紀の平城京にあって、人形は、罪穢や悪気を一撫一吻によって人形に移し、流

第9章　平城京と祭場

れに投ずる祓がその一般的な使われ方であった。奈良時代の祓の代表は、6月と12月の晦日に宮中で実修された大祓である。平城宮壬生門の発掘では、壬生門前を流れる二条大路北側溝から、207点もの人形が出土した。平安時代編纂の『法曹類林』巻200に引く「式部記文」をもとに考えると、これらの人形は天平年間（730年頃）の大祓に用いられた可能性が強い。

　祓の人形を流れに投ずる時点で、馬形や鳥形、武器形などが登場する。馬形は、多くの場合、腹部にあたる下端部中央に小孔があり、細棒により地上に挿し立てたと推定されてきた。最近、静岡県神明原遺跡から［水野 1983］[12] 細棒を挿したままの馬形が出土した。

　馬は汎世界的に水神と結びつけられることが多く、後述の土馬とともに木製馬形も、水神への祈願に流れに投じたとの見方が一般的であった。これに対し、水野正好は行疫神の乗り物とする説を提唱していた［水野 1983］。最近報告された山形県酒田市俵田遺跡［山形県・県教委 1984］[13] では、人形と斎串を入れた長甕と壺の周囲から、木製馬形や斎串・刀形が出土した。遺物分布図（図66）によると、人形のまわりに馬形・斎串を立て、囲んでいたようである。『延喜式』の四時祭や祝詞の大祓条によると、穢を負わせた人形を、四国の占部が祓所に解除するとある。俵田遺跡の状況は、この祓所あたり[14]、馬形は罪穢を負った人形を根国底之国に運ぶため、人形の傍に立てられたのであろう。

　この行為は、斎串を立てた空間内で行われた。斎串は、先端を尖らせた一種の聖なる串で[15]、この場合には[16] 結界を表し、外部の悪気を遮断するとともに、人形が負った罪穢を外に漏らさぬ役割を果したのであろう。

　先に述べた壬生門の発掘では、人形に鳥形や舟形が伴っていた（図57）。鳥形には、馬形同様、尻や腹部に小孔をあけ、細棒上に挿し立てたものがみえる。平城京跡では、馬形は8世紀前半に出現するが、出土例はわずか2例と少なく、これに反し、鳥形が8ヵ所の遺跡から出土している。この中には、左京一条三坊溝SD485の鳥形（図67-5）のように、馬か鳥か判別に困難な例もあるが大勢は変わらない。日本神話では、鳥は魂を他界に運ぶ役割を担っており、馬形と同じ機能をもったのであろう。水野正好は、鳥の中でも白鳥はその色のゆえに祓の力をもつと、述べている［水野 1983］。

　舟形も、乗り物の一種として、馬形・鳥形と同様の機能を考えるべきであろう。平城京跡での舟形の出土例はきわめて少ないが、静岡県伊場遺跡では、馬形とともに多い。なお、福岡県沖ノ島遺跡の1号遺跡では、滑石製の人形・馬形・舟形が出土し、神への奉献品とされているが、木製品と同趣旨を考えるべきではなかろうか［第三次沖の島学術調査隊 1979］[17]。

　刀形は、人形に罪穢を移す場面で使われた可能性がある。『延喜式』では横刀は、御體を執最り、帝祚を延べる呪としてみえる。刀形は、武器としての機能によって、「祝詞」の表現を借りると、祓の場の罪悪・悪気を「打断ち遮った」。武器の一種である矢

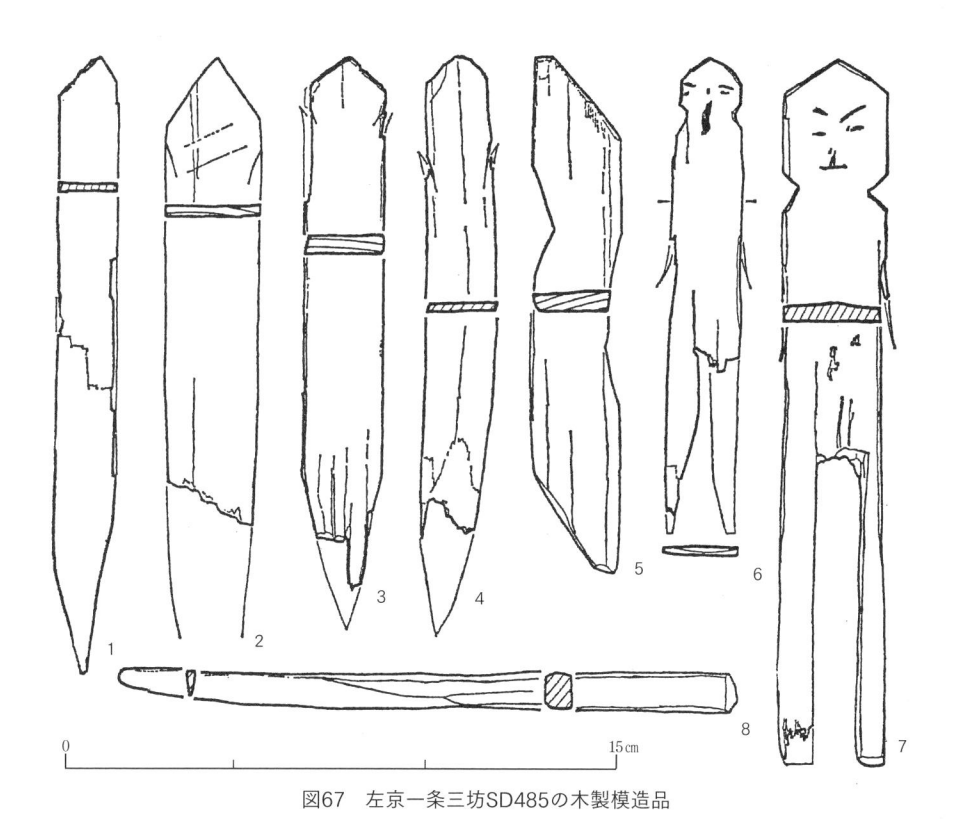

図67　左京一条三坊SD485の木製模造品

形なども、同様の機能を果したのであろう。

祓人形 2

　平城宮壬生門跡の発掘区から出土した多数の人形が教えてくれる今一つの問題は、祓において複数の人形を使うことである。ここでは作りや顔の表現に同工のものが2枚、3枚とあって、これらがまとまって出土する傾向にあった。同工といっても仔細に検討すると、大きさを共にする組み合わせや、顔の表現のあるものとないものの組み合わせなどがあり、こうした形をいくつか組み合わせたようである。

　延暦8（789）年前後に埋没したと推定される長岡京跡左京二条二坊六町の溝SD1301から一括出土した13点の人形［向日市教委 1981］を分析すると、2枚単位となるもの4組、3枚単位の可能性のある1組を、大（全長約80cm）、中（30～20cm）、小（19cm以下）と組み合わせたことがわかる。この長岡京跡の例に前後する頃から、人形の大なるものに全長1mを超す「等身人形」が出現するようで、その一端は平城京右京八条一坊や東堀河を取りあげた際に述べたところである。こうした大きさの異なる人形を複数組み合わせることは、平安時代と推定される京都府与謝郡定山遺跡[18]でもみられ、出土した6点の人形は、やはり大1・中4・小1（2カ）の組み合わせに還元できる。ここでは鳥形1とやや偏平な棒状品の一端を尖らせた「串」が20点近く出土している。

第9章　平城京と祭場　157

表15 延喜式における人形の使用状況

記	事	所用記載数 金人像	銀人像	鉄人像	木人像	使用実数 金人像	銀人像	鉄人像	木人像	小計	備 考
四時祭	6月晦日大祓(12月准比)	*2	*2			4	4			8	朱雀門前の大祓 *金銀塗人形とある。[木工寮式]に[木人像誓以金鍍]とある。木偶人を意味するか
	6月晦日御贖(12月准比)			2		4		4		4	*金銀人像508枚 月別晦日御贖の使用数[内蔵寮式]
	〃 中宮御贖(東宮准比12月准比)			2				8		8	[宮内省式]金銀人像508枚
	毎月晦日御贖(6月12月不在比例)			4				40		40	[木工寮式]年料箔より求めた数 金銀人像960枚。**[木工寮式]に木偶人24枚とある。新嘗祭の御贖料(6月・12月神今食は准比)384枚が記されている。
	中宮晦麻御贖(東宮准比12月不在比)	32	32	4	**(24)	640	640	80	**(480)	80	
	毎月晦日御贖(中宮准比6月12月不在比例)	8	8			80	80			1,440	
	東宮毎月晦日御贖										
臨時祭	八十嶋神祭(中宮准比)	80	80			80	80			160	
	東宮八十嶋神祭	30	30			30	30			60	
	畿内堺十処疫神祭	1		1		10		10		20	
伊勢大神宮	営神殿組鍬柄			80				80		80	
	山口神祭(度会宮減半)			40				40		40	
	採正殿心柱祭			40				40		40	
	鎮祭宮地(後鎮准比)***			40				80		80	鎮料
	造船代祭			40				40		40	***摂社は、大神宮40×2枚、度会宮10×2枚
斎宮	臨河頭為祓			2				2		2	祓料
	晦日解除料(野宮斎宮河頭料)			2				2		2	御麻料
	斎王遣入野宮河頭禊			2				2		2	祓料
	月次祭 大殿祭御贖料(12月准比)			2		8		8		8	御贖料
	斎内親王任京潔斎三年			2		162		162		162	祓料
	6処境川供奉御禊			2		12		12		12	鎮祓料
	斎内親王参三時祭禊料			6		18		18		18	禊并堺祭料

親信卿記天禄三年十二月十日河臨御禊
十二月十日、早旦、供御浴、午刻内蔵寮官人供御贖物、七種、五寸人形、盛折敷、居高坏、御等身人形七枚、裏小筵一枚、云々（略）作所作物車七、木、鉄、錫五寸入形各七（略）

『大日本史料1—4』

宇佐八幡宮行事例定文
一応用神祓事（略）
一所用物（略）金人形卅長三寸　銀人形卅上同　鉄人形卅上同（略）寛平元年十二月廿六日

『平安遺文9巻—4549』

豊後国杵原八幡宮祓祭物注文
清祓祭物　合三十五種
銀人形卅高一尺　金人形卅高一尺　銅人形卅高一尺　鉄人形卅高一尺　青人形卅高同上　黄人形卅高同　赤人形卅高同
白人形卅高同　馬形七十具　午形七十具　菅人形七十具「保安元年八月　日」　　『同5巻—1912』

史料4　金属製人形に関する文書

　史料によると、10世紀円融天皇の天禄3（972）年12月10日の河臨御禊では[19]、等身人形7と5寸の木・錫・鉄の各人形21の計28枚を用いている。この数量は7の倍数になっており、後節でも述べる七瀬で行ったと解せるので、瀬ごとに等身人形1と木・錫・鉄人形各1の計4枚を組み合わせ、流したことがわかる。平城京跡で出土している銅・鉄人形は各々で組み合わせたのだろうが、木製品と併用した可能性も残る。

　一方、寛平元（889）年12月の『宇佐八幡宮行事例定文』[20]では、長3寸の金・銀・鉄の人形各30とあるし、延長5（927）年撰進の『延喜式』では、金・銀・鉄の各人形は長1尺、木偶人は長7寸とあって、同じ材質で作られた人形の間には大きさに差がみられない（表15）。8世紀の中葉以降、祓人形の用法は大きさの異なる人形を組み合わせる場合と、同じ大きさの人形を組み合わせる場合とに分化していった可能性がある。

(2) 人面土器

　人面墨書土器（以下人面土器と略す）は［田中 1973］、文字通り壺甕などの外面に人面を描くもので、地域によっては杯や、長甕に描くことも行われた。その顔は恐ろしげで、これを異国の疫神とする説もある。顔全体ではなく、鬚の象徴か斜線のみを引く例、口縁に沿って波状文を描く例などもあって、顔の一部を象徴化し、顔全体を表したのであろうか。描く顔の数は、1面から4面があり、さらに奈良県纒向遺跡（No. 214）のごとく8面のものもあるが、通常は2面で、他は少ない。

　人面土器は、身中の罪穢を気息とともに壺に封じ込め、祓去ろうとするもので、延長5（927）年撰進の『延喜式』四時祭大祓条には、小石の入った壺（坩）を天皇に供する記事[21]があって、人面土器に関連したものとされている。水野正好は『東宮年中行事』の記事をもとに、この壺には紙の蓋があったと推定している［水野1982］。穢を取りつけた人面土器は、流れに投じられた。平城京跡では、人面土器は大半が河跡、運河、道路側溝から出土し、九条大路上の前川遺跡の井戸出土例は例外的といえる。

　人面土器は、8世紀代に登場する新しい祭祀具で、平城宮を含め平城京跡では8世紀前半（平城宮土器編年のⅡ段階・730年頃）にみられる。この時期の土器は、煤などの

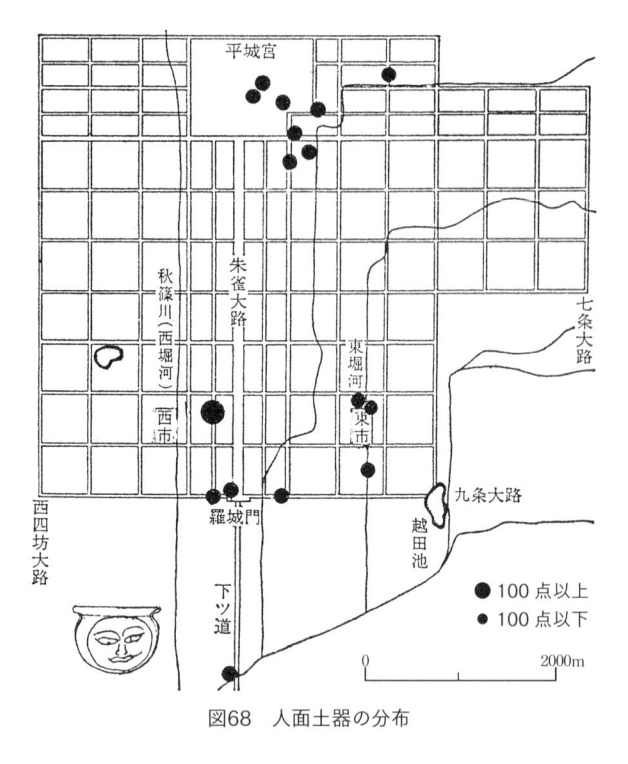

付着した煮沸用の土器を転用したものである。しかし、8世紀中頃（平城宮Ⅲ・750年前後）から、底部型押し、外面調整を略し粘土紐の痕を留めるなど独特の作りの人面用土器が成立してくる［巽 1985］。上述の前川遺跡や左京八条三坊の小路側溝SD1155の人面土器は、この時期のものである。この時期以降、人面用の土器とともに、日常品を転用した人面土器も使われた。その出土量も莫大で、右京八条一坊十一坪の西一坊坊間路側溝からは両者合わせて700余個体の資料が出土した（図68）［奈文研 1984］。この西一坊坊間路側溝や東堀河での人面土器は、形態や大きさに各々若干の差があり、また墨書のあるもののほかに、墨書のないものが相当数存在する。完形となる資料が限られるので問題は残るが、詳細にみると、人面土器には形や顔の表現が共通する個体がいくつかあり、このことから人面土器も複数個用いたのではないかとの疑問が生ずる。今、両

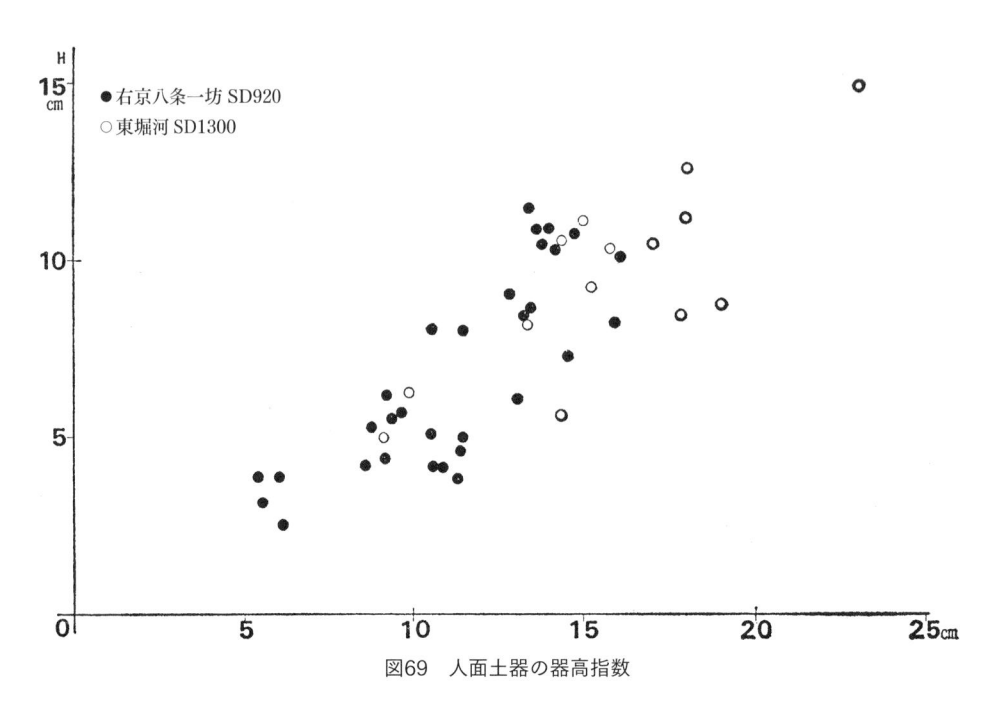

図68　人面土器の分布

図69　人面土器の器高指数

遺跡の人面土器のうち計測可能な資料を選び、器高と口径の比を示す器高指数をとってみると、形や表現の類似した個体はもちろんのこと、大小ある土器もあるグループに含まれる傾向を示す。これは人面用土器の製作がある規格に従ったこと、その段階で同形のものだけでなく、大きさを異にする土器の組み合わせをも前提にしていたと考えられないか。先にみた人形同様、人面土器も単独ではなく、複数と大小の組み合わせを想定するのである。先に引いた『延喜式』大祓条で、壺（坩）を天皇に供する際、卜部2人が各々壺を執っている。つまり、壺は2個で1単位となり、この各々に気息を吹き込むのである。平城京跡で出土する人面土器は、形や器高指数（図69）、墨書の有無を勘案すると、同形の墨書の有無のものが基本的な1単位となり、条件によって数の増や大小の組み合わせがあったのではなかろうか。

　江戸時代の『呪詛重宝記大全』「長病人餓鬼まつりの事」に病人の干支に定められた2〜8人の餓鬼の字を符に書くことがみえ、人面土器の顔の数との関連が問題にされたことがある［田中 1973］。すでに述べたように、人面土器の顔の数は、2面が一般的であるので、干支に定められた数は、土器の数によって調節したと想定することもできる。

　前項でみた山形県俵田遺跡で、人形などと伴出した甕には4面の顔と人名が書いてあったし、先の『延喜式』大祓条では、気息を吹き込む壺（坩）は、人形とともに使われている。一方、平城宮の大祓の跡、壬生門前の人形に、人面土器は伴っていない。これは、壬生門前の大祓の跡が天平2（730）年頃と推定されるように人面土器の出現に前後する時期だからであろう。しかし朱雀門を挟んで壬生門と対称の位置にある若犬養門地区では、二条大路側溝は、かなり後まで機能しているのに、やはり人面土器はない。朱雀門前の大祓では、人形と人面土器は結びつかなかったのであろうか。

(3) 土馬

　土で馬を象ることは、日本において古墳時代に始まる。古墳時代の馬を直截的にわれわれに伝えるのは、古墳に樹立された埴輪馬である。これから述べる土馬は埴輪馬

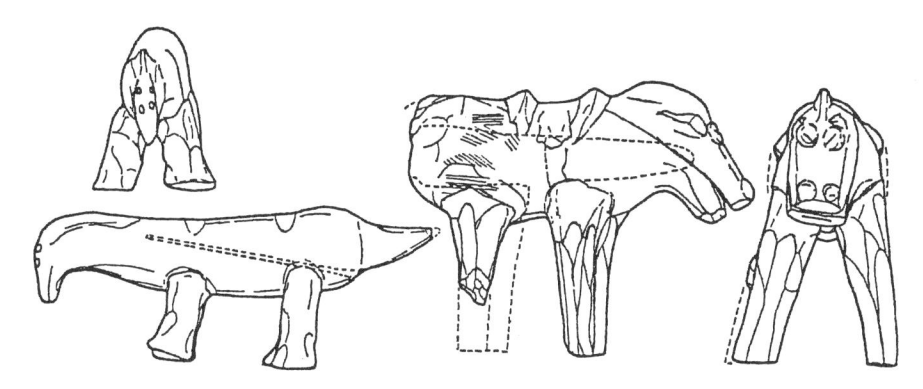

図70　京都府の今里遺跡の土馬（1/4）（『京都府遺跡調査概報』1982）

より遙かに小型の模型馬であるが、その初源は最近の知見によると、この時代に遡るようである。古くから知られている大阪府の誉田白鳥遺跡の例、あるいは平城宮跡東南隅、小子部門北方の古墳時代の溝出土例、京都府長岡京跡の今里遺跡の周溝出土例（図70）などは、少なくとも古墳時代の所産であろう。こうした初期の土馬と、8世紀に平城京において展開する土馬（大和型と仮称）の祖型である藤原宮跡下層溝SD1901A出土の土馬（680年代）との系譜関係は、必ずしも明らかではない。最近、ここで土馬と呼ぶものの祖型は馬ではなく、龍であるとの見解［村上 1981］が公表されているが、現在手にし得る資料からみる限り首肯しかねる。

　はやくに各地の土馬資料を集成し、その意義を説いたのは大場磐雄であった［大場 1937・1966］。大場は土馬を、馬具を表した飾り馬とそれを欠く裸馬に分け、それらの製作目的を水霊祭祀、祈雨祭祀、峠神祭祀、墓前祭祀などに分類した。平城京を中心とする奈良時代の土馬を大場は橿原式と呼んだが、この土馬の編年を試みた小笠原好彦は、馬具を装着した飾り馬型から、8世紀中葉には裸馬型に変化すること、9世紀代には小型化して土犬と見紛うものに変化し、9世紀末ないし10世紀初頭には消滅するという見通しを示した［小笠原 1975］。近年の稗田遺跡などの調査によって、8世紀中葉以降の裸馬型にも、墨書によって馬具などを表現したもののあることが知られるようになった。この墨書は土馬の多くが飾り馬であることを証するルジメント（痕跡器官）ではなかろうか。この、小笠原編年によって、大場説のうちの墓前祭祀説は、その根拠にされた古墳出土例の多くが、実は平安時代に下る土馬とわかり再検討を要する。

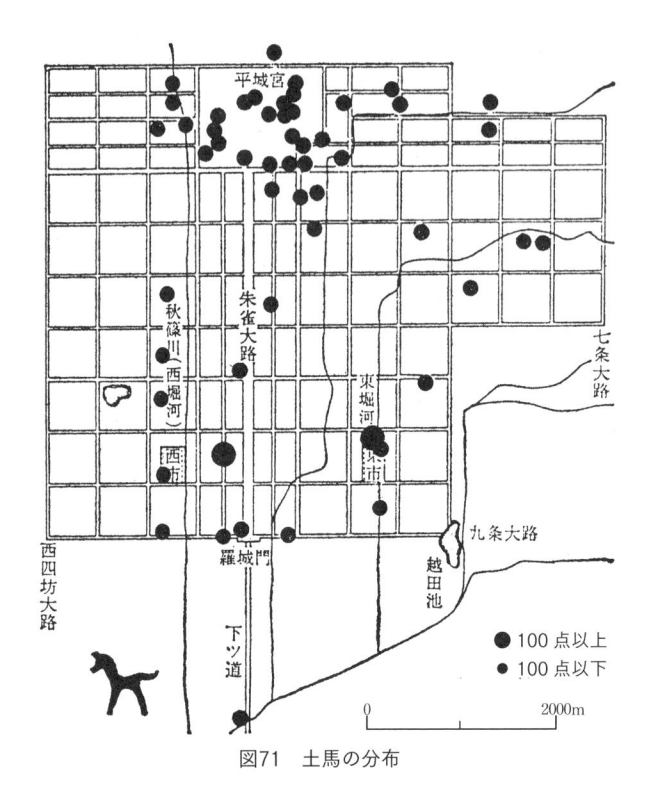

　土馬を論じた研究者は少なくない［土井 1956、前田 1970、小田 1971、泉森 1975］が、その意義については大場説に依拠し、水霊信仰に関わるとの見方が主体である。この通説に対して、土馬は行疫神の乗り物とするユニークな説を提唱したのが水野正好である。水野は、『本朝法華験記』下巻に載せる天王寺僧道公の説話に、紀伊国美奈部郡の道祖神が傍の樹に懸けられた板絵馬の馬に乗り、行疫神の先駆を勤めたとあることなどをもとに、馬は行疫神、祟り神の乗り物で、行疫神の猛威を事前に防

図71　土馬の分布

止するために土馬を作り、応和の意味で献ずるか逆に足などを折り、流したとされた[水野 1983]。

　山形県俵田遺跡で、木製馬形が水野説を裏づける形で出土したことは先に述べた。平城京の土馬出土地は、70余ヵ所、道路側溝や運河、井戸や土壙、包含層から出土している（図71）。多くは1・2の破片であるが、溝など、水みちから多量に出土することがある。東堀河（No.109・111）や、右京八条一坊西一坊坊間路西側溝SD920（No.133）では100点以上も出土したが、ここでも完全品はない。後者の右京八条一坊SD920では、141個の土馬のうち形のわかるものが約50個、残りは尾や足の細片である。こうした点をみると、土馬は壊し流すとする水野説は妥当性をもつようである。ただし、前項にみた木製馬形には土馬と違い完全品が多い。祓の馬形であっても、やや機能を異にするので、馬形の扱い方も違うのではないか。

　土馬を埋めることも、流すことに通じたようである。左京の九条大路上の前川遺跡（No.113）では、土壙から20個の土馬が出土し、左京四条四坊九坪土壙SK2412（No. 95、奈良時代前半）から6個に破砕された3体分の土馬と三彩小壺片が出土した[奈文研 1983]。祭祀の後、土壙に埋納したのだろう。詳細に検討するなら同様の例を、他にも指摘し得る。

　平城京の8世紀の土馬は、一括遺物の状態で出土した場合、上述のごとく複数で出土することがあり、溝から多量に出土したものにも作りや表現に酷似したものがある。人形などと同じく、複数を用いたのではなかろうか。この時、先にみた墨書の有無の土馬を組み合わせた可能性も考えられる。

　土馬の祭祀は、土馬だけの場合と他の祭祀具を組み合わせる場合とがあった。上に挙げた2例は奈良前半と中葉の例だが、奈良末も同様の例がある。左京三条二坊「宮跡庭園」の二条条間路に面した築地雨落溝SD1545（No.78）では、狭い範囲から奈良時代末の土馬が69個出土した[奈文研 1980]。同じ溝ではこの地点の東約6mで、以前模型カマドが出土した[奈文研 1976]が他に祭祀遺物はない。他方、土馬は九条大路上の前川遺跡の井戸（No.112）で、平城京に出現したばかりの人面土器を伴ったし、ほぼ同時期の左京八条三坊小路側溝SD1155（No.107）から、人面土器、木製模造品、銅鏡等と出土した。

　馬の形代には絵馬もあり、平城京では稗田遺跡にみる。その意義は先にみた。江戸時代の偽書『先代旧事本紀大成経』巻12[22]に、5月5日に五色餅と甘辛酒と双頭の絵馬を土に埋め、牛頭大神を祭れば、行疫兵乱が止む[23]とある。絵馬を複数、土中に埋める方法は土馬の埋納と通じ、いかなる史料によったのか興味がある。

　史料には「板立馬」（『類聚符宣抄』天暦2〈948〉年）がみえ、「北野天神供御幣幷種々物文」（『本朝文粋』）に「色紙絵馬三疋走馬十列」とあり、「陰陽寮御本命祭」（『延喜式』）に、紙「馬形五十疋」がみえる。弘安11（1288）年の日枝神社本『山王霊験記』絵巻[河田 1974]には、3枚の板立馬らしきものがみえる。これは細棒をつけた板絵馬で、御幣

を立てた祭壇下の地上に挿している。また鎌倉末とされる『不動利益縁起』絵巻の第二段に、曳馬図の紙絵馬［河田1974、奥平1953］がみえる。これは、安倍清明が僧智興の重病を身代りの証空に移さんと、願文を読む場面である。3枚の紙絵馬は、御幣や供物器を並べた祭壇の天板前面に貼り付けられている。

これらを紹介した河田貞は、この馬形を『山王霊験記』

図72　板立馬（日枝『山王霊験記』）

の詞書などによって、神馬の奉納の代替物とされている［河田1974］。確かに、この絵馬の詞書に「諸社の神馬かすをつくされしかとも日にしたがひてはおもくのみならせ給けり」とある。奈良時代から数百年の時を経て、馬をめぐる認識に変化のあったことは否定できない。しかし、両例とも病気の平癒を祈る場面で馬形が登場するのであり、殊に『山王霊験記』の場合、関白師通の病は叡山側の呪詛という特殊な状況で生じたのであるから、この馬形は、8世紀の馬形が期待された祓の馬と同じ系譜を考えるべきではなかろうか。『山王霊験記』の板立馬（図72）の姿が、細棒によって水辺の地上に挿し立てられた8・9世紀の木製馬形の姿と驚くほど似ているのも、単なる偶然ではないように思う。

⑷　模型カマド

　模型カマドは、いわゆる移動式竈の雛形をいう。これには原型になった移動式竈と同様に、竈形土器、甕や甑、あるいは鍋がセットになっている。模型カマドは、土馬と同じく古墳時代に遡るものと、8・9世紀に下るものとがあり、前者は8・9世紀のものより遙かに大きく、また横穴式古墳の副葬品である点が、のちの模型カマドと異なる。両者の系譜関係は、今のところ明らかではない。

　竈は本来炊爨の道具である。それがなぜ祭祀用具となり得るのか。8世紀の移動式竈は平城京内の遺跡からいくつかの実例が出土している。これらは当時辛竈、韓竈などと呼ばれたようである[24]。竈は「韓竈」の名が示すように外来の要素で、上に述べた横穴式古墳への副葬習俗からみて、中国の伝統［水野1970］が伝わった可能性が高い。

　中国では竈神は恐るべき神と信じられていた。それは、竈神が天帝の眷属で、毎年12月に天帝のもとに上って、家族の功過を報告し、それに基づき天帝が家族に罰を下すことにある。こうした信仰は漢代頃に始まり、竈神の昇天時期などに変化はあった

が、唐宋頃には、ほぼ上に述べた形態になった［窪 1982］。中国では、竈神の上天にあたって天帝の罰を免れるために、竈神を和めて偽りの報告させるとか、あるいは上天そのものを阻害するためにさまざまの祭祀を行っている。

模型カマドは平城京の13ヵ所から出土し（図73）、そこでは土馬や人面土器など、祓関係の遺物を伴うことをみると、竈神を和めるための捧げ物とするよりも、逆に損壊し、竈神の動きを封じようとしたものではなかろうか[25]。竈そのものはすでに古墳時代に伝来しているのだが、祓の目的で模型カマドを作ることは8世紀にみられることだから、この頃改めて祓の観念が伝わったと解釈するのか、あるいは前代の古墳副葬の習俗が姿を変えて甦ったと解するかのいずれかであろう。その契機はほぼ同じ頃に出現する人面土器の出現と一連と考える。模型カマドは、右京八条一坊SD920（No.133）や東堀河（No.109・111）では、作りの類似した器高13cm前後、9cm前後、4cm前後の3種類がある。人形などと同様、同大のものを複数か、大小を組み合わせたのだろう。

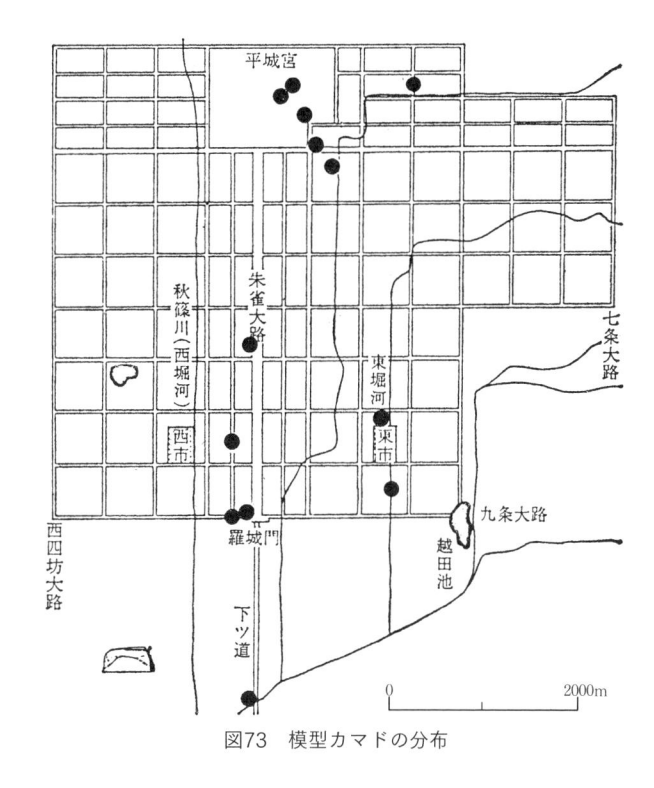

図73　模型カマドの分布

(5) 金属製祭祀具

平城京の祭場にみる金属製祭祀具には、先にみた銅・鉄人形と、鏡、鈴がある。

鏡は作りや鏡式からみて2種がある。その一は、いわゆる唐式鏡の範疇に含まれるもので、右京九条一坊九条大路北側溝（No.138）の小型海獣葡萄鏡（径6.2cm）、右京八条一坊SD920（No.133）の素文鏡4面（径4.5cm）、平城宮東南隅SD4951（No.59）の素文鏡である。他方は、薄い銅板状の鏡背に紐のある儀鏡で、右京八条一坊西一坊坊間路側溝SD920（2面、径3.3cm）、左京八条三坊の小路側溝SD1155、平城宮内、左京一条三坊東三坊大路側溝SD650などから出土し、SD650からは、面径6.7cmの六花鏡型式の鏡も出土している。これらのうち、九条大路北側溝の海獣葡萄鏡やSD1155の儀鏡は8世紀中葉まで遡る。

小型の唐式鏡は、石川県寺家遺跡［羽咋市教委 1984］や岡山県大飛島遺跡［鎌木・間壁 1964］、三重県神島八代神社［梅原 1950・1952、矢島 1953、大西 1955］などの祭祀遺跡から出

表16　延喜式の祭祀にみえる鏡と鈴

祭祀名	鏡	鈴	玉	人形・他	備考
臨　八十嶋神祭	82面*	金80口	100枚	金銀160枚	中宮准比、*5寸2面、1寸80面
臨　〃　（東宮）	40面*	金30口		金銀　60枚	*5寸2面、1寸38面
臨造遣唐使舶木霊并山神祭	4面	金4口	色280丸		
伊　採営神田鉏鍬柄	80枚			鉄80枚鉾80枚	
伊　山口神祭	40枚			鉄40枚鉾40枚	渡会宮減半
伊　採正殿心柱祭	40枚			鉄40枚鉾40枚	渡会宮同
伊　鎮祭宮地	40枚			鉄40枚鉾40枚	後鎮准比
伊　〃　（神宮摂社）	40枚			鉄40枚鉾40枚	渡会宮摂社各10枚
伊　造船代祭	40枚			鉄40枚鉾40枚	渡会宮同
四　園并韓神三座祭		4口	色100枚		神祭料
四　鎮魂祭		20口		佐奈伎20口	中宮准比

土、あるいは伝世されている。このうち石川県寺家遺跡には唐式鏡と、上述の儀鏡および小型の鉄鏡もある。

　時代は下るが、『延喜式』神祇の各祭祀には、合わせて9の祭に鏡の使用がみえる（表16）。このうち臨時祭の八十嶋神祭には5寸と1寸の鏡があり、天皇以下東宮まで5寸は各2面だが、1寸は天皇・中宮が80面、東宮が38面という規定がある。1寸の鏡は形など不詳だが、上に述べた儀鏡の大きさに近い。また、伊勢太神宮の造営関係の祭にも、大きさは不詳だが、鉏鍬柄は80面、山口神祭、採正殿心柱祭、鎮祭宮地、造船代祭は各40面と、多数の鏡が規定されている。これらは八十嶋神祭と同じく、鉄人形などと記載されている。八十嶋神祭の意義については諸説があるが、天皇の即位の翌年に、難波津で行われる一代一度の禊祓との説［瀧川 1966、水野 1974］が有力である。

　8世紀の鏡は、こうした祭祀だけでなく、神宝としても存在した。文武天皇の慶雲元（704）年11月8日には、伊勢神宮に「鳳凰鏡」を供す（『続紀』）とみえ、『常陸国風土記』の鹿島神上には「八絲鏡二面（やたのかがみふためん）」が、また春日祭、平野祭、久度古関の「祝詞」（『延喜式』）にも鏡がみえる。

　仏教においても鏡は重要であった。天平19（747）年成立の『大安寺伽藍縁起幷流記資財帳』には仏物として1270面の鏡が記され、この中には大鏡ばかりでなく「雑小鏡六百五十面」とあるように、小鏡も多数含まれていた。

　奈良時代の唐式鏡を精力的に調査した中野政樹によると、1972年段階で確認した唐式鏡は、出土・伝世を含めて215面、この約40％が仏教関係の遺跡・遺構、約30％が祭祀遺跡を含めた神祇関係、約10％が終末期古墳の副葬品という［中野 1972］。その後かなりの出土鏡があるが、信仰関係が圧倒的という大勢は変わらない。

　多くの先学によって指摘されたことだが、『記紀』『風土記』などにみる日本神話の中で、鏡はさまざまな機能をもつが、その根本には、鏡が単に姿を写す道具ではなく、大きな霊威をもつものと意識されている。福永光司は、道教の教理において鏡に霊妙な威力を認め、そこに呪術・宗教的意味を強調することが行われたとし、日本の鏡をめぐる思想もこの影響による［福永 1973・1982］[26]とされている。

平城京で、多くの祭祀遺物とともに出土する鏡は、人形や人面土器などのように穢を直接祓うものではなく、木などに懸け、祭場の表示・浄化といった機能を果したのではないか。そこでは「明鏡が物の性を形わす」という思想（『淮南子』俶眞訓）に基づく霊力が期待されているのである。

　右京八条一坊西一坊坊間路西側溝SD920では、素文小鏡四面が相接して、二面の儀鏡も近接して出土した。2とか4とかの複数を用いることは、すでに述べた人形や人面土器などの用数と共通した意識であろう。

　このSD920の唐式鏡は近くに鈴を伴っていた。平城京内ではこの他5ヵ所から鈴が出土している。これらの一部に鍍金の痕跡のあるところをみると、もとは多くが金銅製だったのだろう。鈴もまた祭祀に欠かせぬもので、先の八十嶋神祭では天皇・中宮が80口、東宮が30口とある。SD920や右京一条三坊SD650などの出土状況をみると、鈴は鏡とともに用いられたのであろう。

3　都城と祭場

(1) 平城京と大祓

　8世紀の平城京跡において、多くの街路側溝や運河などから多量の祭祀遺物が出土していること、これらが直接間接に祓に関連したものであることを述べてきた。祓という性格からみて、祭祀は遺物が出土した側溝や運河傍の路上で行ったのだろう。

　8世紀の律令的祭祀の中で、祓で想起する祭祀には大祓がある。私は、小稿で紹介してきた平城京の祭場とその祭祀遺物が、基本的には、この大祓に関わると考えている。そのことは後に述べるとして、まず大祓の史料を検討しておこう。

　大祓は「神祇令」によれば、6月と12月の晦日に実修されたもので、令文の行事次第は、中臣がまず天皇に御祓麻(ぬさ)を上り、次いで東西文部(ひまとかわちのあやうじ)が祓刀を上り、祓詞を読む。これが終わって百官男女が祓所(はらえど)に聚集し、中臣が祓詞を宣べ、卜部が解除(はらえ)をなして終わる。いわば酷暑と酷寒の二季に行う大祓の目的は、「祝詞」の文言(もんごん)によると、天皇の禍災を除き帝祚を延べること、親王以下百官が過ち犯した雑々の罪を祓い清めることにあった。大祓そのものは天武5（676）年8月16日の詔「四方為大解除(はらえ)」が起源で、令文のように恒例化するのは大宝2（702）年12月30日の大祓からという［井上 1977］。

　恒例の大祓とともに、臨時大祓もたびたび行われた。奈良時代の臨時大祓は、『続紀』にみえるだけでも11回を数える。その理由はさまざまで、風雨や旱など天災によるケースが4回と多く、以下、長屋王事件（天平元〈729〉年2月18日）、践祚大嘗祭（天平宝字2〈758〉年8月16日）、斎王の伊勢下向（同5〈761〉年8月29日）、称徳天皇の斎会（宝亀元年9月22日）、災変（同7〈776〉年5月29日）、皇太子病（同9年3月27日）などがあった。臨時大祓のうち、践祚大嘗祭の大祓は重要で大嘗祭の前後に修され、諸国にもその年の8月に大祓使が派遣された。諸国大祓は大嘗祭に限らず京師同様事に

応じて行われた。

　京師における大祓はどこで実修されたのであろうか。先の令文にみる天皇の場合は内裏である[27]が、百官男女が聚集した祓所とは、平安時代の正史や、『貞観儀式』等に朱雀門前とみえる。他方、平城宮のことを記したと推定できる『法曹類林』に引く「式部記文」には、大祓儀を「大伴壬生二門間の大路に於てす」とあって、朱雀門前というより、大伴（朱雀）門と壬生門の間の大路、つまり二条大路上で行ったように読める。これは、平城宮と平安宮では、やや位置に移動があったと解せなくもない。しかし、後に述べるように、これは朱雀門を中心として二条大路全体と広く解釈するこ

神祇令大祓条　凡六月十二月晦日大祓者。中臣上‒御麻‒。東西文部。上‒祓刀‒。読‒祓詞‒。訖。百官男女。聚‒集祓所‒。中臣宣‒祓詞‒。卜部為‒解除‒。
神祇令諸国条　凡諸国須‒大祓‒者。毎郡。出‒刀一口。皮一張。鍬一口。及雑物等‒。戸別。麻一条。其国造出‒馬一疋‒。
貞観儀式二季晦日御贖儀　神祇官預前受‒備其料物‒。鉄偶人卅六枚金銀粗各十六枚無　飾縄四枚　木偶人廿四枚御輿形四具。挟幣帛‒木廿四枚金粧横刀二口五色薄絁各一丈一尺……坩坏各二口……。其日卜部各着‒明衣‒其一人執‒御麻‒一人執‒荒世‒二人‒執和世‒二人執‒壺‒訖皆退出解‒除河上‒。
貞観儀式大祓儀　其日午四刻神祇官内縫殿等官省寮於‒建政門外‒百官会‒集祓處‒先‒此神祇官陳‒祓物於朱雀門前路南‒分置六處‒但東西在南方北向‒所司設‒座於朱雀門幷東西侍舎‒……
延喜式六月晦大祓条　右晦日申時以前。親王以下百官‒会集朱雀門‒。卜部読‒祝詞‒。
大祓祝詞　集侍親王諸王諸臣百官人等諸聞食止宣。…如此失波‒久天皇我朝廷仕奉留官官人等乎始氐天下四方国乎‒自今日始氐罪止云布罪波不‒在止。高天原乃耳振立聞物止馬牽立氐今年六月晦日夕日之降乃大祓乃。祓給比清給布事乎諸聞食止宣。四国卜部等。大川道爾持退出氐祓却止宣。
東文忌寸部献‒横刀‒時咒　謹請。皇天上帝。三極大君。日月星辰。八方諸神。司命司籍。左東王父。右西王母。五方五帝。四時四氣。捧以‒銀人‒。請‒除禍災‒。捧以‒金刀‒。請‒延帝祚‒。…
続紀養老五年七月四日条　始令‒文武百官率‒妻女姉妹‒。会‒於六月十二月晦日大祓之處‒上。
法曹類林巻二百所引式部文　六月十二月二晦。百官会集。大祓儀。其日平旦大蔵木工掃部。帳幄鋪設。於‒大伴壬生二門間大路‒各有‒常儀‒。神祇官主典。馬寮陳‒祓物祓馬‒。……
本朝月令所引弘仁官式　凡六月十二月晦。於‒宮城南路‒。大祓……百官男女悉会祓之。臨時大祓亦同……。
延喜式左右京職大嘗大祓条　凡践祚大嘗大祓所‒須馬一疋。剣九口。鍬九口……官人率‒坊令坊長姓於羅城外‒。東西相対分列左京西面北上‒右京東面北上朝使者坐‒中央‒南向。訖即解除。其斎内親王入‒太神宮‒時大祓料物。并儀式亦准‒此。
同二季大祓条　凡六月十二月大祓。預令‒掃除其處‒。亦兵士禁‒一人往還‒。元日貿明。掃‒除鶸霊上‒。
書紀天武紀五年八月二日　詔曰、四方為‒大解除‒。……
続紀大宝二年十二月三十日条　廃‒大祓‒。但東西文部解除如‒常。
続紀天平元年二月十八日条　（長屋王……咸皆赦除）。百官大祓。
続紀宝字二年八月十六日条　遣‒使大‒祓天下諸国‒。欲‒行‒大嘗‒。
続紀同五年八月廿九日条　晦大祓。以‒斎内親王将‒向‒伊勢‒也。
続紀宝亀元年九月廿二日条　（称徳）七七。於‒山階寺‒。設‒斎焉‒。…是日。京師及天下諸国大祓。
続紀同六年八月三十日条　大祓以‒伊勢美濃等国風雨之災‒也。
続紀同年十月廿四日条　大祓。以‒風雨及地震‒也。
続紀同七年五月廿九日条　大祓。以‒災変屡見‒也。
続紀同年六月十八日条　大‒祓京師及畿内諸諸国‒。奉‒黒毛馬丹生川上神‒。旱也。
続紀同八年三月十九日条　大祓。為‒宮内頻有‒妖恠‒也。
続紀同九年三月廿七日条　大祓。遣‒使奉‒幣於伊勢大神宮及天下諸神‒。以‒皇太子不‒平也。又於‒畿内諸界‒祭‒疫神‒。
続紀延暦元年正月三十日条　大祓。百官不‒釋‒素服‒。
続紀同三年十二月六日条　（二日。賜‒造営有‒労者爵‒）遣‒使畿内七道‒。大祓奉‒幣於天神地祇‒。
続紀同九年正月三十日条　（高野新笠御斎会）百官釋‒服従‒吉。是日大祓。
続紀同九年閏三月三十日条　（廿八日乙牟漏葬）百官釋‒服大祓。
三実貞観五年正月廿七日条　於‒御在所及建礼門‒。朱雀門‒。修‒大祓事‒。以‒攘‒災疫‒也。

　　　　　　　　　　　　　史料5　「大祓史料」

とが適当と思う。平安宮では、大祓の場は朱雀門前ばかりでなく、広範な場所で行われた。臨時の場合だが、『文徳天皇実録』によると、朱雀門前のそれは大嘗祭に限られ、諸神への奉幣使発遣や、斎王の伊勢下向に際しての大祓は、建礼門前や冷泉院の南大庭および同所の南路[28]で行っている。建礼門はいうまでもなく平安宮内裏外郭の正門を指す。冷泉院は、弘仁年間（810～824年）に設けられた天皇の後院をいい、宮の東に接し、二条大路に面したから、南路とはこの二条大路を指すのだろう。内裏正面の建礼門前が祓所になることは、貞観年間（859～877年）にもしばしばみられ、貞観5（863）年正月27日には、御座所・建礼門前・朱雀門前の3ヵ所で大祓を行っている。また、応天門北の会昌門でも、貞観8（866）年閏3月22日と同10年2月13日に大祓を行っている。もっともこれは、応天門の火災と再建という臨時の処置だが、平安宮では時代が下るのにしたがって殿舎の衰退と、これに伴う使用形態の変化等があって、大祓の祓所も広範になり、またその意味も次第に矮小化してゆくようである。以上は、宮とそれに面した二条大路上の祓所の史料であるが、京正面の羅城門外でも大祓を行った。

『延喜式』左右京職に大嘗大祓条があり、践祚大嘗祭に先立ち、官人が坊令坊長姓を羅城門外に率いて解除するとある。この羅城門外の大祓は、先に述べたように、貞観元（859）年10月15日の神祇官が祭事を修した記事（『日本三代実録』）に遡る。同所の大祓は、斎王の伊勢下向時にも規定している。このように史料から読み取れる大祓の場は、基本的には宮、宮外すなわち京、京外の三重構造によって構成されていたのである。それは、祟りなすあらゆる穢を宮の外、京の外、そして国の外へと攘い去り、皇都を清浄に保ち[29]、帝祚を延べるための構造であった。

平城宮壬生門前の発掘成果が『法曹類林』に引く「式部記文」の内容と一致し、これが天平年間（729～749年）の大祓の跡とみなせることはすでに述べた。この壬生門と若犬養門、および面積は小さいが朱雀門西の発掘状況からみると、朱雀門前の祓所は「大伴壬生二門間大路」の範囲に限られず、宮南面の二条大路全体に及んでいたと思う。このように考える今一つの根拠は、朱雀門前の大祓に多数の人々が参加した徴候があるからである。つまり、養老5（721）年7月4日条に「始令二文武百官率二妻女姉妹一會二於六月十二月晦大祓之處一」（『続紀』）とあり、以降の大祓には親王以下の百官とその妻女姉妹が共に修祓した可能性がある。直木孝次郎は『養老令』に基づく二官八省の四等官の数を331人とし、これを含む総定員を6,487人と求め［直木 1973］ている。文武百官とあっても、実際にどのクラスの人たちまで含むのか明らかではないが、参加者がかなりの人数にのぼることは疑いがなく、相応の場が必要であった。このようにみてくると、神祇官が祓物を朱雀門前の路の南の六処に分置した記事（『貞観儀式』）が奈良時代に遡るとすると、六処は朱雀門（中）、壬生門（東）、若犬養門（西）の各々東西、計6ヵ所とも、平城宮の特殊構造を考慮して、上の三門の正面と、南面大垣の東西隅3ヵ所の計6ヵ所とも解せよう。神祇官は祓物を二条大路上の広範囲に分置した

集解神祇令道饗祭条　　謂。卜部等於㆑京城四隅道上㆒。而祭之。言欲㆓令㆑鬼魅自㆑外来者不㆑敢入㆑京師㆒。故
預迎㆑於路㆒而饗過也。釈云。京四方大路最極。卜部等祭。牛皮并鹿猪皮用也。此為㆑鬼魅自㆑外莫㆑来㆑宮内㆒
㆑祭之。左右京職相預㆒。
続紀宝亀元年六月廿三日条　　祭㆓疫神於京師四隅㆒。畿内十堺㆒。
延喜式臨時祭宮城四隅疫神条　　宮城四隅疫神祭若応、祭京城四隅難此五色薄絁各一丈六尺等分四所巳下准之……牛皮熊皮鹿皮猪皮各四
張……
同畿内堺疫神条　　畿内堺十處疫神祭……堺別…金鉄人像各一枚。…牛皮熊皮鹿皮猪皮各一張…。
三代実録貞観七年五月十三日条　　延㆓僧四口於神泉苑㆒。読㆓般若心経㆒。又僧六口。七条大路衢分㆓配朱雀
路東西㆒。朝夕二時読㆓般若心経㆒。夜令㆘佐比寺僧恵照。修㆓疫神祭㆒以防㆗災疫㆖。…
三代格巻十九「禁断京中街路祭祀事」　　勅。此来無知百姓搆㆓合巫覡㆒。妄崇㆓淫祀㆒。葛狗之設符書之類。百
方作㆑怪。塡㆓溢街路㆒。託㆓事求福㆒。還渉㆓厭魅㆒。非㆓唯不㆑畏㆓朝憲㆒。誠亦長養㆓妖妄㆒。自今以後。宜㆒厳
禁断㆒。如有㆓違犯㆒者。五位已上録㆑名奏聞。六位巳下所司科決。但有㆓患禱祀者宜㆘於京外祓除㆖。
宝亀十一年十二月十四日（続紀は但以下「有患禱祀者非在京内者許之」）

史料6　「道饗祭、疫神祭等史料」

と考える。

　朱雀門前の大祓と同様に、羅城門前の大祓も、門東西の九条大路を広く使ったこと
を考えてよいようである。瀧川政次郎は、『延喜式』の大嘗大祓条にみえる「坊令坊長
姓」の姓とは、百姓の百が誤脱したとされる［瀧川 1967］。この主張が正しければ、こ
れまた多数の人々の参加をみたことになる。羅城門の南には下ツ道がのびるが、羅城
に平行する東西の道はない。しかも、羅城門に取りつく羅城（築地）は、門の東西各
１町分しかなく、九条大路南側溝が羅城の外濠も兼ねると推定されている［奈文研
1972］。したがって、羅城門前に多数が会集するとすれば、上の大嘗大祓条のごとく下
ツ道の東西に長く列ぶか、羅城の墻地を含めた九条大路上に集うしか方法がない。九
条大路上や北側溝などで検出した遺構遺物の状況からみて、平城京では両者が複合し
た状況にあったのではなかろうか。以上は、大祓の跡、あるいはその可能性の高い例
であるが、その他の地点もまた、基本的には、大祓に関係した遺構遺物と考えている。
その理由は、これら各地点の祭祀遺物の構成が、宮の南面三門地区を除き、ほとんど
変わらないこと、水野正好も指摘［水野 1983］しているように、人形、人面土器、土馬、
模型カマドなどの祭祀具は、各々が祭祀の体系をもっており、これらが共伴する祭祀
としては、大祓を考えるのが最も合理的だからである。

　このように考えると、二つの問題が生ずる。その一つは、これまでのところ平城宮
東南隅を除いた二条大路北側溝からは、人面土器、模型カマドが出土せず土馬もわず
かしかないことである。この理由を、大祓でも目的によって規模や祭祀具に違いがあ
ったとみるか[30]、限られた発掘面積から生じた偶然のこととするか、その他の理由を
考えるかであるが、今は判断の材料に欠けるので、問題点を指摘するだけにとどめよ
う[31]。

　次に遺構・遺物が主として大祓に関わるものとすると、平城京内や京外に大祓の祓
所が無数にあることになる。これを、いかに考えるべきであろうか。これは二つの要
因、つまり、京の住民が各々の坊の周辺路上で大祓に参加したことと、祓の効果をあ

げるため同じ行為を複数回、場所を変えて行ったことが重なったためと思う。前者の正否は、今後の発掘の進展によって解決に向かうであろう。後者はのちの平安京における七瀬祓（ななせのはらい）が有名で、平城京における無数の祓所はこの七瀬祓の原型と思う。私は、七瀬祓の芽生えが藤原京にあり、平城京で本格的に展開し、長岡京を経て平安京へ受け継がれたとの見通しをもっている。以下に改めて述べることにしよう。

(2) 都城と七瀬祓

　七瀬祓は、平安京の宮廷で毎月あるいは臨時に行った祓で、7ヵ所の瀬または海に臨んで行ったことからこの名がある。七瀬には大きく三種ある。すなわち、ⓐ難波、農太、河俣（摂津）、大島、橘小島（山城）、佐久那谷、辛崎（近江）の七瀬、ⓑ河合、一条、土御門、近衛、中御門、大炊御門、二条末の洛中七瀬あるいは加茂川七瀬、ⓒ川合、耳敏川（朱雀門前、二条南列称）、東瀧（北白河瀧）、松崎、石影（西園寺東北野北）、西瀧（仁和寺鳴瀧）、大井河（傀儡居住土一町許）の霊所七瀬である[32]。七瀬祓はのちに、鎌倉幕府にも受け継がれ、由比ヶ浜など鎌倉の7ヵ所に祓所が設けられた。

　この祓は、13世紀初頭の『禁秘御抄』によると陰陽師が奉仕した。その次第は、当日陰陽師が人形を、祓の場所を記した蓋付の折櫃に入れて進める。女房がこれに色々の衣を着せ、席を敷いた台盤にのせ、天皇に供すと天皇はこの人形に息を吹き、身を撫でて返す。再び折櫃に入れ、7人の内侍を七瀬に発遣し、ここで解除（はらえ）するとある。この祓がいつから毎月の行事となったのかは不詳だが、七瀬祓そのものは、村上天皇の応和3（963）年7月21日の「蔵人式部丞藤原雅材供御祓物、以明日天文博士（賀茂）保憲赴難波湖及七瀬、三元河臨禊」（『河海抄』所引「応和三年七月廿一日御記」）［国史大辞典編集委員会 1908］が初見という。

　近年、山上伊豆母は七瀬祓を論じた中で、七瀬川の先後について論及し、ⓑ→ⓒ→ⓐの順に形成されたと主張した。しかし、視点を変えて三種の七瀬を都城との位置関係でみると、興味ある結果が得られる。ⓐは摂津が3ヵ所、山城と近江が各2ヵ所で、地名比定[33]の困難な部分もあるが、ほぼ琵琶湖から大阪湾にいたる流域に求めることができる。いわば平安京を大きく囲む祓所で、特に最初の難波海は八十嶋神祭の舞台であり、同時代の御霊会[34]の祓所としても重要で、当時、「日本」全体の祓所と意識されていた。ⓑは加茂川の瀬で、その位置は高野川との合流部（川合）から下流、二条大路までの各大路と条間路の末である。ⓒは大祓の場であった朱雀門前の大宮大路側溝（耳敏川）が唯一宮の南面で、他は宮を北方からおおきく囲む位置にある。つまり、川合（東）、東瀧・松崎（東北）、石影・西瀧（北〜西北）、大井河（嵯峨松尾付近の桂川・西）である。以上ⓐからⓒの七瀬は、平安宮と京を重層的に囲む構造となっている。七瀬祓がこのように整然と体系化された時期、各々の七瀬がその時点で新たに設定されたのか、あるいはそれまでの伝統を踏まえているのかといったことはこれからの課題として、その祓の目的は、天皇の宮と皇都を穢から守護するためにやはり三重

の構造で行った大祓と、共通するのであろう。

　史料にみる七瀬祓のように体系化されずとも、複数の場で祓することが七瀬祓のもともとの意味とすれば、七瀬祓の原型を平城京に求めることは十分理由がある。平城京の祓所は数が多く、そこでの祭祀遺物の組成にほとんど差がないこと、平城宮周辺で発見された金属人形は、例数の僅少さから天皇・中宮・東宮に用いたと推定するが、その分布状況からみて数ヵ所で同時に解除した可能性がある。この推定が正しければ、これは七瀬祓そのものになる。こうした点から七瀬祓の原型を平城京に求めるのだが、次に問題となるのは、七瀬祓の起源が平城京にあるのか否かの問題と、平城京以降の展開についてである。前者の起源は、先向する藤原京に遡ると考えるので、先にこの点を述べ、その後、平城京以降の展開を検討しよう。

　藤原宮はいうまでもなく、持統8（694）年から和銅3（710）年まで約15年間の都である。藤原宮の発掘調査は、戦前の日本古文化研究所による藤原宮の発見と、中枢部の解明という画期的な調査のあと、長い中絶期間を経て、十数年前から継続的に進められている。しかし、宮を含めた京域の調査面積はまだ少なく、祭祀遺物の出土地点も20余ヵ所と少ない。このうち宮とその周辺が10ヵ所、京内条坊遺構が3ヵ所である。その祭祀遺物は木製模造品と土馬が中心で、8・9世紀に下る遺構からは人面土器や模型カマドも若干出土する。

　まず藤原宮の状況からみてみよう。宮内には平城宮と同じく宮を南北に貫く幹線排水路があり、祭祀遺物が出土している。内裏東方の南北溝SD105は藤原宮東大溝で、この溝は地形の関係から平城宮とは逆に北に流れ、北面大垣を抜ける地点で木製人形・斎串などが出土した。伴った多量の典薬寮関係木簡によって、この人形が眼病治療用と喧伝された［岡・猪熊 1969］ことは、すでに述べた。次に、宮周囲の外壕にも、平城宮同様、祭祀遺物をみる。たとえば、東面北門地区のSD170（No.270・271）、南面大垣地区のSD501（No.267）、西南隅地区のSD260（No.265・266）などがある。ただし、最後のSD260は、11世紀末まで水路として機能しており、奈良・平安時代に下る遺物が出土しているので注意を要する。あるいは、平安京七瀬のうち遠方にあったⓐと同様の機能を考えるべきであろうか。

　京内の道路側溝の例は、西二坊坊間路東側溝SD3206（No.274）や薬師寺西南隅の八条大路北側溝SD104（No.278）などがある。前者からは土馬が、後者からは飾大刀形と「呪符」が出土した。

　このように、藤原京の祭場は今後の発掘に多くを期待しなければならないが、祭祀遺物の分布状況は平城京と共通点があり、平城京の祭場の起源をここに求めて誤りはないと思う。藤原宮跡の重要な今一つの点は、宮の造営によって埋め立てられた条坊痕跡や運河があって、祭祀遺物の上限年代を知り得ることである。なかでも大極殿院下層の運河SD1901（No.254）の木製の人形・馬形・刀形・斎串、土馬は伴出した天武天皇10（681）年代の紀年銘木簡によって年代が明確［奈文研 1978］である。この人形・

馬形はその最古の例であり、土馬も8世紀に盛行する型式の最古の例で、こうした律令的祭祀を反映する祭祀具の発生を考える上に重要である。このように、都城と祭場を問題にする時、藤原宮とその下層構造は重要な問題を提起している。

次に、都城における祭場は、平城京以降いかなる展開を遂げるのであろうか。この問題は長岡京跡の状況を検討することで、かなり明らかにし得ると思う。

長岡京は、延暦3（784）年から同13（794）年までのわずか10年の都である。長岡京の跡地は、平城京跡にくらべて比較にならぬほど市街化が進行しており、規模の小さな発掘調査が多いが、そうした悪条件にも拘わらず関係者の努力によって宮を含めた長岡京の構造が近年かなり明確になりつつある。長岡京跡の祭祀遺物出土地点[35]は、現在まで四十数ヵ所、うち宮内6ヵ所、京内の条坊遺構11ヵ所を数える（図74）。長岡京は、平城京と異なって京域の西半部が丘陵地帯にあり、木製遺物の遺存状況は不良だが、その点を除けば祭祀遺物の構成は人形を中心とした木製模造品、人面土器・模型カマド・土馬と平城京跡とほとんど変わらない。まず宮内の様子からみてみよう。

長岡宮跡も大半が丘陵地帯にあり、尾根筋が西北から東南方向にのび、沖積面との比高差がかなりある。このため、宮内に平城宮のごとく南北に走る幹線水路が存在したか否かは不詳だが、宮内の6ヵ所から祭祀遺物が出土し、そのうち低地の1ヵ所からは人形などの木製模造品も出土している。次に、京域の祭場については、図74に明らかなように遺物量を別にすれば、そのあり方は平城京跡と大差がないと思う。ただし、長岡京では左京二条二坊六町の中央を東西に二分するSD1301［向日市教委1981］(No.47他）のように、坊内を区画する地割り溝が発達し、ここから多量の祭祀遺物が出土した例があり、こうしたことは平城京跡では今のところ未見である。

長岡京跡の今一つの特徴は、京外の西と東北に大祭場があることである。右京五条の西京極に接した西山田遺跡（No.82）は、京西の祭場である。ここは右京域に流れ込む現小泉川と菩提寺川の合流点付近にあたり、河川敷から人面土器・土馬・模型カマドが合わせて数百点余り出土した。これらは礫と岩ばかりの河原に折り重なるように散乱していた。木製模造品の類はなかった［山本・岩崎1984］[36]が、もとはこれらもあったのだろう。実際に水は流れていずとも、流すという意識に変わりがないのであろう。

西山田遺跡が京西の祭場とすると、京北の祭場にあたるのが大藪遺跡（No.100）であろう。ここは長岡京の東北外、東二坊大路の北延長上にあたる。大藪遺跡は数次の調査によって、広範な地域の旧河川敷から、人形・斎串・人面土器・土馬・模型カマドなど多量の祭祀遺物の出土が伝えられたが、一部の報告［六勝寺研究会1973］しかなく詳細は不明である。しかし、その位置や遺物の年代から、京北の祭場と考えて大過あるまい。なお、大藪遺跡は近接した中久世遺跡と一体の遺跡であるとすると、大祭場と呼ぶのにふさわしい状況となろう[37]。

このように、長岡京の祭場は、基本的には平城京のそれとの類似性を指摘できるが、条坊道路だけでなく坊内の地割溝も同じ機能を果すことや、京の西と東北に大祭場が

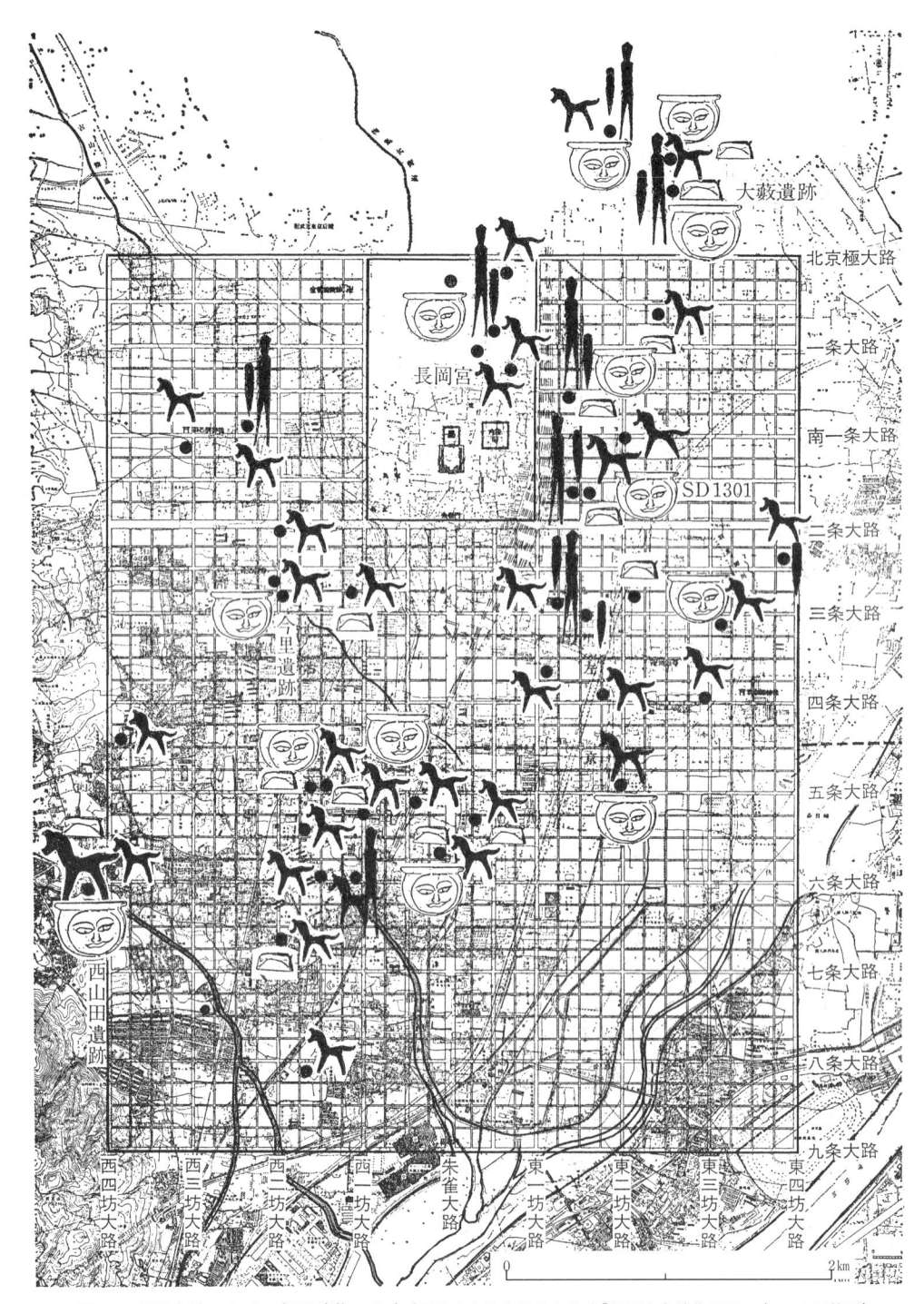

図74　長岡京跡における祭祀遺物の分布（長岡京市教育委員会作成「長岡京条坊復原図1/10,000」使用）

あることは平城京との違いとして指摘できる。後者の京外の大祭場は、今後類例を増すと思うが、このことを長岡京における発展形態とみるのか、それとも調査の進行状況の違いとみるのかは、今後の課題である。そのいずれの立場——後説に与したいが

——をとるにせよ、平城・長岡両京跡の祭場は、宮・京・京外という三重の構造からなり、史料にみる七瀬祓の重層構造に十分対応し、その基本の形がすでに出来上っていたことがわかる。このようにみてくると、あるいは平安京七瀬のⓐ模型もすでに8世紀の段階に成立していたと考えるべきかもしれない。この点は今後の大阪府下、滋賀県下を含めた平城京跡周辺地域の調査の進行に待ちたい。

　平安京跡の考古学調査は、近年著しく進行し、祭祀遺物の出土もみているが[38]、永続的な都の宿命として、平安初期の遺構がその後の再開発によって失われたケースが多い。平城京東三坊大路SD650に関連して述べたように、8・9世紀の祭祀遺物の一部を構成した人面土器や模型カマド、土馬が、9世紀末ないし10世紀初頭以降、消息不明で、一部は変容して残る[39]が古代的な様相が失われた可能性がある。これが事実なら、こうした遺物による祭場の解明は一層困難となり、考古学からの追求はなお時間が必要である。しかし、先に述べたことから、都城における祭場が藤原京に起源をもち、平城京でおおきく展開し、長岡京を経て平安京で「七瀬祓」という形で定式化したとの見通しは十分成立すると思う。

　都城における祭場が藤原京に遡ることは、こうした祭場の成立をうながす要因がどこに由来するのかを考えるのに重要である。すなわち、別に論じたように、人形など律令的祭祀を反映する木製模造品は、天武・持統朝の祭祀政策との関わりの中で、従来の伝統をもとに新たに中国系祭祀具をつけ加え、再編成したものである［奈文研1980］。その論拠の一つが、先の藤原宮下層運河SD1901Aとその祭祀遺物の組成であった。それゆえ、天武・持統朝の造営にかかる藤原京が、都城における祭場の起源をなすことは何ら不思議でなく、むしろ、新祭祀具の成立とその用法は当初から密接不可分の関係にあったと考えるべきであろう。

(3) 課題と展望

　以上の行文では、平城京跡で類例を増している祭場が、大祓の祓所である可能性と、これが平城京のみの特殊な現象ではなく、天武・持統朝の祭祀施策の中から生まれ、長岡京を経て、平安京の七瀬祓へと展開する過程を述べた。

　都城の内外に複数の祓所がある理由は、自然発生的というよりも皇都を清浄に保ち、帝祚を延べるために、内外で生じるあらゆる穢を予防し、また速やかに宮外・京外・国外へと攘い去る備えであった。その目的のために、人形をはじめとする祭祀具が律令国家の手によって積極的に導入、再編成されたのであろう。この祓の極致が、史料にみえる七瀬祓であると思う。

　以上の見通しに立つと新たな問題が生じる。それを列挙し、今後の課題としよう。
　1）律令国家の常として、中央で行ったことは地方の政府機関を通じてそのまま実施されることが多く、この七瀬祓についてもいえそうである。国衙のレベルでは但馬国府の推定地周辺の数ヵ所から人形・鳥形・斎串など木製模造品がまとまっ

て出土し、かつて但馬国の七瀬川と推定[金子・加賀見 1980][40]したことがある。また、7世紀後半から9世紀代の木製模造品を多量に出土した静岡県伊場遺跡[浜松市立郷土博物館 1978]が「布智厨」と記した墨書土器によって、遠江国布智郡衙の一部とされたことはまだ記憶に新しい。

　このように、地方行政機関の周辺に京と同じ構造をもつ祓所が設定された可能性があり、こうした類例の増加を期待したい。また、上の但馬国府周辺では木製模造品のみが、伊場遺跡では木製模造品に陶馬が加わるが、人面土器・模型カマドは伴っていないようである。木製模造品と人面土器・模型カマド・土馬各々の分布に違いがあり、こうした祭祀具のセット関係を追求することで、神祇官祭祀圏ともいうべきものの存在と範囲を明確にできるのではなかろうか。

2）平城京や長岡京で展開する人形以下の祭祀具が、律令国家の手によって積極的に導入、再編成されたという仮定が正しいなら、こうした祭祀具の年代的な行方を追求することで、逆に、律令的祭祀の変質・解体の時期を知りうるであろう。

　7世紀後半に出現した木製模造品の人形・馬形、新しいタイプの土馬、8世紀前半に成立する人面土器、模型カマドのうち、模型カマドと土馬は今のところ10世紀初頭以降の消息をきかず、人面土器は装いを大幅に変えるようである。このこと自体、段階設定の対象となるのだが、こうした中で強い命脈を保つのは人形である。中世の人形は、8・9世紀に主流であった正面全身像も少なからずあるが、側面全身像が主体である（図75）。多くの人形は古代のそれとは趣を異にしているが、稀に古代的様相を留めるものもある。こうした資料を地域と年代によって体系化する作業は十分になされていない。その主たる原因は、古代末から中世初頭の資料が今だ量的に十分でないこと[41]、年代を細かく限定する資料が乏しいことによる。しかし、地域と年代による細かな跡づけが明らかにできれば、律令政府の解体によって、速やかに律令的祭祀形態を失った地域と、後まで保存した地域とを明確にできると思う。

　この点で、鎌倉市内鶴ヶ岡八幡宮境内出土の9世紀代の様相を示す人形[研修道場用地発掘調査団 1983]（図75−1）は興味がある。なぜなら、鎌倉幕府は、平安京の七瀬祓を受け継ぎ、鎌倉周辺の由比ヶ浜、金洗沢池、固瀬川、六浦、柚川、杜戸、江の島龍穴（『吾妻鏡』29巻）をもって七瀬とした。それゆえ、律令的な祭祀形態を後まで保存し、鎌倉周辺では古代的な様相を留めた祭祀具が出土する可能性があるからである。この問題は、人形の形式的特徴と同時に、祓人形の用法——鳥形や馬形、舟形、斎串とともに用いる——もあわせて追求することが必要であろう。

3）七瀬祓のもともとの意味は、祓の効果をあげるために複数の場で祓することにあった。このように数をこなすことは、祓所だけでなく、前に述べたように祭祀具もまた、それに見合うように多数用いている。そこにある思想は、数をこなす

図75 中世の人形
1 神奈川県鶴岡八幡宮　2 大阪府水走遺跡　3・4 広島県草戸千軒町遺跡
5〜7 奈良県薬師寺境内　8・9 奈良県法隆寺境内

第9章 平城京と祭場

ことに意義を認める、数への信仰ともいうべきものである。
　日本の民間信仰の特徴の一つは、「質より量」にあるというのが、堀一郎の説［堀 1955］である。「質より量」つまり、数に物をいわせ、数を増すことが効果を高めるとする考え方は、まさに七瀬祓の根底にある思想と共通のものである。この思想が少なくとも7世紀後半の天武・持統朝に起源をもつことは先に述べたが、律令国家の解体後も脈々と生き続け、今なお日本人の信仰意識の上に大きな影響をおよぼしているなら、天武・持統朝の祭祀政策の影響の大きさを思わずにはいられない。今後は、「数への信仰」が、律令政府の解体後、どのように受け継がれたかを考古学的に追究することが課題である。

　小稿の目的は、平城京の祭場の分析を通して、都城における祭場の実態に迫り、これが、律令制都城で担った役割を明らかにすることにあった。都城における祭場は、藤原京から平安京までの都城発達史を再構成する上で、新たな視角を提供するものである。と同時に、この分析結果が、はからずも、日本人の信仰意識の原型に密接に関与しているとの新しい展望を開くことになった。この新たな問題は複雑多岐にわたり、行うべき作業は多い。ここでは、都城における祭場の分析結果と、そこから得られた展望を明らかにし、以下の分析は後考に待つことにしたい。

［註］
1）小稿で用いる「平城京」の語は、特に限定しない限り、宮を含めた京全体の意味である。
2）以下、ⓐ橿原考古学研究所 1978「稗田遺跡発掘調査概報」『奈良県遺跡調査概報1977年度』pp.67〜80。ⓑ橿原考古学研究所 1982「大和郡山市稗田・若槻遺跡発掘調査概報」『奈良県遺跡調査概報1980年度』pp.301〜309。ⓒ橿原考古学研究所 1983「大和郡山市若槻庄関連第4次発掘調査概報」『奈良県遺跡調査概報1982年度』pp.313〜340による。奈良時代の河の推定はⓐの図版1「奈良時代川路の推定復原図」参照。
3）この記事の訓読に関して、岩本次郎の教示を得た。
4）なお、奈良市作成「平城京復元模型」もこの説に則っている（奈良市 1978『平城京復元模型記録』p.10）。
5）1984年6月5日付「朝日新聞」・「読売新聞」各奈良版。なお、調査担当の大和郡山市教育委員会服部伊久男にも教示を得た。
6）滋賀県教育委員会の教示によると、大津市大萱遺跡から同笵鏡1面が出土した。
7）『法曹類林』（新訂増補国史大系27）pp.38〜39「式部記文」にみえる「勘式部執申大祓行立事」は弘仁5（814）年6月3日付である。
　この記事を調査部員に示されたのは名古屋大学早川庄八である。
8）なお、この点に関しては鬼頭清明に教示を得た。
9）小子部門の門号は、『続紀』に、小子門とみえる（淳仁紀・天平宝字8年10月9日条）が、平城宮南面西門（若犬養門）地区の発掘では、南北溝SD10250から小子部門と記した木簡が出土している。以下に釈文を掲げる。
　　内膳司牒小子部門司　塩一古　海藻一古
　　　　　　　　　　　　堅魚三古　息口三古

裏面略。奈良国立文化財研究所 1982「南面西門（若犬養門）の調査（第133次）」『昭和56年度平城宮跡発掘調査部発掘調査概報』p.27、同 1982『平城宮発掘調査出土木簡概報15』p.32。

10）この左京一条三坊でも、この時期の遺構と遺物があるし、左京二条二坊十三坪（奈良国立文化財研究所 1984『平城京左京二条二坊十三坪の発掘調査』）や左京三条二坊十五坪（奈良国立文化財研究所1975『平城京左京三条二坊』）でも9世紀初頭の建物や遺構がある。また、9世紀初頭に、平城上皇が平城遷都を試み平城の故地に戻った時の記録に「上皇水路を取り平城に幸す。宮殿未だ成らず。かりに故右大臣大中臣清麻呂の家に御す」（『日本紀略』大同4年12月4日条）とみえる。この頃、京内にはかなりの建物があったようである。

11）藤沢は、呪詛の場合、人形を中国では土中に埋めるのに対し、日本では井戸に投ずるとして彼我の違いを強調した。澤田瑞穂はその中国の例をもとに、平城宮大膳職の「呪い人形」は呪い人形にあらずとしている。

12）なお馬形などとともに木製・土製の人形も出土している。これらには6世紀後半に遡るものもあるという。これらの問題については、1984年3月8日同研究所の栗野克己・小嶋日出一に教示を得た。

13）俵田遺跡については、1983年12月3日佐藤庄一・安部実・野尻侃に教示を得た。

14）水野正好の教示による。なお滋賀県東浅井郡湖北町尾上おのえ遺跡から「黒毛口（祓力）」と記した木製馬形が出土した（「朝日新聞」1984年12月14日付朝刊）。この馬形も同じ機能であろう。

15）「忌刺イミザシ祭の場を示すために、その境に清い木を刺すこと。それによってその木のあるところから中が祭りを営むのにふさわしい、清浄な場所になると考えられた。」（民俗学研究所編 1951『民俗学辞典』東京堂、p.40）。

16）斎串はさまざまな祭祀に使われた。その1例として井戸祭祀が指摘されている（兼保康明 1980「井戸における斎串使用の一例——滋賀県高島郡高島町鴨遺跡の井戸」『古代研究』19号）。

17）沖ノ島遺跡の場合、祓の対象となったのは、新羅の賊という穢ではなかろうか。

18）岩滝町教育委員会1980『定山遺跡発掘調査報告書。なお、本報告書では木製模造品の年代について触れていないが、調査関係者の間では12世紀とする見方もある。奈良国立文化財研究所 1984『木器聚成図録近畿古代篇』奈良国立文化財研究所史料第27冊、第Ⅲ章3節「定山遺跡」項。

19）「親信卿記」『大日本史料』1の14、p.215天禄3年12月10日頃。この史料に関しては水野正好 1976「等身の人形代」『京都考古』第21号、pp.19〜28に分析がある。

20）『平安遺文』第9巻No.4549文書。なお「豊後国柞原八幡宮祓祭物注文」いすはら『平安遺文』第5巻No.1912文書にも、高さ1尺の金・銀・銅・鉄・青・黄・赤・白の各人形がみえる。p.260史料2参照。

21）『延喜式』新訂増補国史大系、pp.27〜28。p.27、13行目からの儀式次第では「壺」「坩」とみえる。壺は通常、口が狭く胴体がまるくふくらんだ器をいうが、同じ頁の「御贄」の料には「坩坏（ツボツキ・カワシリツキ二口）」とある。坏の字がつくところをみると、浅い皿状の形状を指すのだろう。考古学的な面からいえば、11〜12世紀頃には、皿ないし杯の内面に顔を描いた人面土器がある（三重県斎宮跡調査事務所『史跡斎宮跡発掘調査概報』1977・79・82年）。

22）『先代旧事本紀大成経』（旧事大成経）は「徳川の四代綱吉の頃、上野国黒滝の禅僧・釋潮音が、志摩国伊雑宮いざわのみやの祠官・永野栄女と議り、同社に伝えた若干の古記録を原として、頻りに荒唐無稽の説を布衍し、正続72巻に書き伸べ、（略）即にして偽作の事が露顕し、版

本・刻板、共に宮廷に没収焼却せられて、潮音、朶女、並びに江戸の書肆・豊島屋惣兵衛も、斎しく追放の罪に訊はれた。」(飯田季治校訂1947『標註旧事紀校本』明文社、pp.8〜9)。

23) 服部如實編 1972『修験道要典』三密堂、pp.237〜238。同文は本書に限らず修験道関係の書に引用されている。

24) 「辛竈」は『正倉院文書後一切経料雑物収納帖』「韓竈」は『正倉院文書造金堂所解』などにみえる。移動式竈については、稲田孝司 1978「忌の竈と王権」『考古学研究』第25巻1号、pp.52〜69がある。

25) 模型カマドが祓に関与したとする考えは、町田章の教示による。

26) ここでは道教で霊力があるとされたのは銅鏡で、鉄鏡にそうした力はないという指摘がある。

27) 天皇の穢を託した御麻を、卜部1人が祓所に向かい解除する。

28) 『文徳天皇実録』にみえる大祓記事は11ある。うち朱雀門前は、仁寿元・8・30、同10・30、同11・29の大嘗祭に伴う3回のみ。建札門前は、嘉祥3・7・9(斎内親王任命)、同8・5(即位)、同9・26(諸社班幣)、仁寿2・8・24(斎内親王参太神宮)の4回。冷然院南庭は、天安元・10・29(八幡宮奉幣)、同2・5・29(出水)の2回・冷然院南路は、天安2・4・10(諸社奉幣)の1回である。

29) 大祓は、個人の穢の修祓だけでなく、ある一定空間の穢も祓うという二面的な機能があると思う。

　現代台湾の民間道教では、人形を用いる祓に二通りの機能がある。その一は、祭殺と呼ぶもので、特定空間の平安を回復させることを目的とする。その二は補運ないし解運と呼ぶもので、個人の解厄を目的とする(可児弘明「人形芝居と道教──民衆道教の周辺(二)」『史学』第45巻2号、pp.169〜198)。この民衆道教のあり方は、日本古代都城の祓を考える上に興味深い。

30) 水野は大祓に、上祓・中祓・下祓という体系を考えている。(水野正好1983「馬・馬・馬──その語りの考古学」『奈良大学文化財学報』第2集、p.42上段18行。水野はその論拠を明らかにしていないが、大・上・中・下の各祓の語句は「延暦廿年五月十四日付太政官符」にみえる。

31) 大祓のほかにも路上で実修した律令的祭祀がいくつかある。その一つが道饗祭である。

　道饗祭は毎年6月と12月の晦日に行われ、「義解」に「謂、卜部等於京城四隅道上而之、言欲令鬼魅自外来者不敢入京師、故預迎於路而饗也」とあって鬼魅が京師や宮内(釋説)に来り入るのを防ぐため、京城四隅の道上(みちのほとり)に供物を設け、饗応する祭で、釋説では牛皮と鹿猪皮(『延喜式』では熊皮が加わる)を用いた。

　京城四隅で行う類似の祭に、宮城四隅疫神祭と障神祭とがある(『延喜式』)。前者は割書に「若應祭京城四隅准此」とあって、宮城と京城の四隅、都合8ヵ所で行うことがわかる。いずれも道上で祭ったこの祭が奈良時代に遡ることは、宝亀元(770)年6月23日に「祭疫神於京師四隅、畿内十堺」(『続紀』)とあることから明らかであろう。

　後者の障神祭は、「右客等入京、前二日、京城四隅為障神祭」とあるように、外国使節の入京に伴い、使節の身についた疫を攘うため、京城四隅で祭った。この京城四隅もまた道上を意味するのだろう。使節の入京にあたっては、一連の祭の、唐客入京路次神祭、蕃客送堺神祭(『延喜式』)から明らかなように、京城四隅のほかに、路次の途中、境ごとにも祓を行った。

　ここにみた道饗祭、疫神祭は、神祇官や左右京職が関与した公的祭祀であるが、道饗祭には私的祭祀もあった。『日本霊異記』中巻には、平城京左京六条五坊の人、栖磐嶋が山城宇治橋の近くで、閻羅庁の使の鬼に干飯を施す話(中巻第24話)や、讃岐国山田郡人、布

敷臣衣女が聖武天皇の代に急病を得、門の左右に「偉しく百味を備えて」疫神に賂いて饗した話（中巻第25話）がみえる。こうした説話がどこまで史実を伝えているか疑問だが、街道上、あるいは門傍の道路上における疫神の祭り方は、令の道饗祭と共通性が認められる。水野正好は、この道饗祭や疫神祭は道の上に供物を並べ、饗応することに意味があったと強調される（水野正好 1982．「福徳——その心の考古学」『奈良大学文化財学報』第1集、p.54～64、特にp.64上段1～9行）。

道饗祭と同じ系譜の祭祀が『日本書紀』の「皇極紀」に、東国の富士川の辺で起きた常世神を祭る事件である。ここにみる祭祀は、長さ4寸ばかりの虫を常世神として祭り、財宝を喜捨し、歌儛を行えば、現世利益が得られるというもので、下出積與は、大陸の民間道教に基づく祭祀という（下出積與 1972『日本古代の神祇と道教』p.80）。ここで重要なのは、常世神を祭るにあたり、「酒を陳ね菜・六蓄を路の側に陳ねて祭った」とあることで、道の傍に供物を陳ね饗応することは、先の道饗祭の祭り方と共通した意識であろう。

また、時代は下るが、『本朝世紀』天慶元（938）年9月2日条に岐神（ふなどのかみ）を祭る話がみえる。これは平安京の「東西両京大小衢」に木を刻んだ男女の神々を安置し、さまざまの供物を供え、猥雑さの中に祭ったものである。この岐神は御霊だと書かれている。

「神祇令」に規定され、宮城四隅で行う今一つの祭に、鎮火祭がある。やはり6月と12月の晦日に行われた。「義解」に「在‐宮城四方外角‐、卜部等鑽‐火而祭為‐防‐火災‐故曰‐鎮火‐」とあって、火災を防ぐため、宮城四方外角で、卜部等が火を鑽り祭るとある。祭りの場はいうまでもなく宮城四方外角の道上なのであろう。

32) カッコ内の注記は『拾芥抄』による。
33) 吉田東吾 1900『大日本地名辞書』上方、冨山房、および1983～1984『角川日本地名大辞典』27大阪府、京都府、25滋賀県、によると、野田は摂津国豊能郡垂水西牧のうちの一つか（史料は鎌倉期）。現豊中市。豊中台地南方低湿地上に位置する。河俣は不詳、ただし若江郡には川俣郷がある（『倭名類聚抄』）。

大島は不詳。橘小島（たちばなのこじま）は、宇治橋の西、旧橋姫社の所在地という。現京都府宇治市。佐久那谷（現桜谷）は、瀬田川中流の鹿跳の瀬付近。現滋賀県大津市大石東町。辛崎は、『万葉集』にも詠われた琵琶湖西岸の岬。現滋賀県大津市。

34) 『日本紀略』正暦5（994）年6月27日条に「疫神が為に御霊会を修す。木工寮修理職神輿二基を造り、北野船岡上に安置す。僧を屈せて仁王経の講説を行わしむ。城中の人伶人を招きて音楽を奏す。都人士幣帛を齎持するも幾千万人かを知らず、禮いて難波海に送る。此れ朝議にあらずして、巷説より起れるなり」とある。この年疫病が九州より起こって諸国に流行、京へは4月に入り、路頭に病死者が多かった。
35) 京都府山城郷土資料館高橋美久二および長岡京市埋蔵文化財センター山本輝雄に教示を得た。
36) 1984年12月7日山本輝雄に諸々教示を得た。
37) 大藪遺跡の西北方向に中久世遺跡があり、木製人形、人面土器が出土している（京都市埋蔵文化財研究所 1980『平安京跡発掘資料選』pp.22、24）。

中久世遺跡の詳細は不詳だが、奈良国立文化財研究所 1985『木器集成図録』近畿古代篇、第Ⅲ章E「大藪遺跡」項によると、中久世遺跡検出の流路SD01の下流が大藪遺跡である、としている。同書p.126。
38) 京都市埋蔵文化財研究所上村和道の教示を得た。平安京内の土馬については、磯部勝の集成がある（1981年6月5日部内研究会資料）。
39) この例は杯ないし皿の内面に人面を描く例だが、8世紀の例のごとく、外面に人面を描き、

中世に降る例が愛知県矢作川河床遺跡から相当数出土している（岡崎市教育委員会 1983『矢作川河床遺跡出土品展』pp.10～11、38～43）。
40）加賀見省一の教示によると、1985年2月に国分尼寺の真東にある川岸遺跡（日高町松岡所在）からも木製模造品の人形、馬形、斎串が出土した。また、山形県俵田遺跡は、城輪柵の推定国府域の条坊計画線上にある。
41）その理由の一つに、呪符の流行がある。模造品から呪符への転換は、観念の多様化とともに漢字の呪力への期待があるのであろう。
　なお、中世の呪術資料の現況を知る手引となるのが、広島県草戸千軒町遺跡調査研究所 1984『中世の呪術資料』第4回中世遺跡研究集会資料である。

［参考文献］

泉森　皎　1975「大和の土馬」『橿原考古学研究所論集』創立三十五周年記念、吉川弘文館、pp.399～422。
井上光貞　1977「補注6神祇令」『律令』岩波日本思想大系3、pp.529～540の「大祓」条、p.359、8行目～14行目。この註釈は『日本古代の王権と祭祀』にも収録されている。
井上光貞　1984「古代沖の島の祭祀」『日本古代の王権と祭祀』東大出版会、pp.207～245、特にp.232。
梅原末治　1950「本邦出土に係る唐代鏡の新資料」『史迹と美術』201、pp.42～48。
梅原末治　1952「近時所見の本邦での唐式鏡――志摩信者八代神社の遺品其他」『古代学』第1巻第3号、pp.236～243。
大西源一　1955「志摩八代神社の古神宝」『国学院雑誌』第56巻第2号、pp.125～130。
大場磐雄　1937「上代馬形遺物に就いて」『考古学雑誌』第27巻第4号。
大場磐雄　1966「上代馬形遺物再考」『国学院雑誌』第67巻第1号。
大場磐雄　1970『祭祀遺跡――神道考古学の基礎的研究――』角川書店。
小笠原好彦　1975「土馬考」『物質文化』第25号、pp.37～48、特にpp.37～42。
岡幸二郎・猪熊兼務　1969「木器・木製品」『藤原宮』奈良県史跡名勝天然記念物調査報告、第25冊。
奥平英雄　1953「不動利益縁起」『ミュージアム』No.28、pp.16～18。
小田富士雄　1971「古代形代馬考」『史淵』105・106合併号、pp.153～195。
金子裕之　1980「古代の木製模造品」『奈良文化財研究所研究論集Ⅵ』pp.1～28。
金子裕之　1981「歴史時代の人形」『神道考古学講座』第3巻、雄山閣、pp.200～217。特にp.214。
金子裕之　1984「平安京と葬地」『奈良大学文化財学報』第3集、pp.67～103、特にp.73。
金子裕之・加賀見省一　1980「特異な木製模造品を出土した兵庫県姫谷遺跡」『月刊文化財』202号、pp.48～52、特にp.52。
河田　貞　1974『日本の美術』第92号、至文堂、pp.26～29、31。
鎌木義昌・間壁忠彦　1964『大飛鳥遺跡』倉敷考古館。
窪　徳忠　1982「東南アジア在住華人の竈神信仰」『歴史における民衆と文化――酒井忠夫先生古稀祝賀記念論集――』国書刊行会、pp.873～887、特にp.887。
黒板勝美編　1972『延喜式』新訂増補国史大系、pp.27～28。四時祭上「中宮御贖」項。
研修道場用地発掘調査団　1983『鶴岡八幡宮境内の中世遺跡発掘調査報告書』鶴岡八幡宮。
国史大辞典編集委員会　1908『国史大辞典』な～わ巻、吉川弘文館、p.1923「ナナセノハラヒ七瀬祓」の項。
澤田瑞穂　1984「呪詛史」『中国の呪法』平河出版、pp174～212、特にp.212。

静岡県埋蔵文化財調査研究所 1983『静岡埋蔵文化財調査研究所だより』No.17、p.2、PL.2。
下中邦彦編 1981『奈良県の地名』平凡社、p.488「下三橋村・上三橋村」の項。
白川　静 1970『漢字——生いたちとその背景』岩波新書747、p.44。
白川　静 1984『字統』平凡社、p.656「道」の項目他。
第三次沖の島学術調査隊 1979『宗像沖ノ島』吉川弘文館、pp.490〜491。
瀧川政次郎 1966「八十嶋祭と陰陽道(一)」『國学院雑誌』第67巻第1号、pp.78〜93。
瀧川政次郎 1967「羅城・羅城門を中心とした我が国都城制の研究」『京制並に都城制の研究』法制史論叢、第2冊、角川書店、p.111、209、271。
巽淳一郎 1985「平城京における墨書人面土器祭祀」『古代研究』。
田中勝弘 1973「墨書人面土器について」『考古学雑誌』第58巻4号、pp.1〜27。
土井　実 1956「大和土製馬考」『考古学』第4巻2号、pp.195〜204。
直木孝次郎 1973「律令官制における皇親勢力の一考察」『奈良時代史の諸問題』塙書房、pp.260〜294、特にp.262、およびpp.272〜273「二官八省定員表（その二）」。
中野政樹 1972「奈良時代における出土・伝世唐式鏡の基礎資料および同范鏡の分布とその鋳造技術」『東京国立博物館紀要』第8号、pp.171〜312。
奈良国立文化財研究所 1965「第19・21次調査第2次内裏東外郭〜東面北門」『奈良国立文化財研究所年報1965』pp.34〜37。
奈良国立文化財研究所 1966「第32次調査平城東南隅」『奈良国立文化財研究所年報1966』pp.36〜39。
奈良国立文化財研究所 1968「第39次調査東面南門推定地東側」『奈良国立文化財研究所年報1967』pp.42〜45。
奈良国立文化財研究所 1972『平城京羅城門跡発掘調査報告』大和郡山市教育委員会。
奈良国立文化財研究所 1974『平城宮発掘調査報告Ⅳ——平城京左京一条三坊の調査——』奈良国立文化財研究所学報、第23冊、pp.22〜23、139。PL.87右79。
奈良国立文化財研究所 1974「前川遺跡発掘調査」『平城京朱雀大路発掘調査報告』奈良市、pp.27〜33。
奈良国立文化財研究所 1976『平城京左京八条三坊発掘調査概報——東市周辺東北地域の調査』（奈良県）。
奈良国立文化財研究所 1976『平城京左京三条二坊六坪発掘調査概報』p.15。
奈良国立文化財研究所 1978『平城京九条大路——県道城廻り線予定地発掘調査概報』。
奈良国立文化財研究所 1978「藤原宮第20次（大極殿北方）の調査」『飛鳥・藤原宮発掘調査概報8』pp.3〜13。
奈良国立文化財研究所 1980『平城京左京三条二坊六坪発掘調査概報』奈良市教育委員会、p.6。
奈良国立文化財研究所 1981『平城宮木簡三解説』奈文研史料第17冊別冊、p.25。
奈良国立文化財研究所 1981「南面東門（壬生門）の調査（第122次）」『昭和55年度平城宮跡発掘調査部発掘調査概報』pp.3〜10。
奈良国立文化財研究所 1982「南面西門（若犬養門）の調査（第133次）」『昭和56年度平城宮跡発掘調査部発掘調査概報』pp.10〜13。
奈良国立文化財研究所 1982「推定第2次内裏北方官衙地域の調査（第129次）」『昭和56年度平城宮跡発掘調査部発掘調査概報』pp.3〜9。
奈良国立文化財研究所 1983「内裏北外郭東北部の調査第139次」『昭和57年度平城宮跡発掘調査部発掘調査概報』p.1〜7。
奈良国立文化財研究所 1983『平城京左京四条四坊九坪発掘調査報告』p.22。

奈良国立文化財研究所　1983『平城京東堀河——左京九条三坊の発掘調査』。
奈良国立文化財研究所　1984「第二次大極殿院・内裏東方官衙の調査第154次」『昭和58年度平城宮跡発掘調査部発掘調査概報』pp.27〜33。
奈良国立文化財研究所　1984『平城京右京八条一坊十一坪発掘調査報告書』pp.19〜28、41 fig.28-26、59〜60。
奈良市教育委員会　1984『平城京東市推定地の調査Ⅱ——第4次発掘調査概報』。
浜松市立郷土博物館　1976『伊場木簡』伊場遺跡発掘調査報告書、第一、図版14、61。
浜松市立郷土博物館　1978『伊場遺跡遺物編1』伊場遺跡発掘調査報告、第3冊。
羽咋市教育委員会　1984『寺家』。
福永光司　1973「道教における鏡と剣——その思想の源流——」『東方学報』第45冊、pp.59〜120、特にp.66。
福永光司　1982「八角古墳と八稜鏡——古代日本と八角形の宗教哲学」『道教と日本文化』人文書院、pp.56〜73、特にpp.58〜59。
藤沢一夫　1968「古代の呪詛とその遺物」『帝塚山考古学』1号、pp.62〜68。
堀　一郎　1955『我が国民間信仰史の研究(一)』。
前田豊邦　1970「土製馬に関する試論」『古代学研究』53号、pp.22〜26。
松村恵司　1984「平城宮出土金属製人形」『奈良国立文化財研究所年報1984』p.63。
水野正好　1970「滋賀郡所在の漢人系帰化氏族とその墓制」『滋賀県文化財調査報告書』第4冊、pp.77〜92。
水野正好　1974「祭礼と儀礼」『都とむらの暮し』古代史発掘10、講談社、pp.136〜147、特にpp.142〜143。
水野正好　1982「人面墨書土器——その世界——」『古代の顔』福岡市立歴史博物館、pp.50〜55、特にp.53「疫神・鬼神の祓流し」項3〜4行目。
水野正好　1983「馬・馬・馬——その語りの考古学」『奈良大学文化財学報』第2集、pp.23〜43、特にpp.30〜31。
向日市教育委員会　1981『向日市埋蔵文化財調査報告書』7集、pp.80、104〜107、130〜131、特にpp.102〜104。第59図の遺物出土状況図は重要である。
村井康彦　1970「平安京の形成」『京都の歴史』1、学芸書林、特にp.233。
村上吉郎　1981「出土土馬から見た小牧・外遺跡の性格——律令期に於ける土馬祭祀の分析から——」『中島町小牧・外遺跡』（石川県中島町教育委員会）、pp.87〜95。
矢島恭介　1953「志摩半島八代神社の鏡」『ミュージアム』26号、p.30〜32。
山形県教育委員会　1984『俵田遺跡第2次発掘調査報告書』。
山上伊豆母　1970「『七瀬の祓』の源流」『古代文化』第22巻第6号、pp.123〜130。
山上伊豆母　1973「禊祓の本質——七瀬祓の源流——」『古代祭祀伝承の研究』雄山閣。
山本輝雄・岩崎誠　1984「長岡京跡右京第104次調査概要」『長岡京市埋蔵文化財調査報告書』第1集、pp.105〜132。
吉田東吾　1900『大日本地名辞書』上方、冨山房、p.210「稗田(ヒタ)」の項。
六勝寺研究会　1973『大藪遺跡1972発掘調査報告』。

〔追　記〕
　小稿は、共同研究会における発表・討議から受けた多くの教示と刺戟をもとに、作成したものである。成稿にあたっては、水野正好・松下正司・高橋美久二と工楽善通・佃幹雄・西弘海・巽淳一郎をはじめとする奈良国立文化財研究所の諸氏から多大の教示と援助を得た。

また、白石太一郎とともに佐原真からも厳しい励ましを受けた。ともに感謝したい。
　小稿の概略の一部は、拙稿1984「祭祀」『平城京右京八条一坊十一坪発掘調査報告書』奈良国立文化財研究所、pp.61～63で述べた。併せ参照いただければ幸いである。

第10章

平城京と葬地

はじめに

　和銅3（710）年3月、都は藤原の地を離れ、新たに営まれた平城の地へ遷った。都城の建設は単に建築学的な面だけでなく、都にふさわしい土地の選定にはじまり、都城全域の河川管理や排水計画・整地といった土木工学、交通路網の整備までも含む広汎な総合体系を要した。標題の葬地の設定もその一環であった。

　平城京の葬地に関する記録は知られないが『養老喪葬令』には「凡そ皇都及び道路[1]の側近には並に葬り埋めることを得ざれ」とある。これは『日本書紀』大化2（646）年3月の詔「凡そ畿内より諸々の国々に至るまでに、一所に定めて収めしめ、汚穢處々に散じ埋むることを得じ」［坂本 1965］と理念的に共通するものであろう。こうした禁令の存在からみて、律令国家の手によって平城京周辺に葬地が設定されたとの推測を可能にする。都城周辺の葬地が律令国家によって意識的に設定されたとすると、都城と葬地の関係を追求することで、その都城がもつ特質を明らかにできるのではあるまいか。小稿はこうした観点から、まず平城京の葬地を明らかにしよう。

　平城京の葬地については、和田萃・岸俊男の優れた考察がある。和田萃は、平城京では『喪葬令』皇都条に規制され、葬地が京外に求められたことを確認。この葬地は従来から知られている3ヵ所——北京極の一条通り以北の奈良山丘陵、外京東の春日野・高円山と京西方の生駒谷——に、新たに外京の五条六坊南側の能登川の氾濫原を加えるべきとされた［和田 1974・1976］[2]。岸俊男は、太安萬侶墓の発見に関連して論じた。外京東の丘陵地帯の葬地を和田説など通説とは別に、高円山東の田原里に求める。そして、この地は、平城京を挟んで西の生駒谷の葬地と地理的に対応すると指摘、また、京北の葬地は天皇陵や有力貴族の墓が集中することから、格が高く、これらに比べると東方の葬地は格が下がることを明らかにされた［岸 1980a・1980b］。

　以上から、平城京の葬地は、京の東・北・西の丘陵地帯にあること、重要であったのは京北の地であること、などが明らかとなった。北方を重視することは、のちの嵯峨天皇の遺詔「山北幽僻不毛地」[3]を選んで葬ることや、墓地は北方勝地を取るべきとした天台座主良源の遺告[4]にも共通した思想である。ただし、この北方は平安京葬地の実態からみて、京（宮）の真北を指すものではなく、漠然と京の北を指すようである。これは、次にみる平城京においても同様である。

近年の平城京と周辺の発掘調査によって、平城京の葬地には、なおつけ加えるべき余地がある。また、和田萃が指摘したように、平城京の葬地は先向する藤原京のあり方とは異なるが、両者の関係については審らかでない。日本都城の葬地の淵源に関しては、和田が前掲論文で分析したが、和田の主たる関心は倭京・藤原京のそれに限定されており、平城京について触れるところがない。したがって、小稿ではこうした先学の業績に導かれつつ、平城京葬地の淵源についても検討を加え、そこから派生した問題点にも触れることにしよう。

1　平城京の葬地

(1) 奈良盆地の8世紀墳墓の分布

　平城京の葬地を述べるには平城京周辺だけでなく、広く奈良盆地の同時代墳墓の分布にまで目を向ける必要があろう。この時代の墳墓は大半が偶然の機会に発見され、研究者の目に触れぬまま消滅した例も多かったであろう。それでも小島俊次［小島 1965］・黒崎直［黒崎 1980］等の努力によって今日迄44ヵ所余りが知られる。これをもとに作成したのが図76である。この図には藤原京の葬地を考える手懸かりとして、7世紀代の例と、いわゆる終末期古墳、さらに平城廃都後の状況を知るために、9世紀代に下る例も図示した。これによると8世紀墳墓は、盆地に沿った丘陵周縁および高原地帯に分布し、地域的に少なくとも9グループに分けられる。他方、平野部は発見例が少なく、平城京の南に接した河川敷にも認められる。この中から、平城京に居住した貴族・官人・庶人の葬地を判別するには、その地理的位置とともに被葬者の性格を考える必要がある[5]。この手懸かりが墓誌である。奈良盆地の8世紀墳墓のうち墓誌を伴った例には、文禰麻呂墓・威奈大村墓・道薬墓・山代忌寸真作墓・太安萬侶墓・小治田安萬侶墓・美努連岡萬墓・行基墓の8ヵ所があり、表に、その発見地・被葬者の死亡年月日・経歴・居住地などをまとめた。この表17から、平城遷都以前の文禰麻呂・威奈大村墓は藤原京の葬地を示す可能性があり、山代忌寸真作墓誌は発見地が和歌山県境に近い奈良県五条市で、地理的に離れすぎることから、ともに除外する。残る5例を地域的に整理すると、平城京東方——太安萬侶墓・道薬墓・小治田安萬侶墓、平城京西方——美努連岡萬墓・行基墓となる。前者のうち道薬は大楢君一族である。大楢氏は渡来系氏族で、現天理市楢町付近が本拠地と考えられており、佐井寺も三輪町狭井社付近に推定されている［堀池 1961］。道薬は平城京の葬地とは関係せず、本貫地の近くに埋葬された可能性があり、ここでは疑問としておこう。したがって、平城京東方の葬地として太安萬侶墓の田原里周辺と、小治田安萬侶墓のある都祁盆地を考える。西方の葬地については、美努連岡萬墓などがある生駒谷という従来の説にしたがっておこう。

　以上述べたように、今まで指摘されてきた平城京の葬地は、分布図からも、大まか

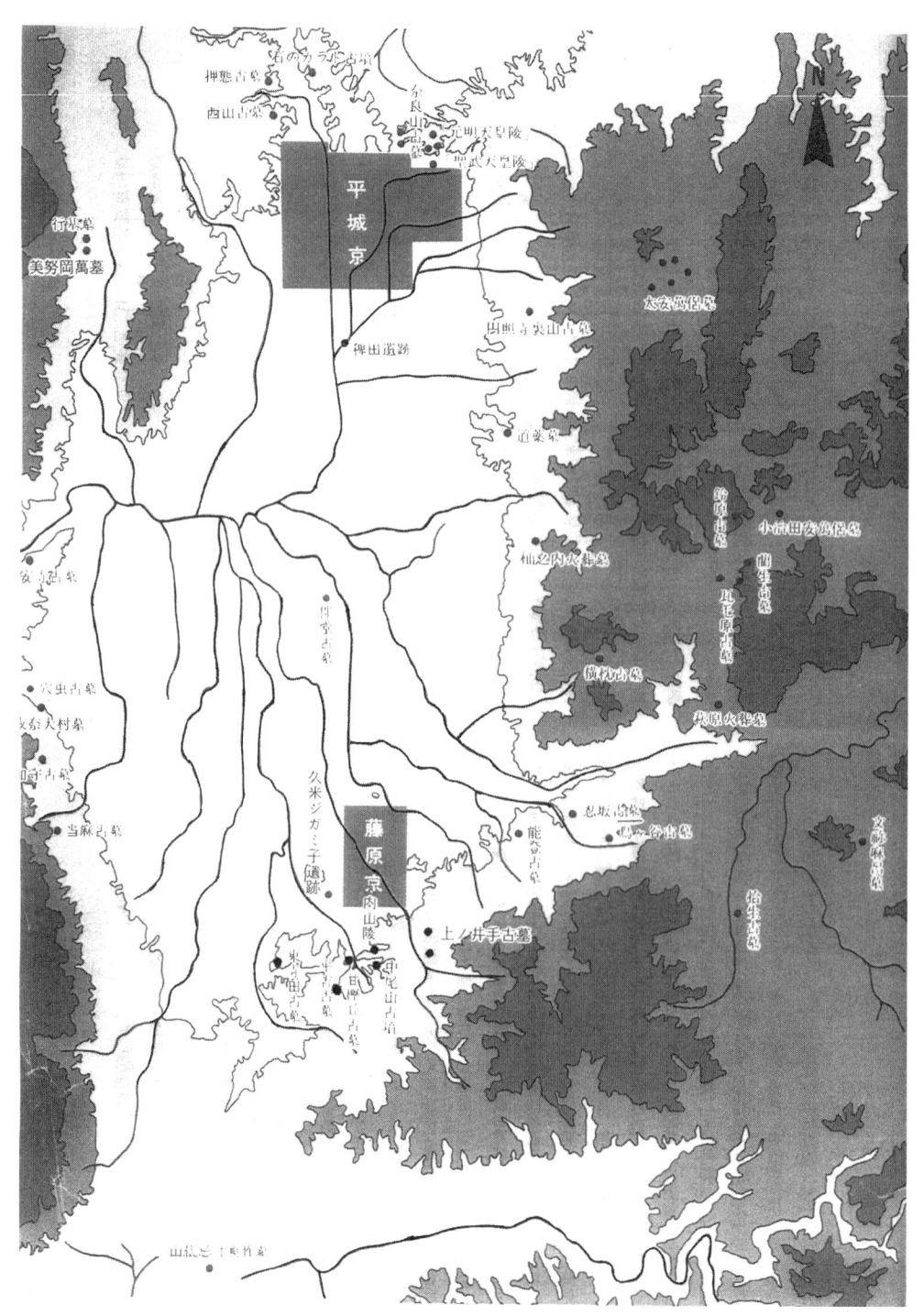

に裏づけられている。ここでは、北・東・西の三方をさらに検討し、新たにつけ加え

図76　奈良盆地の葬地

表17 奈良盆地発見の墓誌

人　　名	発　見　地	墓誌の年代	官位	備　　考
文忌寸禰麻呂	奈良県宇陀郡榛原町	慶雲4（707）	正四上	
威奈真人大村	奈良県北葛城郡香芝町	慶雲4（707）	正五下	越城に終わる。大倭国葛木下郡山君里狛井山岡に帰葬す
僧 道 薬	奈良県天理市岩屋町	和銅7（714）		
山代忌寸真作	奈良県五条市東阿田	養老6（722）	従六上	河内国石川郡山代郷（の人）
太朝臣安萬侶	奈良県奈良市比瀬町	養老7（723）	従四下	左京四条四坊（の人）
小治田朝臣安萬侶	奈良県山辺郡都祁村	神亀6（729）	従四下	右京三条二坊（の人）大倭国山辺郡都家御郡里岡の安墓
美努連岡萬	奈良県生駒市萩原	天平2（730）	従五下	
僧 行 基	奈良県生駒市有里	天平21（749）		右京菅原寺に終わる大倭国平群郡生馬山東陵に火葬す

るべき京南辺の葬地について述べよう。

(2) 京北方の葬地

　京北方の葬地は、さらに東と西に分けることができる。東側、すなわち、外京の北方、現在の奈良市法蓮町・奈良阪町に広がる佐保山丘陵は、天皇をはじめとする有力貴族の葬地であった[6]。『続日本紀』『万葉集』『家伝』『公卿補任』等の記事によると、元明[7]・元正[8]・聖武の各天皇、仁正皇太后[9]（光明子）、太皇大后宮子[10]、藤原不比等[11]、武智麻呂[12]、飯高宿祢諸高[13]、大伴家持の亡妾[14]、大伴家持等[15]の葬送地あるいは火葬地として選ばれている。また夭折した聖武の皇子の墓[16]とされ、隼人石で有名那富山墓もある。佐保山丘陵の西縁近く、ウワナベ古墳[17]の東北方にあたる奈良阪町で、須恵器の蔵骨器が発見され［平城宮跡発掘調査部 1978][18]、内部に萬年通宝二枚、神功開宝三枚と墨片が副葬されていた。須恵器の様式から、その年代は奈良末という。また、詳細は不詳だが、新聞報道によると、ここから北約1kmの国鉄操作場予定地からは何基かの火葬墓が発見されている。この葬地は、現在関西線・国道24号線バイパスの走る谷で切れ、西側には続かないと考える[19]。これは、後述のように重要な意味があるので注意しておきたい。

　西の群は宮城の西北にあたる。平城宮の北々西約3.5kmの奈良山丘陵、京都府との県境に石のカラト古墳がある。この古墳は上円下方墳で、下方部の一辺が13.7mを測る。内部主体は凝灰岩切り石を用いた高松塚型の石室で、盗掘されていたが、副葬品は銀装太刀の一部、金・銀・コハクの玉があった。古墳の築造年代は、墳丘や墓道出土の土器からみて8世紀前半［奈文研 1979］と考える。古墳の位置と規模からみて、被葬者はかなり高位者と推定できる。石のカラト古墳の西南、沖積地を隔てた、奈良市押熊町と秋篠町では火葬蔵骨器が出土［森本 1924][20]。押熊例の出土状況は、人骨を納めた蓋付壺を土師器高杯にのせ、さらに須恵器大甕に納めている。その年代は8世紀中葉頃と推定される。秋篠町西山例は、秋篠寺西の丘陵尾根で発見され、土師器の甕で、蓋があり、和同開珎2枚が副葬してあった［小島 1956］。年代は8世紀前半であろう。この発見地周辺は炭化物等が散っており、火葬墓群があったと推定されている。また、

宝亀元（770）年8月8日に没した称徳（孝謙）天皇の陵は鈴鹿王の旧宅を山陵としたもので、『続日本紀』同11日条に「大和国添下郡佐貴郷高野山陵に葬る」とあって、この西群に含まれよう。現在、宮内庁治定の山陵は前方後円型を呈し、埴輪片が採集できる[奈良市史編集審議会 1958][21]。

　ここで問題となるものに奈良市平松町発見の蔵骨器がある[奈文研 1977]。1976年、平城京右京五条四坊三坪にあたる平松町・五条町の発掘で4間2間の東西棟建物の南側柱の柱掘形と重複した土壙から有蓋の薬壺型須恵器が出土。壺内部には和同開珎4枚、筆管、墨挺、および微少の骨片と絹織物があった。これは当初蔵骨器とされたが、胞衣(えな)を納める壺中に銭、筆、墨を納める習俗が『玉蘂』や『御産所日記』にみえ[22]、本例は胞衣壺の可能性が高く、割愛した。また、小島俊治は奈良市七条町でも蔵骨器らしきものが出土したとされるが詳細は不明である。

(3) 京東方の葬地

　1979年、奈良県此瀬町で『古事記』の編者太安萬侶の墓誌が発見され[橿考研 1981]、平城宮の東南約8.5kmの田原里が平城京の葬地と判明した。安萬侶墓は傾斜の強い丘陵の南傾斜面にあり、尾根側に直径4.7mほどの弧状の溝をめぐらせ、低い墳丘を築いたと推定される。内部に1辺1.7mの方形の土壙を掘り、火葬骨を納めた木櫃の周囲に木炭を塡め、上部を版築土でおおう。墓誌は木櫃の下部に下に向けて納めてあったという。安萬侶墓の発見を契機に、周辺の聞き取りと踏査が行われ、過去に、蔵骨器が四ヵ所、火葬墓が1ヵ所発見されたこと、北方1kmの誓多林町でも火葬墓の存在したことが確認された[橿考研 1981]。この安萬侶墓の西方に天智天皇第7皇子施基皇子田原西陵が[23]ある。施基（志貴）皇子は霊亀2（716）年に没し、『万葉集』巻2-230に笠金村の挽歌があり、春日山麓をゆく葬列の様が詠われている。またその東方には光仁天皇田原東陵がある。光仁天皇は施基皇子の子で天応元（781）年12月没、翌年広岡山陵に葬られたが、延暦5（786）年、施基皇子の墓があるこの地に改葬[24]された。新羅の僧尼理願も『万葉集』巻3-460収載歌からこの地に葬られたと推定[岸 1980a]されている。平城京からこの田原里にいたるには、高円山北の石切峠を越えたと想定されて[岸 1980a]いる。

　太安萬侶墓の東南約9km、都祁盆地の西寄り現在都祁水分神社のある都祁村甲岡の独立丘南斜面に小治田安萬侶墓がある。墓の発見は明治末年で、調査は40年後の1951年に行われた。その報告から墓の築成過程を復原すると、墓は掘込地業を行ったもので、地山を一辺約3.5mの方形に掘りくぼめ、基底部には玉石を敷き、その上に炭まじりの土と粘土を互層に版築。墳丘は半丘状に盛り上げて土壙を穿ったのち、火葬骨を納めた木櫃と墓誌3枚を置き、墳丘版築土の周縁に三彩陶器や銀銭等の副葬品を置いたようである。木櫃の位置は掘込部の中心とは一致せず、中央より北側にずれていた。この築成過程は[25]、最近発見の天理市杣之内火葬墓[天理大学附属天理参考館分室 1983]と似

た工法で、終末期古墳のそれと近縁関係にあることがわかる。安萬侶墓に隣接した畑から数十枚にのぼる和同銀銭が出土、近くに安萬侶一族の墓があったことが推定されている［角田 1952］。この安萬侶墓の周辺1.5～2kmには奈良時代の墳墓が数ヵ所ある。たとえば、西南の都祁村藺生には三彩、萬年通宝、神功開宝を伴った墓がある［都介野村史編纂委員会 1956］。西方の天理市鈴原の尾根南斜面から須恵器の有蓋蔵骨器や土師器の甕に須恵器の鉢を蓋とした蔵骨器などが出土、この付近に多数の墳墓があったようである［小島 1964］。また北方の都祁村針からは和同銭60～70枚を副葬した土師器の蔵骨器が出土している。同村では、他にも蔵骨器出土箇所があるという［小島 1956］。霊亀元（715）年6月「大倭国都祁山道を開く」（『続日本紀』）とあり、平城京からこの地にいたるのはこの道によったのであろう。京東方の葬地を考える時、問題として残るのが春日山古墳である。自然石で小規模な竪穴式石室を築き、マウンドをもつ遺構が現春日大社の鹿苑から飛火野にかけて60ヵ所余り分布する［中村 1981］。この一部を調査した末永雅雄は奈良時代の古墓とされた［末永・尾崎 1954］。ただし、博士はこれらが春日社と近接するため、春日社の創祀との年代的関係を問題にされていた。

　これらが奈良時代の古墳とすると、京外とはいえ、春日社という平城京の重要な神社の傍に葬地があったことになり、何らかの特殊な事情を考慮する必要が生ずる。最近、中村春寿はこれらの遺構が墓の要件を欠く点をあげ、祭祀終了後の祭具埋納遺跡と考えている［中村 1981］。この春日山古墳に関してはなお検討が必要であろう。

(4) 京西方の葬地

　河内と大和の境をなす生駒山は東方の田原里などに対する京西の葬地であった。現在この地で知られる被葬者は美努連岡萬と大僧正行基である。墓の立地はともに平城京の西約9km、生駒山脈の東麓から派生した一支丘上である。美努連岡萬墓は暗峠道のすぐ北に接した生駒市萩原町の通称竜王塚に[26]あり、墓誌は縦29.7m、横20.6mの銅板で、1行17字全11行に銘文を刻む［若林 1903］。これによると岡萬は天武13（684）年正月に連姓を賜わり、大宝元（701）年遣唐使の一員として粟田真人等と渡唐、霊亀2（716）年従五位下を授けられ、主殿寮の長官を歴任、神亀5（728）年10月20日67歳で死去したことがわかる。没後3年たった天平2（730）年10月に墓誌が作られた。美努氏は元来、河内国若江郡を本貫とする豪族で［奈文研 1977］、大化前代には天皇家の直轄領であった河内国三野県を管理した家柄であった。岡萬は本貫地を離れ、京西の葬地に葬られた。美努連岡萬墓の北0.7kmの生駒市有里町竹林寺境内に行基墓所がある。文暦2（1235）年寺僧寂滅が同墓所を発掘、行基の墓誌と舎利などを得たという。墓誌は径10cm、高さ30cm以上の銅筒だったらしく、現在その一部を残すのみだが、「行基大僧正舎利瓶記」によって全文を知ることができる。これによると、題記・名字・世系・経歴・死去の時、所・葬送の年、所・墓誌執筆年、筆者名の順に記され、この地に葬られるにいたった経緯は、天平21（749）年2月2日右京菅原寺で死去、6

日後、生馬山の東陵に火葬したとあり、それは遺命によるとしている［奈文研 1977、内務省 1928］。

　この地、生駒山に葬られた有力者には長屋王と吉備内親王がある。『続日本紀』天平元（729）年2月12日条に、長屋王が秘かに左道を学び、国家を傾けんとした罪により自刃せしめられ、翌13日に「使を遣して長屋王、吉備内親王の屍を生馬山に葬らしむ」とある。現在、生駒郡平群町梨本に2墓が治定されている。

(5) 都南方の葬地

　平城京周辺の北・東・西の丘陵地帯のほか、平野部の河川敷も葬地であった。平城京羅城門の南約1.9km、大和郡山市稗田で奈良時代の河跡が発掘された。この河跡は、現在の能登川、岩井川など盆地東麓の春日山・三笠山に源をもつ川の下流部にあたり、京造営時に河道のつけ換えを受け、京東南隅付近から条里に対し約45度の角度で西南方向に流れ、東堀河、佐保川と合流、さらに下ツ道を越えたのち秋篠川（西堀河）に合流して大和川に注いだ［中井 1978］。この川底から奈良末の多量の遺物とともに、人骨2体分が出土。1体は子供で、体の下に横棒を入れて蓆でくるみ、頭には曲物を被せていた。検出遺体は2体分だが、同様の蓆状のものがいくつかみられ、他にも遺体があったらしい［中井 1978］。これは埋葬というより遺棄状態に近いが、河原が葬地の一部であった平安京でも事情は変わらなかった。『続日本後紀』承和9（842）年10月14日条に、「左右京職東西悲田院に勅して料物を給い（葛野郡）嶋田河原と鴨河原等の髑髏を焼き歛めしむ。惣五千五百余頭」とある。貞観13（871）年閏8月28日付太政官符では、葛野郡五条荒木西里六条久受里と紀伊郡十条下石原西外里十一条下佐比里十二条上佐比里を百姓葬送放牧之地と定めた[27]。このうち紀伊郡の葬地は西二坊大路にあたる佐比大路の南、鴨川と桂川の合流部付近に比定される［須磨 1952］。

　中世、地蔵信仰の隆盛とともに人口に膾炙した賽の河原伝説はこの佐比の河原を語源とする［望月・塚本編 1955］。平城京にあっても、この紀伊郡の葬地と位置的にも地理上からも似た京城南の稗田から西方一帯の河川敷が百姓葬送地であった可能性はある[28]。この推定が正しいとすれば、平安京にみられる京城南辺の河川敷の葬地は平城京の伝統を引くことになろう[29]。

　法を侵して葬地以外の川に死体を遺棄することは京内でも珍しいことではなかったようだ。九条条間路と交差する東堀河では奈良時代末の遺物、牛馬の骨に混じってひとの頭蓋骨が出土した［奈文研 1983][30]。これに関連して想起するのが神護景雲3（769）年5月19日、懸犬養姉女（おおめ）等が称徳天皇を呪詛した廉で配流された事件である[31]。その呪詛は、佐保川の髑髏を宮内に持ちこみ、これに天皇の頭髪を貼りつけて行うものであった。佐保川は京造営時に流路をつけ換えられ、廃都後にも流れが変わったが［堀井・伊達 1972][32]、左京を流れる最も大きな川で、『万葉集』にも多く詠われている。この事件では髑髏を拾った位置は不明だが、東堀河の例とあわせ、こうした川も常に骨が

転がっている状態にあったのだろう。

2　藤原京の葬地

　平城京と藤原京の葬地の違いを明確に示すのは、天武・持統・文武という浄御原宮と藤原京の時代の天皇陵が京南方の丘陵地帯に位置する、あるいは推定されることである。『阿不幾乃山陵記』によって天武・持統合葬陵であることが確実視される檜隈大内陵は、藤原京中軸線の南延長線上に位置する[岸 1969]。この西に鬼の俎厠古墳、西南には、発掘調査により八角型と判明し、文武天皇陵説が有力な中尾山古墳[秋山・網干 1975]、および壁画で有名な高松塚古墳があり、最近その南で同じく壁画をもつキトラ古墳が発見された。また、西方の真弓丘にはマルコ山古墳[網干・猪熊・菅谷 1978]・牽牛塚古墳[網干 1977]があり、やや西南に離れるが、松山古墳（高取町）など 7 世紀第三―四半期から第四―四半期に推定される古墳がある。文献史料によると草壁皇子（岡宮御宇天皇）は真弓丘陵（『延喜式』諸陵寮）に、川島皇子は越智野[33]に葬られた。このように藤原京城の南および南西丘陵地帯は、藤原京の時代の天皇、皇子および貴族の葬地として、平城京北方の葬地と対比し得る重要地域であった。では、藤原京の葬地はここのみであったかというと、平城京同様東方と西方にも想定し得る。まず東方の葬地から検討してみよう。その候補地としてあげ得るのは、横大路を東にとり伊賀へ通じる初瀬谷に沿った、現在の桜井市から榛原町にかけての丘陵地帯である。たとえば、壬申の乱の功臣で慶雲 4 （707）年に没した文禰麻呂（書首根摩呂）の墓誌は、藤原京東方約15.8kmの榛原町八滝（宇陀郡内牧村）から出土[泉森 1982]。彼は渡来人系の西文氏の出身で、壬申の乱の功により功封100戸を賜い、死後正四位上を賜位。本貫地が不詳という点で問題が残るが、ここに埋葬されたのは、その埋葬年代からみてここが藤原京の葬地であったためである可能性がある。文禰麻呂墓から西南 5 kmほど藤原京に寄った宇陀郡大宇陀町拾生字城山からは凝灰岩製石櫃の外容器におさめた金銅製蔵骨器が出土している。金銅製蔵骨器は類例が少ないため年代決定には困難が伴うが、一応 7 世紀末から 8 世紀初頭と推定される[帝室博物館 1937][34]。この拾生の西隣の桜井市粟原は『続日本紀』に注目すべき記事がある。同書文武 4 年 3 月条に「道照和尚物化す。（略）第子等遺教を奉じて粟原に火葬す。天下の火葬此より始れり」とある。この卒伝には、「和尚は河内国丹比郡人也、俗称船連」とあって、この粟原の地との関連は不詳だがやはり藤原京の葬地との関連を考慮すべきであろう。

　初瀬谷に沿う丘陵地帯が藤原京東方の葬地とする想定の傍証が『万葉集』挽歌である。この挽歌には葬送地、火葬地を意味する山の名に泊瀬山が 7 首余り登場する。泊瀬山を詠み込んだ歌には年代不詳歌が多いが、柿本人麻呂の「土形娘子火葬泊瀬山時、柿本朝臣人磨作歌一首」（巻 3 － 428）も含まれ[35]、藤原京の時代にすでに初瀬山が葬送地の象徴であったことがわかる。藤原京から榛原町にかけては文珠院西古墳、舞谷古

墳、忍坂8・9号墳、花山西古墳など7世紀中葉から同第Ⅳ四半期に推定される古墳が点々とあり[猪熊 1967]、在地勢力による前代以来の葬地が藤原京の時代にも踏襲されたのであろう。その伝統は平城遷都後にも続いた。

次に西方の葬地を検討してみよう。藤原京城の南西に接する橿原市久米ジカミ子遺跡では、火葬墓とされる炭化物と須恵器の入った土壙9ヵ所が検出され、伴出の須恵器などから、その年代は7世紀中葉から末まで3期に区分できるという[藤井 1981]。これが、火葬墓として確実であれば、藤原京西方の葬地として類例の増加が期待できる。西方葬地として今一つ候補にあげるのは、横大路の西、穴虫越えに沿った葛城山東麓の地域である。この一画、北葛城郡香芝町穴虫字馬場からは威奈大村墓誌が出土し[水木 1913]ている。威奈大村は、墓誌によると持統・文武朝に出仕し、慶雲4（707）年4月正五位下越後城司（守）として任地に病没、同年11月に大倭国葛木下郡山君里狛井山崗に帰葬したとある。威奈大村がここに葬られたのは、この地が藤原京の葬地であったためであろう。威奈大村墓に接近した穴虫字ジバヤマからは蔵骨器の凝灰岩製の外容器が出土し[網干 1959]、また東南にあたる加守からは金銅製蔵骨器が出土[島田 1956]、ともに8世紀代と推定される。藤原京の葬地の伝統が続いているのであろう。また、天武の皇子である高市皇子の墓は『延喜式』諸陵寮に「三立岡墓　高市皇子在大和国広瀬郡、兆域東西六町南北四町無守子」とあり、これは馬見丘陵中に推定されている[白石 1974]。京西方の葬地はこの馬見丘陵にまで及んでいたのであろうか。

以上、藤原京の葬地として、従来一般的に説かれてきた京南西の古墳群の他にも、京の東方と西方にもそれぞれ葬地を推定してきた[36]。この藤原京の葬地と平城京のそれを比較してみると、天皇陵の分布が南方から北方に移るという顕著な違いがある。このことから平城京の葬地の原型を藤原京に求めることには困難がある。

次に、平城京の葬地の原型を検討するため、奈良朝政府が多くの文物、制度を移入した唐代の西都長安と東都洛陽の場合をみてみよう。

3　唐・長安城と洛陽城の葬地

(1) 西都長安の葬地

唐代の首都長安において、皇帝以下庶民にいたる墳墓の地はいかなる場所に営まれたのであろうか。まず皇帝陵の分布をみてみよう。

唐（618～907）では20代の皇帝が即位した。このうち、初代の高宗から僖宗に至る18代の皇帝陵は長安北方、関中盆地の乾県、礼泉県、涇陽県、三原県、富平県、蒲城県にあり、唐朝末期の2代の陵は河南と山東にある。18代の皇帝陵は関中にあるので、関中十八陵と呼ばれている[賀梓城 1981]。十八陵のうち十四陵は、海抜1,200～1,600mの山上にトンネルを穿って墓室としたものである。各々の陵は広大な陵園をもち、陵園の付近には、太宗の昭陵以降、陪葬区が設けられ、皇族より文武の勲臣にいたる陪

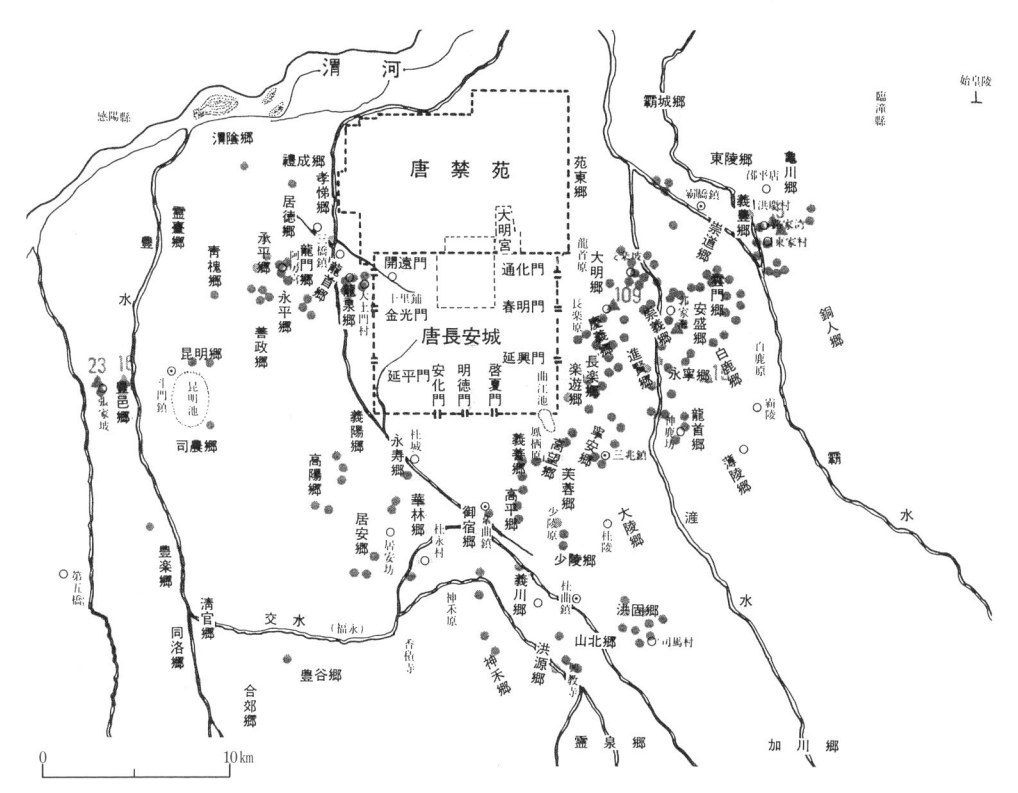

図77　長安周辺の葬地概念図
（本図は愛后作成の「長安郊区郷比定図」をもとに、報告のある唐代墳墓、墓誌等の史料にみえる葬地を投影したもの。図中の数字は発見墓の数を示す。ゴチックの郷名は愛后による比定郷名を示し、○印明朝は現地名を示す。）

葬墓が営まれた［賀梓城 1981、陝西省文物管理委員会 1979］。現存する陪葬墓は昭陵の167基を筆頭に、386基に達する［賀梓城 1981］。このように皇帝陵とその陪葬墓は長安の北方にあるが、長安から各陵までの距離は、直線距離で実に80〜100kmに達する［賀梓城 1981］。また長安の西北、渭水の北の咸陽には武則天の母揚氏の順陵［陝西省考古研究所 1964］があり、陪葬墓も発見［陝西省社会科学院考古研究所 1963］されている。さらに墓誌には「葬於京兆咸陽縣洪涜川之北原（開元六寶希城神道碑）」などと記したものがあり、単に咸陽とのみ記した碑文・墓誌を合わせると14近い例がある（『文苑英華』による）。

　次に長安近郊の葬地をみてみよう。長安近郊における唐代の墳墓数は明らかでないが、陝西省文物管理委員会の報告によると、建国以来西安地区で発掘整理した隋唐墓が約2,000基［賀梓城 1981、陝西省文物管理委員会 1979］[37]であるという。そして西安近郊の主要葬地として東郊の韓森寨、郭家灘、高楼村の一帯、西郊の土門、裹園一帯をあげている。この報告は長安近郊の主要葬地を発掘の成果から初めて指摘した点で重要だが、記述が簡単にすぎ、長安近郊の葬地の具体的内容までは触れていない。そこで次の資料によってその欠を補うことにしよう。

１）中国建国以来、各種の考古報告書に報告された唐代の墳墓資料（一部隋代を含

第10章　平城京と葬地

表18　長安周辺発掘の隋・唐墓と墓誌

発　見　地	墓数・No.	葬　送　時	墓主人	地　位	終焉之地	墓誌に見る葬送地	備考・出典
西安東郊經五路什路南（興慶宮遺址東南約0.5km）	59M1	天宝4・745	蘇思勗	銀青光禄大夫		萬年県長楽原	「西安東郊唐蘇思勗墓清理簡報」考古1960-1
西安東郊經一路北端南距緯十街延伸段	4号	開元16・728	♂史氏♀薛莫			萬年県長楽郷界龍首之原	「西安東郊唐墓清理記」考通1956-6
西安東郊韓森寨付近		天宝4・745	宋　氏	雷氏夫人		萬年県長楽郷	「西安韓森寨唐墓清理記」考通1957-5
〃	隋唐109 { 586 / 532 / 568 / 505 / 603 / 601A / 609 / 601B / 502 / 602 / 515 }	開皇12・592 / 貞観13・639 / 麟徳2・665 / 建中3・782 / 元和2・807 / 元和7・812 / 元和13・818 / 宝暦1・825 / 太和4・830 / 開成2・837 / 大中4・850	呂　武 / 段元哲 / 劉　宝 / 曹景林 / 董　鎰 / 楊　氏 / 張18娘子 / 董　發 / 李文政 / 董　氏 / 何　溢	東騎将軍 / 左衛副率 / 趙君夫人 / 贈揚州大都督 / 蘇州長吏 / 潤州司馬妻 / 庶　人 / 潤州長吏 / 金吾衛大将軍 / 贈朧西郡夫人 / 茂州刺史	光宅里私第 / 〃 / 永昌里之第 / 潤州廨宅 / 常楽之私第 / 内院 / 部　舎	大興県蜜宮郷 / 萬年県長楽郷之純化里 / 長楽郷 / 萬年県滻川郷鄭墟 / 萬年県長楽郷之平原 / 〃 / 龍首原長楽郷王楽村原 / 萬年県滻川郷鄭村 / 萬年県霸城郷南黎村 / 萬年県崇義郷懐信里 / 南姚村	「西安郊区隋唐墓」
西安東郊韓森寨西高機福	2号 / 5号	開元17・729 / 天宝15・756	馮潘州 / 高元珪	贈潘州刺史 / 左威衛将軍			高力士の父「唐墓壁画」文参1959-8 / 高力士の兄「陝西省文物清理工作隊発現唐代石椁等」文参1955-3
西安東郊韓森寨西高八○三工地	1号	大中1・847	高元従	監軍使			高力士の五世孫「唐墓壁画」文参1959-8
西安東郊十里鋪滻河之西岸	181 / 337	（中唐）	李　君				「西安東郊十里鋪三三七号唐墓清理簡報」文参1956-8
西安東郊距城約十里滻河東、白鹿原西麓	隋1		田徳元				「西安郭家灘唐墓清理簡報」文参1957-8
西安郭家灘	隋1	大業6・610	姫　威	龍邪郡煌太守		大興県滻川郷白鹿原	「西安郭家灘隋姫威墓清理簡報」文物1959-8

場所	基数	年代	被葬者	身分	住所	出典
西安郭家灘 〃・唐長安城 東北約八華郷	唐22 多 395	大中2・848 大中12・858 天宝3・744	鄭德素 路復源 (史思禮)	蒲州刺馬妻 河南府合曹参軍	興安里第 河南宿舎	萬年県崇義郷白鹿原 『西安郊区隋唐墓』1966 『寶鶏和西安付近考古発掘簡報』考通1955-2 『西安郭家灘唐墓清理発掘簡報』考1956-6
西安白鹿原	隋4・50 唐15・42	大業11・615	劉世恭		城東白鹿原漫川郷之原	『西安白鹿原墓葬発掘報告』考1953-3
西安白鹿原		4基・初唐 5基・中唐 5基・中晩唐 貞元17・801 乾元1・758 元和14・819	李 良 章令信 李文貞	右龍武軍大将軍 李文貞の継室	萬年県白鹿原 萬年県白鹿原 萬年県漫川郷尚得村観合里 萬年県漫川郷口伝村観合里	『西安白鹿原墓葬発掘報告』考1956-3 『西安東郊3座唐墓清理記』考1981-2
西安東郊王家墳村東	唐3	長慶3・823	畢失氏		漫川郷私第静恭里	
西安東郊王家墳村	唐1・90	盛唐				『西安東郊王家墳清理一ツ座唐葬』文参1955-9
西安東郊高樓村	唐2・131	天宝7・748	呉守忠	羽村軍長史	咸陽県東原	『西安東郊高樓村唐代墓第90号唐墓清理簡報』文参1956-8 『西安郊区隋唐墓』1966
〃 洪慶村	唐5・305	開元14・726 景雲1・710 神功2・698 長安3・703 景龍3・709 長安3・703 廣徳2・764	慕容氏 李仁班 独孤思貞 元氏 独孤思敬 楊氏 韓氏	李仁班 成 王 朝議大夫大乾陵令 独孤思敬夫人 朝散大夫 独孤思敬継室 呉蕭夫人	京兆同人原 京兆郡之銅人原 銅人原 夫氏之旧塋 萬年県銅人郷 萬年県豊安里私第	『唐長安城郊隋唐墓』1980
西安東北郊覇橋区洪慶村之南	唐3					『西安郊区隋唐墓』1966
西安東北郊覇橋区洪慶村之南						
西安南四km等賀坂村北0.8km	唐1	開元28・740	楊思勗	驃騎大将軍	萬年県龍首郷之神鹿里	玄宗官官『唐長安城郊隋唐墓』1980
西安城南八公里雁塔区羊頭鎮村西曲江池遺址南岸	唐1	総章1・668	♂李爽 ♀劉氏	銀青光禄大夫	雍州明堂県界鳳栖之原	『西安羊頭鎮唐李爽墓的発掘』文物1959-3

第10章 平城京と葬地

所在地	時期	年代	被葬者	官職等	原葬地	出典
西安南郊羊頭鎮西南楽500m	唐1					右と同一か。『西安南郊墓発現壁画』文参1956-6
西安南郊三爻村新安建材厅	唐4 [M1 M2 M3 M4]	龍朔2・662 麟徳1・664 元和6・811 大中8・854	張楚賢 王氏 崔謙紘 時氏	張君夫人 中書令 裴氏夫人	萬年県洪固郷鳳棲之原 京城南方萬年県鳳棲之原 萬年県之畢原	「西安南郊三爻村発現四座唐墓」考参文1983-3
西安南郊曹家堡村東	唐1	咸亨3・672	牛弘満	玄都観王	萬年県洪固郷李村口界	「西安市唐玄都観主牛弘満墓」文叢1977-12
西安南郊龐留村西北角	唐1	至徳3・758	唐芳苑第6女	贈清源県主	咸寧洪源郷少陵原	「西安南郊龐留村的唐墓」文参1958-10
西安南郊嘉里村	唐1	大中4・850	裴氏小娘子		長安里饗宿川神禾原	「従西安唐墓出土的非州黒人陶俑談起」文物1979-6
長安県東北2km章曲原上南里王村	唐1	景龍2・708	韋洞	中宗章台弟		「長安県南里王村唐章洞墓発掘記」文物1959-8
長安郊郭杜鎮	唐1・1	顕慶3・658	執失奉節	常楽府果毅		「突厥人執失思力の子「唐墓壁画」の発現」『唐代天家罷具墓葬的発現』文物1978-10
長安県紀陽公社北田村西100m	唐1	大暦11・776	翟雲讃	司夫監	長安城西渭水南原	
西安市王祥門外西站大街南50m	隋1	大業4・608	李静訓	李公4女	長安県休祥里萬善道場内	『唐長安城郊隋唐墓』1980
西安市西郊南向村西南郊三橋付近	唐1 唐?	開元11・723	鮮于庭誨	贈台領領大将軍	長安城之西郊	〃
西安市西郊2km土門村付近	唐1・2	咸通15・874	蘇諒妻馬氏	散氏馬使		「西安市西郊唐墓清理記」考古1965-8 「西安発現晩唐祆教徒的漢婆羅鉢文合葬墓誌―唐蘇諒妻馬氏墓誌―」考古1964-9
西安市西郊小土門村		廣明1・880	師弘礼			「両決唐墓誌与唐末農民起義」考古文1983-2
〃		光化2・899	李礼崇		安定里	〃
西安市西郊阿房区西審頭村西南0.5km		中〜晩唐	米継芬 史那畋加 持勤			この地は西域人の墓地という。 「西安市西審頭村唐墓清理記」考古1965-8
西安西郊中堡村	唐1	盛唐				『西安西郊中堡村唐墓清理簡報』考古1960-3 『文物考古工作三十年』1979
〃	多?					

む)。墓数約229基以上、うち伴出した墓誌の数53。

2）武伯綸が「唐万年・長安県郷里考」[武伯綸 1963][38]において引用された唐代の墓誌・神道碑文のうち1）にみえない未報告の31例。

3）愛宕元が「唐代両京郷里村考」[愛宕 1981][39]において各種文献から引用された唐代の墓誌・神道碑文など97例。

4）『文苑英華』に収載の碑文・墓誌銘のうち、長安周辺の地名を記したと判断できるもの59例。

1）から4）まで合わせた墳墓と墓誌・神道碑文の数は約416となる。これは西安周辺の隋唐墓の数、約2,000基の約2割であり、陝西省文物管理委員会の報告と合わせることで、長安周辺の葬地をある程度知ることができよう。その詳細は表18・19に譲り、以上の資料を地図に投影したのが図77である。地図は愛宕が復原された「長安郊区郷比定図」を利用させていただいた[40]。この図は、長安周辺の墳墓分布図というより、概念図と表現することがふさわしいが、中国の遺跡地図が未公開の現状では止むを得ない。図では、唐の墳墓は長安城の北に接した地域を除き、周辺地域に分布する。長安周辺の地形は東南が高く、西北に向かって傾斜している。南側の山からは潏水、澧水、滻水、灞水等の河川が流れ出している。これらの河川によって開析された平原では多くの場合、南向きの地に唐代の墳墓が営まれている。平原の名称は墓誌によると龍首原・細柳原・銅人原（城の東北）、長楽原（城東）、白鹿原（城東から東南）、鳳栖（棲）原・少陵原（城の東南から南）、神禾原（城南）、高陽原（城の西南）、龍首原・馬鄔原（城西）などがみえる。平原は南から北に長く連なるため、同じ名が数郷に跨ることがある。たとえば白鹿原は、洪原・洪国・高平・滻川の各郷に跨る。ただし、こうした原の範囲はかなり曖昧で、同一郷で別の原の名もみられる。長安周辺の墳墓の分布が特に濃いのは城の東北から東南にかけての地域で、墓誌の地名では銅人原・白鹿原・龍首原・鳳栖原・少陵原である。このうち先の報告で東郊の主要葬地とされた韓森寨・郭家灘・高楼村一帯は白鹿原にあたる。ここは長安城の通化門（東面北門）、春明門（東面中門）から近い距離[中国科学院考古研究所 1966]にある。この東郊の葬地には、その一部が付表にも表れているように、貴族・官僚・地主・富商階層の墓が集

第10章　平城京と葬地

表19 長安周辺発見の唐代墓誌・神道碑文

所　載	等	葬　送　地	時　期	備　考
李 思 訓	墓誌	雍州萬年縣滻川郷務政里長楽原	神龍1・705	武伯綸「唐万年、長安県郷里考」考古学報1963-2 以下「武氏論文」と略
史 思 禮	墓誌	萬年縣滻川郷白鹿原	天寶3・744	1953年西安郊高楼村出土 [武氏論文]
王 奇 秀	墓誌	滻川郷	大暦2・767	1954年西安東郊郭家灘出土表2-11と同一か、金石萃編巻94
劉 栄 恩	墓誌	長安縣滻川郷崇義里鄭村北二里之地	貞元14・798	[武氏論文]1953年西安東郊郭家灘出土
張 秀 環	墓誌	京兆府萬年縣滻川郷再接鄭村之原野	太和9・835	[武氏論文]1956年西安東郊韓森寨出土
劉 元 翰	墓誌	萬年縣滻川郷上傳村觀合里	會昌1・841	[武氏論文]1956年西安東郊郭家灘出土
梁 証	墓誌	京兆府萬年縣滻川郷上傳村觀合里	會昌4・844	〃
李 従 雅	墓誌	萬年府萬年縣滻川郷管合里	大中5・851	[武氏論文]1954年西安東郊郭家灘出土 古誌石華続編巻2 唐文拾遺巻31
田 文 泚	墓誌	（萬年縣滻川郷）管合里	咸通2・861	古誌石華編巻118 古誌石華巻24
呉 承 氏	墓誌	京兆府萬年縣滻川郷北姚村	乾寧2・895	[武氏論文]1955年西安東郊郭家灘出土
趙 李 殤女	墓石記	萬年縣高平郷西焦村	貞觀17・643	古誌石華編巻28
章 君 神道碑		萬年縣高平郷少陵原	元和1・806	[武氏論文] 匋斎蔵石記巻28
揚 週	墓誌	萬年縣高平郷望里	太和8・834	文苑英華巻902
蕭 勝	墓誌	萬年縣鄠鄠柄之原	永徽2・651	[武氏論文] 関中金石文字存逸考巻2
顔 禮 真 神道碑		京兆東南萬年縣鄠安里鳳楼原	顕慶6・661	續語堂碑録乙　唐文拾遺巻64
王 公	墓主	萬年縣鄠安里光元	至徳1・756	[武氏論文]
李 士 良 神道碑		萬年縣鄠安郷杜光村	太和9・835	金石彙目編巻12之1
仇 武 光 神道碑		萬年縣鄠安郷鄠樓原	會昌3・843	八瓊室巻72
高 道 生 神道碑		萬年縣鄠安郷鄠樓原	大暦8・773 *	文苑英華巻932
白 霍 神道碑		萬年縣鄠安郷鄠樓原	永泰1・765 *	〃　巻942
妻 國夫人王氏 神道碑		萬年縣鄠安郷鄠樓原	大暦12・777 *	〃　巻908
彭 忠	墓誌	萬年縣鄠安郷鄠樓原	元和12・817 *	〃　巻934
趙 獻 草	墓誌	萬年縣鄠安郷曲口坊	乾符3・876	〃　巻932
崔 度	墓誌	京兆口口年萬年縣鄠安郷曲口坊	太和7・833	金石續編巻11 古誌石華巻23
揚 崇 蕃 夫人甘氏 墓誌		京兆府萬年縣鄠安郷曲池坊	乾符3・876	八瓊室巻72
揚 弘 夫人李氏雅 墓誌		京兆府萬年縣鄠安郷通安里	乾符4・877	[武氏論文]1955年曲江池東南三兆鎮付近繆家村出土
李 紹	墓誌	長楽郷長楽里	貞觀16・642	[武氏論文]1956年出土
段 君 夫人田氏 墓誌		萬年縣長安郷界南鰲村南一百歩	龍朔1・661	西安歴史迹略228頁 1956年西安東郊韓森寨付近出土
張 伯 陽 夫人田氏 墓誌		城東龍首原長楽郷王柴村向南興嘉春坊路通也、共地北常、巡滑、西望泰原	天授3・692	八瓊室巻40

李崇望夫人王氏墓誌	(闕)	京城東長楽郷古城之陽	天冊萬歳1・695	[武氏論文] 1955年出土
張隴西墓誌		萬年県長楽郷古城之陽	神龍1・705	續陝西通志稿巻144
史氏夫人墓誌		萬年県長楽郷王柴村	元和14・819	巻150
李誠墓碑		京兆府萬年県長楽郷末候之西原	太和4・830	文苑英華巻910
李府君神道碑	(闕空)	萬年県龍首原	開元19・731	〃 巻956
王雍墓誌		鳳城東南龍首原	貞元20・804 *	〃 巻960
王榮神道碑		京城南洪固郷界韋曲	元和3・808 *	〃 巻909
王善相墓誌		京城南洪固郷	永隆3・681	[武氏論文] 関中金石文字存逸考巻1
韋禄氏墓道碑		萬年県洪固郷冑貴里	開元12・724 *	文苑英華巻922
韓鈞神道碑		京兆府萬年県洪固郷冑貴里	貞元2・786	〃 巻973 金唐文巻530
渾混行状		萬年県洪固郷延信里司馬村之少陵原	咸通3・862	〃 巻916 〃 巻792
馬寔墓誌		萬安城南少陵原司馬村	貞元14・798	〃 巻949
杜証墓誌		少陵司馬村	不詳	〃 巻958
杜牧自撰墓誌			大中7・853	〃 巻946
尼華義墓誌		萬年県洪固郷之畢原	元和13・818	金石續編巻10 八瓊室巻69
呉達墓誌		萬年県洪固郷畢原	元和14・819	金石萃編巻108 旬齋巻31
魏逸夫人趙氏墓誌		萬年県洪固郷北韋村北原	會昌5・845 *	金石續編巻11
論椎賢神道碑		萬年県洪固郷之古原	元和4・809	文苑英華巻909
王紹神道碑		萬年県洪固郷	元和10・815	〃 巻897
王誠墓碑		萬年県洪固郷	貞観16・642	〃 巻886
渾嘉泰神道碑		萬年(県)洪固之原	開元27・739	文苑英華巻908
柳好端墓誌		萬年県義善郷	開元12・724 *	古誌石華巻10 唐文拾遺
推賢人墓誌		萬年県義善郷大仟村鳳棲原	乾符3・876	[武氏論文]
王同欽墓誌		京南大仟村	開元16・728 *	續陝西通志稿巻146
唐唐墓誌		萬年県義善原	貞元20・804 *	文苑英華巻956
張守琦墓誌		萬年県義善郷姚里	太和3・829	関中金石文字存逸考巻5 唐文續拾遺巻5
王禮墓誌		郷日崇義、村日南桃	大中3・849	八瓊室巻75
劉遵叡墓誌		萬年県崇義郷滻川西原	咸通9・868	金石萃編巻117
李平墓誌		萬年県亀川郷之平原	貞元2・683	文苑英華巻950
李儼神道碑		萬年県亀川郷細柳原	永泰1・765 *	〃 巻935
信父王墓誌		長安細柳原東北堂帝京二十有五里	開元4・716 *	〃 巻893
鄭國公墓道		細柳原	大暦9・774 *	〃 巻935
韋端夫人王氏墓誌	(闕)	〃 萬年県加川郷西原	永泰1・765 *	関中金石文字存逸考巻2 金石續編巻9 [武氏論文]
			大暦13・778	

郭君神道碑	銅人郷銅人里	貞觀12・638		[武氏論文]
呉榮墓誌	京兆府會昌縣銅人原	天寶7・748		〃
楊夫人李氏墓誌	萬年縣同仁郷銅仇白村	大順2・891		匈齋巻36
李元寶墓誌	國東門之外七里、郷日慶義原日崇原	不詳		文苑英華巻946
濟陰等比丘尼法燈法師墓誌銘	雍州明堂縣義川郷崇南原			關中金石文字存逸考巻5　唐文拾遺巻64
劉感傳	咸陽縣界黄壹郷	天寶12・753		金石萃編巻89
元(繧)墓誌	萬年縣崇道郷界黄壹郷	大曆12・777		舊唐書巻118
高木盧墓誌	京兆府崇道郷齋禮里白鹿原之右	開元18・730		[武氏論文]1955年西安東郊郭家灘出土
李纁墓誌	萬年縣崇道里西趙原	元和5・810	*	文苑英華巻25　文苑英華巻935
郷王墓誌	京兆府萬年縣崇道郷白鹿原	太和8・834		白氏長慶集巻25　文苑英華巻935
馮宿神道碑	京兆萬年縣崇道郷白鹿原	開成1・836		[武氏論文編巻113
安國經墓誌	京兆府萬年縣崇道郷之原	開成5・840		金石萃編巻113
南安郡王夫人仇氏墓誌	萬年縣崇道郷只道里	大中5・851		[武氏論文] 覇橋新闢堡出土
路全交墓誌	萬年縣崇道郷白鹿原	大中8・854		續陝西通志稿巻152 [武氏論文]
楚國夫人姜氏墓誌	萬年縣崇道郷夏俟村	咸通8・867		續陝西通志稿巻152 1954年西安東郊郭家灘出土
郢兢兒墓誌	萬年縣崇道郷蛇村里	咸通14・873		續陝西通志稿巻153 [武氏論文]
上邽縣君李墓碑	萬年縣白鹿原	神龍1・705	*	[武氏論文]1955年西安東郊郭家灘出土
田布神道碑	萬年縣白鹿原	長慶2・822	*	文苑英華巻965
减公神道碑	白鹿原	開元18・730	*	〃　巻914
王素墓誌	京兆府萬年縣覇城郷招賢里	大中13・859	*	〃　巻907・949
皇甲孫女墓誌銘	京兆府咸寧縣豐郷招賢里	天寶13・754	*	續陝西通志稿巻152 [武氏論文]
和政公主神道碑	萬年縣義豐郷銅人原	廣德2・764		續陝西通志稿巻147
宣都公主墓誌	萬年縣義豐郷銅人原	貞元19・803		顏魯公文集（三長物齋叢書本）巻八
李瞻神道碑	〃	貞元7・812		[武氏論文]1955年覇橋東南惠家灣出土
李瓊夫人蕭氏墓誌	萬年縣義豐郷銅人原	太和7・833		[武氏論文]1956年覇橋東南路（魯）家灣出土
馬公神道碑	〃	貞元1・785	*	[武氏論文]1956年覇橋東南紅（洪）慶村出土
杜濟神道碑	萬年縣洪原郷少陵原	大曆11・776		文苑英華巻892
辛秘墓誌	萬年縣洪原郷義豐郷	元和15・820	*	顏魯公文集（四部叢刊本）巻8・10　續陝西通志稿巻148
岐陽公主神道碑	萬安縣少陵原西南二里牧	開成2・837		文苑英華巻915
杜顗墓誌	長安縣少陵原少陵原	大中6・852	*	〃　巻968
裴希先墓誌	少陵原	貞元7・633	*	〃　巻958
韋顗神道碑	〃	永泰2・766	*	〃　巻924
徐誠君神道碑	〃	上元3・676	*	〃　巻956
蕭府公神道碑	〃	長壽2・693	*	〃　巻894
				〃　巻895

楊志誠神道碑	少陵原	景龍2・708	文苑英華巻926	
韋抗神道碑	京城東南少陵原	開元14・726	〃 巻896	
徐文賢神道碑	萬年縣之少陵原	開元17・729	〃 巻893	
路太一神道碑	京兆府萬年縣少陵原	開元23・735	〃 巻930	
郭敬之神道碑	京兆少陵原	天宝13・754	〃 巻930	
楊靈罰墓誌	少陵原	廣徳1・763 *	〃 巻959	
張司空夫人谷氏神道碑	京師少陵原	貞元11・795 *	〃 巻934・967	
府君墓誌版文譔集	萬年縣之少陵原	貞元12・796 *	〃 巻944	
趙郡夫人李氏墓誌	萬年縣少陵原賢栖鳳原	貞元16・800 *	〃 巻968	
田承嗣神道碑	少陵原	大中6・852 *	〃 巻915	
姚頊公神道碑	少陵原黄渠里	不詳	〃 巻895	
閻用之墓誌	少陵原	不詳	〃 巻949	
韓洞申行狀	京兆府萬年縣芙蓉郷龍遊里	貞元13・797	權載之文集巻20 文苑英華巻973
徐頊行狀	山北之里神禾之原	元和1・806	李文公集巻11 文苑英華巻976
吳氏女奈波羅持墓誌	京兆府萬年縣青蓋郷進賢里	儀鳳3・678	[武氏論文] 1956年西安東郊韓森寨出土
穎川太夫人陳氏神道碑	雍州明堂縣進賢郷	開元9・721 *	張説之文集巻21 文苑英華巻934
王公夫人李氏墓誌	萬年縣龍首郷神鹿里	太和6・832 *	八瓊室巻72 [武氏論文] 曲江池南の高地
杜公夫方氏墓誌	萬年縣龍首郷成義里鳳栖原	太和6・832 *	金石續編巻10 古誌石華巻18 [武氏論文]
章公妻尼章捷墓誌	萬年縣龍首郷龍首原	景龍2・709	[武氏論文]
真空寺尼羅章墓誌	萬年縣禦宿郷大草曲	不詳	〃
梁侍郎太夫人權氏墓誌	京兆郡山北郷樊川之原	大業4・608	文苑英華968
王七娘墓誌	山北之里神禾之原	貞元21?・805	〃 巻895
婁倩墓誌	萬年縣神禾原	大暦7?・772	[武氏論文] 1954年西安東郊韓森寨出土
饒紹業墓誌	萬年縣白鹿郷	長安3・703	[武氏論文]
劉氏奇夫人駱氏墓誌	萬年縣雲門郷	元和3・808 *	長安志巻11 萬年縣條隼沅注
白居易撰永穆公主墓誌(?)	萬年縣上好郷洪平原	不詳	白氏長慶集巻25
德宗妃墓誌	萬年縣上好里洪平原	元和4・809 *	文苑英華巻957
任信墓誌	萬年縣郷(楊?)村	元和14・819 *	〃 巻924
辞舒神道碑	萬年縣栖鳳原	大暦11・776 *	〃 巻956
崔佶墓誌	萬年縣樓鳳原	大暦4・769 *	〃 巻968
亡妻楊氏墓誌	萬年縣栖鳳原	貞元15?・799 *	〃 巻969
河東縣君盧氏墓誌	京兆萬年縣李姚村白鹿原	元和2・807 *	續陝西通志稿巻151
梁謙墓誌	萬年縣白鹿原	太和1・827	金石續編巻11 八瓊室巻76
程修己墓誌	京兆府萬年縣姜尹村	咸通4・863	

楊籌女母王氏墓誌	萬年喬村庫谷	咸通5・864		古誌石華巻21
李君夫人楊氏墓碑	京兆府萬年縣小陽村	咸通14・873		〃 巻22
伊慎神道碑	萬年縣耒原	元和6・811	*	文苑英華巻901
李隼神道碑	萬年縣之耒原	大暦1・766	*	〃 巻923
安公神道碑	萬年縣之耒原	貞元15・799		〃 巻897
劉世通墓誌	雍州長安縣龍首郷興臺里	永徽1・650		[武氏論文]1955年西安西郊小土門村出土
咸徳墓誌	長安縣龍首原	開元9・721		文苑英華巻949
折夫人曹氏墓誌	金光坊龍首原	開元11・723		金石續編巻6
夫人袁犯墓誌	長安縣龍首郷龍首里	聖暦2・699		〃 巻6
朱庭継墓誌	長安縣龍首郷龍首原	元和3・808		[武氏論文]1955年西安西郊土門村付近出土
劉備墓誌	京兆府長安縣未央里郡村白帝邨檀	大中2・848		匋齋巻33
劉珍墓誌	縣西龍首郷龍首郡郡村	咸通7・866		金石續編巻11 八瓊室巻76
邵才墓誌	長安縣龍首原西距阿東建榮城…承平郷	元和12・817		〃 巻10 〃 巻70
朱府君夫人趙氏墓誌	長安縣承平郷史劉村	元和14・819		八瓊室巻70
陳撰墓誌	長安縣承平郷大嚴村	太和8・834		〃 巻72
李郇夫人撰文墓誌	〃	開成5・840		古誌石華續編巻2
荊士皋墓誌	長安縣承平郷龍首原南劉村	咸通8・867		八瓊室續編巻76 匋齋巻34
茹忠義墓誌	長安縣承平郷小劉村	咸通11・870		[武氏論文]1955年今西関外飛機場付近出土
賀從草神道碑	京兆府長安縣永平郷阿房殿之墟	天寶7・748		文苑英華巻909
草公墓碑	長安縣龍首原	開成9？	*	[武氏論文]1955年(阿房宮)遺址東南賀家村出土
劉瓊陳氏合祔墓誌	京兆府長安縣國城門區七里龍首原龍門郷懐道里	乾元2・759		文苑英華巻931
韻川夫人撰文墓記	長安縣永壽郷畢原	天寶14・755		関中金石文字存逸考巻1 [武氏論文]
穎君夫人阿史那氏墓誌	長安縣永壽郷高陽原	大中4・850		八瓊室巻75
崔君夫人獨孤氏墓誌	長安縣永壽郷義陽陽原	天寶2・743		匋齋巻24
楊君夫人趙氏墓誌	長安縣義陽郷昆明郷魏村	元和14・819		〃 巻30
索紫思禮墓誌	長安縣萬年春郷神和原	天寶3・744		〃 巻24
劉智及夫人趙氏合附墓誌	雍州長安縣清化郷	天寶15・756		関中金石文字存逸考巻4 [武氏論文]
朱君及夫人趙氏合祔墓誌	長安縣龍門郷石井村	元和7・812		八瓊室巻72
沙陀公夫人阿史那氏墓誌	長安縣居徳郷龍首原	開元8・720		関中金石文字存逸考巻3 唐文拾遺巻65
安附國神道碑	長安縣孝悌郷	永隆2・681		文苑英華巻920
王緒太夫人郭氏墓誌	乾封縣萬年春郷杜永村	神功1・697		[武氏論文]
裴縝夫人郭氏墓誌	長安縣萬年春郷神和原	開元28・740		金石萃編巻84
咸纂夫人趙氏墓版	雍州長安縣清化郷	貞観6・632		八瓊室巻30

姓名	種別	葬地	年・年齢	出典
王　　　祥	墓　　誌	青槐阿城原	上元2・675	續陝西通志稿巻165［武氏論文］
李　　　鎬	墓　　誌	京兆府長安縣龍泉郷馬祖原	乾元1・758	［武氏論文］1955年西安西郊小土門村出土
李君夫人王氏	墓　　誌	京兆府長安縣居安郷高陽之原	開元2・714	續陝西通志稿巻145［武氏論文］
于　　　申	墓　　誌	城南長安縣居安郷高陽原	貞元9・793	巻150
嚴　　　震	墓　　誌	長安縣高陽原	貞元16・800	權載之文集巻21［武氏論文］
馮　　　昭	神道碑	長安縣高陽原	開元18・730 ＊	文苑英華巻921
董　　　公	神道碑	長安之高陽原	永貞1・805 ＊	〃　巻887
韋　　　虚	心神道碑	京兆之高陽原	開元30・742 ＊	〃　巻918
陸　　　元方	墓　　誌	國門之南費村	大足1・701 ＊	〃　巻936
梁　　　蕭	蕭	京師之南小趙村	貞元10・794 ＊	〃　巻944
柳氏殤女老師	墓　　誌	杜城村	會昌5・845	八瓊室巻74
皇甫弘敬	墓　　誌	龍首原隆安里	顯慶4・659	匋齋巻17
魯　　　謙	墓　　誌	長安縣德義里胡趙村	大中11・857	續陝西通志稿巻165
湯君夫人傷氏	墓　　誌	長安縣嚴村	永徽2・651	八瓊室巻35
楊君夫人趙氏	墓　　誌	金光門外小嚴村	元和14・819	匋齋巻30
石　　　政	墓　　誌	城西小嚴村	長慶2・822	古誌石華續編巻2
趙君夫人張氏	墓　　誌	京兆府長安縣小嚴村	會昌3・843	古誌石華巻19　八瓊室巻73
劉發夫人章氏	墓　　誌	長安縣苟五村	乾符2・875	八瓊室巻77
楊府君女子書	墓　　誌	長安縣南原羡禾原	乾符5・878	〃　巻77
裴君夫人柳氏	墓　　誌	長安（濱）之神禾原	貞元16・800 ＊	文苑英華巻968
崔　　　公	神道碑	終南山	天寶12・753 ＊	〃　巻900
裴　　　行儉	神道碑	京城南社陵原	開元5・717 ＊	〃　巻883
裴　　　冕	神道碑	京城南華原	大曆5・770	〃　巻885

本表は愛后元1981「唐代両京郷里考」『東洋史研究』第40巻3号の付表をもとに、若干の例を加除して作成した。
郷名の配列は、愛后氏に従い、一部を改めた。＊は葬送地欄（）は筆者の補筆である。本表の漢字は印刷の都合上、簡体字に改めたところがある。
武伯綸氏「唐両京郷里考」による墓誌・解墜出しは墓誌のうち、郷を記したものは、長安県産軽首郷が四十五方之多、同崇道郷が三十方左右、同県楽川郷が四十方左右、同龍首郷が十六七方、同義郷が六七方。また長安県龍首郷・原と記すものが新旧合わせて約百三十三方ある。

中しているとされる。『西安郊区隋唐墓』は、その理由について、当時大明宮に近い里坊にこの階層が集中しており、白鹿原が居住地から至近距離にあり、交通の便のよいところから選ばれたと述べている[中国科学院考古研究所 1966][41]。

　他方、長安西郊の葬地は図77によって分布状況を知ることができる。先に西郊の主要葬地の一つとされた土門は、長安城開遠門（西面北門）の西に接した土門村を指すようである。棗園はその西方約3kmにある。両地区の墳墓の実態、被葬者の性格は報告が数例しかなく明らかでない。

　長安城の西約10km、客省庄、張家坂では39基の唐墓が発掘されている。この墓の場合、2,3の例外を除き、大半が墓の規模が小さく、副葬品も少ないことから、平民階級の墓ではないかという。彼等は付近の村落の住民か、そこから比較的近い長安城南半の里坊の住民か二通りの可能性があげられている。後説の背景としては、これらの墳墓が営まれた頃、長安城南半の里坊が比較的荒廃し、居住者の大半が平民階級であったことによるとしている[中国科学院考古研究所 1966]。

　墓誌や神道碑を残しうる階級が、ある程度限定されることを考慮すると、長安西郊葬地の被葬者の階級は東郊にくらべ、相対的に低い可能性がある。

　なお、『隋開皇令』には「在京師葬者、去城七里外」の条文があり、唐令にもその存在が推定[仁井田 1933]されている。表18に明らかなように、城内に少数の墳墓があるが、大多数は城外である。ただし、蘇思勗墓は興慶宮址の東南約0.5kmから発見されているし、西郊の土門は長安城開遠門の西約2kmであるから、距離的に問題があり、年代やその他の条件の吟味が必要であろう。

(2) 東都洛陽の葬地

　洛陽における唐代の葬地を知る第一の手懸かりは発掘報告である。河南省博物館は洛陽市および周辺の県でいくつかの唐墓を発掘したというが、洛陽の葬地に関する報告は少ない。洛陽城の皇城内からは趣挙墓（鄭の開明2年）が発見[曽亿丹 1978]されている。これは隋唐宮城の長楽門と応天門との間の南、唐の四方館と左衛率府付近にあり、王世充が東都留守であった越王楊侗皇泰帝の帝位を簒奪した翌年（620年）に作られた。「鄭」は王が建てた国号である。洛陽城の南郊にある関林では、唐墓300基余りが発掘されたというが、報告があるのはわずか3基（M2・29・109）である。59号墓からは優秀な唐三彩の俑が出土し[洛陽博物館 1972]、M109号（盧夫人墓、天宝9〈750〉年）からは、径30.5cmの金銀平脱鏡が出土している。関林は隋唐洛陽城の南約5里（2.9km）で[李献奇 1965][42]、龍門の北方にあたる。ここが洛陽の一大葬地であることは動かないようである。隋唐洛陽城の南8km、龍門東山山麓からは、唐定遠将軍安菩と妻何氏の合葬墓（景龍3〈709〉年）が発見されている[洛陽市文物工作隊 1982]。このほか、洛陽老城の西25里（約13.3km）の澗河南岸にも隋唐墓がある。ここでは約40基の北朝および隋唐墓が発掘[河南省文化局文物工作隊 1959]されている。愛后元は、先の「唐

代両京郷里村考」で文献を渉猟し、洛陽の葬地に関連した墓誌・神道碑文をあげておられる[43]。このうち、唐代の遺文は約100例を数える[44]。この遺文の内容を検討しても、洛陽最大の葬地は、北方の邙山であることがわかる。邙山は洛陽の北方に、東西に長く連なる山嶺の総称であるようで、「洛城之北邙嶺之陰十五里千金郷之地」（貞観22〈648〉年、張行満墓誌）とか、「河南平楽郷芒山之陽習村」（龍朔2〈662〉年、索玄墓誌）のように、邙山を冠した郷名は多く、河南県6、洛陽県4におよぶ。『文苑英華』には、郷名不詳ながら、邙山を記した墓誌をなお数例見い出す。また、邙山を冠さずとも、「東都西北十里零（霊）淵郷」（大業9〈613〉年、張愛及夫人李氏合祔墓誌）のように、洛陽北方の郷名を記した墓誌は少なくない。ところで、邙山周辺では解放初期にも相当数の墓誌が出土したというが、唐代の墳墓は、黄展岳によると、解放前に徹底的に破壊され、解放後の発見は比較的少ないという［黄展岳 1981］。

このほか、洛陽城の東郊に比定される上東郷・伊洛郷、東南に比定される伊水郷、龍門郷とともに南郊に比定される伊汭郷の名を記した墓誌・神道碑文もあるが、その数は多くないようである。こうした点を勘案すると、洛陽では、北方の邙山一帯および南郊の関林が主要な葬地であったようである。和田萃が洛陽南郊の龍門に葬地を求めたことの適否はまだ判断できないが［和田 1976］、南郊に葬地を求めた見通しは誤ってはいないようである。

以上、唐代の長安と洛陽の葬地を概観した。両都における唐代墳墓の分布を、京城との関係で要約してみると、長安城では宮城の北に接した部分を除き、京城の周囲すべてに墳墓が営まれているし、洛陽城でも西から西南の地域を除き、数は少ないがやはり京城の周囲に墳墓が営まれている。ここで、方位として重視されたのは「北」であった。それは長安における皇帝陵の分布によっても明らかであろう。洛陽でも邙山が大葬地であった。ただし、この場合の「北」は厳密に真北を指すのではなく、宮を中心に漠然とした方向を示すにすぎない。その他の方向については、長安が東から東南および西、洛陽では南に濃い分布を示している。ただし、小稿がもとにした材料からは、長安と洛陽で葬地の選定に本質的な違いがあったかどうかまで検討することはできなかった。

まとめ

これまで、平城京の葬地とこれに関連の深い藤原京、および唐長安と洛陽の葬地を概観してきた。その要旨を改めて示すと

1) 8世紀の奈良盆地の墳墓は、盆地周辺の丘陵地帯および大和高原に多くが分布し、少数が平野部の低丘陵と河川敷にある。文献史料と墓誌および遺構などを手懸かりにすると、平城京の葬地は京の北方、東方（田原里および都祁盆地）、西方（生駒山東麓）の丘陵地帯、および京南辺の河川敷である

2）このうち重要な地域は、四天皇および皇后・皇太后をはじめ高位高官の葬地あるいは火葬地であった京北方の葬地である。この葬地は、地形の上から平城宮北側の空白地帯を挟んでさらに東群と西群に分けることができる。

3）平城京南辺の葬地は、現大和郡山市稗田町付近の奈良時代の河原だが、この推定が正しければ、ほぼ似た位置にある平安京紀伊郡の葬地——いわゆる佐比河原の先蹤とみることができる。

4）藤原京の葬地は従来より指摘されてきた京南西古墳群の他に、東方の初瀬谷沿いの丘陵地帯、京西辺の丘陵地帯、西方の葛城山東麓にも存在した可能性がある。

5）近年、平城京の直接の原型は藤原京であるとする見解が一般化しつつある。葬地の分布でも類似点が認められるが、天皇陵のあり方に関しては異なる。

6）当時の日本が多くの範を求めた唐代の長安では、宮城の北に接する地に、洛陽では宮城の西から西南に接する地に墳墓の空白地帯があったが、基本的には京城の周囲すべてに墳墓が営まれたようである。両都で方位として重視されたのは「北」で、長安では皇帝陵が渭水の北方にあるし、洛陽では邙山一帯が葬地であった。その他の方向では、長安では東から東南、および西が重視され、洛陽では南が重視されたようである。

7）平城京における天皇陵の分布は、5）にみたように藤原京に直接の系譜を求めることは難しい。天皇陵が京の北方にあることは、長安や洛陽で北方に大葬地があることと関連があるのではなかろうか。殊に、長安で皇帝陵が渭水の北に集中すること、京城の東から東南および西に大葬地があることは示唆的である。平城京の葬地は長安におけるそれを模倣しているのではなかろうか。ただし、皇帝陵の規模や京城との空間的距離は彼我比較にならない差異が存し、墓制も同様に差があるので、長安の葬墓のあり方を模倣したとしても平城京の実情に則した選択と変形が行われたのではなかろうか。

以上、7項目に分けて要約してきた。平城京の葬地が、唐長安の葬地の影響を受けていたとする推定に誤りがないとすると、次に新たな問題が派生してくる。すでに述べたが、平城宮の北は木津川にいたる間が墳墓の空白地帯となっている。規模こそ違うが、長安城も北の渭水にいたる間が、洛陽では宮城の西から西南が同様に空白地帯となっている。なぜこの地域に墳墓がないのであろうか。中国ではそこに禁苑があったためである。長安城は『唐両京条坊攷』巻1に「禁苑者……東距滻北枕渭西包漢長安城南接都城東西二十七里（『旧唐書』は三十里に作る）、南北二十三里、周一百二十里」とある。洛陽城は『旧唐書』地理志東都条に「禁苑在都城之西、東抵宮城西臨九曲北背邙阜南距飛仙、苑城東面十七里、南面三十九里、西面五十里、北面二十里」とあって「周一百二十六里」を数え、「垣高一丈九尺」（『唐両京条坊攷』巻2）であった。禁苑は天子の苑地であって、その意味は時代によって変化があった。有名な漢の上林園は、漢帝国の版図拡大に伴い、水陸戦の軍事訓練の場として重要であった。唐代に

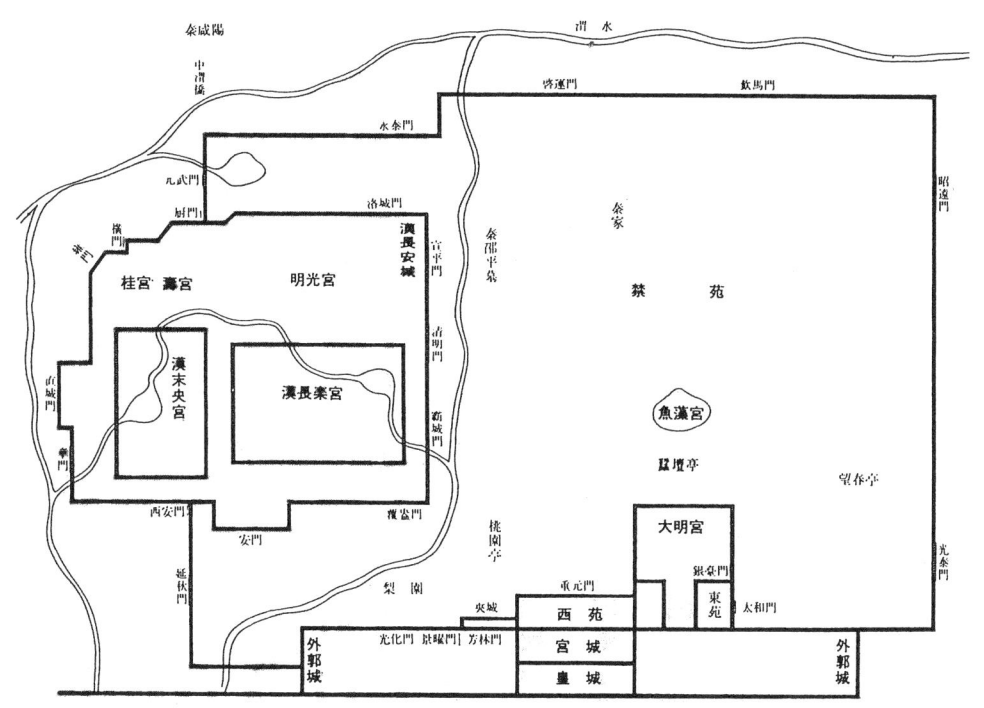

図78 西京三苑図
(徐松「唐両京条坊攷」〈平岡武夫『唐代の長安と洛陽』による〉長安城の北には、西内苑、東内苑と、これらを包み込む形で広がる東西27里（約14.3km）、南北23里（約12.2km）、周120里（63.5km）の禁苑があった。禁苑には多くの園池、亭、宮殿等があった。）

は軍事的側面は薄れ、皇帝の蔬果や鳥禽をとるところとして、また、狩猟や饗宴を行う場所として機能し[岡 1938]、そのための施設も苑内に多く設けられたようである[45]。禁苑は宮城と同じ意識であり、墳墓が営めなかったのであろう。

平城宮では、数年前宮の北側に築地塀で区画された「松林苑」が発見された。その規模は南北1km以上、東0.5kmで、外郭内部も築地塀で区画していたようで[河上 1979]ある。平城宮北方の墳墓の空白地帯は、この「松林苑」によって説明することも可能である。しかし、墳墓の空白地帯は「松林苑」よりも遥かに大きい。また、現「松林苑」推定地は、奈良山丘陵の一支丘上に大半の痕跡がある。苑池は日本の宮の中では重要な位置を占めているが、平城宮・京城発見の苑池は大半が谷筋にあたる沖積面を利用したもので[田中 1981]、丘陵上の苑池は古墳の濠を利用したものしか知られていない。この推定地東側の谷筋には磐之媛陵古墳と平城宮北面大垣との間に広大な水上池がある。この池は、宮北面大垣の存在や、平城宮東大溝SD2700の水源となっていることから、奈良時代に築かれたことが確実である。池の北岸からは中島が池中に張り出しており、布目瓦も散布している。未調査のため精細は不詳だが、状況からみて、亭があった可能性もある。中島の西側には「中島」の字名も残る[46]。水上池の東岸は現在浸食されているが、平城宮東院の外郭線とほぼ一致しており、これに合わせて築かれたのであろう。河上邦彦は最近「松林苑」の範囲を東に広げ、水上池を含む案を

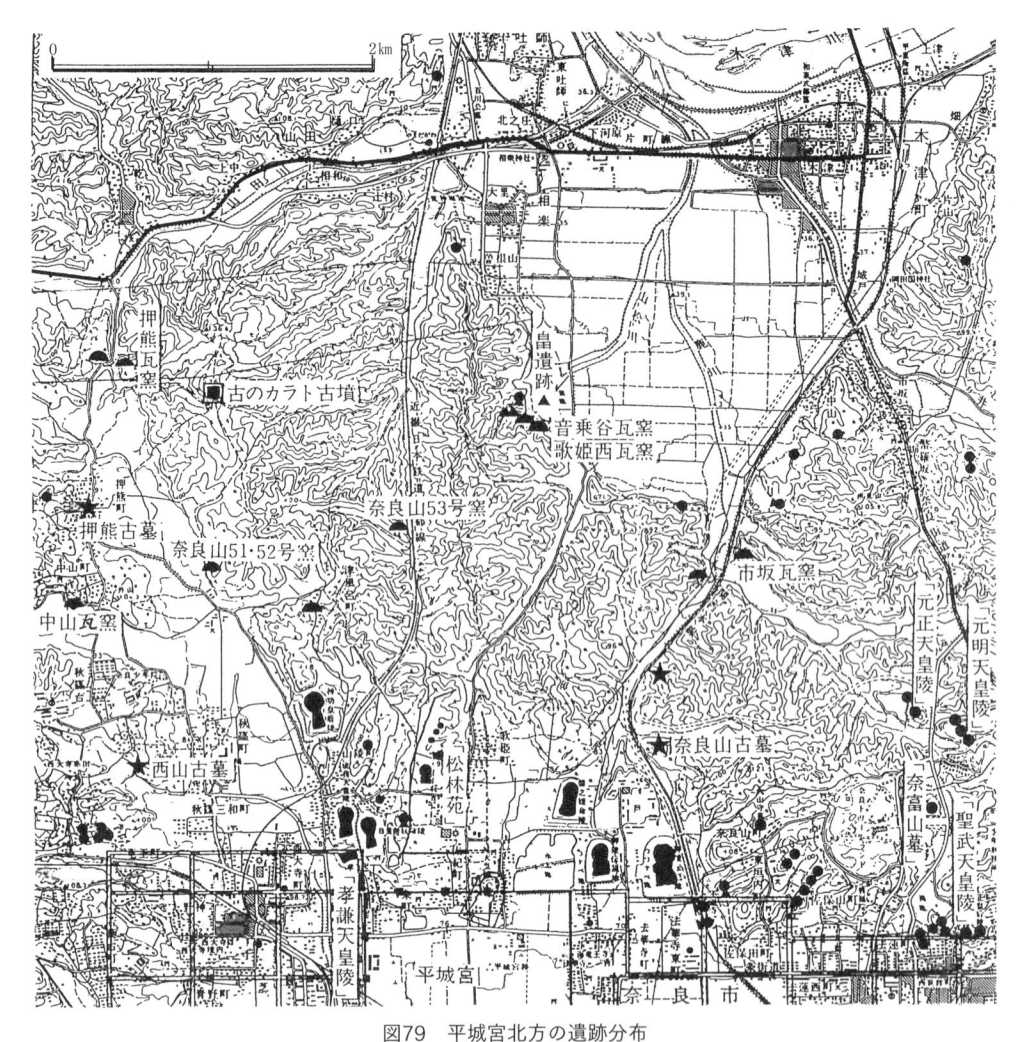

図79　平城宮北方の遺跡分布
（国土地理院1971年作成 1/25,000「奈良」を使用。「元正天皇陵」と奈良山53号窯を結ぶ線の北側丘陵は、平城ニュータウンおよび民間の住宅地として開発され、現況は本図と著しく異なる。）

発表されたが[47]、水上池は「松林苑」とは別の苑池の一部でもよいと考える。長安では宮の北に、大明宮東南隅の東内苑、宮城北の西内苑、それに、ここで問題にしている禁苑の西京三苑があった（図78）。三苑の関係は、東内苑、西内苑を禁苑が包みこむ二重構造となっている。「松林苑」は位置からみて、長安城の西内苑にあたるもの[48]であろう。東内苑にあたる苑地を平城宮に求め得るか否かはなお問題だが、水上池周辺は「松林苑」北側をも含めた禁苑の一部とすることも不可能ではあるまい。

　次に、平城宮北方に想定する禁苑の範囲をみておこう。墳墓の分布と地形からみて、南は宮に接し、東は現在JR関西線、24号バイパスの通る谷、西は京北条里の地、北は木津川にいたる地域である。木津川に面しては、大安寺や薬師寺の木屋所があった[49]から、実際には、木津川のかなり南側が北限ではないか。また、宮の西北3.5kmには石のカラト古墳があるので、ここも含まれないのであろう。このようにみると、地形

に沿うのではなく、上に述べた範囲内で平城京の禁野のような長方形の範囲［福山 1968、高橋 1982］[50]を考えるべきかもしれない。

このように、平城宮北方に禁苑を想定したが、その証明には重大な障害がいくつかある。列挙すると、禁苑の区画が未見であること、文献に禁苑がみえないこと[51]、禁苑想定地内に平城宮の官瓦窯が点在する[52]こと（図79）、禁苑設定の時期をいつに考えるか、などである。区画や文献の問題はしばらくおくとして、瓦窯の問題について一応の検討を試みておこう。

中国の場合、唐の長安や洛陽では都城の建設に要した瓦を生産するために、各地に瓦窯が営まれた[53]。ただしその報告例が少なく、ここで問題となる禁苑にまで瓦窯が営まれたかどうか明らかでない。しかし、外郭城内どころか皇城や宮城内においてさえ瓦窯があった。長安城では、西北の坊にあたる普寧坊からは34基の瓦窯が発見された［唐金裕 1961］。洛陽城では外郭城の北に接した「北窯」が数百基にのぼる大瓦窯地帯［黄明蘭 1978］と推定されており、宮城・皇城内各1ヵ所からも瓦窯が発見［黄明蘭 1978、王愷 1974］されている。また、外郭城西面の閶闔門の西に接して7基の瓦窯［黄明蘭 1978］がある。この地は先に引いた『旧唐書』などの記述では禁苑に含まれる。ただ、以上の瓦窯は唐代とはされるが、唐代のいかなる時点のものかには、報告者は一切触れず、玄宗皇帝の開元19（731）年の勅「京洛両都是惟帝宅街衢坊市固須修築城内不得穿掘為焼造磚、其有公私修造、不得于街巷穿坑取土」（『唐会要』巻86街巷条）を根拠に、この禁令以前としている。こうした禁令が出されたこと自体、禁苑や城内に瓦窯を営むことが珍しくなかったと想像できるのだが、報告例の少ない現在、そこまで立ち入ることはできない。ここではこうした事実を指摘するに留めよう[54)55)]。平城宮において、禁苑の存在を論証するには以上の問題の他にも多くの問題があるが、それらは小稿で論じつくすことができない。小稿では、平城京葬地の内容とその分析から生じた新たな問題点を提示するにとどめ、後考を待つことにしたい。

［註］

1）『令集解』巻40に引く「古記」には大道とある。
2）和田は、「其諾楽葛木居寺前南墓・原・」と引用し論を進めている。後述のごとく河川敷が葬地として利用したことは賛意を表したい。しかし、和田自身認めるように、諸本には墓（蓼）原に造るもの（日本古典文学大系70 p.245）があり、なお検討が必要であろう。なお、福山敏男 1648『奈良朝寺院の研究』所収「服寺と蓼原堂」参照。
3）『続日本後記』承和9（842）年7月丁未条。
4）『平安遺文』Ⅱ、p.447、305文書天禄3（972）年5月3日初記良源遺告。
5）同様の観点は、前園実知雄も指摘している（前園実知雄 1981「まとめ」『太安萬侶墓』奈良県史跡名勝天然記念物調査報告第43冊、p.178）。
6）「朕崩之後、宜於大和国添上郡蔵宝山雍良岑造竃火葬」（『続日本紀』（以下『続紀』と略す）養老5〈721〉年12月13日条）。
7）「火葬太上天皇於佐保山陵」（『続紀』天平20〈748〉年4月21日条）。「改葬於佐保山陵」（『続

紀』天平勝宝2〈750〉年10月18日条）。
8)「奉葬太上天皇於佐保山陵」（『続紀』天平勝宝8〈756〉年4月19日条）。
9)「葬仁正皇太后於大和国添上郡佐保山」（『続紀』天平宝字4〈760〉年6月7日条）。
10)「火葬於佐保山陵」（『続紀』天平勝宝6〈754〉年9月4日条）。
11)『公卿補任』元正天皇養老4（720）年条に、「火葬佐保山椎山岡、従遺教也」とある。
12)『家伝下』に「火葬于佐保山、禮也」とある。『寧楽遺文』下 p.886。
13)「伊勢国飯高郡人也…葬佐保山」（『続紀』宝亀8〈777〉年5月28日条）。
14)『万葉集』巻3－474に「昔こそ外にも見しか吾妹子が奥つ城と思へば愛しき佐保(寶)山」とある。
15)『万葉集』巻17－3957に「佐保山火葬」とある。
16)『続紀』神亀5（728）年9月19日条に「葬於那富(ナホ)山時年二」とある。
17)平城宮と佐保山の葬地との間には、ウワナベ・コナベ古墳がある。両古墳とも平城京の造営にも破壊されず、逆にウワナベ古墳の場合は、条坊を南にずらせている。両古墳は平城宮の東北にあたるところから、佐保山の葬地を含め、裏鬼門に対する守護の意味があったのではなかろうか。
18)[註22]に述べるように墨の存在から胞衣壺の可能性もあり得る。
19)ウワナベ古墳の陪冢四号付近から蔵骨器が出土したとされるが、本例は報告者の末永雅雄自らが火葬骨壺か否か不明としている（末永雅雄　1949「奈良市法華寺町字和奈辺古墳群大和第三第四第五第六号古墳調査」『奈良県史蹟名勝天然記念物調査抄報』第4、p.6）。
20)本例を含め以下の土器の年代については西弘海の教示を得た。
21)高野山陵は長く所在不明となっていたものを『山陵考』が現治定地に比定。文久3（1863）年11月修補、翌4年竣功したという『山陵』1925, p.118。
　近年、平城宮と北辺の「松林苑」との間に大蔵省倉庫群が占地したとする説（岸俊男1980「松林苑と年中行事」『遺跡遺物と古代史学』吉川弘文館）がある。この「大蔵省」推定地から秋篠川（西堀河）にかけて、運河とそれに連なる道路と考えられる痕跡がある。現「高野山陵」西南部の濠と外堤は、この地割と一部重複する（奈良国立文化財研究所1981『平城宮北辺地域発掘調査報告書』pp.4～5）。将来この地割の調査が実施されれば、これらの関係が明確になるであろう。
22)水野正好・町田章の教示によると『玉葉』承元3(1209)年5月25日条に、白瓷瓶子に銭5文、筆1管を胞衣とともに入れることがみえる。近世の胞衣処理の習俗に、男子は官吏としての立身を希って墨と筆を、女子は良妻賢母を希って縫針を胞衣壺に納める地方があるという。
23)『延喜式』諸陵寮に「田原西陵　春日宮御宇天皇、在大和国添上群　兆域東西九町南北九町守戸五烟」とある。
24)『続紀』延暦元（782）年正月6日条、および同5（786）年10月28日条。
25)角田文衛　1952「都市文化の波及」『奈良県綜合文化調査報告書——都介野地区』によると安萬侶墓は次の特徴がある。①南向の傾斜1辺約12尺の方形墓壙を掘る。墓壙底はほぼ水平。②墓壙底面には玉石を一重に、粗く敷く。③墓壙周囲に炭化物をまじえた黒色土を積む。④壙内は緻密良質の粘土（厚3～6cm）と木炭・灰を交互に積み、固く叩き締める。これは地下部分だけでなく、地上は円丘状に盛り上げる。⑤地上に盛り上げた粘土盤上にさらに粘土が半球状に突き固められ、その内部に骨櫃と墓誌が納められた。⑥骨櫃の精確な位置は不詳だが、墓壙中央より北に偏っていた。以上の報告のうち、④⑤は版築工法を示す。②の掘込底面の玉石を粗く敷くことも、やはり同時代の基壇建築の掘込地業の基底部によくみる工法である。したがって、①の掘込は墓壙ではなく、掘込地業の掘形にあたるもの

であろう。以上から安萬侶墓は、掘込地業を行い、墳丘を版築した火葬墓と考える。

26）墓誌は、この竜王塚の地下0.5mから明治5 (1872) 年に発見。伴出遺物、墓の構造は不詳。墓の周辺は現在大幅に地下げされ、住宅街となって墓のみが独立丘のようにそびえている。なお、1984年1月に橿原考古学研究所が再調査した。

27）『日本三代実録』巻20　貞観13 (871) 年閏8月28日条。

28）ちなみに、稗田遺跡から北西約0.8km、西二坊大路の南延長線上にあたる現大和郡山市天井町には、「戈六」「細道」の字名がある。「戈六」は添下郡京南三条二里六坪に、「細道」は同十七坪にあたる（橿原考古学研究所編　1981『大和国条里復原図』No.33、吉川弘文館）。

29）喜田貞吉は、「西大寺蔵平城京北班田図」をもとに、平城京西二坊大路を佐紀大路・佐伊大路と呼び、平安京佐比大路の名称は平城京のそれを移したかと推定している。（喜田貞吉　1979「本邦都城の制」『喜田貞吉全集』第5冊、平凡社、pp.305～306)。

30）廃都後の投棄の可能性もある。

31）『続紀』神護景雲3 (769) 年5月19日条。

32）ここでは、佐保川が外京を流れた可能性を指摘している。

33）『万葉集』巻2－194・195に川島皇子を越智野に葬る時の歌とある。皇子の没年は『日本紀』を引き、朱鳥5 (691) 年とある。

34）年代については西弘海の教示を得た。

35）柿本人麻呂は生没年不詳だが、大和においては浄御原宮・藤原宮が活躍の舞台で、8世紀初頭には世を去ったと推定されている（久松潜一　1953「柿本人麿の作品」、武田祐吉「柿本人麿評伝」『萬葉集大成』第9巻、作家研究篇、上、平凡社）所収。

36）最近では、同様の見方をとる説が増えている。たとえば岡野慶隆　1979「奈良時代における氏墓の成立と実態」『古代研究』16号、及び註（5）参照。

37）中国社会科学院考古研究所西安研究室が発掘報告した隋唐墓が約175基あり、両者を合わせると2,175基となる。このように、唐代の墓が多い理由は、人口が多かったことが原因であろう。それとともに以下の湯浅幸孫の指摘も見逃せない。

　　湯浅によると、「漢から隋唐の交までは退官した官吏は皆な本籍地に帰り、任地で卒したものも祖墳に葬られるのが通例であるが、唐宋の士大夫は任官して任地で卒すると、そこで葬り、終身その郷に帰らず、子孫はその地に寄寓することが多い。しかし明初に廻避の法が興り、又科挙の籍が固定したため退官した官吏は皆な本籍地に帰るようになり唐宋以来の士大夫流寓の風は漸く止むに至った」（湯浅幸孫　1981「地券徴存考釋」『中国思想史研究』第4号、p.33）。

38）この論文は、武伯綸　1963「唐長安郊区的研究」『文史』第3号のうち、該当する部分を転載したものという。

39）愛宕が引用した書目の主要なものは以下である。『文苑英華』『関中金石文字存逸考』『金石萃編』『唐文拾遺』『続陝西通志稿』『古誌石華』『同続編』『八瓊室金石補正』『匋齋蔵石記』『金石彙目分編』『呂和叔文集』『嘉慶咸寧縣志』『長安志』。後述のごとく、長安と平城京の葬地を比較検討するためには、長安における墳墓は7世紀からせめて8世紀初頭程度に限定すべきであろう。小稿では資料の制約上、長安のそれは唐代全部を含んでいる。

40）愛宕も述べているごとく、中国々内の詳細な地図は未公表で、地名が明らかでない上に、発掘報告でも発見地を図示することは稀である。ここでは愛宕の業績を利用させていただいた。

41）『旧唐書』巻52によると、粛宗の章敬皇后呉は開元28 (740) 年没後、春明門外に葬られ、後に建陵に附葬すとある。

42）中国里は1里576m。したがって5里は2.88km。

43) 愛宕元が引用された書目は以下の通り。『芒洛冢墓遺文』『同続補』『元氏長慶集』『千唐誌齋石目録』『漢魏南北朝墓誌集釋』の［註39］と重複する書目は略。

44) 愛宕元は、洛陽の郷名比定が長安より遥かに困難であると述べている。たとえば「洛陽城内は、毓徳坊に治所を置く洛陽縣が洛水以北を、寛政坊に治所を置く河南縣が洛水以南を、それぞれ管轄するが、禁苑地区である西部を除き、郊区について両縣の管轄区分がはなはだ明確さを欠き、同名郷がしばしば両縣管下に見え、この点においても長安郊区に比して位置比定における困難を倍加した」（愛宕元 1981「唐代両京郷里村考」『東洋史研究』第40巻第30号、p.45）。愛宕は、金谷郷を洛陽老城の東北に復原した。同氏が引用された洛陽16工区76号唐墓出土の墓誌2例には「河南縣金谷郷瀔水之……」「遷于河南府河南県金谷郷……」とある（河南省文化局文物工作隊第二隊「洛陽十六工区七十六号唐墓清理簡報」『文物参考資料』1956年第5期、pp.41～44、特にp.44）。この洛陽16工区は、王与綱・趙国璧「洛陽十六工区清理唐墓一座」『文物参考資料』1956年12号、p.77に「在洛陽老城西二十五里澗河南岸秦嶺北麓（編為十六工区）」とある。金谷郷は洛陽老城の西に復原すべきではなかろうか。かく考えると、後述の洛陽城西の禁苑との関係が問題となる。

45) たとえば、徐松『唐両京条坊攷』巻1。

46) この点はすでに関野貞が指摘している（関野貞 1907『平城京及大内裏考』東京帝国大学紀要工科、第参冊、pp.156～157）。

47) 1983年7月7日、橿原考古学研究所における「禁苑研究会」での発言。

48) 同様のことは岸俊男が指摘している（岸俊男 1981『日本の古代宮都』NHK大学講座、pp.126～127）。

49) 『大安寺伽藍縁起并流記資財帳』に「一泉木屋并薗地二町　東大路　西薬師寺木屋　南自井一段許退於北大河之限」とある（『大日本古文書』第2巻657）。

50) 平安京の禁野は、福山敏男や高橋康夫によると、『政事要略』巻70に
　　　　「可禁制宮城以北山野事」
　　　　　　東限園池司東大道　　西限野寺東
　　　　四至
　　　　　　南限宮城以北　　　　北限霊厳寺
とあるものに該当し、高橋の復原案を地図上に計測すると、東西約1.2km、南北約4kmの規模となる。

51) 『日本霊異記』中巻第40話に、橘奈良麿の奴が諾楽山で鷹狩をした折、狐の子を串刺しにし、後に報復を受けた話がある。禁苑の機能の一つが狩猟にあるとすれば、何らかの関連があるのではないか。

52) 歌姫瓦窯や音如ケ谷瓦窯など4ヵ所の瓦窯と工房跡などがある（奈良国立文化財研究所 1973・74、1979『奈良山――平城ニュータウン予定地内遺跡調査概報』Ⅰ～Ⅲ）。

53) 武伯綸編著 1979『西安歴史述略』、第6章第5節（p.228）には、西安郊区の東・西・南に南窯や北窯の村名がある。これは唐代に磚瓦・陶器を専門的に焼いていた村名であろうという。

54) 平安京の北郊には、多くの官瓦窯が知られている。そのうち、平安京創建時の瓦窯である鎮守庵瓦窯、角社東群瓦窯、角社西群瓦窯は、［註50］の禁野の範囲に含まれるようである。瓦窯については古代学協会 1978『西賀茂瓦窯跡』平安京跡研究調査報告第4号を参照。

55) 小稿で想定した禁苑に含まれる京都府相楽郡木津町大字大畠では、掘立柱建物群や井戸などが発見されている（木津町教育委員会 1983『大畠遺跡第二次発掘調査』）。こうした遺構の性格については、禁苑に伴う施設という観点も必要であろう。

なお、本章の一部は、拙稿「平城宮——都城発掘史七」『月刊文化財』1983年8月号、pp.35〜42において述べた。

[参考文献]

秋山日出雄・網干善教 1975『史跡中尾山古墳環境整備事業報告書』明日香村教育委員会。

網干善教 1959「北葛城郡香芝町穴虫火葬墓」『奈良県史蹟名勝天然記念物調査抄報』第12輯。

網干善教 1977『史跡牽牛塚古墳——環境整備事業における事前調査報告』奈良県教育委員会。

網干善教・猪熊兼勝・菅谷文則 1978『真弓マルコ山古墳』奈良県教育委員会。

泉森　皎 1982「文禰麻呂墓推定地」『大和を掘る——1981年度発掘調査速報展』橿原考古学研究所附属博物館、pp.20〜21。

猪熊兼勝 1967「飛鳥時代墓室の系譜」『奈良国立文化財研究所研究論集』Ⅲ、p.54。

王　愷 1974「洛陽隋唐宮城内的焼瓦窯」『考古』1974年第4期、pp.257〜262。

岡　大路 1938『支那宮苑園林史攷』p.39、p.94。

愛后　元 1981「唐代両京郷里村考」『東洋史研究』第40巻30号、pp.28〜69。

賀　梓城 1981「"関中唐十八陵"調査記」『文物資料叢刊』第3号、pp.139〜153、151付表四。

橿原考古学研究所編 1981『太安萬侶墓』奈良県教育委員会。

河南省文化局文物工作隊 1959「一九五五年洛陽澗西区北朝及隋唐墓葬発掘報告」『考古学報』第2期、pp.95〜107。

河上邦彦 1979「松林苑の確認と調査」『奈良県観光新聞』第277号。

岸　俊男 1969「京城の想定と藤原京条坊制」『藤原宮』奈良県史蹟名勝天然記念物調査報告、第25冊。

岸　俊男 1980a「万葉集からみた新しい遺物・遺跡」『日本古代の国家と宗教』上巻、pp.61〜100。

岸　俊男 1980b「太安万侶の墓と田原里」「太安朝臣安万侶とその墓」『遺跡・遺物と古代史学』。

黒崎　直 1980『近畿における八——九世紀の墳墓』『奈良国立文化財研究所研究論集』Ⅵ。

黄　展岳 1981「中国西安洛陽漢唐陵的調査与発掘」『考古』第6期、pp.531〜538。

黄　明蘭 1978「隋唐東都洛陽城発現的幾処磚瓦窯群」『文物資料叢刊』第2期、pp.110〜113。

小島俊次 1956「大和出土の二例の骨壺」『古代学研究』第15・16号。

小島俊次 1964「天理市福住町鈴原出土骨壺」『奈良県文化財調査報告書』第7集、pp.14〜15。

小島俊次 1965『奈良県の考古学』p.335、pp.371〜372。

坂本太郎校注 1965『日本書紀』下（日本古典文学大系68）、岩波書店。

島田　暁 1956「北葛城郡当麻村大字加守・金銅骨壺出土地」『奈良県史蹟名勝天然記念物調査抄報』第9輯、pp.45〜49。

白石太一郎 1974「馬見丘陵における古墳の分布」『馬見丘陵における古墳の調査』奈良県史跡名勝天然記念物調査報告、第29冊、p.14。

末永雅雄・尾崎彦仁男 1954「春日山古墓の調査」『奈良県史跡名勝天然記念物調査抄報』第3号、pp.1〜20、特にp.20。

須磨千頴 1952「山城国紀伊郡の条里について」『史学雑誌』第65編第4号、pp.67〜75。

陝西省社会科学院考古研究所 1963「陝西咸陽唐蘇君墓発掘」『考古』1963年第9期、pp.493〜498。

陝西省考古研究所 1964「唐順陵勘査記」『文物』1964年第1期、pp.34〜39。

陝西省文物管理委員会 1979「建国以来陝西省文物考古的収穫」『文物考古工作三十年』文物

出版社（日本語訳『中国考古学三十年』）p.134。

曽　億丹　1978「洛陽発現鄭開明二年墓」『考古』1978年第3期。

高橋康夫　1982「平安京とその北郊について」『日本建築学会論文報告集』第315、pp.163～170。

田中哲雄　1981「平城京と宮の庭園遺跡」『平城京北辺地域発掘調査報告書』pp.17～19。

中国科学院考古研究所　1966『西安郊区隋唐墓』中国田野考古報告集考古学専刊丁種第18号、p.91。

都介野村史編纂委員会　1956『都介野村史』p.24、註4、5。

角田文衞　1952「都市文化の波及」『奈良県綜合文化調査報告書——都介野地区』p.429。

帝室博物館　1937『天平地宝』p.28及び図版21、24。

天理大学附属天理参考館分室編　1983『奈良県天理市杣之内火葬墓』考古学調査研究中間報告、第7号。

唐　金裕　1961「西安市西郊唐代磚瓦窯跡」『考古』1961年第9期、pp.491～492。

内務省　1928「行基墓」『奈良県に於ける指定史蹟』第1冊。

中井一夫　1978「稗田遺跡発掘調査概報」『奈良県遺跡調査概報』1977年度、図版一、奈良時代川路の推定復原図、p.75。

中村春寿　1981「鹿苑並飛火野の祭祀遺跡」「鹿苑付近の祭祀遺跡の調査」『春日大社古代祭祀遺跡調査報告』p.9、pp.16～17。

奈良国立文化財研究所　1977『日本古代の墓誌』pp.90～92。

奈良国立文化財研究所　1977『平城京右京五条四坊三坪発掘調査概報』p.12。

奈良国立文化財研究所　1979『奈良山Ⅲ——平城ニュータウン予定地内遺跡調査概報』p.12。

奈良国立文化財研究所　1983『平城京東堀河——左京九条三坊の調査』p.32。

奈良市史編集審議会　1958『奈良市史考古篇』pp.125～126。

仁井田　陞　1933『唐令拾遺』p.841。

福山敏男　1968「野寺の位置」『日本建築史研究』pp.413～419。

藤井利章　1981「橿原市久米ジガミ子遺跡発掘調査概報」『奈良県遺跡調査概報』1980年度、pp.329～343。

武　伯綸　1963「唐万年・長安県郷里考」『考古学報』1963年第2期、pp.87～99。

平城宮跡発掘調査部　1978「奈良山出土の蔵骨器と墨」『奈良国立文化財研究所年報1977』p.45。

堀池春峰　1961「佐井寺僧道薬墓誌について」『日本歴史』第153号、pp.2～17。

堀井堪一郎・伊達宗泰　1972「平城京域内河川の歴史的変遷に関する研究」『平城京の復原保存計画に関する調査研究』奈良市企画部企画課。

水木要太郎　1913「威奈大村墓」『奈良県史蹟勝地調査会報告書』第1回、pp.20～22。

望月信亨・塚本善隆編　1955「賽河原」『望月佛教大辞典』増訂版、世界聖典刊行協会、p.1423。

森本六爾　1924「大和生駒郡押熊出土の骨壺」『考古学雑誌』第14巻第8号、pp.494～498。

洛陽博物館　1972「洛陽関林59号墓」『考古』第3期、pp.32～34、特にp.32。

洛陽市文物工作隊　1982「洛陽龍門唐安菩夫婦墓」『中原文物』1982年第3期、p.14、pp.21～26。

李　献奇　1965「洛陽清理一座唐墓」『文物』第7期、p.55。

若林勝邦　1903「美努連岡萬墓誌の発見」『考古界』第2巻第9号、pp.532～534。

和田　萃　1974「喪葬令皇都条についての覚書」『青陵』第24号。

和田　萃　1976「東アジアの古代都城と葬地」『古代国家の形成と展開』吉川弘文館。

〔追　記〕
　校正の段階で、平城京右京一条四坊八坪の「称徳天皇山荘」推定地にあたる西大寺竜王町から、平安初期の火葬墓が発見された。また、杉山洋の教示によって、「松林苑」に含まれる奈良市歌姫町トビガミネ古墳の近辺で火葬蔵骨器が出土していることを知った（1980年3月22日付『読売新聞』）。なお、この蔵骨器については藤井利章の教示を得た。

第11章

都城における山陵

はじめに

　藤原京（694～710）は古代における本格的都城のはじめであり、社会の一大画期となった。しかし、建設理念としてあった都城の姿と基本的な点で構造が異なったためか、わずか16年で廃都となった。平城京（710～784）の造営は、その改訂版であり、ここが以後の都城の基本形となる。

　小稿では喪葬制の観点から、この課題を検討する[1]。藤原・平城両京の間ではいかなる面に断絶があり、また継続性があるのか。これを跡づけることは、古代都城の理念の一端を知る上に欠かせない作業であろう。

　律令制都城の成立は、生者と死者の住む世界を分けた。全宇宙を「仙」「人」「鬼」の三部世界に分ける唐の観念に基づき、仙（僊）とは神仙の世界、人は現実の人間世界、鬼は死者霊のことで死者世界の意味である[福永 1982]。三部世界は相似形であるが、相互に近接することはタブーであり、殊に人と鬼の接触は厳しく禁じられた[2]。

　それゆえ、人の世界である都城に対して、京外が死者（鬼）の世界、葬送地となった。まさに幽明境を異にしたのである。その律令的表現が『養老令』巻26、『喪葬令』9皇都条「凡皇都及道路側近。並不得葬埋」である。皇都への埋葬を禁じた条文であり、「大宝令」（701年）でもほぼ同文が確認できるという。この慣習は藤原京に始まるのであり、起源がさらに遡る可能性がある。近年、皇都条を含む『喪葬令』の源は、大化2（646）年3月甲申（23日）「大化改新詔」にあるとする。

　大化2年甲申詔は薄葬の詔ともいわれ、『大宝喪葬令』はここで明らかになった公葬制の後身・発展形、との説が有力化しつつある。これは古墳時代後期の葬制を大転換する契機となり、以後は墳丘規模、規格による身分序列の表現から、葬礼重視へと変化したという[北 1997][3]。葬礼にもさまざまな問題がある。藤原・平城両京の葬送地を見渡すとき、まず課題になるのが山陵のあり方であろう（表20）。以下では主にこの課題を検討する。

表20　藤原京と平城京における山陵

	葬送地の方位	埋葬装置	葬　法	詔
藤　原　京	京南	古墳	土葬→火葬	持統詔薄葬
平　城　京	京北（北東・北西）	火葬墓→古墳？	火葬→土葬	元明詔薄葬、散骨

1 平城京・藤原京と山陵

(1) 北方重視の葬送地

　三部世界が相似形とする三部世界観では、身分秩序も通用した。京周囲の葬送地には方位による格差があり、平城京では山陵がある北方が最重要である［岸 1988、金子 1984］。平城京において山陵が北方にあることは、宮城を京北の中央に配する北闕型都城と同じく天子南面の原則に則っており、唐代皇帝陵（唐十八陵）が長安城の北方に分布することとも一致する。つまり、天子南面が古代都城では重要な理念だったのであろう。

　他方、藤原京では天皇陵が南西にある。いわゆる藤原京南西古墳群である。その範囲は東西約2km、南北約3km余に及ぶが、「南」は平城京やのちの平安京（794～1185）では河川敷があって庶民等の葬送地であった。なぜ、藤原京ではのちに下位となる南西に天皇陵を設けたのであろうか。これは従来から問題視されてきたところであり、飛鳥期墓制の慣習を受け継ぐとする見方や、道教思想をもとにした解釈などがある。

　前説は、この地や西に隣接する壇弓丘陵などに梅山古墳（欽明陵推定地）、岩屋山古墳（旧斉明陵？）など、7世紀前半から中葉にいたる山陵などが集中することを根拠とする。

　他方、福永光司説は道教思想を根拠にする。道教経典の『真誥』では、貴人が死後の昇仙に備えて都の南方にある朱火宮で錬成するとあり、天武陵を含む藤原京南西古墳群をこの朱火宮とみる。天武天皇が道教思想に通じたことは、壬申の乱（672年）では戦況を道教的方法によって占ったこと、諡号の「瀛真人」が道教の高位者名であることなどを根拠とする［福永 1987・1997］。

(2) 藤原京を模す因幡国

　いずれであるかは別にして、藤原京で成立した京外の葬送地は最も重要な山陵の位置については不徹底であり、平城京遷都によってこれを正したことは疑いがない。この点で興味深いのは、鳥取県（因幡国）発見の伊福吉部徳足比売墓である［斎藤 1976］[4]。

　初期の火葬の例として、また墓誌でも著名な徳足比売は墓誌によると釆女として文武朝に出仕し、慶雲4（707）年2月に従七位下を受け、翌和銅元（708）年7月に卒した。故郷の因幡には死後に帰葬されたのであろう。その火葬墓は因幡国府推定地に東北に接する国府町宮ノ下の無量光寺の背後、稲葉山群の一支峰、宇倍野山にあって、国府政庁を見下ろす位置にある。

　因幡国府がある法美平野（鳥取県岩美郡国府町）には大和三山に対比される面影山、今木山、大路山がある。因幡国府推定地はその中央付近、中郷地区にある。推定規模は方約800m。発掘調査は国府の一部に留まるために詳細を明らかにし難いが、規模を

別とすれば、国府推定地とそれを囲む情景は持統女帝の藤原京さながらである。

伊福吉部徳足比売の営墓時期は和銅3（710）年。平城京遷都に前後しており、平城京左京北方の山陵地を先取りするかのようである。この頃、山陵の位置に関する認識が官人層に浸透しつつあったことを示唆すると思う。

大宰府での8・9世紀墳墓を分析した狭川真一は、こうした都と共通する火葬墓を「都市型」と呼び、在地勢力による火葬墓とは異なるあり方をすると指摘する［狭川1998］。都でのあり方がいち早く国々の模範になったのであろう。

2　山陵の配置原理

(1) 陵の配置と皇位

これほど極端ではないが、平城京で進展する原理もある。皇位による山陵の配置である。これは藤原京に萌芽があり、平城京で大きく展開する［金子 1996］[5]。中国では墳墓の配置に礼的秩序があり、前漢の帝陵では昭穆制が機能したという。昭穆制は『礼記』王制にみえる古代の廟制のことで、天子七廟。三昭・三穆の制ともいう。すなわち、

　「天子は七廟を建てる。三昭・三穆と大祖の廟とで合わせて七廟である。諸侯は五廟を建てる。二昭・二穆と大祖の廟とで合わせて五廟である。大夫は三廟を建てる。一昭・一穆と大祖の廟とで合わせて三廟である。士は一廟を建てるだけ。庶人は廟を建てず、寝において祭る」とある［市原 1976］。

ここでは廟における順位を述べ、中央に太祖の廟を置き、二世・四世・六世は左に列してこれを昭といい、三世・五世・七世は右に列して、これを穆という。

前漢の韋玄成の注釈では「父は昭を為し、子は穆を為し、孫は復た昭を為す」とする。これによると父＝昭、子＝穆、孫＝昭となる。ここでの問題は太祖の解釈であり、太祖を誰にあてるのかによって配置が異なる。仮に父子の関係に限定してよければ、東（左）→西（右）→東（左）→西（右）となろう。

前漢帝陵は漢長安城の北方の咸陽原に広く分布する。その配置を検討した劉慶柱・李毓芳は韋玄成の注釈にしたがい、高祖以降の諸陵の分布が昭穆制に合致すると指摘した［劉慶柱・李毓芳 1991］[6]。

(2) 藤原京と檜隈陵

これに類する原理は藤原京に始まる。藤原京南西古墳群の起点は檜隈大内陵、すなわち天武・持統合葬陵（野口王墓）である。天武天皇（在位673～686）は藤原京竣工（694年）を待たずに没したが、近年の発掘調査の結果、藤原京では京域建設が宮の造営に先行したことが判明しており、天武10年代にはかなり進行していたようである。このことは、持統2（688）年に成立した天武・持統陵が藤原京中軸線のほぼ南延長線上に

あることからも明らかである［岸 1988］[7]。

　それゆえ、皇位は天武天皇、持統天皇（在位690〜697）、文武天皇（軽皇子、在位697〜707）の三代となる。その関係は祖父母と孫である。これは天武・持統天皇の子息、草壁皇子が早世したためであり、草壁はのちに岡宮御宇天皇を追贈される。したがって、天武天皇＝父＝昭とすると草壁＝子＝穆、文武＝孫＝昭となろう。ここで皇后持統の扱いが問題だが、檜隈大内陵は合葬陵であり問題にはなるまい［楠元 1983］[8]。

　草壁の岡宮天皇陵については高松塚古墳の発見を契機に同古墳やマルコ山古墳説、束明神古墳説など百家争鳴の観があって、最終決着はみていない［古代学研究会 1998］[9]。しかし、草壁陵は『万葉集』の挽歌によると天武・持統陵の西方にあたる檀弓岡（巻2-174）、あるいは佐田岡（『万葉集』巻2-177、187、192）と呼ばれる地域にあったことは確かであろう。

　次の文武陵は、檜隈大内陵の南600mにある中尾山古墳で諸説がほぼ一致する［橿考研 1975、中尾山古墳環境整備委員会 1975］[10]。

　このようにみると三代の山陵配置は、天武陵を起点に西方の草壁陵を経て、天武陵の南にある中尾山古墳（文武陵）へと移動し、大枠では昭穆の配置と矛盾しない。ただし、これは親子関係での配置であり皇位によるものではない。草壁が岡宮御宇天皇を追贈されるのは天平宝字2（758）年に下るのであり、当初から山陵として配置されたのか否か、疑問が残る[11]。

(3) 画期となる元明陵

　他方、平城京の山陵はより明確に皇位にしたがうようである。平城京における皇位は元明天皇（在位707〜715）、元正天皇（在位715〜724）、聖武天皇（在位724〜749）、孝謙天皇（在位749〜758）、淳仁天皇（在位758〜764）、称徳天皇（在位764〜770）、光仁天皇（在位770〜781）、桓武天皇（在位781〜806）の順である。その皇統は天武系①元明天皇〜孝謙天皇、②淳仁天皇と天智系、③光仁天皇〜桓武天皇に大別できる。

　①初代は元明である。草壁皇子の妃であり、文武・元正天皇の母にあたる。聖武天皇は文武の第1皇子であり、元明女帝の孫となる。孝謙（重祚して称徳）天皇は聖武皇女であり、元明からみて曾孫になろう。

　ただし元明、元正、孝謙は女帝であり、父系原理の昭穆関係で捉えてよいか否か疑問はある。仮に元明を第1代（昭）とすると、元正＝穆、聖武＝昭、称徳（孝謙）＝穆となる。聖武－孝謙という親子関係に限定しても、同様である。

　②淳仁（大炊王）は父が舎人親王。藤原仲麻呂の乱（天平宝字8〈764〉年）に座し、配流地の淡路島で没した（淡路廃帝）。治定陵は兵庫県南淡町にある。

　③光仁は施（志）基親王の第六王子で、桓武（山部親王）天皇の父である。次に諸山陵の配置をみよう。

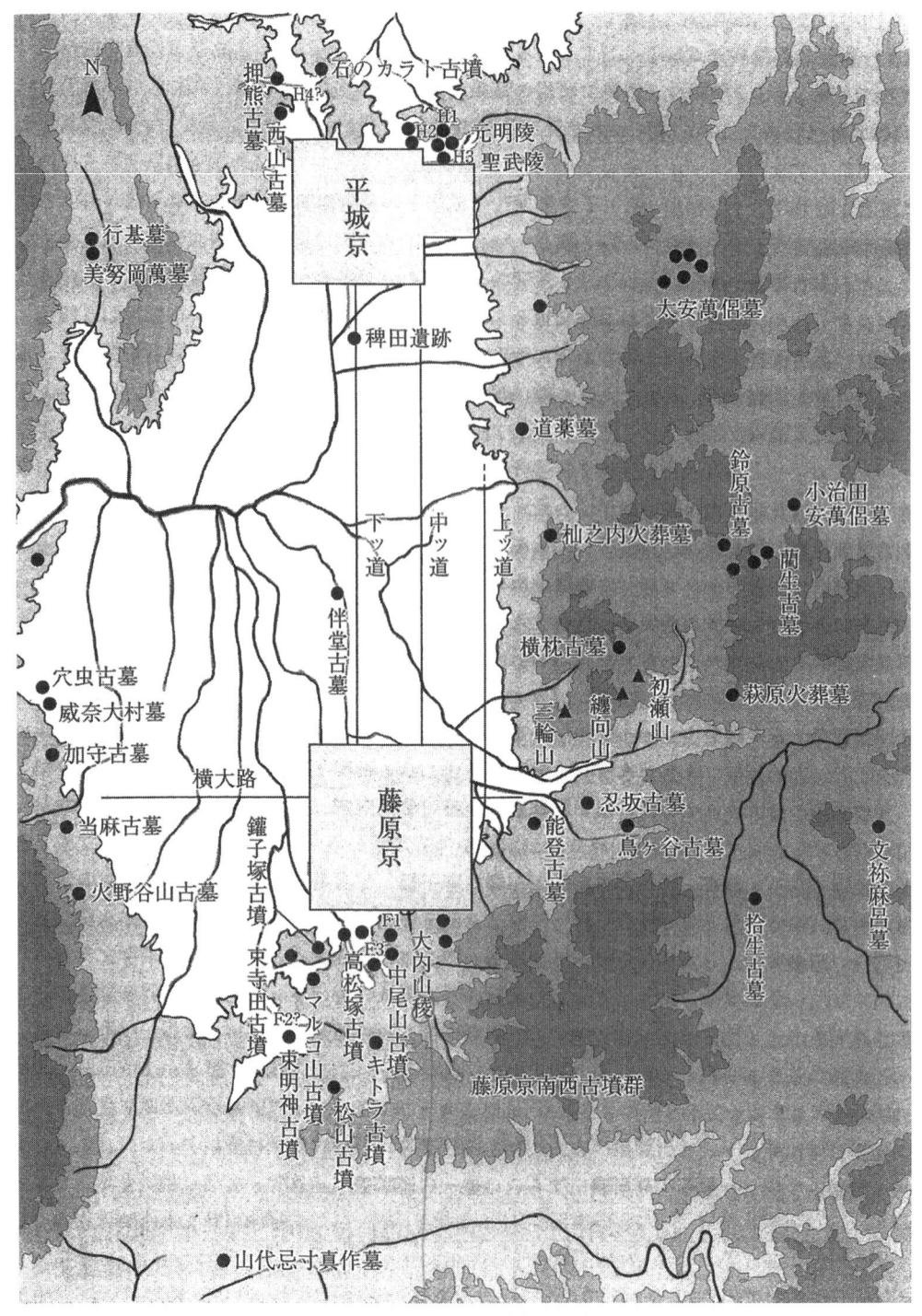

図80　藤原京と平城京の山陵

(4) 元明系の山陵配置

　平城京葬送地では北が重要地であり、なかでも左京北方（添上郡）の奈保・佐保山丘陵に元明帝以下聖武帝、光明皇后の火葬地や山陵がある。左を上位とする原則（『礼

表21　奈良時代の天皇陵（『延喜式』巻21諸陵寮をもとに作成）

	延喜式諸陵寮の山陵		現治定陵
(a)	元明天皇	奈保山東陵	大和国添上郡	奈良市奈良坂町字養老ケ峰
(a)	元正天皇	奈保山西陵	大和国添上郡	奈良市奈良坂町字弁財天
(a)	聖武天皇	佐保山南陵	大和国添上郡	奈良市法蓮町字北畑
(a)	称徳女帝	高野陵	大和国添下郡	奈良市山陵町字御陵前
(b)	淳仁天皇	淡路陵	淡路国三原郡	兵庫県三原郡南淡町賀集字岡前
(c)	光仁天皇	田原東陵	大和国添上郡	奈良市日笠町字王之墓

記』明堂位第14）によるのであろう。

　元明帝は『続日本紀』によると、養老5（721）年12月没した。「大和国添上郡蔵宝山雍良岑に竈を造り火葬」し、「椎山陵」に葬り、「剋字の碑を立て」たという。蔵寶山は佐保山であり、剋字碑には「大倭国添上郡平城之宮馭宇八洲太上天皇陵、是其所也、養老五年歳次辛酉冬十二月癸酉朔十三日乙酉葬」（『寧楽遺文』下）とある。

　この碑石が江戸時代に奈良坂善城寺境内から発見されたことで、奈保山東陵（『延喜式』諸陵寮）治定はほぼ確かであろう。

　元正女帝は天平20（748）年に没。『続日本紀』4月条に「佐保山陵に火葬」とあり、その2年半後に「奈保山陵に改葬」（天平勝宝2〈750〉年10月条）した。治定陵は元明陵の西方にある。

　聖武帝は天平勝宝8（756）年に没した。火葬のことはみえず土葬であろうか。葬送地は「佐保山陵」とある（天平勝宝8〈756〉年4月条）。聖武陵は東大寺が管理し、久安5（1149）年の興福寺僧信實による盗掘記事では、大石を多数運び出したという。墳丘をもつ古墳型であろう［角田 1975］[12]。治定陵は佐保川の右岸、左京一条六坊に北接した丘陵地にある。隣接して天平宝字4（760）年6月に没した光明皇后の治定陵がある。いずれも松永久秀が築城した多聞城の城内にあたり、築城によってかなりの破壊を受けたという。

　なお、神亀5（728）年9月、2歳で夭折した基王（聖武と光明子の子）は「那富山に葬る」（神亀5年9月条）とある。治定墓の那富山墓は、聖武陵と元明陵の中間にあり、墳丘の四隅に獣面人身の姿を彫った「隼人石」がある。

　これに対し称徳（孝謙）帝の高野山陵は、やや格が落ちる右京北方にある。宝亀元（770）年8月4日に没した女帝の山陵は、「大和国添下郡佐貴郷高野山陵」（『続日本紀』同年8月17日条）と、右京西北の添下郡にある。天皇号の高野は山陵名に基づく。佐貴（佐紀）の地名は現奈良市佐紀町に残るが、古代の佐貴郷は現佐紀町より広く、周辺一帯を指した[13]。

　高野山陵が右京の西北にあるのは女帝が建立した西大寺との関わりであり、父聖武の山陵が東大寺に近接した添上郡にあることに対応する［岸 1969］。奈良市山陵町所在の現高野山陵治定地は、埴輪を伴う前方後円墳であり［奈良市史編集審議会 1968］、高野山陵ではあり得ない。高野山陵の所在地については他に、西大寺寺域西北の高塚とする

説などがあるが、未確定である。

(5) 天智系の山陵

　光仁と桓武天皇は父子の関係であるが、平安遷都を断行した桓武陵は平安京の南（京都市伏見区）にあり、平城京域にはない。
　天応元（781）年12月に没した光仁の山陵は、父志貴皇子の田原西陵に近接し、京東方の田原里にある（田原東陵・『延喜式』諸陵寮）。これは長岡京「遷都」に備えた処置であり、当初は「広岡山陵」に葬られた（『続日本紀』天応元〈781〉年12月条、延暦5〈786〉年10月条）。
　広岡の地名は佐保山丘陵の西縁にあたる現法蓮北町と、京都府笠置町との境になる奈良市東北部の2ヵ所にある。平城京における山陵の配置原理からみても、前者でなければならない。有力視されるのは聖武陵の南南西約230mにあたる法蓮北町の晋光寺（広岡寺）跡付近である［吉川 2001］。
　墓誌がないことや山陵の明確な位置が不明確なこと、基王墓の問題などがあるが、元明以下称徳女帝にいたる山陵は東六坊大路の南北軸に沿って北に元明陵が、南に聖武陵があり、その西には元正陵と高野山陵があるなど、配置はあたかも昭穆の原理と一致するかのようである。光仁本来の広岡山陵は、(a)群でみても不合理ではない（図80）。
　このように山陵の配置原理についても、萌芽は兎も角、藤原京ではやや不徹底なところがあり、平城京での山陵配置がそれを改めたといえるのではなかろうか。
　なお、千田稔は元明陵と聖武陵を貫く南北軸線を高く評価し、これが恭仁京の中心軸になったとする。その理由は元明陵を朱火宮として祭るため、恭仁京中軸線の南に置いたとする［千田 1987］。

3　元明薄葬とその後

(1) 薄葬の遺詔

　元明は養老5（721）年10月と12月、最期に臨んで徹底した薄葬を遺詔した。趣旨は「大和国添上郡蔵宝山の雍良岑に竈を造りて火葬すべし。他しき処に改むること莫れ」（10月丁亥13日条）と、「仍りて丘の体鑿つこと無く、山に就きて竈を作り、棘を芟りて場を開き、即ち喪処とせよ。」（庚寅16日条。引用は岩波新思想体系『続日本紀』巻1）とあり葬儀の簡略化と、山陵の建設を禁じて埋葬は火葬場所に行うことを命ずる。
　薄葬は厚葬に対する語で、葬儀を厚くし重宝を副葬することが先祖への孝養と考えた中国では、厚葬は子孫の負担であった（『墨子』節葬下）。薄葬の詔はその方策としてたびたび出された。『後漢書』光武帝紀下、建武7（31）年春正月詔には「世、厚葬を以て徳と為し、薄終を鄙しいと為す。富者は奢僭、貧者は財を単くすに至る。（略）

其れ天下に布告し、忠臣・孝子・悌弟をして、薄葬送終の義を知らしめよ」とあるが、効果は少なかった。

古代では『大化薄葬令』の後には推古・元明女帝が行う。そして「薄葬」遺言は中世まで皇位継承における一種の決まりごととして一部天皇・皇族の間に受け継がれた［田中 1995］。王者の徳を強調する手段となったのであろう。

(2) 火葬は薄墓

火葬の解釈はさまざまある［網干 1979］[14]。火葬自体を薄葬の意味とみるのは岸俊男説である［岸 1980］[15]。つまり、火葬は造墓の制限、墳墓の縮小、殯期間の短縮、副葬品の簡素化を伴うものとして、まさに薄葬の理念に適合するとした。元明陵を葬送簡略化の観点から意義づける藤澤一夫説は、火葬（火化）と埋葬を同一場所で行う簡略化を元明火葬が実践し、これが以後の火葬と火葬墓流布に大いに貢献したとする［藤澤 1956・1970、山田 1999、北 1996］[16]。

火化地での埋葬例をもとに検討すると、元明火葬に前後して火葬墓の構造に新動向がある。宮殿寺院の基壇築成法の導入である。すなわち火葬墓は外部施設と蔵骨器など内部施設から成る。初期の火葬墓には墓誌を伴う例があり、その構造変遷と年代の検討に有用である。文忌寸禰万呂墓（慶雲4〈707〉年）［泉森 1982］や伊福吉部徳足比売墓（和銅3〈710〉年）［斎藤 1976、角田 1952］、太安萬侶墓（養老7〈723〉年）［橿考研 1981］、小治田安萬侶墓（神亀6〈729〉年）、奈良県杣之内火葬墓［埋蔵文化財天理教調査団 1983］、同高安山10号墓例［河上 1983］[17] などを検討すると、一部は外部施設に掘込地業や版築を行うことが特徴としてある

(3) 掘込地業の火葬墓

掘込地業とは基壇築成法の一つのことである。これは基壇の範囲を掘り下げ（掘形）、別に用意した土・粘土を数層から数十層にわたり版築（突き固め）して基壇を造成、その上から礎石の据付掘形を穿って礎石を据え、再び礎石上面付近まで版築を行うものである。杣之内火葬墓ではこれを大規模に行い、掘形は径が約10m。工程も11に及ぶ。

小治田安萬侶墓や高安山10号墓等はこれに類似する。殊に、小治田安萬侶墓は藤澤一夫説が火化地への埋葬例と強調し、火化墓壙を掘込地業の掘形に利用した例でもある。掘形の規模は安萬侶墓が約3.4m四方。これに対して高安山10号墓は長さ3m、幅1.5m、文忌寸禰万呂墓は約1.5m四方とやや規模が小さい［金子 1984］[18]。

これら一部火葬墓の構造は基壇建築の基礎構造と関連する。和銅3（710）年の伊福吉部徳足比売墓では、掘形周囲の版築等は明らかではないが、心礎・礎石の据付方法と内部施設の蔵骨器を納めた石櫃の据付方法には共通性がある。その背景としては舎利容器の影響があろう。

舎利とは釈迦の骨のことで塔心礎に納めた。7・8世紀代には舎利を容器に入れ、

さらに二重三重の間接容器に納めることが多い。金銅容器にガラス製蔵骨器を納める文忌寸禰万呂墓（慶雲4〈707〉年9月）や、漆器の火葬容器を納めた金銅容器の威奈真人大村墓（707・慶雲4年）は、舎利容器のあり方が類似するし、いわゆる唐組の紐で十文字に括られた伊福吉部徳足比売の蔵骨器は、同じように金属鎖で絡げた法隆寺五重塔の舎利容器を想起させる［飛鳥資料館 1972］。

(4) 舎利容器と蔵骨器

　蔵骨器と舎利容器が類似する背景としては初期の火葬蔵骨器に百済や新羅の強い影響があり、それとの関連を重視すべきである。それとともに同時代の建設基壇との関わりを今少し考慮すべきと思う。その契機には山陵建設と仏教がある。火葬や山陵建設などに関わるのは造山陵司・山作司である。彼らは官人であり、その数は元明帝の場合は1名であるが、元正帝では13名にのぼる。中世史料では山作所は建物を含めた火葬場全体の設営に関わっている。さらに仏教との関わりは道照の火葬に始まる。藤澤説は道照の火葬地を粟原寺（奈良県桜井市）とし、初期から火葬と仏教と寺院は3点セットであったと強調する。仏教に関しては今一つ、天皇葬儀に深く関わったこともあげてよいであろう。

(5) 仏式葬儀の盛大化

　持統火葬以後の天皇葬送では初七日から七七日の斎会など、諸大寺では盛大な法会を行う［狭川 1998］。殊に聖武帝の場合には仏式葬儀を盛大に行った。その内容は、「御葬の儀、仏に奉るが如し。供具に、獅子座の香、天子座の金輪幢、香幢、花縵、蓋繖の類あり。路に在りては、笛人をして行道の曲を奏らしむ。」（天平勝宝8〈756〉歳5月壬申条。引用は新日本古典文学体系『続日本紀』）とある。椥之内火葬墓などの背景を考える上に興味深い。掘込地業や版築を行う火葬墓と、その後の火葬墓との関わりは必ずしも明らかではない。

　各地に多い一辺が1m未満の掘形中央に間接容器をもつ蔵骨器を納める型と上の火葬墓との間に、一辺が1mを超す掘形中央に、一辺が約50cmの方形木櫃を置き、内部に2基の蔵骨器を納める奈良県高山火葬墓例［香芝市二上山博物館 1994］などを媒介にできるなら、系譜として連ねることができるかもしれない。これについてはなお今後の検討が必要であるが、火葬の展開にとっても平城京は発展の新ステージを提供したようである。喪葬制の一端からみて、藤原京と平城京を隔てる壁はそれなりのものがあるように思う。

［註］
1）小稿のもとは、金子裕之 2000「古代都城の葬送地――7・8世紀都城の埋葬地と埋葬法に関する基礎的研究」『文部省科学研究費研究報告　日韓古代における埋葬法の比較研究

（1997〜1999年)』である。科学研究費報告では図面・表が主体である。
2 ）南北朝期の志怪小説、干宝『捜神記』巻16－362話などには、人と鬼の交流による悲喜劇がみられる。
3 ）大化の葬制は個人の官位に応じた埋葬施設の階層設定であり、律令制は氏の男系的一系制の機能を付与したもので、一系的な祖先観念の確立を意図した政策であるという。
4 ）因幡国府推定地の発掘成果は、鳥取県教育委員会『鳥取県岩美郡国府町因幡国府遺跡発掘調査報告書1〜8』1974〜1980年、他による。
5 ）これについては北魏の山陵のあり方をもとに、元明陵と天武・持統合葬陵を各々祖墳とする陵園区の考え方で平城・藤原京の山陵の配置関係を述べた。
6 ）唐十八陵は長安北方の諸県に東西約140km余りにわたって分布し、来村多加史は太祖（永康陵）、世祖（興寧陵）を祖陵とした時に、高祖の献陵を父、太宗の昭陵を穆とする注則性を指摘した（来村多加史「唐の山陵制度について」『日本中国考古学会報告要旨』）。
7 ）なお、前園実知雄は前漢長陵が長安城の中軸の北にあることと対比する（前園実知雄1999「飛鳥の終末期古墳と中国の陵墓」『考古学に学ぶ』同志社大学考古学シリーズⅦ、pp.529〜544)。
8 ）持統陵は天武陵の西に併設する予定だったという。これは天武・持統陵の基壇が18m四方に対し、現陵は基壇の東に偏ることが根拠である。
9 ）高松塚古墳の被葬者も石上万呂、忍部皇子、高市皇子、百済王善光など9名もの候補者があげられ、未決着である。
10）文武陵として諸説が認める中尾山古墳は、終末期古墳の一例である。
11）各陵の兆域は、『延喜式』巻21諸陵寮をもとに天武・持統陵を100とすると文武陵45%、草壁陵25%と違いがある。

　　　天武天皇　　檜隈大内陵　　大和国高市郡　兆域東西5町南北4町陵戸5烟　比率100%
　　　持統天皇　　檜隈大内陵　　合葬檜隈大内陵　　　〃　　　　　　〃
　　　岡宮御宇天皇　檀弓丘陵　　大和国高市郡　兆域東西2町南北2町陵戸6烟　比率25%
　　　文武天皇　　檜隈阿古岡上陵　大和国高市郡　兆域東西3町南北5町陵戸5烟　比率45%

12）『本朝世紀』第卅七、久安5（1149）年10月30日条。
13）『日本霊異記』下巻、第15話に垂仁陵（櫛見山陵・生目入日子伊佐知天皇陵）北の「佐岐村」とある。
14）網干善教は火葬と仏教との関わりを否定し、唐の高祖の薄葬令と、新羅の仏教と王室の影響によるとした。新羅では統一新羅の英主、第30代の文武王（在位661〜681）以下、第54代の景明王（在位917〜924）にいたるまで火葬による薄葬を行う（『三国史記』『新羅本紀』『三国遺事』）。その契機は、唐の第三代高宗李治の薄葬の遺言であり、文武火葬は道照がもたらした唐の薄葬の情報と、この頃親密であった新羅王室の影響が大きいとした。そして、高僧道照に次いで持統・文武の二天皇が火葬されたことが、高官を中心に官人層に拡大する契機とした。持統に始まる天皇火葬は、元正太上天皇以降途絶える。これまた対唐関係の密接化の影響であり、平安時代の承和9（842）年に嵯峨天皇が火葬砕骨を遺詔したのは、834（承和元）年任命の第19次遣唐使（834〜839）以降の対唐関係の疎遠化（寛平6〈894〉年に遣唐使廃止）に伴う新羅関係の変化とする。
15）岸俊男は火葬の理想型はあくまで散骨にあるのであって、墓を造って火葬骨を埋納するというのは薄葬の本義からすれば徹底性を欠くとする。
16）山田邦和は唐太宗李世民の薄葬詔との関連から説き、元明陵の立地を山丘型の陵墓と呼び、古墳型山陵からの転換の背景に唐山陵制度の影響をみる。また、北康宏は『延喜式』諸陵

寮に記された陵墓制度の嚆矢が元明朝にあるとする。
17）高安山墳墓10号の解釈は、小林義孝の解釈による。小林は火化地を墓壙にしたとし、墓壙底面の消炭、焼灰などを火化時のものとみる（小林義孝　1988「古代墳墓の第一類型」（下）『大阪文化財研究』第14号、pp.45〜56）。
18）小治田安萬侶墓の墓壙築成は、調査担当者の角田文衞の報文を読む限り、掘込地業の構造になる。

［参考文献］

飛鳥資料館　1972『日本古代の墓誌』奈良国立文化財研究所飛鳥資料館、p.84。
綱干善教　1979「日本上代の火葬に関する二・三の問題」『史泉』第53号、pp.1〜20。
泉森　皎　1982「榛原町文禰万呂墓発掘調査概報」『奈良県遺跡調査概報1981年度』（第2分冊）pp.195〜208。
市原亨吉他訳注　1976『礼記』全釈漢文体系12　集英社、pp.339〜340。
橿原考古学研究所　1975『史跡中尾山古墳整備事業に伴う事前調査』。
橿原考古学研究所　1981『太安萬侶墓』奈良県史跡名勝天然記念物調査報告、43冊。
香芝市二上山博物館　1994『奈良県香芝市高山火葬墓・高山石切場遺跡──香芝市高山台土地区画整理事業に伴う埋蔵文化財発掘調査報告書──』香芝市文化財調査報告1。
金子裕之　1984「平城京と葬送地」『奈良大学文化財学報』第3冊、pp.67〜103。
金子裕之　1996「死後のすみか」『平城京の精神生活』角川書店、第4章、pp.121〜161。
河上邦彦　1983「高安山城跡調査発掘調査概報2」『奈良県遺跡調査概報1982年度　第2分冊』橿原考古学研究所、pp.227〜284。
岸　俊男　1969『藤原仲麻呂』吉川弘文館。
岸　俊男　1980「太安萬侶とその墓」『遺跡・遺物と古代史学』吉川弘文館、pp.82〜105。
岸　俊男　1988「太朝臣安萬侶墓と葬地」『日本古代文物の研究』塙書房、pp.259〜274。
岸　俊男　1988「飛鳥から平城へ」『日本古代宮都の研究』第3章、第5節「京と山陵」岩波書店、pp.60〜62。
北　康宏　1996「律令国家陵墓制度の基礎的研究──延喜諸陵式の分析から──」『史林』第79巻第4号、pp.481〜525、特にp.494など。
北　康宏　1997「大化二年三月甲申詔の葬制について」『続日本紀研究』310号、pp.18〜37。
楠元哲夫　1983「藤原京の京城」『橿原市院上遺跡』奈良県文化財調査報告書、第40集。
古代学研究会　1998「再度高松塚古墳の被葬者を考える」『古代学研究』140、高松塚古墳発見25周年記念シンポジウム特集号、pp.1〜48。
斎藤　忠　1976「鳥取県伊福吉部徳足比売の墓について」『日本古代遺跡の研究　論考編』吉川弘文館、pp.424〜440。
千田　稔　1987「都城の占地の景観をみる」『日本の古代』第9巻、中央公論社、pp.133〜169、特にp.154。
田中　聡　1995「「陵墓」にみる「天皇」の形成と変質」『「陵墓」からみた日本史』青木書店、pp.85〜144。
角田文衞　1952「都市文化の波及」『奈良県総合文化調査報告書──都介野地区』。
角田文衞　1975「聖武天皇陵と興福寺僧信實」『橿原考古学研究所論集』創立三十五周年記念、吉川弘文館、pp.669〜687。
中尾山古墳環境整備委員会　1975『史跡中尾山古墳環境整備事業報告書』明日香村。
奈良市史編集審議会　1968『奈良市史　考古篇』pp.125〜126。

狭川真一　1998「古代火葬墓の造営とその背景」『古文化談叢』第41集、pp.113〜155。
福永光司　1982『道教と日本文化』人文書院、p.234。
福永光司　1987「明日香と道教」『道教と古代日本』人文書院、pp.112〜125。
福永光司　1997『タオイズムの風』人文書院、p.89、pp.202〜212。
藤澤一夫　1956「墳墓と墓誌」『日本考古学講座』第6巻、歴史時代（古代）河出書房、pp.234〜272。
藤澤一夫　1970「火葬墳墓の流布」『新版考古学講座』第6巻、雄山閣、pp.273〜292。
埋蔵文化財天理教調査団　1983『奈良県天理市杣之内火葬墓　杣之内グランド用地調査報告書』考古学調査中間報告、7。
山田邦和　1999「元明天皇陵の意義」『考古学に学ぶ』同志社大学考古学シリーズⅦ、pp.635〜646。
吉川真司　2001「後佐保山陵」『続日本紀研究』第331号、pp.18〜33。
劉　慶柱・李　毓芳（来村多加史訳）1991『前漢皇帝陵の研究』学生社、pp.223〜234。

第12章

なぜ都城に神社がないのか

1 都城に神社がないのはなぜか

　この問いは、藤原京（694〜710）や平城京（710〜784）では壮麗な寺院が多数あるのに、日本の伝統に基づく神社がないのはなぜか、ということを問題としたものである。
　たしかに、広大な藤原京には本薬師寺や大官大寺などの伽藍があり、これを含め『日本書紀』に「京内廿四寺」（天武9年5月乙亥条）とみえる。また、平城京でも興福寺、大安寺、薬師寺など巨大な伽藍が妍を競った。これに対して神社はなぜか影が薄い。
　藤原京では天香山坐櫛真命神社、畝尾坐建土安神社、『万葉集』（巻2-202）に哭沢之神社と詠われた畝尾都多本神社ぐらいしかないし、平城京でも『日本霊異記』の楢磐嶋の説話から、平城京の外京、左京四条六坊の率川社など1、2が推定できるぐらいである［和田 1995、舘野 2002］。
　なぜなのだろうか。
　理由の一つは、古代都城は中国伝来のもので寺院はその構成要素の一つであるが、日本の伝統的な神々とは何も関係がなかったからであろう。唐長安城のもとになった北魏の洛陽（494〜534）では宮殿、園林、市場、貴族富豪から庶民にいたる邸宅に、多数の仏寺があった。北魏楊衒之の『洛陽伽藍記』は最盛時の仏寺数を1,367ヵ所と記す。これに対し、日本の神々は農業生産や氏族、共同体の安寧に関わるもので、伝統と無関係に突如出現した都城に対処する能力や機能は何ら持ち合わせなかった。
　それとともに、藤原京がある南大和の神々の制が固まるのが基本的には7世紀代で、後半の藤原京建設以前であることも一因であろう。
　『延喜式』（927年撰進、967年施行）「神名」にみえる大和の神々は286座。このうち6世紀の宮が集中する磯城、巻向、磐余地域がある城上郡が35座（約12%）、飛鳥地域を中心とする高市郡が54座（20%弱）、次いで平城京がある添上郡37座（約13%）、平群郡20座（約7%）であり、添下など各郡は数座から十数座である。
　なかでも最多の高市郡は飛鳥宮の所在地であるが、そこでの神々の推定地は藤原京（694〜710）の京域とは微妙なずれがある［横田 1992］。
　このことは大和の神々は6世紀から7世紀代の王都と密接な関係にあるが、藤原京はそれとは縁が薄いこと、藤原京は神々が齋く場所に関わらずに成立し、その後平城京の建設などに伴って新たに在地などから神々を勧請する動きがあったものの、多く

の神々はそれまでの場所にあったことを示している。こうした神々は出自などによって諸氏族や共同体が祭り、各集団の安寧や豊作を保証するものだった。平城京の率川社ももとは大神氏の神といい、都城とは直接関わらないようである。

もちろん新たに成立した都城を守り、その安全を祈る祭がなかったわけではない。「神祇令」では季夏・季冬（6月・12月）に鎮火祭、道饗祭を行うことを規定し、別に儀礼として大祓を同時に行うなど、国家が都城を災害や流行病から守るための対策を施している。これらは7世紀後半の天武朝に創始したもので、一部は645（大化元）年12月に遷った孝徳朝の難波長柄豊碕宮（前期難波宮）段階まで遡る可能性がある［金子 2000］。

しかし、そうした祭があることと、それに関わる神々が社殿に住むことはイコールではない。なぜなら、神々は山岳や島嶼、磐座や樹木などに齋き通常は社殿など必要としないからである。

いかなる歴史的産物も長い時の変遷の中で変貌しており、神社の制も例外ではない。西田長男説によれば、神社の語自体は律令用語ではないかというが［西田 1978］、「じんじゃ」の読み方はそれほど古いものではないようで、辞典類によると

じん－じゃ【神社】日本人固有の信仰対象となった神をまつり、法的に存立を認められた礼拝施設。現在、神社本庁所属のもの約八万社（『小学館国語大辞典』）。

じん－じゃ【神社】神道の神を祀るところ。一般には神殿と付属の施設から成る。やしろ。おみや（『広辞苑』）。

とある。『小学館国語大辞典』の示唆するところは明治以降のことであろうか。

国語学の西宮一民説によると、神社の古訓は社と同じく「もり」である［西宮 1987］。そこで『広辞苑』のやしろの項をみると、

やしろ【社】（屋代の意。すなわち神籬を神霊の来臨する屋の代わりとする意）。神の降下するところ。神をいわいまつった斎場。後世、神を祭る殿舎。神社。

とある。神籬は「往古、神霊が宿っていると考えた山・森・老木などの周囲に常磐木を植えめぐらし、玉垣を結って神聖を保ったところ」（『広辞苑』）。であるから、神社とは神を祭る聖なる地の意味で、周囲には常磐木があり玉垣などがあるが、社殿の意味はほとんどないことになる。

言い換えると、社殿のないことが常態であろう。都城成立時の神社とは神を齋きまつる聖なる地で、あるのは区画施設と神が宿る常磐木程度で壮麗な寺院と比較にならない。都城の景観として神社を考えるのは、この神と神社建築に対する大いなる誤解からであろう。

先の平城京唯一の神社という率川社だが、この社を想起する時、多くは現在奈良市子安守町にある立派な社殿を念頭に置いている。この社が奈良時代から現在地にあったとして、現社殿は江戸初期の建築とみられるものである。率川社は他と違って早く

から諸施設が整ったようで、治承4（1180）年12月28日の平家による南都焼き討ちで類焼し、建久元（1190）年に再建されたという［池田・横田監修 1981］。

それ以前の社殿の成立年代は明らかではないが、率川社は8世紀初頭に成立した「神祇令」の孟夏（『延喜式』四時祭では2月と11月）条に三枝祭がみえる歴史的な社であり、天平神護元（765）年8月1日には謀反が発覚した和気王が身を潜めた「率川社」にあたるようだから、この頃には何らかの施設があったのであろう。しかし、それが社殿なのか別の施設か明らかではない。

平城京の東郊にあって藤原氏の氏神として名高い春日社は、美しい朱色の楼門や回廊で知られる。しかし、こうした姿になるのは平安末以降で、社伝では神護慶雲2（768）年に創建とあり、その頃に社殿も成立したようだが、天平勝宝8（756）年に成立した『東大寺山堺四至図』では、春日山の麓には築垣で囲まれた「神地」だけがある。

現境内にはその築垣にあたる瓦葺の大規模な築地塀が現存し、社殿を含めた御蓋山をコの字型に大きく囲んでいる［春日顕彰会 1979・1990］。

一部は痕跡がなく全体の構造は不詳だが、少なくとも南北約540m、東西は約340m以上を測る。ここでは神地の区画が先にあり、社殿や付属施設はのちに成立した。

「神地」はまさに「神を祭る聖なる地」のことで、和気王が率川社に身を潜めた天平神護元（765）年前後にはまだ、築地塀以外に社殿など諸施設はなかった可能性が高い。

では、諸社に社殿が成立するのはいつか。やはり、個々の神社ごとに確かめなければならない。奈良時代の後半になると難波の住吉社（現大阪市住吉区）など次第に各地に社殿が成立するが、藤原京に前後する頃は逆に少なく、先の和田萃説が推定した藤原京の天香山坐櫛真命神社、畝尾坐建土安神社、畝尾都多本神社も実態は不詳である。

このうち藤原京左京に推定地がある畝尾都多本神社（現橿原市木之本町）は、7世紀代の寺院推定地でもあり当時からこの地に鎮座するのか否か疑問である。隣接する奈良文化財研究所都城調査部の庁舎敷地の調査では、寺跡を含め何らの痕跡も見い出せていない。

さらに、『万葉集』（巻2－202）に哭沢之神社と詠われたことを考えるなら、まだ社の状態であった可能性が高い。

研究史の教えるところでは、神社の成立に関しては農耕祭祀や磐座、神籬など古墳時代以降の祭祀遺跡が発展し、ある段階に社殿になるとする素朴な段階論［大場 1970、福山 1984、稲垣 1977］に対して、近年は天武朝の官社制が社殿成立の契機、とする見方が有力化している。

官社とは祈年祭で班幣の対象となる神社のことで、官社制とはこの行為によって国家が全国の有力神社を一元的に掌握する制度のことである。具体的には天武10（681）年1月己丑（19日）条、「己丑に畿内諸国に詔して、天社地社の神宮を修理らしむ。」とある記事をもととする。

建築史の丸山茂は伊勢の皇太神宮や出雲社など天武朝に存在した１、２の例外を除き、多くの社殿はこの制度がきっかけとなり成立したとする［丸山 2001］。
　そして官社制以前に遡る神社、すなわち藤原京に前後する頃で社殿の存在が確実なのは伊勢（皇太）神宮と出雲大社ぐらいではないかという［丸山 2001、岡田 1999］。
　なかでも特に問題になるのは伊勢神宮である。その創始年代をめぐってはさまざまな説があるが、ここでは都城史の観点からこの問題を検討してみよう。
　見通しを先に示すと、神宮の構造や祭儀のあり方は８世紀以降の宮城の構造や儀式との類縁性があること、その要素の一部は７世紀初頭の小墾田宮や７世紀中葉の難波小郡宮に遡る、ということになろうか。

２　宮殿の構造と伊勢神宮

　伊勢神宮は三重県伊勢市にある皇祖神、天照大神を祭る社で、天照を祭る内宮と五穀の神である豊受大神を祭る外宮がある。内宮は『書紀』の「崇神紀」６年条などによると、もとは宮中の宮殿内に祭っていたが、大和（奈良県）の笠縫邑に磯城の神籬を建てて祭り（「崇神紀」６年条）、さらに垂仁天皇の御代に五十鈴川の川上に齋き祭ったとある（「垂仁紀」25年３月条）。
　外宮はこれより遅れ、雄略朝に丹波国（京都府）から遷ったという伝承がある。ともに別宮や摂社、末社があり内宮には別宮10、摂社33、末社16が、外宮には別宮４、摂社17、末社８がある。ここは持統４（690）年から20年ごとに宮を建て直す式年遷宮が始まったといい（『大神宮諸雑事記』持統４年「太神宮御遷宮」）、岡田精司説はこれを神宮の創始と考える［岡田 1999］。
　伊勢神宮（皇太神社）には神「宮」と宮の文字がある。まずは文字の意味からみよう。
　宮に関する言葉は宮殿、神宮、宮様など少なくない。では宮とはなにか。
　音ではみや、きゅう、ぐうであるが、もとは神に関わる建物のこと。『広辞苑』には、

- み－や【宮】（「御屋」の意）　伊勢神宮その他特別の神を祀る神社の称。また、一般に神社の称。『出雲風土記』「大神の宮」
    皇居。禁裏。御所。皇后・中宮・皇子・皇女並びに皇族の御殿。また、その方々の尊称。一家をたてた皇族の称号。
- きゅう【宮】（呉音はク）　天子・神仙などの居所。みや。「宮殿」「宮城」「離宮」天球の区分。「紫微宮」　十二宮。
- ぐう【宮】（慣用音）　みや。御殿。また（皇室に関係ある）神社。「神宮」「宮司」。后妃などの敬称。「皇后宮」「東宮」

などとある。

図81　伊勢神宮内宮の構造
（福山敏男『神社建築の研究』による）

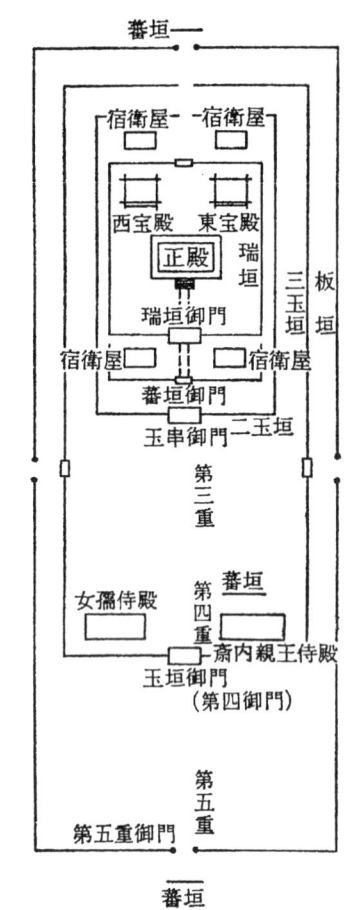

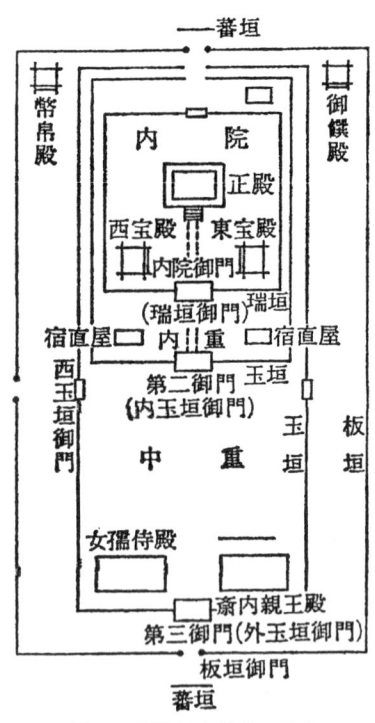

図82　伊勢神宮外宮の構造
（福山敏男『神社建築の研究』による）

　宮の語義を、甲骨文・金文（中国青銅器に刻んだ文字）研究家の白川静『字訓』にみると、

　　「み」は霊的なものに関して用いる接頭語。「や」は屋。神の住むところの宮殿をいう。のち宮殿の意となり、皇族の敬称に用い、また貴顕の居るところをいう。

とあり、語義として、宮は宀呂とに従う。呂は宮室の平面図で、中廷をはさんで室が連なる形である。〔『説文』〕7下に「室」なりとし、躳の省声であるとするが、躳の従うところは脊椎の形である。宮の中廷のところが、儀礼の行われるところであった。（略）

　　宮は古くは神霊の居る所の意味にのみ用いられた。のちには人の住むところをいい、〔『礼記』、内則〕に「父子みな宮を異にす」とは別棟に住む意である。「みや」ももと神霊の居るところより、のち貴人の住居をいう語となった。

とある。神がいる場所を意味した宮が、古代では天皇の住居や特定の社を指すようになったのである。

大宝元（701）年に成立した「大宝令」以降は、宮は天皇とその家族、兄弟（親王、内親王）の住居を意味し、臣下の宅や第と区別した。そして、天皇の宮の所在地が都であった。このみやこに『日本書紀』は宮処、都城の語をあてた（天武12年12月条）。
　神宮と名の付く社は稀であり、その構造とともに祭儀の方法も、地上の宮を反映している可能性がある。
　伊勢神宮の式年遷宮は持統4（690）年以来、今日まで連綿と続いたわけではない。中世動乱の時代には遷宮どころではなく休止期間があって、そのため古い建物配置や構造などが失われたという。ここでは福山敏男の復原案にしたがって神宮の構造をみてみよう。これは延暦23（804）年に成立した『皇太神宮儀式帳』を基本史料にしたものである。
　内宮・外宮はともに厳重な垣によって四重ないし五重に画されている（図81・82）。内宮では正殿の南には美豆垣（瑞垣）御門（内ノ御門・第一ノ御門）、間垣（蕃垣）御門、玉櫛（串）御門、玉垣御門、板垣に開く第五重御門とあって五重に画し、蕃垣がない北は四重に画している。正殿は独立棟持柱の高床建物である。内宮では正殿の北に宝殿があり、さらに宿衛屋が南北にあり、板垣の外側、西に接して御倉院がある。
　これに対して外宮では、四重に画している上に宝殿と宿直屋が正殿の南にしかなく、さらに北板垣の外に接して、御倉院と御酒殿院、御饌炊殿がある点などが異なる［福山1984a・1984b］。
　いずれにしても多くの垣に囲まれた、まさに八重垣（『古事記』巻1）の状況にある。「かき」は邪霊の侵入を防ぐ呪能があるもので、「志婆加支神」のような神があった（『字訓』「かき〔垣〕」項）という。
　神宮における四重・五重垣やそこでの祭儀のあり方は宮殿の場合と似たところがあり、要素的には7世紀初頭の小墾田宮まで遡る可能性がある。
　早くに、秋山日出雄は伊勢神宮の平面形を平城京内裏正殿のあり方に類似するとし、その系譜が前期難波宮まで辿れるとした。これは神宮の構造を板垣、三玉垣、二玉垣、瑞垣の四重の垣で区画し、門が板垣、三玉垣は四面に開き、二玉垣、瑞垣は南北に開く四門二門の制とみるのである［秋山 1971］。
　前期難波宮については、その嚆矢が推古小墾田宮にあるとする岸俊男説が有力である。この説では小墾田宮に成立する朝堂の基本構造が前期難波宮を経て、持統8（694）年12月の藤原宮にいたって宮城中枢部の内裏、大極殿・朝堂院に発展し、それに伴って大極殿・朝堂院儀式が成立するとみるのである［岸 1988］。
　秋山説を敷衍すると、神宮の構造の要素は7世紀初頭の小墾田宮まで遡ることになる。神宮の祭儀もこのことを支持するかのようである。
　神宮の神祭などは宮廷儀式と同じく屋外で行う。いわゆる庭上祭祀である。その内容・性格によって行う場所が少し異なる。たとえば神饌や神酒は瑞垣御門の前に供えられるが、通常の祭は玉串御門（二の玉垣、外宮では内玉垣御門）の前の庭（建物の間の

広場)で行われる。神官などの座もここにあり、舞楽もここで行われる。そして神饌などを供える時と、通常の祭などでは宮司と祢宜の動線が異なるという[榎村 1996]。

こうした祭儀を行う位置や、垣ごとの神官の機能分化は小墾田宮や前期難波宮(難波長柄豊碕宮)の前身という難波小郡宮[1]の大門内外での儀式を思い起こさせる。

次に、小墾田宮およびこれと関連する小郡宮の構造と儀式のあり方をみよう。

3 初期の宮と儀式の二類型

聖徳太子や蘇我馬子が活躍した小墾田宮については、近年、奈良県明日香村雷にある雷丘周辺とする説が有力化した。最大の手懸かりが「小治田宮」墨書土器である。これは平安初期に下るが、検出井戸が雷丘東南麓にあることに加え、東麓や南麓の一部では前後の調査で7世紀代に遡る建物遺構や石組みの苑池遺構などがみつかっており、小墾田宮が雷丘周囲にあった可能性が高い。

全貌はまだ窺えないが、この宮の構造と儀式空間については『日本書紀』推古16(608)年の隋使来訪記事や、推古18(610)年の新羅使来訪記事から推定でき、岸俊男や早川庄八の分析がある。

他方の難波小郡宮はどうか。現在の難波宮跡(大阪市東区馬場町)とする説、前身とする説があるがはっきりしない。ただ難波宮の場合、宮殿に適した高燥な地は難波宮跡がある上町台地しかなく、難波宮跡の一部か近接したことは誤りないであろう。

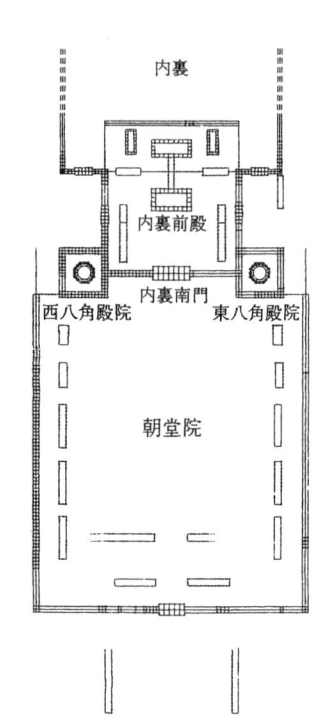

図83 前期難波宮の中枢部遺構図
(古市晃「難波地域の開発と難波宮・難波京」による)

ここでは白雉元(650)年2月に、長門国(山口県)が白雉を献上した記事がある。白雉とは白色の雉のこと。この世を聖王(ここでは孝徳天皇)が治めることを愛でた天上世界が下した印(祥瑞)の一つである。

宮廷には儀式がつきものだが、それは殿舎の外の広場(庭)で行うものであり、場所については小墾田宮と難波小郡宮に始まる二類型がある。長くなるが早川庄八の訳によって小墾田宮記事を①②、小郡宮記事を③としてみる[早川 1986]。

①推古16(608)年、隋使裴世清が隋の国書を「朝庭」に置いて推古天皇に奉呈する儀である。

隋使は2人の導者に導かれて「朝庭」に入り、信物を「庭中」に置いて二度再拝し、使者の趣を言上して国書を朗読した。

終わると導者のひとりが国書を受け取り、進み出る。するとひとりの大夫が迎え出て国書を受け取り、「大門」の前の机の上に置き、天皇に奏上した。次に、

②推古18（610）年の新羅使と任那使の、同様の儀式である。

　　　新羅と任那の使節は、それぞれ別の導者に導かれて「南門」より入り、「庭中」に立った。すると4人の大夫が「位」から立って施設の前に進み出て、「庭」に伏した。

　　　両国の使節は再拝して使者の趣を奏する。聞き終わった4人の大夫は、大臣の前に行って、その旨を大臣に伝えた。それまで「位」にいた大臣は、起ちあがって「庁」の前に立ち、これを聞いた（天皇への奏上についての記述はない）。

③白雉元（650）年2月、難波小郡宮での白雉献上の儀式である。

　　　その日は「元会議」と同じように、「朝庭」には隊列が整えられていた。左右の大臣以下百官人は、「紫門」の外に4列に並んだ。

　　　4人の大夫が白雉をのせた輿をかついで進むと、左右の大臣は百官人や百済の王族などを率いて「中庭」にいたった。

　　　そこからは、別の4人の大夫が輿をかつぎ、「殿前」に進んだ。そこで今度は、左右の大臣が輿の前頭を持ち、3人の大夫が後頭を持って進み（殿に昇り）、天皇の「御座」の前にこれを置いた。

　　　天皇は皇太子とともに、輿の中の白雉をみた。

元会議とは奈良時代以降の、元日の朝賀儀式のことである。この①〜③の記事によって、大殿を中心にした宮南半の構造が明らかになる。

①②の小墾田宮は、南門を入ると 庁 殿がある庭があり、その奥には大門があり天皇が座す大殿があった［岸 1988］。宮の入り口は単に南門とある。藤原宮以後であれば宮城門には大伴門、壬生門、若犬養門など門号氏族名が付されるが、小墾田宮はそれより86年も前のことで、まだそうした習慣はなかった。この構造は③の難波小郡宮と共通する。ただし、こちらでは百官人が門（小墾田宮の大門にあたる）を入り、その先の大殿に進んでいる。大殿の前は中庭である。

これらをあわせると、宮を囲む区画には門が開き、そこを入ると庭があり、さらに区画施設があって奥には天皇が坐す大殿がある。庭と大殿との間の区画施設には門が開く。これを小墾田宮では大門と称し、難波小郡宮では紫門と呼んだようである。

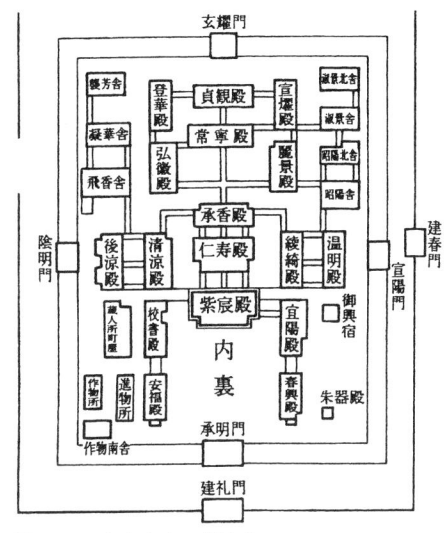

図84　平安宮内裏の構造（古代学協会・古代学研究所編『平安京提要』による）

そして百官人が列立する儀式は大門（紫門）の前の庭で行い、「白雉献上」など特殊な場合には門を入った大殿南面の中庭に進み、最終的に侍臣が大殿の階(きざはし)を上ることもあった。このあたりの理解を助けるため、近い例として前期難波宮遺構図を示した（図83）。

二つの型は後世の大極殿・朝堂院儀式や内裏儀式などに発展する。伊勢神宮では神饌を供える時には瑞垣御門の前に進むが、通常の祭は玉串御門の前の庭（広場）で行う（図81・82）。前者は難波小郡宮での中庭儀式に、後者は小墾田宮の庭での儀式に対応するように思う。ただし、両者が完全に一致するわけではなく構造が異なることも事実である。

難波小郡宮では中庭が大殿に直接面する。小墾田宮も後に述べるように似た構造であろう。しかし、伊勢神宮の場合はそうしたことはなく間に瑞垣御門があり、正殿はその奥にある。正殿の前に門が南北に二つ並ぶ構造は、ある意味で難波小郡宮などより一層厳重である。

このあたりの構造は秋山が指摘した平城宮内裏のそれと類似するようである。平城宮内裏の構造は奈良時代の中で数期の変遷があるが、奈良時代後半は基本的に平安宮内裏の構造と共通するので、便宜上ここでは平安宮内裏をもとに（図84）、説明しよう。

平安宮内裏は内裏外郭と内郭から成り、内郭の中心には正殿（前殿）の紫宸殿、仁寿殿、承香殿、常寧殿、貞観殿といった大型の東西棟の殿舎が南から北に並び、その周囲を南北棟の殿舎などが囲み、間を広庇がつなぐ。そして中央には建礼門（内裏外郭）、承明門（内裏内郭）がそれぞれ開き、正殿の紫宸殿の前（南）には前庭部が広がる。

伊勢神宮の瑞垣御門は内裏内郭の承明門前に、玉串御門は内裏外郭の建礼門前にあたるのであろう。この場合、両者の構造の違いは年代の推移による可能性がある。

すでに述べたように神宮の復原に関する福山案は延暦23（804）年の『皇太神宮儀式帳』を基本にする。9世紀初頭は平安宮の初期にあたり、仮に神宮の創始を岡田精司説の7世紀末の持統朝とみても100年余りの時が流れ、少なくとも5度の式年遷宮を経たことになる。この間に神宮の構造に何ら改変・修正もなかったとはいいきれない。神宮の瑞垣御門を内裏内郭の承明門前に、玉串御門を内裏外郭の建礼門前にあてることはほぼ同時代のこととみて矛盾はないと思う。

しかし、違いもまたある。それは平安宮内裏では紫宸殿の前庭部は儀式の場で、版位（尋常版）を設置し任官儀などを行うことである。比較的開放的な空間なのである。ところが神宮の場合、瑞垣御門の内部は神の領域で、遷宮や9月の神嘗祭に御衣を納めることなどを除くと神官が立ち入ることはない［福山 1984a・1984b、岡田 1999］。

こうした閉鎖的空間は初期寺院における伽藍中枢部のあり方と類似する。初期寺院とは飛鳥寺（創建は6世紀末）や法隆寺（現伽藍の創建は7世紀後半から8世紀初頭）などを指し、金堂を囲む回廊（金堂院）の規模が比較的小さいことが特徴である。それは金

堂院が仏の空間であるためで、法会などの場は伽藍の外、回廊に開く中門前であった［井上 1969］。

このあり方自体は初期寺院と類似するが、四重、五重ある神宮の区画は寺院伽藍とは無縁のもので、やはり宮殿がもとであろう。

小墾田宮や難波小郡宮では大門（紫門）の奥は天皇の領域であり、閉鎖的空間である。たしかに大門を通ってここに進む儀式などがある。しかし、難波小郡宮での祥瑞の進奏や後述の田村皇子（舒明天皇）が小墾田宮に危篤の推古女帝を訪うことは（舒明即位前紀）、特殊ケースで頻度は多くはないのであろう。

7世紀に閉鎖的空間であった寺院の金堂院は、8世紀に入ると様相が一変する。それまで閉ざされていた伽藍内部に多くの僧侶が入り込み、金堂の前で盛大な法会などを行うようになるのである。これに伴って金堂の前面には広い前庭部が成立する。いわゆる興福寺式伽藍の成立であり、奈良時代官寺の標準形として東大寺以下の国分寺式伽藍の原型となってゆくのである［大岡 1966］。

平安宮内裏正殿の前庭部のあり方はこうした動向と一連であり、内裏での儀式は辿れば小墾田宮や難波小郡宮における中庭儀式が源であろう。

8世紀以降の時代の波を受けるのは構造だけではなく、儀式にも反映しているように思う。それは祭儀における官人の職能分化である。神宮では諸門前に供える供物などは神官が直接運ぶのではなく、リレー方式と呼ぶべき方法で複数の手を経る。これは区画毎の職能分化が複雑化したことを示す。同様のことは『日本書紀』白雉元年条の難波小郡宮での白雉献上記事や、小墾田宮における推古16（608）年の隋使迎接、同18（610）年の新羅使迎接記事における官人の動きにみることができる。

推古18年の記事では、新羅王の献上品は新羅使が直接女帝推古に手渡すのではなく、使者が小墾田宮の南門を入り庭（おほば）にいたると、庁殿に控えた大臣が使者の手から貢ぎ物を受け取り、天皇の大殿がある大門（閤門）前の机上に置く。すると、大門内部の女官が大殿に取り次ぐのである［吉川 1998］。

このことは儀式以外にも共通する。推古36（628）年3月、推古の危篤を聞いて小墾田宮に駆けつけた田村皇子（舒明天皇）は、小墾田宮の大門（閤門）から大殿の中庭を通って推古のもとへ進むが、その過程は中臣連弥気に導かれて大門（閤門）を経て中庭に入り、迎えた栗隈采女黒女によって大殿に引き入れられ、推古の言葉を聞く（舒明即位前紀）。

推古18年条の記事と舒明即位前紀はまるで正・続編のように、南門から庭へ、大門から中庭を経て大殿へと、複数の官人に導かれて移動する。こうした職能分化は平安宮宮廷では一層煩雑になるから、神宮における神官の職能分化も直接的にはその影響であろう。

このようにみてくると神宮の構造や祭儀の動線、職能分化のあり方は8世紀以降の宮城儀式との類縁性があり、一部は7世紀初頭の小墾田宮、7世紀中葉の難波小郡宮

での儀式・動線、職能分化に遡る要素があるといえよう。

[註]
1）かつてこの問題を論じた際に（金子裕之　2000「考古学からみた律令的祭祀の成立」『考古学研究』第47巻第2号、通巻186号、pp.49～62)、当方の不注意から小郡宮と難波長柄豊碕宮を取り違えた。この機会に訂正したい。

[参考文献]
秋山日出雄　1971「「飛鳥京」都制の復原」奈良県立橿原考古学研究所編『飛鳥京跡』1、奈良県史跡名勝天然記念物調査報告、第26冊、pp.297～298。

池田末則・横田健一監修　1981『奈良県の地名』『日本歴史地名大系』30、平凡社、pp.534～535。

稲垣栄三　1977「古代の神社建築」伊藤延男ほか編『文化財講座　日本の建築』1、古代1、第一法規、pp.83～120。

井上充夫　1969『日本建築の空間』鹿島建設、pp.73～80。

榎村寛之　1996「古代日本の「信仰」」金子裕之編『日本の美術』360、まじないの世界1、至文堂。

大岡　実　1966『南都七大寺の研究』中央公論美術出版。

大場磐雄　1970『祭祀遺蹟――神道考古学の基礎的研究』角川書店。

岡田精司　1999「神社建築の源流――古代日本に神殿建築はあったか」『考古学研究』第46巻第2号、通巻182号、pp.36～52。

春日顕彰会編　1979『春日大社古代祭祀遺跡調査報告』春日顕彰会。

春日顕彰会編　1990「春日大社築地遺構発掘調査報告」『史跡春日大社境内地実態調査報告及び修景整備基本構想策定報告書』春日顕彰会、pp.39～50。

金子裕之　2000「考古学からみた律令的祭祀の成立」『考古学研究』第47巻第2号、通巻186号、pp.49～62。

岸　俊男　1988「朝堂の初歩的考察」『日本古代宮都の研究』岩波書店、pp.239～270。

舘野和己　2002「宇奈多理神社の位置」広瀬和雄・小路田泰直編『日本古代王権の成立』青木書店、pp.189～200。

西田長男　1978「「神社」という語の起源その他」『日本神道史研究』8、神社編上、講談社。

西宮一民　1987「ヤシロ（社）考――言葉と文字」『上代祭祀と言語』桜楓社、1990。

早川庄八　1986「前期難波宮と古代官僚制」『日本古代官僚制の研究』岩波書店、pp.299～325。

福山敏男　1984「神社建築概説」『神社建築の研究』福山敏男著作集4、中央公論美術出版、pp.3～22。

福山敏男　1984a「神宮の建築とその歴史」『神社建築の研究』福山敏男著作集4、中央公論美術出版、pp.68～194。

福山敏男　1984b「神宮正殿の建築」『神社建築の研究』福山敏男著作集4、中央公論美術出版、pp.204～209。

吉川真司　1998「律令国家の女官」『律令官僚制の研究』塙書房、pp.77～116。

丸山　茂　2001「神社建築の形成過程における官社制の意義について」『神社建築史論――古代王権と祭祀』中央公論美術出版、pp.30～106。

横田健一　1992『飛鳥の神々』吉川弘文館、付図「飛鳥周辺図」。

和田　萃　1995「率川社の相八卦読み――日本古代の陰陽師」『日本古代の儀礼と祭祀・信仰』

中、塙書房、pp.215〜232。

第13章

古代都城と道教思想

はじめに

　張寅成教授の「百済大香炉の道教文化的背景」は、韓国扶餘陵山里遺跡で1993年12月12日に発見された百済金銅大香炉について、道教文化的視点から考察した論文である。この大香炉については発見直後から多くの検討がなされ、『古文化談叢』第35集でもいち早く尹武炳（亀田修一訳）「百済美術にあらわれた道教的要素」の紹介がなされた。

　このたびの論文は、百済王室が中国の博山香炉をもとに百済大香炉を製作した目的を明らかにするものである。論文のスケールは「百済金銅大香炉と古代東アジア」（国立扶餘博物館主管の国際学術会議）という発表の場にふさわしく、大香炉の思想的特性の考察内容は東アジア道教の文化的背景にまで踏み込んでいる。その意義は百済や新羅の道教文化に留まるのではなく、ここでは言及がなかった日本の古代都城制史にも及ぶものであり、論文の視点は今後の古代都城制史の再構成に不可欠と思われる。そこで小稿では、日本の古代都城制の立場から、張寅成論文がいかなる意義を持ち、今後の研究に敷衍できるかに絞って解説することとしたい。

　以下、教授の論文が主題とする神仙世界としての宮廷苑池と、王都の三山（三神山のこと、以下では三山とする）との関わりに分かって述べよう。

1　宮廷と苑池

　張寅成教授論文の主題は、漢の武帝が神仙思想による理想世界の建設を夢見て建設した上林苑が博山香炉を生み出し、これが百済大香炉と百済の苑池のもとになるとする。ここでは上林苑が重要な要素であるので、古代の苑の解説から始めることにしよう。

　苑は関連する語である囿とともに苑囿ともいい、皇帝の徳を表すものであり、中国古代の帝国に必須の施設であった。その面積は広大で、内部に多数の宮殿・楼閣や園池をはじめとする諸施設があり、多くの珍獣や植物、果樹蔬菜などがあった。『説文』（許慎撰）によると、苑の語義は「禽獣を養ふ所以なり」（『説文』1下）とあって、禽獣すなわち珍獣を含めた動物を飼育する施設であり、関連する園（薗）は「樹果ある所

以なり」(『説文』6下)とあって果樹園、菜園など農園の意味とし、囿には「苑に垣有るなり」「一に曰く禽獣には囿といふ」(『説文』6下)と、苑に垣など区画施設があるものを指した。

　苑囿(近年は園林ともいう。以下では苑、苑地とする)の意味にはさまざまあるが、面積は広大であり、多数の園池に宮殿・楼閣、農・果樹園、動物園、さらに無数の野生動物がいる狩猟場などを備えた大複合施設であった。最も重要なのは先祖の御廟に捧げる犠牲を養う施設としてであり、苑囿の異変は直ちに帝国の滅亡を意味した[桐山 2004]。

　漢の武帝が営んだ上林苑はそうした苑池の代表で、その一郭の建章宮内の苑池に始皇帝は紀元前104(太初元)年に、中国の古伝説に現れる海中三神仙を建設した。これは中国の歴史書のはじめである司馬遷の『史記』の中でも、神祭の記録である「封禅書」にみる伝説であり、渤海に浮かぶ大亀である鼇が背負う蓬萊山、方丈山、瀛州の三山には金銀の宮殿があり、神仙が不老不死の生活を楽しんだという。

　この伝説を信じた秦の始皇帝や漢の武帝は、不死の薬を求めて渤海湾に船団を浮かべたが、果たせなかった。そこで宮殿の苑池に三山を象ることで神仙世界を凝縮し、宮廷全体を神仙世界化したのである。三山を象った苑池の造成は道教思想の流伝を意味しており[服部 1972]、この伝統は漢帝国以降の歴代の王朝に受け継がれてゆくだけではなく、百済、新羅を経て後述のように古代日本にも及ぶのである。

　他方では、こうした大規模な施設とは別に、神仙世界をより身近なものとするために宮廷の苑池を工芸品に写すことが行われた。博山香炉であり、神仙世界の要素を象徴化して工芸品としたのである。この香炉を焚くことで室内空間はたちどころに神仙世界化したのである。

　張寅成教授論文は上林苑が後世の中国帝国の苑池の原型になるだけではなく、百済にも影響を及ぼしたとし、その根拠として百済大香炉をあげる。百済大香炉の祖型が博山香炉であるから、おおもとの苑池も、同時に受容したと考えるのである。この場合、上林苑に対応する施設としては百済王宮の苑池となる。つまり、

　　博山香炉→百済大香炉
　　上林苑　→百済王宮の苑池

という図式である。百済王宮における苑池の造形は漢帝国の神仙思想を背景としており、張教授はこれが新羅王宮の苑池に影響を及ぼしたとする。

　では、以上の流れと古代日本とはいかに関わるのであろうか。博山香炉→百済大香炉の流れは明らかではないが、いま一つの苑池に関しては密接な関わりがある。

　古代では庭園施設のことを苑や嶋(山斎)と呼んだ。嶋は『万葉集』や『懐風藻』、『続日本紀』、木簡などに例が多く、園池を含む施設全体を指した[岸 1988]。

　8世紀の平城京(710〜784)では宮城の宮城宮内外に二苑一池宮一池亭などから成る施設があった。固有名詞では松林苑、南苑、西池、宮西南池亭、楊梅宮南池などがあり、施設全体は苑と池から成る。嶋をここでは特に苑と呼んだのである。

宮廷施設としての苑地の成立は7世紀代の飛鳥京段階にあり、飛鳥浄御原宮（672〜694）では宮殿の西北に接して苑池遺跡がある。その中心となる園池遺構は堤によって南池と北池、水路部分に分かれ、池中には中嶋を築く。南北の規模は南・北の池が約120m余り、水路を含めると200m以上を測る。池の平面形は直線に近い弧状を描いており、岸の一部には岬状の出島を造り、大きな花崗岩を積んで岸辺を形成する。岸の立ち上がりは急であり、池底にも石を敷きつめている。この遺構は『日本書紀』の「天武紀」にみえる白錦御苑の一部かと考えられている［橿考研 2002］。

　規模を別にすれば、遺構は同じ飛鳥京跡でみつかった他の苑池遺構とも共通点がある。たとえば、大きな花崗岩を使用することや比較的深い苑池であって岸の立ち上がりが急であること、直線的な平面形などである。池底にも石を敷きつめることを除くと、こうした特徴は百済や新羅における苑池遺構と類似し、その影響が顕著である［尹武炳 1990］。

　すなわち、漢の上林苑に淵源する苑池の伝統が7世紀代の飛鳥京に息づいているのである。これが8世紀以降の苑池の原型になるのであろうが、この発展段階はそれほど単純ではないようである。

　先に述べた宮城内外の複数苑池のうち、発掘調査が進行した東院庭園（楊梅宮南池）を例にとると、園池の平面形や断面形は飛鳥京段階とは明らかに異なる。ここでは池底は浅く岸の立ち上がりは緩やかであり、平面形も複雑な出入りがある花弁型ともいうべき形である。

　他方で、苑池の導水路の構造などには飛鳥京例との共通点があって、7・8世紀の様相が新旧入り交じった折衷型といえようか。恐らく東院庭園にみる新しい様相は701年の「大宝令」の制定を契機に、交流を再開した唐の影響と考えるが、この点については今後の藤原京段階における様相との比較が必要になろう。

　飛鳥京と平城京の中間に位置し、持統8（694）年に遷都した藤原京（694〜710）は条坊制の都市城を備えた画期的な都城であり、藤原宮の内外に複数の苑池があった可能性が高いが、未発掘のために様相は明らかではない。平城京では条坊街区の痕跡が廃都後も地割として残ったのに対し、藤原京では全面的に条理地割を施工したために、地割痕跡から遺構を探ることが不可能なのである。

　いずれにしても東院庭園では8世紀代の新様相に、飛鳥京における7世紀代の様相が混在する。

　上林苑に始まる苑池の伝統は、平城宮の楊梅宮南池や南苑、西池といった苑池名称にも生きているので、次にこの点をみてみよう。平城宮の東院地区は光仁朝の宝亀年間（770〜780）に楊梅宮と名を改めた。

　『続日本紀』宝亀4（773）年2月27日条には、

　　「壬申。初造宮卿従三位高麗朝臣福信。専知造作楊梅宮。至是宮成。（授位）是日。天皇徒居楊梅宮」（初め造宮卿従三位高麗朝臣福信、楊梅宮を造ることを専らに知り

表22 「南池・宮南池」関連史料

	中　　国	百済・新羅	日　　本
447年 510年？ 634年 655年 ？―737年 777年	「南池」(玉台新詠巻9)	「宮南池」(漢城、百済本紀3) 「穿池於宮南」(扶餘、百済本紀5) 「立望海亭於王宮南」(百済本紀6)	「南池」(藤原宇合、懐風藻88) 「楊梅宮南池」(続日本紀)

表23 「南苑」史料

	中　　国	日　　本
474年 535―545年 548年 561―565年 573年 726―747年	宋明帝紀元徽元年(『宋書』) 梁武帝大同年間(『隋書』巻25刑法志) 侯景伝(『梁書』巻56) 賀抜勝傳(『周書』) 後主紀(『北齊書』巻8後主紀下)	南苑(続日本紀に16件の記事)

たり。是に至りて宮成る。是日。天皇楊梅宮に徒り居す)

とあり、東院庭園はそこの南池であった。祥瑞を伝える宝亀8 (777) 年6月18日条には、

「戊辰。楊梅宮南池。生蓮一茎二花。」(楊梅宮南池に一茎二花の蓮生ふる)

とある。

東院の新宮殿である楊梅の名を冠した「宮南池」は、百済王宮の苑池名と共通する。『三国史記』巻27、百済本紀第5の武王35 (634) 年春3月条には、

「三月。穿池於宮南。引水二十余里。四岸植以楊柳。水中築嶋擬方丈山」(三月、池を宮南に穿ち、水を引くこと二十余里。四岸に植えるに楊柳をもってし、水中に島嶼を築き方丈仙山に擬す)

と、百済が扶餘王宮の南に嶋を営んだことを記している。字義通りに表記すると「宮南池」となろう。また、これより遡る5世紀の漢城には「宮南池」があった。『三国史記』巻25、百済本紀第3の毗有王21 (447) 年夏5月条には、

「夏五月。宮南池中有火。焔如車輪終夜而滅」(夏五月、宮南池の中に火あり。焔は車輪の如く夜どおしして滅びる)とある（表22）。

さらに、中国南朝の都である建業（建康と改め東晋以後陳まで国都。現南京）には南苑があり、『文選』と双璧を成す『玉台新詠』巻6には、何思澄「南苑逢美人」がある［内田注釈 1974・75］。百済がこの地から多くの文化的影響を受けたことは広く知られている［田中・東 1988］[1]。

南苑は『続日本紀』に年中行事を中心にした16件の記事がみえる。南苑は宮城北方にある北松林（松林苑）に対する名称のようで、その所在については諸説があるが奈良時代前半における東院地区を指すようである［金子 2003］。そして名称は中国南朝の『宋書』や『梁書』などに散見する（表23）。

第13章　古代都城と道教思想　　245

このようにみてくると、平城宮の苑池の名称もまた朝鮮半島の百済を通じて中国南朝の伝統に連なる可能性が高いといえるのである。

2　三山の思想と王都

　張寅成教授論文では百済大香炉の図像表現に、中国の古伝説にみる三山とそこに遊ぶ神人（神仙）を読み取り、これと百済や新羅の王宮にあった三山と関連させてその意義を説く。ここでは百済の扶餘や新羅の王京である慶州に、具体的に三山にあたる山を比定している。

　この王都と三山の思想もまた、古代の都城を考える上に欠かせない要件である。それを明確に示すのが和銅元（708）年2月の平城遷都の詔であり、都の構成要件を述べたものとして貴重である。

　すなわち、「方今平城の地、四禽図に叶い、三山鎮を作し、亀筮並びに従う。宜しく都邑を建つべし」とあって、平城（奈良・寧楽）の地が都にふさわしい理由を述べる。

　このうち四禽は東西南北の守護神のことで、高松塚古墳などの壁画で有名になった朱雀（南）、青龍（東）、白虎（西）、玄武（北）にあたり、地相では北に山を負い南は平野が開け、東には流れが、西には大道がある土地をいう。図は中国の伝説上の人物、伏羲の時代に黄河から現れたとされる河図のこと、亀筮は亀の甲や筮による占いを指し、全体として、平城の地は三山が鎮めをなし、のちの風水思想やさまざまな占いの結果によると都にふさわしい地相にあると、述べている。

　ここにみえる三山とは、具体的にどの山を指すのであろうか。三山には熊野三山や出羽三山などがあるが、年代が古く遡るのは大和三山である。香具山、畝傍山、耳成山の三山であり、この三山のほぼ中央に藤原宮があり、その周囲に広大な藤原京城（最大説では5.3km四方）が広がるといった全体構造が判明するのは発掘調査が進んだ近年のことであるが、「藤原宮御井の歌」（『万葉集』巻1-53）によると、持統8（694）年の藤原京造営時にはすでにそうした意義があった。

　この歌では大和三山に吉野山を加えた山を藤原宮の四至の山としているが、中心は明らかに香具山、畝傍山、耳成山とある三山で、ここでは藤原宮の日の経（東）、日の緯（西）、背面（北）の大御門とされている。『万葉集』やこれを踏まえた18世紀の国学者である本居宣長（1730～1801）の指摘などから、藤原宮と三山の位置関係は広く知られるようになった。

　そして、大和三山が早くから神仙思想の三山に擬されたことは、これまた『万葉集』巻3に載せる「鴨君足人の香具山の歌一首」から、明らかである。

　　天降りつく　天の芳来山　霞たつ　春に至れば　松風に　池波立ちて　桜花　木の晩茂に　奥辺は　鴨妻呼ばひ　辺つ方へ　あぢむら騒き　百磯城の　大宮人　は　退り出て　遊ぶ船には　梶棹も　無くて不さ楽ぶしも　漕ぐ人無しに

(『万葉集』巻3−257)

とあって、ここでは香具山を「芳萊山」と表記している。

　芳萊山が中国古伝説の蓬萊山であることは改めて説く必要もないだろう。同じ事は巻10にもみえ、こちらでは「芳山」(『万葉集』10−1872)と記している。香具山を三山の中でも特に神聖化する意識は、巻3−257の別伝にも、

　「或る本の歌に云ふ」
　　天降りつく神の香山　打ち靡く　春さり来れば　桜花（下略）

(『万葉集』巻3−260)

とあって、「天の芳萊山」を「神の香山」とする事でも明らかである。

　香久山が聖なる神の山とされたことは、『万葉集』のような詞華集だけではなく、崇神紀10年9月壬子条や、神武即位前紀（戊午年9月戊辰）条にもみえることから明らかであろう。『日本書紀』の編纂が進んでいた7世紀後半には、大和三山の神格化が進んでいたのである。

　平城京遷都の詔にみえる三山を、古くは大和三山とする解釈があった。これは江戸時代の学者である村尾元融の『続日本紀考証』以来の説であり、近年まで支持されてきた［京口 1959］。しかし、平安京にも三山があるように、三山は古代の都城にとって必須の条件であり、これを大和三山とのみ解釈することは誤りである。

　遷都の詔にみえる三山に触れる前に、平安京の三山から述べておこう。山城（京都）の平安京（794〜1185）では北に船岡山、東に神楽岡（吉田山）、西に双ケ丘の三山がある。このうち平安京（宮）の中心となるのは船岡山であり、平安京の朱雀大路にあたる千本通りを一条大路以南から北に見通すと船岡山の頂上に突きあたる。そこから船岡山を玄武としここを起点に、その正南方に向けて中心線を定めたとする説がある［村井 1973］。船岡山山頂には磐座らしきものがあることもこの説の傍証とされた。平安京の北方には岩倉の地名があって、磐座信仰は洛北でも推測できるからである。

　次に、西の山は名称として名高い双ケ丘であろう［村尾 1963］。右京の御室にあるこの丘陵は清原夏野や兼好法師の住居があったことでも知られ、平安京の西京極に位置している。そこから、地理学者の足利健亮は、平安京の東西規模は船岡山−双ケ丘間の距離を東に折り返して割り出したとした［足利 1976］。

　この説によると高野川−賀茂川の位置が東の京極となるが、ここは川であるのでさらに東側にある神楽岡を東の山とする。妥当な解釈であろう。

　この例からみても、和銅元（708）年の平城京遷都の詔にみえる三山は、平城京の周辺に求めなければならない。未だに莫然と奈良山や生駒山をあげる説があるが（『新日本古典体系　続紀1』ほか）、先の例でみる三山の要件は比較的規模の小さい独立丘であり、平城山のような丘陵では不十分であろう。平城宮の周囲にはこの要件を満たし、三山にふさわしい山がある。

　北の山は、「平城天皇陵」であろう。平城天皇（774〜824）は平安初期に、都を平城

の地に移そうと企てたが果たさずこの地に没した。現在宮内庁が治定する「平城天皇陵」は、5世紀代の前方後円墳である市庭古墳の後円部で、直径約100m、周囲からの比高差12mほどの円丘である。平城宮の造営工事で意識的に削り残しており［奈文研1981］、その位置は第二次大極殿の中軸線上にあって、宮の北面大垣に接する。耳成山・船岡山に対応する山であろう。

　次に、香具山、神楽岡に該当する山は御蓋山であろう。蓋は貴人が用いた長柄の傘のこと。盆地の東に連なる春日断層崖の若草山、春日山の一角に浮かぶ円錐形の御蓋山は、姿が美しく春日社の神体山である。春日社の創建（神護景雲2〈768〉年11月）以前から信仰の対象であり、養老元（717）年2月1日には御蓋山の麓で遣唐使が航海の安全を祈願して奉幣しているし、東大寺の寺地を示す天平勝宝8（756）年の『東大寺山堺四至図』には、春日社の位置に「神地」の記入がある。そして8世紀代の大規模な築地塀がこの山を囲むようにめぐっている。御蓋山は平城京の東京極の東方、三条大路の延長線上に位置する。

　西の畝傍山・双ケ丘にあたる山は何か。御蓋山のほぼ真西約6.5kmに位置するいわゆる垂仁陵（櫛見山陵）であろう。垂仁陵は、墳丘全長が220mを超す巨大な前方後円墳で、右京四条三坊の一〜三、六〜八の坪を占める。古墳は西京丘陵の末端部に位置し、その姿は現在でも平城宮大極殿跡からよく望むことができる［金子 1996］。

　三山は都城だけではなく諸国にもある。因幡国（鳥取県）の因幡国府がある法美平野（鳥取県岩美郡国府町）には大和三山に対比される面影山、今木山、大路山がある。因幡国府推定地はその中央付近、中郷地区にある。推定規模は方約800mである［鳥取県教委1973〜88］。発掘調査は国府の一部に留まるために詳細は明らかではないが、規模を別とすれば国府推定地とそれを囲む情景は持統天皇の藤原京さながらである。このように三山は藤原京以降の諸京や諸国の一部には確認できる。未発見の諸国もその目で見直すことが必要であろう。

　その前後を考えるなら、大和三山と藤原京がもとになり、一方で諸国の三山の雛形となり、他方でのちの首都である平城京、平安京の三山に連なるのであろう。

　さらに三山伝説と、今までにみてきた都城周囲の三山とを関連させると、宮城の周囲に神仙の住む三山があって宮城が不老不死の永遠の理想境となり、宮の主である天皇の宮殿に一層ふさわしい。

　こうした藤原京と三山は何に由来するのであろうか。源が中国にあるのは誤りないが、その思想がどの経路で、いつ伝播したのかという点は明らかではない。この場合、二つのケースが想定できよう。一つは三山の思想を知識として受け入れ、藤原京の建設時に宮城周囲の丘陵に三山にあてたとするもの。いま一つは、藤原京が実際的なモデルとした都城にすでに三山があり、総体としてモデルにしたとするものである。

　張寅成教授論文は百済の王都に三山があり、それが新羅の王都（慶州）に影響したとする。前者は東西に並ぶが、後者は大和三山に類似して三角状に並ぶ。新羅の三山

と大和三山が関わるなら、これは後者の可能性を示唆すると同時に、近年の藤原京の原型についての論議に新たな視点をもたらすことになろう。藤原京の平面形はいわゆる回の字型で、ほぼ方形(最大説では5.3km四方)の京城の中心部に宮城を置くものである。これに対して唐長安城や藤原京以降の平城京・平安京は、宮城が京城北辺に寄った北闕型であり、藤原京とは明らかに異なる。そこから藤原京の原型については、中国における都造りの聖典とされる『周礼』の「冬官考工記」モデル説や、慶州の新羅王京を手本とする説などがある。こうした説の背景には藤原京建設時の事情が絡んでいる。

すなわち持統8(694)年12月に遷居した藤原京は、672年の壬申の乱から間もない天武朝の初期に建設が始まり、朱鳥元(686)年の天武病没による中断などを経て竣工したものである。藤原京では中国の都城──唐の長安城をモデルとしたが、当時は長安城の詳細な情報を得る環境にはなかった。その理由は唐帝国との軍事的緊張関係であり、契機となったのは663年の朝鮮半島の白村江における唐・新羅連合軍との戦争である。

そうした環境下でいかに造都の情報を得たかは大問題である。『周礼』「冬官考工記」モデル説は近年明らかになった藤原京の平面形から、『周礼』の影響と考える。他方、新羅王京モデル説は白村江の戦いでは敵国であったが、当時頻繁な交流があった新羅からの影響を考える。千田稔は天武4(675)年、天武5(676)年、天武10(681)年などに派遣された天武朝の遣新羅使の役割を重視し、周礼説を認めた上で、さらに慶州の新羅王京プランの影響を指摘する[千田 2004]。

張教授の論旨を敷衍すると、藤原京の三山は新羅王京のそれがモデルとなった可能性があることになる。これは藤原京の原型についての研究動向に影響を与えることとなろう。ただし、新羅王京説の最大の問題は慶州における条坊施工の時期が明らかではないことであり、こうした課題の解決が急がれる。

それは今後の調査研究に委ねるとして、三山に神人(神仙)がいることは国家が栄える象徴であり、三山の神人(神仙)は王都を鎮護する役割を担っていた、という張教授の指摘は、天の香具山の歌を参照することで一層重要性を増すであろう。持統女帝の「天皇の御製歌」には、

　春過ぎて　夏来るらし　白栲の　衣乾したり　天の香具山　(『万葉集』巻1-28)

とある。ここで香具山に乾してある白い衣とは、ほかならぬ仙女の衣であり、これこそ仙女(天女)が大和三山の上を飛翔していたことを示唆するのではあるまいか。

では、新羅三山のもととなる百済三山の淵源は中国のいずれの王朝であろうか。やはり南朝の建康ではなかろうか。建康の西南には三山という固有名詞の山がある。これは独立の小丘ではなく峯が南北に連なった小さな山のようで、百済や新羅、さらには大和三山とは微妙に形が異なるが、これが祖型なら大和三山は朝鮮半島を背景にして中国南朝に連なる可能性がある。

先にも述べたように、平城宮の苑池名もまた中国南朝の伝統に連なる可能性があり、日本の古代都城に対する南朝の伝統とこれを媒介した百済、新羅の影響については、これまで以上に重視する必要があり、さらに藤原京の原型をめぐっては張教授の論文を軸とした論議が進むことを期待したい。藤原京と慶州の新羅王京との対比は新たな段階に入ったということができよう。

[註]
1)『三国史記』武王35（634）年春3月条の「穿池於宮南」は、類似の表現が百済本記、新羅本記にみられるが、同工の表現もまた南朝の史書などにみる。
　　　百済本記4、東城王22（500）年夏5月条「穿池養奇禽」
　　　新羅本記7、文武王14（674）年春2月条「宮内穿池造山。種花草。養珍獣奇獣」
　とある。似た表現は『梁書』などの史書に散見し（表24）、苑池のあり方では南朝と百済、新羅が密接に関わったことを窺わせる。

表24 「穿池造山」類似表現

「穿池造山」（『梁書』巻51処士・阮孝緒伝、「恒以穿池造山為楽」）
「穿池築山」（『隋書』巻23五行志下、571・武平2年「於仙都苑穿池築山」）、（『旧唐書』巻72李百薬伝）
「穿池築館」（『宋書』巻4小帝紀、424・景平2年）
「穿池運石。為山」（『周書』巻6武帝紀下、577・建徳6年）
「穿池起三山」（『北史』巻75王韶伝）
「穿池起山」（『旧唐書』巻61竇威伝）
「築山穿池」（『晋書』巻64簡文三子・会稽王道子伝）、（『陳書』巻25裴忌伝）、（『旧唐書』巻178李蔚伝）
「築山擬蓬壺。穿池類溟渤」（『文選』巻31鮑明遠「代君子有所思」）
「掘山穿池」（『旧唐書』巻101辛替否伝）

（岡部毅・織田晃嘉・福井信昭2002により作成。）

[参考文献]
足利健亮　1976「都城の計画について」『日本古代文化の探求　都城』社会思想社。
尹　武炳1990「韓国の古代苑池」『発掘された庭園』学生社、pp.191〜210。
内田泉之助注釈　1974・75『玉台新詠』上・下、明治書院。
橿原考古学研究所　2002『飛鳥京跡苑池遺構調査概報』学生社。
金子裕之　1996『平城京の精神生活』角川書店、pp.17〜25。
金子裕之　2003「平城宮の園林とその源流」『研究論集ⅩⅣ　東アジアの古代都城』奈良文化財研究所学報、66冊。
岸　俊男　1988「嶋雑考」『日本古代文物の研究』塙書房、1988。
桐山東太　2004「中原逐う鹿考」『中国古代の民俗と文化』刀水書房、pp.154〜167。
京口元吉　1959「日本書紀にみえる祥瑞思想」『史観』第54・55冊、pp.152〜168。
千田　稔2004「Ⅲ宮都の空間構成」『古代日本の王権空間』吉川弘文館。
田中俊明・東　潮　1988『韓国の古代遺跡　百済・伽耶篇』中央公論社、p.165。
鳥取県教育委員会　1973〜88『因幡国府遺跡発掘調査報告書Ⅰ〜Ⅷ』。
奈良国立文化財研究所　1981『平城宮北辺地域発掘調査報告書』。
服部克彦　1972「北魏洛陽にみる神仙思想と仏教」『東方宗教』39号、pp.14〜31。
村井康彦　1973『古京年代記』角川書店、pp.337〜338。
村尾次郎　1963『桓武天皇』人物叢書112、吉川弘文館。

第14章

記紀と古代都城の発掘

はじめに

　『記紀』、すなわち『古事記』『日本書紀』は8世紀初頭に成立した史書であり、古代史を研究する上に欠くことのできない書物である。『古事記』が和銅5（712）年、『日本書紀』は養老4（720）年と近い時期に成立したにも拘わらず、両書にはさまざまな違いがある。その違いは一方が変体漢文、他方は漢文という日本語表記の問題、神代から筆を起こしながら、『古事記』が推古朝で、『日本書紀』が持統朝で終えるといったように、対象とする時代や巻数など多方面にわたる。ほぼ同時期に成立した両書になぜ、これほどの違いがあるのか。

　両書の違いを精力的に追究する神野志隆光は近著で、『古事記』は文字によらない「ことば」の世界を、『日本書紀』は「文字」による文化国家としての展開を語るものとする。そして、そこに描かれた古代は「八世紀が求めた「古代」であり、それぞれ別な「古代」を語る」テキストだという［神野志 2007］。その上で、そうした古代はあくまでもテキスト上のことであり、歴史的事実とは関係がないとした。

　両書をめぐる諸問題のうち、対象とする時代の違いについては、『記紀』の記述と史実の間には何の関係もないとする神野志の主張とは逆に、飛鳥や藤原京跡の過去40年余りに及ぶ発掘調査が、記述と史実がある程度対応することを示している。以下ではこの点について述べるが、小稿に関わる範囲で、『記紀』の違いについての神野志説をいま少し紹介しておく。

1　記紀の違い

　『古事記』は序文によると、天武天皇の命を受けて稗田阿礼が皇帝日継（帝紀）、先代旧辞（本辞）を誦習、元明朝の和銅4（711）年9月18日にいたり、太安萬侶に撰録させたもので、献上されたのは翌和銅5（712）年正月28日のことである。

　「上古」のことを記す『古事記』は上中下3巻から成り、上巻は神の、中巻は神と人の、下巻は人の物語であって、「天地開闢より始めて小治田の御世に訖はる」とある。「小治田の御世」はすなわち、推古天皇の御世である。

　推古朝（592～628）は律令国家への胎動が始まった時期として重要で、国家儀式の場

である朝堂の制はこの小墾田宮に始まり［岸 1988a］、官僚制の基礎となる官位制度もここでの官位十二階が嚆矢となる。また、大宝元（701）年成立の「大宝令」にみえる律令的祭祀の前駆形態も、この時期に始まっている［井上 1984］。

　そうした状況がありながらなぜ、『古事記』は推古天皇の巻で終えたのか。『日本書紀』が全30巻、持統天皇の巻で終えることを考慮すれば、その理由は一層問題となろう。

　神野志は『日本書紀』が描く古代は、巻第30に語られた持統朝の法制の整備、暦の施行や宮廷行事の組織すなわち生活の秩序化・組織化を到達点としており、推古朝には確かに諸制度の起点があって、古代の転換点であるが［神野志 2007］、「八世紀初頭の律令国家成立時において、推古天皇以前が、直接自分たちとはつながらないものとして「古」であった」［神野志 2007］と主張する。

　これとは別に『古事記』が述べる「上古」の語に注目した西谷地晴美は、その語は一般に大化改新までを指す時代区分の用語であるが、やはり『古事記』の「上古」には大昔、上代といった意味に加え、今、すなわち『日本書紀』編纂時とはつながらない過去という深い意味があるとした［西谷地 2008］。

　これらの説によると、推古以後の舒明天皇に始まる時代が今の世であって、「上古」と自分たちは直接つながらないということになる。神野志は推古朝の諸制度と以後の違いを細かくあげて論証を試みる。それらは正鵠を射ているのであろう。しかし、なぜ8世紀初めの人々にとって、推古天皇以前が、直接自分たちとつながらない「古」であったのか。その説明ではまだ釈然としない。彼らの認識には明確な理由があるはずである。そして、飛鳥や藤原京跡の発掘成果に立つ時、『古事記』が推古朝で閉じるのは当然のこととなる。

2　舒明王朝による飛鳥・藤原京の建設

　推古天皇は飛鳥の開発に手を染めた最初の天皇である。女帝は6世紀の王権が依拠した磐余（桜井市東南部、のちの藤原京左京城）から飛鳥に移り、豊浦宮、次いで小墾田宮を営んだ。その契機は589年に隋帝国が中国大陸を統一し、高句麗遠征を開始したことに始まる東アジアの動乱であろう。広闊で東西交通に至便な磐余の地から、天然の羅城に囲まれた狭隘な飛鳥への移動は、それに対する緊急避難であった。

　とはいえ、推古朝を「飛鳥時代」（狭義の）とも呼ぶように、この時代には新しい試みも始まっている。なかでも小墾田宮における朝堂の制は先進的で、難波小郡宮、孝徳朝難波宮（前期難波宮）を経て藤原京の大極殿・朝堂院に連なる。しかし、通常「飛鳥京」といわれる飛鳥の都の整備は、次の舒明の時代に端緒がある。

　推古天皇の没後、小墾田宮に即位した田村皇子すなわち舒明天皇は、飛鳥の南の谷底に進み、「岡」の地に岡本宮を建設する。これが上下3期の宮殿から成る飛鳥京のの

じまりであって、そこには、

 Ⅰ期　舒明天皇の飛鳥岡本宮（630〜636）
 Ⅱ期　皇極天皇の飛鳥板蓋宮（643〜653）
 Ⅲ期　斉明・天智天皇の後飛鳥岡本宮、天武・持統天皇の飛鳥浄御原宮（672〜694）

が営まれた。飛鳥の開発という点では前代と同じにみえるが、両者は同一視できない。それは、推古の小墾田宮が飛鳥の北の入り口ともいうべき雷丘周辺にあったのに対し、舒明は谷底の岡に進んで宮殿を構え、これを発展させた彼の皇后や子孫たちが飛鳥の谷全体を宮殿と寺が集中する都に造り替えたからである。

Ⅰ期の岡本宮は主軸方位が45度近く西偏し、岡の東側の山麓線とほぼ一致するなど、飛鳥の地形に合うが、Ⅱ期の板蓋宮、およびⅢ期の後岡本宮・浄御原宮の宮殿群は正方位をとる。その方位観は皇極（斉明）女帝が取り入れた北天を重視する中国の思想に基づき、宮殿の配置や地割の再開発に活かされている。女帝が建設に力を注いだ宮東の石山丘、狂心渠などもまた、その事業の一端であった。こうした技術・思想は大規模な土木工事に必要とされるものであり、のちの藤原京建設において大きく展開する。

いずれにしても、舒明の岡本宮造営が飛鳥開発の本格的な始まりであり、皇后であった皇極が宮殿の主軸を正方位に改め、谷全体の基盤整備を断行するとともに、板蓋宮を大規模化した。その事業を息子夫婦である天武・持統両天皇が推進し、Ⅲ期の後岡本宮・飛鳥浄御原宮を拡充整備したのである。

しかも持統天皇は最終的に、この谷から再び藤原、磐余の地に移動して、東西十坊（約5.3km、南北は10条説と12条説があり未決着）という巨大な藤原京（694〜710）を建設するとともに（図85）、国家儀式を整備して東アジア世界での立場を確保し、平安時代にいたる律令国家の基礎を築いた。

その平安京建設にいたるまで、舒明天皇に連なる皇統が深く関わったことは周知の事実であり、舒明天皇を始祖とする舒明王朝と呼ぶのにふさわしい状況にある［金子2008］。

3 舒明・斉明と天武・持統の類似

このように舒明天皇を始祖とする王朝の事実は、推古朝のそれと大きく異なる。加えて、天武天皇には新王朝を樹立したとする自負があったであろう。

中国では、王朝の樹立は常に熾烈な権力闘争によるものであり、新たに王朝を樹立した天子は新都を建て、暦や度量衡を定め、前王朝の史書を編纂した。それは王権の正統性を主張するためであった。この観点からすると、『古事記』は前王朝の総括、藤原京の造営は新都の建設にあたる。

前者の『古事記』は、天武段階では稗田阿礼による誦習に留まったが、その筆録を

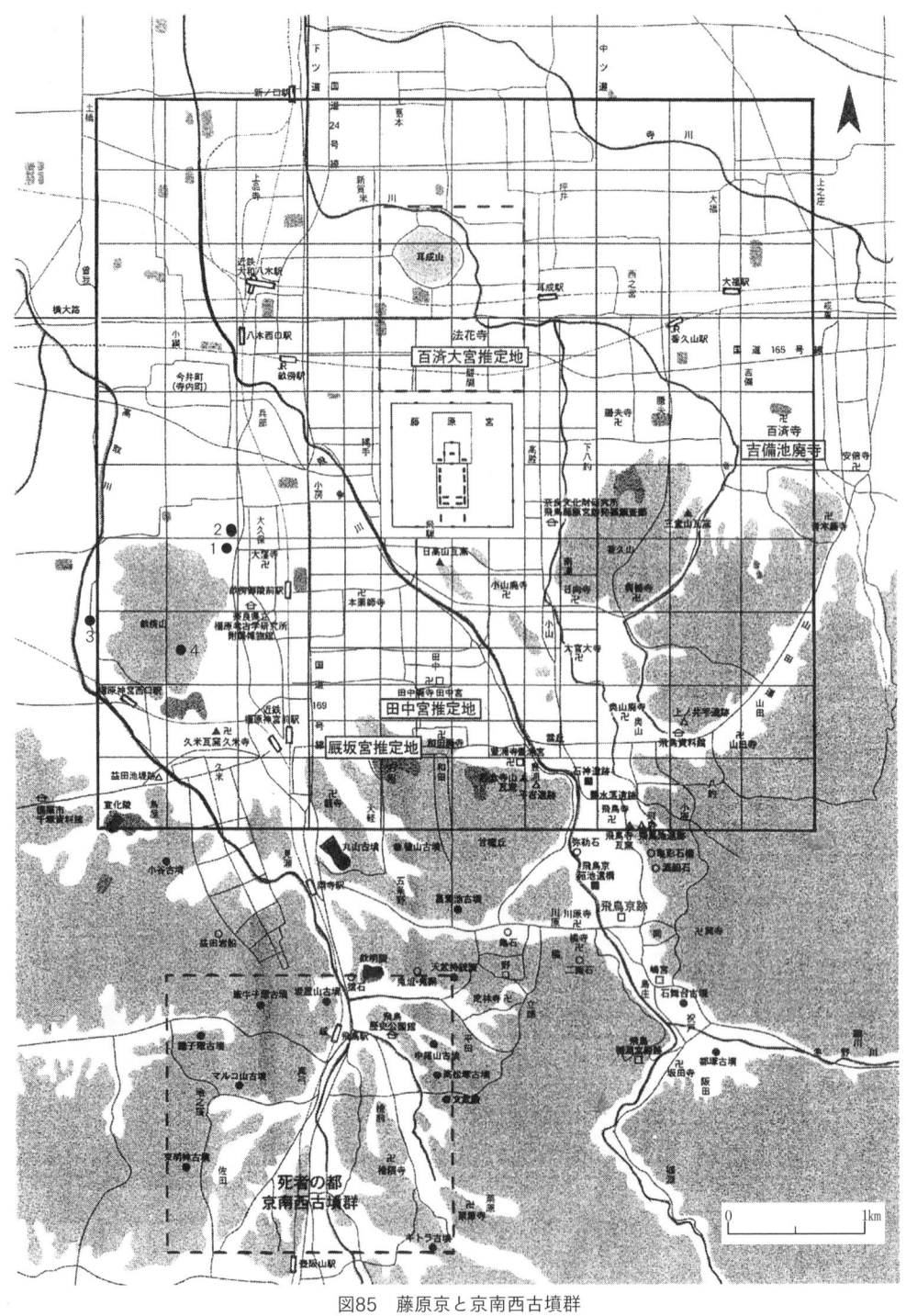

図85　藤原京と京南西古墳群
1 神武陵　2 綏靖陵　3 安寧陵　4 懿徳陵

　太安萬侶に命じた元明天皇は天武・持統の嫡子草壁皇子の妃である。まさに、「八世紀が求めた「古代」」［神野志 2007］の主語は、舒明の皇統そのものであった。また、藤原京の建設は律令国家にふさわしい舞台装置をめざしたものであるが、本来的には上記

のように解釈すべきである。

　ここで天武が自らを始祖とせず、父天皇に仮託したのは、672年の壬申の乱が兄弟の対立に端を発することや、天武の権力基盤がなお磐石ではなく、逆に舒明や斉明天皇の権威を利用することで、近江朝から簒奪した王権の正統性を示したのであろう。そのため飛鳥だけではなく、藤原京建設でも始祖の権威を最大限に利用したのである。

　藤原京はすでに述べたように巨大な規模を誇るが、これには舒明の事績を顕彰する目的があったと考えられる。藤原京の建設にあたっては中ツ道、下ツ道、横大路といった大和の幹線道路を利用したとする岸俊男説が通説化しているが［岸 1988b］、それだけでは現状の規模は説明できない。これこそ舒明顕彰のために、その宮跡を新京内に取り込んだ結果であった。

　舒明天皇は即位後、飛鳥岡本宮を造営したが、舒明8（636）年、罹災により田中宮に遷り、次いで同11（639）年7月に百済川の辺りに百済大宮と百済大寺を造営した。そして舒明12（640）年10月に百済大宮に遷り、翌13（641）年10月に没した。その間、舒明12年4月には、伊予からの帰途、一時厩坂宮に滞在したという。

　このうち田中宮、厩坂宮ともに宮跡は未詳だが、前者の推定地としては橿原市田中町の田中廃寺周辺が有力である。他方、厩坂宮は「応神紀」3年10月条に「厩坂道」がみえ、応神15年8月条に百済王が貢じた良馬を「軽の坂上の厩」にて飼育したことに由来するとの地名伝承があることから、軽に近接した地と考えられる。なお、軽は現在の橿原市大軽町に、厩坂はその北の石川町に地名を留める。

　これらの宮に対し、百済大寺の所在地は発掘調査の結果、ほぼ明らかとなった。それが桜井市吉備に所在する吉備池廃寺である［奈文研 2003］。そこは磐余池の伝承地として名高い堤跡、桜井市池之内の東北500mほどの地である。百済大寺の位置が確定すれば、百済大宮の位置も推定できることになる。

　百済大宮と百済大寺の位置関係は、『日本書紀』舒明11（639）年7月条に「則ち百済川の側を以て宮処とす。是を以て、西の民は宮を造り、東の民は寺を作る」とある。すなわち百済川を挟んで東側に寺が、西側に宮があったということであり、百済大宮跡は百済大寺跡の西方に位置することになる。

　現在、吉備池廃寺の西には南北に幾筋かの谷が入り、「吉備池」の名が示すように、寺域西側は谷地形にあたる。西に接しては香具山東麓に源を発する磐余池伝承地からの谷筋があり、それを越えた西方には、香具山西北麓の埴安池推定地からの谷筋が延びている。

　そうした吉備池廃寺の西方で宮殿に相応して高燥な場所を求めると、香具山北麓の橿原市膳夫町付近か、埴安池を隔てた藤原宮東北地区になろう。藤原宮跡内には、現在の橿原市法華寺町に字名「百済」も残り、その付近を百済大宮推定地とする説もある［和田 1984］、［千田 2004］。

　それらの藤原京における位置は、百済大宮跡が藤原京跡の北東部付近、百済大寺す

なわち吉備池廃寺は藤原京左京東京極、平城京に倣っていうと左京五坊にあたる。さらに、田中宮推定地は右京の南京極朱雀大路付近となり、厩坂宮はその西側で下ツ道に近接し、ともに右京域に含まれる。

これは単なる偶然ではなく、京域を東西十坊とすることは、百済大寺跡を左京域に取り込むための工夫ではなかったか。天武・持統による巨大な藤原京の造営は新国家建設の象徴であるとともに、飛鳥の谷を本格的に開発し、都とした偉大な始祖の事績を顕彰する事業であった。藤原京の造営には、実に多くの目的があったといえよう。

このようにみてくると、『古事記』に対する『日本書紀』は「古」の次に位置する自らの歴史でなければならない。それが持統女帝で巻を閉じることは、朱鳥元（686）年の天武没後、その事業を引き継いだ皇后持統が万難を排して新都藤原京を完成に導き、律令国家の基礎を築いたことを強調するからであろう。ここでは夫に先立たれた皇后が、ともにさまざまな困難を排して未完の大事業を完成させた点で、

　　舒明天皇－皇后皇極（斉明）

　　天武天皇－皇后持統

が対応しているのである。

では、天武・持統天皇が心血を注いだ新国家の運営を託した相手は誰か。委ねたのは嫡子草壁皇子の遺児、文武天皇であった。『日本書紀』を継ぐ『続日本紀』が文武天皇から巻を起こすことが、それを雄弁に物語っている。

［参考文献］
井上光貞 1984『日本古代王権と祭祀』東京大学出版会、pp.232〜233。
金子裕之 2008「飛鳥・藤原京と平城京——7・8世紀の都と舒明王朝——」『都城制研究』1、奈良女子大学21世紀COEプログラム報告集16。
岸　俊男 1988a「朝堂の初歩的考察」『日本古代宮都の研究』岩波書店、pp.239〜270。
岸　俊男 1988b「大和の古道」『日本古代宮都の研究』岩波書店、pp.64〜89。
神野志隆光 2007『複数の「古代」』講談社現代新書、pp.64〜89。
千田　稔 2004「古代朝鮮の王京と藤原京——中国型都城成立の契機」『古代日本の王権空間』吉川弘文館。
奈良国立文化財研究所 2003『吉備池廃寺発掘調査報告——百済大寺跡の調査——』。
西谷地晴美 2008「記紀の読み方——神野志隆光氏の所論によせて——」『日本史の方法』第7号、奈良女子大学日本史研究室。
和田　萃 1984「百済寺再考」『明日香風』12。

第15章

長岡宮会昌門の楼閣遺構とその意義

はじめに

　2005年10月、長岡宮朝堂院南門にあたる会昌門南西部の発掘調査では、門の東西に延びる翼廊SC43705とそこから南に屈曲する南北回廊SC44307、その先端に付属する楼閣跡SB44404を検出した。翼廊は「建物の左右に突き出した廊」(『広辞苑』)のことで、一連の遺構に類似した施設には平安宮応天門がある。

　陽明文庫本『宮城図』(1319年写)［陽明文庫編 1996］によると、平安宮の応天門では門の東西に取りつく東西回廊が後述の闕のように途中で屈曲して南北回廊となり、その先端には棲鳳楼と翔鸞楼という楼閣を付す。

　発掘遺構はこの応天門西側の南北回廊と翔鸞楼に相当するのであろう。応天門の翼廊・南北回廊と楼閣は貞観8(866)年閏3月10日のいわゆる応天門の変関連記事で確認できるが(「夜、応天門火、延焼棲鳳・翔鸞両楼」)、指図は『宮城図』で知られるだけであり、施設を遺構として確認したのは初めてのことである。

　発見遺構が提起する問題は大きく2点ある。第1は長岡宮の復原案に関することで、これまでのこの宮に関する復原研究のうち、会昌門が二条大路に面するという説［山中 1992・2001］に対して再考を迫るものとなる。

　二条大路は平城京や平安京では宮城南面の大路であって通常、ここに開くのは朱雀門など宮城門(外門)である。宮城内部に位置する朝堂院南門の会昌門が京の路に接することはあり得ない。会昌門が直接京の大路に開く現状の復原案では朱雀門がないことになってしまう。

　この説は長岡宮の特異な造営過程を説明するための苦肉の策であるが、朱雀門がない欠陥都城では礼的秩序を重んじる古代国家の面目は立たないであろう。

　第2は、一連の遺構が中国の門闕に起源すると考えられること。門闕については後述するとして、長岡宮で門闕遺構が明らかになったことで、古代都城の構造について新たな意味づけが必要になった。この問題はさらに2点に分かれる。

　第1は類似施設のルーツについてである。似た構造の平安宮大極殿は院政期の寝殿造のもとになるなど後世への影響は大きく、その起源を探ることは重要である。

　第2は長岡宮会昌門に門闕があることの意義。唐では天子の居城である"宮城"は皇城と宮城に分かれ、各々の区画に開く正門には門闕がある。

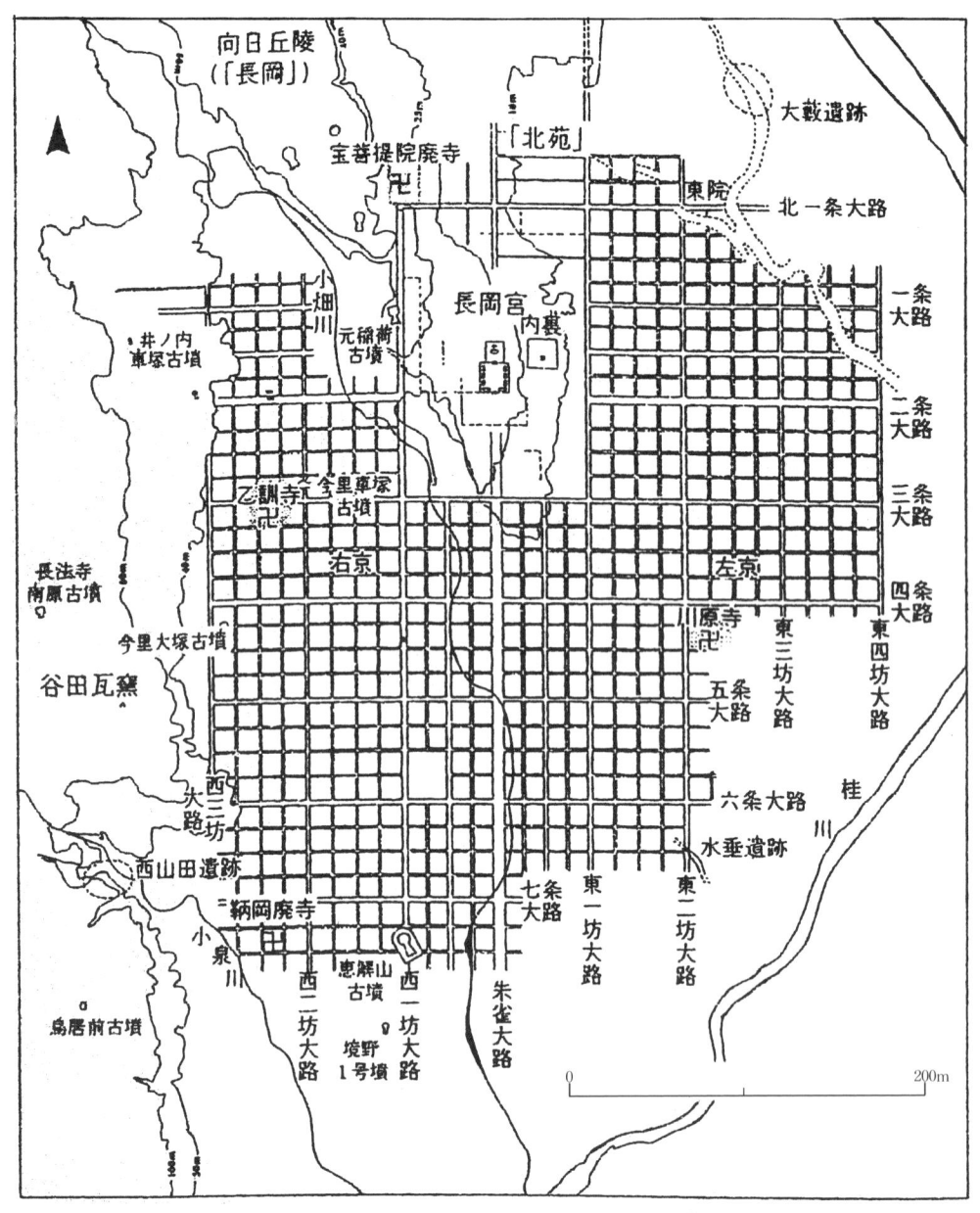

図86 検出遺構による長岡京条坊図 [国下 2007]

　門闕の機能にはさまざまなものがあるが、六朝期では、①官僚・百姓から皇帝に対して直接上表文を提出する際の取り次ぎ装置、②百姓・生民の再審請求の場、③犯罪者放免・大赦発布の場、④異民族との外交関係取り次ぎの場、などがあり、闕門はそれによって皇帝の居住する聖界と外界とを区別するとともに、両界をつなぐ役割を果たした、という。こうした門闕機能の多くは唐代にいたって承天門の東西に置かれた東西朝堂に吸収されるが[渡辺 2003]、いずれにしても門闕は単なる象徴ではなく、きわめて政治的な施設であった。長安城宮城門の承天門の門闕遺構は未発掘で不詳だが、

洛陽城の則天門（応天門）では巨大な遺構を発掘している。

　長岡宮では以前にもまして唐風都城の実現をめざし、皇城と宮城分離のために会昌門に門闕を付したとすると、内裏の移動とも関連する事柄とみるべきであろう。長岡宮では第二次内裏がそれまで位置した大極殿・朝堂院の北方から大極殿院の東側に移動する。これは宮廷儀式の変化に基づく動向とされたが、唐風化を目指した動きの一環として併せ考えるべきであろう。

　小稿では、長岡宮会昌門の門闕遺構が示唆するこうした問題点と意義について述べる。

1　楼閣遺構の発掘

　遺構についてはすでに向日市埋蔵文化財センターから報告書が刊行されており［松崎2006］、これをもとに概要を摘記する（図86）。

　長岡宮朝堂院南門にあたる会昌門南西部の発掘調査では、門から西に延びる複廊の南面西回廊SC43705、そこから南に屈曲する複廊の南北回廊SC44307、その先端に付属する楼閣跡SB44404を発見した（図87）。遺構は礎石根石の一部や足場穴、凝灰岩壇正積基壇の地覆石抜き取りや雨落溝跡などであるが、遺構の残存状況に問題があり柱間などは一部が不詳である。

　南面西回廊SC43705は会昌門から西8間目で南折し、南北回廊SC44307になると同時に築地塀SA43706に接続する。南面西回廊のこの姿はいわゆる翼廊にあたる。建物の左右に突き出した廊である翼楼は、建物全体を荘厳する施設である。

　南面西回廊（翼廊）SC43705から南に折れた南北回廊SC44307は柱間7間で楼閣跡SB44404に接する。楼閣SB44404は礎石建の総柱式建築で、平面形が凸型で南側は桁行5間・梁間3間、北側が桁行3間・梁間2間のようである。回廊と楼閣建物は各々その中軸線を揃えたようで、互いの柱筋が通らない。

　楼閣SB44404の柱間は中の間が10尺（約3m）、他の間が8尺であろうか。軒の出は10尺のようである。平面形式からみて上層の屋根は東西棟で、途中から南北方向に北に延びるようである。

　会昌門の東側は未発掘であるが、楼閣SB44404の対象位置には翔鸞楼にあたる楼閣があって会昌門を荘厳するのであろう（図88）。

　これらの遺構が提示する問題は大きく二つある。一つは遺構の性格であり、二つは遺構が「二条大路」上にあること。

　まず、遺構の性格からみるとこれは会昌門を荘厳する施設で、平安宮応天門の翔鸞楼に相当しよう。ここでは棲鳳楼と左右対称になって応天門を荘厳する。似た施設には平安宮の大極殿、豊楽殿東西の楼閣等にあるが、長岡宮以前の諸宮では明らかではなかった。奈良時代には平城宮東院東南隅の楼閣のように廊の先端に楼閣を付す施設

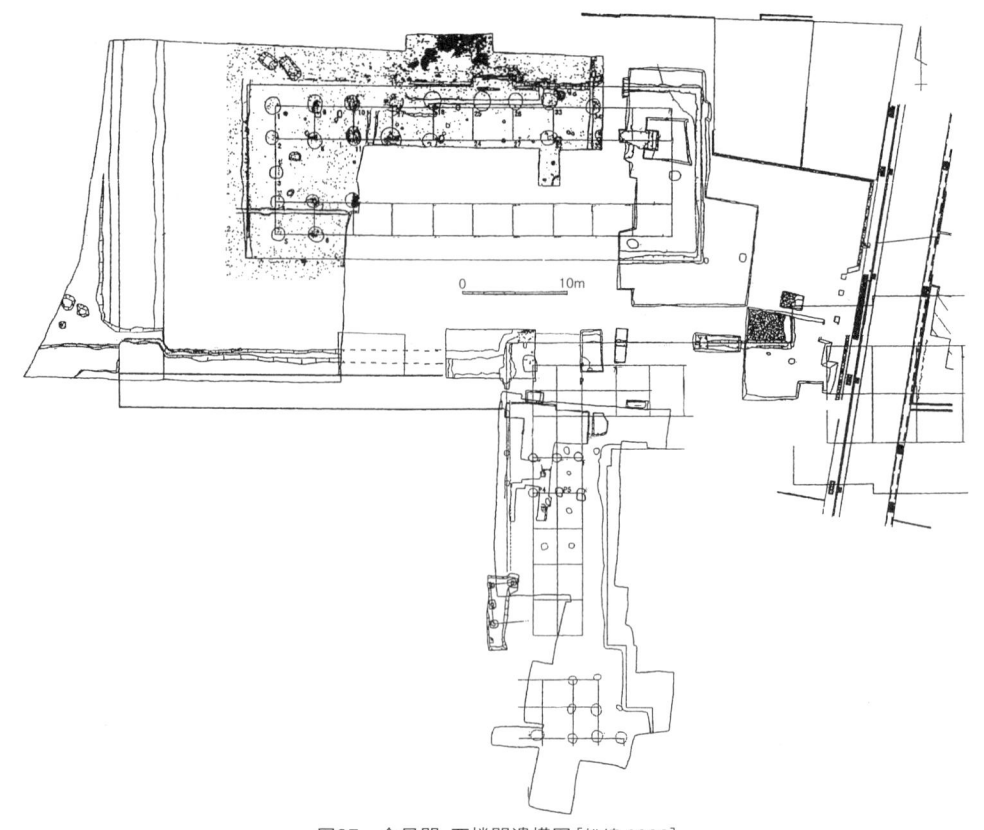

図87　会昌門・西楼閣遺構図［松崎 2006］

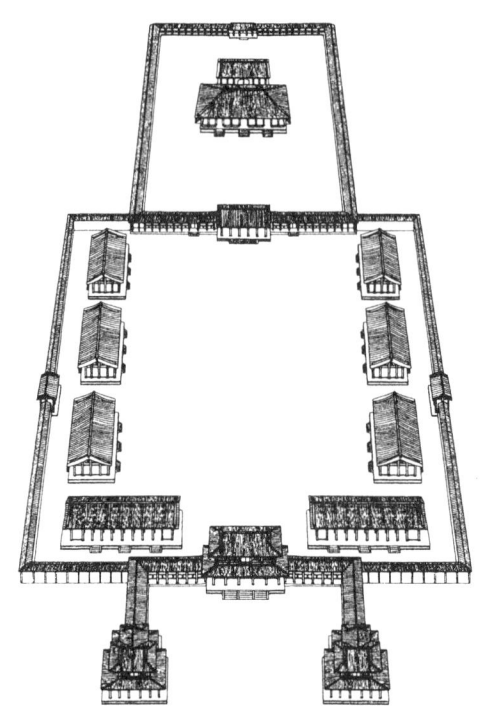

図88　東西楼閣復原図［松崎 2006］

もあるが、これは一種の隅楼であり、SB44404のように翼廊をもつものではない［蓮沼・浅川ほか 1988］。

　次に遺構と「二条大路」との関わりである。

　長岡京（784〜794）の条坊痕跡は廃都後に施行された条里地割りによって消されたこともあって所在地の発見が遅れた。関係者の努力によって長岡京の解明はかなり進んだが、疑問点も少なくない。なかで最大の点は宮域の南面が確定しないことである。これには朝堂院南門の会昌門が京の大路の二条大路に面するとした山中章の説［山中 1992・2001］と、宮城大垣はさらに南で会昌門が面するのは宮内道路と考える国下多美樹の説［国下 2007］の

図89　復原された平安宮大極殿と東西楼（平安神宮、上：大極殿、左：白虎楼、右：蒼龍楼）

2説がある。

　前者の山中説による二条大路は幅員が約47m、平城宮の二条大路が約35mであるからこれを遥かに凌駕する規模であり、長岡宮を桓武天皇の叡智の賜物と称揚して止まない山中説の象徴であった。この説をもとにした清水みきは、会昌門南側の京域が同氏のいう長岡宮後期造営によって宮内に繰り入れられ、官衙街になったと説いた［清水1986］。

　これに対して会昌門の南に長岡宮の当初から官衙街を想定する国下らは山中説を再検討して、二条大路説を否定した。すなわちこの遺構は斜行する近世の溝であり、長岡京二条大路側溝ではあり得ないとして山中説を否定した［国下・中塚 2003］。

　次いで長岡宮南面の整地状態を検討し、宮域南面一帯の工事はダイナミックに一気に行われたことを突き止めた。これは長岡宮には二時期（前・後期）の造営があったとする清水説が、宮南面では成り立たないことを示している。

　国下説が依拠した調査結果は、宮城の建設が大規模にそして周到に行われることを物語っている。古代都城の建設はいずれの京にあっても周到に準備されたものである。長岡宮もまた例外ではなく、朝堂院南門である会昌門が京内道路に面するなどといったことは考え難い[1]。国下説の通りなら、会昌門は長岡宮の造営当初から宮内道路に面したことになり、長岡宮が都城としての体面を保つことになる。

第15章　長岡宮会昌門の楼閣遺構とその意義　261

2　平安宮の翼廊楼閣遺構

　長岡宮会昌門の楼閣遺構に関連した遺構には平安宮の応天門や大極殿・豊楽殿東西の楼閣がある。これらについては周辺の発掘調査は何度か行われているが、後世の破壊が激しく大極殿院ではその規模推定が可能になるといった一定の成果があるものの［家崎 1993］、応天門では基壇外装の一部かという凝灰岩切り石の発見などに留まる［寺升 1994］。

　他方で史料や絵巻物、絵図類に記録が比較的豊富であり、以下ではそれらを検討した『大内裏図考証』をもとに述べる。

　先に述べたように、朝堂院の南門である応天門（5間2間）の東西には複廊型式の翼廊があり、南折した南北回廊の先端には棲鳳楼と翔鸞楼がある。その構造や立面の一部は陽明文庫本『宮城図』『伴大納言絵巻』『宮城図』などにみえる。その考定が『大内裏図考証』第三中「拠諸図考定棲鳳楼及北廊図、翔鸞廊倣之」である。

　ここでは応天門の東西廊を応天門東廊・西廊（『神泉苑図』『京兆図』）などと呼んでいる。東西の廊は10間。南折する11面目からの廊を棲鳳楼北廊、翔鸞楼北廊と呼び、間数については8間説と7間説がある。これは複廊の数え方の問題で、廊自体は7間のようである。

　問題の棲鳳楼、翔鸞楼は特異な平面形で、『神泉苑所伝図』は平面2間の楼2棟を主軸をずらせて南北に重ねる形とするが、『大内裏図考証』は初層平面を方4間の総柱式とし、南と東、もしくは西に3間の庇を出す形とする。東西の庇は棲鳳楼では西側に、翔鸞楼では東側に出して左右対称とする。廊屋上の閣は方1間で、南北に雁行する形とするようである。

　立面は明らかでないが、『伴大納言絵巻』では楼閣の破風と鴟尾の尻がみえ、東西方向の棟から南北方向の棟が北に延びるように描いている［松崎 2006］。

　平安宮大極殿の東西には蒼龍楼（東）と白虎楼（西）がある（図89）。両楼の位置は朝堂院回廊の起点でもある南面回廊の東西隅にあたるが、平安宮では大極殿の南面が龍尾壇となって南面回廊がないことと、東面回廊と西面回廊の途中から大極殿の東西に回廊が延びてとりつくために、南からみるとあたかも大極殿の東西から派生した回廊が南折して延び、その先端に楼閣が建つようにみえる。

　蒼龍楼と白虎楼の構造については陽明文庫本『宮城図』などにみえ、『大内裏図考証』第三中には、諸書を総合した考証がある。これが引く「年中行事画蒼龍楼」には、

　　年中行事画、御斎図、蒼龍楼南面三間　西面傚之、上青璅、下粉壁、壇與廊壇連
　　接、封以条石石版、廊屋上有閣、叉有小閣四相依四隅閣、各東西栄四柱、屋脊両
　　端有鴟尾、在中者二層、而三閣中有戸二扉、左右並青璅閣、板護、以軒檻四隅者、
　　各三間、閣板護有軒檻、　白虎楼傚之

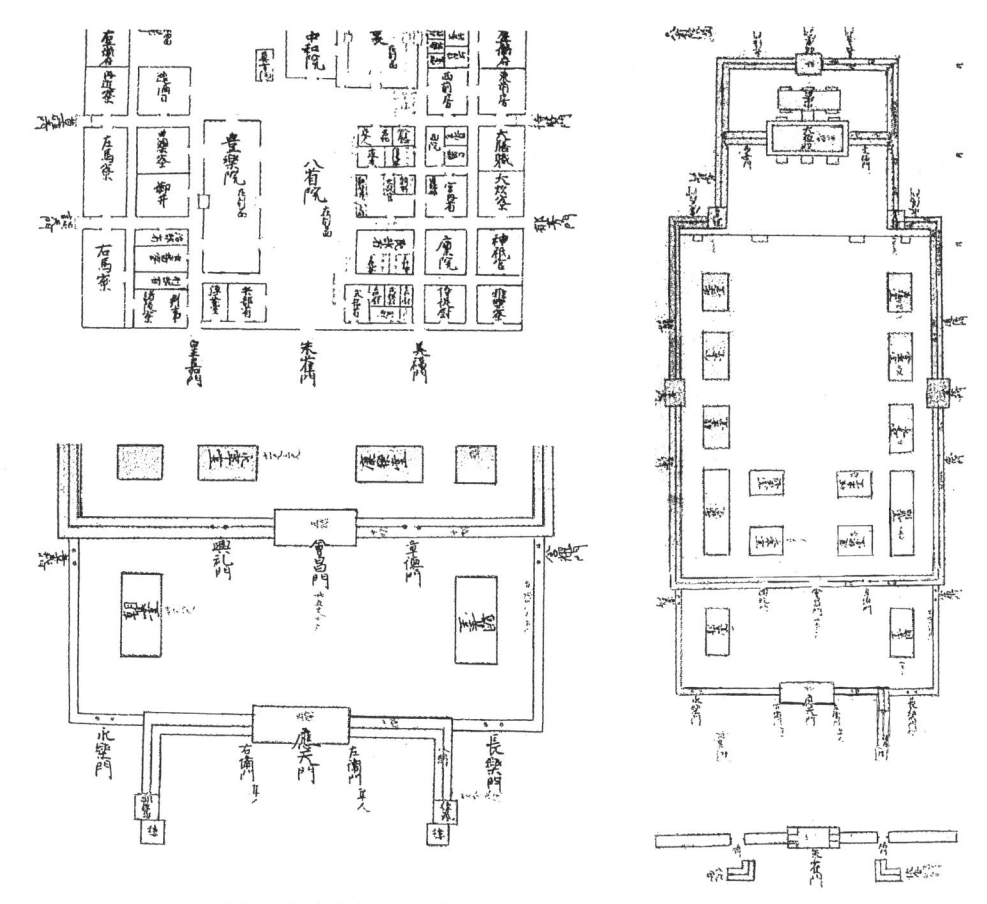

図90　平安宮応天門と棲鳳楼・翔鸞楼（陽明文庫蔵『宮城図』による）

とある。ここでは平面形を南面三間とするが、『大内裏図考証』「拠古図及諸図所考定蒼龍楼及東廊永陽門東龍尾道図西傚之」は、初層を４間とし廊屋上の閣を方２間に考証する。

　なお、京都市岡崎にある平安神宮は平安宮大極殿をモデルに規模を八分の五に縮めて復原する。大極殿の東西楼閣はこの「年中行事画」がもとであろうか。

　豊楽殿の東西には栖霞楼、霽景楼（せいけいろう）がある。楼は豊楽殿の左右にとりつく北面回廊の東西隅部にあり、大極殿の南東・西にあたる蒼龍・白虎楼とは大きく異なる。栖霞・霽景楼の平面は方４間で、廊屋上の閣は方２間とする（『大内裏図考証』第三下）。

　『大内裏図考証』をもとに、簡単に応天門の翔鸞・棲鳳楼（図90）と大極殿の蒼龍・白虎楼、豊楽殿の栖霞・霽景楼を紹介した。

　構造は三者三様で、中心となる施設は一方が門、他方が宮殿という違いがある。また、応天門の楼閣は門東西の廊から南折した南北回廊の先端にあるのに対し、大極殿、豊楽殿の楼閣はともに回廊隅部にあることがやや異なる。

　ただ後者でも回廊隅部の位置に違いがあり、次に述べる闕に関連するのは大極殿と両楼閣のようであり、以下では豊楽殿の二つの楼については省くこととする。

第15章　長岡宮会昌門の楼閣遺構とその意義　　263

応天門の楼閣は貞観8 (866) 年閏3月10日のいわゆる応天門の変で焼けたから（「夜、応天門火、延焼棲鳳・翔鸞両楼」）、延暦13 (794) 年の遷都当初に比較的近い段階で竣工していたのであろう。長岡宮で楼閣SB44404を確認したことで、こうした施設が一挙に長岡宮段階に遡ることになった。なお、応天門は貞観13 (871) 年に再興されるが、1319年に転写された『宮城図』の指図がどの段階のものかは明らかではない。

翼廊の先端に楼閣がある施設については従来からも問題であった。それは起源が中国にあり、古代では宮殿建築として出現し、のちの寝殿造住宅などの原型になったとみられたからである［福山 1984］。

今回の成果に立つと応天門楼閣の原型が長岡宮で成立し、これが応天門楼閣や平安宮大極殿の楼閣に影響したとする解釈も可能であるが、このように考えるためには応天門楼閣と大極殿楼閣との間の構造の違いを説明する必要があり、やはり現状では別々の起源を考えるべきと思う。

長岡宮の楼閣SB44404、南面西回廊SC43705、翼廊SC43705や平安宮大極殿、楼閣は長岡宮以前の諸宮に例がなく、構造からみて中国の門闕が原型とみるべきであろう。

闕は宮城などの入り口の両側にあって宮城を飾る施設のことで、闕の熟語である宮闕の語は普通、宮城（宮城、皇城を含めた）を意味し、その代名詞でもある。闕の構造にはいくつかの類型があり、それとの関係が深い。

楼閣SB44404など一連の遺構は長岡宮にあって会昌門（朝堂院南門）を荘厳するし、他方の平安宮大極殿は門ではないが、龍尾壇の北に建つ姿は門を彷彿させる上に、東西の翼廊、楼閣は闕に似て中心の大極殿を荘厳する。これらはそれぞれ中国の闕の二つの類型に類似しており、その影響と考えるべきであろう。

次に焦点となる中国の闕についてみてみよう。

3　闕とその類型

宮城の代名詞である宮闕は、実際には闕と他の施設の複合形である。もとになった闕は関野雄によると、門の外に二つの台を築き、その上に楼観を設けた施設のことである［関野 1959］。闕は漢代以前からの伝統があり、宮殿、邸宅、廟、墓の入り口などに建てられた。時代や地域などによる発展形態があり、上部構造では門両脇の台上に石柱と一軒の屋根を載せた竿状の単闕から屋根を重層にする二出闕、三出闕があり、下部構造では高台基壇（これを母闕という）の一端に子闕を出す形があり、発展形には子闕の数が1個もしくは2個、また方向も単方向、もしくは直角に二方向に出す形などがある。

そして外面は遠くから目立つように華やかに彩ったようで、晋の崔豹『古今註』巻上によると、闕の上層部はみな朱の塗り壁で、下層部には雲気、仙霊、珍鳥、怪獣を描いていたという。

図91　唐懿徳太子墓壁画にみる門闕［王仁波 1973］

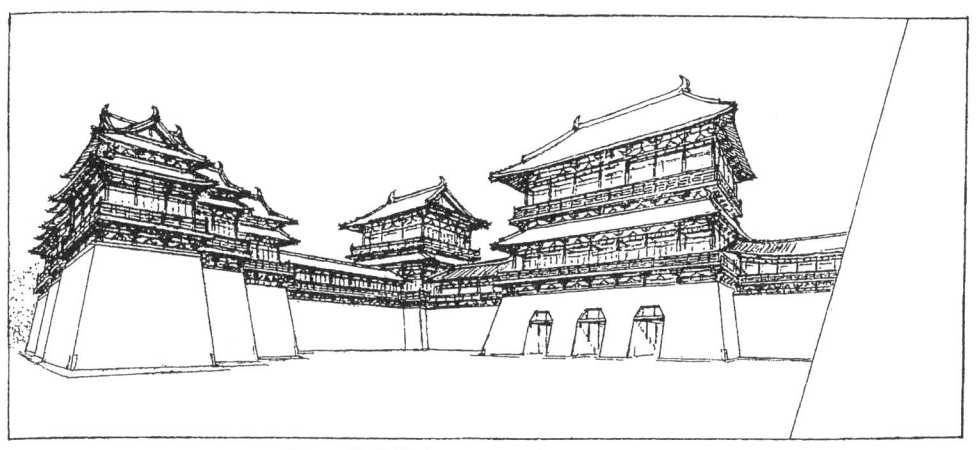

図92　洛陽城則天門の門闕復原図［楊鴻勛 2001］

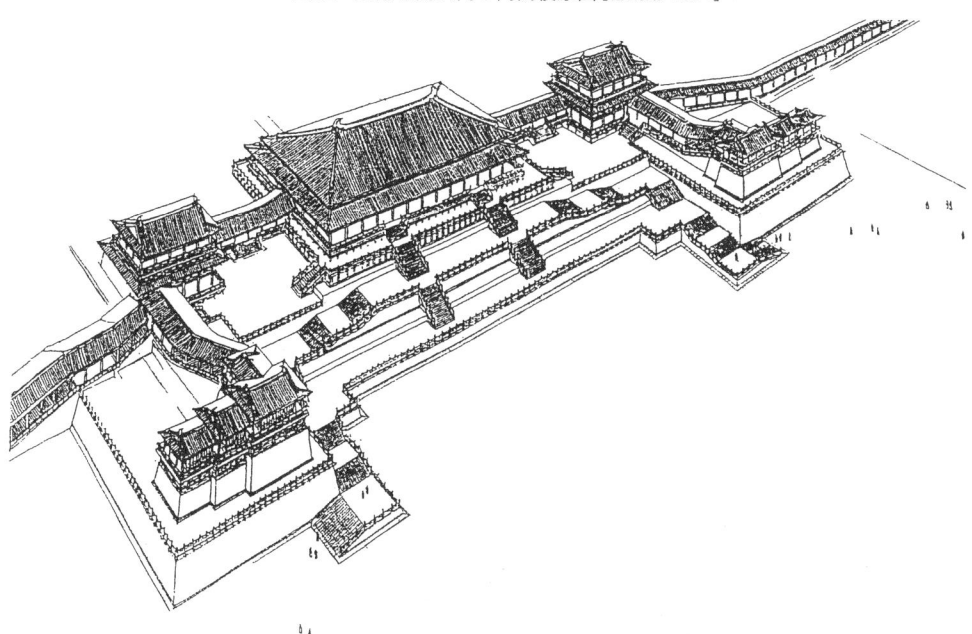

図93　長安城大明宮含元殿復原図［楊鴻勛 2001］

第 15 章　長岡宮会昌門の楼閣遺構とその意義

壁画には唐代の例がある。高宗李治の乾陵にある懿徳太子李重潤墓（706年葬）には墓道入り口に門闕の壁画があり、外壁に忍冬唐草文を描いている（図91）［王仁波 1973、陝西省博物館・陝西省文物管理委員会 1974］。

中宗李顕の長子であった太子（680～701）は独裁者の則天武后のために若くして落命した。名誉回復されて高宗乾陵の陪葬区に改葬されたのは武后死後の706年のこと。その壁画は太子の身分にふさわしい内容を備えるという。

闕には門や宮殿等と結合した類型があり、中国建築史の王魯民は三類型に分ける［王魯民 1997］。

　　第1類型；闕と門が結合して入り口を形成
　　第2類型；闕と主体建築（宮殿）が結合して複合建築を形成
　　第3類型；門闕と城楼が結合して城門を形成

第1類型は、闕と門が結合し入り口を形成するもの。闕の屋根を重層にするものや下部構造の高台基壇（母闕）の一端や二方向に複数の子闕を出す形があり、唐代では三出式の一母二子闕が最高格という。

洛陽城の則天門は『元河南府志』によると、門の上には紫微観があって両闕に連なったこと、両闕の高さは120尺で約35mに達するという。これはほぼ11階建てのビルに相当する。楊鴻勛はこの門闕を北と東西の二方向に子闕を出す三出式闕として図92のように復原する［楊鴻勛 2001］。

第2類型は闕と主体建築（宮殿）が一体化したもので、唐大明宮の含元殿がこれにあたる。大明宮は長安城の東北に接する龍首原に営んだ施設で、当初は離宮であったが三代高宗李治の龍朔2（662）年4月に大規模に拡充して宮城とした。大明宮（この時は蓬莱宮）の成立後は太極宮との間で儀式・政務の使い分けがなされた。この正殿が巨大な含元殿である。裳階を含めた桁行13間、裳階を含めた梁間5間で、東西には棲鳳閣、丹鳳閣がある。

両閣ともに一母二子闕の形態をとるようで、含元殿とこれらとは一部が飛廊（空中廊）を成す東西および南北回廊によって接続した［中国社会科学院考古研究所西安唐城工作隊（安家瑤・李春林）1997、楊鴻勛 1997］。

含元殿の前面には広大な広場（朝庭）がある。含元殿は高さ約12mの基壇上に造成されたともいわれ、これはビル4階分に相当する。そして広場は南に向かって9％近い勾配で傾斜するから、広場南端からみた含元殿は高い壇上にそそり立ったことであろう（図93）。広場から含元殿へは、東西両閣基壇の基礎に沿うように屈曲する磚積みの道である龍尾壇を上った[2]。

第3類型は門闕と城楼の結合形である。典型例としては明・清代の皇宮である北京の紫禁城（故宮）の午門がこれにあたる。午門と城楼の基壇は一体化し、第2類型の棲鳳閣、丹鳳閣がさらに発展した形態という。含元殿についてはもともとは宮殿ではなく、門にあたるとする見方があり［傅熹年 1999］、王魯民の分類もこれを支持してい

る。

　以上の3類型と長岡宮・平安宮の遺構との対応をみると、会昌門および応天門の楼閣は第一類型に、平安宮大極殿は第2類型にあたるのであろう。建築構造自体、彼我の違いは大きいが、平面形の一部を入り隅状に造ることなど闕の母闕と子闕の重なりに似せているのであろう。

4　唐風化指向の長岡宮

(1) 闕の類型と長岡・平安宮

　前節までの検討によって、長岡宮（784～794）で中国闕の第1類型を模倣しこれが平安宮の応天門楼閣のもとになるとともに、平安宮（794～1185）で第2類型を模した可能性が高い。長岡宮段階で第1・2類型が同時に出現したとする考え方もあり得るが、長岡宮大極殿院の構造は第2類型とは異なっており、無理がある。

　長岡宮の大極殿院は南面に龍尾壇を設ける平安宮型ではなく、南面に大極殿回廊がめぐり、その中央に大極殿閣門が開く平城宮型である。平城宮第二次大極殿院ではこの位置に楼閣などの施設はない。また、平城宮と違って仮に、楼閣があったとしても南面回廊がある以上、含元殿型とは似て非なるものである。

　以上の関係を表にすると次の通りになる。

宮　城	闕と門の結合形	闕と主体建築（宮殿）結合形
	唐宮城の門闕？	
	↓	
長岡宮	会昌門楼閣SB44404	大明宮含元殿、棲鳳閣＋丹鳳閣
	↓	↓
平安宮	応天門、翔鸞楼＋棲鳳楼	大極殿、蒼龍楼＋白虎楼

　このように中国の門闕に由来する宮殿構造を長岡宮、平安宮で順次採用した可能性が高い。以下では会昌門南面西回廊SC43705・南北回廊SC44307・楼閣SB44404を時に門闕と呼ぶこととする。

(2) 皇城と宮城の分化

　長岡宮の構造に関するこれまでの疑問は、会昌門での門闕（楼閣SB44404）の発見によってかなり解消され、古代都城の展開過程における長岡宮の位置が明確になった。これについて項目を分けて述べよう。

　門闕は長岡宮では会昌門に付属した。他方、平安宮では朝集殿院を含めた朝堂院全体の南門である応天門である。両者の違いは、長岡宮では会昌門が応天門を兼ねたことにある。長岡宮では8朝堂がある朝堂院と南に開く南門を検出しているが朝集殿院は明らかではなく、長岡宮後期造営段階で会昌門の南に朝集殿院を設けたと推定する

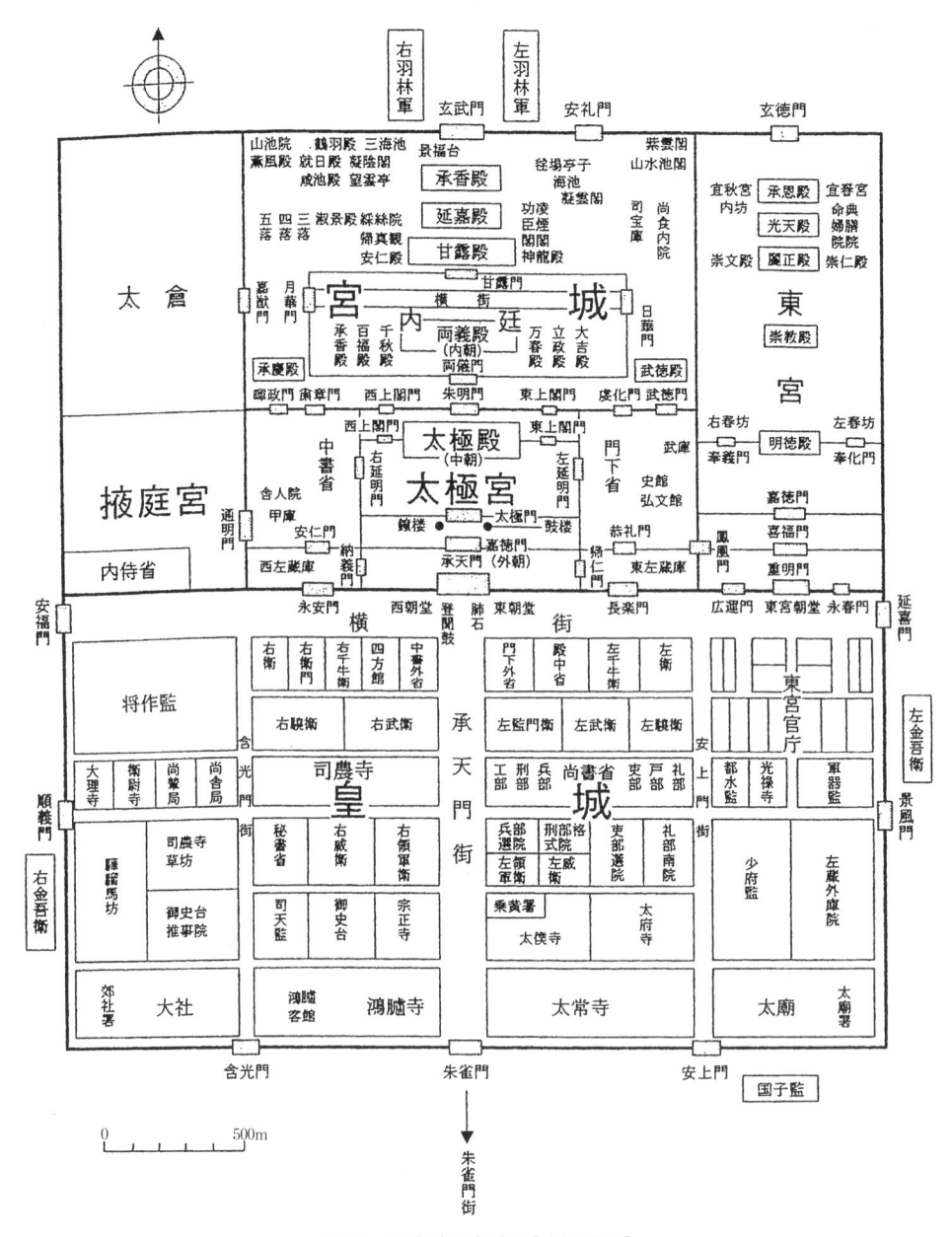

図94　長安城の宮城図［妹尾2001］

考えもあった。

　しかし、門闕の発掘によってその可能性はなくなった。これまでも宮城門に相当するとされた会昌門の南に、朝集殿院などあり得ない。会昌門が応天門を兼ねたのは、長岡宮朝堂院では宮城構造を大幅に簡略化したためである[3]。言い換えると、会昌門の南にはある種の官衙街と朱雀門がなければならない。

　長岡宮の朱雀門はいまだに不明で、朱雀門がないとする見方もある。先に引いた山中説では会昌門が二条大路に面する（すなわち外門とみる）から、朱雀門がないことに

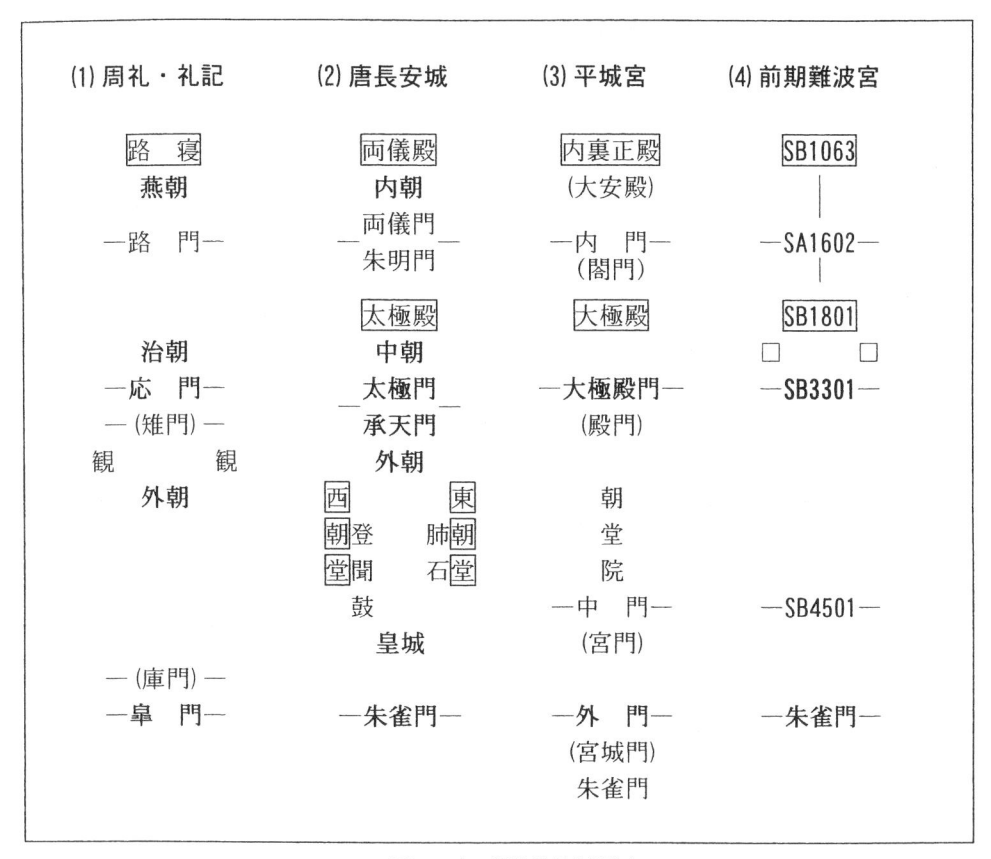

(1) 周礼・礼記	(2) 唐長安城	(3) 平城宮	(4) 前期難波宮
路寝 燕朝 ―路　門―	両儀殿 内朝 　両儀門 　朱明門	内裏正殿 （大安殿） ―内　門― （閤門）	SB1063 ｜ ―SA1602― ｜
治朝 ―応　門― ―（雉門）― 観　　観 外朝	太極殿 中朝 　太極門 　承天門 外朝 西　　東 朝登　肺朝 堂聞　石堂 鼓 皇城	大極殿 ―大極殿門― （殿門） 朝 堂 院 ―中　門― （宮門）	SB1801 □　　□ ―SB3301― ―SB4501―
―（庫門）― ―皋　門―	―朱雀門―	―外　門― （宮城門） 朱雀門	―朱雀門―

図95　宮の構造比較対照(1)

なる。しかし都城の格式からみてもこれは考え難いし、最近の宮城南面の調査成果に基づく国下説では朱雀門が想定できることになる。

　次に会昌門と想定できる朱雀門との間には、ある種官衙街があったのではなかろうか。それは会昌門の門闕が長岡宮が唐風都城をめざすとともに、日唐都城の間にある基本的な構造の違いを超える試みの一つとみられるからである。

　日唐都城の基本的な違いはいくつかある。"宮城"に皇城がないこともその一つである。これについて皇城・宮城はともに天子の居城を指す語であるから、やや紛らわしい説明となるが。

　唐の長安・洛陽城における宮城は、皇城と宮城の二区画に分かれる。北の宮城には太極宮があり、左右に東宮と掖庭宮があった。太極宮は皇帝の朝政空間で太極殿、宣政殿などがあり、東宮はその名の通り皇太子の、掖庭宮は皇后の空間であった（図94）。他方、南の皇城には三省六部といわれる中央官制のうち尚書省を中心とする官衙が集中した。二つの区画は城壁で画され、各面に門が開いた。宮城正門は長安城では承天門、洛陽城では則天門（応天門）で、朱雀門は皇城正門である。

　朱雀門から承天門には承天門街が通じ、闕を備えたであろう承天門（遺構は未確認）

の前には広い横街（東西路）がある。六朝の例からみてもここはきわめて政治的な場であった。

　　宮城の正門＝承天門（長安）、応天門（洛陽）
　　皇城の正門＝朱雀門

　これに対し日本では皇城・宮城一体で、皇城の考え方が曖昧であった（図95）。それは二官八省の主要官衙の配置に明らかで、平安宮『宮城図』によるとこれらの官衙は宮城中心部の大極殿・朝堂院の周囲にあり、国政に関わる外廷の曹司は各官司が朝堂にもつ朝座に近い場所にある（図96）[岸 1988a]。

　これは"宮城"門の等級にも表れている。次は、井上光貞・関晃等の業績[井上・関校注1976]をもとに、日唐"宮城"門の等級をくらべたものである。

　唐：京城門―皇城門―宮城門―宮門―殿門―上閤門（唐令拾遺、宮衛令乙一、開元七年
　　　令）
　日本：京城門―宮城門―宮　門―閤　門（宮衛令など）
　　　　外　門・中　門・内　門（「大宝令」）

　日本では、唐の制度を簡略化し、唐では、5段階ある門の等級を3段階にしたという。「大宝令」の外門、中門、内門が唐の皇城門・宮城門、宮門、殿門・上閤門に対応するなら、宮城門と皇城門が未分化の状態で「大宝令」が成立したため、その後も外門を慣例的に"宮城門"と呼んだことになろう。

　外門にあたる朱雀門が宮城門であり、同時に皇城門であることを示すのが藤原宮に関する和銅3（710）年正月の朝賀記事である。ここには、「皇城門外朱雀路」（和銅3年正月壬子条）とある。

　京の中心部を南北に貫く朱雀大路は宮城正門の朱雀門が起点であるから、本来ならここは「宮城門」外としなければならない。しかし、皇城・宮城の区分が曖昧だったために『続日本紀』は皇城門とし、二つの語を同義に用いたのであろう[岸 1988b]。

　こうした状況で会昌門に闕を造る目

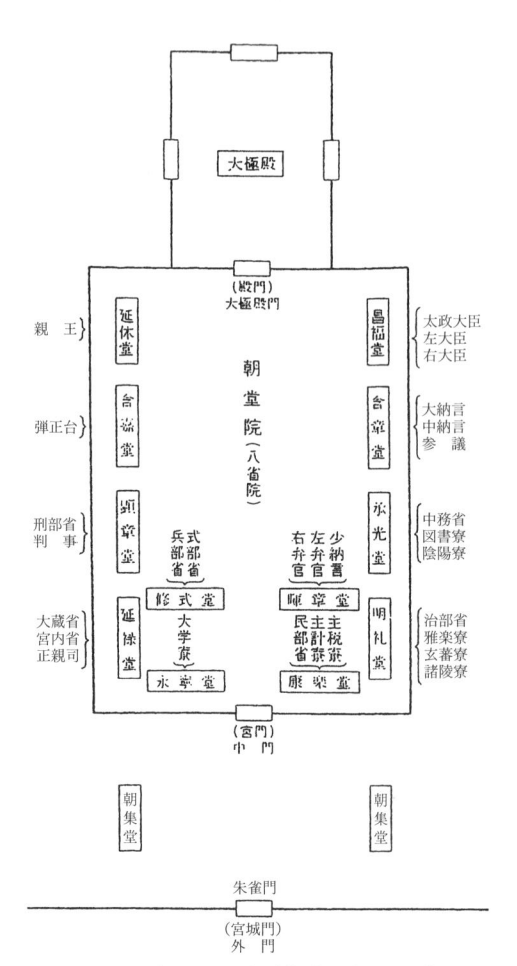

図96　岸説による朝座概念図 [岸 1988]

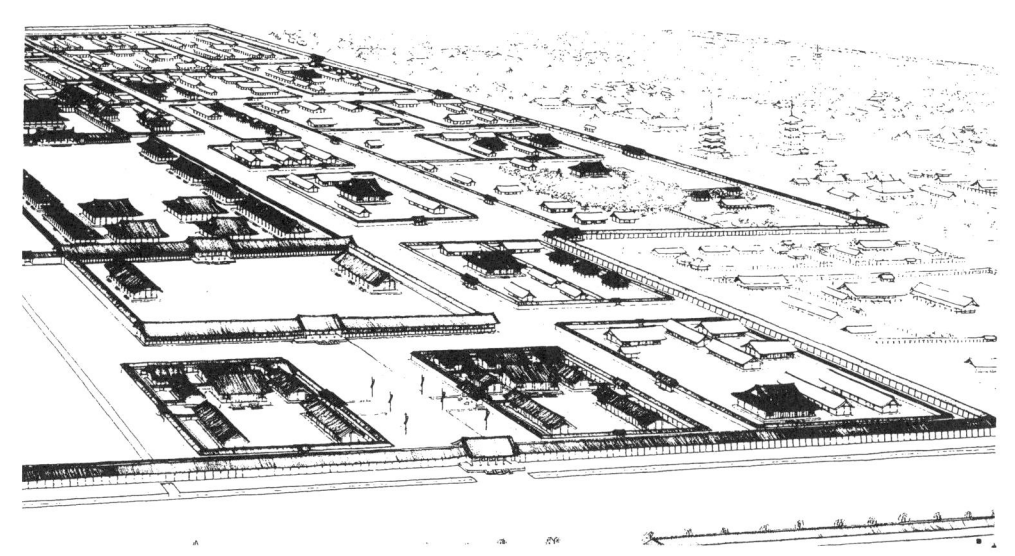

図97　平城宮壬生門付近の復原図［奈文研1993］

的はこの門を唐風の宮城門とし、宮城全体の荘厳化をはかると同時に、ここを象徴的な場とする狙いがあったのではなかろうか。中国南朝の例では門闕が天子・皇帝と宮城・帝都を荘厳する機能を持つことがみえる［渡辺 2003］[4]。いわば皇城と宮城の分化である。

　ところで、唐では宮城門の承天門（洛陽では則天門）は朝堂の北にある。日本でこれにあたるのは大極殿門である。この門は朝堂院と大極殿院との間にあるが、唐とは違って大極殿・朝堂院は一体である上に、先にも述べたように朝堂院の周囲には二官八省の官衙があるので、ここで宮城と皇城を分離することはできない。

　この形は一朝にしてなったものではなく、7世紀に遡るという。吉川真司によると、日本の朝堂院の姿は7世紀以前の大王時代に起源がある侍候空間と実務空間が一体化したものである。すなわち官人が天皇に侍候する空間が朝堂であり、官人が実務を行う空間が曹司である。この両者が7世紀後半の前期難波宮成立を契機に統合し、内裏や朝堂院の周囲に内廷・外廷それぞれの実務を行う曹司を配する構造となった。平安宮はその最終的な姿であるという［吉川 2006］。

　朝堂の制は本来的には中国に由来するが、東西2堂しかない中国と違って日本では多数があり、前期難波宮では14（あるいは16となるか）堂、藤原・平城・平安宮では12堂、後期難波・長岡宮でも8堂と独自性が強い［鬼頭 2000］。こうした多数朝堂の祖型もまた前期難波宮に求めることができる。

　前期難波宮以来の朝堂を取りまく慣習が定着したために、日本では殿門でもって皇城と宮城を分離することは事実上不可能であった。限られた状況下で唐の宮城構造を真似るなら、宮城・皇城が一体化した朝堂院（朝集殿院）南門を宮城門にするほかなく、その結果が長岡宮会昌門の門闕だったのではなかろうか。

(1) 唐長安城	(2) 藤原宮	(3) 平城宮	(4) 長岡宮	(5) 平安宮
両儀殿 内朝 両儀門 朱明門	内裏正殿 (大安殿) ―内 門― (閤門)	内裏正殿 (大安殿) ―内 門― (閤門)	内裏正殿 (大安殿) ―内 門― (閤門)	内裏正殿 (大安殿) ―内 門― (閤門)
太極殿 中朝 太極門 嘉徳門 承天門 外朝	大極殿 ―大極殿門― (殿門)	大極殿 ―大極殿門― (殿門)	大極殿 ―大極殿門― (殿門)	大極殿 ―龍尾壇―
西　　東 朝登　肺朝 堂聞　石堂 　鼓 皇城	朝 堂 院 ―中 門― (宮門) 朝集殿院	朝 堂 院 ―中 門― (宮門?) 朝集殿院 ―応天門― 二柱樹立 (意識は宮城門?)	朝 堂 院 ―会昌門― 闕(宮門)闕 (意識は宮城門?)	朝 堂 院 ―会昌門― (宮門) 朝集殿院 ―応天門― 闕　闕 (意識は宮城門?)
		式部省・兵部省	官衙街?	
―朱雀門― (皇城門)	―外 門― (宮城・皇城門)	―朱雀門― (意識は皇城門)	―朱雀門?― (意識は皇城門)	―朱雀門― (意識は皇城門)

図98　宮の構造比較対照(2)

　そして、ある意味で中途半端なこの構造を解消し、皇城的な構造とするために実施したのが会昌門の南に官衙街を形成することだったと思う。実際の配置などは不詳であるが、会昌門の南には基壇建物などがある。

　ではいつ、朝堂院南門を宮城門化する意識が始まったのであろうか。その萌芽は奈良時代後半の平城宮にある。

　平城宮では会昌門ではなく応天門に相当する朝集殿院南門SB18400があるために、この南門が主体となる。ここでは南門と壬生門（朱雀門の東隣の外門）との間には式部省と兵部省を左右対称に配した"官衙街"が成立している（図97）。そして南門SB18400前が長安城の承天門前に対比できるのが民の冤枉(えんおう)を聞く柱の存在で、これは承天門前左右に置かれた肺石、登聞鼓の故事に倣うものであろう。

　肺石は朝堂の外側に置いた赤石のこと。平民がこの石の上に立って地方官吏を告訴することができるという。石の色が肺のように赤いことからこの名がある。登聞鼓は

文字が書けない平民が冤罪の再審や行政的処理に問題がある時に鳴らす太鼓で、申し立てはこれを管轄した公車府が皇帝に上申した。登聞鼓は晋南朝時代では闕の東や西に懸けられた。

『続日本紀』天平神護2（766）年5月戊午（4日）条には、応天門にあたる中壬生門がみえる。

> 「大納言正二位吉備真備奏して、二柱を中壬生門の西に樹つ。その一に台して曰く「凡そ官司に抑屈せらるる者は、この下に至りて申し訴ふべし」といふ。その一に曰く、「百姓冤枉せらるることあらば、この下に至りて申し訴ふべし」といふ。並びに弾正台をしてその訴ふる状を受けしむ」［青木ほか校注 1995］。

とあり、官司から不当な処置を受けている者は訴え出ること、官司などの誤りを糾す弾正台はその訴えを取り上げるよう命じている。

中壬生門については朱雀門の東にある南面東門の壬生門とする見方と、壬生門の内側の門、すなわち第二次朝堂院・朝集殿院南門とする見方に分かれる［直木 1996］。岩波本の補注は「宮内よりはむしろ人々の往来が多い壬生門前の方が穏当であろう」［青木ほか校注 1995］とするが、長安城の承天門の前に設置し民衆の不満を聞いたという肺石、登聞鼓の故事を考えれば、やはり直木説が合理的である。

そして奈良時代後半の平城宮でこの故事に倣ったことは、ここが承天門前相当の場所とする認識があったのであろう。ただし、中壬生門にあたる平城宮の第二次朝堂院・朝集殿院の南門SB18400には翔鸞楼、棲鳳楼に類する施設はない。

門の左右は回廊ではなくて築地塀（奈良時代前半は掘立柱塀SA18318・18420）である上に［奈文研 2003］、門の南面西側の発掘区（214次）等に楼状施設などの遺構はなかった［奈文研 1991］。このことからみて、少なくとも和銅3（710）年の遷都当初に翔鸞楼、棲鳳楼に類した構造を設ける意識はなかったのであろう。

なお、この南門SB18400と壬生門との間の官衙街は長岡宮、平安宮にいたって朝堂院南面の官衙街として定着する。

以上の関係を整理したのが図98である。これは図95に「大宝令」の規定と諸宮を加えたものである。

(3) 北から東に移る内裏

唐風都城をめざした長岡宮では、中枢部でも構造変化がある。いわゆる第二次内裏内裏が大極殿・朝堂院の東に移動し、大極殿院と並列することである。内裏は藤原・平城宮では宮城中心部にあって大極殿・朝堂院と南北に軸線を揃えていたから大きな変化であり、これが平安宮の内裏配置の原型となることはいうまでもない。

この理由については朝堂での政務運営法の変更、儀式の形骸化によってこれらが内裏へ吸収された結果とする古代史研究者の説があり［古瀬 1998、橋本 1995］、有力視されてきた。しかし、儀式の変化によって内裏と大極殿・朝堂院が一体である必然性がな

くなることと、長岡宮の第二次内裏が大極殿の東側にあって大極殿と並列することは同義ではない。長岡宮の第二次内裏の移動は唐風化の表れであり、唐の宮城構造に倣った結果と思う。

　唐長安城の宮城は先にも述べたように天子の居城であるが、ここを東西に三分し中央に太極宮が、東には東宮が、西には掖庭宮があった。太極宮は皇帝の空間で太極殿、両儀殿、甘露殿などがある。東宮は皇太子の宮、掖庭宮は皇后の宮であった。この配置は陰陽五行説に則って即位をめざす東宮（春宮）ともいう皇太子宮を東（青龍）に、皇帝位にある皇帝の太極宮を南（朱雀）に、そして皇后位の掖庭宮を西（白虎）にそれぞれ配したのであろう。

　渡辺信一郎によると、この東西軸を重視することは唐代の特徴で、隋唐以前の南北朝時代は南北の軸線が重視されたという。すなわち、三国魏の明帝に始まる太極宮型宮闕では皇帝権力の根源が天に由来することを示すため星宿に象って南北一直線に配置した。これは四つの領域から成る。

　①宮城最南端の閶闔門・大司馬門、②朝政の中枢である正寝としての太極殿と内殿、③皇后・皇太后の正寝である昭陽殿と後宮、④園林空間である。ところが唐代になると南北軸は東西軸に転換する。

　「太極殿の北側に位置した掖庭、後宮は、唐代太極宮では太極殿の西側に配置されるようになる。また宮城の外に配置された皇太子の東宮も、唐代にあっては太極宮内東部にとりこまれる。唐代の太極宮は東側に東宮、西側に掖庭宮を配置するようになり、東西軸に再編される。

　　これに対応して、皇帝の朝政の場であった太極前殿、東堂西堂は、太極宮にあっては太極殿・両儀殿、大明宮にあっては宣政殿・紫宸殿に再編され、東西軸から南北軸へ転換する」［渡辺 2003］

という。

　第二次内裏が大極殿・朝堂院の東に移動し、大極殿院と並列することはこうした唐のあり方と関わるのではなかろうか。長岡宮第二次内裏が唐に倣ってそれまで位置した大極殿院の北方から移動したとすると、大極殿院の東隣ではなく、長安城と同じ大極殿の西方でなければならない。しかし、方向が逆であるのは、平城宮以来の宮城構造と関わると思う。

　平城宮の中枢部には二つの大極殿、朝堂院の区画が並列する。朱雀門の北が第一次地区（中央区）、壬生門の北が次地区（東区）である。前者の朝堂院は朝堂が4堂、後者は朝堂が12堂である。時期による若干の違いがあるにしても、基本的に第一次地区朝堂院は饗宴などの、第二次地区の朝堂院は朝政・朝儀の場所で、この姿が後の平安宮の豊楽院と八省院のもとになる。

　豊楽院相当施設が長岡宮にあったか否かは明らかではないが、大極殿・朝堂院の西に類似施設を想定する見方もある[5]。

平城宮以来のこうした施設があるために、唐とは違って大極殿院の東方に内裏を移動したということは十分に考え得ることであろう。

まとめ

　長岡宮の会昌門での楼閣関連遺構（南面西回廊SC43705・南北回廊SC44307・楼閣SB44404）の発掘を受けて種々検討を加えてきた。その結果、これが平安宮応天門の翔鸞楼と類似し、その先駆形態であること、もとになったのは中国の門闕と考えるべきことなどが明らかになった。この検討によって都城史の中での長岡宮の意義についてあまり論及されなかった事柄が明らかになり、同時に現在の長岡宮復原研究の問題点も浮かび上がってきた。

　以下に要点を列挙すると、

1）会昌門の楼閣SB44404など一連の遺構は、中国の闕の類型のうち門闕（第1類型）構造と密接な関係がある。これがのちの平安宮応天門の翔鸞楼・棲鳳楼に連なるのであろう。

2）平安宮大極殿・楼閣は大明宮含元殿と密接な関係にあり、闕と主体建築（宮殿建築）が複合した（第2類型）に近い。平安宮の大極殿・楼閣は、長岡宮段階で導入した唐の門闕構造が独自に発展したものではなく、改めて平安宮の段階で導入されたものであろう。すなわち、中国の闕構造のうち第1、第2類型を長岡宮、平安宮それぞれの段階で時間をおいて導入した可能性が高い。

3）中国の宮城にあって、門闕はきわめて政治的・象徴的な意味がある。闕を付した会昌門を唐に求めると宮城門（長安城では承天門、洛陽城では則天門）にあたる。長岡宮の宮城構造を唐風の皇城と宮城とに分化する動きであろう。ただし、皇城・宮城が分化した唐と皇城・宮城未分化の日本では宮城構造に基本的な違いがあり、会昌門の闕はその日本的変形といえる。

4）3）によって会昌門の南には皇城にあたる官衙街と、皇城門である朱雀門を想定すべきこととなった。前者に関しては会昌門の南にある基壇建物がそうした一部の可能性がある。他方、後者は長岡宮の会昌門が京の大路である「二条大路」に直接面し、朱雀門がないとする長岡京の復原研究（山中章説）に再考を迫るものとなった。

5）長岡宮では第二次内裏が大極殿院の北から分離し、大極殿院の東に移動する。これまた唐の影響であろう。南北朝期の宮城構造は唐代に大転換し、陰陽の軸線が南北軸から東西軸に変化し、長安城の宮城では太極宮と掖庭宮が東西に並ぶ。この動向と長岡宮第二次内裏のあり方は無関係ではあるまい。

　ただし、内裏の移動方向が唐とは逆の東方である。その理由は西側には別の施設があったからであろう。平城宮では大極殿・朝堂院の西側にはのちの豊楽院に

発展する第一次（中央区）朝堂院があり、長岡宮でも全容は不詳だが類似施設が想定されている。

6）このように、門闕遺構の出現、皇城・宮城分離、大極殿院と第二次内裏の分離は一体であろう。唐風化指向ともいうべきこの動向が長岡宮の新しさであり、これが平安宮の原型になる。

このように、長岡宮と唐代都城との関わりは過去の解釈よりも密接なものがある。その観点から見た時、新たな課題として浮かぶのが平安宮応天門の名称である。

応天門の名前については大伴門転訛説がある。すなわち藤原宮以降の宮城には12の宮城門があり、それぞれに大伴門、壬生門、若犬養門など大化前代に遡る軍事氏族の名前を冠する。氏族名門号である。なかでも正門は大化前代以来の雄族、大伴氏の名を冠した大伴門であった。

奈良時代に平城宮正門が大伴門であったことを示す史料が少数だがある。毎年6月と12月晦日恒例の大祓の場所については、『法曹類林』巻200、弘仁5（814）年6月3日付の史料に引かれた「式部記文」に、「於大伴壬生二門間大路」とある。壬生門はすでに述べたように朱雀門の東隣の宮城門であるから、この大伴門は朱雀門のこととなる。

また、平城宮東院の宮城門下層溝SD16040発掘木簡には「大伴門友造（略）」と、大伴門を警備する門部の姓名を書いた木簡がある。伴出した木簡には、奈良時代後半の年紀がある。

その一方で、中国古代に南を守護した聖獣の朱雀を冠した朱雀門もまた、宮城正門の呼称としてあった（『続日本紀』霊亀2年正月条、天平6年2月条）。そして木簡にもそれを示すものがある。

東院の宮城門下層溝SD16040に近接した南北溝SD16300発掘木簡には、「（略）朱雀門（略）」とある［奈文研1994、寺崎1993］。これらによると、朱雀門と大伴門がともに用いられたのであり、この状態は平安初期まで続いたようである。

その宮城正門が大伴門から朱雀門に変更される契機となったのが、弘仁9（818）年4月のいわゆる唐風門号への改正とする点では諸説が一致する。

『日本紀略』弘仁9（818）年4月庚申条には「是日、有制、改殿閣及諸門之号 皆題額之」とある。

この制によって大伴門が朱雀門に改められるとともに、他の宮城門の門号は美福（壬生）門、郁芳（的）門など氏族名門号の訓を好字二文字で表した門号へ変更されたという。すなわち、他の諸門は氏族名門号に基づく好字に変えられたのに、大伴門のみは完全に宮城門から除かれたのである。その原因を横田健一説は新興貴族の藤原氏の台頭と、かつての雄族大伴氏の没落に求めた［横田 1962］。そして、大伴門を朱雀門に変えた代償として、宮城門の内側にある朝堂院南門を応天門としたとする。これは応天と大伴の音の類似を根拠にしている。

この応天門大伴門転訛説は、それなりの説得力を持っている。ただし、宮城正門の名称が朱雀門に変更されることと、大伴門の名称が朝堂院南門の名前に転訛することとは別の問題ではなかろうか。

　門号の木簡をもとに、宮城門（外門）と一つ内側の内門との関係からこの点を矛盾なく補強しようとしたのが舘野和己の大伴門応天門転訛説である［舘野 2000］。

　すなわち、宮城の諸門はすでに述べたように外門－内門－殿（閣）門から成る。平城宮の中心には第一次（中央区）朝堂院と第二次（東区）朝堂院の二つの朝堂院区画があり、それぞれ南面には門（内門）が開いた。この門と外門との関係を次のように考える。

　　大伴（朱雀）門－第一次（中央区）朝堂院南門・中大伴門
　　壬　　生　　門－第二次（東　区）朝堂院南門・中壬生門

　その根拠としたのは平城京左京七条一坊十六坪の東脇を流れる東一坊大路西側溝出土の木簡に「曽雅門（略）中大伴門（略）」とあること［奈文研 1997］。木簡には、曽雅門や中大伴門の警備にあたった人々の名を書き出している。ここで焦点となるのは「中大伴門」である。中大伴門とはいずれの門を指すのか。

　舘野はこれを平城宮関係の門号とする。そして中大伴門は中＋大伴門であり、大伴門に付された「中」を先に述べた中壬生門と同じく内側の門の意味として、朱雀門の内側の第一次（中央区）朝堂院の南門にあてた。すなわち、平城宮では朱雀門内側の第一次（中央区）朝堂院の南門が中大伴門で、第二次（東区）朝堂院南門の中壬生門と並列したとみるのである。

　この基本構造が成立していたために、宮城正門が朱雀門とされた平安時代の弘仁9（818）年4月以降、これに伴って宮城門内側の中大伴門を応天門に変更したとした。

　これについては朝堂院南門の位置が平城宮と平安宮とでは異なるので、少し補足説明を加えておこう。平城宮の二つの朝堂院はのちの平安宮ではそれぞれ豊楽院と八省院に姿を変える。これに伴って全体を西側に寄せ、朱雀門の北に八省院を置いた。このため八省院は直接宮城門に面したが、豊楽院は西側の諸門が朱雀門の西隣の皇嘉（若犬養）門に通じる宮内道路に面したが、豊楽院の南門は宮城門の位置から外れたのである。そして中壬生門が中大伴門となり、さらにこれが応天門になった（中壬生門→中大伴門→応天門）ために、豊楽院の南門は門号氏族名とは関係がなくなり、豊楽門とされたことになろう。図式化すると次のごとくになろう。

　　平城宮　　　　　　　　　　　　　　平安宮（弘仁9〈818〉年4月）
　　宮城門　朝堂院　　　　　　　　朝堂院南門　朝堂院　宮城門　朝堂院南門
　　大伴門－第一次(中央区)朝堂院・中大伴門→豊楽院－　×　－豊楽門？－豊楽門
　　壬生門－第二次(東　区)朝堂院・中壬生門→八省院－朱雀門－中大伴門？－応天門

　この説は氏族名をもとにした宮城門号が弘仁9年を境に、大伴門が宮城門から内門の応天門の名前に転訛する過程を合理的に説明するかのようである。しかし、疑問も

ないではない。

　それは弘仁門号改正の狙いは唐風門号に改めることにあったはずなのに、すべてそれまでの門号氏族名のみで説明しようとすること。古代都城は唐を常に手本としているのに、門号に限ってはなぜ、頑ななまでに固有の門号氏族名に固執するのであろうか。

　他方、応天門といえば東都洛陽城の宮城門名として名高い。この名前と大伴門に由来するという平安宮応天門とは偶然の一致なのであろうか。そうではなく、氏族名の訓に近い嘉名に改める過程で唐の門号を参考にしたと考えるのが自然であろう。

　平安宮応天門の名前のもとは洛陽城の宮城門名、とする考えはすでに平安時代にある。応天門は洛陽城宮城門の最初の名前ではなかった。麟徳2（665）年2月にこの門が竣工した時は則天門であった。しかし、高宗皇后の則天武后（在位684〜705）が即位し、次いで中宗が即位したことで名を避け、さらには火災によって改名を繰り返した。

　『唐会要』巻30によると、「神龍元（705）年三月十一日。避則天后号改為応天門。唐隆元（710）年七月避中宗（在位683〜684、705〜710）号改為神龍門。開元年間（713〜741）又為応天門。天寶二（743）年十二月四日又為乾元門。」とある。すなわち、則天門→応天門→神龍門→応天門→乾元門と変遷したという。

　改名理由の多くは則天武后と中宗李顕の名を避けることであるが、乾元門の場合は、文章博士巨勢朝臣文雄は火災のためとする。この一件は応天門の変をめぐる『三代実録』の記事にみえる。

　平安宮の応天門は貞観8（866）年閏3月10日乙卯の夜に、伴（大伴）善男が放火したという応天門の変によって焼失した。事件の概要は略すが、大伴門はそれから足かけ5年で再建がなった。そこで改名の問題が議に上った。火災もまた穢の一種であるから名を改めるべきとされたのである。

　火災などを理由にした古今の改名例をあげて建議したのは従五位上行大学頭兼文章博士の巨勢朝臣文雄であり、そこには東都洛陽の応天門が天宝2（743）年11月の火災後に乾天、門に改めたことがみえる（乾元門が乾天、門となっているのは、文雄がみた出典の誤りであろうか）。

　結局この議は否決されたが、注目すべきは、平安宮応天門の名が東都のそれによるかとすることである（「又洛都宮城門。是謂応天門。案礼含文嘉曰。陽順人心応於天。然則応天之名。蓋取諸此乎。」『三代実録』貞観13（871）年10月21日癸亥条）。

　福山敏男はこれに賛意を表し、「ただ巨勢文雄が応天門の号の出所を唐の洛陽の宮城の応天門に求めたことは当たっているであろう」とする［福山 1984］。

　これは応天門の大伴門転訛説と矛盾するのであろうか。そうではあるまい。大伴門に近い門号を選ぶに際して、それに近い唐の宮城門号を選定することは十分にあり得る。洛陽は東都（陪都）であるから、陪都の宮城門の名を首都平安宮の門号とすることに疑問をもつ向きもあるが、これも上記の理由から説明できよう。

北京大学の宿白教授は、日本の都城が長安だけではなく洛陽城の制度を合わせて採用したことを明らかにしている［宿白 1978］。

　平安京では左京を洛陽、右京を長安に擬してそれぞれの坊名を付すことや、平安宮の宮殿名などを唐風に改めることはよく知られている。応天門にあってもこうした故事を考慮する必要があろう。

［註］
1 ）「二条大路」以南を拡張して官衙域にしたとの想定に対して、南面全面ではなく一部とみる説がある。長岡京では南面の東部一郭に含まれる左京三条一坊八・九・十・十五・十六町に藍畑などがある。吉野秋二は藍畑を平安遷都直後に諸官衙に下賜した関連史料「延暦十四年正月二十九日太政官符」を検討し、遷都からわずか3ヵ月後に勅旨省、近衛府に下賜されたことから、右の地区を欠いた南面が宮内に取り込まれたとする［吉野 2005］。
2 ）『唐会要』巻100「日本国」によると、第七次遣唐使の粟田真人（702～704年派遣）は長安3（703）年、含元殿の北にある麟徳殿で宴にあずかった。則天武后（在位684～705）の時で、麟徳殿にゆくためには含元殿を通る必要がある。また、天平勝宝4（752）年に渡唐した藤原清河（大使）、大伴古麻呂（副使）等十次遣唐使は、翌天宝12（753）年に蓬莱（大明）宮含元殿で玄宗皇帝に接見した（『続日本紀』天平勝宝6年正月丙寅条）。
3 ）宮城の中枢部にある朝堂院は12堂や8堂など多数の朝堂が並ぶ。朝集殿院がない上に8堂しか朝堂がない長岡宮は変則的で、この宮の基本設計が副都のそれであることを示す。
4 ）天監7（508）年正月、南京の建康城の端門に神龍闕、大司馬門に仁虎闕（白虎闕）が建造されたことを詠った陸イ垂『石闕銘』には闕の機能がみえ、困窮者や冤罪の訴えを聞いたり、政治方針を宣布し、法令を掲げたり、王者の住居を正しく表示したり、帝都を荘厳したりするものである、という［渡辺 2003］。
5 ）大極殿・朝堂院の西に隣接した現勝山中学校の敷地には掘立柱で区画された施設があり、豊楽院的な施設かとする推定、南院かとする推定があるが、実態は不明である（向日市埋蔵文化財センター　2007『向日市埋蔵文化財調査報告書』第69集）。

［参考文献］
（日本）
青木和夫ほか校注 1995『続日本紀』4、新日本古典文学大系、岩波書店、p.504、補注27～21。
井上光貞ほか校注 1976『律令』日本思想体系3、岩波書店、p.615。
家崎孝治 1993「平安宮大極殿の復原」『平安京歴史研究』杉山信三先生米寿記念論集、pp.17～25。
岸　俊男 1988a「朝堂の初歩的考察」『日本古代宮都の研究』岩波書店、p.258第1図。
岸　俊男 1988b「難波宮の系譜」『日本古代宮都の研究』岩波書店、pp.339～378。
鬼頭清明 2000「日本における朝堂院の成立」『古代木簡と都城の研究』塙書房。
国下多美樹・中塚　良 2003「長岡宮の地形と造営──丘と水の都」向日市埋蔵文化財センター年報『都城』14。
国下多美樹 2007「長岡京──伝統と変革の都城」『都城─古代日本のシンボリズム』（吉村武彦ほか編）青木書店。

清水みき　1986「長岡京造営論─二つの画期をめぐって」『ヒストリア』第110号。
関野　雄　1959「石闕」『世界考古学大系』7、東アジアⅢ、平凡社、pp.40〜41。
舘野和己　2000「大伴氏と朱雀門」『高岡市万葉歴史館紀要』10、pp.11〜26。
寺崎保広　1993「奈良・平城宮跡（1992年出土の木簡）」『木簡研究』16。
寺升初代　1994「平安宮の復元」『平安京提要』（古代学協会・古代学研究所編）角川書店、p.154。
直木孝次郎　1996「平城宮諸門の一考察──中壬生門を中心に」『飛鳥奈良時代の研究』塙書房。
奈良国立文化財研究所編　1991「兵部省の調査　第214次」『1990年度　平城宮跡発掘調査部発掘調査概報』pp.16〜27。
奈良国立文化財研究所編　1992「壬生門北方の調査　第224次」『1991年度　平城宮跡発掘調査部発掘調査概報』pp.39〜47など。
奈良国立文化財研究所編　1993『平城宮発掘調査報告XIV』奈良国立文化財研究所学報51。
奈良国立文化財研究所編　1994「東院地区の調査　第243・245-1次」『1993年度　平城宮跡発掘調査部発掘調査概報』pp.24〜41。
奈良国立文化財研究所編　1997『平城京左京七条一坊十五・十六坪発掘調査報告』。
奈良国立文化財研究所編　2003「第二次朝集殿院南門の調査　第326次」『奈文研紀要2003』pp.134〜139。
橋本義則　1995「朝政・朝儀の展開」『平安宮成立史の研究』塙書房、pp.153〜248。
蓮沼麻衣子・浅川滋男ほか　1988「東院庭園地区およびその隣接地の調査」『奈良国立文化財研究所年報1988-Ⅲ』pp.16〜25。
福山敏男　1984「平安時代の建築」『住宅建築の研究』福山敏男著作集5、中央公論美術出版、pp.220〜221。
福山敏男　1984「大極殿の研究──朝堂院概説」『住宅建築の研究』福山敏男著作集5、中央公論美術出版、p.99。
古瀬奈津子　1998「宮の構造と政務運営法─内裏・朝堂院分離に関する一考察」『日本古代王権と儀式』吉川弘文館、pp.128〜171。
松崎俊郎　2006「長岡宮跡　第443次（7ANFMK-21地区）発掘調査報告──朝堂院南面回廊・「翔鸞楼」、乙訓郡衙、山畑古墳群」『向日市埋蔵文化財調査報告書』72、（向日市埋蔵文化財センター・向日市教育委員会編）pp.51〜84、図版13〜21、および巻首図版1〜5。
山中　章　1992「古代条坊制論」『考古学研究』第38巻第4号。
山中　章　2001「宮城の改造と「北苑」」『長岡京研究序説』塙書房。
陽明文庫編　1996『宮城図』陽明叢書別輯、思文閣出版。
横田健一　1962「朱雀門、応天門と大伴氏」『続日本紀研究』第9巻第9号。
吉川真司　2006「王宮と官人社会」『列島の古代史3　社会集団と政治組織』（上原真人他編）岩波書店。
吉野秋二　2005「神泉苑の誕生」『史林』88巻第6号、pp.1〜33。
渡辺信一郎　2003「宮闕と園林─3〜6世紀中国における皇帝権力の空間構成」『中国古代の王権と天下秩序』朝倉書店。

（中国）

王　仁波　1973「唐懿徳太子墓壁画題材分析」『考古』1973年第6期。
王　魯民　1997『中国古典建築文化探源』同済大学。
宿　白　1978「隋唐長安城和洛陽城」『考古』1978年第6期。
陝西省博物館・陝西省文物管理委員会編　1974『唐李重潤墓壁画』文物出版社。
中国社会科学院考古研究所西安唐城工作隊（安家瑶・李春林）1997「唐大明宮含元殿遺址

1995−1996年発掘報告」『考古学報』1997年第3期、pp.341〜406。
傅　熹年（福田美穂訳）1999「含元殿遺構とその当初の状態に対する再検討」『佛教藝術』第246号、pp.113〜136。
楊　鴻勛（田中淡・福田美穂訳）1997「唐大明宮含元殿の復原的研究——その建築形態に関する再論」『佛教藝術』第233号、pp.111〜144。
楊　鴻勛　2001『宮殿考古通論』紫禁城出版社、p.379。
洛陽市文物工作隊　1988「隋唐東都応天門遺址発掘簡報」『中原文物』1988年第3期。

第Ⅱ部 苑池と園林

第1章

宮廷と苑池

1 古代の庭園

(1) 庭園の語

　庭園の語は比較的新しい用語である。たとえば「庭」は、建物の軒に囲まれた人工的な空間のこと、「園」はもともとは果樹園のことである。園は関連する苑、囿と一体で庭園的な意味がある。最古の字書『説文』（許慎撰）には、

　　園「樹果ある所以なり」（『説文』6下）
　　苑「禽獣を養ふ所以なり」（『説文』1下）
　　囿「苑に垣有るなり」「一に曰く禽獣には囿といふ」（『説文』6下）

とある。つまり園は果樹園、菜園など農園の意味であり、苑は禽獣、すなわち珍獣を含めた動物を飼育する施設となろう。囿はこの苑に垣など区画施設があるものを指すという。苑と囿を合わせた苑囿、あるいは苑園の語は、古代中国では皇帝の庭園施設を意味した。現代はこれを園林の語で統一し、国家のそれを皇家園林、貴族、富商など民間のそれを私家園林とする。

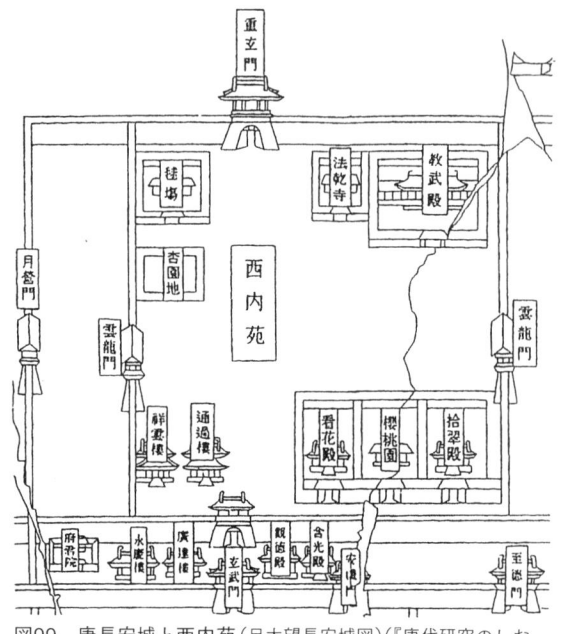

図99　唐長安城と西内苑（呂大望長安城図）（『唐代研究のしおり』による）

(2) 帝王の徳と園林

　古代中国では園林は王権の威儀を整え、帝王の徳をはかるとする考え方があり（『漢書』巻67「校猟賦」他）、王宮に付属して広大な園林を設けた。それゆえ、園林は1ヵ所とは限らない。王侯貴族もまた、これに倣った。晋の石崇の金谷園は殊に名高い。ただし、規模などには厳格な規制があって、例外を除くと皇家園林とは大きく異なったようである。

　皇家園林は大小の池沼、苑、宮、楼観などさまざまな施設があ

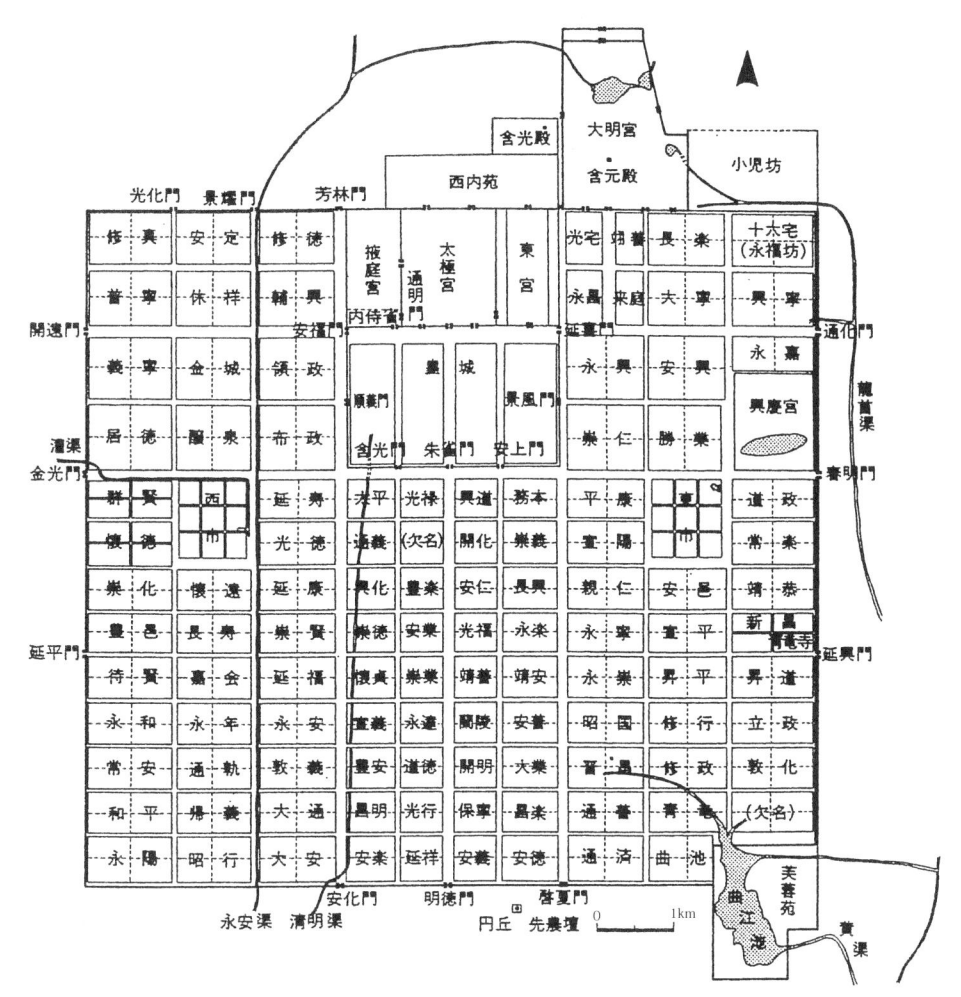

図100　唐長安城と西内苑の復原図（第6回古代史シンポジウム『古代宮都のしおり』による）

り、広大であった。有名な漢の上林苑（紀元前142年築）は、規模が周300里（約123km）、あるいは方340里（約139km）とも伝え、内部には昆明池、鎬池など10池、12門がありその中に36苑、12宮、25観があった（『三輔黄図』他）。現代風にいえば一つの府県全体を動物・植物園、果樹・薬草園、狩猟場、競技場、手工業生産地などとする広大な総合娯楽施設となろう［張家驥 1997］。

　唐代には規模は縮小したというが、長安城の禁苑（図99・100）は漢長安城跡などを含む東西27里（約14.3km）、南北23里（約12.2km）、周120里（約63.5km）に及んだ。

　苑の用途はさまざまだが、時代によってはレジャーばかりではなく、きわめて実利的な狙いがあった。その一つが戦闘訓練である。漢など版図拡大をめざした王朝では、園林は戦闘訓練の場としても重要であった。昆明池の名は昆明攻略に備えた施設であり、ここで水戦訓練を行ったことに由来する。しかし、南北朝以降は戦争目的は薄れ、広大な帝国を実現した唐代には饗宴が主体になるという［岡 1938、村上 1974］。

　規模は別としても、こうした中国園林が日本に及ぼした影響は少なくない。それを

示唆するのが史書に散見する苑の語句であり、近年、次第に明らかになってきた飛鳥地域や平城宮跡の園池遺構である。ここでは、古代の苑と中国園林との関わりについての見通しを素描しよう。

(3) 嶋と源流をめぐる説

古代にあって、庭園を意味する語として広く用いられたのは嶋である。『万葉集』や日本最初の漢詩集である『懐風藻』（天平勝宝3〈751〉年11月序）では、山斎、志満とも表記する。嶋は園池（苑池）の中嶋、山斎は園内の書見用の亭のことであり、転じて園池全体を指す。

図101 古墳時代の湧泉遺跡（三重県城之越遺跡）〈三重県埋蔵文化財センター提供〉

園池の起源については、巨岩などの磐座に神が宿るとする古墳時代前期（4世紀）以来の信仰がもととなったとする見方と、大陸の影響下に成立したとする見方がある。前者は園池の滝石組や要所に立てる石などが、古墳時代の磐座遺跡などと類似することに基づく。重森三玲・重森完途の膨大な業績が代表例であり［重森・完途 1973］、森蘊説、『発掘庭園資料』（奈良国立文化財研究所編）などはこれを継承する。

重森父子が石組みの起源と考えた磐座は、岡山県倉敷市阿智神社境内など丘陵上にあるものが多く、水との縁は薄い。しかし、これを満たすのが三重県上野市の城之越遺跡（5世紀代）である（図101）。ここでは南北約25m、東西約35mの範囲に3ヵ所の湧泉があり、流量がある泉の周囲には貼り石が、湧泉の合流部には貼り石と立石がある。立石や貼り石の一部のみを取りだすと古代園池と見紛うほどである。

湧泉遺構は三重県津市六大A遺跡、長野県更埴市屋代遺跡などにもあり、湧水点に貼り石を行う遺構は奈良県奈良市南紀寺遺跡などにもある。いずれも5世紀代という。

(4) 嶋のはじめは推古朝か

他方は中国・朝鮮半島の影響とし、最古の例を『日本書紀』推古34（626）年5月丁未条にみる嶋大臣の逸話に求める。嶋大臣は聖徳太子とともに推古女帝の許にあった蘇我馬子のことである。巨大な権勢を振るった馬子の薨伝（死亡記事）には、

「家於飛鳥河之傍、乃庭中開小池。仍興小嶋於地中。故時人曰嶋大臣」（飛鳥河の傍に家せり。すなはち庭の中に小なる池を開れり。よりて小なる嶋を池の中に興く。故、時

の人、時の人、嶋大臣といふ）

とある。馬子が邸宅に初めて園池を設けたので、彼を嶋大臣と呼んだという逸話である。

皇極4（645）年6月8日、蘇我入鹿暗殺に始まる大化改新によって蘇我本宗家は滅亡した。馬子の嶋は皇室の所有となり、次いで皇極天皇の母、吉備姫王などが居住する。天武元（672）年、壬申の乱前後に天武が滞在した（天武即位前紀10月壬午条、同元年9月庚子条）。

天武10（681）年9月5日条には「周芳国貢赤亀。仍放于嶋宮池」（周芳〈防〉国赤亀を貢ず。よりて嶋宮の池に放つ）とある。周芳国（山口県）が献上しためでたい赤亀を放った嶋宮の池は、もとは馬子が庭中に掘った小池という。

(5) 大臣の嶋と嶋宮

馬子の嶋宮はいつの頃か、草壁皇子（662～689）の嶋宮になったという。

持統3（689）年4月、草壁皇子は27歳で夭折した。その死を悼む挽歌には、舎人らの一連の短歌と柿本人麻呂の長歌があって、嶋宮の姿を偲ぶことができる。

 嶋宮勾乃池之放鳥人目尓恋而池尓不潜（嶋宮勾の池の放ち鳥人目に恋ひて池に潜かず）
                （『万葉集』巻2－170）

嶋宮の勾の池の水鳥が草壁皇子の死去も知らず、皇子がみてくれるのを願って池に潜ろうとしないとの意味で、土橋寛説では水鳥と皇子の間にはお互いにみることを通した魂の交流があったという。本来的な意味とは別に、歌には嶋の構造を窺わせる詩句が少なくない。

 嶋の宮上の池なる放ち鳥荒びな行きそ君まさずとも （『万葉集』巻2－172）
 東の多芸の御門に伺侍へど昨日も今日も召すこともし （『万葉集』巻2－184）
 水伝ふ磯の浦廻の石つつじ茂く開く道をまた見なむかも （『万葉集』巻2－185）

すなわち、嶋宮の嶋は上の池と勾の池から成り、急な流れ（多芸）がある水路、石を並べた磯などがあったようである。

和銅3（710）年の平城京遷都後、嶋宮は離宮となったようでここには御田があり、官奴婢（国家の奴隷）が属した（「天平勝宝2〈750〉年官奴司解」『大日本古文書』3－359）。そして8世紀前半、天平5（733）年から翌年にかけての興福寺西金堂の造営に際してはこの宮から薬を運送した記録がある（「造仏所作物帳」『大日本古文書』1－560）。園池や宮殿だけではなく、御田などが付属した嶋宮の規模はかなりなものであろう。

嶋宮推定地は奈良県明日香村島庄にある。推定地では発掘調査によって方形池と岸が蛇行する園池や建物、水路の一部などがみつかっているが、全体構造はまだ謎である。復原作業は今後の課題として、通説のごとく嶋大臣の施設を受け継ぐものなら、その構造の成立時期が問題になる。

(6) 嶋大臣か湧泉遺構か

　三重県城之越遺跡など古墳時代の湧泉遺構は、立石や貼り石など部分のみを注目すると古代園池の一部に酷似する。しかし、湧泉遺構はその後の展開が跡づけられないのに対し、嶋宮推定地を含めた7世紀代の飛鳥地域の園池は、導排水施設を含む園池とそれに伴う橋や築山、さらには楼閣殿舎、区画施設、果樹園などが想定できる構造体であり、古墳期の湧泉遺構とは系統を異にすると思う。

　諸施設から成る園池は8世紀、平城宮の宮廷にも受け継がれる。規模は別として、こうしたあり方は最初に述べた中国や後述の百済、新羅の池宮に近いものであり、対外交渉による影響を考えるべきと思う。嶋大臣の馬子ら推古朝の政権は、前後5回にわたり遣隋使を派遣するなど、彼地の文物摂取に熱心であった。推古朝は日本が律令制に向かって大きく胎動を始めた政権であることを考慮すると、馬子の嶋は大陸的な園池の嚆矢とみて誤りないであろう。

2　苑と嶋をめぐる語

(1) 苑と嶋と池

　『万葉集』には嶋（山斎、志満）歌は少なくない。かなりの貴族が第宅に営んだ嶋の状況や、年中行事における宮廷の嶋までさまざまである。

「故郷の家に還り入りてすなはち作れる歌三首」
　　妹として二人作りしわが山斎は小高く繁くなりにけるかも　（大伴旅人、巻3－452）
「君を思ふこといまだつきず、重ねて題せる二首」
　　君が行け長くなりぬ奈良路なる志満の木立も神さびにけり　（大伴旅人、巻5－867）
「冬一二月一二日、聒儞所之諸王臣子等、葛井連広成家に集いて宴せる歌二首」
　　（古歌）春さらばををりにををり鶯の鳴く吾嶋ぞやまず通はせ　　　　（巻6－1012）
「山斎に属目して作れる歌三首」
　　鴛鴦の住む君がこの之麻今日見れば馬酔木の花も咲きにけるかも
　　　　　　　　　　　　　　　　　　　　　　　　　　（御方王、巻20－4511）

などがある。嶋の一部、池や池水、磯などを詠み込む例もある。

「山部宿禰赤人、故太政大臣藤原家の山池を詠む歌一首」
　　いにしへの古き堤は年深み池の渚に水草生ひにけり　　　　　　　（巻3－378）
「（天平宝字2〈758〉年）二月、式部大輔中臣清麻呂朝臣の宅に宴する歌十五首」
　　君が家の池の白波磯に寄せしばしば見とも飽かむ君かも　（大伴家持、巻20－4503）
　　はしきよし今日の主人は磯松の常にいまさね今も見るごと
　　　　　　　　　　　　　　　　　　　　　　　　　　（大伴家持、巻20－4498）
　　梅の花咲き散る春の永き日を見れども飽かぬ磯にもあるかも
　　　　　　　　　　　　　　　　　　　　　　　　　　（甘南備伊香、巻20－4502）

磯の浦に常喚び来棲む鴛鴦の惜しき吾が身は君がまにまに
（大原今城、巻20－4505）

　これらの歌からは、嶋には梅や松など植え込みがあり鶯が囀り、池辺の磯には鴛鴦が泳ぐ優雅な情景が浮かぶ。

(2) 用語からみた嶋と苑池

　古代の嶋については岸俊男の考証があり、嶋は広く園池を備えた施設の意味とする［岸 1988］。他方、『日本書紀』や『続日本紀』など正史には嶋に関連した苑、園、池などが散見する。これらと嶋との関わりは、大宝元（701）年に成立した「大宝令」のもとでの園池のあり方を示唆する。令制の根本の一つは身分秩序、つまり公私や身分の高下による体制の維持である。嶋もその例外ではなかったようである。

　嶋は園池施設を広く指す語であるが、正史では宮廷の施設に限って苑と呼んだようである。苑の別称に池がある。苑と池は貴族などのそれを嶋と呼ぶこと、それに嶋－池の関係があることに対応すると思う。これらの点を苑池史料にみてみよう。7・8世紀代の苑池は年中行事の場として重要であり、史料もこれを反映している。儀式と賜宴から成る年中行事は、言い換えると饗宴の場ともいえる。

　平城宮史料には2苑、1池宮、1池亭などがある。このうち苑は松林苑と南苑がある。いずれも聖武朝に特徴的な苑である。

　松林苑は、『続日本紀』天平元（729）年3月3日条「天皇御松林苑。宴群臣（天皇松林苑に御し、群臣と宴す）。」から天平17（745）年5月18日条「天皇親臨松林倉廩。賜陪従人等殻有差（天皇親ら松林倉廩に臨み、陪従の人らに殻を賜ふこと差あり。）」まで、7件の記事に松林苑、松林宮、北松林、松林倉廩などとみえる施設である。いわゆる後苑であり、平城宮の北にあった。ここでは松林苑とするのは一例であるが、脱字の他は宮、倉廩など施設の呼称である。

　他方の南苑は、神亀3（726）年3月3日条「宴五位已上於南苑（五位已上を南苑に宴す）」から、天平19（747）年5月15日条「於南苑講説仁王経（南苑に於いて仁王経を講説す）」まで16件の記事がある。ここは平城宮のいわゆる東院地区説が有力になりつつある。その理由は南が北松林に対する語であること、聖武天皇がここに赴く場合はすべて「御」とあって宮内施設であることが確実であること、この地区の発掘では内裏に匹敵する巨大な殿舎がみつかっていることである。南苑史料は16件すべてに苑を用いる。『続日本紀』の苑の語に対する編集方針を示すように思う。

　ところで、苑の語句は正史だけではなく、『万葉集』や『懐風藻』、『正倉院文書』木簡にもみえる。ここでは園（薗）を苑と同じ意味に用いる例があって、どれほど厳密であったのか問題であろう。たとえば、越中守、大伴家持の、

　「天平勝宝二年三月一日の暮、春苑の桃李花を眺矚めて作れる二首」
　　春の苑紅にほふ桃の花下照る道にいで立つ乙女
（『万葉集』巻19－4139）

吾が園の李の花か庭に降るはだれのいまだ残りたるかも　　　（『万葉集』巻19-4140）
は、題詞と歌で苑と園を通用している。
　『懐風藻』では大津皇子「4 春苑言宴」など苑とする例が多く、少数例であるが園と苑の通用例がある。禁苑（天子の苑）とあるべきところを禁園と表記するのは、大宰大弐従四位上巨勢朝臣多益須「五言。春日、応詔」「19玉管陽気を吐き、春色禁園を啓く」である。
　さらに、『正倉院文書』には建物内部の装飾に関わって、
　「請画師事
　　勅旨、（略）以加為今西花苑天井画」　　　　　　　　　（『大日本古文書』12-1252）
などと西花苑、右花苑の名がみえる。『正倉院文書』には他に、東花苑（4-465他）とする例がある。
　木簡にも例がある。平城宮東院の東、東二坊坊間路西側溝SD5780木簡には、
・鵤造花苑所請雇人三百六十八人食□米七石
・三斗六升
　「三石一斗四升二合」　三月一日事受葛木梶島
　　　　　　　　　　　（『平城宮発掘調査木簡概報』11-10、平城宮、99、6 ALFHB56）
とある。鵤（意味不明）の造成にあたる臨時の役所（鵤造花苑所）であろうか、ここが雇い人368人分の食米を請求した伝票である。
　これらによると苑の語を用いることは、宮廷施設と限らないようにもみえる。以下、木簡から検討しよう。木簡の「鵤造花苑所」は食米請求の内容からみて、宮内官司の可能性がある。そうであるならこの鵤がいずれの施設を指すかは別として、用語上は矛盾がない。
　『正倉院文書』の西花苑、右花苑が法華寺の阿弥陀浄土院を指すとするのは福山敏男説である［福山 1943］。寺院の資財帳などでは寺院付属の農園、花園（薗）を園（薗）と表記することが多く、東花苑も『正倉院文書』には東花園とする例があるが（『大日本古文書』16-300）、いずれにしても苑と園の通用例であろう。
　他方、官職名にはこれとは逆の例がある。五位上皇甫東朝は『正倉院文書』「仏事捧ほう物もつ歴名」には、「花薗正」とある（『大日本古文書』5-708）。しかし、『続日本紀』神護景雲元（767）年3月乙巳条には「花苑司正」とある。『正倉院文書』が司を略記しただけか否か明らかではないが、正史では薗ではなく苑を用いる。
　『正倉院文書』は造東大寺司に属する写経所の文書がもとであり、苑と園の通用例があることは、日常世界での通用がそれほど特殊ではないことを示唆する。園（薗）には農園の意味があり、これと苑の通用は単に音が通じるというだけでなく、苑もまた果樹や蔬菜類の農園として機能したためではなかろうか。宮廷の苑池を管理した園池司の職務規程は、このあたりを物語るように思う。
　「職員令」宮内省園池司条には、

「園池司

　正一人。掌ル諸ノ苑池ヲ。謂。凡苑池之所ニ育。有下可キ以供御者上。皆司ル其地ヲ。令レ不ニ浪侵一也。

　種ヱ殖ウル蔬菜樹菓ヲ　謂。草可レ食者。皆為ニ蔬菜一。樹菓猶ニ菓子一。其種殖二字。兼属ニ蔬菜樹菓一也。

　等ヲ事ヲ。佑一人。令史一人。使部六人。直丁一人。園戸。」

とある。これによると園池は蔬菜類の栽培場所であり、園池司の主業務は苑（園）池施設の管理と、天皇等の食膳に上る蔬菜類の栽培である。『令集解』では蒼頡篇を引いて園は養牛馬、苑は養禽獣と注釈するが、宮廷の苑池が年中行事の場として重要であることはみえない。あるいは苑池の機能やその管理業務は、園池司や園池司の前身官司の骨格が固まったのちに付け加えられたことを示すのかもしれない。この点は別に論じるとして、いずれにしても条文では苑と園を用いる。

　すでにみた苑と園（薗）の通用例が『正倉院文書』などにある一方、正史が苑を用いるのは「苑」とは宮廷施設、との建前からであろう。このように考えると、越中守大伴家持の「暮、春苑の桃李花を眺曬めて作れる二首」での苑と園の混在は、それなりに国府での実態を伝える可能性がある。この時代、国府は宮廷の延長、縮小版であり、越中国付属の施設を「苑」と呼んだとすると、苑内には実際に桃・李園があり、その実景を詠んだ可能性もあろう。その正否は「吾が園」とある園が家持宅（国守館）の施設を指すのか、それとは別に国府付属の園があり、国を代表する国守として「吾が園」と詠んだのかの解釈による。

(3) 平城宮の池宮史料

　池は陂ともいう堀池のことである。城の濠や農業用の溜池の意味があり、苑の別称となるのは時代が下ってからのことである。池の史料は溜池の例が多いこともあり、ここでは平城宮関係史料に限定しておく。これは池宮のように園池を備えた宮殿と、池自体を指す場合の両方がある。史料には西池宮、宮西南池亭、楊梅宮南池などがある。

　西池宮は『続日本紀』天平11（739）年7月7日条に、「天皇大蔵省に御して相撲を覧す。晩頭に転りて西池宮に御す」とあり、殿前の梅樹を指して春の意を賦して、この梅樹を詠むべしとの詔があり、文人30人が賦したとある。また、神亀5（728）年3月3日条に「天皇鳥池塘に御し、五位已上を宴す。また文人を召して曲水の詩を賦せしむ」と曲水詩を賦した史料がある。岸説はこの鳥池の「鳥」を十二支で西方にあたる「酉」の意と解釈して、西池宮のこととする。おそらく西池に関連するのが、『万葉集』の

　「御在西池辺肆宴歌一首」（西の池の辺におほましまして肆宴きこしめす歌一首）

　　池辺乃松乃末葉尓零雪者五百重零敷明日左倍母将見（池の辺の松の末葉に降る雪は

五百重降り敷け明日さへもみむ）　　　　　　　　　　　　　　（巻8－1650）

であろう。

　宮西南の池亭は、天平宝字6（762）年3月3日条に、「於宮西南新造池亭設曲水之宴」（宮西南に新たに池亭を造り曲水の宴を設ける）とある。福山説や岩波書店版『続日本紀』の注釈など諸説は、これを近江国（滋賀県）保良宮のこととする。記事の前後に保良宮のことがみえるからである。岸説は宝亀3（772）年3月3日条の「靱負の御井に置酒す」とある靱負司での曲水宴をもとに、この役所は衛門府であり、御井はその井戸であり、宮西南の池亭と同施設とする。

　楊梅宮南池は、宝亀8（777）年6月18日条に、「楊梅宮南池生蓮。一茎二花」（楊梅宮の南池に蓮生ふ。一茎に二花あり）とある。楊梅宮には瑠璃（緑釉）の瓦を葺く玉殿があり、これらは一連の施設であろう。

　以上の史料からみて、平城宮の池宮には西池宮のように「西池」を冠する宮殿や、楊梅宮南池のごとく某宮付属の池という呼び名がある。これは池と宮殿のあり方などを反映するのであろう。また、これらが松林苑、南苑とは別にあることからみても、苑と池（宮）の語は使い分けていた。この点は改めて苑池の実態からみたい。

3　平城宮の苑池遺構

(1) 宮苑池宮遺構

　平城宮の苑池関係遺構には前述の南苑、松林苑（水上池）、西池宮（佐紀池）、宮西南池亭のほかに東院庭園がある（図102）。

　西池宮の遺構は平城宮西南隅近くにあり、現佐紀池と一部が重なる。地形の痕跡を辿ると池跡はほぼ東西250m、南北200mに及び、中央に中嶋がある。北岸付近の調査では玉石を並べた汀線の一部を検出しているが、その他の構造は不明である。この池は木簡によると蓮池であった。西池の西南、馬寮推定地北の溝SD6499検出の木簡には、

- 　進兵士三人依東薗
- 　□移　天平十年閏七月十二

とあり、別の木簡には、
- 　〔嶋カ〕
- 　□掃進兵士四人依蓮池之格採数欠（裏面略）

とある。天平10（738）年に嶋掃除の兵士を進める内容で、後者の「蓮池之格」とは蓮池の長い枝のこと。それを掃除するために兵士を進めるという意味である。この嶋は園池というより、「嶋掃部所」といった管理部署の可能性があるというが、木簡が馬寮の東北にある西池宮に関わるなら、ここは蓮池となる。

　西池の南岸には桁行21間・梁間4間、二面庇の大きな建物を配した築地塀の宮殿区画があり、西池宮に関連した施設かともいう。これらを含む西池宮の全体規模はまだ

図102　平城宮の苑池

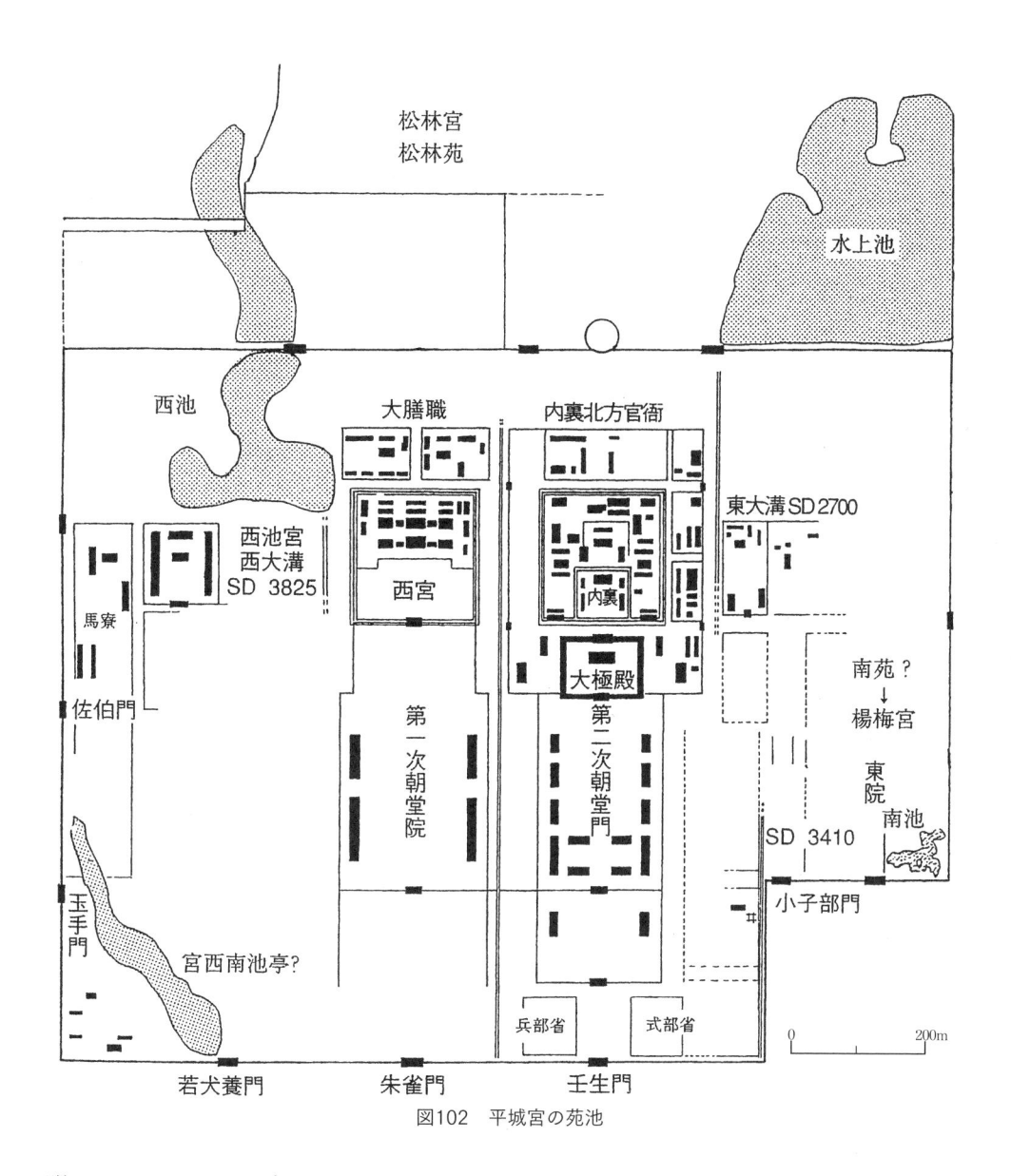

明らかではないが、少なくとも260m（約900尺）四方ほどとなろう。

　平城宮の西南隅には、秋篠川の旧流路を利用した広大な園池跡がある。史料の宮西南池亭にあたるのであろう。南北約400m、東西は岸が大きく出入りし、最大幅約80mである。排水路の一部のみを調査した。宮殿など周囲の諸施設は未調査のため不詳であり、全体規模を推定する手懸かりが乏しいが、南は若犬養門、北西が玉手門付近とみると、最大で東西南北とも260m（約900尺）ほどとなろう。

(2) 復原なった東院庭園

　平城宮東南隅の東院地区には、東南隅に庭園遺構がある。池遺構は東西南北とも約60m、中島があり、汀線は岬と入り江による出入りが大きい。前後2時期があるが、

第1章　宮廷と苑池　293

年代による意匠的変化はそれほどないようである。後期は池を全面石敷きとする。島や岬には太湖石に似た立石を立て、池の西北と南西には玉石敷きの蛇行溝がある。曲水宴に用いたのであろうか。

　西北の曲水溝は奈良時代前半に属し、途中には玉石敷きの小池がある。西南の曲水溝は排水路側にあり、時期は奈良時代後半という。池の周囲には宮殿や複数の橋などを設けており、宮城大垣に接する東南隅には平面がL字型をした特異な楼閣がある。楼閣は苑に必須の建物であり、その位置から東閣と呼ばれた可能性があろう。

　『続日本紀』宝亀8（777）年6月18日条に、「楊梅宮の南池に蓮生ふ」とある。東院一郭が「楊梅宮」になったのは、宝亀4（773）年のことである。庭園遺構はその「南池」であり、蓮池であった。玉石敷きの池底に枡を設け、栽培したのであろう。一茎二花の蓮は双頭の蓮ともいい、一茎三花（『梁書』、天監10〈511〉年）の品字の蓮とともにめでたい徴（祥瑞）である。前者の一茎二花の蓮は、剣池に関する舒明7（635）年7月是月条や皇極3（644）年6月戊申条にみるのであり、『万葉集』巻13の剣池の蓮の歌はこれらに関連するのであろう。

(3) 東院庭園は東薗か

　東院庭園が奈良時代前半に東薗であることを示唆する木簡がある。東院東面大垣外の築地東雨落溝SD5815木簡に、
- 〔東カ〕
  □薗進上
- 〔三カ〕
  薬□□□□□□種付三□

　　　（6019：『平城宮発掘出土木簡概報』11-16、平城宮99、6 ALFDD59、SD5815）

とあり、これに接する東二坊坊間路西側溝SD5780木簡には、

　　請糟五升　東薗器運衛士并舎人料
〔凡カ〕
　　　□　連□

　　　（6019：『平城宮発掘出土木簡概報』11-10、平城宮99、6 ALFHC57、SD5780）

とある。東薗は池の名前というより、「東薗掃部所」といった官司名かともいうが、天平年間における東院庭園の名称を推測する上に貴重であろう。なお、この庭園遺構は現在復原が終了し、公開中である。

(4) 南苑は宮内に

　苑には南苑と松林苑がある。南苑は「北松林」に対する苑の意味で、南樹苑ともみる。先に述べたように、聖武朝の『続日本紀』神亀3（726）年3月3日条から天平19（747）年5月15日条まで、16件もの記事がある。これには4回の冬至関連行事を含めて年中行事が多く、他に授位、仁王経の講説がある。仁王般若経講説はのちの大極殿行事などにみる。南苑が宮内にあることは諸説一致するが、その位置では説が分かれる。関野貞はいわゆる第一次朝堂院地区に想定した［関野 1907］。

このほかに宮西南隅説、東院説などがあり、東院説が最近有力である。これは南苑が皇太子の居所である東宮と機能的に類似するとして導いたものである。光仁朝と限定付きであるが、岩本次郎説はここが内裏的な意味をもつとする[岩本 1991]。東院地区には巨大な楼閣宮殿SB17810・17800がある。桁行がともに6間、梁間が2間と4間の総柱建物を前後の双堂としたものであり、構造は第一次大極殿地区の「西宮」に類似する。この遺構は奈良時代後半に下るが、仁王経講説にふさわしい場所がこの地区に存在した可能性を示す。

　南苑の規模は東西が260m（約900尺）、南北は360m（約1,200尺）ほどとなる。東院地区が南苑とすると、東院庭園はその一施設であり東薗であった可能性もある。

(5) 後苑としての松林苑

　平城宮の後苑にあたるのが松林苑である。後苑とは宮城の北に設ける苑のことで、唐長安城の北には西内苑やこれを含む広大な禁苑がある。陰陽の原理では北は陰となる。陽にあたる南側の宮城には太極殿・朝堂院などがあり、皇帝権力の象徴とすると、陰の後苑は皇后の象徴という[渡辺 2000]。

　松林苑関連記事は、天平2（730）年から天平17（745）年5月まで8件に「松林苑」「松林宮」「北松林」などがみえる。松林苑跡は平城宮の北に広がる。その南面築地塀は平城宮北面大垣の北約240mにあり、ここから西面築地塀が北に1km余り延びる。築地規模は宮大垣とほぼ同じである。築地塀は西面と南面の一部に留まるため、松林苑全体の規模は明らかではない。南北は少なくとも1.5km以上、東西は数案があり、最大説は東限をJR関西線・国道24号が通る谷まで、二つの尾根と一つの谷に跨る東西1.8kmとする。

　松林苑の中心部には松林宮とみられる築地塀の宮殿区画がある。内部構造はなお明らかではない[橿考研 1990]。

(6) 宮内外で最大の水上池

　平城宮東院地区の北に接する水上池は、松林苑だけでなく平城宮内外最大の池である。その築造は宮北面大垣の建設時に遡る。池は規模が東西南北ともに約360m。北岸と西北岸には出島があり、前者には布目瓦が散布する。瓦葺の亭があったのであろう。弘化4（1847）年の「水上池中島九ツ取払につき御願案」によると、幕末までは出島や中嶋が10ヵ所あった。水上池は築造年代や位置からみて平城宮造営時に遡る。

　このように宮内外の複数の苑と池宮、池亭はともに相当の規模を持ち、周囲には宮殿など諸施設を配したようである。ただし、苑と池宮の関係は松林苑を別とすれば、規模に格差はみえない。両者はともに年中行事の場であり、苑と池宮の違いは苑が農園機能をもつのに対し、池宮はそうした機能をもたないことに関わるのであろうか。

　次に、南苑を平城宮東院地区とすると、苑の概略が判明する。つまり、奈良時代前

半の東院庭園は木簡から東薗の可能性があり、南苑－東薗の関係が導ける。他方、奈良末の楊梅宮の時代には南池である。南苑と楊梅宮が同規模なら、苑は概略苑－薗、あるいは苑－池という構造になる。

4　8世紀苑池の源流

(1) 池の形、意匠の違い

　飛鳥地域の7世紀代の園池は、明日香村島庄の嶋宮推定地の方形池遺構、出水の酒船石遺構、豊浦古宮土壇の「小墾田宮」推定地の楕円形の池、さらに吉野離宮にあたる宮滝遺跡の園池遺構など数多い。これらの多くは、岸辺を大きな花崗岩によって築き、嶋宮推定地の方形池のように切り立った石組み護岸を形成する。

　こうした特徴は、朝鮮半島の百済や新羅の園池と類似し、その影響が明らかである［尹武炳 1990］。近年は、嶋宮推定地など方形の池を百済、出水の酒船石遺跡のように曲率がある池を新羅の影響とする見方が強い。

　この時代の園池はすでに述べた関連諸施設が一体としてある。しかし、飛鳥地域で検出が進む遺構は未だその一部に留まり、全体を窺う資料に乏しい。この点、韓国慶州の雁鴨池（図103）は、成立が674年とやや年代が下るが、新羅宮廷の施設であり、飛鳥期園池の基本構造を知る上に最適である。

図103　韓国慶州の雁鴨池

(2) 飛鳥期園池の基本

　雁鴨池の中心をなす園池は、東西南北とも約180m。岸の北半部は出入りが多い入り江を形成し南半部は直線的に屈曲する。東岸には重畳とした山岳をかたどる築山があり、水中には蓬莱山など三山を象る3基の嶋を築く。西岸の宮殿は「臨海殿」であり、ここには園池を海とみる観念が息づいている。

　雁鴨池では東南方から園池に注ぐ流水路の途中には、花崗岩をくり貫き上部には板石を組み合わせた2基の巨大な石槽と、玉石を敷く東西約6m、南北約4mのやや長方形の小池があり、間を暗渠でつなぐ。この石槽は羽觴を流すいわゆる曲水溝ともいい、玉石敷きの小池は観賞用とも沈澱用ともいう。

詳細は不明ながら、ここを通った水は池本体の南北から大石の間を階段状に落ちて池に注ぐ。その高低差約2m余り。岬と島々を回遊した水は、東北から流れ出る。

　雁鴨池の流水路にある玉石敷きの方形小池は、同様と思える遺構が吉野離宮（この場合は玉石がない）や嶋宮の「曲池」に接してある。また、明日香村豊浦古宮土壇の「小墾田宮」推定地の玉石敷曲池は、この小池の可能性がある。

　出水の酒船石遺跡の南岸に置かれた花崗岩の石槽はもとは、雁鴨池の石槽に類する施設と思う。飛鳥と慶州は南が高く北が低い地形が似ることもあって、水の流れは酒船石遺跡などと雁鴨池は共通性がある。

(3) 浅い池、出入りある汀線

　8世紀代の平城宮・京跡の園池は、玉石を敷く汀線、出入りがある岸辺、浅い池底など飛鳥期のそれとはかなり違いがある。8世紀初期に遡る例には平城宮東院庭園のほかに、左京三条二坊長屋王邸跡の遺構、左京一条三坊の遺構などがある。このうち東院庭園は、飛鳥期園池の慣習を受け継ぐようである。

　東院庭園は先に述べたように前後2時期がある。池の西北にある石組みの蛇行溝（曲水溝）は8世紀前半に遡るようで、溝の途中には玉石を敷く小池がある。破壊のため明確ではないが、この小池は2基が連なるか瓢形の可能性もある。石組み導水路の一部に小池がある構造は、上に述べた飛鳥期の園池と共通する。

　池が浅いこと、北が高く南が低い地形は飛鳥地域や雁鴨池と異なるなど違いもあるが、東院庭園が飛鳥期園池の系統を引くこと、その背後に雁鴨池など半島園池の影響を読み取ることは誤りではあるまい。

(4) 天武期には後苑が

　後苑もまた7世紀代からの慣習に基づく。後苑は平城宮だけではなく、8世紀には恭仁宮（740～744）にもある。天平14（742）年正月7日条にみえる城北苑である。恭仁宮跡は近年規模の解明が進んでいるが、城北苑については明らかではない。

　持統8（694）年に遷都した藤原宮（694～710）では、岸説が薬草・薗関連木簡から宮城北方に薬園などの園を想定した。その根拠は、宮北の坪2ヵ所に字名「テンヤク（曲薬）」があること、これに呼応するように内裏の溝から典薬寮関係の木簡、「薗司」「薗官」関係木簡がみつかったこと、宮北面中門の外溝の木簡にも「九月廾六薗職進大豆卅□」とあること、薗司、薗職の後身となる宮内省園池司の職掌に、苑池管理と蔬菜・樹菓の種殖があることである。

　宮城の北中央に位置し岸説藤原京で京外にあった耳成山は、近年の大藤原京説では京内に含まれる。全体的な状況からみると、ここは後苑の最有力候補地である。耳成山の麓には池があったようで、『万葉集』には耳成山の池を詠うものがある。

　耳無の池し恨めし吾妹子が来つつ潜かば水は涸れなむ　　　　　　　　（巻16-3788）

藤原京を遡る天武・持統朝の飛鳥浄御原宮には、白錦後苑がある。
　『日本書紀』天武14（685）年11月6日条には「幸白錦後苑」（白錦後苑に行幸）とあり、さらに、持統5（691）年3月5日条には「天皇観公私馬於御苑」（天皇公私の馬を御苑に観わす）とある。両者は同じ施設かという。
　白錦後苑は明日香村岡字出水、出水酒船石遺跡の可能性が高い。この遺跡は飛鳥浄御原宮に比定される飛鳥京跡の内郭西南、飛鳥川右岸に接した地域にある。2000年の調査では花崗岩を加工した導水施設と花崗岩を積んだ園池の発見があった。その後の調査では池は、上下に分かれ池底は2～3mほどの比高差がある。池の規模は推定で南北200m、東西は70mほど。中央に南北に細長い中嶋があるという。池底の段差は、南高北低の地形に沿って池を北側に広げるための工夫であろうか。
　上池の底には蓮や鬼蓮の花粉、未熟果実が多数堆積していた。この池も蓮池だった。2001年には薬草木簡の発見があり、池に接近して梅、桃など果樹園だけでなく薬園が存在したことが確実となった。また、木簡には「嶋官」と記すものがある。この苑を管理した役所名であろうか。

(5) 大津皇子が歩んだ苑

　「衿を開きて霊沼に臨み、目を遊ばせて金苑を歩む。澄清苔水深く、晻曖霞峰遠し。驚波絃の共響り、唳鳥風の与聞ゆ。群公倒に載せて帰る、彭沢の宴誰か論らはむ。」
　　　　　　　　　　　　　　　　　　　　　　　　　　（大津皇子4「春苑言宴」）

　小澤圭二郎の先駆的業績『園苑源流考』が説くように、『懐風藻』に収める大津皇子の漢詩はこの苑の情景を詠う。持統紀の記事が白馬節会に関わるなら、白馬を牽く施設が必要であり、園池の東側一帯に苑に付属した諸施設が想定できよう。現状の地形や飛鳥京跡内郭の北で観出した東西方向の溝などに照らして、規模は東西南北少なくとも260m（約900尺）は想定すべきと思う。出水酒船石遺跡は藤原宮期（694～710）にも存続するという。この時期は、藤原宮の南離宮となったのであろう。
　後苑は7世紀後半には出現をみて、藤原宮を経て平城宮松林苑に連なるのであろう。後苑の出現が7世紀後半に遡ること、当初からかなりの規模を備えた構造体であることは重要であろう。

5　南北の苑、東西の池宮

(1) 宮廷と複数苑池の由来

　平城宮内外にある苑と池宮を考える上に参考となるのが中国の園林である。百済と関わりが深い南朝の建康（南京。東晋以後陳まで国都）には多数の園林があり、歴代の施設が重複する。東晋（317～420）では華林園、楽遊苑、西園、西池がある。梁（502～557）では西園、西池がみえないが右に加えて新林苑、玄圃苑、建興苑、王遊苑、蘭亭

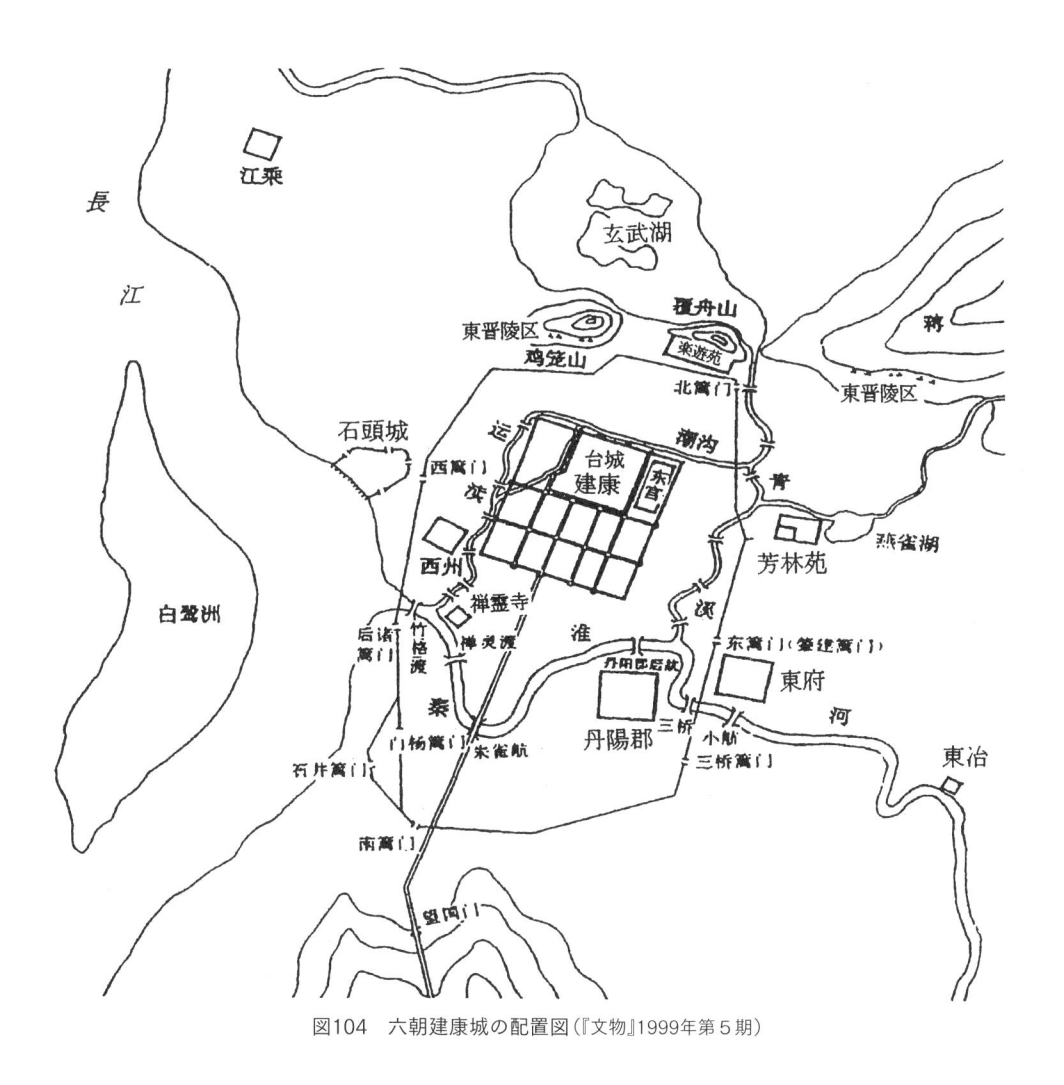

図104 六朝建康城の配置図(『文物』1999年第5期)

苑、南苑、芳林苑がある[村上 1974]。

　このうち華林園は魏の鄴(ぎょう)都に始まるという。この園は魏の文帝が都の東北に設けた芳林苑がもとであり、斉王芳が即位したために皇帝の諱(いみな)を避け芳林苑を華林園と改名した。その後、華林園の名は西晋、北魏および南朝の東晋、宋など諸王朝が踏襲した。

　建康の園林の位置については諸説がある。最近の郭湖生説[郭湖生 1999]は建康城（台城）の北側に華林園を、城北の玄武湖に接して楽遊園を、城東に芳林苑を比定する（図104）。城北の玄武湖もまた苑の一部であり、元嘉22（445）年、宋文帝がここに「方丈、蓬萊、瀛(えい)洲(しゅう)三州三神山」を立てようとして、周囲の反対で中止したとの逸話がある（『宋書』巻66「何尚之」伝）。さらに建康城の南、鳳台山には南苑があるなど（『南朝宮苑記』）、都の周囲にあるという。

　園林の名は由緒ある名前を踏襲するだけでなく、地名、方位などさまざまなようである。唐長安城では各宮殿の相対的な位置関係によって分けた。つまり、太極宮（西内）の西内苑、大明宮（東内）の東内苑、興慶宮（南内）の南内苑である[徐松（愛宕訳註）

1994]。

　平城宮の南苑は、北の松林苑との位置関係による呼び名とは思うが、右とも関わるのではなかろうか。『文選』とともに奈良朝貴族に影響を与えた詞華集『玉台新詠』には、建康の南苑を題材にした何思澄「南苑逢美人」（巻６）などがある［内田 1974・1975］。

　また、同じく貴族の関心の的であった玄宗皇帝の興慶宮は別名が南内。そこには玄宗即位の予兆ともなった広大な龍池があった［平岡 1956］。仮にこれを苑と呼んだなら、南（内）苑となるのではあるまいか。

(2) 平城宮の苑池と半島の苑池

　平城宮の苑池については、今一つ言葉の使い方がある。『三国史記』や『唐書』には示唆的な記事がある。たとえば、「百済本紀」の辰斯王７（391）年正月条には、「池を穿ち山を造り、奇獣異花卉を養ふ」とあるし、「新羅本紀」の文武王14（674）年２月条には「宮内に池を穿ち山を造り、花草を種え、珍禽奇獣を養う」とある。『説文』による苑の説明が「禽獣を養ふ所以なり」とあることからすれば、禽獣や珍獣の飼育は苑を意味し、『三国史記』の記事は池と苑の意味となろう。

　苑と池を対句表現でより明確に表すのが『旧唐書』であろう。唐太宗の武徳９（626）年９月丁未条には、「池を穿ち苑を築く」（巻２）とある。呂大坊の「長安城図」によると、唐長安城の太極宮（西内）に付属した西内苑には桜桃園、李園（池）があるし、東内（大明宮）付属の東苑には龍首池があり、大明宮にはこれとは別に広大な太液池がある。ここでは苑と池との関係だけでなく、苑－園の関わりも明らかである。

(3) 宮南池の名の由来

　８世紀後半の東院庭園の名称「楊梅宮南池」（『続日本紀』宝亀８〈777〉年６月条）もまた、彼の地の伝統に連なる可能性がある。宮の南の池で思い起こすのが百済王宮の南池である。

　『三国史記』「百済本紀」武王35（634）年春３月条には「池を宮の南に穿つ」とあり、義慈王15（655）年条には「望海楼を王宮の南に立つ」とある。この望海楼は、武王37（636）年秋８月条に「群臣に望海楼に宴を設く」、武王39（638）年春３月条「王嬪御とともに舟を大池に浮かぶ」と関連記事があり、相当な規模のようである。

　南池はこれまた百済が憧れた南朝の建康にあり、『玉台新詠』（巻９）沈約の「古詩題六首」にはそのことがみえる。

　このようにみてくると、東院庭園に関する記事「楊梅宮の南池に蓮生ふ。一茎に二花あり」（宝亀８〈777〉年６月18日条）は見逃せない。一茎二花の蓮とは『延喜式』（967年施行）の瑞祥にはみえないが、中国では後世双頭の蓮ともいうめでたい徴（嘉蓮）であり、南朝梁の史書『梁書』、天監10（511）年６月条には「嘉蓮一茎に三花あり。楽遊苑に生ふ」とあって、彼我の関わりが問題である。

南池の語は先の南苑とともに、百済を介して中国南朝の伝統と連なる可能性もあり、平城宮の苑池はその名称などを含めて、大陸の先例と無関係ではないと思う。

(4) 宮廷の苑から貴族の嶋へ

　『万葉集』によると、奈良朝貴族は競って嶋を営んだようである。しかし、京内の嶋は特別史跡平城京左京三条二坊宮跡庭園（以下、宮跡庭園と略）、左京三条二坊の長屋王邸跡、左京一条三坊十五・十六坪など少数に留まり、貴族の嶋については不明な点が少なくない。貴族の嶋は宮廷の苑池をモデルにするのであろうが、検出例からみると規模などに格差がある。

　京内で一際見事な遺構、といえば宮跡庭園である。玉石を敷きつめた園池遺構の周囲には殿舎遺構や区画施設があり、その意匠などから宮廷の付属施設とされた。

　しかし、龍の側面形を写すともいう池遺構はわずかに南北が40mほど、東西は約20m。殿舎を含めた区画全体は東西が未確認で60m以上あるが、南北は42mしかない。

　遺構は左京三条二坊六坪の中心に位置し、その1町四方（約130m・450尺）に関わるという［奈文研 1986］。たとえそうとしても、この規模は先の宮内池宮の四分の一に留まる。しかも、六坪の東端四分の一ほどは菰川の河川敷きであり、実際の規模はこれよりも小さいとみるべきである。

　似た事情は長屋王「佐保楼」説が根強い左京一条三坊十五・十六坪の園池遺構SG520にもある。ここは全体規模を南北2町分とする。北西から発する流水溝（SD485）が逆L字型に屈曲して南の園池に注ぐ。池は平塚3号墳の周濠を再利用し景石を据えたものである。SD485は南北約72mを測るが池遺構はわずかに東西18m、南北10mしかなく規模が小さい。ただし、この池が坪境付近にあることからすると、流水溝途中の小池でありその南に大池がある可能性も捨てきれない。この点は今後の課題であろう。

(5) 青龍の流れ

　左京三条二坊の長屋王邸の園池遺構は敷地東南にある（図105）。古墳時代の菰川の流路を掘り直した南北170m余の曲水跡で東南流し、南に接する宮跡庭園の下層に連なる。木簡からみて、霊亀2（716）年頃にはすでに存在した。宮跡庭園はこの曲水跡の南半部を8世紀中葉以降に再利用し、池底や渚に多数の玉石・礫を敷きつめる。

　王邸西側にも園池遺構がある。検出がごく一部のために、年代上も東側の園池遺構と一連か否かは明らかではない。仮に、王邸の東西に園池遺構があるとすると、従五位下田中朝臣浄足「晩秋長王が宅にして宴す」（『懐風藻』66）の「西園東閣」と関わろう。西園東閣はともに中国六朝期の詩語であり、この五言では両語句が対になっている。西園は文字通りの西の園、対する閣には高殿の意味があり、小島憲之校注『懐風藻』（日本古典文学大系69、岩波書店）はこの部分を、「長屋王の西園に宴席を開き、東の高殿に俊秀の人々を招く。」と訳す。宮殿楼閣というが閣は宮殿だけではなく、園池に

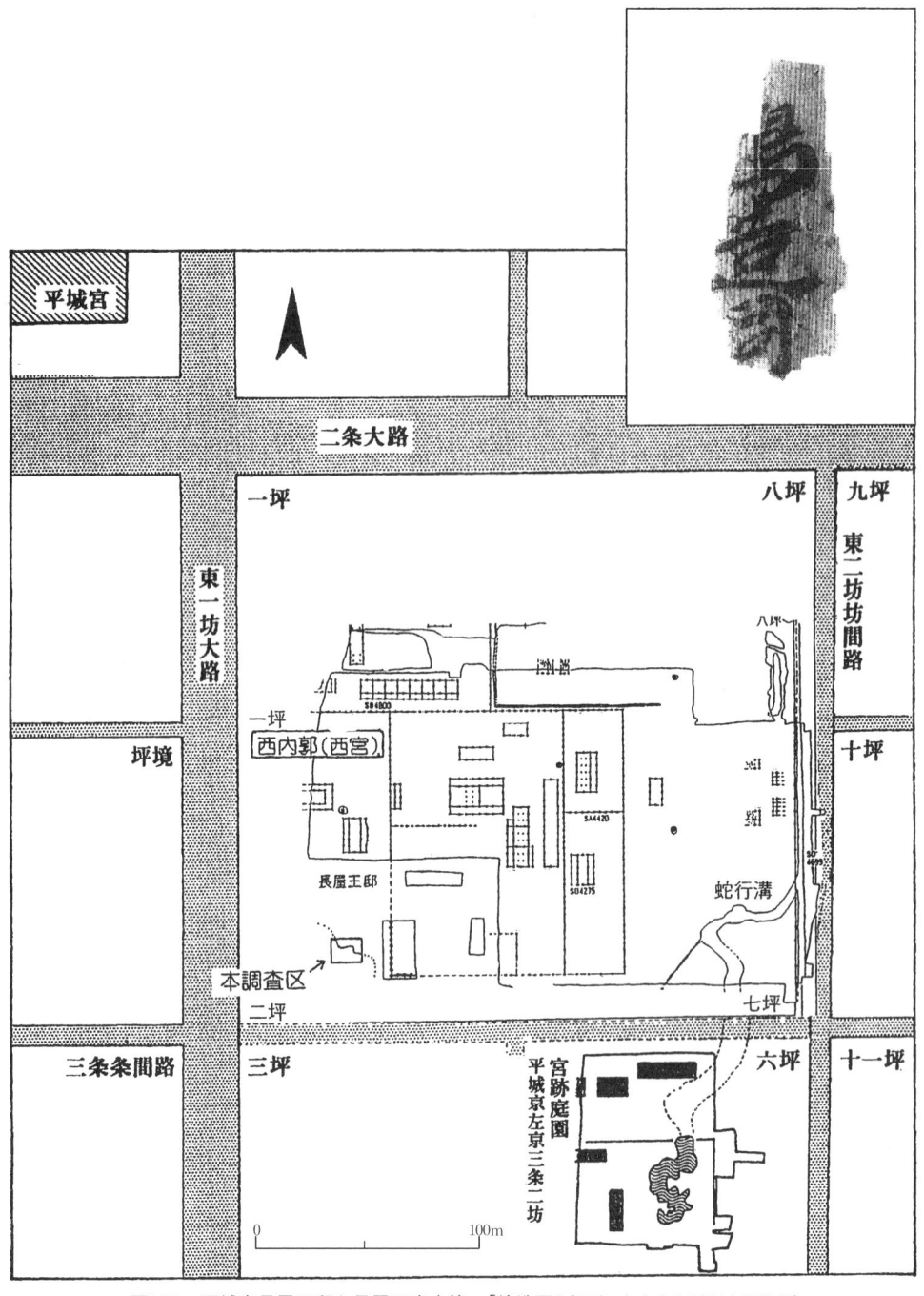

図105　平城京長屋王邸と長屋王家木簡の「嶋造司」〈写真：奈良文化財研究所提供〉

必須な施設でもある。先に述べたように、平城宮東院庭園には東閣が実在した。東閣は単に東にある閣の意味に留まるのではなく、東園にある閣の意味、と解せないであろうか。長屋王邸の東南隅付近には曲水跡があり、このように解せるなら東閣は東園の重要な建物を指すと同時に、東園の代名詞として長屋王邸における東西の園を反映

302　第Ⅱ部　苑池と園林

したことになろう。

　平城宮の内外4ヵ所には苑と池があり、北の松林苑と南苑、東院庭園（楊梅宮南池）と西南池亭、水上池と西池宮とが対応する。長屋王邸東西の嶋は、その縮小版ではあるまいか。単純化していえば、少なくとも王邸の規模を4町占地とすると西池宮に、6町なら南苑にそれぞれ匹敵する。

　『懐風藻』（69）には、長屋王の嶋を六朝期（3～6世紀）の名園である金谷園に準えた漢詩がある。河南省洛陽西北の晋国（265～420）石崇（249～300）の金谷園は、昭明太子（501～531）の『文選』に、「金谷集作詩一首」（巻20）がある。その注には金谷水が「東南流」するとあり、長屋王邸東南の園池遺構の状況に一致する。

(6) 宮廷と宇合と南池

　金谷園は藤原宇合「暮春南池に曲宴す　一首および序」（88）にみるなど、奈良朝貴族の憧れでもあった。この漢詩はまた、「楊梅宮の南池」とも関わるのではないか。藤原宇合は天平9（737）年、未曾有の天然痘大流行によって兄弟（藤原四卿）とともに没した。他方、楊梅宮南池は8世紀後半の宝亀年間（770～780）に下るので年代的には合わない。しかし、曲宴は天子の賜宴の意味であり、ここが宮廷の庭園でもおかしくはない。

　これに対して小島憲之説は、藤原宇合邸での私宴とする。詩の内容から推測したのであろう。この説ではいずれかの「南池」を襲名した可能性が生じる。これについて、多田説は旧長屋王邸の嶋とし、天平元（729）年2月に長屋王が自刃した後に、名園を手に入れたことを喜び、ここで曲宴したとする［多田 2001］。729年2月の長屋王没後、王邸は一時期光明皇后の皇后宮になったというから［奈文研 1995］、藤原宇合が没するまでの限られた期間でのことであろうか。

　いずれにしても、「南池」は中国南朝の建康にあり、また百済の首都扶余王宮の南にもある。藤原宇合の嶋もまた、そうした池宮との関わりを考慮すべきであろう。

　古代苑池の流れを図式的に描くと、外的な影響のもとに7世紀後半の倭京段階で成立し、8世紀初頭には新たな波によって様式などに大修正を加えて平城宮の苑池に集約した。これが長屋王邸や藤原宇合邸など貴族の嶋のもとになると思う。

6　神仙世界と浄土と嶋

(1) 桃源郷の苑

　嶋の造営はある種「桃源郷」の再現に通じる。そこに息づくのは神仙思想であり、浄土思想であろう。

　神仙世界の再現とみる傍証は、蓬莱神仙境をかたどる中嶋を築くことである。蓬莱山とは中国の古伝説にみえる三神山、すなわち蓬莱山、方丈山、瀛洲の一つである。

神々の祭を記録した司馬遷『史記』（紀元前91年頃成立）「封禅書」（巻28）には、
　「使人入海求蓬萊方丈瀛洲。此三神仙者。其伝在渤海中。（略）諸僊人及不死之薬皆在焉。其物禽獸尽白而黃金銀為宮闕未至望之如。及到三神仙反水下」
　（使人海に入りて蓬萊方丈瀛洲を求める。此の三神仙はその伝によると渤海中にあり。（略）諸僊人および不死の薬みなあり。其れ物、禽獸はことごとく白く、黃金銀をして宮闕となし。未だ望の如く至らず。及三神仙に到らば反りて水下にあり）

と、渤海湾に棲む伝説上の鼇という巨大亀が背中に三神山を負うこと、そこに金銀の宮殿があり、神仙（僊）が不老不死の生活を送ることが記されている。道士の言によって神仙（僊）の実在を信じた秦始皇帝（在位紀元前246～前210）や漢武帝（在位前141～前87）は、不死の薬を求めてたびたび船を浮かべたが、ついに目的を達成できなかったという。

(2) 神仙世界の再現

　嶋はこの三神山を象り、神仙世界を再現する。漢武帝の故事には、紀元前1世紀に上林苑に太液池を穿ち「池中に蓬萊方丈瀛洲壺梁、海中の神山亀魚の属を象る」（『漢書』郊祀志下）とあり、太液池に三神山を象った島々を築き、鼇などの石彫を置いたという。この風景は班固「両都賦」（『文選』巻1）や、張衡「西京賦」（『文選』巻2）にみる。『三国史記』によると、この伝統が朝鮮半島に伝来する。

　『三国史記』巻27、「百済本紀」第5の武王35（634）年春3月条には、「穿池於宮南。引水二十余里。四岸植以楊柳。水中築嶋擬方丈仙山」（池を宮の南に穿つ。水を引くこと二十余里。四岸に植うるに楊柳をもってし、水中に嶋を築き方丈仙山に擬す）とある。この方丈仙山とは三神山の一つの方丈山のこと。百済は三神山伝説に基づき扶余王宮の南池に、方丈神仙山に準えた島嶼を築いたという。

　百済を滅ぼした新羅は王宮（月城）に雁鴨池を営む。『三国史記』巻7、「新羅本紀」7の文武王14（674）年2月条には、「二月宮内穿池造山種花草養珍禽奇獸」（二月、宮内に池を穿ち山を造り、花草を種え、珍禽奇獸を養う）とある。この山は、「百済本紀」の辰斯王7（391）年正月条「池を穿ち山を造り」とも共通し、三神山を指すことはいうまでもあるまい。これとは別に、安鼎福撰『東史綱目』（1778年成立、編年体の歴史書）には、「石を積みて山となし巫山十二峰を象る」とある。

　巫山は中国四川省巫山県にある霊峰のこと。戦国末、楚の宋玉の「高唐賦一首ならびに序」（『文選』巻19）にみえる楚襄王の故事があり、李太白の「観三元丹丘坐二巫山屏風一」（元丹丘が巫山の屏風に坐するを観る〈『古文真宝前集』巻7〉）や、李白の「清平調詞三首」（『唐詩選』巻7）によって古くから名高く、やはり神仙の山である。巫山は楊子江沿いの観光地であり、現在も川下り観光の目玉という。安鼎福が『東史綱目』を編むにあたっていかなる史料をもとにしたのか、興味があるところである。

　巫山の伝承は吉野（奈良県吉野町宮滝）に関わってすでに7世紀代にはみるようで、

「雄略記」の吉野川の歌がある。また、平安時代に下ると大嘗祭の最後に行われる五節舞に関する起源説話（「辰日節会事」『政事要略』巻27）がある。本来の三神山伝説に加えて、仙郷に関わる中国のさまざまな伝承が重合してゆくのであろう。

(3) 造園思想は南朝経由か

　庭園とその思想はどのルートで伝来したと考えるべきであろうか。飛鳥と関係が深い百済は、一方で、中国の南朝に親近感を抱き、たびたび使節を派遣した。百済と南朝の文物制度に密接な関わりがあることはすでに、東潮等の指摘がある。南朝の歴代帝国が首都とした建康（建業・現南京）には北に玄武湖があり[郭湖生 1999]、元嘉22（445）年、宋の文帝が「湖中に方丈、蓬莱、瀛洲三州三神山を立」てようとして中止した逸話（『宋書』巻66「何尚之」伝）は、先に記した。百済、新羅と類似する飛鳥期の園池は、形や築造方法だけでなく、こうした故事を踏まえるのであろう。

　嶋は神仙世界であり、班固の「両都賦」が述べるように、嶋の築造は宮廷や邸宅の一郭にその世界を再現することに通じる。神仙は鶴や龍によっても飛翔した。想像上の龍はともかく、8世紀初頭の平城京長屋王邸には鶴がいた。

　「鶴二隻米□□合
　　　　　　受　麻呂　　」

　霊亀2（716）年後半を主体とする長屋王家木簡には、鶴に米の餌を支給する伝票がある。邸宅の東西に曲水跡がある。ここに鶴を放ったのであろう。嶋を営むだけではなく、神仙世界の鳥までも飼っていたのである。仙（僊）人の住みかである園池での遊宴は仙人を饗応し、不死の薬を求めることだったのであろう。

(4) 地上の天の川と石像

　小南説は、嶋を神仙世界を含めた宇宙そのものと説く。昆明池を詠う後漢の張衡「西京賦」には、日月の出入りする場所として池のほとりに黒水、扶桑、濛汜など神話的地名がみえ、さらに、池の中央にそびえる予章の樹の左右には牽牛・織女を立てるとある。これこそ太陽が東の水辺から出発し、西の水辺で1日の行程を終わる宇宙全体を表すもので、牽牛と織女はその東西の象徴という。同様の構造は、漢の宮城内にあった太液池とも共通するという[小南 1985]。壮大な世界観である。

図106　飛鳥京跡の弥勒石〈奈良文化財研究所提供〉

中国の古い思想では、天子が地上を支配するのは天上世界の付託によるのであり、地上は天上世界と相似形であり、星の秩序を反映するとする。7世紀の政権が拠った飛鳥の谷は地形的にも小宇宙を形成する。この谷の中央を貫くように、飛鳥川が東南から西北に流れる。星の世界を分断する天の川さながらである。飛鳥京跡の西北隅に接し、天武紀にみる白錦後苑の一部を構成する出水酒船石遺跡が一つの宇宙を構成するなら、この園池遺構の中心から北西約150m、飛鳥川右岸に立つ「弥勒石」（図106）はそれなりに意味をもつ。

　弥勒石は飛鳥の「天の川」の傍らにあり、本来の位置は不詳ながら白錦後苑に接する位置にある。小南説の文脈で捉えるなら、この石像は牽牛・織女像の一部であり、壮大な神話的世界を背景にしたことになろう。

(5) 嶋の多くは蓮池

　『続日本紀』に「楊梅宮の南池に蓮生ふ。一茎に二花あり」とある平城宮東院庭園は、蓮池である。平城宮西池もまた、木簡によると蓮池であろう。さらに、7世紀に遡る飛鳥の出水酒船石遺跡も、花粉分析の結果からみて蓮池であろう。

　蓮華は釈迦の象徴であり、浄土三部経の代表である『観無量寿経』をもとにした浄土変相図の多くは、蓮池の蓮華に釈迦が化生する姿を描く。法隆寺蔵のいわゆる橘夫人厨子の阿弥陀三尊像は、この蓮池での蓮華化生を表す工芸作品である。また、大仏開眼供養会の仏前供養具という正倉院宝物の「蓮池」は、蓮池と蓮を朴材や金銅、漆銀箔で作り彩色し、蓮池を視覚的立体的に表す（南倉174古櫃206号櫃納物其11「蓮池残欠」）。

　飛鳥の園池遺構の一部や東院庭園、平城京左京三条二坊宮跡庭園などは池底一面に玉石や礫を敷きつめる。『大無量寿経』『阿弥陀経』『観無量寿経』の浄土三部経によると、浄土には宝の浴池がある。『大無量寿経』では黄金池以下、紫金池まで10池があり、池底には黄金、白銀沙などを敷く、とある。

　遺構にみる池底の玉石・礫は、宝池に敷く沙の意味であろうか。正倉院宝物の「蓮池」も、白砂を散し貝殻を敷置する。ただし、地下茎によって生育する蓮は軟弱な泥土が必要である。池底が石敷では蓮は生息できない。泥土を入れた枡などの施設を池底に設けるのであろう。平城京左京三条二坊宮跡庭園では木製枡を設置する。法華経阿弥陀浄土院園池遺構では、玉石敷の池底に須恵器の大甕が複数個埋め込んであった。これも枡の可能性があると思う。

(6) 宇宙を象徴する蓮花

　蓮池が浄土世界を象徴するか否かは、慎重に検討する必要があろう。林巳奈夫説では蓮花は宇宙全体を表すとするし［林 1987］、楊梅宮の「蓮一茎二花」の出典かともいうべき『梁書』には嘉蓮のほかにも、多数の祥瑞記事がみえるからである。神仙思想

を集大成した道教とインド伝来の仏教は必ずしも対立する思想ではない。仏教教団は中国での布教をスムーズに行うために道教の一部を積極的に取り入れ、またその逆の状況などがあり、日本には道仏両思想が混淆した姿で伝来した可能性が大きい。さらに、神仙世界も浄土世界も同様の理想郷・桃源郷であり、前述のこともこうした文脈の中で理解すべきであろう。奈良時代には嶋のほとりで作善を行うことが少なくない。

　作善とは善根を作すことで堂塔の造営や写経、僧侶への施し、放生などがある。8世紀には嶋において写経を行うことが多かったようである。すでに述べた、嶋がもつ桃源郷としての性格のゆえであろう。岸俊男があげた多くの例のほかにも、左京三条二坊の長屋王邸の曲池跡でも『大般若経』の校正に関する木簡があるなど、貴族は嶋での作善に執心したようである。宮廷でも嶋のほとりにそうした場を設け、作善業を行った。それは写経だけではなく、造仏などを含んだようである。

　平城宮内裏東方の幹線排水路SD2700では、「子嶋作仏所」と書いた墨書土器がみつかっている。子嶋とは小嶋のことであり小さな中嶋の意味、作仏は仏像を造ることであろうか。この墨書土器は須恵器の坏であり、所有する官司名を記したのであろう。発見地の上流には松林苑最大の水上池がある。この近辺に作仏所があった可能性は高いと思う。嶋はかつての神仙を饗応する場から発して、作善を含めた多様な場へと変容したのである。それらは桃源郷がもつさまざまなイメージと、密接に関連したものであった。

[参考文献]
尹　武炳　1990「韓国の古代苑池」『発掘された古代の苑池』学生社。
岩本次郎　1991「楊梅宮考」『甲子園短期大学紀要』第10号。
内田泉之助注釈　1974・1975『玉台新詠』明治書院。
岡　大路　1938『支那宮苑園林史攷』満州建築協会。
郭　湖生　1999「台城辯」『文物』1999年第5期。
橿原考古学研究所　1990『松林苑跡Ⅰ』奈良県史跡名勝天然記念物調査報告、第64冊。
岸　俊男　1988「"嶋"雑考」『日本古代文物の研究』塙書房。
小南一郎　1985『中国古代の神話と物語』岩波書店。
重森三玲・完途　1973『日本庭園史体系1　上古・日本庭園源流』社会思想社。
徐　松撰（愛宕元訳註）1994『唐両京城坊攷』東洋文庫、平凡社。
関野　貞　1907『平城京及び大内裏考』東京帝国大学紀要、工科、第3冊。
大韓民国文化財管理局・西谷正ほか訳　1993『雁鴨池発掘調査報告書』学生社。
多田伊織　2001「長屋王家木簡」と『懐風藻』のあいだ─」『長屋王家・二条大路木簡を読む』奈良国立文化財研究所研究論集Ⅶ。
張　家驥編著　1997『中国園林芸術大辞典』山西教育出版社。
奈良国立文化財研究所　1986『平城京左京三条二坊六坪発掘調査報告』奈良国立文化財研究所学報、第44冊。
奈良国立文化財研究所　1995『平城京左京二条二坊・左京三条二坊発掘調査報告』。
奈良国立文化財研究所飛鳥資料館　1986『飛鳥の石造物』飛鳥資料館図録、第16冊。

林巳奈夫　1987「中国古代における蓮の花の象徴」『東方学報』第59冊、京都大学人文科学研究所。
平岡武夫　1956『唐代の長安と洛陽』唐代研究のしおり、第7、同朋舎。
福山敏男　1943「奈良時代に於ける法華寺の造営」『日本建築史の研究』桑名文星堂。
村上嘉実　1974「六朝の庭園」『六朝思想史研究』平楽寺書店。
渡辺信一郎　2000「宮闕と園林」『考古学研究』第47巻第2号。

第2章

宮と後苑

1 長岡宮北苑の発見

(1) 長岡宮上東門の調査

　1999年3月、長岡京左京の東一条大路と一条条間大路の西（向日市森本町下森本21-1-4）で、長岡宮最初の宮城門（SB37310）の発見があった［向日市埋蔵文化財センター 1999］。長岡京の復原案は高橋美久二説、山中章説など複数があり、宮域自体の確定をみないのが実状である。この門遺構は今泉隆雄説では県犬養門（宮城の東面北門）推定地であるが［今泉 1992］、門前の道が大路ではなく条間路であることから、検出した門は県犬養門といったいわゆる宮城12門ではなく、東面北門のさらに半坊分北に位置し、平安宮では上東門にあたるという。この結果は、条坊復原では山中説の蓋然性が高いことを示唆し、長岡京の条坊および宮域を確定する意味で重要である。

　この宮城門は現地説明会資料が述べるように明確な基壇や門構造をもつのか否か、については断ち割り調査の分析と正報告に待ちたい［瀧浪 1984］[1]。これが上東門相当の門とすると、平安宮上東門の成立年代に関する問題提起となるとともに、一条条間路以北の4町分の北方官衙、あるいはさらに北に延びる遺構群に関する長岡宮の調査成果が問題となろう。

　すなわち、この門遺構の西方では（右京一条一坊2町相当地）、4間3間の礎石建ち倉庫などの一部を検出している。平安宮の古図では大蔵省の倉庫群が宮域の北にあり、これなどをもとに向日市埋蔵文化財センターは長岡宮大蔵跡と推定した［宮原・山中 1985］。この後も、礎石建物や道路遺構などを含む官衙遺構の検出が続き、一条条間路から北4町分に大蔵およびその他の施設群が存在したとし、その北に長岡宮域の北限となる北京極大路を想定した。そして、大蔵省の倉庫群が平安宮と同様に東西1kmの宮域に収まるとし、これを平安宮大蔵省倉庫群の先駆形態とした［向日市埋蔵文化財センター 1982・1987］。

(2) 宮域の北限と後苑

　他方、1995年10月以降の大規模小売り店舗の建設に伴う調査などによって、想定北京極大路のさらに北から南の朱雀大路に相当する道路跡や築地塀、溝で区画した官衙ブロックを検出するにいたった。官衙ブロックの規模（123m）は宮内官衙のそれ（約

118m）に近く、一部に大型の掘立柱建物（SB31610）などがあるものの建物遺構の密度は薄い。注目すべきは、その一郭にある浅い池状遺構（SX316202。遺構面からの深さは約30cm）から水生植物のミズアオイ属の種子を検出したことである。この属は『万葉集』など古代文献に水葱とみえる食用植物であり、ここが菜園の一郭だったことは疑いがないようである。

　後述のように、中国では宮城に付属した苑地があって皇帝の食膳に供する食料生産などを行い、北魏洛陽城の華林園や唐長安城の三苑のごとくこれを北方に設けることがある。その一端は日本でも受け継いでおり、長岡宮北辺の遺構が苑地の一部であった可能性は否定できない。調査者はこれを長岡宮「北苑」と呼んでいる［向日市埋蔵文化財センター　1997］[2]。

　長岡宮の苑に関してはこれまで嶋院、南院が注目されてきた。前者は、『続日本紀』延暦4（785）年3月3日条に「御嶋院。宴五位已上。召文人。令賦曲水」とみえ、また「嶋院」木簡もある。後者は、延暦8（789）年1月6日条に「宴。五位已上於南院」とあり、南院、南園とあるものが同一のようである。嶋院は「御」とあることから宮内施設であろう。『向日市史』は中山修一が想定した旧西国街道沿いの鳥町説を受けて、朝堂院西方官衙一郭に比定し、南院を内裏南面の一郭に比定する［山中ほか1983］。それゆえ、長岡宮城外に苑があることが確実なら、都城史を再構成する要件として重要である。

　北苑の調査は、推定北京極大路の北約150mまでしか及んでおらず、その全体規模・区画施設の構造などは今後の調査に委ねなければならない。しかし、北苑内部の地割りにまで宮内官衙と同様の方形地割りと築地塀による区画施設が貫徹することは特徴的で、北苑自体の平面規模や構造の一端を推定する上に示唆するところが大きい。

　では、この北苑の成立時期はいつか。北苑の南にあたる北辺官衙について、山中章はこれを南北に分けた。そして、軒瓦などのあり方から北辺南部官衙を宮城南部の「遷都」（延暦3〈784〉年）当初の施設を解体し宮域を拡大した延暦8（789）年頃に、北辺北部官衙はそれより遅れる延暦10（791）年頃に整備したとする［山中 1992］[3]。北苑について公式見解はまだのようであるが、北苑の大型建物SB31610の柱抜き取り穴から検出した軒瓦は長岡宮武寺院系とされる型式であり、延暦10（791）年の「山背国部内諸寺の浮図。年を経ること稍久し。破壊の処多し。詔す。使いを遣わし咸く修理を加えしむ」（『続日本紀』延暦10年4月18日条）に伴い生産された瓦というから、北辺北部官衙の整備と一体であったのであろうか。

2　宮城後苑の伝統

(1) 中国の苑囿

　古代都城の原型である中国都城では、宮城に付属して広大な苑地を設ける伝統があ

る。苑に類似の語には園、囿ゆうがある。苑は『説文』1下に「禽獣を養ふ所以なり」とし、園は『説文』6下に「樹果ある所以なり」とし、囿は『説文』6下に「苑に垣有るなり」「一に曰く禽獣には囿といふ」とあって、あわせて苑囿と呼ぶことが多い。現代中国ではこれらを園林の語で統一し、国家の苑地を皇家園林と呼称し、私家園林と区別する［張家驥ほか 1997］[4]。

　ここでは従来の用法を用いる。苑地には大小の池沼、苑、宮、楼観などがあり、その意味は時代によって変化がある。有名な漢の上林園では昆明池、鎬池など10池、36の苑などがあり、漢帝国の版図拡大に伴い昆明池などでは水戦の、周囲の苑地は陸上戦の訓練場として重要であった。しかし、唐代には軍事的側面は薄れ、狩猟や饗宴の場として、さらに皇帝の食膳に供する鳥獣の猟場、蔬菜・果実を取る菜園として機能しそれに要する施設が苑内に設けられた。

　唐代では東都洛陽城の苑地は城西にあるが、長安城のそれは北方にある。前者の洛陽の苑地は『旧唐書』地理志東都条、および徐松『唐両京条坊攷』によると、垣高1丈9尺で、「苑城東面十七里、南面三十九里、西面五十里、北面二十里」「周一百二十六里」（約66.7km）を数える。

　他方、長安城のそれは宮廷三苑と呼ばれた苑地の複合である。長安城には太極宮（西内）、大明宮（東内）、興慶宮（南内）という成立年代を異にする三宮殿があり、宮城の東南に位置する興慶宮は別としても、太極宮と大明宮に付属した西内（北内）苑と東内苑が長安城の北にあり、これと漢長安城までも含む広大な禁苑がある。『唐両京条坊攷』には付図がある。

　禁苑は隋の大興苑を受け継いだもので東西27里（約14.3km）、南北23里（約12.2km）、周120里（約63.5km）の規模である［徐（愛宕訳註）1994］。

　広大な苑を北に置く本来の意味は、宮城背後に緩衝地帯を設け、敵の攻撃に対する防御としたことにある［岡 1938］[5]。

(2) 古代の後苑

　後苑の語は顕宗紀にみえる。元年3月2日条に「上巳、幸後苑曲水宴」、同2年3月2日条に「上巳、幸後苑曲水宴（略）」、同3年3月2日条に「上巳、幸後苑曲水宴」とあり、史実とするより『日本書紀』編者の挿入説が有力である。確実視されるのは、天武紀14（685）年11月6日条で、「戊申、幸白錦後苑」とある。岩波古典体系『日本書紀』は白錦後苑を「しらにしきのみその」と訓じる。

　さらに、持統紀5（691）年3月5日条には「丙子、天皇、観公私馬於御苑」とあり、同書はこの御苑を白錦後苑と同一かとする。両記事ともに飛鳥浄御原宮（672～694）の苑のことである。後苑はその北方にあり、「幸」（行幸）とあるから位置は浄御原宮外であろう。この宮について、近年明日香村の飛鳥板蓋宮伝承地（飛鳥京跡）上層遺構をあてる説が有力で、亀田博はその西北、出水の酒船石付近に白錦後苑を推定す

る［亀田 1988］[6]。

　「白錦」のうち、錦について白川静『字統』『字通』ともに、『説文』7下を引い「襄邑の織文なり」とし襄邑（河南省帰徳雎州）の地は、司馬彪の『輿服志』に、この地より虎文を織成したものを、歳貢として献じたとする。白錦が織成とはいえ白の虎文すなわち白虎の意味なら、四神思想では青龍（東）に対する西の守護神であり、宮外の西方にあることと矛盾しない。この場合、苑の西限が飛鳥川となる可能性があり、全体の形は地形に添うとみるべきであろう。

　持統8年12月に遷都した藤原京（694～710）では、北苑の存在は明らかではない。かつて、岸俊男は藤原京域を復原した際に、宮城北方に生じた二坊分の余地に苑地を想定した。それは、ここの坪2ヵ所に「テンヤク（典薬）」の字名が残ること、国道25号線バイパス工事に伴う緊急調査では藤原宮の北限に近い内裏の溝から典薬寮関係の多量の木簡、「薗司」「薗官」関係木簡がみつかったこと、さらに藤原宮北面中門の外溝発見の木簡にも「九月卅六薗職進大豆卅□」とあること、薗司、薗職の後身と思われる宮内省園池司の職掌には苑池と蔬菜・樹果の種殖があることを根拠としたものだった［岸 1988］。

　その後、岸説藤原京の外からも条坊遺構が陸続とみつかり、藤原京に関しては新説が相次いでいる。これを岸説藤原京と区別するために大藤原京と呼び、岸説との関わりで拡大説、当初説、縮小説があることは周知の通りである。大藤原京の京域はなお定説をみないが、宮城が京域の中央付近に位置することは諸説一致する。岸説では京外であった耳成山は、大藤原京説では京内に含まれる。宮城の北方中央に位置する耳成山は、岸説を敷衍すると後苑の一部となろう。京内であるから、平面形は条坊に規制された方形区画となろう。

　北苑はいわゆる恭仁京（740～744）にもある。『続日本紀』天平14（742）年正月7日条には、「天皇幸城北苑」とある。地形的にみて背後の山を取り込む形であろうが、その実態は明らかではない。

(3) 平城宮松林苑の発見

　後苑の実態をはじめて明らかにしたのが、平城宮松林苑の発見である。『続日本紀』天平元（729）年3月3日条「天皇御松林苑宴群臣」をはじめとして、天平17（745）年5月18日条までの8件の記事には松林苑、松林宮、北松林とあり、後苑施設が平城宮北方に想定されていた。

　1979年に平城宮御前池の北方に宮の大垣と同規模の築地塀が、1.5km余り続くことが判明し、史料との検討からこれが松林苑と確定した［河上 1979］。その南面築地は平城宮北面大垣の北240.1m（築地芯々間距離）にあり、約0.4km確認できる。遺存状態がよかった築地もその後の宅地造成などで一部は消滅した。

　西面に対して東面は痕跡が明らかではない。松林苑で特徴的なのは、西面築地が丘

陵尾根筋の西斜面傾斜変換点にあり、地形に沿って不整系に曲がることである。方形地割りを指向した条坊制都城の原理では、理解し難い。

　この発見によって後苑の実体を知る手がかりが得られた。問題となったのは、宮北面大垣と松林苑南面築地との余地（240.1m）の解釈と、松林苑自体の規模である。前者は平安宮々城図との類似から、ここを平城宮大蔵省倉庫群の占地とする説の提示があり、その後異説はないようである［岸 1980］。後者の規模は二転三転している。当初は平城宮第一次大極殿の後方に連なる平城山丘陵の支丘上に限定し、宮大垣に接する大園池の現水上池（楯波池であろう。北岸に半島状の中嶋があり、亭の存在を示す瓦が散布する）を除外したが、次には水上池を取り込み、その東岸（宮の東面築地の北延長線）を東限とした。そして朱雀門を北に折り返した位置の東、現歌姫街道に接して1993年に検出した築地痕跡から、大蔵省の範囲を平安宮宮城図と同じ二北分（東西375m〈1,250尺〉、南北240m〈800尺〉）とし、当初大蔵の区画はなく松林苑外郭築地（創建は平城宮軒瓦編年Ⅱ期）のみあったものを、天平17（745）年の恭仁京還都後に東北西を築地で区画したとし、大蔵の占地以外の北面大垣以北をすべて松林苑とする。松林苑西面築地と大蔵築地の築造時期の違いは、軒瓦の様式差と築地規模の違いで、築地は前者が基底幅3m（10尺）に対して、後者は2.7m（9尺）とする［橿考研 1990］。松林苑「北面」築地の方位は、方眼方位に対しＮ０°10′Ｗ。宮北面大垣の方位と一致する［奈文研 1981］。かなり時期差がある築地塀の方位がこれほど、一致するものであろうか。

　1998年には、想定の東限外に位置するコナベ古墳周溝で園池跡を検出したとし、松林苑の東限をさらに東に拡大する。関西線や国道24号が通る谷の丘陵端部とする説を提示した［橿原考古学研究所附属博物館 1998］。

　政治的な意図は兎も角、広大な現水上池を除く当初案では、ハジカミ（八上）池を曲水宴の場とした。ここは丘陵上にある。平城京域で検出した園池遺構は宮東院庭園など谷部や、左京三条二坊宮跡庭園のごとく古墳時代の旧流路、右の大蔵に東接する市庭古墳外濠のように古墳外濠の一部を再利用するもので、丘陵を穿つものは未見である。この池自体は、年代が下ると思う。また、右の説では大蔵省推定地を除き、宮北面の多くが松林苑と直に接したかのようであるが、これもまだ確証が乏しい。

　内裏東方の東大溝SD2700の調査では、
　　「仲御園進」　　　　　　　　　　　　　　（『平城宮発掘調査出土木簡概報』16－5－上5）
とある木簡を検出している。仲御園の所在は不詳だが、東大溝は水上池を水源とする宮幹線水路であり、大溝上流近傍に仲御園があった可能性がある。大蔵省倉庫群の占地とされた宮と松林苑との間の調査では倉庫遺構などは今のところ未発見であり、これらの諸問題とも合わせて今後の冷静な、学問的調査の進展が望まれる。

　松林苑内の調査では、内郭（松林宮）を構成する築地や2棟の建物、石敷き、道路跡の一部などを検出している。また塩塚古墳、オセ山古墳、猫塚などの古墳には手を加え、一部は築山としたとする。塩塚古墳前方部には瓦が散布し、上に亭があったよう

である。史料には松林倉稟とあるから倉が推定できるし、持統5（691）年紀のごとく白馬を牽く行事があれば苑には馬場的施設が推測できる。しかし、これらは未見である。なお、冒頭にみた長岡宮北苑のように、朱雀路に対応する道路を中心とした明確な官衙区画の存在などは、松林苑では明らかではないようである。

　いずれにしても、松林苑の規模が広大なことは、前後の後苑を考える上に重要であろう。

3　苑地の機能

(1) 生産地としての苑

　令制下で苑地を管掌したのは宮内省園池司である。『令義解』「職員令」宮内省園池司条には、

「苑地司正一人。<small>掌諸々苑池。謂凡苑地之所育。有可以供御者。皆司其地。令不浪侵也。</small>種殖蔬菜樹菓<small>謂。草可食者。皆為蔬菜。樹菓猶菓等事。其種殖二字。兼属蔬菜樹菓也。</small>佑一人。令史一人。使部六人。直丁一人。園戸。」

とあって、苑地と蔬菜樹果の生産はすべてここが掌る規定だった。また、苑池も供御（天皇）の産物を生産するためのようである。

　平安京では北郊に園地があるし、同じ宮内省の被官である典薬寮の薬園も京北にある。これらが先に紹介した岸俊男の藤原京北苑説の背景であろう。

　苑地での生産は蔬菜樹果など、食品類に限らないようである。

　平城宮東南隅に接する平城京二条大路上の溝SD5100で検出した二条大路木簡には、

「池辺御園司進埴器惣五百八十六□□□」

　　　　　　　　　　　　　　　　　　（平城宮発掘調査出土木簡概報22-10-下6）

「・池辺園

　　・□大豆五升」　　　　　　　　　　（平城宮発掘調査出土木簡概報22-10-下7）

と、池辺の御園司が大豆だけでなく、埴器（土師器）586口を進上する木簡がある。

　池辺の御園は所在不明だが、報告書［奈文研 1995］によると、二条大路木簡には天平8（736）・9（737）・10（738）年の紀年銘があり、このうち天平8・9年を中心とし、木簡は旧長屋王邸を引き継いだ光明子の皇后宮から廃棄した可能性があるとするから、園池司管轄下の苑地からの進上木簡としても不合理ではあるまい。

　この「池辺」で想起する施設に、養老5（721）年9月、斎王に卜定された井上内親王の北池辺新造宮がある。これが次に述べるように平城宮北辺の現水上池周辺にあったとすると、苑地での生産は蔬菜樹果など食材に限らず、土器（土師器）や時には瓦などにも及んだことになろう。この点、平安京の野の性格に近いとすべきであろうか。

　野と郊は都城（国都）に対する語である。郊は『説文』6下に「国を距ること百里を郊となす」とあり、野は同書13下に「郊外なり」とある。野について佐藤文子は、『周礼』秋官宗伯縣士条の鄭玄注に「地、王城を距てること二百里以外、三百里に至

る。野と曰う。」とあることなどを根拠に、王城の周囲に郊が、その外に野があり、ここは養蚕など生産の場であったとする［佐藤 1995］。

(2) 年中行事と後苑

　令には年中行事としての節日（のちの節会）規定がある。節日は季節の変わり目などに行う祝の日で、儀式と宴から成る。つまり、「凡そ正月1日、7日、16日、3月3日、5月5日、7月7日、11月大嘗の日」（雑令第卅「諸節日条」）の7日間である。松林苑ではこの節日の行事がいくつかみえる。『続日本紀』天平10（738）年正月17日条は、日付からみて大射か踏歌であろう。踏歌は1月16日の行事で足で地を踏み、この儀式は拍子をとって踊り歌う。唐では正月15日に行った。土橋寛説では、踏むことによって新しい生命力を取り入れる中国の青踏が起源とする［土橋 1965］。

　次に3月3日の曲水宴（天平元〈729〉年、同2〈730〉年）がある。曲水宴は屈曲のある流れ（曲水）に酒杯を浮かべ、漢詩文を詠む行事である。沐浴行事が遊びとなり鳥を象る羽觴を浮かべるかたちになったという。宗懍の『荊楚歳時記』［守屋・布目ほか 1978］[7]などに影響を受けたものである。奈良時代に伝来したこの書は、当時の教養人に強い刺激をあたえた［坂本 1964］。『続日本紀』には記事が前後9回もみえ、こうした年中行事を熱心に行う。曲水宴は顕宗紀の3件の記事とも関連する。

　5月5日の端午の節日には騎射（天平元年、同7〈735〉年）を行う。5月は悪月とされ、邪気を祓うために菖蒲縵をかけ、薬草狩りなどの行事があった。『続日本紀』の編集方針が年中行事に冷淡なことを考えると、こうした節日行事は遺漏なかったのであろう。

　年中行事は先の持統5（691）年紀にもみえ、正月7日の白馬節会を思わせる。中国由来の儀式で、平安期には左右馬寮から白馬を庭上に引き出し天覧ののち、賜宴がある。大伴家持の歌には、

　　「水鳥の鴨の羽色の青馬を今日見る人は限りなしといふ」　　（『万葉集』巻20-4494）

とある。土橋説では水鳥の鴨の羽色のような青馬（白馬）を、今日見る人は寿命が限りないということだ、との意味で、白馬を「あおうま」と呼ぶのはかつて青毛馬を曳いた名残である。この行事では馬場に類する施設があるのであろう。このように、年中行事と後苑は密接な関係があり、それに要する施設があると思う。

　苑地に重要なのは曲水宴や饗宴に用いる園池（嶋、山斎）である。直木孝次郎は天平17（745）年4月16日付「園池司解」（『大日本古文書』2-399）をもとに、園池司が米を餌に孔雀を苑地の一隅で飼育したとする。これはいわゆる恭仁宮からの還都直前であるし、米などの請求先が久尓宮（恭仁宮）とあるから、平城宮のことのようである。平城宮内には東院（「揚梅宮南池」）、「西池宮」「宮西南池亭」など史料にもみえる苑があって後苑とは限らない。しかし、宮廷の園池に孔雀までが遊んだことは興味深い。こうした園池での遊びはもともと、不老長寿を願う意味があると思う［直木 1988］[8]。

この点で興味深いのは、「天武紀」の記事である。白錦後苑に幸じた天武14（685）年11月6日前後の記事では、天武は9月24日に「不予」（病気）となり、10月8日には美濃国に白朮（はくじゅつ・おけら）を煎さしめた。さらに苑に幸じた直後の11月24日にも白朮を献じる記事があり、同じ日に天皇のために招魂を行う。白朮は道教の仙薬でも上品の薬にあたり、招魂は仲冬寅日に行うのちの鎮魂祭（「神祇令」仲冬条）にあたるが、いずれも道教的な病気平癒祈願という［福永 1987］。苑に遊ぶことは、不予への対応策ではなかろうか。

　嶋に関わる今一つが念仏・写経を行う機能である。園池の辺りに阿弥陀堂を営む浄土式庭園が平安時代の10～11世紀に成立する背景をなすもので、この伝統は大陸の影響下に奈良時代に始まる［岸 1988］。それとともに造仏の場でもあったようである。傍証となるのが平城宮造酒司の南、幹線排水路SD3410検出の墨書土器である。これには「小嶋作仏所」とある［奈文研 1983］。小嶋は小なる嶋の意味であるが、ここでは特定の場所を指すのであろう。SD3410は先の東大溝SD2700の下流にあたり、発見地と水上池の距離は約0.5km。池の北岸に半島状の中嶋がある水上池西岸には、字「中嶋」がある。関野説はこれを『扶桑略記』天平感宝元（749）年正月14日条にみる平城宮中中島宮かとした［関野 1907］。岸説は否定的だが、関野説は正鵠を射ていると思う。小嶋は作善業の場であり、作仏所は写経所と同様の意味で設けたと思う。

　養老5（721）年9月、のちに光仁天皇の皇后となる井上内親王が斎王に卜定された。斎王は伊勢神宮に奉仕する未婚の皇女・女王のことで、伊勢に下向するまで斎宮に潔斎した。井上内親王の斎宮は北池辺新造宮とある。この斎宮推定の手懸かりが、『政事要略』巻24に引く「『官曹事類』（養老5〈721〉年9月11条）」である。ここには井上内親王を斎王となし、「北池辺の新造宮に移す。その儀（略）、左右衛士宮門より斎宮にいたる道の両辺に陣列し、宮に至りて安置しおわんぬ」とあって、斎宮を「北池辺」に新造し、「宮門」から「左右衛士」が道の両側に陣列したことがみえる。この記事からみて、斎宮が水上池西岸周辺にあった可能性がある。

　ここは平城宮周辺でもっとも風光明媚な場所である。この宮で井上斎王は神亀4（727）年9月まで6年間を過ごしたのであろう。奈良時代末の斎王である朝原内親王の斎宮も、平城とある。やはり内親王はこの地で、潔斎の日々を送ったのであるまいか。その期間は、延暦元（782）年8月から延暦4（785）年9月である。

　後苑と周辺は、生産や年中行事（饗宴）だけでなく、さまざまな場としてもあった。

4　平安宮の苑地

(1) 京内の神泉苑

　平安京（794～1185）では、後苑の伝統が途切れるかのようである。いうまでもなく、ここでは神泉苑が苑地であり、宮の東南隅に接した左京三条一坊の東半部8町分（東

西84丈〈251m〉、南北172丈〈513m〉）を占めたからである。

　神泉苑と桓武天皇の関係は深く、『日本紀略』延暦19（800）年7月19日条を初見として、桓武は27度にわたり行幸した。太田静六によると、神泉苑の竣工は平安宮内裏の主要殿舎のそれに先立つという。神泉苑は大きく3時期の変遷があり、第1期の桓武天皇～仁明天皇の代が最盛期で、中央に嶋を持つ大池（径約180m）があり、北側に乾臨閣と左右閣、東西釣台、滝殿、貴布祢社などの建物が、南には南山、西南部には馬場と馬埒殿があって、年中行事や詩宴、観歌、観魚の宴が行われた。

　弘仁10（819）年や天長元（824）年の祈雨の修法はこの苑の性格を大きく変える契機となり、以後、請雨止雨の祈願霊場としての役割を担った。ことに天長元（824）年3月の請雨修法は東寺の空海と西寺の守敬とによる競演の趣を呈しており、その一端は『今昔物語』本朝仏法部上巻第14などにみるところである。この後、旱魃には池水を開放することがたびたびあった［西田 1926、太田 1987、山田 1994］[9]。

　神泉苑が宮城に接する左京三条一坊に位置する理由は、唐玄宗皇帝（在位712～756）の興慶宮を模倣したものという。それは長安城における興慶宮の位置と平安京内での神泉苑の位置関係の類似、苑内の池のあり方などを根拠としたものであり、この時代における唐文明への憧れを考慮すると理解がしやすい。いずれにしても、ここは本来的には年中行事や饗宴を目的とした苑であり、蔬菜樹果などの食料生産に関わる性格や施設はないようである。

　では、生産に関わる機能はどこが担ったのであろうか。それが宮の北に接する北郊地における禁野、すなわち標野ともいう天皇遊猟地の設定であり、北野であろう。ここには前後して宮内省被官の園池司や同典薬寮など、内廷官司の付属や関連施設が設置をみた。

　やや年代が下るが、醍醐皇子で左大臣源高明（914～982）が撰した有職故実書『西宮記』巻8には、平安京北郊の施設として「乳牛院、北野、埴河（高野川）、園池」などの施設がみえる。それまで北苑が担った機能が、平安京において神泉苑と北野に分化したとみるべきであろう[10]。

(2) 北野の禁野化

　北野は後世に洛北七野、京都七野と称する野の代表である。現京都市北区を中心とし、諸書で微妙に異なるが正徳2（1712）年の寺島良安『和漢三才図会』巻56は内野（右近馬場南北）、北野（天神宮所）、紫野（大徳寺傍）、上野（今宮之北）、萩野（上野之西）、平野（北野之西）、蓮台野（舟岡之坤）などをあげる。北野の史料上の初見は、『日本紀略』延暦14（795）年8月壬午条の桓武行幸記事という。その後『日本後紀』延暦15（796）年11月2日条に「遊猟於北野」とあり、延暦16（797）年2月5日条や3月20日条にほぼ同文がみえる。前後の時期に「紫野」（延暦15年10月6日条）、大原野（延暦15年10月5日条、同16年正月25日条）、日野（延暦15年正月9日条、同11月21日条）、水生野（延

暦16年正月19日条)、登勒野（延暦ヱ6年2月16日条）、さらには延暦18（799）年にも栗前野（8月22日条）、陶野（9月22日条）、交野（10月9日条）、西野（10月22日）などへの遊猟記事がある。遊猟には特別の意味があるのであろう。北野の禁野化は弘仁5（815）年で、平安遷都（794年）から20年後のこと。高橋康夫によると、

『政事要略』巻70

「可禁制宮城以北山野事」

四至　東限園池司東大道　西限野寺東
　　　南限宮城以北　　　北限霊巖寺

右左近衛大将藤原朝臣侍殿上宣、闌入件山野内人等、及放飼牛馬之類、厳立牓示、一切禁断、若有強犯、固捉其身奏聞者、又六衛府営粟畠、毎年授地令営、而令採其實勿令苅草、以為恒例者

弘仁五年十月十日（右衛門）・佐安倍朝臣雄能麿奉

とある禁制がこれに該当し、範囲は東は大宮東大踏（東一坊大路）末にあたる園池司の東大道、西は平野神社門前東道と同一の野寺東の道、北は西賀茂西方の山中にあった霊巖寺、南は宮城北大路にいたる面積を占める。高橋の復原案［高橋 1983］を図上に計測すると、東西は東大宮大路が宮城東面の東一坊大路に、西の野寺（常住寺）は1936年以来の調査で現京都市北区北野白梅町にある北野廃寺と判明しており[11]、これが西堀川小路の末とすると東西は約1.2kmとなる。南北は南が宮北面の一条大路で問題がないが、北の霊巖寺は説が分かれる。仮に現西賀茂鎮守庵町の正伝寺の背後より船山の南山麓付近に故地を求めると、南北は5km強となる。この付近は平安京屈指の瓦窯地帯でもある。

　京内の神泉苑が条坊区画に則る（南北の長方形）のは当然として、京北の北野まで、東・西・南三面を道路で画す方形区画を指向することは興味深い。北野は広大で、洛北七野の多くを含む。また、先の史料によると、園池司の一部、六衛府（左右の近衛、衛門府、兵衛府）の粟畠があった。

　さらに、洛北の紫野斎院も北野の東辺一郭となろう。斎院は先に述べた斎王の宮のことである。斎王が伊勢下向まで潔斎する。弘仁元（810）年から建暦2（1212）年の廃絶まで紫野に置かれた。史料上の初見である『文徳天皇実録』仁寿2（852）年4月19日条の賀茂内親王〔恵子〕が「是日始入紫野斎院」以降はこの地にあり、角田文衞はその位置を宮城東北の北約1km（条坊で二坊分）、東は大宮大路末に面し、方50丈の敷地を占めたとする［角田 1972］。

　さらに、大同2（807）年5月に先帝（桓武）が北野に開いた新馬埒地（右近馬場）も、北野の宮城近傍に復原できる［高橋 1983、朧谷・角田 1982］。『西宮記』にみる北郊施設の乳牛院は割注「典薬別所、在右近馬場之西」から、この馬場に接したことが判明する。

　禁野としての北野は元慶6（882）年12月21日に、「但至于北野。不在此限也」と、その制が解かれた（『三代実録』同日条）。嵯峨野や栗栖野、大原野など他の野が重ねて

禁制となる中でのことで、元慶3（879）年に没した僧正真雅の殺生禁断の進言が契機という（『三代実録』元慶3〈879〉年正月3日条僧正真雅の卒伝記事）。それまでの施設は禁野解禁後も存続し、同時に天皇・皇族・権門貴族の別荘や邸宅、寺社の用地が次第に浸食する契機となった［高橋1983］。

　京北には内膳司が管掌する広大な「京北園」がある。延長5（927）年の『延喜式』巻39「内膳司」には、

　　　　園地卅九町五段二百歩　京北園十八町三段。奈良園六町八段三百卅歩。山科園九段。奈葵園五町五段二百四十歩。羽東志園四町九段。泉園一町。平城園二町。

とみえ、内膳司の園地39町5段200歩のうち、「京北園」は18町3段を占めた[12]。弘仁5（814）年の禁制では、内膳司の庁舎自体は北野に含まれる。では、京北の園はどうか。高橋説はこの規模を東西8町、南北4町とし、西は朱雀路の末、東は東大宮大路から一坊東側の西洞院大路までとする［高橋1983］。これに従うと南北は兎も角、東西の約半分は北野と重複する。

まとめ

　小稿では1995年10月以降、長岡宮で新たに検出した後苑遺構をもとに、古代都城の後苑の一端を概観した。宮に付属する苑地は1ヵ所に限られるものでもなく、北側とは限らない。しかし、天武朝の飛鳥浄御原宮以降は、後苑を設けることが一つの伝統となる。その淵源が中国にあることは、ほぼ疑いがない。しかし、史料は断片的であるし、遺構自体も不明な点が多く、古代後苑の実態を解明することはなお、将来に委ねなければならない。ここでは、後苑をめぐる諸問題のうち2点に絞って、見通しを簡潔に述べてみたい。

　第一点は、平面形と区画施設である。平城宮松林苑は東面施設が不詳だが、西面築地は地形に沿って不整形である。他方、平安京神泉苑は南北の長方形であり（図107）、北郊の北野もまた、道路を境に長方形（方形地割り）を指向する。平城京以前は不詳だが、藤原京の後苑は東西南北いずれか不詳としても方形区画であろう。そして浄御原宮のそれは不整形であった可能性がある。長岡宮の場合、はじめに述べたように不詳とはいえ、中央に朱雀路に対応する道路と東西に官衙区画があることからすると、平城宮松林苑とは異なり基本的に方形を意識しているのかもしれない。

　仮にそうなら、長岡宮後苑を境にそれまでさまざまな平面形を呈した後苑が、定形的な方形区画に転ずる可能性がある。これと同時に、松林苑と神泉苑が築地塀による囲繞施設をもつのに対して、平安京北野については区画施設が判然としない（図108）。本格的な施設がないとすると、苑と野は明確な囲繞施設の有無により区別できるかもしれない。この点でも長岡宮北苑の区画施設のあり方は、興味がある。

　次に、機能の問題がある。平城宮松林苑では少なくとも生産と年中行事（賜宴）の両面があったようで、さらにさまざまな要素が加わる。それが、平安京で年中行事等

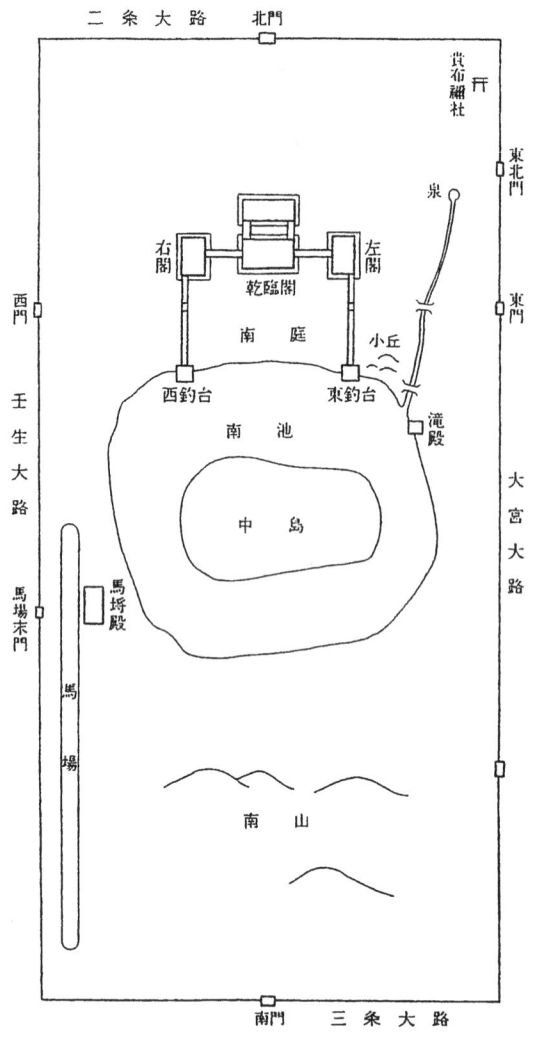

図107 神泉苑の復原図（嵯峨〜弘仁朝頃）
（太田静六著『寝殿造の研究』による）

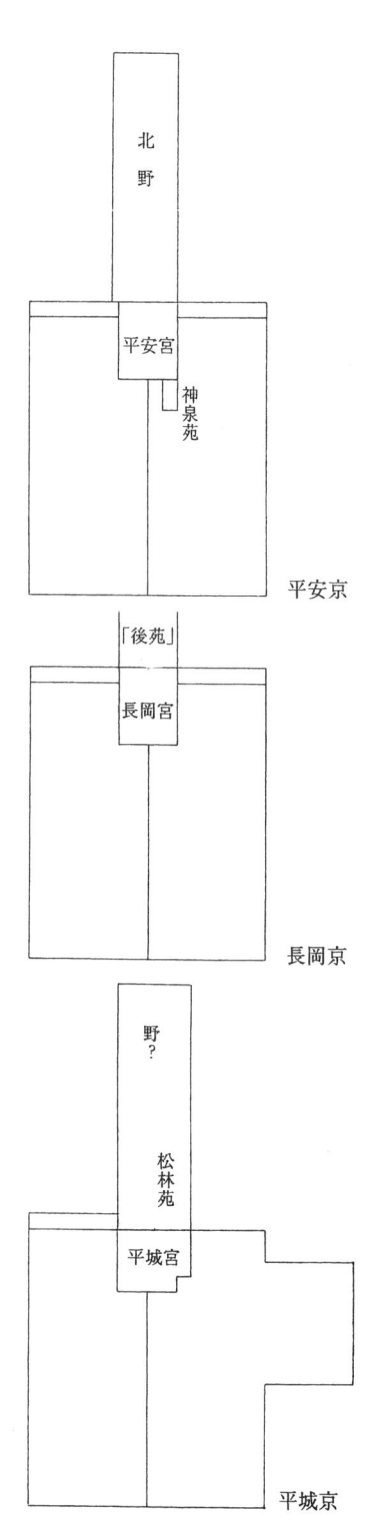

図108 後苑の展開過程概念図

320　第Ⅱ部　苑池と園林

表25　後苑の系譜

宮号	飛鳥浄御原	藤原宮	平城宮	長岡宮	平安宮
名称	白錦後苑	?	松林苑・松林宮・北松林	?	神泉苑
位置	宮の西北か	北?	宮の真北・大蔵推定地の北	宮の真北・大蔵推定地の北	宮東南隅・左京二条一坊
平面形	不正形?	方形か?	不正形	長方形?	長方形
規模	?	条坊規模	東西約1.8km?南北1.5km以上	東西1km南北?	東西560m南北280m
区画施設	?	築地大垣?	築地大垣	区画溝のみ?築地大垣?	築地大垣
苑地施設	園地＝出水酒船石	耳成山を含むなら池(『万葉集』16—3788)岸俊男説では園司関係の施設・薬園	松林宮の区画築地塩塚古墳前方部利用の亭オセ山など築山水上池と嶋掘立柱建物	朱雀路の対称となる道路官衙区画・門遺構水葱栽培の池掘立柱建物(園地管理棟?)	嶋を持つ大池(径約180m)北に乾臨閣と左右閣東西釣台、滝殿貴布祢社など南に南山南部に馬場と馬埒殿
苑地機能	年中行事?		年中行事		年中行事詩宴、観歌、観魚の宴雨止雨の祈願霊場(弘仁10(819)年や天長元(824)年祈雨修法以後)

を主とする神泉苑と、生産拠点としての北野に分かれるとすると[13]、どの段階でこれが生じたのか。間に位置する長岡宮後苑の構造が、一層重要性を帯びてくる。以上の見通しは別の課題を惹起する。長岡宮北苑が清水みきのいう長岡宮後期造営期に該当するとすると[清水 1986]、なぜそれが「遷都」当初に遡らないのか。この点は、古代都城史の中で改めてその意味を問い直す必要があろう（表25）[中尾 1992、金子 1997][14]。

都城と後苑の問題は古代都城史を再構成する新たな視点となるものであり、敢えて憶測に憶測を重ねた。考うべき課題は多い。それらは長岡宮後苑を含め、今後の諸宮における後苑調査の進展を待って、改めて論じたい。

[註]
1) 瀧浪貞子は上東門の成立を9世紀後半の平安宮の拡張に伴うもので、瀧浪の言う第二次平安京にあたり、築地を切り開いただけの「土門」で、牛車の通行が可能だったとする。
2)「北苑」の名称は史料にみないが、煩雑さを防ぐため、以下単に北苑と記す。北苑内都の官衙ブロックの規模、遺構の年代観などは[向日市埋蔵文化財センター 1997]による。北苑関連の調査はごく一部報告がある。向日市埋蔵文化財センター 1999「14笹屋遺跡第3次(7ASBKM地区)～長岡宮「北苑」、笹屋遺跡～発掘調査概要」『向日市埋蔵文化財調査報告書』第49集、pp.127～145。
3) これは[清水 1986]が述べる長岡宮前後造営論の後期造営期をさらに細分するものであろう。
4) 苑と園などの語義や意味については、小澤圭二郎の先駆的業績がある。小澤圭二郎1890「園苑源流考」『国華』第1編第5号、国華社、pp.3～4。

5) ［岡 1938］は中国の宮苑史に早くに着目した優れた論攷であり、孟亞寺男 1992『中国園林史』中国文化叢書2、文律出版社、台北、によると彼の地では1988年に常瀛生が『中国宮苑園林史考』と書名を変え、翻訳刊行したようである。
6) ここは上層遺構内郭の北西に接しており、宮外郭の外部になるか否かは微妙である。白錦後苑の一部なら、宮外となろう。
7) 宗懍は5世紀末から6世紀中葉の人。揚子江中流の湖北省江陵県に生まれ、南朝の梁に仕え梁の滅亡後は北朝の北周に出仕した。『荊楚歳時記』は彼が生まれ育った荊楚（中国南方）の年中行事が多い。
8) 嶋の遊びに魂振りの意味があることは、金子裕之 1997「曲水の宴」『平城京の精神生活』角川書店、pp.163～190参照。
9) ［西田 1926］は豊富な史料をもとに神泉苑を論じた研究である。
10) この点は東野治之の指摘がある。東野治之1982「平安宮の園地」『古代研究』24号、pp.14～18。
11) 野寺の位置は福山敏男の考証がある。福山敏男1968『日本建築史研究』墨水書房、pp.413～419。推定地の調査では瓦積基壇の伽藍遺構の他に、「野寺」の墨書土師器を検出した。寺域は東西南約220m・4町四方で、現下白梅町の北半、上白梅町、紅梅町南半、東紅梅町西南部にあたる。関口努・平田泰ほか 1994「平安京と寺院」『平安京提要』角川書店、pp.440～442、pp.458～460。
12) 京北と園池司の園地について、東野治之の考察がある。ただし、具体的な位置の特定はない。［註10］文献参照。

　　奈良園、奈癸園は清水みきのご教示によると、山城国久世郡にある。奈良園は京都府八幡市上奈良・下奈良付近。清水みき1992「8世紀の乙訓園」『長岡京古文化論叢Ⅱ』pp.127～138。推定地の調査は八幡市が一部を行っている。八幡市教育委員会1994『上奈良遺跡発掘調査概報』八幡市埋蔵文化財発掘調査概報第16集。

　　後者の奈癸園は、天平13（741）年6月26日付「山背国司移」（『大日本古文書』2－301）に「久世郡那紀里」とあり、比定地は京都府宇治市伊勢田町付近である。平城京二条大路東西大溝SD5300検出「二条大路木簡」に関連木簡がある。

　　　「・不坂上馬甘
　　　　・日□木苑宿」（081.『平城宮発掘調査出土木簡概報』29－23下）
　　　　　［菜ヵ］
　　　二条大路木簡の紀年銘は天平8（736）・9（737）年が中心である。菜木苑が奈癸園と同一なら設定は8世紀前半に遡り、こうした園の成り立ちを考える上に興味深い。

13) 筆者はかつて、平城宮松林苑の背後に木津川左岸付近に及ぶ平安京北野類似の禁苑施設を考えた。これは宮城の背後には墳墓がなく、天皇陵を含めた火葬墓、石のカラト古墳などは東北、西北丘陵のいずれかに偏ることを傍証としたものである。金子裕之「平城京と葬地」『奈良大学文化財学報』第3集、pp.67～103、特にpp.93～95。この墳墓の空白地帯には宮城所属の瓦窯群（いわゆる平城山瓦窯）がある。これが北野と類似の機能を持つとすると、囲繞施設をもつ苑の背後に禁野があり、平安京で神泉苑と北野に分化するという図式を描けるかもしれない。
14) 遷都時に宮がどこまで完成していたか、は困難な問題である。平城宮南面東南隅の調査では南面築地の成立が神亀年間（724～729）に下る、との所見がある。この場合、大垣の北約16mにある掘立柱大垣が機能した。大規模施設の建造に時間がかかることは当然である。松林苑も実態は別として、外郭築地の成立は軒瓦による限り平城宮軒瓦編年Ⅱであり、

和銅3（710）年の遷都より下る。したがって、長岡宮後苑の成立が「遷都」から下ることは異とするに足りない。

しかし、山中章の論説では後期造営に宮城を南側に拡張する意図があるとする。これは違うと思う。中尾芳治や筆者は、長岡京を難波京に代わる副都として計画したと考える。この視点からすると、長岡京に平城京の諸寺院が移転しない理由や、また延暦10（791）年前後の後期長岡宮造営の意味が平城京廃都、長岡京首都化の流れの中で合理的に説明できる。しかし、副都として計画・設計した宮を本格的に改造することは容易ではない。延暦13（794）年の平安遷都は、その抜本的解決策と思う。これについては改めて、論じたい。

[参考文献]

今泉隆雄 1992「長岡宮宮城門考」『古代宮都の研究』吉川弘文館、pp.337〜354。
太田静六 1987「神泉苑の研究」『寝殿造りの研究』吉川弘文館、pp.45〜66。
岡　大路 1938『支那宮苑園林史攷』満州建築協会。
朧谷　壽・角田文衞 1982「平安京」『角川地名大辞典26京都府』下巻、pp.96〜101ほか。
橿原考古学研究所 1990『松林苑跡(特)』奈良県史跡名勝天然記念物調査報告、第64冊。
橿原考古学研究所附属博物館 1998『大和を掘る16』p.64。
金子裕之 1997『平城京の精神生活』角川書店、pp.54〜55。
亀田　博 1988「飛鳥地域の苑池」『橿原考古学研究所論集』第9、pp.415〜469。特にp.449。
河上邦彦 1979「松林苑の確認と調査」『奈良県観光新聞』第277号。
岸　俊男 1980「松林宮と年中行事」『遺跡遺物と古代史学』吉川弘文館、pp.155〜158。
岸　俊男 1988「嶋雑考」『日本古代文物の研究』塙書房、pp.275〜320。特にpp.311〜313。
岸　俊男 1988『日本古代宮都の研究』岩波書店、「第1章緊急調査と藤原宮の復原」p.23、「第14章難波宮の系譜」p.350ほか。
坂本太郎 1964「荊楚歳時記と日本」『日本古代史の基礎的研究』上、東京大学出版会、pp.497〜512。
佐藤文子 1995「郊野の思想——長岡京域の周縁をめぐって——」『京都府歴史史料館研究紀要』第12号、pp.62〜63。
清水みき 1986「長岡宮造営論」『ヒストリア』第110号。
徐　松撰（愛宕元訳註）1994『唐両京条坊攷』東洋文庫、平凡社、pp.57〜64。
関野　貞 1907『平城京及大内裏考』東京帝国大学紀要、工科第3冊、p.157。
宗懍（守屋美都雄訳注・布目潮渢・中村裕一補訂）1978『荊楚歳時記』東洋文庫324、平凡社。
高橋康夫 1919「永遠の都平安京」『週刊朝日百科』56、3−27〜3−31。
高橋康夫 1983「平安京とその北郊」『京都中世都市史研究』思文閣出版、pp.60〜81。
瀧浪貞子 1984「初期平安京の構造——第一次平安京と第二次平安京——」『京都府歴史史料館研究紀要』創刊号、のち1991『日本古代宮廷社会の研究』思文閣。
張　家驥ほか 1997『中国園林芸術大辞典』山西教育出版社。
土橋　寛 1965『古代歌謡と儀礼の研究』岩波書店。
角田文衞 1972「紫野斎院の所在地」『古代文化』第24巻第8号、pp.228〜239。
直木孝次郎 1988「園池司と孔雀と島」『奈良時代史の諸問題』塙書房、pp.354〜357。
中尾芳治 1992「難波宮発掘」『古代を考える難波宮』吉川弘文館、pp.120〜169、特にpp.166〜169。
奈良国立文化財研究所 1981『平城宮北辺地域発掘調査報告』p.22。
奈良国立文化財研究所 1983『平城京出土墨書土器集成』Ⅰ、p.20。

奈良国立文化財研究所 1995『平城京左京二条二坊・三条二坊発掘調査報告』奈良文化財研究所学報、第54冊。
西田直二郎 1926「神泉苑」『京都府史蹟勝地調査会報告』第7冊、京都府、pp.1〜61。
福永光司 1987「古代日本と江南の道教」『道教と古代日本』人文書院、pp.80〜81。
向日市埋蔵文化財センター 1982『向日市埋蔵文化財調査報告書』第8集。
向日市埋蔵文化財センター 1987『向日市埋蔵文化財調査報告書』第22集。
向日市埋蔵文化財センター 1997『長岡宮北苑跡—長岡宮跡第316次調査概要—』。
向日市埋蔵文化財センター 1999『長岡宮跡第373次調査』長岡京連絡協議会会報No.98-12。
宮原晋一・山中章 1985「長岡宮跡第137次〜北辺官衙（商部）—推定大蔵〜発掘調査概要」『向日市埋蔵文化財調査報告書』第17集。
山田邦和 1994「左京と右京」『平安京提要』角川書店、pp.225〜226。
山中　章ほか 1983「長岡京の諸相」『向日市史』上巻、pp.386〜387。
山中　章 1992「長岡宮城南面と北辺の造営」『条里制研究』第8号、pp.1〜18。

〔追　記〕

　明日香村岡字ゴミ田、および出水に位置する出水酒船石遺跡は1999年1月から7月まで調査が行われ、大きな石垣護岸と中嶋、石造物がある園池がみつかった。浄御原宮推定地の内郭西北隅推定地から園池の東南まで約80mである（橿原考古学研究所1999『飛鳥京跡苑池遺構（飛鳥京跡第140次調査）調査概要』）。

　この導水施設の源はどこか。傍らの飛鳥川から直接取水することは高低差があり不可能である。奈良国立文化財研究所が作成した1/1000地形図「橘寺」（1955年8月航空撮影、同10月現地調査）によると、遺跡の耕作土の標高は109m。傍らの飛鳥川河床は104m以下である。標高1094mは遺跡から約250m上流の高市橋付近となる。現在、遺跡周辺の水田は1km余り南の祝戸堰から取水するという。以前は川原と橘に堰があったとのこと。前記の地図には両堰がみえる。遺跡から両堰までの距離は直線で約730mほど。このように上流から取水した可能性がある。水利の体系は一旦成立すると改変が難しく、飛鳥京跡を含めた飛鳥川右岸一帯の取水体系の一環とみるのが無難であろう。石神遺跡では7世紀中頃の斉明期に、真南北を基準とした遺構配置が出現する。あるいはこの頃に、水利の体系を含めた地割りの基本が成立するのであろうか。

第3章

平城宮の園林とその源流

1　古代都城と園林

(1) 苑囿と園林

　古代都城には園林（いわゆる庭園施設）が付属した。園林は当時の語では苑・苑囿などの施設を指す[1]。最古の字書である『説文』（許慎撰）には、

　　園「樹果ある所以なり」『説文』6下

　　苑「禽獣を養ふ所以なり」『説文』1下

　　囿「苑に垣有るなり」「一に曰く禽獣には囿といふ」『説文』6下

とある。園は果樹園、菜園など農園の意味であり、苑は禽獣、すなわち珍獣を含めた動物を飼育する施設となろう。囿はこの苑に垣など区画施設があるものを指す。

　古代の庭園施設を指す語は嶋である［岸 1979］。嶋は園池の中嶋を指す語であるが転じて施設全体を指す。山斎とも書く。これは山中に設けた書見用の四阿のことである。

　苑や苑囿などの施設を現在は園林の語で統一し、国家のそれを皇家園林、貴族豪商等のそれを私家園林と呼ぶようであり、以下ではこれに従う。

　中国古代にあって苑囿すなわち皇家園林は皇帝の威徳を示す施設であった。皇家園林の規模や数は帝国の力を象徴した（『漢書』巻67「校猟賦」他）。園林は水を湛える園池だけではなく、広大な敷地には無数の宮殿・楼閣に動物・植物園、果樹・薬草園、狩猟場、競技場、手工業生産地などがあり、一種の総合娯楽施設とする見方もある［張家驥ほか 1997］。

　漢長安城の南西にあった上林苑（紀元前142年築）は、規模が周300里（約123km）、あるいは方340里（約139km）とも伝えており、一つの市を超えるほどの規模であった。そこには昆明池、鎬池など10池、12門があり、その中に36苑、12宮、25観があった[2]。

　唐の長安城にはいわゆる西京三苑がある。長安城の太極宮、大明宮はそれぞれ西内、東内と呼ばれ西内苑、東内苑が付属した。これらを含むかたちで宮城の北には禁苑がある。隋の大興苑を引き継いだ施設で、東は滻水、北は渭水に達し、西は漢長安城を含み、南は都城と接する。ここは城壁がめぐり四面に開く門は10門、魚藻宮、南・北望春亭などの宮殿や亭宇は24ヵ所に上り、他に梨園などがある［徐（愛宕訳註）1994］。規模は東西27里（約14.3km）、南北23里（約12.2km）、周120里（約63.5km）と、上林苑の半分程度と伝える（図109〜111）。

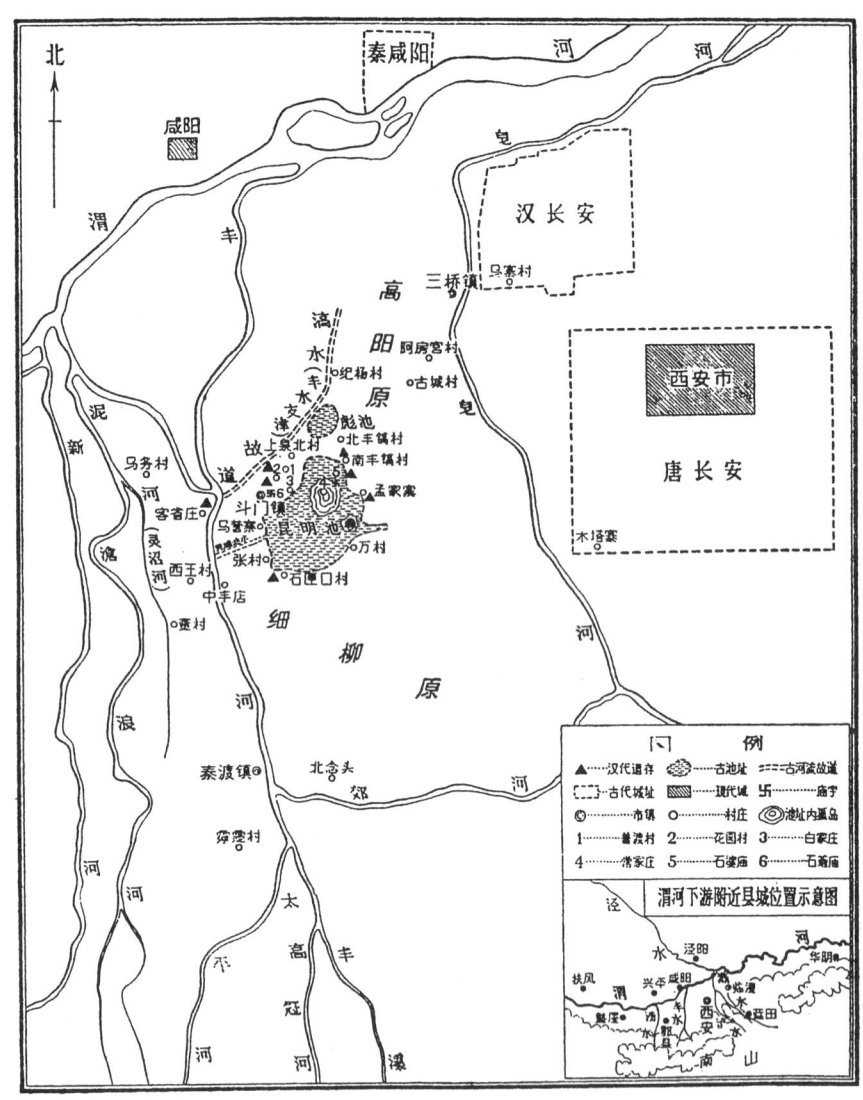

図109　漢昆明池と関連遺跡の遺存状態
（胡謙盈1980「漢昆明池及関連遺存踏査記」『考古与文物』1985-1）

(2) 生産と遊猟から饗宴へ

　園林の機能にはさまざまなものがあり、時代により違いがある。唐の禁苑では園林の広大さを生かし農業や魚鳥等の生産に主眼があり、同時に、皇帝の遊猟や文芸などにも利用された。遊猟（畋猟）には軍事訓練の側面と、猟後の饗宴という二面性がある。

　強大な唐帝国の成立は饗宴の場としての重要性をうながしたという［岡 1938］。

　生産の重視は漢の園林に近い。帝室財政の一翼を担った漢の園林は農産物などによる利益を求め、多数の宦官奴婢を使役したという。これに対して、唐と漢の間に位置する南北朝期では多様な例がある［村上 1955・1974］[3]。

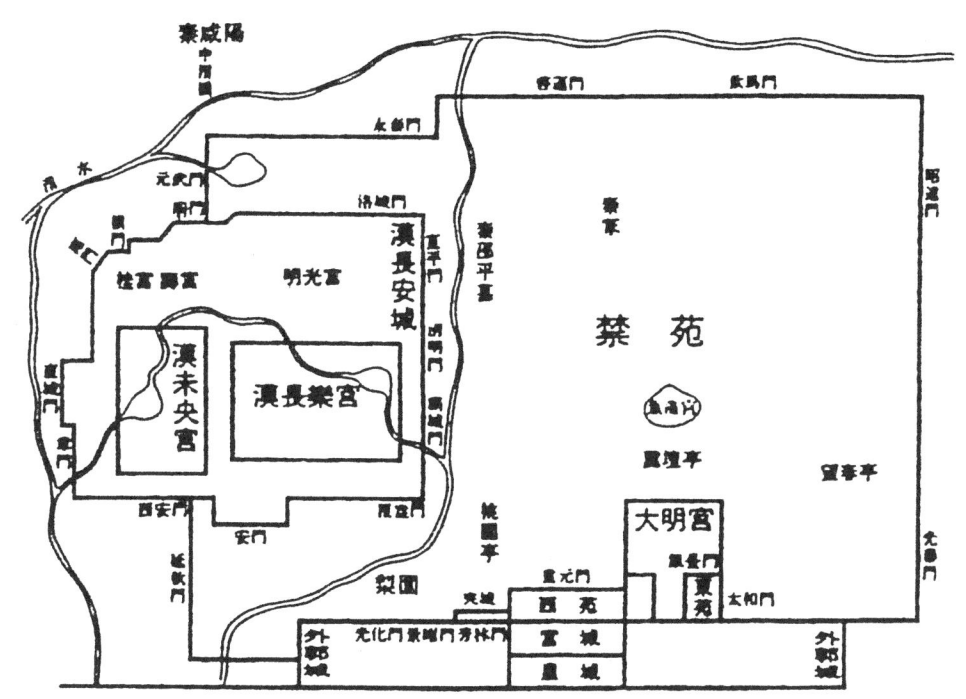

図110　徐松「西京三苑図」『唐両京条坊考』(平岡武夫『唐代の長安と洛陽』による)

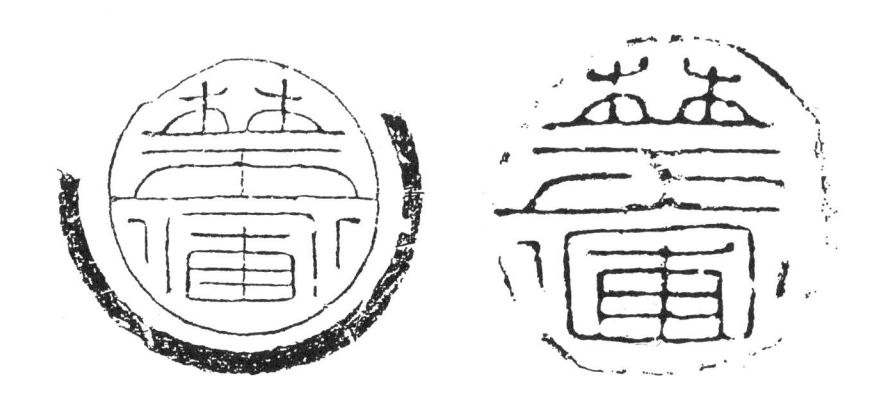

図111　禁圃の文字瓦(禁苑の圃を管理した禁圃の瓦、陝西省戸県甘河郷坳子村出土
(左：直径15.2cm　右：直径11.5cm、張天恩　2001「"禁圃"瓦当及禁圃有関的問題」『考古与文物』1985－5)

　南朝の華林園では、文芸や饗宴、訴訟、仏事、市を立てるなどの例があり、なかでも饗宴や訴訟は盛んである[4]。

　訴訟は宋代を例に取ると、武帝の永初2(421)年から孝武帝の大明4(460)年だけでも16件を数える(『宋書』)。園林が訴訟の場となったのは、訴訟が陰事に属するからで、南の宮城と陰陽の関係にある園林にふさわしい事柄であった[渡辺 2000]。他の園林では、祈雨の例もある[5]。

　園林の中で饗応等でメインの場所となる園池は神仙思想と関わる。ここには中国の古伝説にみる三山を象り、池中には人工島を複数築いた。

第3章　平城宮の園林とその源流

三山とは、紀元前91年頃に成立した『史記』「封禅書」(巻28)にみえる蓬萊山、方丈山、瀛洲のことである。この伝説では、渤海湾に棲む巨大な亀の一種である鼇が背負う三山には金銀の宮殿があり、神仙(僊)が不老不死の生活を楽しんだという。秦の始皇帝や漢の武帝は不死の薬を求めて渤海湾に船を浮かべたが、果たせなかった。宮廷内部に神仙世界を実現しようと試みた皇帝もいた。

　漢の武帝は太初元(前104)年、長安城の西、建章宮の北に泰液池を営み、蓬萊・方丈・瀛洲・壺梁を築き、海中神山亀魚之属を象り(『史記』巻12光武本紀・太初元年条)、この三山の周囲は水が潮(海水)のようにめぐったという(『漢書』巻87上・揚雄伝)。このことは文学作品にもみえる。

　張平子(張衡・76～139)の「西京賦」(『文選』巻2)はまさに、この泰液池の瀛洲・方丈山・蓬萊山の情景を詠う。さらに、南北朝期に下って、名文家として知られた鮑明遠(421?～465)の「代君子有所思(君子思ふ所有りに代す)」(『文選』巻31)には、「築山擬蓬壺。穿池類溟渤」(仙人の住む蓬と壺との山にまねて山をこしらえ、溟と渤との海にかたどって池を掘ってある)などとあって[6]、この思想の深さと広がりとを示している。

　上林苑の昆明池跡には人工の島が現存する。この池は漢帝国の西方展開に障害となる昆明攻撃の水戦訓練を目的に設けた施設である。遺跡は中国陝西省西安市の西方、豊鎬地区にあり、漢代以降の昆明池も重複するが、現存規模は10km²余り。周囲からの比高差2～4mの窪地として残っている[胡謙盈 1980](図109)。

　大明宮内の太液池(蓬萊池)は、漢長安城の太液池に由来し、蓬萊山(島)が現存する。この島は全体を版築技法によって築造している。近年の発掘調査では蓬萊島の西に接して別の中島1基を確認し、残る1基は西方の住宅街に推定できるという[何歳利 2002]。

　この慣習は朝鮮半島に伝来する。『三国史記』巻27、「百済本紀」武王35(634)年春3月条には、

　　「穿池於宮南。引水二十余里。四岸植以楊柳。水中築嶋擬方丈仙山」(池を宮の南に穿つ。水を引くこと二十余里。四岸に植えるに楊柳をもってし。水中に嶋を築き方丈仙山に擬す)

とある。この方丈仙山は三神山の一つの方丈山のことであり、百済は三神山伝説に基づいた島を、扶余王宮の南池に築いたのである。

(3) 飛鳥に伝来した園林

　斉明朝など7世紀代の政権と百済国との密接な関係は『日本書紀』に詳しいし、飛鳥期園池における彼我の関係についても尹武炳などの指摘があり[尹武炳 1990]、半島経由で園林の慣習が伝来したことを考慮すべきであろう。古代園林の嚆矢とも言うべき遺構は、飛鳥浄御原宮(672～694)に付属した白錦後苑であろう。『日本書紀』天武14(685)年11月6日条に

「幸白錦後苑」（白錦後苑に行幸）

とあり、さらに、持統5（691）年3月5日条に

「天皇観公私馬於御苑」（天皇公私の馬を御苑に観はす）

とある。両者は同じ施設かという。

　白錦後苑は明日香村岡字出水、出水酒船石遺跡の可能性が高い。この遺跡は飛鳥浄御原宮に比定される飛鳥京跡の内郭西北、飛鳥川右岸に接した地域にあり、規模は少なくとも南北が260m（900尺）、東西もほぼ同様と思う。これは宮北に置く後苑のはじめであろう。後苑は宮城背後に設けた一種の緩衝地帯で、背後への備えでもある。奈良時代には城北苑が山城の恭仁宮にある（『続日本紀』天平14（742）年正月7日条）。

　平城宮には後苑を含めて、宮廷内外に複数の園林がある。以下では平城宮園林の実態を述べ、それが白錦後苑など7世紀代の飛鳥期園池の慣習を引き継ぐと同時に、大陸の影響が色濃いことをみてみたい。

2　平城宮の園林

　東西約1.3km（2里半）、南北約1km（2里）の平城宮内外には、複数の園林がある。これら園林は苑と池から成る。『続日本紀』には松林苑、南苑、西池宮、楊梅宮南池の名や宮西南の池亭の記事があり苑と池の構成であった（表26）。これらはすべてが同時に存在したのではなく、名称変更を含めて奈良時代の中で前後があり、各遺跡はともに宮跡と周辺に比定できる。

　その規模、構造については未知の部分が多く、詳細は将来の発掘調査に待ちたいが、以下では関連史料を提示し、現状を述べることで将来への備えとしたい。

表26　平城宮園林の用例

日付	松林苑	南苑	西池宮	西南池亭
1月1日（元日）		18		
1月7日（白馬）		11		
1月16日（踏歌？）		17		
1月17日（大射他）	5			
3月3日（曲水）	1・3	7	26	30・31
5月5日（騎射）	2・4	21		
7月7日（相撲）		15	24	
冬　至		12・13・14		
仏教行事		22		
賜　宴		8・19		
賜　物		9		
授　位		16・20		
その他	6	10	25	

　なお、史料については参照の便を考慮し、通し番号とした。

(1) 松林苑関連史料と遺跡

松林苑は南苑とともに、奈良時代前半期の聖武朝（在位724～749）に特徴的な苑である。

1）天平元（729）年3月3日条「癸巳。天皇御松林苑。宴群臣。引諸司並朝集使主典以上于御在所。賜物有差」
2）天平元（729）年5月5日条「甲午。天皇御松林。宴王臣五位已上賜禄有差。亦奉騎人等。不問位品給銭一千文」
3）天平2（730）年3月3日条「丁亥。天皇御松林宮宴五位以上。引文章生等令賦曲水。賜施布有差」
4）天平7（735）年5月5日条「庚辰。天皇御北松林覽騎射。入唐廻使及唐人奏唐国新羅楽抃槍。五位已上賜禄有差」
5）天平10（738）年正月17日条「丙戌。天皇幸松林。賜宴於文武官主典已上賚禄有差」
6）天平17（745）年5月18日条「乙亥。天皇親臨松林倉廩。賜陪従人等穀有差」

松林苑記事は、『続日本紀』天平元（729）年3月癸巳条「天皇御松林苑。宴群臣」から、天平17（745）年5月乙亥条「天皇親臨松林倉廩。賜陪従人等穀有差」まで、6件があり、松林苑、松林宮、北松林、松林倉廩などとみえる。ここで松林苑とあるのは1件であるが、明らかな脱字の他は宮、倉廩など内部施設の呼称のようである。

松林苑の用例では節日の行事が目立つ。1月17日が1件5）。3月3日（曲水）が2件1）・3）。5月5日（騎射）が2件2）・4）。その他が1件6）である。

この遺跡は平城宮北方に広大な面積を占める。松林苑の南面築地塀は平城宮北面大垣の北約240mにある。

平城宮は平城山丘陵の三つの尾根と谷に跨る。松林苑西面築地塀は平城宮の中心をなす尾根の西端部、傾斜変換点にあり、京都府との県境である分水嶺付近まで、約1.5kmが遺存する。築地規模は基底部の幅がほぼ3m、高さは推定5mと平城宮大垣とほぼ同じである。ただし、西面築地塀の遺存が良好であるのに対して、東面の区画施設が不詳のため、松林苑の東西規模は不明である。これについては説が分かれるが、最大にみる説は、東限を山城との往還路であるいわゆる「こなべ越」のルートとみる。現在JR関西線、国道24号線が通る谷筋であり、この場合の東西規模は約1.8kmとなろう。

苑内には築地塀による宮殿区画がある。天平2（730）年3月条にみる松林宮であろう［橿考研 1997］。

苑中最大の園池は、平城宮東院地区の北に接する谷に営む広大な水上池である。1986年の北面大垣の発掘では、基底部に掘り込んだ東西溝SD12975からみつかった土器が平城宮土器編年のⅤ期であり、少なくとも奈良時代中頃にはこの谷筋を整地していたことが明らかである［奈文研 1987］。

池の規模は最大で約350m四方。水源は池の北側一帯の降雨という。宮内の幹線排水路である東大溝SD2700は、この池の西側排水路が水源である。

　池の北岸と西北岸には出島があり、前者には布目瓦が散布する。未調査のため詳細は不明であるが、瓦葺の亭があったのであろう。かつてはこれら出島などの数が多く、江戸時代末期の弘化4（1847）年の「水上池中島九ツ取払につき御願案」では、出島や中嶋が10ヵ所あり、この時に中嶋などの破壊を申請している［内田 2001］。

　現在、周辺はかなり開発が進んでいるが景勝地であり、春にはかつての面影を偲ぶことができる。

(2) 南苑関連史料と遺構

　南苑は南樹苑ともみえる施設で、聖武朝に特徴的な点は松林苑と共通する。南苑には「北」松林に対する意味もあるのであろう。

　7）神亀3（726）年3月3日条「辛巳。宴五位已上於南苑。但六位已下及大舎人（略）」

　8）神亀4（727）年正月9日条「壬午。御南苑宴五位已上。賚帛有差」

　9）神亀4（727）年3月22日条「甲午。天皇御南苑。参議従三位阿倍広庭宣勅云。衛府人等。日夜宿衛闕庭。不得輒離其府散使他処。（賜物）」

　10）神亀4（727）年5月20日条「辛卯。従楢波池飆風忽来。吹折南苑樹二株。即化成雉」

　11）神亀5（728）年正月7日条「申辰。天皇御南苑宴五位已上。賜禄有差」

　12）神亀5（728）年11月13日条「乙巳。冬至。御南苑宴親王已下五位已上」

　13）天平3（731）年11月5日条「庚戌。冬至。天皇御南樹苑宴五位已上。賜銭親王三百貫。大納言二百五十貫。正三位二百貫。自外各有差」

　14）天平4（732）年11月27日条「丙寅。冬至。天皇御南苑宴群臣。賜親王已下施及高年者綿有差」

　15）天平6（734）年7月7日条「丙寅。天皇観相撲戯。是夕徒御南苑。命文人賦七夕詩。賜禄有差」

　16）天平9（737）年10月20日条「庚申。天皇御南苑授従五位下（授位略）」

　17）天平12（740）年正月16日条「癸卯。天皇御南苑宴侍臣。饗百官及渤海客於朝堂」

　18）天平19（747）年正月1日条「丁丑朔。廃朝。天皇御南苑宴侍臣。勅曰（天下大赦）」

　19）天平19（747）年正月20日条「丙辰。天皇御南苑宴五位已上。諸司主典已上賜酒肴」

　20）天平19（747）年4月22日条「丁卯。天皇御南苑大神神主従六位上大神朝臣伊可保。大倭神主正六位上大倭宿禰水守並授五位下」

21) 天平19（747）年5月5日条「庚辰。天皇御南苑観騎射走馬」
22) 天平19（747）年5月15日条「庚寅。於南苑講説仁王経。令天下諸国亦同議焉」

　南苑史料の内訳は、節日行事が5件（18・11・17・7・15）。ただし、17）はいずれの行事か判断に苦しむ。冬至が3件（12・13・14）、他に法会1件22）、賜宴2件（8・16）、賜物1件9）、授位2件（16・20）、他1件10）である。
　南苑の場所は早くから問題であった。宮内の施設であることは、『続日本紀』の記事から判明する。すなわち16件の史料のうち聖武帝の動静を伝える13例には、天皇「徒御」「御」とあり、「幸」「行幸」とするものは1例もない。令制下では行幸は宮外への出御を、徒御・御は宮内での移動を意味するから、南苑が宮内施設であることは確かであろう。
　その場所について、関野説が第一次朝堂院地区に比定して以来［関野 1907］、西宮南隅説、東院説などがある［小沢 1996］。後者の東院説は、南苑が皇太子の居所である東宮と機能的に類似することから導いたものである。
　史料には3回の冬至を含め年中行事関連記事が9件あり、他に仁王般若経講説、賜宴、賜物、授位、その他がある。仁王般若経講説は、のちの大極殿行事などでみる。岩本説は光仁朝と限定付きであるが、ここが内裏的な意味をもつとする［岩本 1991］。
　平城宮東院地区は、中央やや東寄りに丘陵尾根が南北に延び、その突端付近には現在、宇奈多理社がある。社殿建築は室町時代に下る重要文化財である。尾根筋を挟んで東南のいわゆる青龍の地には園池遺構があり、西側には宮殿地区がある（図112）。
　後者の宮殿区画の一部は大阪軌道（現在の近鉄奈良線）が軌道を敷設する際の土取り場となったため、遺存不良な部分があるが、北半部には築地塀で画された広大な区画が広がる。奈良時代後半、ここには大きな双堂の殿舎SB17810・17800とこれに軸線を揃えた前殿SB17820、後殿SB17830がある。このうち双堂の規模は桁行がいずれも6間、梁間は2間と4間の総柱建物を前後に配置し、中央の2間分を軒廊でつなぐ構造である（図113）。
　ほぼ同時期の第一次大極殿地区「西宮」には、同じように総柱（揚床）式とした殿舎がある。この場合は桁行9間であり、格式では大きな差があるが、両者は一体の構想のもとに営まれたとする見方がある［浅川ほか 2000］。
　少なくとも、仁王般若経講説などにふさわしい場所が、この地区に存在したことは遺構の上からも確かなようで、ここが儀式空間の中心であろう。
　東院地区が南苑であるなら、8世紀前半の東院庭園は南苑の一施設となろう。その推定規模は、東西約260m（計画尺で約900尺）、南北約360m（計画尺で約1,200尺）ほどとなる。

(3) 楊梅宮南池史料

図112　東院地区の地形　1:4000

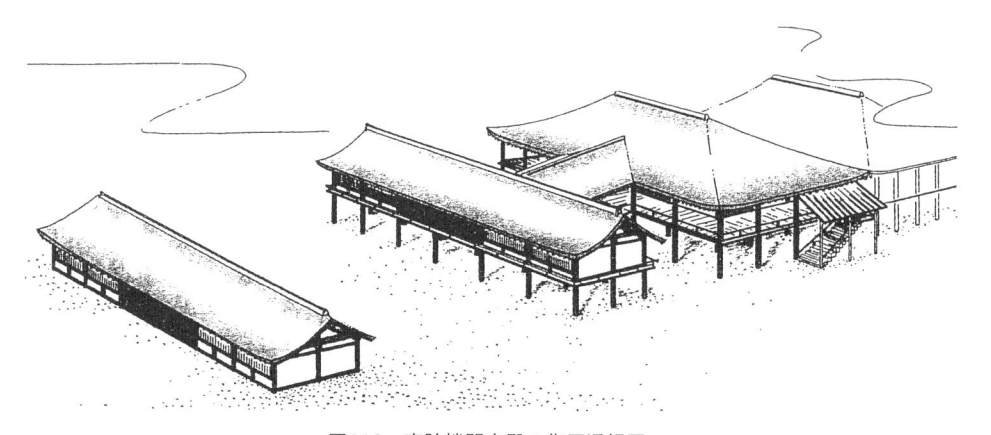

図113　東院楼閣宮殿の復原透視図

第3章　平城宮の園林とその源流

東院地区は時代により性格と呼び名が変わった。史料によると奈良時代後半期の称徳・光仁朝には大規模な造営事業があり、光仁天皇即位後の宝亀2（771）年には楊梅宮と名を改めた。その東南隅に南池がある。関連史料は『続日本紀』に次がある。

23）宝亀8（777）年6月18日条「戊戌。楊梅宮南池。生蓮一茎二花」

　東院の庭園遺構は掘立柱塀による区画内部にある。園池を中心にして楼閣、曲水溝、橋、築山などから成る。池の規模は東西南北ともほぼ60m。奈良時代前半と後半の2時期があり、平面形はいずれも曲率が大きく、変形した花弁型とでもいうべき形を呈する。池は比較的浅く、池底の立ち上がりは緩やかである。中嶋があり、周囲には掘立柱の区画施設、宮殿、橋、石組み、2時期の玉石組の曲水溝などがある。

　東院には玉殿があった。神護景雲元（767）年4月14日条に、「癸巳。東院玉殿新成。群臣畢会。其殿。葺以瑠璃之瓦。画以藻糸𦅣之文。時人謂之玉宮」とあり、玉殿の屋根には瑠璃の瓦（緑釉・三彩の瓦）を葺き、建物には藻𦅣（そうくわい）の文様を描いたという。

　藻𦅣を一説は水草の絵の文様とする［青木ほか 1995］。しかし、藻は水藻の意味より文様的な美しさをいう語、𦅣は色糸で織り上げたものの意味（『字統』）があり、水草とは限定できないように思う。また、この記事では文様の場所に触れていないが、中国建築ではこうした文様は通常、天井とその周囲に描くようである。少なくとも壁画ではあるまい。玉殿の位置はまだ明らかではない。

　光仁朝の宝亀年間（770～780）、この地区は楊梅宮となった。『続日本紀』宝亀2（771）年2月27日条には「壬申。初造宮卿従三位高麗朝臣福信。専知造作楊梅宮。至是宮成。（授位）是日。天皇徙居楊梅宮」とある。東院庭園はこの楊梅宮の東南隅にあたる。

　史料23）宝亀8（777）年6月条「楊梅宮南池に一茎二花の蓮を生ふる」によると、池の名称は「楊梅宮南池」であり、この時期には蓮池であった。

　ただし、発掘した東院庭園は池底が礫敷きである。泥質の土壌で棲息する蓮の地下茎はこの状態では自生できない。おそらく一種のポットを設置し、栽培したのであろう。ちなみに、玉石敷きの池底に木製の槽を設置するものに、平城京左京三条二坊特別史跡宮跡庭園がある。

　すでに述べたように、東院地区の西側には総柱の宮殿SB17810・17800がある。内裏的性格の殿舎であろうか。これらから東院即南苑説があることはすでに述べた。この説では楊梅宮南池と南苑は同一地域となる。楊梅宮南池は奈良時代を通じて前後2時期の造り替えがあり、奈良時代前半には南苑の施設だった可能性がある。

(4) 西池宮史料と遺構

　西池宮は平城宮の西北隅、第一次大極殿院の西北に接する。関連史料には『続日本紀』の他に、『万葉集』と木簡がある。

24）天平10（738）年7月7日条「癸酉。天皇御大蔵省覧相撲。晩頭転御西池宮。因

指殿前梅樹。勅右衛士督下道朝臣真備及諸才子曰。人皆有志。所好不同。朕去春欲翫此樹而未賞翫。花葉邉落。意甚惜焉。宜各賦春意詠此梅樹。文人卅人奉詔賦之」

25)『万葉集』巻8 「御在西池邊肆賜歌一首」

池邊乃松乃末葉尓零雪者五百重零敷明日左倍母将見　（池の辺の松の末葉（うらば）に降る雪は五百重降り敷け明日さへもみむ）　　　　　　　　　　（『万葉集』巻8－1650）

26) 神亀5（728）年3月3日条「己亥。天皇御鳥池塘、宴五位已上。又召文人賦曲水詩」

27)・嶋掃進兵士四人依人役数欠
　　・状注以移　天平十一年正月二日
　　　　　　（6019：『平城宮発掘出土木簡概要』8－3、平城宮63、6ADC－GD39、SD6499）

28)・□掃兵士四人依蓮池之格採数欠　〔嶋カ〕
　　・□注以移「坂坂」天平十年六月九日　〔状カ〕〔坂〕
　　　　　　（6019：『平城宮発掘出土木簡概要』8－3、平城宮63、6ADC－GD39、SD6499）

29)・嶋掃進
　　・以移
　　　　　　（6019：『平城宮発掘出土木簡概要』8－3、平城宮63、6ADC－GD39、SD6499）

　西池宮史料は3月3日1件26)、7月7日1件24)、その他1件の3件である。

　平城宮の西面北門跡の東に位置する現佐紀池は、西池宮の園池遺構の一部である。第一次大極殿院とその北に位置する大膳職推定地の西側、北の現御前池から広がる谷筋に営む（図114）。

　佐紀池西岸には直径が50mほどの中嶋が残り、南側には宮殿跡などがある。佐紀池下層の調査では、池北端近くの東・西岸にある洲浜敷きや、池南端部の一部を検出した。園池SG8500の中央付近には古墳時代前期の遺構があり、それらが埋没したのちに営む［奈文研 1977］。

　調査は一部に留まるが、北の御前池から延びる谷地形や周辺部の調査成果などからみて、園池SG8500の規模はほぼ東西が250m、南北が150～200mであり、中央西寄の中嶋を包み込むように北側に凸字状に張り出す。仮に御前池も一体とすると、高低差からみて中間には東西の堤を設けていたであろう。

　池の堆積土中には神亀頃から9世紀中頃の土器、「天平十八」年の紀年銘木簡などがあり、園池が奈良時代初期から平安初期まで機能したことが明らかである。この池の排水溝SD3825は、第一次大極殿院の西を流れる宮の基幹排水路（西大溝）である。

　西池宮は園池の西・南側が主体であろう。池の北東岸は高燥な地形にあり、宮殿の立地としては絶好の環境にあるが、後世の全面的な削平もあって遺構確認はできなかった。園池の西岸一帯は住宅の建て替えなどに際した小規模な発掘調査しか行ってお

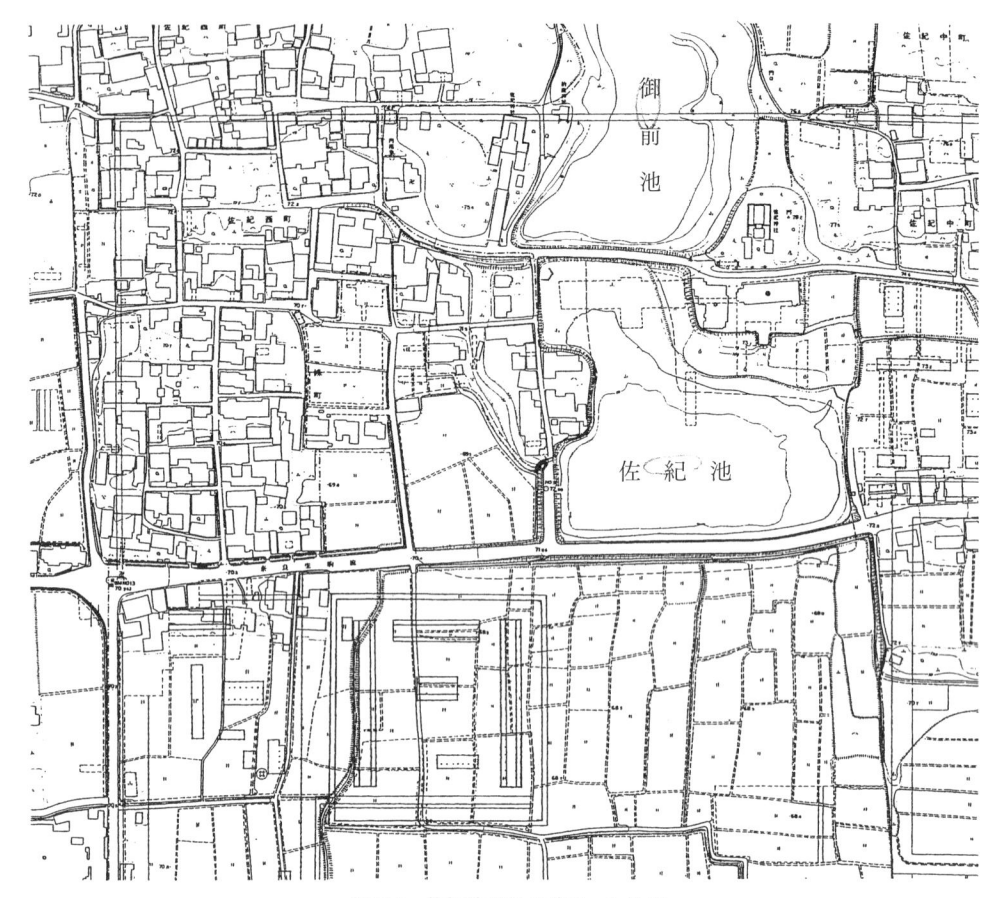

図114　佐紀池周辺の地形　1:4000

図115　西池宮推定地の東脇殿〈奈良文化財研究所提供〉

らず、実態は不詳である。

　他方、池の南岸には東西380尺、南北400尺の宮殿区画があり、桁行21間・梁間4間の二面庇をもつ巨大な南北棟建物などを左右対称に配する。史料24）にみる西池宮の可能性があろう（図115）。

　園池SG8500の排水溝SD3825には木製品などが多数あり、なかに百萬塔の未製品がある。この小塔は天平宝字8（764）年の藤原仲麻呂（恵美押勝）の叛乱鎮圧後に、乱関係者の鎮魂のために称徳女帝が製作したものである。園林は写経など作善業の場所でもあり、西池に近接して百萬塔工房があった可能性がある。

　史料26）の鳥池塘は、岸説では鳥が十二支「酉」と同義であって西池宮のこととする。

　木簡史料27）〜29）は、西池宮の南西、馬寮推定地との間の溝SD6499発見木簡である。紀年銘には天平10・11（738・739）年があり、ここには嶋掃除の兵士を進める文言がある。史料28）の「蓮池格」木簡は、蓮池の格（長い枝）を採る数が欠けたので、嶋を掃く兵士を進める意味という。この嶋は園池というより、「嶋掃部所」といった管理部署の可能性があるという。木簡が馬寮東北に位置する西池に関わるのなら、ここが蓮池だった可能性は高い［玉田ほか 1999〕[7]。

　西池宮の全体規模は、推定で少なくとも東西260m（計画尺で約900尺）、南北は御前池まで含むなら約360m（計画尺で約1,200尺）になろう。この場合、検出したSG8500の池岸の標高と周辺地形の傾斜からみて、SG8500の北に谷を塞ぐ東西方向の堤が必要である。現地形では御前池と佐紀池は段差があり、中間には東西方向の堤がある。この堤の基底部の築成もまた、奈良時代に遡るのであろう。

(5) 宮西南池亭史料と遺構

　宮西南池亭は宮城西南隅に比定できる。関連史料には次のものがある。

30)『続日本紀』天平宝字6（762）年3月3日条「壬午。於宮西南新造池亭設曲水之宴。賜五位已上禄有差」

31)『続日本紀』宝亀3（772）年3月3日条「甲申。置酒靫負御井。賜陪従五位已上。及文士賦曲水者禄有差」

　史料30）の「宮西南に新たに池亭を造り曲水の宴を設ける」は、前後に保良宮（滋賀県）に関連した記事があり、この記事も保良宮説がある。仮に保良宮のことなら、この宮の西宮隅に池亭があることになろう。

　史料31）の「靫負御井に置酒。陪従の五位以上、及び文士、曲水を賦する者に禄を賜う」とある靫負（ゆげい）井戸での曲水宴は比喩である。岸説は靫負司（ゆげいのつかさ）を衛門府とし、「宮西南池亭」と同じとする。亭はものみ、たかやぐらであり、池亭は池辺のあずまやの意味であるが（『字通』）、園池周囲の広大な余地は大規模な宮殿があった可能性を思わせる。

図116　宮西南部の地形　1:4000

記事の日付は光仁天皇の皇后井上内親王が天皇を呪詛したとして、廃后の宣命を発せられた翌日である。

　宮西南池亭史料は2件、3月3日（曲水）の記事30)・31）である。

　宮西南池亭推定地の園池SG10240は、宮城西面中門（佐伯門）付近から、南面西門の若犬養門北側まで痕跡がある。平城京右京西二坊を南北に貫流する秋篠川の旧流路を利用して造営した施設であり、南北が約400m、東西が最大で約80mを測る。左右の岸は大きく出入りする（図116）。

　発掘調査は若犬養門跡の発掘時に、南端の排水溝SD10250を調査したのに留まり、全貌は明らかではないが、池の南端には護岸のシガラミがある。造営は奈良時代初期に遡るようで、廃絶時期は10世紀初頭に下る［奈文研 1982］（図117）。

　排水溝SD10250は若犬養門心の西25mにある。排水溝の取水部には6本の掘立柱から成る堰状遺構がある。溝の幅は掘形の上幅で8m、下底部では約2m、長さは約30mであり、宮城の南面外濠SD10250に注ぐ。奈良時代の初期から暗渠、開渠という複雑

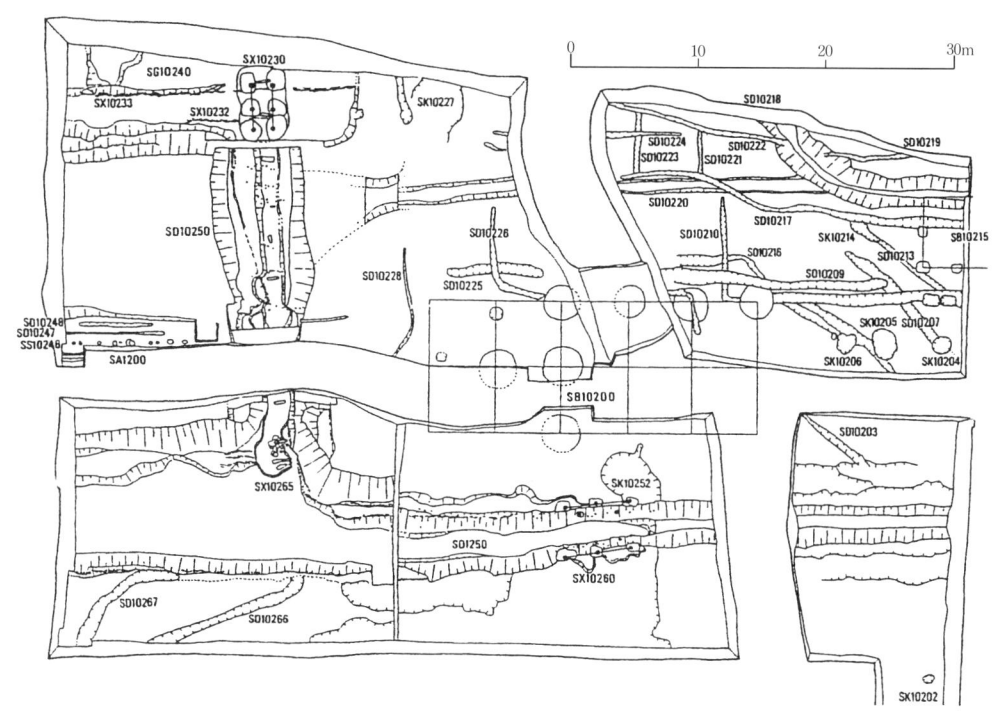

図117　若犬養門跡と園池南端部の遺構　1:800

な改修を繰り返した。排水口付近の侵食状況からみて流水量は多かったようであり、排水口のSD1250の底には川原石による石組み（枡）を設けていた。

　周囲の諸施設が不詳で全体を推定する手懸かりに乏しいが、南は若犬養門、北西が玉手門付近とみると、最大でも東西南北ともに260m（計画尺で約900尺）ほどとなろう。そうした場合、池宮との違いは呼び名の違いとなろう。

　いずれにしても、宮北には松林苑があり、宮城内の東西には池宮、池亭がある。平城宮中心部の丘陵上には第一・二次大極殿・朝堂院の2区画があり、それらを囲む谷地形に苑や池宮、池亭を配置する。

3　園林と年中行事

(1) 苑池の機能と年中行事

　『養老令』によると、宮廷園林を管掌したのは宮内省園池司である。「職員令」園池司条には、

　　「園池司
　　　正一人。掌諸苑池。謂。凡苑池之所育。有可以供御者。皆司其地。令不浪侵也。
　　　種殖蔬菜樹果　謂。草可食者。皆為蔬菜。樹菓猶菓子。其種殖二字。兼属蔬菜樹菓也。
　　　等事。佑一人。令史一人。使部六人。直丁一人。園戸。」

とある。これによると園池は蔬菜類の栽培場所であり、園池司の主業務は苑（園）池

施設の管理と、天皇等の食膳に上る蔬菜類の栽培である。

『令集解』では蒼頡篇を引いて園は養牛馬、苑は養禽獣と註釈しており『令義解』、『令集解』ともに解釈は変わらない。

他方、史料では苑池は年中行事の場としてみえるが、なぜかこれは令にはみえない。雑令第卅諸節日条によると、奈良時代の節日（のちの節会）は「正月一日。七日。十六日。三月三日。五月五日。七月七日。十一月大嘗日」の7日間である。

節日は季節の変わり目などに行う祝の日のこと。1月1日は元日、1月7日はおそらくは白馬、1月17日は大射、3月3日は曲水、5月5日は騎射、7月7日は七夕と相撲であろう。平安期の節会は儀式と宴から成るが、節日では儀式次第は未整備で、宴が主体という。以下、これら儀式を簡単に述べておく[8]。

正月7日は白馬節会。中国由来の儀式で、平安期には左右馬寮から白馬を庭上に引き出し天覧ののち、賜宴がある。大伴家持の歌に、

「水鳥の鴨の羽色の青馬を今日見る人は限りなしといふ」

（『万葉集』巻20-4494）

とある。水鳥の鴨の羽色のような青馬（白馬）を、今日見る人は寿命が限りないということだ（土橋説）、の歌が示すように、この行事が奈良時代には年中行事化していた。

白馬を「あおうま」と呼ぶのは青毛馬を曳いた名残り。この行事では馬場に類する施設が必要である。持統紀の御苑で馬を曳く記事からすると、白錦後苑にはそうした施設を想定すべきであろう。

正月17日は大射か、踏歌、あるいは御薪であろう。大射は天平宝字4（760）年以降は射礼と呼ばれる観射儀で、大宝元（701）年正月18日条にみえ、以後の国史では正月17日に固定している［井上（関校註）1976］。平安期には建礼門前の射場において親王以下、五位以上の官人、諸衛府の射手が成績を競う。ただし、前日の16日は踏歌あるいは御薪であり、場合によってはその可能性もあろう。

踏歌は踏歌節会として1月16日の行事であった。地を踏み拍子をとって踊り歌う。起源は土橋説では、踏むことにより新しい生命力を取り入れる中国の青踏である。唐では正月15日に行う。内教坊の男女が行い16日が女踏歌、15日が男踏歌である。持統紀7（693）年正月条が初出である。御薪は百官が薪を奉る行事で、御薪は御竈木で、正月の神聖な火を作る燃料を進める意味という。天武4（675）年正月3日を嚆矢とし、翌5（676）年正月15日以後、15日に固定した。

3月3日は曲水宴。曲水宴は屈曲のある流れ（曲水）に酒杯を浮かべ、漢詩文を詠む行事。もとは沐浴行事であり、これが遊びとなり鳥を象る羽觴を浮かべるかたちになったという。奈良時代に伝来した宗懍『荊楚歳時記』などに強い影響を受けた。『続日本紀』に前後9回もみえる。東院庭園の曲水溝はこれらに関連した施設であろう。

5月5日は端午の節日。騎射を行う。5月は悪月とされ、邪気を祓うため菖蒲縵をかけ、薬草狩りなどの行事があった。

7月7日は七夕と相撲である。七夕は牽牛織女聚会の日である。山上憶良の七夕12首には（養老6〈722〉年？）、
　「天の川相向き立ちて吾が恋ひし君来ますなり紐解き設けな」

(『万葉集』巻8－1518)

とある。星に願いをこめる、いわゆる乞巧奠と結合するのは、10世紀末以降のことという。

　小南一郎説では、年中行事は宇宙の規則的な運行に必要不可欠な行為であり、古代の政治にとって重要であった。『続日本紀』の編集方針が年中行事に冷淡なことを考慮すると、節日行事は遺漏なかったであろう。記事の数に多寡はあるが、実際に1）～29）（25～27を除く）史料の日付が1月7日（白馬）、1月17日（大射他）、3月3日（曲水）、5月5日（騎射）、7月7日（相撲・七夕）等に集中することからみても、宮廷苑池は年中行事の場といえよう。

　なお、南苑に関しては冬至、仏教行事など節日以外にも用例が多く、この施設の性格を考える上に重要である。

　年中行事は先に述べたように儀式的な前段と後段の賜宴から成る。これに対して、山中裕説は奈良時代の初期にはそうした型式が整わず宴のみであったとする。いずれにしても饗宴の場である。これは園池が三神山を象ることと無関係ではないであろう。そこは内なる神仙世界であり、その「宴、遊び」には不老長寿を願う意味があるのではなかろうか。

　苑と池（宮）はともに一定の規模を備え、内部には園池と導水路（のちの鑓水）、池に架かる橋などのほかに、宮殿楼閣、亭などの建造物、さらには梅林や薬草園などがあったであろう。『懐風藻』『万葉集』などの詞華には、それを示唆する作品が少なくない。こうした苑池は唐や南北朝の園林との関わりで興味を引く。

(2) 苑と池の違い

　苑と池（宮）の違いは何か。平城宮の実態に照らすと、規模と機能の違いであろうか。最大規模の松林苑は、先に述べたように東限が未確定であるが、現状でも平城宮の面積に匹敵する。これに対し、他の池（宮）は宮内にあることもあって比較にならない（表27）。おそらく、苑には蔬菜園や薬草園など農園機能があると思う。この点は、白錦後苑に擬せられる出水酒船石遺跡の堆積土からみつかった梅桃の種子遺物や、

表27　平城宮苑池の推定規模

	東　西	南　北
松林苑	約1.8km（最大説）	約1.5km以上
南　苑	約260m（計画寸法900尺か）	約360m（計画寸法1,200尺か）
西池宮	約260m（計画寸法900尺か）	約260m（計画寸法　900尺か）、約360mか
西南池亭	約260m（計画寸法900尺か）	約260m（計画寸法　900尺か）

薬草木簡などからも推定ができる。

　これに対し、池（宮）は饗宴を主体とするのであろう。平安宮の神泉苑はこのように考える上に参考となる。神泉苑は平安宮（794～1185）唯一の園林であり、平安宮の東南隅に接する左京三条一坊にあって6町を占めた（南北約530m〈令制1里〉、東西約265m〈半里〉）。その一部は二条城の南に現存し、地下鉄東西線の工事に伴う調査で遺構の一部を検出している。

　この遺跡は歴史地理的な研究が進んでおり、そのうち太田説によると苑の中央には大池と嶋がある。池の直径は約180m。その北に面して乾臨閣と左右閣、東西釣台があり、さらに滝殿、貴布祢社などの建物がある。池の南には南山があり、西南部には馬場と馬埒殿があった。

　ここでは年中行事や詩宴、観歌、観魚の宴が行われたという。後世の変容としては請雨止雨の祈願の霊場化がある。契機となったのは弘仁10（819）年の祈雨の修法である［太田 1987］。神泉苑は純粋に年中行事、饗宴の場としてあり、農園的な機能はない。こうした機能は平安宮の北に広がる北野が担ったのであり、そこには典薬寮の薬園や内膳司の京北の園（『延喜式』巻39）が集中した。

　7世紀の後半以降、農園と饗宴の機能を兼ね合わせた苑は、9世紀代にいたって饗宴を主とする神泉苑と、生産地の北野に機能が分化したのである［金子 1999、東野 1982］。

　このように考えると宮内に比定できる南苑には、薬草園や果樹園程度は想定すべきと思う。

　2苑、1池宮、1南池、1池亭から成る平城宮園林は、貴族や国衙園林の元であろう。その一端を長屋王の園林にみることができる。長屋王は天武天皇（在位672～685）の孫にあたり、奈良時代初期を代表する政治家として、また文人として有名である。彼の佐保（作寶）楼には金谷園に準えた園林があり、その雰囲気は日本最初の漢詩集である『懐風藻』（天平勝宝3〈751〉年序）に収載する漢詩が伝える。

　その遺跡に擬せられる左京三条二坊の邸宅跡は少なくとも4町以上（東西約266m・南北約266m）。実際にはそれより広いようである（南北は約399mか）。

　敷地中央には塀によって区画された正殿遺構があり、園林の一部をなす園池遺構はその東西にある。ともに全貌は不詳だが、東の園池痕跡は薦川の古墳時代流路を掘り直して手を加えた施設である。幅が3～7m、全長は少なくとも南北170m。その南半部は奈良時代の後半に、全面玉石敷きの園池に改修される［金子 1988］。

　西の園池は小規模調査によって一部を検出したのに留まり、全貌は明らかではない［山下 2000］。いずれにしても、園池が敷地の東西にある姿は、平城宮の東院庭園や西南池亭、あるいは西池宮と松林苑の一部である水上池に対比できよう。ただし、その規模は平城宮西南池亭と比べても半分以下であり、彼我の規模の違いは歴然としている。

4 平城宮園林の源流

(1) 池を穿ち苑を築く

平城宮園林が苑と池（宮）から成ること、南苑や西池（宮）、楊梅宮南池などの名で呼ばれることは唐の影響ではないだろうか。先にも述べたように、唐長安城には太極宮（西内）、大明宮（東内）に付属した西内苑、東内苑と、これらを含む禁苑（周約63.5km〈120里〉）の西京三苑がある。さらに、東内の大明宮にはこれとは別に太液（蓬萊）池があり、玄宗の興慶宮（南内）には龍池がある。

2001年から調査が始まった太液池遺跡を含めて、詳細が待たれるところである。少なくとも、唐長安城では苑と池（宮）によって園林を構成するようである。史料にはこの関係を直截的に示すものがある。

『旧唐書』の唐太宗の武徳9（626）年9月丁未条には、突厥の侵攻に備えるべく述べた訓令に、「我今不使汝等。穿池築苑。造諸淫費農民。恣令逸樂。兵士唯習弓馬」（我今汝等をして、池を穿ち苑を築き、諸淫を造りて農民費し、恣まに逸楽せしめず。『旧唐書』巻2）とあって、ここでは苑と池が語対でみえる。

他方、7世紀の飛鳥の王権が大きな影響を受けた朝鮮半島の百済や新羅の史書である『三国史記』「百済本紀」や「新羅本紀」には、宮廷園林に「池」はみえるが、「苑」の文字はみえず、これらを「苑池」と語対で表す例は見あたらない。

たとえば、「新羅本紀」文武王14（674）年2月条には「宮内穿池造山。種花草。養珍獣奇獣」（宮内に池を穿ち山を造り、草花を種え、珍禽奇獣を養う）とあって、宮廷園林の造営を「穿池造山。養禽獣」などと表現する。なお、「穿池造山」は『梁書』（巻51「処士・阮孝緒」伝）などにもみえる（表24）。

『説文』では苑に「養禽獣」（禽獣を養う）という意味があり、全体的には池と苑の意味になろう。しかし、文字表現としての「苑」は見あたらない。

平城宮の「苑池」は、唐との関わりで理解すべきでなかろうか。これと似た表現は『日本書紀』武烈紀8年3月条に、「穿池起苑。以盛禽獣」とある。武烈紀のこの段は、殷紂王の伝説を記す「古列女伝」との関わりがすでに指摘されており、仮に8世紀初頭（『日本書紀』編纂段階）における影響とみると上述のこととも符合する。

(2) 南苑の系譜は南朝か

苑池の名称もまた、中国に由来する可能性がある。南苑や南池、西池（宮）である。これらは普通名詞というより、中国園林の故事を踏まえた固有名詞であり、唐や南北朝などに由来すると思われる。

南朝の首都、建康（南京）には華林園、玄武湖、楽遊苑など複数の園林がある。そ

の詳細については審らかではないが、南苑は南朝園林の一つとして著名であった。その位置については『南朝南苑記』が、台城（建康城）の南鳳台山にあるとする。

何思澄「南苑逢美人」（『玉台新詠』巻6）はこの苑に題材を求めた詩文であり、他にも何遜（同巻10）などの作がある。また、史書では『宋書』「明帝紀」の元徽元（473）年条、『魏書』（巻97）劉裕伝や、梁武帝の大同年間（535～545）の故事（『隋書』刑法志）などにその名をみる（表23）。

また、西池は奈良朝貴族の必読書であった『文選』の中にもみえる。晋の謝叔源（？～412）、「遊西池」（巻22）は丹陽（現南京付近）の西にある西池に遊ぶものである。こうした例と平城宮園林との関連は、今後の課題となろう。

平城宮東院庭園を意味する楊梅宮南池のうち、楊梅宮は固有名詞であるが、宮号を略せば「宮南池」となる。このうち南池は『懐風藻』の藤原宇合の漢詩「88暮春南池に曲宴す一首および序」にもみる。小島憲之説は藤原宇合邸での私宴とする。詩の内容から推測したのであろうが、曲宴は天子の賜宴の意味であり、ここが宮廷の園林でもおかしくはない。作歌の時代は奈良時代前半であり、奈良時代後半の楊梅宮南池とは直接関係しない。楊梅宮南池の前身となる前期東院庭園を含め、平城宮園林のいずれかではなかろうか[9]。

この南池は、南朝史料やさらには朝鮮半島の史料にもある（表22）。南朝の例では沈約「古詩題六首」（『玉台新詠』巻9）に南池がみえる。

朝鮮半島史料では百済史料にみる。『三国史記』「百済本紀」によると、漢城（ソウル）と扶余に宮南池があったようである。漢城の「宮南池」は447（毘有王21）年であり、扶余の場合は武王35（634）年条に、「穿池於宮南」（池を宮南に穿つ）とある。関連記事が義慈王15（655）年2月条などにある。

これは扶余王宮の南池であるから、字義の通りなら「宮南池」であろう。いずれにしても楊梅「宮南池」との関わりは問題である。

(3) 南朝の嘉蓮記事

園林は祥瑞が兆す場所のようである。唐では「獲白兎」（大暦6〈771〉年8月）などがある。南朝の華林園などは瑞祥の例が比較的多く、宋の例では少なくとも21件がある。内訳は一茎二花に類した「二蓮同幹」、「嘉禾生」などが13件、「甘露降」が5件、「白雀見」など3件となる。

甘露は中国の思想にみる天が降らす甘味の液のこと。王者が行う仁政に天が感応して降らすという。年代は下るが、『延喜式』（延長5〈927〉年撰進・康保4〈967〉年施行）の治部省式（巻21）では祥瑞に大上中下の4区分があり、「甘露」は上瑞、「白雀」などは中瑞、「嘉禾」類は下瑞にあたる。

史料23）、宝亀8（777）年6月18日条には、楊梅宮南池に「生蓮一茎二花」（一茎二花の蓮が生うる）とある。この記事は楊梅宮南池が瑞祥の兆す場所であることを示すと

思う。

　一茎二花の蓮は「延喜治部省式」にはみえないが、瑞祥である。これは剣池の蓮に関する史料からも明らかであろう。剣池は大和国高市郡にある溜池であり、この池をめぐっては『日本書紀』や『万葉集』に史料があり、直截的に一茎二花の蓮に類似した表現がある。

　書紀舒明7（635）年7月是月条には、「瑞蓮生於剣池。一茎二花」とあり、蘇我入鹿誅滅に関わる皇極天皇3（644）年6月6日条には「於剣池蓮中。有一茎二萼者」がある。

　さらに、『万葉集』には「劔池之蓮葉」（巻13－3289相聞）がある。このうち舒明7（635）年7月是月条には一茎二花の蓮が祥瑞であることがみえている。

　『宋書』の嘉蓮記事は「二蓮同幹」（元嘉22〈445〉年4月、『宋書』巻29、符瑞志下）などと、楊梅宮南池の場合と表現が異なる。『梁書』には同じ楽遊苑に生じた瑞祥により比較的近い表現がある。梁武帝紀の天監10（551）年6月条には、

　　「嘉蓮一茎三花生樂游園」

とある。楽遊園に一茎三花の蓮が生じたのである。建康で有力な苑である楽遊園の名は漢代に遡るようで、漢の神爵3（紀元前59）年春条に、「起楽游苑」（『漢書』巻8、宣帝紀）とある。

　一茎三花の蓮は品字蓮ともいい、祥瑞としては双頭蓮ともいう一茎二花の蓮に比べて上階である。文章の表現には違いがあるが、東院における祥瑞と南朝園林の故事とは何らかの関連があるのではなかろうか。

　このようにみた時、想起するのが神護景雲元（767）年4月の東院玉殿の記事である。記事の後半には玉殿に瑠璃を葺くことと、「藻繢」を描く語句が対句でみえる。

　園林の施設に彩りを加えたり、宮殿に壁画を描くことは、唐や南朝の史料にある。唐では太和2（828）年に下るが、大明宮太液池にあった太液亭では、「五月庚子、命画工図於太液亭、朝夕観覧焉」（『旧唐書』巻17上）と、壁画があり、北斉の華林園では園中に玄洲苑を起こし、山水台閣を備え、閣上に功臣魏収の像を描く（『北斉書』巻37・魏収伝）とある。さらに、『南斉書』永元3（501）年夏条には「於閲武堂起芳楽苑、山石皆塗以五彩、跨池水立紫閣諸楼観、壁上画男女私䙝之像、種好樹美竹」（『南斉書』東昏侯紀）とある。

　東院の記事は古代宮殿に彩色したことを示す点で重要であるだけではなく、以上に述べたことからみて、背景に南朝園林の故事などを考慮すべきであろうか。

(4) 園池司機能の淵源

　宮廷の苑地を管理した園池司の主業務は、供御の蔬菜類の栽培と苑（園）池施設の管理であり、宮廷園池は蔬菜類の生産地である。他方、『続日本紀』などの史料には年中行事の場としてみえる。この齟齬の理由は何か。やはり、唐との関係を考慮すべき

ようである。

　西京三苑など唐の園林は司農寺上林署、京・都苑総監などが管轄した。司農寺は九寺に属する官司で傘下には上林署、京・都苑総監、京・都苑四面監、太倉、鈎こう盾じゅん、導官四署などがあった。司農寺の長官(卿)の職掌は、「卿之職、掌邦国倉儲委積之事、總上林、太倉、鈎盾、導官四署與諸監之官属、謹其出納」(『旧唐書』巻44「職官志」3)とあり、経済財政を司る。

　各官司の分担は上林署が上林苑を管し、京・都苑総監は宮苑内の舘園池の事並びに、禽魚果実木皆総じて司るとする。上林苑は隋代にはあったようであるが、この時代にはすでに実態を失っていたという。苑四面監は禁苑の四面にある。東西にあるのが東監と西監、南が長楽監、北が旧宅監である。四面監は禁苑内の宮殿や園池などの施設を、長楽監は漢長安城の長楽宮内の諸施設を、旧宅監はそれ以外の漢長安城の諸施設をそれぞれ管理した(表28)[徐(愛宕訳註) 1994]。

　唐禁苑の用例(表29)には遊猟、軍隊、農事、学芸などの関連記事がある。ここには表向き「饗宴」はほとんどみえない。ただし、上林賦などでは畋猟（でんりょう）(遊猟)の後には盛大な饗宴がみえる。

　司農寺に属する官司は、禁苑をはじめとする苑池の管理業務にあたったようである。このうち宮内省園池司の職務にもっとも近いのは上林署であろう[伊佐治 2001]。すなわち、その職掌を子細に比較すると、両者の一致点は多い(表30)。園池司の職務規定が上林署のそれをもとにしたことはほぼ確かであろう。

　園池司の主業務が苑(園)池施設の管理と、天皇等の食膳に上る蔬菜類の栽培を主とすることは、唐の制度に倣ったことに由来する。職員令には苑池の管理分担がみえないが、史料にみえない官司があった可能性がある。いずれにしても、平城宮の園林は形や名称だけではなく、そのあり方も唐の影響下にあったことになろう。

　別に述べたように、苑は農園機能だけではなく土器生産など手工業生産の機能もあった。さらに、前者は穀物類や蔬菜、果樹類の栽培だけではなく、薬草の栽培など広範な分野に及ぶようである。このことは、苑から農園機能が分離した平安時代の京北にあって内廷の生産を担った北野の状況から推定できる。

　ここには内膳司の京北園や典薬寮の薬園等があっただけではなく、西賀茂瓦窯など多くの官瓦窯も集中する。苑が本来的にこうした生産機能をもつとすると、当然それに伴う管理機構や組織、さらには種々の生産物を収納する施設などが必要である。こうした問題を考える上に、近年の出水酒船石遺跡の調査成果は重要である。

　飛鳥京跡のこの遺跡が「天武紀」の白錦後苑にあたる可能性が高いことはすでに述べた。この園池跡の堆積土からは、梅や桃などの未熟果実、さらに薬草、米(舂米)、造酒司に関する木簡がみつかっている。果実は池に接して果樹園があったことを示唆する。さらに木簡の内容から鶴見泰時は、この遺跡に近接して令制下の宮内省に類する内廷関連施設を想定している[鶴見 2002、橿考研 2002]。

表28　苑四面監の位置と職掌［徐松（愛宕元訳注）1994年による］

苑四面監：禁苑内の宮殿や園池などの施設を管理
旧宅監　　　　　　　旧宅監：漢長安城長楽宮以外の諸施設を管理 西監　　　　　　東監 　　　　　長楽監　　　　　　　長楽監：漢長安城の長楽宮内の諸施設を管理

表29　唐禁苑の用例『旧唐書』による［村上嘉実1955年（一部改訂）］

遊猟関連：
626・武徳9年6月（『旧唐書』巻2太宗本紀上）pp.29—30 　　　　太宗乃縱禁苑所養鷹犬、并停諸方所進珍異 　772・大暦7年冬10月（『旧唐書』巻11代宗本紀）p.300 　　　　上畋于苑中、矢一発貫二兎、従臣皆賀 　795・貞元11年12月（『旧唐書』巻13徳宗本紀下）p.382 　　　　上猟苑中、戒多殺、止行三駆之札、勞士而還 　900・光化3年11月（『旧唐書』巻20上昭宗本紀）p.770 　　　　上猟苑中、酔人甚、是夜、手殺黄門侍女数人 　　　　張玄素「上太子承乾書」（『旧唐書』巻75張玄素傳p.2641） 　　　　今苑中娯猟、雖名異遊畋（でん）
軍隊関連：
765・永泰元年9月（『旧唐書』巻11代宗本紀）、pp.279—280 　　　　上親率六軍屯苑内 　783・建中4年冬10月（『旧唐書』巻12徳宗本紀上）p.337 　　　　乱兵已陣于丹鳳闕下、促神策軍拒之、・聚射士得四百人扈従 　756・天寶15載（『旧唐書』巻104哥舒翰傳）p.3214 　　　　請選監牧小兒三千人訓練於苑中 　635・貞観9年（『旧唐書』巻109阿史那社尒傳）p.3289 　　　　典屯兵於苑内 　765・永泰元年8月（『旧唐書』巻120郭子儀傳）pp.3461—3462 　　　　天子以禁軍屯苑内 　762・寶應元年（『旧唐書』巻120郭子儀傳）pp.3455—3456 　　　　大將李忠義先屯兵苑中
農事関連：
734・開元22年是夏（『旧唐書』巻8玄宗本紀上）p.201 　　　　上自於苑中種麦、率皇太子已下躬自收穫 　740・開元28年春正月（『旧唐書』巻9玄宗本紀下）p.212 　　　　城中苑内種果樹 　759・乾元2年3月（『旧唐書』巻10粛宗本紀。巻24禮儀志4）p.255 　　　　皇后祀先蚕於苑中
学芸関連：
音樂志1（『旧唐書』巻28）pp.1051—1052 　　　　教太常樂工子弟三百人爲絲竹之戲、（略）又云梨園弟子、以置院近於禁苑之梨園
災異等関連：
777・大暦12年6月（『旧唐書』巻37五行志）p.1370 　　　　苑内獲白鼠

表30　園池司と司農寺上林署の職掌比較

宮内省	司農寺
	「卿之職、掌邦国倉儲委積之事、總上林、太倉、 　鉤盾、導官四署與諸監之官属、謹其出納」：こうじゅん
園池司 「掌諸々苑池。 　種殖蔬菜樹菓等事。」	○上林署 「掌苑囿園池之事。丞爲之貳。凡植果樹蔬、以供朝會祭祀。」 ○苑總監 「掌宮苑内館園池之事。副監爲之貳。凡禽魚果木、皆總而司之。」 ○苑四面監 「掌所管面苑内宮館園池、與其種植修葺之事。」

宮内省は大膳職、大炊寮、主殿寮、典薬寮、正町司、内膳司、造酒司、鍛冶司、官奴司、園池司、土工司、采女司、主水司、主油司、内掃部司、筥陶司、内染司の1職3寮13司を関する。木簡の内容は大炊寮、典薬寮、造酒司などに限られるが、木簡の年代は多くが園池司が成立する以前、7世紀後半の飛鳥浄御原令制下であり、「大宝令」（大宝元〈701〉年）によって園池司などを含む大蔵省の機構が整ったのであろう。
　この点で唐の上林署の機能のうち、蔵冰（氷）が主水司の職掌に移っているとする伊佐治説は示唆的である。苑は本来、多様な機能を有しており、その多くはのちの宮内省の諸官司に受け継がれるような性質のものだったのではあるまいか。
　言い換えると、苑にはもともと、のちの宮内省に集約されるような多様な機能があったと思う。[村上 1955]によると、中国の園林機能は漢代と南北朝期では大きく異なり、唐代園林は漢代に近いとする。その漢の上林苑には上林令・尉・上林詔獄があり、水衡に属し、苑内の禽獣の名数を簿記する事などの任務がみえる。水衡は国家財政とは別に帝室財政の機関として紀元前115年に設置された組織で、山林池沢の税を管轄した（『漢書』「百官公卿表第7上」）。『漢書』巻4は長安城付近にみえる36苑について、3万人もの宦官奴婢が労働に従ったことを伝える[10]。そこでの収益が漢代帝室財政の一端を担ったのである。漢代の水衡が帝室財政を担うために設置された経緯をみれば、上のことは容易に理解できるであろう。
　ただし、漢代の制度を直ちに古代日本に当て嵌めることは無理があるし、ここに述べたことの論証は今後の課題である。ここではそうした見通しを提示するのに留めたい。

5　園林と国際関係

　遺構としての東院庭園（楊梅宮南池）を例に取ると、8世紀代の新様相に7世紀代の要素が混在する。ここで中心となる園池は方約60m、平面形は複雑に入り組んだ花弁型ともいう形を呈し、池底は比較的浅く、側壁はなだらかな曲率を描いて立ち上がる。池の南北には大きく蛇行し、底を石敷きとした導・排水路が付属する。いわゆる曲水渠であろう。こうした特徴の多くはのちの平安時代の園池に共通する。
　これに対して、出水の酒船石遺跡など飛鳥の7世紀代の園池は、平面形が直線的であり、深い池底から立ち上がる側壁の断面形は、プールのように角度が急である。こうした特徴は百済や新羅の園池遺跡に共通し、彼我の関係については多くの指摘がある。東院庭園は7世紀代の飛鳥期園池とは異なり、新時代の様相を示すといえよう。
　一方、東院庭園の導・排水路途中に設けた石敷き溝には7世紀的要素を残す。これほど極端な蛇行溝は今のところないが、玉石敷きの小池と蛇行溝から成るこの溝は、構造的には飛鳥の嶋宮遺跡や、かつて小墾田宮説が有力だった豊浦の古宮土壇遺跡、あるいは吉野離宮の遺構などとも共通する。出水の酒船石遺跡の導水路も、やや構造

が複雑であるが基本的には同じであろう。

東院庭園には新時代の姿だけではなく、7世紀の飛鳥期園池の影響があり、その背後には百済や新羅、さらには中国南朝の影をみるように思う。この見通しの正否は、飛鳥と平城宮との間に位置する藤原宮（694～710）の園林のあり方が決するであろう。

藤原宮の園林は宮南には白錦後苑（出水の酒船石遺跡）など、飛鳥期以来の施設が存続し、宮北には薬草園を含む施設があった可能性がある。典薬寮木簡などから推定できる宮北の施設は耳成山を含む可能性がある。しかし、この点は未確認であり、今後に委ねなければならない。

苑と池から成る平城宮園林は唐の影響が強い反面、7世紀代の飛鳥の園林や、百済・新羅、中国南朝園林の影響も否定できない。この状況から想起するのは、当時の国際関係であろう。日中の関係は政治史的には、朝鮮半島を介した7世紀代と、直接交流に転じた8世紀代とに分けて説明することが多い。ここに述べた平城宮園林は、その例として加えることができるかもしれない。今後は発掘調査の成果をもとに、具体的な遺構のあり方を比較することによって、検証する作業が待たれる。

[註]
1) 苑、囿、園は一体でいわゆる庭園的な意味がある。ただし、現代的な意味と大きく異なることは、以下に述べる通りである。
2) 『三輔黄図』（さんぽこうと）（西京黄図）。『漢書』「百官公卿表第七上」。
3) 唐代後半期、帝国の衰亡に伴い園林の軍事的な重要性が増すようである。
4) 村上説（1955・1974）では饗宴が盛んな証として『晋書』「職官志」（巻24）では、東晋時代の華林園は「華林園令」が管理する。これは光禄勲の下に属し、大鴻臚の管轄も受けたという。
5) 『魏書』巻7上「孝文帝紀」上、太和3（479）年5月条。
6) 訳文は内田仙之助・網祐次著　1964『文選』（詩編）下、新釈漢文体系15、明治書院、pp.710～711による。
7) 木簡については、奈良国立文化財研究所　1985『平城宮発掘調査報告XII　奈良国立文化財研究所学報42』p.68による。
8) 年中行事の多くは、山中裕　1972『平安朝の年中行事』塙書房による。
9) 藤原四卿の一人、参議式部卿藤原宇合は、天平9（737）年8月5日没。未曾有の天然痘流行による。歌の製作年代は737年が下限である。
10)「漢儀注、太僕牧師諸苑三十六所、分布北辺西辺、以郎為苑一疋、養鳥獣者通名為苑、故謂之牧馬処為苑」『漢書』巻4。

[参考文献]
青木和夫ほか校註　1995『続日本紀』4、新日本日本古典文学大系15、岩波書店、p.161脚注12。
浅川滋男ほか　2000「東院地区の調査──第292次・第293-10次」『奈良国立文化財研究所年報』1999-Ⅲ、pp.36～46。
伊佐治康成　2001「園池司について」『古代国家の政治と外交』吉川弘文館、pp.131～147。

井上光貞・関晃校注 1976『律令 日本思想体系3』岩波書店「30雑令補注41」p.701。
岩本次郎 1991「楊梅宮考」『甲子園短期大学紀要』第10号、pp.185〜196。
尹 武炳 1990「韓国の古代苑池」『発掘された庭園』学生社、pp.191〜210。
内田和伸 2001「平城専欄②」『奈良国立文化財研究所年報』2000－Ⅲ、p.71。
太田静六 1987「神泉苑の研究」『寝殿造の研究』吉川弘文館、pp.45〜66。
小沢 毅 1996「宮城の内側」『考古学による日本歴史』第5巻、雄山閣、pp.120〜131。
岡 大路 1938『支那宮苑園林肆攷』満州建築協会。
何 歳利 2002「大明宮太液池の予備調査と発掘」『奈良文化財研究所創立50周年記念国際講演会東アジアの古代都城』奈良文化財研究所、pp.34〜38。
金子裕之 1988「長屋王は左道を学んだか」『歴史読本』1988年12月臨時増刊号、pp.140〜147。
金子裕之 1999「宮と後苑」『瓦衣千年 森郁夫先生還暦記念論文集』真陽社、pp.318〜330。
岸 俊男 1979「"嶋"雑考」『日本古代文物の研究』塙書房、1988、pp.275〜320。
胡 謙盈 1980「漢昆明池及其有関遺存踏察記」『考古与文物』1980年第1期、pp.23〜28。
徐 松撰（愛宕元訳註）1994『唐両京城坊攷』東洋文庫、平凡社。
関野 貞 1907『平城京及大内裏考』東京帝国大学紀要、工科第3冊、pp.154〜155巻末第4図註7。
玉田芳英ほか 1999「馬寮東方地区の調査——第298次」『奈良国立文化財研究所年報』1999—Ⅲ、pp.24〜33。
張 家驥編著 1997『中国園林芸術大辞典』山西教育出版社、pp.141〜142。
鶴見泰時 2002「飛鳥京跡苑池遺構出土木簡」第24回木簡学会研究集会資料。
東野治之 1982「平安宮の園地」『古代研究』24号、pp.14〜18。
奈良県立橿原考古学研究所 1997『松林苑Ⅰ』。
奈良県立橿原考古学研究所 2002『飛鳥京跡苑池遺構調査概報』学生社。
奈良国立文化財研究所 1977「Ⅲ佐紀池の調査（第101次）」『昭和51年度平城宮跡発掘調査部発掘調査概報』pp.22〜29。
奈良国立文化財研究所 1982「南面西門（若犬養門）の調査（第133次）」『昭和56年度 平城宮跡発掘調査部発掘調査概報』pp.23〜28。
奈良国立文化財研究所 1987「平城宮北方遺跡の調査Ⅰ」『昭和61年度平城宮跡発掘調査部発掘調査概報』pp.44〜48。
村上嘉実 1955「唐長安の王室庭園」『関西学院史学』第3号、pp.47〜63。
村上嘉実 1974「六朝の庭園」『六朝思想史研究』平楽寺書店、pp.360〜394。
山下信一郎 2000「平城京左京三条二坊二坪（長屋王邸）の調査—第303－8次」『奈良国立文化財研究所年報』2000－Ⅲ、pp.62〜63。
山中 章 1997『日本古代都城の研究』柏書房。
渡辺信一郎 2000「宮闕と園林——3〜6世紀中国における皇帝権力の空間構成——」『考古学研究』第47巻第2号、pp.12〜27。

第4章

嶋と神仙思想

1　古代庭園のはじめ

　古代庭園の源流をめぐっては二つの説がある。一は巨岩など磐座（いわくら）に神が宿るとする古墳時代以来の信仰が元になったとする見方であり、二は中国・朝鮮半島の影響とするものである。前者は園池の主要部分に立てる石と磐座との類似や、滝などからの連想であろう。重森三玲・完途の業績は代表例といえる［重森・完途 1973］。これを継承したのが森蘊（おさむ）であり［仏教芸術学会 1976］、古代から明治期まで全国273ヵ所の発掘庭園資料を収める奈良国立文化財研究所編『発掘庭園資料』［小野 1998］[1)]は、この系列にある。1991年に三重県伊賀上野市でみつかった5世紀代の城之越遺跡は、三ヵ所の湧水があり、泉周囲には貼り石が、さらに湧水の合流部には貼り石に加えて立石があるなど、部分的には古代庭園に類似する［三重県埋蔵文化財センター 1992］[2)]。湧水点に貼り石など行う遺跡は奈良県奈良市南紀寺遺跡などにもあり、こうした見方を傍証するかのごとくである。

　しかし、日本最初の漢詩集である『懐風藻』や『三国史記』、さらに飛鳥地域で検出相次ぐ7世紀代の庭園のあり方を詳細にみると、導水路（遣り水）、複数の園池、橋、露台、建物群などから成る古代庭園の起源は後者にあり、史料では推古34年紀にみる嶋大臣の逸話に求めるべきと思う。

　推古紀34（626）年5月丁未条には、当時最大の権力者であった蘇我馬子（？〜626）の薨伝記事があり、彼が飛鳥川から水を引き嶋を営む記事を載せる。

　「家於飛鳥河之傍。乃庭中開小池。仍興小嶋於池中。故時人曰嶋大臣」とあり、岩波古典大系本は「飛鳥河の傍に家せり。すなわち庭の中に小なる池を開れり。よりて小なる嶋を池の中に興く。故、時の人、嶋大臣という」と訓み下す。嶋は今日の庭園のこと。山斎とも表記する。山斎は本来は園内での書見用の亭のことである。

　推古朝は前後5回にわたり中国に遣隋使を送り、律令制へ大きく胎動を始めた政権であり、この記事は大陸的な庭園受容を示唆すると思う。皇極4（645）年6月8日、蘇我入鹿（鞍作）の暗殺に始まる大化改新によって蘇我本宗家は滅亡する。馬子嶋は皇室の所有に帰し、皇極天皇の娘、吉備姫王などが居住した。壬申の乱の前後に天武が滞在し（天武即位前紀10月壬午条、天武元（672）年9月庚子条）、天武10（681）年9月辛丑には周防国が貢じた赤亀を「放嶋宮池」（9月辛丑条）とある。いつの時点か、こ

こが草壁皇子（662～689）の嶋宮となったとする。

　皇太子草壁は天武と持統の皇子で、即位を待たずに持統3（689）年4月13日に28歳で没した。『万葉集』挽歌には柿本人麻呂の長歌と、舎人の短歌があり、園池の様子がみえる。

　　嶋宮勾の池の放ち鳥人目に恋ひて池に潜かず　　　　　　　　　　　　（巻2－170）

　一連の挽歌によって、嶋宮には上の池と勾の池があり、石を並べた磯や滝口などが推定できる。勾の池について、通説は岸辺が蛇行する池とする。

　嶋宮は草壁没後も存続し、奈良時代中葉の天平勝宝2（750）年2月24日付「官奴司解」（『大日本古文書』3－359）などにみえる。

　その推定地は奈良県高市郡明日香村島庄にあり［小澤1890］[3]、ここでは人頭大の玉石で護岸した方形池と、別に岸辺が蛇行する「曲池」（SX8706）の一部がみつかっている。方形池は内法が42m、高さ2m、底にも花崗岩を敷きつめる。岸はほぼ垂直に立ち上がり、外側に幅約10mの堤がある。池の建設は7世紀はじめで、下限は10世紀末という。

　他方の「曲池」は、方形池北東の住宅建設地からみつかった。ここは飛鳥川支流の冬野川から水を引いており、当初は素掘りで、のちに岸に玉石を貼り付け整備する。こちらには内側の東西2.3m、南北0.3mの長方形石組みがある小池（SX8703）が接する。直線的な溝の途中にあり、池の導水路の可能性もある。しかし、部分的な調査に留まっており、池を含めて全貌は明らかでない。年代は7世紀中頃という［橿考研1998、亀田1988］[4]。

　嶋宮推定地の他にも、飛鳥地域や南の吉野（宮滝遺跡）では園池遺構がある。これらは玉石で護岸した方形プランの池、大きく蛇行する石溝が伴う池、曲池風の池などがあって複雑である。たとえば、石神遺跡、飛鳥池遺跡（飛鳥寺の東南）の池は玉石で護岸した方形プランの池である。前者は一辺6mの方形で検出面からの深さは0.8m。後者は東西7.9m、南北9.8m、深さは1.6m以上である［奈文研1998］。石神遺跡に類似した石組み遺構は、宮城県仙台市郡山遺跡でもみつかっている。こちらは政庁中心部の東北にあり、東西3.7m、南北3.5mと規模は小さい［仙台市教委1990］。園池施設か否か疑問がある。

　また小墾田宮推定地の一つである奈良県明日香村豊浦字古宮では、石積みの小さな池と、付随する蛇行石溝および斜行溝がある。池は東西2m、南北3m、深さ0.58mほどの小さなもの、年代は7世紀のはじめ頃で、池の北に桁行6間・梁間3間の東西棟建物がある［奈文研1976］。小墾田宮は豊浦宮、耳成行宮に次ぐ推古朝（592～628）3番目の宮で、推古11（603）年から推古が没する推古36（628）年まで25年間宮があった。水は池から西南に流れるというものの部分調査に留まり、導水路を含む全体構造は明らかではない。

　吉野宮（宮滝遺跡）の園池遺構は汀線が大きく蛇行する曲池風である。推定規模は東

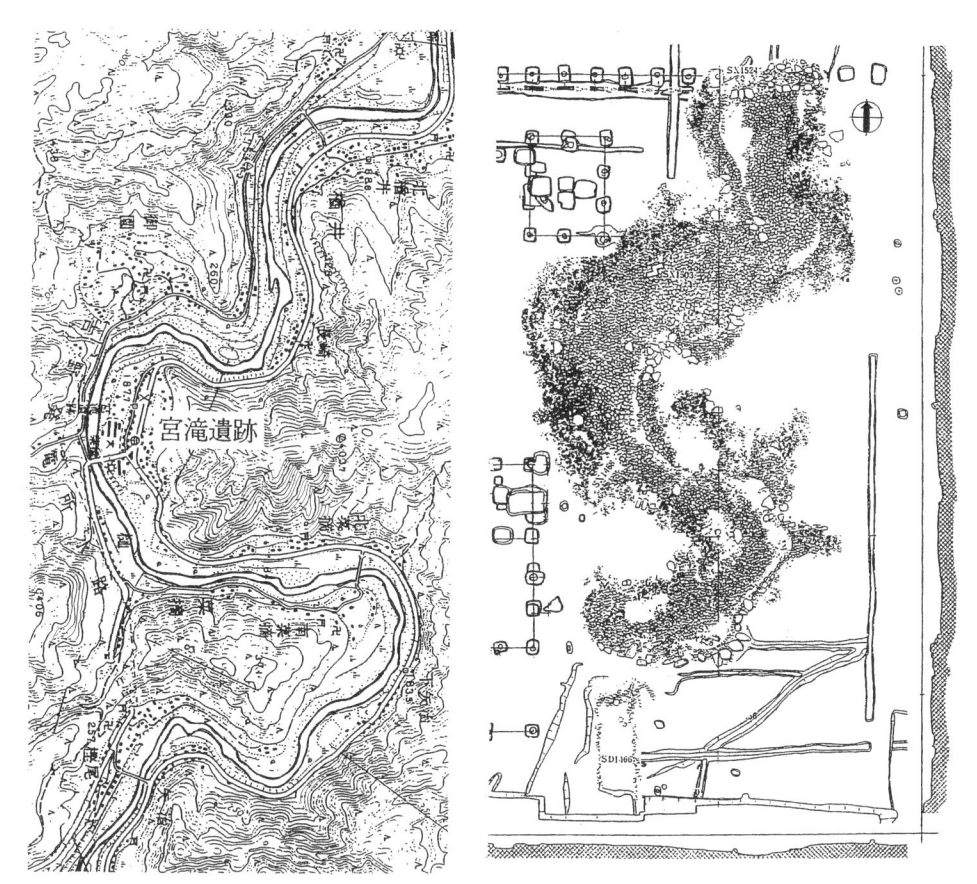

図118　宮滝遺跡付近の地形図と特別史跡左京三条二坊宮跡庭園
（高山運治1974年および『平城京左京三条二坊六坪発掘調査報告』PLAN6による）

西50m、南北20m、検出面からの深さ0.6m。7世紀中葉から末に機能したようで、池本体の北東に接して素掘りの溝と長方形の土壙がある。嶋宮遺跡の「曲池」など類似遺構から、池への導水路の一部とする［橿考研　1996］。宮滝遺跡や嶋宮遺跡の長方形小池に類する遺構には韓国慶州の雁鴨池がある。ここでは広大な池に注ぐ流水溝の途中に、石造の2重の石槽や玉石の小池を設ける。宮滝遺跡等の例がこの玉石組みの槽と同じ機能をもった施設の可能性はある（図119）。

　猪熊兼勝は、明日香村岡の酒船石を韓国慶州の鮑石亭[5]などにみる流盃渠とし、1935年にその南10mで掘り出された車石をこれに伴う導水路とする。車石は表面を平らに仕上げ、中央に幅9cmの轍状溝を刻んだ16個体の石から成る。飛鳥資料館の屋外展示では、岡の酒船石と車石、これに岡の酒船石の西南約600m、明日香村出水字ケチンダで1916年にみつかった酒船石（出水の酒船石）を並べ、水を流す［奈良国立文化財研究所飛鳥資料館　1986］[6]。

　このようにみると、古宮土壇の小墾田宮推定地の園池遺構は、これのみで完結したとすることは不自然である。玉石敷き小池は園池本体というより猪熊が指摘したように、雁鴨池における石槽（猪熊は「観賞用池」とする）などと同類の施設であり、溝の末

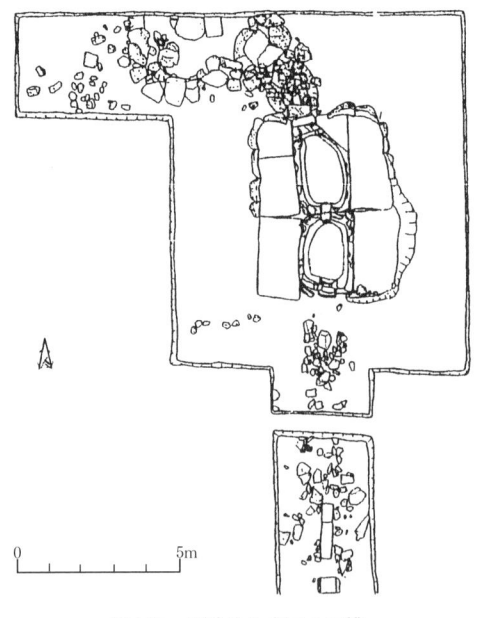

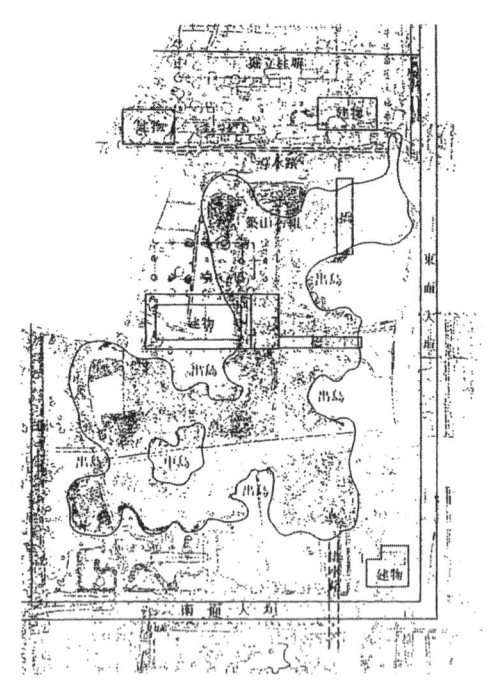

図119　雁鴨池入水口の石槽
(『雁鴨池発掘調査報告書』による)

図120　東院庭園全体図
(奈良国立文化財研究所「東院庭園」による)

端である未発掘地に園池本体を想定すべきであるまいか。ここでは発掘遺物に百済様式の蓮華文様塼があり、雁鴨池との違いは百済と新羅、年代の違いによるのかもしれない。

　このように、飛鳥と周辺地域の7世紀代の園池遺構は、様相がかなり複雑である。とはいえ、ここでは大きな玉石を積んだ切り立った護岸、方形主体の園池が特徴的である。これが韓国古代の園池と類似し、その影響によることは尹武炳の指摘があり[尹武炳 1990]、すでに通説化している。こうした園池を「朝鮮半島型」と呼ぶことができよう。

2　半島型から中国型へ

　8世紀初頭の『大宝律令』(大宝元〈701〉年)の成立、平城京遷都(和銅3〈710〉年)に呼応するように、園池のあり方は「朝鮮半島型」から「中国(唐)型」へと大きく転換し、先の例の汀線が大きく蛇行する型が主流となる。
　8世紀初頭に遡る可能性がある園池には平城宮東南隅の東院庭園(図120、121、122)、左京三条二坊長屋王邸跡[奈文研 1995][7]、および左京一条三坊検出の庭園がある[奈文研 1975]。これは流水溝と池のあり方から、少なくとも3タイプがある。
　一は曲流する溝から成る園池である。長屋王邸跡の園池がある。敷地東南隅にあるもので、菰川(こもがわ)の古墳時代流路を掘り直した幅が3〜7m、検出面からの深さ0.5m前

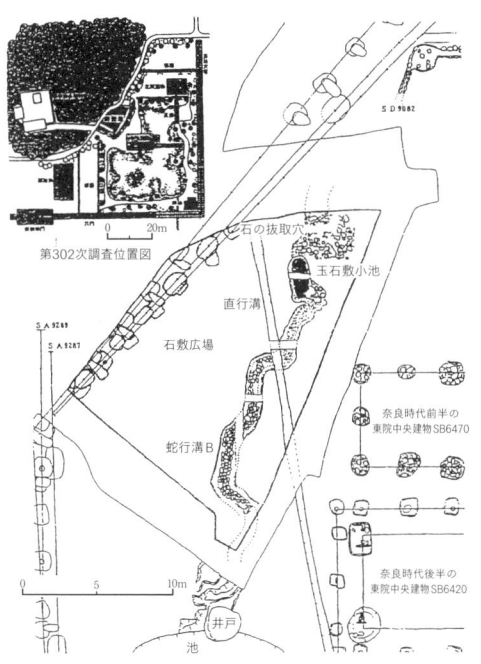

図121 東院庭園の西側の曲水渠
（岩永省三「平城宮の苑池東院庭園」『シンポジューム いま探る古代の庭園』2000による）〈奈良文化財研究所提供〉

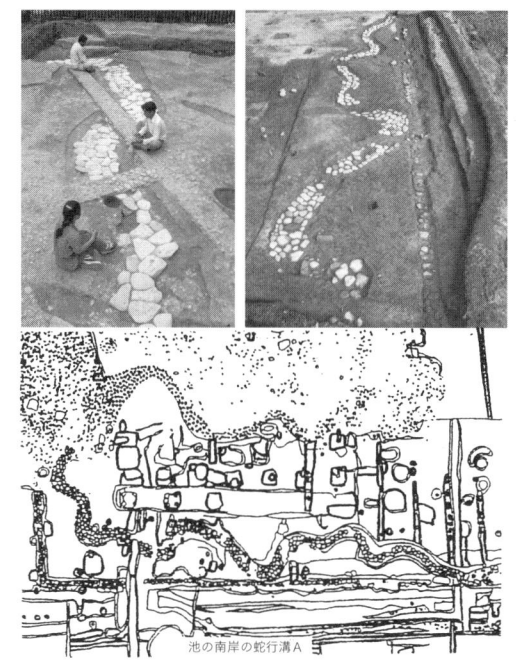

図122 東院庭園の南側の曲水渠
〈奈良文化財研究所提供〉

後、推定規模は南北170m。溝や邸宅内でみつかった木簡から霊亀2（716）年頃には確実に存在し、すぐ南にある「特別史跡平城京左京三条二坊宮跡庭園」（図118）［奈文研 1986］の下層に連なる。現状は幅が広い流水溝であり、もともと流水溝のみで成るのか、この末に池があるのか否かは、未調査のために不詳である。汀や底に玉石を用いた特別史跡宮跡庭園は、この園池跡の南半部を再利用したもので［金子 1988・1997］、成立は天平末年、すなわち8世紀中葉以降に下る［奈良市 1986］。

二は流水溝の末に園池を構成するもの。左京一条三坊の庭園がある。園池は平塚3号墳の周濠を再利用して景石を据えたもので、古墳周濠の幅と地形の傾斜からみて推定規模は東西18m、南北10mほどという。庭に石敷きはなく深さは23mほど。これに注ぐ流水溝にも石敷きはなくシガラミ跡がある。流水溝（SD485）は逆L字型に屈曲し、その先から2条に分かれて再び合流するが直線的である。2条の溝は時期差がある［本中 1994］[8]。SD485の木簡には和銅6（713）年、霊亀3（717）年、養老7（723）年の紀年銘があり、8世紀初頭に遡る。

三は平城宮の東院東南隅にある園池である。池本体は東西南北約60m、中嶋があり岬と入り江による出入りが大きい汀線を呈する。全面石敷きとし、嶋や岬には太湖石に似た立石を立て、周囲には建物や橋などがある。この園池は大きく2ないし3時期の変遷がある（図123）。時期変遷の違いは3時期説が①方形池→②曲池A→③曲池Bの変遷を考えるのに対して、2時期説は①→②が時期差ではなく施行の工程差とみるこ

第4章 嶋と神仙思想

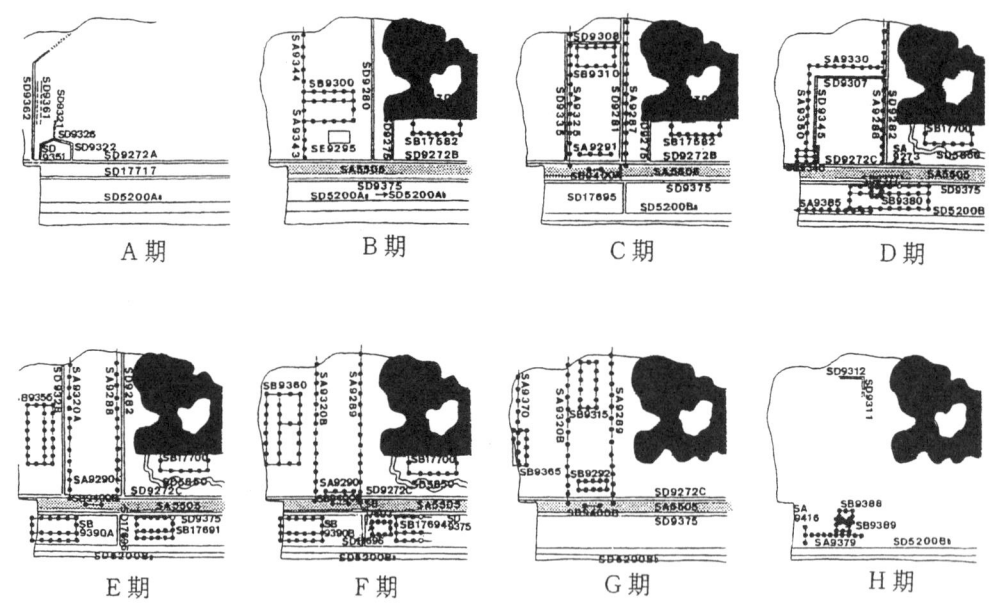

図123　東院庭園南西部の変遷（『奈良国立文化財研究所年報1998－Ⅲ』による）

とにある［奈文研 1998］。

　水源は東北隅とするが流水溝はないようで、あってもごく短いものであろう[補注]。殊に、池の西南に排水溝がある点が二と大きく異なる。いずれも玉石を敷き初期の排水溝は直角に屈曲するだけであるが、後期には複雑な曲線を描く。いわゆる流盃渠であろう。池の北岸には正倉院宝物の「仮山」[9]に類似した石組みがある。「仮山」はスギ材の洲浜型に朽木と香抹による山岳型を組み合わせたもの。銀製樹木があり全体に彩色がある。長径87cm、短径45cm、高さ31cm。仏前供養具という。山岳表現は同じ正倉院宝物の「黒柿蘇芳染金銀山水絵箱32号」蓋表（中倉　156）の山水画や、8世紀前半の敦煌窟第103窟南壁中央の山岳表現［秋山 1982］など、峰がそそり立つ古式の山岳表現と一致する。

　なお、『続日本紀』宝亀4（773）年2月27日条に楊梅宮が竣工したとある。光仁天皇が徒居し、続く宝亀8（777）年6月18日条に「楊梅宮南池生蓮。一茎二花」とある。当時ここを「楊梅宮南池」と呼び、「蓮池」と認識していた。これは8世紀前半の天平年間（729～749）に遡るようで、平城宮馬寮推定地北の溝SD6499で検出した木簡には、

　　「・進兵士三人依東薗
　　　・□移　天平十年閏七月十二　」

とあり、別の木簡には

　　「・□［嶋カ］掃進兵士四人依蓮池之格採数欠」（裏面略）

とある。嶋を掃除する兵士を進める内容で、「東薗」の語句は東院東南隅外の築地東雨落溝SD5815木簡（『平城宮発掘調査出土木簡概報』11－10下段、同16上段）にあることか

ら、報告書ではこれを東院庭園のことかとする[奈文研 1985]。

この見通しが正しければ、天平10（738）年頃には東院庭園を「東薗」と呼称し、すでに「蓮池」であったことになる。いずれにしても東院園池の成立は8世紀前半になる。

平城宮・京内における8世紀代の園池は出入りが大きな平面プランと、浅い池底、なだらかな洲浜をなす岸辺などが特徴である。8世紀例は部分的に宮滝遺跡など前代園池の系譜を受け継ぐかのごとくであるが、これは中国型とすべきと思う。「大宝令」を契機に中国（唐）の文物を直接受容する体制が整ったこともあり、半島型園池から中国型へと転換するのであろう。とはいえ、庭園設計者が彼の地の庭園に実際に接した上で施工したか否かは別問題であり、むしろ可能性は少ないように思う。その理由は、8世紀初頭の日中文化の交流に多大の貢献をした遣唐使の派遣時期と、庭園の年代が齟齬するからである[10]。

そこではさまざまな試みがあったであろう。前代の伝統を一部で受け継ぎながら、新来の中国山水画、詞華集など文献的知識に加えて、離宮付近の地形などさまざまな要素を加え新様式を創り出したと考えたい。以下、この点について述べよう。

図124には、二条大路木簡のいわゆる「楼閣山水図」を示した。二条大路木簡とは長屋王邸の北、左京三条二坊二条大路の東西に掘った土壙（ゴミ穴）からみつかった木簡のことである。7万4千点にものぼる上に、年代が天平7〜9（735〜737）年に限定できる点で重要である。

この図は折敷（おしき）と呼ぶ木製容器の底板（長さ61.3cm、現存幅10.8cm）に写したもので、山岳から落ちる瀑布、楼閣と2棟の建物、その前面の曲池と嶋、これらを画する曲率がある磚積みの壁、さらに外側の壁面には花柄模様が描かれている[奈文研 1995]。これには中国江南の景観を写したとする浅川説がある。妥当な見解であろう[浅川 1996][11]。

長屋王の死後（729年2月）、邸宅跡は一時期、光明皇后の皇后宮となったようで、邸宅周囲の道路側溝から兵衛府関係の墨書土器、木簡などがみつかっており、また二条大路木簡には、

「・芳野幸行用　　　　　」

図124　二条大路楼閣山水図と図解
（図解は浅川滋男 1996年による）

第4章　嶋と神仙思想　357

　　　　天平八年七月十五日」

（『平城宮発掘調査出土木簡概報』22－13下）

と、天平8（736）年7月の聖武天皇吉野行幸に関する木簡などがあって、聖武天皇がここに滞在したことを窺わせる。二条大路木簡は、天平9（737）〜10（738）年に皇后宮から一括廃棄したものが主体であった可能性が高い［奈文研 1995］。

　皇后宮には楼閣山水図のもとになる屏風画があったのであろう。正倉院には光明皇太后が聖武太上皇の七七忌に、盧舎那仏に施入した遺愛の品々を書き上げた天平勝宝8歳（756年）6月21日付「東大寺献物帳」がある[12]。その末尾に「御屏風壱佰畳」の項目がある。これは「大唐古様宮殿畫屏風」や「鳥毛立女屏風」など屏風類の総数と内訳を示す。ここには山水畫関係屏風もみえ、「山水畫屏風一具両畳十二扇」「古様山水畫屏風六扇」など4種がみえる。多くは現存しないが、当時、宮廷には中国の山水畫屏風が幾種類か伝来したことを裏づける[13]。

　「東大寺献物帳」の施主である光明皇太后と聖武太上皇、「楼閣山水図」をつなぐこの図が「東大寺献物帳」記載の「山水畫屏風」と結びつく可能性もある。こうした山水図によってただちに園池を営んだか否かは今後の課題であるが、先の図中の池が曲池であることは、8世紀における庭園様式の源を考える上に重要であろう。

　長屋王の庭園に関しては、漢詩集『懐風藻』（序文は天平勝宝3〈751〉年冬11月）に中国六朝期（3〜6世紀）の名園として名高い金谷園に準えた漢詩が残る。

　　長屋王「五言。初春宝楼にて置酒す」
　　（69）景は麗し金谷の室、年は開く積草の春、松烟ならびて翠を吐くき、桜柳分きて新しきことを含む。嶺は高し闇雲の路、魚は驚く乱藻の濱。激泉に舞袖を移せば。流声松ゐんに韵く（下略）[14]。

　河南省洛陽の西北にあった晋国（295〜385）石崇の金谷園については、梁（502〜557）の昭明太子（501〜531）が編んだ『文選』に「金谷集作詩一首」（巻20）があり、それらによって知識を得たのであろう。

　「金谷集作詩一首」注には、金谷水が「東南流」するとある。左京三条二坊の長屋王邸がこの佐保楼か否か、報告書は先に述べた左京一条三坊を佐保楼にあてる。私説では可能性が高いと思う。そして、王邸の曲池は東北を源とし東南流する。その末は未調査のため不詳である。平城宮東院庭園もまた、東南流する。これは西南角から出て、築地塀に沿って東流し途中で暗渠によって南折して宮外に出る。同様のことは、平安前期、11世紀代に成立した日本最初の庭園技術書『作庭記』にみえ、これを「青龍水」と呼ぶ。この書は藤原頼通の子、橘俊綱（1028〜1094）の著作説が有力である。先の2例は占地を含めて、この青龍思想に見事に叶う。

　金谷園は長屋王だけでなく、同じ『懐風藻』の藤原宇合「暮春南池に曲宴す　一首および序」にみるなど、奈良朝有力貴族の憧れであり、こうした知識が新型の園池を形成する動機となったのではなかろうか。

次に、左京三条二坊特別史跡宮跡庭園の原型として、高山瀝治による神仙境であった宮滝（奈良県吉野郡吉野町）付近の吉野川模倣説がある（図118）［高山 1987］。

吉野が神仙境であることは、『古事記』「雄略記」にある天皇が吉野川の辺りで詠んだ歌、「呉床座の神の御手もち弾く琴に舞する女常世にもがも」から指摘があるし［上田 1978］、『懐風藻』の吉野を詠う詩では「贈正一位太政大臣藤原朝臣史。五首」（32）に「霊泉駕鶴去」

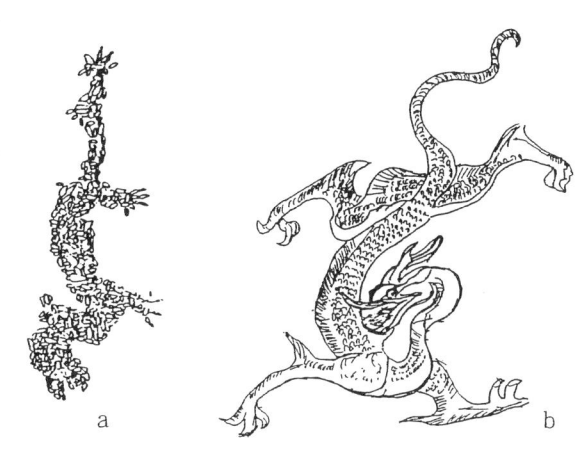

図125　龍の造形
a. 中国河南省西水坡遺跡の新石器時代の貝殻龍
b. 正倉院金銀山水八卦背八角鏡

とあり、「従四位下左中弁兼神祇伯中臣朝臣人足」（45）に「此地即方丈　誰説桃源賓」とあって疑いがない。

『日本書紀』によると天武・持統両天皇は繁く吉野に赴いた。殊に持統女帝の吉野行幸は生涯に34回に及ぶ。吉野宮は、吉野川の右岸にある宮滝遺跡（奈良県吉野郡吉野町）とするのが定説化しており、調査によって斉明期、天武・持統期および8世紀前半の聖武期の宮殿跡、園池跡などがみつかっている［末永 1980、末永・前園 1986］。吉野宮の南には、神仙が住むと信じられた青根ヶ峯がある［千田 1987］。

高山説に関連して興味深いのが、宮跡庭園の原型を龍の側面形とする水野説である。『作庭記』などが「青龍」にこだわるように、水野説は南に頭、北東に尾、四肢を東とする龍の左側面形を写したとする（図118右）［水野 1998、馮時 1990］[15]。水野説を敷衍すると、宮滝付近の吉野川が龍の姿であることが、ここを神仙境にした動機と説くことも不可能ではない（図118左）。

7世紀代の伝統に加えてこうした新知識、中国思想への憧れが8世紀の新園池を産みだし、それが平安期庭園の原型になると思う。

嶋の造営はいろいろな意味がある。重要なのは先学が夙に指摘する神仙思想であり、その傍証は園池の中嶋を蓬萊山と呼ぶことである。蓬萊山は中国の古伝説にみえる蓬萊山、方丈山、瀛洲の一つである。

神々の祭を記録した司馬遷（紀元前135？～93？）の『史記』（紀元前91年成立）「封禅書」（巻28）には、「使人入海求蓬萊方丈瀛洲。此三神仙者。其傳在渤海中。（略）諸僊人及不死之薬皆在焉。其物禽獸盡白而黄金銀為宮闕未至望之如雲。及到三神仙反水下」と、渤海湾に浮かぶ巨大な龜ともいう鼇が背中に三神山を負うこと、金銀の宮殿があり、神仙が不老不死の生活を楽しむこと、道士の言に惑わされた秦の始皇帝（在位紀元前221～206）や漢の武帝は神仙の実在を信じ、不死の薬を入手するためにたびた

第4章　嶋と神仙思想

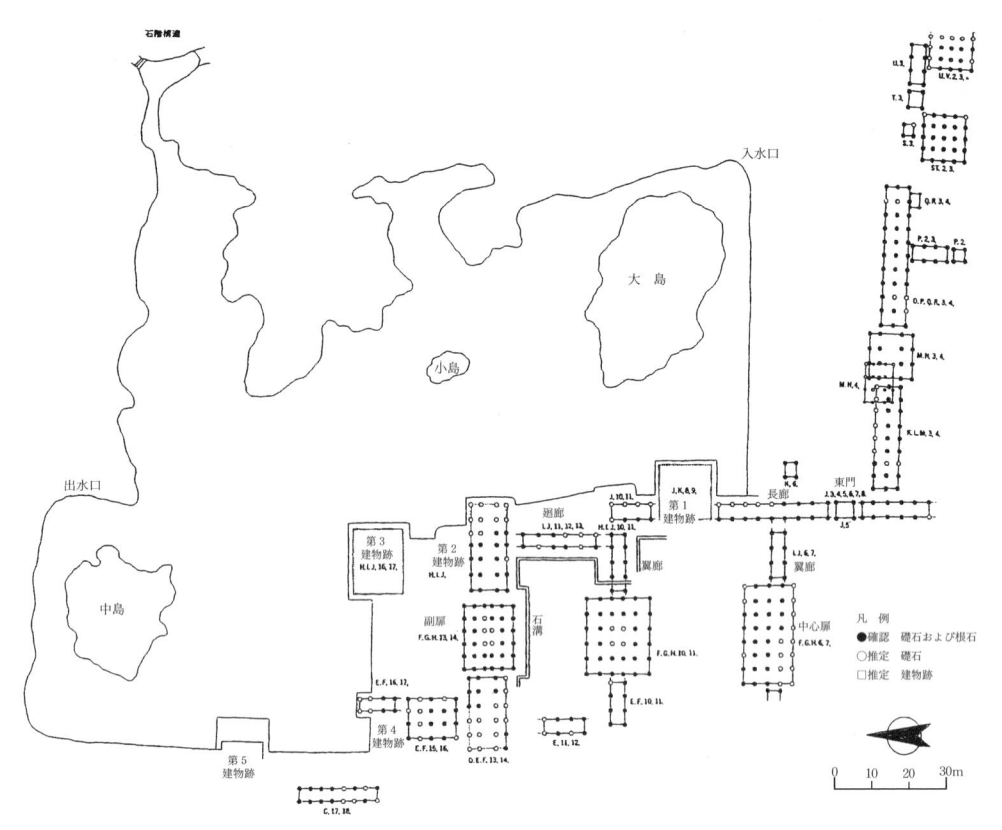

図126　雁鴨池と周辺建物配置図（『雁鴨池発掘調査報告書』による）

び船を仕立てたことがみえる。
　嶋はこの三神山を象る。漢武帝の故事には、「池中に蓬莱方丈瀛州方梁、海中の神山亀魚の属を象る」（『漢書』郊祀志下）とあり、元鼎4（紀元前113）年、武帝が河東に行幸し、后土神を祀った時、河に船を浮かべ群臣と宴したとある［大形 1996、太田 1987］[16]。
　この伝統が朝鮮半島を経由して伝来する。『三国史記』巻27、「百済本紀」第五の武王35（634）年春3月条には「三月穿池於宮南。引水二十余里。四岸植以楊柳。水中築嶋擬方丈仙山」（水中に嶋を築き方丈仙山に擬す）とあり、百済が扶余王宮の南に嶋を営んだと記す。
　また、百済の滅亡後、新羅が王宮内に営んだ雁鴨池は『三国史記』巻7、「新羅本紀」7の文武王14（674）年2月条に、「二月宮内穿池造山種花草養珍禽奇獣」（宮内に池を穿ち山を造り、花草を種うえ、珍鳥奇獣を養う）とある。これについて『東史綱目』は「王宮内に池を穿ち、石を積みて山となし巫山十二峯を象る。花卉を種え珍獣を養う。其の西は即臨海殿。池は今雁鴨池と称し、慶州天柱寺の北にあり」と記して、園池を海に見立てる［大韓民国文化財管理局 1993］[17]。この王宮は月城のことである。また、巫山は四川省巫山県の霊峰で、神仙の山として名高い。
　池に浮かぶ中嶋は、日本では1基が多いが、韓国の雁鴨池で検出した中嶋は3基で

ある（図126）[18]。

　すでに述べたように、飛鳥期の園池は朝鮮半島経由である可能性が高く、嶋の造営は三山伝説に基づく思想の伝来を意味しよう［事柱環（三浦・野崎訳）1990］[19]。次の課題は蘇我馬子の嶋を含め、飛鳥期の園池が百済直輸入か、新羅経由かであろう。百済は中国南朝の都建康（南京。東晋以後陳まで国都）に多くの文化的影響を受けた［田中・東 1988］[20]。時代が下るが8世紀中頃、唐の許嵩が撰した『建康実録』（呉の孫権、晋、宋、斉、梁、陳まで著録）には、建康の苑池の記録がある。これが百済扶余の「池於宮南」と関わるなら、わが国の嶋と思想は中国南朝を考慮する必要がある［内田 1974・1975］[21]。8世紀はこの思想が一層強まるのであろう。

　他方、先に述べたように平城宮東院庭園が天平10（738）年頃に「蓮池」であったとすると仏教の浄土思想に関わる。これは正倉院宝物「仮山」が大仏供養具であることと表裏の関係にあり、神仙思想がさまざまな要素を含んだ形で伝来した可能性がある。

3　8世紀庭園の要素

　7世紀代の園池を一新した8世紀庭園の特徴は、発掘遺構では、出入りの多い曲池、

表31　『懐風藻』『万葉集』山斎歌にみる園池の構成要素

施設関係	池水（巻20−4512）、磯影、池水（巻20−4513）、小高い山斎（巻3−452）、池、磯（巻20−4503）、磯浦（巻20−4505） 　　　　　　　　　　　　　　　　　　　　　　　　　　　　　　　　　　　　以上『万葉集』 嶺、乱藻の濱、激泉（69）、鏡を沈む小池、曲裏の長流、浦、岸、林亭、池台（88序） 　　　　　　　　　　　　　　　　　　　　　　　　　　　　　　　　　　　　以上『懐風藻』。
鳥や樹種	鶯（巻6−1012）鴛鴦、馬酔木（巻20−4505、4511）、木立（巻5−867）、磯松（巻20−4498）、梅花（巻20−4502） 　　　　　　　　　　　　　　　　　　　　　　　　　　　　　　　　　　　　以上『万葉集』 松烟、桜柳、魚、松ゐん（69）、紅桃、岸辺翠柳（88）

『懐風藻』『万葉集』山斎歌は、岸俊男「嶋雑考」『日本古代文物の研究』塙書房、1988、pp.311〜313による。

中嶋、築山、なだらかな洲浜、立石（平城宮東院庭園では、太湖石に似た表面に小孔ある石を立てる）、池底の玉石敷き、景石、遣り水に類する曲水溝、橋、亭などがある。（表31）

　これらと9世紀以降の園池を比べると、大きな違いがある。なかでも、滝組み構造の有無は重要である。平安期庭園の代表を、森蘊『寝殿系庭園の立地的考察』［森 1962］、牛川喜幸『池泉の庭』［牛川 1996］、『発掘庭園資料』［奈文研 1998］などから拾うと、嵯峨院（嵯峨天皇の別荘）庭園名古曽滝（大覚寺大沢池）、法金剛院庭園（図127）の青女滝（せいじょがたき）など滝が重要な要素となる例が多い。しかし、8世紀代の園池に明確な滝組みは今のところ、みえない[22]。

　9世紀代という嵯峨院名古曽滝（大覚寺大沢池）に関して、調査報告書［大覚寺 1994］では名古曽滝は瀑布ではなく、滝の石組みの元から湧水がしみ出す形とし、その年代は嵯峨院が造営をみた9世紀前半にあり、10世紀末には中絶したとする。その根拠は、滝の末にあたる流路SD43に堆積した遺物（土器）と『拾遺和歌集』（1005〜1006頃）の

藤原公任の歌に、
　「瀧の音は絶えて久しくなりぬれど名こそ流れてなほ聞こへけれ」
と、あることである[本中 1994]。ただし、名古曽滝自体の調査所見は「こうした滝の形態が嵯峨院の時期にまでさかのぼるかどうか不明である」[23]とする。

「滝」の語自体はすでに『万葉集』嶋宮の歌にみえる。
　東の滝（多藝）の御門に伺侍へど昨日も今日も召すことも無し
　　　　　　　　　　（巻2－184）
この歌では嶋宮の園池に東の滝（多藝）があるかのようである。しかし、古代の滝は白川静『字訓』によると、瀑布ではなく急流の意味であるから、『懐風藻』(69)の「激泉」と似た意味であろう。

滝組みの出現は、これまた中国の影響であるまいか。宋の宮苑として名高い艮岳については周維権[周維権 1990、張家驥 1997]や、河原武敏の復原案がある（図128）[河原 1992]。

艮岳は北宋の徽宗皇帝（在位1101～25）が政和年間（1111～17）、宮城の東北（艮・みずち）に営んだ人工の巨大な山岳である。艮岳の建造は、道士が宮の鬼門にあたる東北の鎮めとして勧めたことが動機という。6世紀前半に成立した道教教典である陶弘景撰『真誥』によると、艮には死者が赴く羅酆山がある。艮岳はこの死者世界から漂い出る鬼（死者）に対する防御の意味があろう[三浦 1988][24]。徽宗の『御製艮岳略記』をもとにした復原では、先の2説でやや違いがあるものの艮岳周囲に雁池、沼、鳳池、研池などがあり、壽山と万松嶺の間から落ちる瀑布が雁池に注ぎ、次いで大沼池、鳳池などの諸池に連なるとする。

中国人の庭園観は日本人のそれと異なり、人工的な造形を重視することである[中野

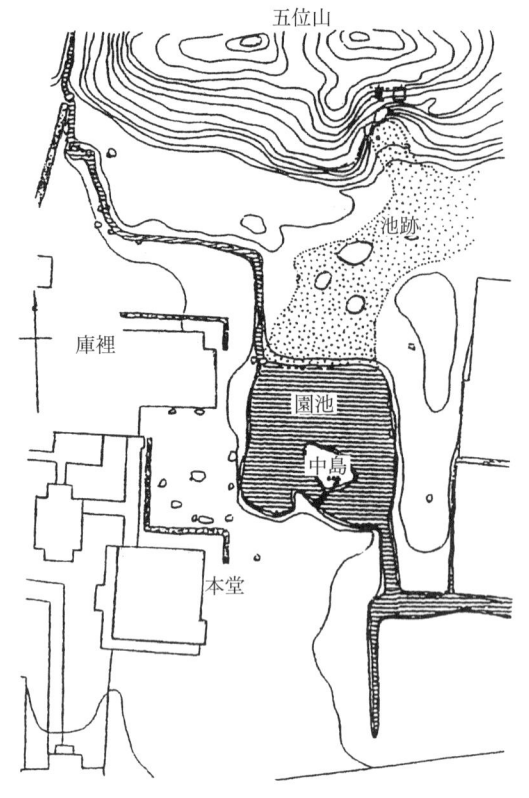

図127　法金剛院庭園実測図
（森蘊『寝殿系庭園の立地的考察』による）

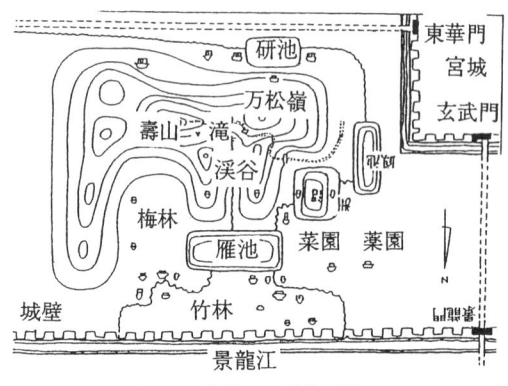

図128　宋代の艮岳復原図
（河原武敏1992年による）

1994］。先に述べた嶋の意味を考えれば、艮岳は単なる山岳ではなくその名が示すように聖山の意味であり、瀑布となって落ちる聖水が嶋を満たす、といった図式となろう［佐藤 1979］[25]。聖水が嶋をめぐるのは、三神山の間を海水が周回することと同じである。山岳周辺の無数の嶋は別としても、山岳から落ちる瀑布が嶋に注ぐ型をよく示すのは、12世紀前半代に下る法金剛院庭園である。

仁和寺の南、双が丘東麓にあるこの浄土式庭園は、『令義解』などの編纂者である右大臣清原夏野（782～837）の山荘を没後に寺に施入したもので、五位山南麓の青女滝の水を遣り水として幅広く流し、末が大池に注ぐ様が明確である。五位山（標高57.8m）には古墳があり、承和14（847）年10月19日に、遊猟の途次ここに登った仁明天皇が従五位を授けたことに由来する。すなわち、

「辛亥。授雙丘東墳従五位下。此墳在雙丘東。天皇遊猟之時。駐蹕於墳上。以為四望地。故有此恩。壬子。雙丘下有大池。池中水鳥成群。車駕望幸。放鶻隼拂之。（略）」（『続日本後紀』10月19・20日条）

とある。

青女滝は高さ約4m、大治5（1130）年に改造をみた［森 1962、奈文研 1998］。この滝をもとにする遣り水と園池については部分的な調査がある[26]。

艮岳の建造は宋代に下るが、基本的な構造は8世紀以前に遡るようで、河原武敏は隋の西苑に原型を想定する［河原 1994］。これを傍証するのが二条大路「楼閣山水図」である。すでに述べたように伴出した紀年銘木簡から、この年代は天平7～9（735～737）年頃である。「楼閣山水図」はこうした構造が中国で8世紀初頭にすでに成立しており、この図を仲立ちに艮岳復原図、法金剛院庭園遺跡などを比較することで、平安時代の滝組み構造の起源が奈辺にあるか明らかにできよう。

園池の背景に山岳を象ることは、平城宮東院庭園の後期石組み（仮山）が示す。しかし、そこから瀑布となって落ちた聖水が園池の源をなす、という構図が8世紀段階に出現するのか、宋代に改めて伝来するのかは今後の課題であろう。いずれにしても、古代の園池とその思想は、中国の庭園文化を直接・間接に受容することで、劇的な展開をみるといえよう。

［註］
1）［小野 1998］は発掘調査の概要も収録し、便利である。
2）城之越遺跡は古代庭園の源流として名勝指定を受け、復原整備の上、遺跡公園として公開している。
3）しかし、小澤圭二郎が1890年に『国華』に連載した庭園史の先駆的業績である「園苑源流考」［小澤 1890］では、宮の呼称は皇太子の施設とし馬子嶋とは別とする。小澤説は馬子嶋を一種の模型とするが、これは誤りと思う。

嶋宮と馬子嶋は異なるとの説に加担したい。私説は嶋宮推定地が西北約1.5km、飛鳥川左岸の甘樫丘東南麓にある蘇我本宗家伝承地である。甘樫丘南麓には字「エミシ」がある。『日

本書紀』によると蘇我氏の舘が甘樫丘に近接する。すなわち「冬十一月に、蘇我大臣蝦夷・兒入鹿臣、家を甘樫岡に雙べ起つ。大臣の家を呼びて上の宮門と曰ふ。入鹿が家をば、谷の宮門谷、此をば波佐麻と云ふ　と曰ふ」（皇極3〈644〉年11月条）とある。字「エミシ」は甘樫丘南の小谷であり、蝦夷の転訛とするとここは飛鳥川左岸であり蘇我大臣が嶋を築くには水利の関係からもふさわしく、再検討が必要と思う。

　　　ただしこの場合、飛鳥寺以北の用水を取水する木葉堰のあり方が問題となる。現在、堰の水は右岸方向に流れ、左岸への水路はないようであり、この点が障害である。
4）方形池は土器の年代や中嶋がないことを理由に、亀田博は嶋宮の池とは別で、蘇我氏の嶋かとする［亀田 1988］。

　　　中嶋がないとすると「小なる嶋を池の中に興く」とする推古紀34（626）年5月条の記述と合致しない。中嶋が未発掘地にある可能性は否定できない。なお、亀田は勾の池と「曲池」の関連を示唆する。
5）鮑石亭は新羅王都の南、南山西麓にある離宮であり『三国史記』「新羅本紀」第12、第55代景哀王4（927）年9月条には、景哀王の終焉地とある。
6）［奈良国立文化財研究所飛鳥資料館 1986］には飛鳥の石造物に関する資料、史料、文献目録および論文抄録まで網羅する。
7）長屋王は高市親王の子供で、天武天皇（在位672〜686）の孫にあたる。夫人の吉備内親王は、天武天皇皇子の草壁皇子と姉妹である。彼は左大臣正二位の天平元（729）年2月、藤原氏の陰謀により妃の吉備内親王、4人の皇子と自刭した。1989年デパート建設の事前調査で発見した多量の木簡に「長屋皇宮」などとあって、長屋王邸跡と判明した。
8）これを流水溝としたのは本中真である。牛川喜幸は流れの重要性普遍性を説き、本中真は、曲水を遣り水型と流杯型に分け、流杯型から遣り水型に変遷するとする。その様相はかなり複雑である。
9）帝室博物館 1941『正倉院御物図録』13、第48図に、やはり宝物の「蓮池」とともに仏前供養具とする説明がある。「蓮池」は第46、47図に説明があり、径が33.4〜33cm、高さ30cm。朴の材を割り抜き不正形の池型を作り周囲に堤塘をめぐらし、池中洲浜型を刻出してそこより5茎の蓮を生ぜしめたもの。蓮華は金銅で作り、蓮花、蓮蕾、巻葉、荷葉を漆銀箔で創る。池塘には起伏する7個の岩石を刻し銀色に塗り、池中には緑青を彩し所々に白砂を散し貝殻を敷置、という。大仏開眼供養会の供養具であろう。文学作品と違って、池の形態を視覚的に表現する。
10）粟田真人を執節使とする第七次遣唐使（大宝元〈701〉年任命、大宝2〈702〉年出発、大宝4または慶雲元〈704〉年帰国）は、天智8（669）年の第六次遣唐使から30年余を経る。逆に、多治比県守等の第八次遣唐使は霊亀2（716）年の任命で、出発が717年、帰国が養老元（718）年と長屋王邸の曲水よりも年代が下る。第七次遣唐使は、天智2（663）年の白村江における唐・新羅連合軍と日本・百済連合軍との戦争によって中絶した日唐間の文化交流を本格的に再開した点で重要である。庭園型式の変化も、第七次遣唐使がもたらした成果の一端であった可能性がある。
11）ただしここでは滝から落ちる水と、障壁を隔てて傍らの中嶋がある園池との関わりが明確ではない。嶋のある園池は欠損部にある画面左側に続くようであり、滝水が逆時計廻りに流れて暗渠などの施設で壁下を通り、嶋に注ぐのであろう。
12）いわゆる「国家珍宝帳」である。『大日本古文書』巻4、pp.121〜175。
13）現存する屏風の実際については、正倉院事務所編『正倉院宝物』毎日新聞社、第1巻　北倉1、第2巻　北倉2に写真図版があり、第5、7、8の各巻に屏風絵の一部を収載する。

「東大寺献物帳」と正倉院宝物の山水画については、松下隆章の総括的な考察がある。松下隆章　1968「献物帳畫屛風について」正倉院事務所編『正倉院の絵画』日本経済新聞社、pp.141～148。

また、中国の山水画に関する論考は、米沢嘉圃　1962『中国絵画史研究　山水画論』平凡社、鈴木敬　1981『中国絵画史』吉川弘文館、秋山光和　1982「唐代敦煌壁画にあらわれた山水表現」『中国石窟　敦煌莫高窟』第5巻、pp.190～204などがある。

14) 引用は、小島憲之校注　1964『懐風藻　文華秀麗集　本朝文粋』日本古典文学大系69、岩波書店。

15) 時代と地域は異なるが、中国河南省濮陽西水坡遺跡で検出した新石器時代（紀元前約3500年）の遺構には貝殻で象った蒼龍と白虎がある（図125）［馮時 1990］。

また、龍が宮殿の東池に現れる記事は『三国史記』「新羅本紀」第2などにみる。

16) 武帝の船に鷁（青鷺）を飾っていれば、この船遊びは皇帝の遊びであり、平安前期の『源氏物語』などにみえる龍頭鷁（青鷺）首の船遊びに連なるという［大形 1996］。龍頭と鷁首は中国では別の船の舳先に付けたが、日本では1隻の船の前後を飾ることになった。

17) ［大韓民国文化財管理局（西谷ほか訳）1993］の「Ⅱ　歴史的背景」は雁鴨池の名は来歴不詳とする。

18) 平城宮東院庭園はこの池を模倣としたとする説がある。本中真　1992「平城宮東院庭園に見る意匠・工法の系譜について」『庭園雑誌』55巻4号、pp.109～114、奈良国立文化財研究所　1998『東院庭園』（展示パンフ）は、この見方を受け継ぐ。

7世紀後半代の新羅との交流は毎年のように訪れる新羅使節と遣新羅使の往来が史料にみえるので、可能性は否定できない。しかし、先に述べたように、雁鴨池は深い上に朝鮮半島特有の石積みの切り立った岸辺を形成し、岸の北半部は曲率が多い入り江を形成するものの南半部は直線的である。これに対して、
①平城宮東院庭園は両岸とも出入りが大きい上に池底が浅く、敷きつめる玉石は径が小さい。
②雁鴨池では導水路に流盃渠あるいは観賞用小池にあたる石槽2基と石組み遺構1基があり、その先に広大な園池がある。東院庭園の流盃渠は雁鴨池と逆に排水溝の位置にある上に、成立時期も8世紀後半に下る。また池自体の規模も異なる。さらに、雁鴨池は地形的に南が高く、水は北に流れるが、東院はこれと逆で青龍の流れである。飛鳥の地形は南が高く北が低い。これらは雁鴨池と飛鳥地域の園池との類似性を示す証左である。東院庭園と雁鴨池の関係は一部であろう。

19) 三浦國雄は武王35（634）年春の方丈仙山記事と、二条大路木簡「楼閣山水図」をもって、道教の流伝とする［事柱環（三浦・野崎訳）1990］。

20) および東潮の示教による。

21) 建康と名を変える以前の建業には南苑があり、『文選』と双璧を成す『玉台新詠』巻6には、何思澄「南苑逢美人」がある［内田註釈 1974・75］。これについては多田伊織の教示を得た。

22) ちなみに、奈良国立文化財研究所　1998『発掘庭園資料』が収載する発掘庭園では、滝や滝石組みを構成要素にもつ例は29ヵ所。うちもっとも遡るのは大覚寺大沢池の9世紀代で、平安京跡における発掘庭園の多くは12世紀に下る。そして各地の庭園はさらに下った室町時代以降である。

23) ［奈文研 1998］p.32と記述が矛盾するかのようである。本中真の教示では（1998年11月17日）、SD43の初期から名古曽滝があったか否か不詳で、9世紀以降のある段階に据えた可能性もあるという。

24) ここには36洞天がある。道教信仰では十大洞天・三十六小洞天・七十二福地のランクが

あり、名山勝地の奥深くにある神仙の住む別天地の意味でもある。
　『真誥』については「六朝道教の研究」研究班による訳注稿が、京都大学人文科学研究所『東方学報』第68冊、1996年に掲載。
25)『源氏物語』胡蝶、龍頭鷁首の船遊び場面で詠まれた和歌には、
　　亀の上の山もたずねじ船のうちに老いせぬ名をばここに残さむ
とある。「亀の上の山」は亀（鼇）の上にのる蓬莱山のこと［佐藤校註 1979］。
　京都天竜寺の池庭には、曹源池のほぼ中央西岸に滝組みがあり、背後には亀山がある。この名は天竜寺が鎌倉時代の亀山殿の跡地に営んだことによるが（森蘊 1962『寝殿系庭園の立地的考察』奈良国立文化財研究所、p.39）、上記と無関係ではないように思う。
26) 杉山信三　1969「法金剛院調査概要」『京都府埋蔵文化財発掘調査概報1969』、家崎孝治 1986「法金剛院境内遺跡」『京都市内遺跡試掘立会調査概報　昭和61年度』などがある。

［参考文献］
秋山光和　1982「唐代敦煌壁画にあらわれた山水表現」『中国石窟　敦煌莫高窟』第5巻、平凡社、p.199。
浅川滋男　1996「板に描かれた楼閣山水図」『古都発掘』岩波新書468、pp.189〜192。
尹　武炳　1990「韓国の古代苑池」『発掘された古代の苑池』学生社、pp.191〜210。
上田正昭　1978「古代信仰と道教」『道教と古代の天皇制』徳間書店。
牛川喜幸　1996『池泉の庭』日本の庭園2、講談社。
内田泉之助註釈　1974・75『玉台新詠』上・下、明治書院。
大形　徹　1996「龍と鳥の船をめぐって」〈東アジア地中海世界における文化圏の形成過程〉1996年7月20日研究会報告。
太田静六　1987「龍頭鷁首舟」『寝殿造りの研究』吉川弘文館、pp.860〜866。
小澤圭次郎　1890「園苑源流考」『国華』第6号、p.9。
小野健吉編　1998『奈良国立文化財研究所史料』第48冊。
金子裕之　1988「長屋王は左道を学んだか」『歴史読本』1988年12月臨時増刊号、pp.140〜147。
金子裕之　1997『平城京の精神生活』角川選書282、p.176。
亀田　博　1988「飛鳥地域の苑池」『橿原考古学研究所論集』9、吉川弘文館、pp.415〜469。
河原武敏　1992「宋代の艮岳に関する二三の考察」『日本造園学会関東支部大会研究・報告発表要旨』第10号、pp.35〜36等。
河原武敏　1994「海を渡った園林」『月刊しにか』第5巻第2号、pp.22〜28、特にp.24。
佐藤亮一校註　1979『日本古典集成　源氏物語4』胡蝶、新潮社、pp.32〜33。
重森三玲・完途　1973『日本庭園史体系1　上古・日本庭園源流』社会思想社。
事　柱環（三浦國雄・野崎充彦訳）1990『朝鮮の道教』人文書院、三浦國雄「訳者あとがき」p.394、pp.401〜402。
周　維権　1990『中国古典園林史』中国清華大学出版社、pp.101〜105。
末永雅雄・前園実知雄　1986『増補宮滝の遺跡』木耳社。
末永雅雄　1980「吉野と宮滝遺跡」『奈良県史跡名勝天然記念物調査報告書』第40冊。
仙台市教育委員会　1990『郡山遺跡発掘調査概報』第Ⅹ冊。
千田　稔　1987「都城選地の景観を視る」『日本の古代9　都城の生態』中央公論社、pp.115〜146。
大覚寺　1994『史跡大覚寺御所跡発掘調査報告──大沢池北岸域復原整備事業に伴う調査』。

大韓民国文化財管理局、西谷正ほか訳 1993『雁鴨池発掘調査報告書』学生社。
高山瀝治 1987「神仙思想と古代都市」『奈良県観光新聞』369号。
田中俊明・東潮 1988『韓国の古代遺跡 百済・伽耶篇』中央公論社、p.165。
張 家驥編著 1997『中国園林芸術大辞典』山西教育出版社、pp.141〜142。
中野美代子 1994「園林を作る視線」『月刊しにか』第5巻第2号、大修館、pp.8〜14。
奈良県立橿原考古学研究所 1988「明日香村飛鳥京跡」『奈良県遺跡調査概報1988年度(第2分冊)』1-32、図版、および付図「嶋庄遺跡」。
奈良県立橿原考古学研究所 1996『宮滝遺跡』奈良県史跡名勝天然記念物調査報告、第71冊、pp.130〜132。
奈良国立文化財研究所 1975『平城宮発掘調査報告第Ⅵ 左京一条三方の調査』奈良国立文化財研究所学報、第23冊。
奈良国立文化財研究所 1976『飛鳥藤原宮発掘調査報告Ⅰ』。
奈良国立文化財研究所 1985『平城宮発掘調査報告書XII』奈良国立文化財研究所学報、第42冊、p.68。
奈良国立文化財研究所 1986『平城京左京三条二坊六坪発掘調査報告』奈良国立文化財研究所学報、第44冊。
奈良国立文化財研究所 1995『平城京左京三条二坊・二条二坊発掘調査報告』奈良国立文化財研究所学報、第54冊。
奈良国立文化財研究所 1998『発掘庭園資料』pp.88〜91。
奈良国立文化財研究所 1998「東院庭園地区およびその隣接地の調査」『奈良国立文化財研究所年報』1998-Ⅲ、pp.16〜36、特にp.32の図35参照。
奈良国立文化財研究所 1998『奈良国立文化財研究所年報』1998-Ⅱ、pp.34〜39。
奈良国立文化財研究所飛鳥資料館 1986『飛鳥の石造物』飛鳥資料館図録16。
奈良市 1986『特別史跡平城京左京三条二坊宮跡庭園復原整備報告書』pp.14〜16。
馮 時 1990「中国河南省濮陽西水坡45号墓的天文学研究」『文物』1990年第3期、pp.50〜60。
仏教芸術学会 1976「古代庭園の諸問題」『佛教藝術』第109号、pp.3〜18他。
三重県埋蔵文化財センター 1992『城之越遺跡』三重県埋蔵文化財調査報告99-3。
三浦國雄 1988「洞天福地小論」『中国人のトポス』平凡社、pp.71〜112。
水野正好 1998「湧水とまつりと遊び」『復元バンザイ城之越遺跡』伊賀上野市、pp.11〜14。
本中 真 1994『日本古代の庭園と景観』吉川弘文館。
本中 真 1994「考察 1遺構変遷」『史跡大覚寺御所跡発掘調査報告──大沢池北岸域復原整備事業に伴う調査』pp.120〜122。
森 蘊 1962『寝殿系庭園の立地的考察』奈良国立文化財研究所。

〔補 註〕
　1999年の調査では、東院庭園の西で石敷きの曲水渠を検出した。確認部分は約24m。平らな石を敷きつけた渠幅は1.1mから1.5m。玉石敷きの小池があり、雁鴨池の導水路の構造と基本的に共通する。8世紀前半であり、この時期の東院庭園と飛鳥期の園池の構造が関連する可能性がある。

第5章

宮廷と苑池

はじめに

(1) 庭園の語句

　園池空間を意味する用語には庭園がある。この語句はgardenに対する造語のようであるが、漢字自体にその意味は少ない。「庭」は軒で囲まれた人工的な空間を指し、園は農園の意味あいが強い。古代において園池を示す用語は嶋（山斎）であり、関連して苑、園（薗）、池がある。嶋（山斎）は水中の島（嶋）とは別であり、白川静『字訓』は「人工的に池や築山などを設けた庭園・林泉の類」とし、「しま」は水に臨んでおのずから区画されている地勢のところをいう。山斎はそのような地勢・景観をもつところであるとともに、山中の読書をするところで、林泉の遊びを兼ねて作られたとする。斎の語は潔斎の意で、六朝期には精舎と呼ぶことが多く、文人観想の場所だったことに由来するともいう。

　嶋の用例は7世紀初頭の推古朝に始まる。推古紀34（626）年5月丁未条、蘇我馬子の薨伝には、「家於飛鳥河傍、乃庭中開小池。仍興小嶋於池中。故時人曰嶋大臣」（飛鳥河の傍に家せり。すなわち庭の中に小なる池を開けり。よりて小なる嶋を池の中に興く。故、時の人、嶋大臣という）とある。

　古代の嶋については岸俊男の詳細な考証がある［岸 1979］。嶋を広く園池を備えた施設の意味とし、嶋の意義や中国との関わりなどを論ずる、主たる関心は嶋のあり方や、『正倉院文書』の嶋の比定などにあり、苑や池といった嶋関連用語の整理にまでは及ばない。

　苑、園（薗）について許慎撰『説文』に苑が「禽獣を養ふ所以なり」、園が「樹果ある所以なり」とある。これに従うと園は果樹園、菜園など農園の意味、苑は禽獣（鳥獣）を飼う所となろう。苑に垣など区画があるものを囿といい、中国古代では苑と囿を合わせた苑囿、苑園は皇帝の苑を意味した。現代では皇家園林と呼ぶこの施設は大小の池沼、苑、宮殿楼観に狩猟場、果樹・薬草園など諸施設を備えた広大なもので、史上に名高い漢の上林苑をはじめとして歴代王朝は複数の苑を営み、唐の長安城には西内苑、東内苑、禁苑の西京三苑があった。その規模や数が帝王の威徳を示す（『漢書』巻67「校猟賦」序他）、との意識によるのであろう。

　古代都城制の課題に、中国皇家園林とわが苑との関係がある。近年、飛鳥京跡や平

城宮・京跡において庭園遺構の解明が進行しており、一部は『日本書紀』『続日本紀』『懐風藻』などにみえる施設の可能性がある。古代庭園は古代都城と密接な関わりがあり、その解明は古代都城制の歴史を再構成に不可欠である。ここではその準備作業として、平城宮苑池をもとに、嶋関連用語である苑と池を整理しよう。

1 平城宮の苑と池宮

(1) 2苑、2池宮、1池亭

　平城宮の苑池史料には松林苑、南苑、西池宮、宮西南池亭、楊梅宮南池の2苑、2池宮、1池亭があり、現存する遺構には松林苑（水上池）、東院庭園、佐紀池、西南隅池遺構がある（図102）。

　苑の規模や数が帝王の威徳を示すという中国的な考えと関わるのであろうか。以下、これらの遺構と関連史料を順次整理して紹介しよう。

(2) 松林苑・松林宮

　松林苑は平城宮の北にある、いわゆる後苑である。後苑は宮城背後に設けた一種の緩衝地帯で、背後への備えでもあった。『日本書紀』天武14（685）年11月6日条にみえる「幸白錦後苑」がはじめであり、山城の恭仁宮には城北苑があった（天平14〈742〉年正月7日条）。

　松林苑は天平元年（729）3月3日条に初見し、関連して天平元年5月5日、天平2（730）年3月3日、天平7（735）年5月5日、天平10（738）年正月17日、天平16（744）年2月22日、天平17（745）年5月18日の記事6件に松林宮、松林倉廩などとある。南苑と同じく、聖武朝に特徴的である。

　平城宮の北方に遺跡がある。平城宮北面大垣の北約240mに南面築地塀の一部があり、これに連なる西面築地塀が北に延びる。築地規模は基底部の幅が3m、高さは推定5mといずれも平城宮大垣と同じである。ただし、築地の遺存は一部に留まるため、松林苑の全体規模は明らかではない。南北は少なくとも1.5km以上。東西は説が分かれるが、最大説は東限をJR関西線、国道25号線が通る谷とし、約1.8kmを測る。

　苑内には築地塀による宮殿区画がある。天平2年3月条にみる松林宮であろう［橿考研 1997］。平城宮東院地区の北に接する広大な水上池は、苑中最大の園池であり、築造は宮北面大垣の建設時に遡る。池の規模は最大で約350m四方。北岸と西北岸には出島があり、前者には布目瓦が散布する。瓦葺の亭があったのであろう。未調査のため詳細は不明である。なお、江戸時代、弘化4（1847）年の「水上池中島九ツ取払につき御願案」によると、この時には出島や中嶋が10ヵ所あった［内田 2001］。現在周辺はかなり開発が進んでいるが、春には景勝地でありかつての面影を偲ぶことができる。関連史料には次のものがある。

1）天平元（729）年3月3日条「天皇御松林苑。宴群臣。引諸司並朝集使主典□以上于御在所。賜物有差」
2）天平元（729）年5月5日条「天皇御松林。宴王臣五位已上賜禄有差。亦奉騎人等。不問位品給銭一千文」
3）天平2年（730）年3月3日条「天皇御松林宮宴五位以上。引文章生等令賦曲水。賜施布有差」
4）天平7（735）年5月5日条「天皇御北松林覧騎射。人唐廻使及唐人奏唐国新羅楽抃槍。五位已上賜禄有差」
5）天平10（738）年正月17日条「天皇幸松林。賜宴於文武官主典已上賚禄有差」
6）天平17（745）年5月18日条「天皇親臨松林倉廩。賜陪従人等穀有差」

(3) 東院庭園（楊梅宮南池）

　平城宮東院地区の東南隅には庭園遺構がある。池の規模は東西南北ほぼ60m。奈良時代前半と後半の前後の2時期があり、周囲には掘立柱の区画施設、宮殿、橋、石組み、2時期の玉石組の曲水溝などがある［渡邊 1998、岩永ほか 2000］。奈良時代後半の宝亀年間（770～780）、東院は楊梅宮となったようである。ここには瑠璃の瓦（緑釉瓦）を葺いた玉殿があった。『続日本紀』宝亀8（777）年6月18日条「戊戌。楊梅吉南池。生蓮一茎二花」（楊梅宮南池に一茎二花の蓮生ふる）によると、池の名称は「楊梅宮南池」であり、この時期には蓮池であった[1]。

　東院庭園は池底が礫敷きである。この状態では蓮は自生ができない。一種のポットを設置し蓮を栽培したのであろう。特別史跡平城京左京三条二坊宮跡庭園では、玉石敷きの池底に木製の槽を設置する。

　東院地区の西側、庭園遺構からみて、現在宇奈太理社がある地形の高まりを挟んだ西北地域には広い宮殿区画があり、発掘で巨大な楼閣宮殿SB17810・17800がみつかっている。これは桁行がともに6間、梁間が2間と4間の総柱建物を前後に配置し双堂としたものである。構造は奈良時代後半の第一次大極殿地区「西宮」に類似し［浅川ほか 1999］内裏的性格の殿舎であろうか。東院を次に述べる南苑に宛てる説がある。

(4) 南苑・南樹苑

　南苑は南樹苑ともみえる施設で、聖武朝に特徴的な点は松林苑と共通する。南苑とは「北」松林に対する意味であろう。宮内の施設とみて誤りないことは、『続日本紀』の記事から判明する。ここには16件の史料があり、うち聖武帝の動静を伝える13例の記事に「行幸」とするものはなく、すべてに天皇「徒御」「御」と記す。行幸は令制下では宮外への出御を、徒御・御は宮内での移動を意味する。南苑が宮内にあることは確実と思う。

　南苑の位置については第一次朝堂院地区に比定した関野説以来［関野 1907］、宮西南

隅説、東院説などがある［小沢 1996］。このうち東院説は南苑が、皇太子の居所である東宮と機能的に類似するとことから導いたものである。

史料では、4回の冬至関連行事を含めて年中行事が多く、他に授位、仁王経の講説（23）がある。仁王般若経講説は、のちの大極殿行事などでみることが多い。岩本説は光仁朝と限定付きであるが、ここが内裏的な意味をもつとする［岩本 1991］。

上に述べた平城宮東院地区には、奈良時代後半に下る遺構に内裏的な性格をもつ殿舎SB17810・17800があり、仁王経講説にふさわしい場所がこの地区に存在した可能性を示す。仮に東院地区が南苑とすると、8世紀前半には東院庭園が南苑の一施設となろう。

その推定規模は東西が約260m（計画寸法約900尺）、南北が約360m（計画寸法約1,200尺）ほどとなろう。史料には以下がある。

7）神亀3（726）年3月3日条「宴五位已上於南苑。但六位已下及大舎人（略）」
8）神亀4（727）年正月9日条「御南苑宴五位已上。賚帛有差」
9）神亀4（727）年3月22日条「天皇御南苑。参議従三位阿倍広庭宣勅云。衛府人等。日夜宿衛闕庭。不得輒離其府散使他処。（賜物）」
10）神亀4（727）年5月20日条「従楯波池飄風忽来。吹折南苑樹二株。即化成雉」
11）神亀5（728）年正月7日条「天皇御南苑宴五位已上。賜禄有差庚」
12）神亀5（728）年11月13日条「冬至。御南苑宴親王已下五位已上」
13）天平3（731）年11月5日条「冬至。天皇御南樹苑宴五位已上。賜銭親王三百貫。大納言二百五十貫。正三位二百貫。自外各有差」
14）天平4（732）年11月27日条「冬至。天皇御南苑宴群臣。賜親王已下施及高年者綿有差」
15）天平6（734）年7月7日条「天皇観相撲戯。是夕徒御南苑。命文人賦七夕詩。賜禄有差」
16）天平9（737）年10月20日条「天皇御南苑授従五位下（授位略）」
17）天平12（740）年正月16日条「天皇御南苑宴侍臣。饗百官及渤海客於朝堂」
18）天平19（747）年正月1日条「廃朝。天皇御南苑宴侍臣。勅日（天下大赦）」
19）天平19（747）年正月20日条「天皇御南苑宴五位已上。諸司主典已上賜酒肴」
20）天平19（747）年4月22日条「天皇御南苑大神神主従六位上大神朝臣伊可保。大倭神主正六位上大倭宿禰水守並授五位下」
21）天平19（747）年5月5日条「天皇御南苑観騎射走馬（うまゆみ）」
22）天平19（747）年5月15日条「於南苑講説仁王経。令天下諸国亦同議焉」
23）宝亀8（777）年6月18日条「楊梅宮南池。生蓮一茎二花」

(5) 西池・西池宮

平城宮の西北隅、第一次大極殿院の西北に接する池宮である。現在、宮の西北隅付

近に位置する佐紀池がその園池遺構の跡である。現池の西岸には中嶋の痕跡があり、南側には宮殿跡などがある。

　佐紀池の下層では、池北端近くの東・西岸の洲浜敷きや、池南端部の一部を調査している［奈文研 1977］。調査は一部に留まるが、御前池から延びる谷地形や周辺部の調査成果などからみて、池の規模はほぼ東西250m、南北200mであり、中嶋の位置は中央西寄であろう。

　池の南岸には桁行21間・梁間4間の二面庇をもつ巨大な南北棟建物などを左右対称に配した東西380尺、南北400尺の宮殿区画があり、史料の西池宮の可能性がある［玉田ほか 1999］。また関連木簡（24〜27）からみると、西池は蓮池の可能性がある。これらを含む西池宮の全体規模は、推定で少なくとも260m（計画寸法〈約900尺〉）四方になろう。次の史料がある。

24）天平10（738）年7月7日条「天皇御大蔵省覧相撲。晩頭転御西池宮。因指殿前梅樹。勅右衛士督下道朝臣真備及諸才子曰。人皆有志。所好不同。朕去春欲翫此樹而未賞翫。花葉遽落。意甚惜焉。宜各賦春意詠此梅樹。文人卅人奉詔賦之」

25）『万葉集』巻8 「御在西池邊肆賜歌一首」
　池邊乃松乃末葉尓零雪者五百重尓敷明日左倍母将見（池の辺の松の裏葉に降る雪はいほへ降り敷け明日さへもみむ）　　　　　　　　　　　　　　　　（巻8－1650）

26）神亀5（728）年3月3日条「天皇御鳥池塘、宴五位已上。又召文人賦曲水詩」

27）・嶋掃進兵士四人依人役数欠
　　・状注以移　天平十一年正月二日
　　　　　（6019：『平城宮発掘出土木簡概報』8－3、平城宮63、6 ADC－GD39、SD6499）

28）・〔嶋カ〕□掃進兵士四人依蓮池之格採数欠
　　・〔状カ〕□注以移「坂坂〔坂〕」天平十年六月九日
　　　　　（6019：『平城宮発掘出土木簡概報』8－3、平城宮63、6 ADC－GD39、SD6499）

29）・嶋掃進
　　・以移
　　　　　（6019：『平城宮発掘出土木簡概報』8－3、平城宮63、6 ADC－GD39、SD6499）

　史料26）の鳥池塘は岸説によると、鳥が十二支「酉」と同義とみて、西池宮のこととする。史料27）〜29）は西池宮の南西、馬寮推定地との間の溝SD6499発見木簡である。紀年銘は天平10・11（739・740）年。ここには嶋掃除の兵士を進める文言がある。史料28）の「蓮池格」木簡は、蓮池の格（長い枝）を採る数が欠けたので、嶋を掃く兵士を進める意味という。この嶋は園池というより、「嶋掃部所」といった管理部署の可能性があるというが、木簡が馬寮東北の西池に関わるなら［奈文研 1985］、ここは蓮池となろう。

(6) 西南池亭

宮城西面中門（佐伯門）付近から、南面西門の若犬養門北側までの園池跡である。南北は約400m、東西は最大で約80m。左右の岸は大きな出入がある。平城京右京西二坊を南北に貫流する秋篠川の旧流路を利用した施設である。調査は若犬養門跡の発掘時に、南端の排水施設の一部を調査したのに留まっており、全貌は明らかではない［奈文研 1982］。宮殿など周囲の諸施設が不詳のため、全体規模を推定する手懸かりが乏しいが、南は若犬養門、北西が玉手門付近とみると、最大でも東西南北ともに260m（計画尺で約900尺）ほどとなろう。関連史料には次のものがある。

　30）天平宝字6（762）年3月3日条「於宮西南新造池亭設曲水之宴。賜五位已上禄有差」（宮西南に新たに池亭を造り曲水の宴を設ける）
　31）宝亀3（772）年3月3日条「置酒靱負御井。賜陪従五位已上。及文士賦曲水者禄有差」（靱負御井に置酒。陪従の五位以上、及び文士、曲水を賦する者に禄を賜う）

　史料30）は前後に保良宮（滋賀県）に関連した記事があり、この記事も保良宮説がある。仮に保良宮のことなら、この宮の西南隅に池亭があることになろう。

　史料31）の靱負(ゆげい)井戸での曲水宴は比喩であり、岸説は靱負司(ゆげいのつかさ)を衛門府とし、「宮西南池亭」と同じとする。亭はものみ、たかやぐらであり、池亭は池辺のあずまやの意味であるが（『字通』）、園池周囲の広大な余地は大規模な宮殿の可能性を思わせる。そうした場合、池宮との違いは呼び名の違いとなろう。

2　苑池は複合施設

(1) 苑池は年中行事の場

　平城宮苑池とそれに関する史料を紹介した。苑と池宮はともに園池施設であり、このうち苑は宮廷の施設を指す用語のようである。しかし、平城宮でみる限り、苑と池宮はともに園池に宮殿・楼閣などが一体となった複合施設であり、年中行事の場であることも共通する。苑と池宮との違いは何か。また、苑は宮廷施設を指す用語とみて矛盾がないか否か。次にはこれらの点を確認してみよう。まずは、苑池（宮）が年中行事の場であることから。

　宮廷施設としての苑池は年中行事の場として重要である。史料によると実際にそうした場面での用例が多い。これは1）〜29）（25〜27を除く）史料の日付が、節日（雑令節日条）である1月7日（のちの白馬）、1月17日（大射か）、3月3日（曲水）、5月5日（端午・走馬）、7月7日（七夕・相撲）などに集中することからも明らかであろう。『続日本紀』の編集態度が年中行事記事の採録に冷淡であること、それにも拘わらず上の記録が多数に上ることは、関係官司が年中行事を厳密に実施していたことを窺わせる。記事数に多寡はあっても各施設ともその点では共通する。年中行事は平安時代には儀式と「宴」から成るといい、言い換えると饗宴の場であった。記事に多い「宴」が、それを裏づける。

(2) 苑とは宮廷施設の謂

　『続日本紀』など正史が宮廷の庭園施設を苑と呼称したことは、松林・南苑史料などから容易に予想ができよう。苑史料には他にも、顕宗元年紀3月2日条「後苑曲水宴」、天武14 (685) 年紀11月6日条「幸白錦後苑」、持統5 (691) 年紀3月5日条「天皇観公私馬於御苑」(以上、『日本書紀』)、天平14 (742) 年正月7日条の恭仁宮「城北苑」(『続日本紀』)などがある。このうち、顕宗紀の苑は実在が疑われるが、「天武紀」の白錦後苑は苑の確実な初見例であろう。

　苑の語句は正史のほかにも『万葉集』や『懐風藻』『正倉院文書』木簡があり、なかには苑と園・薗を混用する例がある。これらのあり方次第では、上に述べたことが成り立たない。

　木簡には平城宮東院の東、東二坊坊間路西側溝SD5780木簡などがある。

　・鵤造花苑所謂雇人三百六十八人食□米七石
　・三斗六升
　「三石一斗四升二合」　三月一日事受葛木梶島

　　　　　　　　　　(『平城宮発掘調査木簡概報』11－10、平城宮、99、6 ALFHB56)

とある。鵤造花苑所の鵤の意味は不明であるが、その造営にあたる花苑所が雇人368人分の食米を請求した伝票である。この花苑所の性格など不詳だが、この場合、官司であるなら用語上は矛盾がない[金子 1999][2]。

(3) 苑と園の混用例も

　苑とあるべきところを園とする例に、『懐風藻』(天平勝宝3〈751〉年)がある。この詞華集では大津皇子「4春苑言宴」など、苑を用いる例が多い。しかし少数であるが、苑とすべきところを園とする例がある。大宰大弐従四位上巨勢朝臣多益須「五言。春日、応詔」「19玉管陽気を吐き、春色禁園を啓く」の禁園は禁苑(天子の苑)であり、苑に代えて園を用いる[3]。

　本来は園・薗とあるべきところを苑とする例もある。法華寺関連の『正倉院文書』には、建物内部の装飾に関わる史料があり、

　　「請画師事
　　　勅旨、(略) 以加為今西花苑天井画」　　　　(『大日本古文書』巻12－252)

と西花苑、右花苑の名がみえる。『正倉院文書』には他にも、東花苑 (同書4－465) などがある。福山説ではこれらの苑は法華寺の阿弥陀浄土院を指す[福山 1932][4]。苑を用いるのはここが浄土を象るためであろうか。資財帳などによると、寺院付属の花園(薗)は園(薗)と表記することが多く、上の東花苑も別の文書には東花園とある(『大日本古文書』巻16－300)。

　『万葉集』にも苑園を混用する例がある。天平勝宝2 (750) 年の越中守大伴家持の

歌には、
「天平勝宝二年三月一日之暮眺曯春苑桃李花作二首」
　「春苑　紅尓保布　桃花　下照道尓　出立女感嬬」（春の苑紅にほふ桃の花下照る道にいで立つ乙女）
　　　　　　　　　　　　　　　　　　　　　　　　　　　　　　　　（巻19－4139）
　「吾園之　李花可　庭尓落　波太礼能未　遺在可母」（吾が園の李の花か庭に降るはだれのいまだ残りたるかも）
　　　　　　　　　　　　　　　　　　　　　　　　　　　　　　　　（巻19－4140）
とあって、題詞と歌で苑と園の混用がある。

　このようにみると、苑と園の使い分けはどれほど厳密であったか疑問が残る。しかし、皇甫東朝の例は、苑とは宮廷施設とする意識を改めて感じさせる。

　従五位下兼雅楽員外助皇甫東朝の官司・官職名は、『正倉院文書』「仏事捧物歴名」が「花薗正」（『大日本古文書』巻5－708）と、薗字を使用する。他方、『続日本紀』神護景雲元（767）年3月乙巳条では「花苑司正」とあって、苑を用いる。『正倉院文書』が司を略記しただけか否か明らかではないが、正史が苑を用いるのはやはり、この文字に意味があると思う。

　『正倉院文書』は造東大寺司に属する写経所の文書がもとであり、『万葉集』など詞華集の例を含めて考えると、日常世界では苑と園（薗）はそれなりに通用したが、正史では建前を貫いたのではあるまいか。

(4) 苑と池は規模の違いか

　苑と池宮が園池に宮殿・楼閣などを含む複合施設であり、ともに年中行事の場とすると、苑と池宮の違いは何か。一義的には規模の違いでもあろう。

　平城宮の2苑、2池宮、1池亭のうち楊梅宮南池がある東院地区と南苑が同一施設とすると、最大規模は後苑の松林苑である。東西約1.8km（最大説）、南北1.5km以上と推定できる松林苑の規模は、池を圧倒する。しかし、南苑と他の池宮の間にはそれほどの差はない。

　すなわち南苑は東西約260m（計画寸法900尺）、南北約360m（計画寸法1,200尺）ほど。これに対する西池宮・西南池亭は、東西南北ともに260m（計画寸法900尺）程度である。宮内施設である南苑と西池宮・西南池亭の間には南北規模にやや違いがあるだけで、それほどの差はない。言い換えると、苑と池宮には規模だけではなく、さらに本質的な違いがあると思う。

(5) 苑には農園機能が

　苑と池宮の根本的な違いは、果樹園などを含めた農園機能の有無ではあるまいか。先にみたように、園と苑の混用は単に音通というだけでなく、背景には機能の共通性があるのであろう。園（薗）はもともと農園の意味である［奈文研　1995a・1995b・2001］[5]。苑もまた、果樹や蔬菜類の栽培場としてあった。この辺りの事情を物語るのが、宮廷

苑池を管理した園池司の職務規程であろう。
　「職員令」宮内省園池司条には、

　　「園池司

　　正一人。掌諸苑池。謂。凡苑池之所育。有可以供御者。皆司其事。令不浪侵也。

　　種殖蔬菜樹菓謂。草可食者。皆為蔬菜。樹菓猶菓子。其種殖二字。兼属蔬菜樹菓也。

　　等事。佑一人。令史一人。使部六人。直丁一人。園戸。」

とある。ここにみえる池はこれまで述べてきた池宮というより、農業用のそれであろう。池は陂ともいう堀池のことである。城の濠の意味もあるが、農業用の溜池の意味が強く、苑池の別称になるのは時代が下ってからのことという。『令義解』『令集解』の註釈によると園池は蔬菜類の栽培場所であり、園池司の主業務は苑（園）池施設の管理と、天皇等の食膳に上る蔬菜類の栽培である。

　『令集解』では蒼頡篇を引いて園は養牛馬、苑は養禽獣と註釈するが、ここでは苑池と年中行事との関わりはみえない。あるいは苑池の機能やその管理業務は、園池司や園池司の前身官司の骨格が固まったのちに付け加わったことを示すのかもしれない。

(6) 白錦後苑には果樹園が

　いずれにしても、苑には蔬菜・果樹・薬草園などがあったのであろう。農業生産の場である園はまた、土器などを生産する手工業品などの作業場でもあった。農作業の合間に兼業で行ったのであろう。平城京二条大路木簡の池辺園からの進上木簡は、そうしたことを示唆する。

　　池邊御園司　進埴器惣五百八十六口　□□

　　（『平城宮発掘出土木簡概報』22－47、平城京二条大路東西大溝南、200ホ、6 AFI UO27、SD5100）

　　・池邊園

　　・□大豆五升

　　（『平城宮発掘出土木簡概報』22－48、平城京二条大路東西大溝南、200、6 AFI UO24、SD5100）

　池辺園は所在不詳である。平城宮内の施設か、あるいは磐余池辺双宮（用明天皇の宮）などを指すのであろうか。なお、天平宝字6（762）年造金堂所解案に、「一百貫自池邊御倉所請三年八月廿五日」と「池邊御倉所」がみえる。いずれにしても、ここからは埴器（土師器）を大豆とともに進上している。

　初期の苑がこうした機能を備えたことは、現在、苑の確実な初見といえる飛鳥の白錦後苑からも推定できる。この苑の可能性が高いのが明日香村岡字出水、出水酒船石遺跡である。これは飛鳥京跡の内郭西南、飛鳥川右岸に接した地域にあり、2000年〜'01年の調査により園池遺構が判明した。池の推定規模は南北が約200m、東西約70mほど。中央には南北に細長い中嶋がある［橿考研 2001・2002］。池底は2mほどの段差が

あって南北に分かれ、南池の南岸には花崗岩の導水施設と噴水施設がある。池底の段差は、南高北低の地形に沿う池を北側に広げる工夫であろうか。

南側の池底には蓮や鬼蓮の花粉、梅、桃や梨などの未熟果実が多数堆積し、池の北側では薬草木簡の発見があって、この池は蓮池であること、近接して梅、桃、梨など果樹園、薬草園などが存在したようである[6]。現状からみた全体規模は約260m（900尺）四方であろう。小澤圭二郎の先駆的業績「園苑源流考」が説くように、大津皇子「春苑言宴」（『懐風藻』4）が詠うのはこの苑の情景であろうか。

西池宮などに比べて規模にそれほど違いがない平城宮南苑には、何らかの園が付属したこと、それは北側にあった可能性を考えるべきであろう[7]。

(7) 農園機能を喪う苑

苑の農園機能は7世紀後半、白錦御苑の可能性が高い出水酒船石遺跡以降、8世紀末の長岡京にも受け継がれる。ここでは宮北に接して「北苑」が推定され、発掘の成果では「北苑」の一郭では水葱栽培を行っていたという。苑が農園機能を喪失するのは9世紀以降である。平安京では苑である神泉苑は左京二条一坊にあり、そこには広大な南池と宮殿、馬場などがあり、年中行事を主体とする饗宴の場であったが、農園に類する施設はなかったようである。

他方、平城宮や恭仁宮など後苑があった宮城北方には北野の設定をみており、各種の農園が集中した［金子 1999］。苑がもつ機能から農業生産の機能が分離し、苑は名実ともに年中行事、饗宴の場となったのである。

3　苑池の原型と大陸

(1) 苑と池・嶋と池

平城宮の苑池遺構をもとに、苑と池宮のあり方をみてきた。池は池宮の省略型と、庭園施設を構成する要件の一つとしての園池の意味がある。それゆえ、苑池の語にも苑と池宮という関係と、苑内部を構成する池という意味があるが、文言としてはいずれも苑──池の関係である。当時は庭園施設を広く嶋と呼んでおり、そこでは嶋──池の関係がある。苑が宮廷施設、貴族等の施設が嶋なら、宮廷施設の苑──池、対する嶋──池は貴族等のそれを意味しよう。

平城宮における「苑──池」の構図は何に由来するのか。藤原宮における苑池の実態が不明な現状では推測の域をでない。しかし、出水酒船石遺跡や嶋宮など、飛鳥京跡の7世紀代の園池遺構をみると、やはり朝鮮三国の百済や新羅、あるいは中国の苑との関わりを重視すべきであろう。飛鳥京跡の園池は平面形や石組み護岸の構造などに百済や新羅の影響が強い。その両国の歴史を記す『三国史記』には、苑池に関連した記述が散見する。

「百済本紀」によると、辰斯王7（391）年春正月条に「重修宮室。穿池造山。以養奇禽異卉」とある。類似した表現は東城王22（500）年春や、「新羅本紀」の文武王14（674）年2月条などにみる。ここにみる池や山は、中国の古伝説である三山伝説に基づく。

　司馬遷（紀元前135〜93？）『史記』（紀元前91年成立）「封禅書」（巻28）には、渤海湾の鼇が背中に蓬萊山、方丈山、瀛洲を背負うこと、そこに金銀の宮殿があり、不老不死の神仙が棲むことがみえる。神仙の実在を信じた秦始皇帝（在位紀元前221〜206）や漢武帝は、不死の薬を入手すべく莫大な費用を費やして船をたびたび浮かべたが、行き着くことはできなかった（「使人入海求蓬萊方丈瀛洲。此三神仙者。其傳在渤海中。（略）諸僊人及不死之薬皆在焉。其物禽獣尽白而黄金銀為宮闕未至望之如雲。及到三神仙反水下」）。園池はこの三山を模したものであり、漢長安城の太液池に関する故事には「池中有蓬萊、方丈、瀛州、壺梁、象海中神山亀魚之属」（『漢書』巻25、郊祀志下）、などとある。史書には類似記事が少なくない。それゆえ園池はもともとは神仙世界を象り、水面は海、水中の中嶋は鼇が負う三山の意味であった。その慣習が半島を経て伝来した。「百済本紀」武王35（634）年春3月条には「穿池於宮南。引水二十余里。四岸植以楊柳。水中築嶋。擬方丈仙山」とある。この方丈仙山とは三山の一つの方丈山であり、「養奇禽異卉」の禽獣を養うとは苑の意味であって、全体として海中の三山に擬した苑を築く意味となろう。

(2) 池を穿ち苑を築く

　ただし、「穿池造山」とはあるが、苑──池の文言は『三国史記』自体にはみえない[8]。他方、中国では例がある。唐太宗の武徳9（626）年9月丁未条に、「我今不使汝等。穿池築苑」（『旧唐書』巻2）とあり、苑──池の関わりが明確である。

　中国の王朝では宮廷付属の苑囿（皇家園林）を複数設けた。唐の長安城には西内、東内二宮殿に付属した苑があり、これらを包括する周120里（63.5km）の禁苑がある。呂大坊の「長安城図」によると、西内（太極宮）に付属した西内苑には桜桃園、李園地などがあり、東内（大明宮）付属の東苑には龍首池がある。また、大明宮にはこれとは別に、広大な太液池があるなど、ここでは苑内部に複数の園がある上に、苑とは別に池があって周囲に宮殿楼閣などがあったようである［平岡 1952］。こうしたあり方は、平城宮の苑池を考える上に示唆的であろう。

　7世紀初頭、推古紀34（626）年条の蘇我馬子の嶋が日本における大陸的庭園のはじめとすると、これ以降、大陸的な苑池システムの影響が幾たびかあり、それに応じて苑のあり方が変化したのではあるまいか。8世紀代の日唐関係を考慮すると、平城宮の苑池は、唐との関わりで解釈すべきであろう。

　このように考えた時に、新たな課題となるのは白錦後苑の名称であり、園池司の職掌である。すでに述べたように、白錦後苑が出水酒船石遺跡とすると、ここは百済や

新羅の影響が濃厚な飛鳥京跡の園池と共通点が多い。それにも拘わらず、『書紀』がここを「池」ではなく「苑」と呼称するのは、新時代の日唐関係を暗示するかのようである[9]。

また、「職員令」園池司条には苑池の規定はあっても、農園としての意義を重視するもので年中行事・饗宴の場、という苑池の機能に関する具体的な指摘がない。園池司の前身官司については藤原宮木簡にみえる薗職、薗官との関わりが課題となっているが[10]、主に蔬菜等の進上に関わる史料であり、園池司の系譜に連なるようである。園池司の成立については国内の事情だけではなく、中国（唐）との関わりも無視できない。唐の禁苑を管理した上林署、苑総監、苑四面監は司農寺の管下にある。司農寺の職掌は「卿之職、掌邦国倉儲委積之事、總上林、太倉、鈎盾、導官四署與諸監之官属、謹其出納」（『旧唐書』巻44、職官志）とあり、経済財政を司る官司のようであり、上林署と園池司の近似については指摘がある。なお、出水酒船石遺跡発見の木簡には「嶋官」とある。これがこの苑を管理した官名か否か。こうした観点を含めて、今後の課題は大きい。

〔付　記〕
　　木簡の出典は以下のように略記した。／「『平城宮発掘出土木簡概報』22－48、平城京二条大路東西大溝南、200、6AFI UO24、SD5100」。22は木簡概報の号数、－48は頁数。以下発見遺構、地区、遺構番号の順である。

[註]
1) 楊梅宮は平城宮東院説が有力である。「生蓮一茎二花」は、延喜治部省式にみえないが祥瑞の意味であろう。たとえば『書紀』舒明天皇7（635）年7月是月条には「瑞蓮生於剣池。一茎二花」とあるし、蘇我入鹿誅滅に関わる皇極天皇3（644）年6月6日条には、「於剣池蓮中。有一茎二蕚者」とある。『万葉集』（巻13－3289）相聞にみえる「剱池之蓮葉」は、これらに関連するのであろうか。
　　一茎二花の蓮は中国では双頭蓮、または開帯蓮ともいう（『群芳譜』『花鏡』）。『群芳譜』には「晋泰和間生于玄圃、謂之嘉樹蓮、今所在有之、最易生、能傷別蓮、宣独種」とあるという。
　　また、中国南朝の『梁書』武帝紀の天監10（511）年6月乙酉条に「嘉蓮一茎三花生樂遊苑」（巻2本紀第2）とある。これは一品蓮一本生三蕚にあたり、品字蓮である。
2) 以下、苑・園木簡の例をあげておく。
　　　　〔苑カ〕
　　・□進送□
　　・□
　　　　　　　　　　（081、平城京左京二条二坊二条大路東西大溝、198B、6AFF JF12、SD5300）
　　□花苑坊、
　　（091、『平城宮発掘出土木簡概報』30－18上（443）、平城京左京二条二坊二条大路東西大溝、198B、6AFF JF11、SD5300）
　　　　〔苑カ〕
　　□
　　□　　　　（091、平城京左京二条二坊二条大路東西大溝、204、6AFF JD24、SD5300）

- 不坂上馬甘
- 日□木苑宿
  〔菜ヵ〕

(081、『平城宮発掘出土木簡概報』29-23下 (218)、平城京左京二条二坊二条大路東西大溝、198B、6AFF JF08、SD5300)

　　これは『延喜式』にみる「奈癸園」であろうか。園の推定地は山背国久世郡（京都府宇治市伊勢田町付近）である。

3)『懐風藻』の引用は、小島憲之校註　1964『懐風藻　文華秀麗集　本朝文粋』日本古典文学大系69、岩波書店による。

4)　東院の東、東二坊坊間路を挟んだ東側には法華寺阿弥陀浄土院がある。坊間路側溝SD5780木簡「東薗」を、阿弥陀浄土院関連史料とする可能性がないわけではない。ただし、福山敏男によると、法花（華）寺阿弥陀浄土院は『正倉院文書』12-252「西花苑」、同25-268「右花苑」にあたるので、これは困難であろう。

5)　木簡では園、薗が農産物を進上する例が多数に上る。平城京長屋王家木簡は、霊亀2 (716) 年後半前後における王家の園・薗での生産と、進上を語る貴重な史料である。

　　また、天平8・9 (736・737) 年頃という平城宮二条大路木簡には、園池司が光明皇后宮もしくは藤原宮万呂邸に蔬菜類を進上する例がある。

　　寺院には花園（薗）がある。供仏料の四季花や、衆僧に供する蔬菜栽培用の施設であろう。興福寺や大安寺史料などにみる。

　　興福寺の花薗は『興福寺流記』（大日本仏教全書興福寺叢書第1、1931年4月、p.5）に

　　　「南長者門。前四町植四季花。為供仏料。宝字記云。
　　　　　　　　　南花薗四坊。在池一堤。天平記云。名左努作波。…。
　　　　西敷田門。前四町為供衆僧。植四季菜。宝字記云。百花薗二坊。
　　　　　　　　　在三条六坊。在國地二坊。寶字元年十月六日。依勅施納也」

とあって、『興福寺流記』が引く「宝字記」に「花薗」がみえる。

　　これに関連するのが、平城京左京一条三坊東三坊大路側溝SD650発見の告知札木簡である。その年代は天長5 (828) 年前後。告知札はいわゆる立て札である。

　　　　　　　　　　　　　在験片目白
　　告知　往還諸人　走失黒鹿毛牡馬一匹　額少白
　　件馬以今月六日申時山階寺南花薗池辺而走失也　九月八日
　　若有見捉者可告来山階寺中室自南端第三房□

(6751、『平城宮発掘報告』Ⅵ、p.29、平城京東三坊大路、57、6AFBCS10、SD650)

興福寺の花薗が寺の南、現猿沢池の周辺にあった傍証となる。

大安寺の花園は、天平19 (747) 年2月21日付「大安寺伽藍縁起并流記資財帳」に、

　　「合寺院地壹拾伍坊。（略）一坊池并岳。一坊半賤院。一坊倉垣院。一坊花園院」

　　　　　　　　　　　　　　　　　　　　　　　　　　（『寧楽遺文』中巻-377）

とある。

　　また、薗は大安寺、西大寺、法隆寺史料にみる。

大安寺の薗地は天平19年2月21日付「大安寺伽藍縁起并流記資財帳」に、

　　「合薗地貳処　一在左京七条二坊十四坪
　　　　　　　　　一在同京同条三坊十六坪」　　　　　　（『寧楽遺文』中巻-381）

とある。

　　西大寺の薗地は、宝亀11 (780) 年12月25日付「西大寺資財流記帳」に、

「田薗山野第十二」「田薗山野圖漆拾参卷」　　　　　　　　　（『寧楽遺文』中巻－413）

とある。

　法隆寺の薗地は、天平19年2月21日付「法隆寺伽藍縁起并流記資財帳」に、

「薗地参拾壱町貳段…山林丘嶋等貳段陸地」　　　　　　（『寧楽遺文』中巻－362）

とある。記載順からみても農園のことであろう。

6）持統5（691）年紀3月5日条「天皇觀公私馬於御苑」が白馬節会に関わるなら、白馬を牽く施設が必要であり、池の東側一体には苑付属宮殿をはじめとする諸施設が想定できるのであり、初期の苑は基本的な諸施設を備えたことになる。

7）園の一種に薬草を栽培する薬園がある。医疾令の規定とは別に、重祚した孝謙天皇が大嘗祭を営んだのは南薬園宮である。

　天平勝宝元（749）年11月25日条には、

「乙卯。於南薬園新宮大嘗。以因幡國為由機國美濃國為須岐國」

とあり、関連して天平勝宝2（750）年正月朔日条には、

「（大郡宮宴）。自余五位已上者於薬園官給饗焉」

とある。薬園に冠した南が北松林苑に対応するなら平城宮内の施設である可能性があり、聖武朝の南苑との関わりも視野に置くべきと思う。

8）「百済本紀」・「新羅本紀」にみる池宮史料（抜粋）

Ⅰ　百済本紀
　　391・辰斯王七年春正月（都邑：漢城）
　　　　重修宮室。穿池造山。以養奇禽異卉。
　　447・昆有王二十一年夏五月。
　　　　宮南池中有火。焔如車輪終夜而滅。
　　500・東城王二十二年春（都邑：公州）
　　　　起臨流閣於宮東。高五丈。又穿池養奇禽。
　　500・東城王二十二年夏五月。
　　　　王與左右宴流臨閣。終夜極歡。
　　634・武王三十五年春二月（都邑：扶余）
　　　　王興寺成。其寺臨水。彩飾壮麗。王毎乗舟寺行香。
　　634・武王三十五年春三月（都邑：扶余）
　　　　穿池於宮南。引水二十余里。四岸植楊柳。水中築嶋。擬方丈仙山。
　　636・武王三十七年春三月。
　　　　王率左右臣寮。遊燕於泗比河北浦。両岸奇巌怪石錯立。間以奇花異草。以加畫図。王飲酒極歓。鼓琴自歌。従者屢舞。時人謂　其地為大王浦。（巫山十二峰の意味か？）
　　636・武王三十七年秋八月。
　　　　燕群臣於望海楼。
　　638・武王三十九年春三月。
　　　　王與嬪御泛舟大池。
　　655・義慈王十五年春二月。
　　　　立望海亭於王宮南。
Ⅱ　新羅本紀
　　253・沾解尼師今七年夏四月。龍見宮東池。

262・味鄒尼師今元年春三月。龍見宮東池。
　　　636・善徳王前紀五年夏五月。蝦蟇大集宮西玉門池。
　　　674・文武王十四年二月。宮内穿池造山。種花草。養珍獣奇獣。
　　　　臨海殿賜宴：697年9月、769年3月、881年3月、931年2月
　　　　臨海殿衆議：860年9月
　　　　臨海殿修復：804年、847年
　　　760・景徳王十九年二月。宮中穿大池。又於宮南蛟川之上。起月浄春陽二橋。
　　　798・元聖王十四年三月。宮南楼橋災。
9) 『日本書紀』武烈紀8年3月条にみえる「穿池起苑。以盛禽獣」もまた、同様であろう。この段は殷の紂王の伝説を記す『古列女伝』との関わりが指摘されており、「穿池起苑」の文言もこれと関わるのであろう。
10) 以下は木簡の一部である。
　九月廿六日園職進大豆卅□
　　　　　　　　　　　　　　　（6081、藤1、藤原宮、18、6AJEKL29、SK1903）
　　・薗司進上□□□□〔五尺束カ〕
　　・　部
　(81、飛12、藤原宮跡東二坊大路・宮東面・東方官衙地区、75－13、5AJBRQ26;27、SD170)

[参考文献]

浅川滋男ほか 1999「東院地区の調査 ―第292次・第293－10次」『奈良国立文化財研究所年報』199－Ⅲ、pp.36～46。

岩永省三ほか 2000「東院の調査 ―第301次・第302次」『奈良国立文化財研究所年報』2000－Ⅲ、pp.4～13のうち「第302次調査」pp.11～13。

内田和伸 2001「平城専欄②」『奈良国立文化財研究所年報』2000－Ⅲ、p.71。

岩本次郎 1991「楊梅宮考」『甲子園短期大学紀要』10号、pp.185～196。

小沢　毅 1996「宮城の内側」『考古学による日本歴史』5、雄山閣、pp.120～131。

金子裕之 1999「宮と後苑」『瓦衣千年』真陽社、p.328、註36参照。

金子裕之 1999「宮と後苑」『瓦衣千年』真陽社、pp.318～330。

岸　俊男 1979「"嶋"雑考」『日本古代文物の研究』塙書房、1988、pp.275～320。

関野　貞 1907『平城京及大内裏考』東京帝国大学紀要、工科第3冊、pp.154～155、巻末第4図。

玉田芳英ほか 1999「馬寮東方地区の調査―第298次」『奈良国立文化財研究所年報』1999－Ⅲ、pp.24～33。

奈良県立橿原考古学研究所 1997『松林苑Ⅰ』。

奈良県立橿原考古学研究所 2001年3月25日「飛鳥京跡苑池遺構第2次（飛鳥京跡第143次調査）現地説明会資料」。

奈良県立橿原考古学研究所 2002年2月17日「飛鳥京跡苑池遺跡第4次調査（飛鳥京跡第147次調査）現地説明会資料」。

奈良国立文化財研究所 1977「Ⅲ　佐紀池の調査（第101次）」『昭和51年度 平城宮跡発掘調査部発掘調査概報』pp.22～29。

奈良国立文化財研究所 1982「南面西門（若犬養門）の調査（第133次）」『昭和56年度 平城宮跡発掘調査部発掘調査概報』pp.23～28。

奈良国立文化財研究所 1985『平城宮発掘調査報告』XII、奈良国立文化財研究所学報42、p.68。

奈良国立文化財研究所　1995a『平城京左京三条二坊・二条二坊発掘調査報告』。
奈良国立文化財研究所　1995b・2001『長屋王家木簡』1・2、奈良国立文化財研究所史料、第41・53冊。
平岡武夫　1952『唐代の長安と洛陽』地図編、図版2。
福山敏男　1932「奈良時代に於ける法華寺の造営」『日本建築史の研究』1943、pp.207〜308、特にp.290。
渡邊晃宏ほか　1998「東院庭園地区およびその隣接地の調査　—第280次・第284次・第284次補足・第283次」『奈良国立文化財研究所年報』1998－Ⅲ、pp.16〜36。

第6章

平城京の寺院園林

はじめに

　平城宮の内外には複数の宮廷園林（苑池）がある。これらは朝鮮半島諸国や唐の園林の影響と、飛鳥以来の慣習を受けて成立した。諸国との交流結果は園林の構造や名称、配置、機能等に及び、8世紀初頭には唐の影響が一段と強まる［金子 2003］。この宮廷園林のあり方が、貴族・皇族の園林のもとになる。

　京内寺院の園林は類例が少なくあまり論議の対象にならなかったが、2000年春、法華寺阿弥陀浄土院跡の発掘調査によって8世紀後半に下る園池遺構の発見があり、改めて8世紀の寺院園林が課題となった。ここでは阿弥陀浄土院をもとに、寺院園林の問題を整理しておこう。

1　阿弥陀浄土院とその発掘調査

　法華寺阿弥陀浄土院（奈良市法華寺町）は、平城宮の東に隣接した法華寺（法華滅罪寺）伽藍の西南隅、平城京左京二条二坊にある。創建は奈良時代後半の天平宝字5（761）年頃（『続日本紀』同年6月庚申条）。関連文書が『正倉院文書』にあり、福山敏男による先駆的な研究［福山 1943］以来、多数の研究がある。この寺は奈良時代の政治史を彩る光明皇太后と愛娘の称徳（孝謙）女帝が関わることから殊に関心が高い。

　小稿に関わる浄土院の施主・建立動機には光明皇太后説［福山 1943］と称徳女帝説［黒田 1972、渡邊 2000］の2説があり、皇太后の生前か没後かが、自己往生か追善供養かという動機の違いに直結する。

　すなわち、福山説は皇太后自身が自己の往生のために建立を始めたが、病没により周囲が急遽、皇太后の追善供養のため一周忌斎会に合わせたとする。他方の黒田・渡邊説は、皇太后の没後に一周忌斎会を目標に建設したとする。これは近年の奈良時代の浄土信仰に関する再評価とも絡んでいる。

　浄土院跡の水田畦畔には花崗岩の立石が残り、江戸時代の地誌『和州旧跡幽考』（1681）にもみる。発端となる発掘は2000年2〜4月に行った宅地開発に伴う事前調査で、園池遺構（嶋）［岸 1988］[1)]を検出した。発掘面積は355㎡である。

　遺構には園池の東岸や汀線の一部、中嶋とそこから池に張り出す建物跡の一部、池

底に敷いた花崗岩、池底に埋め込んだ須恵器の大甕などがあり、建物の軒を飾った金銅製の垂木金具や屋根材の檜皮なども同時に出土した。

　園池の造営は奈良時代のある段階に始まる。池自体に上下の時期があるようで、地中レーダ探査の結果では東側の汀線付近で重複がある［清野ほか 2000］。また、中嶋の建物跡は掘立柱建築から礎石建築へと建て替えがある。

　この成果に周辺地形や条坊、過去三十数年間の調査で検出した建物等の配置を加えると、全体像が浮かぶ。すなわち、園池は南北約60m、東西が約50m、東岸を法華寺の南北中軸線に揃える。入り江や岬など出入りがあり、地底には大きな花崗岩を敷くが水深は浅く、岸の立ち上がりも緩やかである。江戸時代から知られた花崗岩の立石は仮山の石組みの一部で、西岸推定地の中央やや北寄りになりそうである。池底に埋めた須恵器は、蓮を生けた植枡であろうか。橋が中嶋と岸辺をつなぎ、中嶋に建つ建物は池水に張り出した。建物の軒には金銅製の金具を飾り、また檜皮葺建物もあったようである。

　池底の花崗岩は飛鳥期園池の雰囲気を留めるが、全体は後に触れる東院の後期庭園に似た8世紀の園池である。

　極楽浄土には宝池があり、浄土三部経（『阿弥陀経』『無量寿経』『観無量寿経』）が美しさを描写する。阿弥陀浄土院の典故は中国にあり、園池が浄土経をもとに造られたとすると、周辺遺構と一体で浄土の宝池を視覚的に表現したものとなろう。

　渡邊晃宏は光明皇太后の追善供養に二次元と三次元の供養を想定する。前者は天平宝字4（760）年7月26日の光明皇太后七七日斎会で、この時は『称讃浄土経』、阿弥陀浄土画像の書写・製作を諸国国分寺などに命じた（『続日本紀』同年7月26日条）。後者は発掘園池で「阿弥陀浄土を三次元（立体的）世界で実現」したものとする［渡邊 2000］。

　たしかに発掘した園池遺構に、福山が『正倉院文書』から復原した阿弥陀浄土院金堂の姿を重ねると、仏堂と園池が一体化した極楽浄土の光景となる。園池の西には池に面する瓦葺の金堂があり、中央の須弥壇には丈六の阿弥陀仏と両脇侍菩薩が鎮座し、極彩色の天井には大小の蓮華と鏡が輝き、柱とその間には多数の幡が懸け廻り、身舎の小壁28面には楽天と飛雲が舞う浄土世界となる［福山 1943］。

　阿弥陀浄土院のこの理解は正鵠を射ていよう。しかし、問題は園池の評価である。奈良時代の平城京では寺院が園池を営むことは稀であり、阿弥陀浄土院の場合もはじめから宝池を意図して建設したのか否か疑問だからである。さらに、調査担当の清野孝之が阿弥陀浄土院園池を「奈良時代にさかのぼる浄土庭園」としたことも問題がある。

　浄土庭園という語は単に浄土信仰と関わるか否かではなく、平安時代庭園史では明快な意味があるからである。この語を考えた森蘊は、浄土庭園とは浄土変相図[2]に描かれた極楽浄土世界を具現するために作られた庭園で、蓮池（園池）前面に伽藍を置

き、浄土を表現したとする[森 1986][3]。

　こうした前提や概念を無視した評価は、この時代の寺院園林に対する誤解となる。ここでは阿弥陀浄土院を含む京内の寺院園林を理解するために、4項目に分かち整理する。①園池と寺院、②園池の建物の配置、③蓮池の問題、④園池の規模である。①は平城京寺院における園池のあり方、すなわち寺院にとって園池が本質かどうか、②は園池に東面する建物と仏堂の関係、③は京内園林と蓮池のあり方、④は浄土院の園池規模がもつ意味である。

2　寺院園林をめぐる問題一

　京内寺院の園池は貴族邸宅や離宮を寺家に施入したことで結果的に付属したものである。これらは阿弥陀浄土院、芸亭、大臣院など貴族邸由来の園林と、西大寺嶋院など離宮由来の園林とに大別できる。

(1) 貴族の邸宅に由来する園林

　代表は法華寺阿弥陀浄土院である。その発掘概要等は前節に述べた。ここに園池があることは藤原不比等（貴族）の旧宅という事情が介在する[福山 1982]。右大臣正二位藤原不比等（659～720、太政大臣正一位遺贈）は光明皇太后の実父であり、不比等没後に同邸を伝領した皇太后は、ここを皇后宮、宮寺とし、天平17（745）年法華寺に施入した。法華寺伽藍の下層には巨大な掘立柱建物や大規模な井戸跡などがある。不比等邸か皇后宮時代の遺構であろう。

　不比等邸の嶋は『万葉集』巻3「雑歌」にみえる[笠井 1970][4]。
「山部宿禰赤人詠故太政大臣藤原家之山池歌一首」（山部宿禰赤人、故太政大臣藤原家の山池を詠む歌一首）

　　　昔者之旧堤者年深池之激尓水草生家里（いにしへの古き堤は年深み池の渚に水草生ひにけり）
　　　　　　　　　　　　　　　　　　　　　　　　　　　　　　　（『万葉集』巻3 -378）

「藤原家之山池（嶋）」の所在は不詳だが、2000年に地中レーダ探査で探知した下層園池は、この点から注目できる。『続日本紀』天平宝字5（761）年6月9日条は、光明皇太后の周忌の斎を阿弥陀浄土院に設けたことを伝える。浄土院の創建年次を知る史料であると同時に「其院者在二法華寺内西南隅一」と、法華寺の西南隅に浄土院があったことを伝える。

　法華寺の寺域は広大で、伽藍地（左京一・二条二坊）に加えて南面の浄土院がある二条二坊十坪、同十五坪も含まれる。1998年の発掘調査では、二条条間路に面して開く寺域全体の南門SB7110（3間2間）と東西の築地屏を確認した[金田ほか 1998]。門の基壇は二条条間路北側溝の一部分を埋めて造成。時期は8世紀中葉（天平20〈748〉年以降）である。この頃、法華寺を大規模に整備し築地塀をめぐらせたのであり、旧不比

等邸を法華寺に施入した時期とほぼ一致する。

　法華寺にはよく知られるように、天平宝字5（761）年の阿弥陀浄土院建立以前から嶋があった。天平勝宝年間（749〜757）に遡る『正倉院文書』には、「法花寺仲嶋院」（天平勝宝7〈755〉年8月16日）、外嶋堂（天平勝宝4〈752〉年6月）、外嶋院（天平勝宝6〈754〉年4月）など嶋の名前があり、内部施設である「中嶋西堂」（天平宝字2〈758〉年7月14日）もある［岸 1988］。

　この時代、寺院の主要伽藍に園池が付属することはないから、外嶋院、仲嶋院の候補地は法華寺南面の左京二条二坊十・十五坪となる。岸はここに花薗を想定した［岸1988］。別の史料に「西花苑」（天平宝字4〈760〉年2月20日）、「右花苑」（年月日未詳。『大日本古文書』25-268）などとあるからである。

　花苑（薗）は供仏料の四季花や衆僧用の蔬菜栽培に供する園（薗）のこと。『興福寺流記』や『大安寺伽藍縁起并流記資財帳』（天平19〈747〉年2月21日付）にもみえる。

　不比等邸の嶋が左京二条二坊十坪にあれば、不比等邸嶋→中嶋院（中嶋西堂）→阿弥陀浄土院となろう。これとは別に渡邊は、県犬養橘美千代の西宅をもとに想定する。西宅は『正倉院文書』にみえる西宅大刀自のことで不比等夫人という。橘三千代は観無量寿堂を営んでおり、これが中嶋院・外嶋院の元になったとする［渡邊 2000］。

　この説では県犬養橘三千代の観無量寿堂→中嶋院・外嶋院→阿弥陀浄土院となるが、浄土院の前身を西宅とする根拠や、三千代の観無量寿堂に嶋が伴うか否かは不明である。夫人の宅であるから不比等邸に接したと想像したのであろうか。

　小野健吉は嶋が二つあったとみる。史料の中嶋院、外嶋院を別の嶋とみたことと、阿弥陀浄土院の成立後も『正倉院文書』に「嶋院」［岸 1988］がみえるからである。いずれにあっても前身の嶋を考える点は共通する。

　次は石上宅嗣の芸亭である。芸亭は岸俊男の研究が詳しく、以下はこれによる［岸1988］。

　天応元（781）年6月24日に薨じた大納言正三位石上朝臣宅嗣（死後二位を遺贈）は、生前旧宅を捨てて阿閦寺とし、その東南の一隅に外典の院を置き、芸亭と名付けて好学の徒に閲覧を許したという（薨伝）。芸亭は法華寺の東南、左京二条二坊付近にあり（『建久御巡礼記』）、図書館あるいは私学の最初とされる。芸亭院は旧宅の東南にあって院を構成し、中嶋がある園池、阿閦仏像一鋪を奉じた仏堂があり、さらに東北に方丈室がある（『日本高僧伝要文抄』に引く『延暦僧録』「芸亭居士伝」）。旧宅を阿閦寺に施入した動機は、天平宝字5（761）年10月の遣唐副使の任命による航海の安全祈願であったが、これは天平宝字6（762）年3月庚辰に罷ぜられ、実際に唐土に赴くことはなかった。

　阿閦仏は東方所在の仏で、阿弥陀と並び重視された。嶋がどの段階に造られたかは不明だが、旧宅にあったとすると結果的に寺院に嶋が付属する形となる。

　そして大臣院である。9世紀初頭に下るが、もとは右大臣大中臣清麻呂（701〜788）

宅であり、推定地が右京二条二坊十一・十四坪にある。清麻呂の宅は光仁天皇の行幸（宝亀2〈771〉年9月、9〈778〉年4月）や唐使迎接（宝亀10〈779〉年5月）があるほど充実していた。岸は、この宅が万葉歌の「（天平宝字2〈758〉年）二月、式部大輔中臣清麻呂朝臣の宅に宴する歌十五首」の舞台とする。

　　君が家の池の白波磯に寄せしばしば見とも飽かむ君かも
（大伴家持、巻20－4503）
　　はしきよし今日の主人は磯松の常にいまさね今も見るごと
（大伴家持、巻20－4498）
　　梅の花咲き散る春の永き日を見れども飽かぬ磯にもあるかも
（甘南備伊香、巻20－4502）
　　磯の浦に常喚び来棲む鴛鴦の惜しき吾が身は君がまにまに
（大原今城、巻20－4505）

　邸跡は清麻呂没後に孫の中臣百子が買得し、大臣院と号し伽藍を建立した。嶋は寺院施入後も機能したのではないかという。芸亭、大臣院の園池規模は不詳であるが、平城京の貴族園林の格式に基づくのであろう。

(2) 離宮に由来する西大寺嶋院

　西大寺嶋院（称徳天皇山荘）は離宮由来の施設であろう。西大寺は藤原仲麻呂の叛乱鎮圧を祈願して称徳女帝（718～770）が建てた寺院で、創建は天平宝字8（764）年頃。父聖武（701～756））の東大寺に対抗した事業でもある。

　寺域は右京一条三・四坊および北辺三・四坊にあり、主要伽藍だけで東西4町、南北6町があり、同規模の園などが付属する。嶋院は『続日本紀』にみえる。

　神護景雲元（767）年3月3日条、「壬子。幸西大寺法院。令文士賦曲水。賜五位以上及文士禄」（西大寺法院に幸ず。文士をして曲水を賦せしむ）

　神護景雲元（767）年9月2日条「己酉。幸西大寺嶋院」（西大寺嶋院に幸ず）

とある。神護景雲元（767）年3月3日条の西大寺法院は日付からみて曲水宴の場所で、9月2日条の西大寺嶋院と同一であろう。

　嶋院に推定できる遺跡は西大寺寺域の西北隅付近、右京一条北辺四坊三・六坪の丘陵地に現存する。「西大寺与秋篠寺堺相論絵図」（正和5〈1316〉年）註記にみる「本願天皇御山荘」で、森蘊の測量報告がある［森 1962］。

　ここは西の京丘陵の一支丘にあたり、西北から東南に延びる南東側緩斜面にある。園池は谷戸を堰き止めて築いたもので、現況は東西約60m、南北約20mであり、東西約20m、南北約15mの中嶋がある。地形からみて旧汀線は今よりも広く、東南側に逆C字型に広がるのであろう。これが正しければ園池の旧規は東西約100m、南北約50m強となる。谷戸の東側は傾斜が強く、水面を広げるには堤を高くするか数段築く必要がある。

園池の西北辺には大規模な殿舎群がある。自衛隊宿舎の改築に伴う1983・84年の調査では8世紀中葉（A期）に大規模な整地工事があり、8世紀後半（B～D期）に9間3間の南面庇東西棟建物を中心に、西側に南北棟建物等を配する配置が判明した。園池西岸から主殿までは約20m、園池付属の殿舎であろう。殿舎は一院を構成するようだが、配置は逆L字型かコの字型配置か不詳である［奈文研 1984］。おそらく嶋院の中心施設であろう。

　称徳天皇山荘の全体規模は最低2町（約2.9ヘクタール）で、4町（約5.8ヘクタール）の可能性もある。その根拠は園池が北辺四坊三・六坪のほぼ中心にあって、二つの坪に跨ること。さらに、園池と関連遺構がある丘陵は北に接する北辺五・四坪の北半部に傾斜変換点があり、北側の谷に向かって急激に落ち込むことである。

　ここを嶋院とするのは「西大寺伽藍絵図」（書写は元禄11〈1698〉年）の記述である。これは宝亀11（780）年11月29日付「絵図流記」が元図と伝えるもので、実際には西大寺の実態が失われた後世のことという。

　この図の遺跡の位置には「島院」の註記と長方形の池、池北の東西棟建物、池東の南北棟建物「灌頂道場院」などがみえる。岸俊男はこの絵図の「灌頂道場院」を写経関連施設とし、西大寺の創建に先立って嶋院に写経施設があり、それが西大寺嶋院に発展した可能性を述べる［岸 1988］。

　そして、写経関連施設の前身を藤原武智麻呂（680～737）の習宜別業（すげべつぎょう）とした。これは藤原武智麻呂の伝記、『家伝』下にみえる山荘のことで、比定は「西大寺田園目録」（鎌倉遺文19893号）の註記「スゲノイケ」をもとにする。岸説では、習宜別業→写経関連施設（「灌頂道場院」）→西大寺嶋院となろう。

　称徳天皇山荘が西大寺嶋院にあたることは、遺跡規模や位置からほぼ確かであろう。問題は西大寺創建（天平宝字8〈764〉年頃）よりも古いA期遺構の性格である。ここが称徳女帝に関わる伝承や遺跡規模からみて、やはり女帝の離宮の可能性があると思う。さらにその前身が習宜別業跡か否かは不詳だが、8世紀中葉頃に全体を2町（4町？）とする大規模な園池造成があり、西大寺の創建とともに西大寺嶋院としたのであろう。ここが右京一条四坊の北辺坊にあって、主要伽藍の中心から約1里（約530m）離れるのは、成立事情とともに園池と同時代寺院との関わりの少なさを示唆しているのであろう。

　以上、阿弥陀浄土院、芸亭、大臣院、西大寺嶋院をみた。これらの寺院園林は離宮や貴族邸を寺に施入した結果であり、福山敏男の「苑池寺院」にあたる［福山 1982］[5]。

3　寺院園林をめぐる問題二

(1) 園池と殿舎の配置

　次に園池における殿舎配置についてみよう。浄土庭園では蓮池（園池）の前面に伽

藍を置く。森蘊は池に対して伽藍を東面させることだという。「極楽世界は海のかなた西方にあるとの考え方から仏堂を池に東面させるのが原則であるが、地形や流水の都合で南向きにする場合もある」。阿弥陀浄土院については森蘊は、極楽浄土世界を渇仰して造られたと考えた［森 1962］。では、この仏堂は池に東面したのであろうか。仏堂は発掘しておらず未確認だが、阿弥陀浄土院の仏堂が園池の西にある確率はかなり高い。その理由は園池の占地にある。

浄土院の敷地は法華寺内「西南隅」とあるように、左京二条二坊十坪の1町（ほぼ40丈・120m）四方を占める。法華寺の南北中軸線は寺域の中心ではなく西へ約100尺（33m）寄る。園池の東西規模が約50mとすると、園池西辺から西面築地塀までは単純計算で約37mとなる。仮に瓦葺寄棟桁行7間4間の法華寺金堂と同規模の仏堂なら、東西棟・南北棟いずれであっても園池の西側に余裕をもって配せる。

しかし、園池の西側に殿舎があって池に東面する配置は特殊ではない。表32には宮・京における園池と殿舎の相対的位置を示した。全体配置がわかる遺構が少ないが、水上池（平城宮松林苑）、平城宮西南池亭、左京一条三坊SG520、左京三条二坊六坪宮跡庭園など、3割強が園池西側に殿舎を配した可能性がある。以下これについて少し説明を加えよう。

表32　園池と宮殿・殿舎の相互位置

遺　　跡	宮殿の相対位置 ←	園池の位置	そ　の　他
平城松林苑水上池	西	東	東・南＝大垣・築地塀？、北＝古墳
平城宮・西池宮	南	北	東＝大極殿院、北＝大垣
平城宮・西南池亭	西	東	東＝宮内道路、南＝大垣
平城宮・楊梅宮南池	西・南	北・東	東・南＝大垣
西大寺・称徳山荘	西北	南東	北＝坪境小路？
平城京長屋王邸A	西？	東？	東＝坪境小路（薦川）
平城京長屋王邸B	西？	東？	
三条二坊宮跡庭園	西	東	東・北＝掘立柱塀
左京一条三坊SG五二〇	西？	東	東＝坪境小路
法華寺阿弥陀浄土院	西？	東	東＝坪境小路
参考　興福寺猿沢池	北	南	伽藍南門の南、花薗池
参考　新羅雁鴨池	西	東	

古代では園池と殿舎・宮殿の関係にはⅠ東西、Ⅱ南北がありⅠが基本か。Ⅱは少数例。

水上池（平城宮松林苑）

水上池は松林苑最大の園池である。松林苑は南苑とともに奈良時代前半期の聖武朝（在位724～749）に特徴的であり、『続日本紀』天平元（729）年3月から天平17（745）年5月条まで6件に松林苑、松林宮、北松林、松林倉廩などとある。いわゆる後苑であり、遺跡は平城宮北面大垣に接した北方にある。規模は雄大で南北は少なくとも約1.5km、東西は推定で約1.8kmに達する。苑は佐紀盾列古墳群に一部が重なり、ホタテ貝式前方後円墳のオセ山は築山に見立て、塩塚古墳前方部上には瓦葺の亭を建てる［橿考研 1997］。

苑には宮殿区画、園池区画、農園などがある。最大の園池水上池は平城宮東院地区

の北にある。約350m四方で、江戸末期の弘化4（1847）年までは出島や中嶋10ヵ所があった。水上池の東・南・北の三方はコナベ古墳の陪冢、平城宮の北面大垣、磐之媛陵によって塞がれており、園池に関連した宮殿、諸施設は西辺にあるのであろう。

平城宮西南の池亭

宮城西南隅にある池亭跡。関連史料に『続日本紀』天平宝字6（762）年3月3日条「壬午。於宮西南新造池亭設曲水之宴。賜五位已上禄有差」（宮西南に新たに池亭を造り曲水の宴を設ける）がある。記事は前後に保良宮（滋賀県）関連記事があって保良宮説が根強いが、園池SG10240があることは宮西南隅の地形や発掘調査の成果から誤りない。

宮西南隅園池SG10240は平城京右京西二坊を南北に貫流する秋篠川の旧流路を造成した施設であり、宮城南面西門の若犬養門北側から西面中門（佐伯門）付近まで痕跡がある。規模は南北約400m、東西が最大約80m。東西両岸は大きく屈曲する。発掘したのは園池南端の一部で、シガラミ護岸がありこれに接続する排水溝は宮城の南面外濠SD1250に注ぐ。外濠の底面には排水による浸食防止の石組枡がある［奈文研 1977］。

園池の造営は奈良時代初期に遡り、廃絶は10世紀初頭である。園池の東は若犬養門から北に通じる宮内道路で閉ざされるが、西側は西面大垣まで敷地が広がる。「靫負御井」（宝亀3〈772〉年3月3日条）や宮殿の推定地である。

左京一条三坊SG520

かつて長屋王「佐保楼」とされた遺跡［奈文研 1975］。左京一条三坊一五・十六坪にあたり、国道24号線バイパス建設に先立ち一部を発掘した。南北2町占地で、丘陵にかかって北から南にかなり傾斜がある。園池施設には流水溝SD485と園池SG520がある。水は北西から長さが南北約72mのSD485を逆L字型に流れて園池SG520に注ぐ。園池は古墳（平塚3号墳）の周濠を再利用し景石を据えたもので規模は東西約18m、南北約10mである。園池東側、東三坊大路との間に30mの空閑地があるが、遺構は井戸の外にはない。殿舎は園池西側の未発掘地であろう。

佐保楼では新羅の賓客に招宴を行うが（『懐風藻』）、現状はあまりに貧弱で佐保楼とは考え難い。なお、園池から十四坪との境となる南端の坪境小路までは約40mの余地があり、SG520より大きな園池がある可能性も捨てきれない。その場合は小池・大池が南北に連なることになろう。

左京三条二坊六坪特別史跡宮跡庭園[6]

園池と殿舎の関係を示す典型例。平城宮の西南隅に接する長屋王邸の南にあたり、六坪の中心に園池SG1504が位置する［奈文研 1986］。これは長屋王邸の曲池跡を8世紀後半に再利用して造営したもので、南北が約40m、東西は約20mで平面形は龍の左側面形（水野説）ともいうように複雑である。岬や入り江の要所には石を立て水際を洲浜敷きとし池底にも玉石を敷く。水野説では南が龍頭、北東が龍尾、四肢が東である。高山説は天武・持統朝に神仙境であった宮滝の吉野川を写したとする［高山 1987］。宮滝付近の流れは「龍」型を呈し、両説は近似する。

園池SG1504は東西約58m（約180尺）、南北約42m（約126尺）の掘立柱塀で画し、殿舎とともに配置する。殿舎は南北棟建物で園池の西側に3期分がある。SB1505（3間2間）、SB15100（桁行5間・梁間2間）、SB1470（桁行5間・梁間2間）のうちSB1505は奈良時代前半で、長屋王邸の曲池（園池SG1504の前身遺構）に関わる。SB15100、SB1470は奈良時代後半（C・D期）に属す［奈文研 1986］。奈良時代の前後を通じて南流する園池西側に南北棟建物があり、殿舎が園池に東面する形が明確である。配置はいわゆる青龍水に近い[7]。

　藤原頼通の子橘俊綱（1028～1094）が著した造園技術書『作庭記』は青龍水を説明して「経云、東より南にむかへて西に流すを順流とす。西より東に流すを逆流とす。しかれば東より西に流す常事也。又東方より出して、舎屋の下を通して、未申の方へ出す最吉也。青龍の水をもちて、諸々の悪気を白虎の道へ洗い出す故なり。その家の主疫気悪瘡の病なくして、心身安楽、寿命長遠なるべしといへり」［田村 1964］。SG1504が龍を象る見方は、これに合致する。

　阿弥陀浄土院の仏堂が蓮池（園池）西側にあって池に東面するのは、同時代の園林建築の姿を反映したとも解せよう。

(2) 蓮池をめぐる問題

　蓮池には浄土のイメージがある。蓮華は無限の想像力を秘めた聖なる華であり、浄土経典では蓮華の清涼と水面に咲く蓮華の美を説き、浄土変相図では蓮華の華に往生者が化生する図柄が少なくない。蓮華化生である。これは死の苦しみを美的な往生イメージに変換したものという。他方、蓮華は天の思想と結びつく。この思想が中国では戦国期に遡り、そこでは蓮の華は天の（太一、天帝）象徴である。

　阿弥陀浄土院園池の池底に据えた須恵器の甕は、蓮の植枡の可能性がある。浄土教は浄土の宝池について説くから、浄土の設えであろう。他方、平城宮の西側、楊梅宮南池はともに蓮池である。8世紀代、蓮華は祥瑞の一種で天の思想と結びつくが、背景には仏教思想があるという指摘もある[8]。

　西池SG8500は西池宮の園池のこと（『続日本紀』天平10〈738〉年7月7日条）である。『万葉集』巻8には「御在西池邊肆賜歌一首」（巻8-1650）がある。西池SG8500の後身が現在の佐紀池である。平城宮西面北門の東、第一次大極殿院と大膳職推定地の西に位置し、現御前池から南に延びる谷筋にあたる。調査では北端近くの洲浜敷きと南端の岸の一部を検出した［奈文研 1977、玉田ほか 1999］。これらの成果から西池SG8500は東西が約250m、南北が約150～200mとなる。岬状の中嶋は西岸中央寄りにある。西池宮は位置や名前からみて西宮（内裏と8世紀後半の第一次大極殿地区）の関連施設であろう。

　ここが蓮池である根拠が「蓮池格」木簡である。西池宮の南西、馬寮推定地との間の溝から出土した木簡に、天平10（739）・11（740）年の紀年と嶋掃除の兵士を進める

文言がある。
- □掃進兵士四人依蓮池之格採数欠
- □注以移「坂坂〔状カ〕」天平十年六月九日　　　（『平城宮発掘出土木簡概報』8－3）

その1点は、蓮池の格（長い枝）を採る数が欠けたので、嶋を掃く兵士を進める意味である。この嶋は「嶋掃部所」など管理部署の可能性があり、出土位置からみて西池に関わるかという。そうであるなら、西池は8世紀前半から蓮池であったことになる。ただし、祥瑞との関わりや、西池に仏堂があったか否かはわからない。

南池がある楊梅宮は、平城宮東院の光仁朝における宮殿である。『続日本紀』宝亀4（773）年2月27日条には「是日。天皇徒居楊梅宮」とある。この宮に付属した園池が「楊梅宮南池」（宝亀8〈777〉年6月条）で、東院庭園の後期遺構にあたる。南池は双頭の蓮が生じる蓮池である。宝亀8（777）年6月18日条に「楊梅宮南池。生蓮一茎二花」（楊梅宮南池に一茎二花の蓮生ふる）とある。東院庭園の後期遺構は全面礫敷きで、蓮の地下茎は自生できない。遺構は確認できなかったが、植枡によって蓮を生やしたのであろう。なお、左京三条二坊六坪宮跡庭園では石敷きの間に木製枡を設置する。

一茎二花の蓮は『延喜式』（927年撰進）治部省式にはみえないが、祥瑞であろう。特殊な蓮花を祥瑞とする例は、『日本書紀』『続日本紀』『日本三代実録』にみえる。『日本書紀』舒明7（635）年7月是月条には「瑞蓮生於剣池。一茎二花」とあるし、蘇我入鹿誅滅の予兆である。皇極3（644）年6月6日条にも「於剣池蓮中。有一茎二萼者」とあって、剣池に一茎二花、一茎二萼の蓮が生じたことがみえる。さらに9世紀末、貞観12（870）年7月己未9日条に「従四位下行伊勢守多治真人貞峯献蓮一茎二花」（『日本三代実録』巻18）とある。また、嘉蓮とあるのが『続日本紀』、和銅6（713）年11月丙子16日条で「大倭国献嘉蓮。近江国献木連理十二株。但馬国献白雉」とある。これは同月「乙巳（16）。近江国言慶雲見。丹波国献白雉。仍曲赦二国」と一連の祥瑞記事であろう。

一茎二花の蓮は中国では双頭の蓮といい、一茎三花の品字蓮とともに珍重された。後者は南朝の梁武帝、天監10（511）年6月条に「嘉蓮一茎三花生楽遊園」（『梁書』武帝紀）がある。楊梅宮南池の蓮は祥瑞が園林に兆すことを示している。

楊梅宮の記事と南朝の梁武帝の故事との関わりは不詳だが、梁武帝は仏教に深く帰依した皇帝である。張寅成は祥瑞について、天命により支配者となる天命思想と深く関わるが、そこには仏教が強く作用したとし、平城宮の蓮華に対して、政権が権威の正当化にあたって仏教を利用した可能性を指摘している[9]。

なお、正倉院宝物には「蓮池」模型がある。大仏開眼供養における供養具かという。蓮池に対する当時の認識を知る遺品である。

(3) 園池規模をめぐる問題

平城京では宮廷園林と貴族園林の間には明確な格差があり、寺院園林でも考慮すべ

き問題である。ここでは宮廷の東院庭園と貴族邸の左京三条二坊六坪宮跡庭園とを比較しておこう。後者を特別史跡の指定理由と違って貴族園林とする理由は、すでに述べた。なお、園池の規模はあくまでも概数である[10]。

　平城宮東南隅にある東院庭園では、宮城大垣と掘立柱塀によって内部を画し、園池と関連施設を配置する。区画の平面形は台形で規模は時期によってやや異なるが、最大規模のⅢ－1期（8世紀後半）は東西約66m、南北約103mである。そのほぼ中心に位置する園池SG5800Bは花弁型の平面形で、約60m四方である［奈文研 2003］。

　他方の宮跡庭園は北・東・南の3面を掘立柱塀で画し、内部に園池SG1504を配する。区画の規模は東西約58m、南北約42m。園池は南北が約40m、東西は最大幅で20mほど。両者の規模を比較すると区画面積では宮跡庭園は東院庭園の4割弱しかなく、園池の面積もそれに近い。これを宮跡庭園などと比較すると宮跡庭園の園池SG1504は左京一条三坊SG520（東西約18m、南北約10m）より大きく、宮廷園林には及ばない。規模の順では東院庭園SG5800・左京三条二坊宮跡庭園SG1504→左京一条三坊SG520となる。

　このように令制下の宮廷園林と貴族園林との間には格差がある。阿弥陀浄土院では区画施設などが未発見で園林の規模は不詳であるが、園池の推定規模（南北約60m、東西約50m）は左京三条二坊宮跡庭園などを上回り、平城宮東院庭園に匹敵する。浄土院の発願は称徳女帝（または光明皇太后）であるから当然であろう。同女帝が関わる可能性がある西大寺嶋院（称徳天皇山荘）では、敷地が2町（4町？）と広大で、園池の旧規も東西約100m、南北約50mほどに復原できる。これまた離宮規模であろう。阿弥陀浄土院の造営では、不比等時代の園池を大規模に拡張した可能性が高い。

まとめ

　これまで阿弥陀浄土院跡の園池遺構と、そこから派生する問題を検討してきた。阿弥陀浄土院の園池は平城京寺院園林の中では特異な存在であり、名前の通り阿弥陀信仰によって園池を含めて極楽浄土を三次元的に実現したもののようである。しかし、舞台装置となる施設や建物配置などは特異なものではなく、同時代の宮廷・貴族園林の流れの中で理解できる。園池も大々的に拡充するようだが、旧不比等邸の施設をもとにした可能性が高い[11]。

　浄土庭園の語は森蘊の定義にみるように寝殿造が前提であり、これには建築史の側からも支持がある。清水擴によると、平安時代中期から後期にかけて浄土教寺院、あるいは阿弥陀堂が造られてゆくが、浄土信仰が阿弥陀堂という具体的な形をとって表現される最初は寛仁4（1020）年に成立する藤原道長の無量寿院・阿弥陀堂（のちの法成寺）という。

　ここでは奈良式の伽藍と違って伽藍中央に大きな池をもち、池の周辺には金堂、薬

師堂、阿弥陀堂、五大堂、釈迦堂、十斎堂があり主要な仏堂間は廊によって有機的に連結した。この形は金堂などが単独で存在する奈良式伽藍とは異なり、細部を無視すれば「寝殿造」的である［清水 1988］。このようにのちの浄土庭園と阿弥陀浄土院の園池遺構とを、単純に同一視できない。

京内の寺院園林が以上の特性をもつなら、背景として日本に影響を及ぼした中国の例が問題となる［服部 1972］[12]。これには中国建築史の田中淡の的確な指摘がある。「北魏洛陽に於ける仏寺の構成は宮苑と共通するところが多く、むしろ後者の風格を意識的に採用しようとした形跡さえ認められる。宮廷苑囿や貴族庭園と仏寺庭園との近接は、日本的感覚からするとやや奇異におもえるが、『洛陽伽藍記』には、永寧寺の建築について、仏堂のかたちは太極殿に似ており、寺院牆は宮牆のようで、南門楼は宮城の端門に似ていると記している（巻1）。宮殿と仏寺の建築様式上の差違すら明確でなかったことを思えば、この点はとくに異とするに足らぬはずである［田中 1988］」。

そのまま古代に適用できるのか否か検討が必要だが、寺院の園林と宮廷・貴族の園林の間にあるのは「僧と俗」の違いであり背後に唐以前の伝統が根ざす、とする指摘は平城京の寺院園林を考える上に示唆的である。古代都城の園林制度は、朝鮮半島諸国および中国からの影響が大であり、寺院園林も、その一環だからである。

［註］
1）苑や嶋（山斎）は古代の庭園施設である。嶋の語は『万葉集』や『懐風藻』『続日本紀』、木簡等に例が多く、園池を含む施設全体を指す。『続日本紀』では苑は宮廷施設を指す。『説文』（許慎撰）では、苑「禽獣を養ふ所以なり」（『説文』1下）、園「樹果ある所以なり」（『説文』6下）とし、苑を珍獣を含めた動物飼育施設、園は果樹園、菜園など農園の意味とする。関連する囿は「苑に垣有るなり」「一に曰く禽獣には囿といふ」（『説文』6下）とあり、苑に垣など区画施設があるものを指す。池は溜池であるが池苑は囿の別称。古代中国では苑囿は先祖の御廟に捧げる犠牲を養う施設として重要であり、苑囿の異変は直ちに帝国の滅亡を意味した（桐山東太　2004「中原逐う鹿考」『中国古代の民俗と文化』刀水書房、pp.154〜167）。
2）変相（変現の相）図は、仏教が説く浄土（清浄国土）の姿などを図像や浮き彫りで表現したもの。浄土変相図は『阿弥陀経』『無量寿経』『観無量寿経』の浄土三部経をもとに浄土の荘厳なありさまや、そこに往生する人々の姿などを描く。中国敦煌壁画に例が多く、平安時代には「当麻曼荼羅」がある。山本興二によると「当麻曼荼羅」は敦煌の浄土変相図とは系統が別で、もとになったのは8世紀代の唐直輸入の変相図という。唐直輸入という変相図は上中下3段から成り、上段に宮殿楼閣を、中段に阿弥陀三尊、下段に宝池を描く。
　浄土の宝池を表す方法には絵画のほかに、厨子などで身近に表現する方法がある。厨子では法隆寺蔵橘夫人厨子が代表であり、その蓮池表現に似た緑釉水波紋磚は7世紀後半代の川原寺（奈良県明日香村）の例以降、類例があり、厨子が貴族の一部に普及した可能性がある。他方、蓮池としての園池は宮廷を除くと小稿で扱った8世紀後半代まで下るようである。
3）［森 1986］によると、浄土庭園とは浄土変相図に描かれた極楽浄土世界を具現するために作られた庭園で、要約すると①「当麻曼荼羅」＝浄土変相図の宮殿的なものは平等院→毛越寺・観自在王院・無量光院、京都法金剛院、奈良円成寺。②仏像を横一列に並べた九体

阿弥陀堂は浄瑠璃寺→大乗院。③常行三昧堂的な宝形屋根の白水阿弥陀堂境域となろう。出発点は浄土変相図であり、①は浄土変相図の宮殿的なもの、②③は例の実年代からみて後世の変形であろうか。

　問題は浄土変相図との関わりであり、浄土経・信仰との単なる関わりではない。浄土変相図に描かれた極楽浄土の有様と建築の関係については敦煌壁画をもとにした田中淡の検討がある [田中 1988]。宝池はここでは南門内側の伽藍内部にあり、宝池の平面は方形、長方形である。

4）笠井昌昭は不比等邸を引き継いだ光明子の長寿を祈り寿ぐ歌と解し、その時期を天平元（729）年8月の光明皇后の冊立か、神亀4（727）年11月14日に大納言丹比真人池守が百官を率いて故太政大臣第に皇太子を拝した折とみる。根拠は歌が晩歌でなく「雑歌」に分類されていることである。

5）福山敏男はこれをもって、法華寺伽藍の南に園池が位置した理由とする。平安期の浄土庭園では園池は寝殿造の前面、すなわち南門の内側にある。阿弥陀浄土院は法華寺伽藍の南の十坪にあり、寺域全体の南の限りである南門SB7110は十・十五坪心の南端にある。これをみると南門の内側となる。しかし、広大な法華寺域のあり方と1町（約120m四方）占地の中心となる浄土院庭園と同一視できるか否か。なお、筆者は興福寺の猿沢池をもとに興福寺を南池式伽藍と考えたが、上記の点からここに撤回する。

6）特別史跡宮跡庭園の名称はここを宮廷付属の施設とみたことによるが、誤りであろう。敷地は五位貴族の1町（120m・400尺）規模しかない上に、東を流れる薦川が六坪の東端約四分の一を浸食してさらに狭く、とても宮廷付属施設といった状況ではない。ここは旧長屋王邸の南半部にあたり、長屋王に連なる一族の邸宅とみるべきであろう。

7）嶋は写経を含めた作善業の場であるとともに、曲水宴など年中行事の場である。いずれとみるかは園池西側殿舎の理解にも関わる。

8）祥瑞は養老儀制令「祥瑞条」に「凡祥瑞応見。若麟鳳亀龍之類。依図書合大瑞者。随即表奏。上瑞以下。並申所司。元日以聞。（略）」とあって、「大宝令」を契機にする。中国で祥瑞献上が元日儀式であったのは、これが人間界だけでなく天地に対する皇帝支配を正当化するものであったが、日本では奏瑞が元日朝賀儀になるのは養老4（720）年以降であり、『延喜式』治部省式にみる祥瑞の種類などが固定化する時期と大略一致する。

9）張寅成の指摘では、「蓮華が祥瑞を表す史料を見ると、その際の蓮華は一般的な蓮華ではなく、一つの茎に二つの花、または三つの花が咲く奇異な蓮華です。このような蓮華は当然、一般的な花ではないがため、祥瑞を表すものと考えられます。日本では8世紀に入って祥瑞の出現を記録し始めています。権威を象徴する祥瑞は造作が容易であるため、祥瑞自体よりは祥瑞を表す主体が誰であるのかが重要になります。中国では天や天地が祥瑞の主体でしたが、日本古代の祥瑞出現の主体は仏教の諸天や三宝である可能性が大きいと思います。従って、私は仏教が政権の権威を正当化する上で大きく作用していたとみています。このような点からみて、蓮華は仏教と不可分の関係にあると考えます。平城宮東院にある楊梅宮に祥瑞の意を持つ蓮華があったという記録は、むしろ当時の執権達が蓮池を重視していたことを反映しているのではないか」とする。これは服部克彦の指摘とも通じるものがある。

10）古代庭園の園池面積などには小野健吉による詳細な比較表がある [奈文研 2003, Tab.17]。および小野健吉編 1998『発掘庭園資料』奈良国立文化財研究所史料第48冊。

11）浄土の再現に現実の園池が必須とは限らない。興福寺では不比等以下貴顕の追善供養に浄土変を諸堂宇に造った。不比等の一周忌に元明・元正帝が造立した西院円堂（北円堂）では弥勒三尊像、羅漢像、四天王像を像立供養（「宝字記」）。同じ不比等のために夫人の県

犬養橘三千代と娘の光明皇后が中金堂に弥勒浄土変を造像（「宝字記」）[福山 1982]。次は光明皇后は母、県犬養橘三千代（天平5〈733〉年正月没）のために西金堂に霊山釈迦浄土像を造像。

皇后はさらに五重塔に四仏を置き東方薬師浄土変、南方釈迦浄土変、西方阿弥陀浄土変、北方弥勒浄土変を造った（『興福寺流記』が引く「宝字記」）。『扶桑略記』には「興福寺内に一堂宇を造り、観音菩薩像を安置し、補陀落山浄土変を繍して西辺に安んじ、阿弥陀浄土変を繍して東辺に安んず」〔天平宝字五年二月〕とある。

しかし、興福寺中心伽藍に宝池はない。南門の外、辷坂の南には猿沢池があり、奈良時代に遡る可能性があるが南の花薗池であり、宝池ではない。猿沢池は天長5（828）年頃の平城京左京一条三坊東三坊大路側溝SD650出土告知札木簡にみえる「山階寺南花薗池辺」にあたる。これは興福寺の僧による馬の捜索依頼状で山階寺は興福寺のこと、南の花薗池は馬の逃亡場所である。池が奈良時代に遡る史料が『興福寺流記』が引く「天平記」で、「花努作波」（花は佐の誤記）とある。南花薗は寺域の南にあり、東西が一坊分（1里）、南北が一坪分（四分の一里）。花薗の西には果園がある。

12）平城宮苑池の源は遠く漢武帝の故事にある。武帝は太初元（紀元前104）年に建章宮内に築いた泰（太）液池に蓬莱山、方丈山、瀛州、壺梁の海中神仙を配置し、建章宮内に神仙世界のミニチュア版を実現した。服部克彦によるとこの慣習は代々受け継がれ、新たに伝来した仏教とも調和し、逆に仏教は神仙思想の序列の中で栄え、仏教寺院の構想、苑池の造作に影響したとする。

[参考文献]

笠井昌昭 1970「日本書紀を中心とした池の伝承について」『日本書紀研究』第4冊、pp.199〜230のうちpp.226〜228の部分。

金子裕之 2003「平城宮の園林とその源流」『研究論集XIV　東アジアの古代都城一』奈良文化財研究所学報、第66冊、pp.131〜162。

金田明大ほか 1998「二条条間路の調査——第281次」『奈良文化財研究所年報』1998-Ⅲ、pp.56〜64。

岸　俊男 1988「嶋雑考」『日本古代文物の研究』塙書房、pp.275〜320。

黒田洋子 1972「正倉院文書の一研究——天平宝字年間の表裏関係からみた伝来の契機」『お茶の水史学』第36号、pp.33〜63。

清水　擴 1988「平等院伽藍の構成と性格」『平等院大観』第1巻、建築、岩波書店、pp.18〜26。

清野孝之ほか 2000「法華寺阿弥陀浄土院の調査——第312次」『奈良文化財研究所年報』2000-Ⅲ、pp.56〜61

高山遐治 1987「神仙思想と古代都市」『奈良県観光新聞』369号。

田中　淡 1988「中国建築・庭園と鳳凰堂——天宮飛閣、神仙の苑池——」『平等院大観』第1巻、建築、岩波書店、pp.73〜84のうち特にp.84の註74。

玉田芳英ほか 1999「馬寮東方地区の調査——第298次」『奈良国立文化財研究所年報』1999-Ⅲ、pp.24〜33。

田村　剛 1964『作庭記』相模書房。

奈良県立橿原考古学研究所 1997『松林苑跡Ⅰ』奈良県史跡名勝天然記念物調査報告、第64冊。

奈良国立文化財研究所 1975『平城宮発掘調査報告書Ⅵ　左京一条三坊の調査』奈良国立文化財研究所学報、第23冊。

奈良国立文化財研究所　1977「佐紀池の調査（第101次）」『昭和51年度平城宮跡発掘調査部発掘調査概報』pp.22〜29。

奈良国立文化財研究所編　1984『平城京右京一条北辺四坊六坪発掘調査報告』奈良県、pp.45〜48。

奈良国立文化財研究所編　1986『特別史跡平城京左京三条二坊宮跡庭園復原整備報告書』奈良市。

奈良国立文化財研究所　2003『平城宮発掘調査報告XV——東院庭園地区の調査』奈良文化財研究所学報、第69冊。

服部克彦　1972「北魏洛陽にみる神仙思想と仏教」『東方宗教』第39号、pp.14〜31。

福山敏男　1943「奈良時代に於ける法華寺の造営」『日本建築史の研究』桑名文星堂、pp.207〜308。

福山敏男　1982『寺院建築の研究』中、p.178、p.182。

森　蘊　1962『寝殿系庭園の立地的考察』奈良国立文化財研究所、pp.45〜46。

森　蘊　1986「浄土庭園」『国史大辞典』第7巻、吉川弘文館、p.584。

渡邊晃宏　2000「阿弥陀浄土院と光明子追善事業」『奈良史学』第18号、pp.30〜41。

第Ⅲ部 都城と律令祭祀

第1章

古墳時代の祭祀具

1　武器・武具・農耕具

(1) 木製の武器

a　抜けない刀

『古事記』の「景行記」には、倭建命が出雲を攻めた折の興味深い説話がある。勇者、出雲建を殺害するために一計を案じた倭建命は、出雲建を水浴びに誘い隙をみて彼の大刀を自らの木刀とすり替え、彼を挑発したのである。遅れて水から上がった出雲建は、すり替えられた木刀を抜くことができずあっけなく命を落とした[1]。木の刀によって敵をあざむく説話は、『日本書紀』「神功紀」にもみえる。ここでは武内宿禰が忍熊王を攻めた際、真刀に見せかけた木刀を捨てて相手の武装を解かせ、隠しておいた武器によって忍熊王を滅したのである。これらの説話は、当時鉄の刃をもつ大刀（真刀）を木で象ることがそれほど特殊でなかったこと、外見上は真刀と見紛うほどの木刀があったことなどを物語る。

この「景行記」や「神功紀」の説話を彷彿とさせる剣形が、滋賀県服部遺跡や福岡県拾六町ツイジ遺跡［山口・村松 1983］にある。拾六町ツイジ遺跡例は全長19cmの小さな雛形だが、服部遺跡例は長さ27.8cm、いずれも把頭から鞘端部まで入念に作り、赤く塗ることを除けば原型になった剣と変わらない（図129-1・2）。その年代は4世紀。このように鞘に収めた姿を象る刀（剣）形は今のところ少数だが、抜身の刀を模す刀形は弥生時代以来の例が各地にある。これらは片関や両関に作るものや、把頭の形などに多くの違いがあり、原型となった大刀が複数あったことを窺わせる。しかし、これらは側面側のみを似せた刀形であるために、もとの大刀を特定することが難しい。

b　木の大刀の系譜

ところで古墳時代の刀形には、いわゆる真刀だけでなく、木刀を原型とする一群があったようだ。滋賀県服部遺跡の今一つの刀形は、切っ先の一部を欠くが現存長53cm、柄頭まで丹念に作る立派なものである（図129-7）。この刀形の特徴は、把間（つかあい）を屈曲させることである。類例は京都府鴨田遺跡（5世紀）、奈良県谷遺跡（5世紀後半）などにある。この型式の刀形は古墳時代だけでなく、下って8世紀にもその系譜を引く遺品がある。それが奈良県平城宮跡の出土品（図129-8～11）である。これらは内裏周辺の溝や土壙から出土したもので8世紀前半に位置づけられ、その特徴的な形とともに

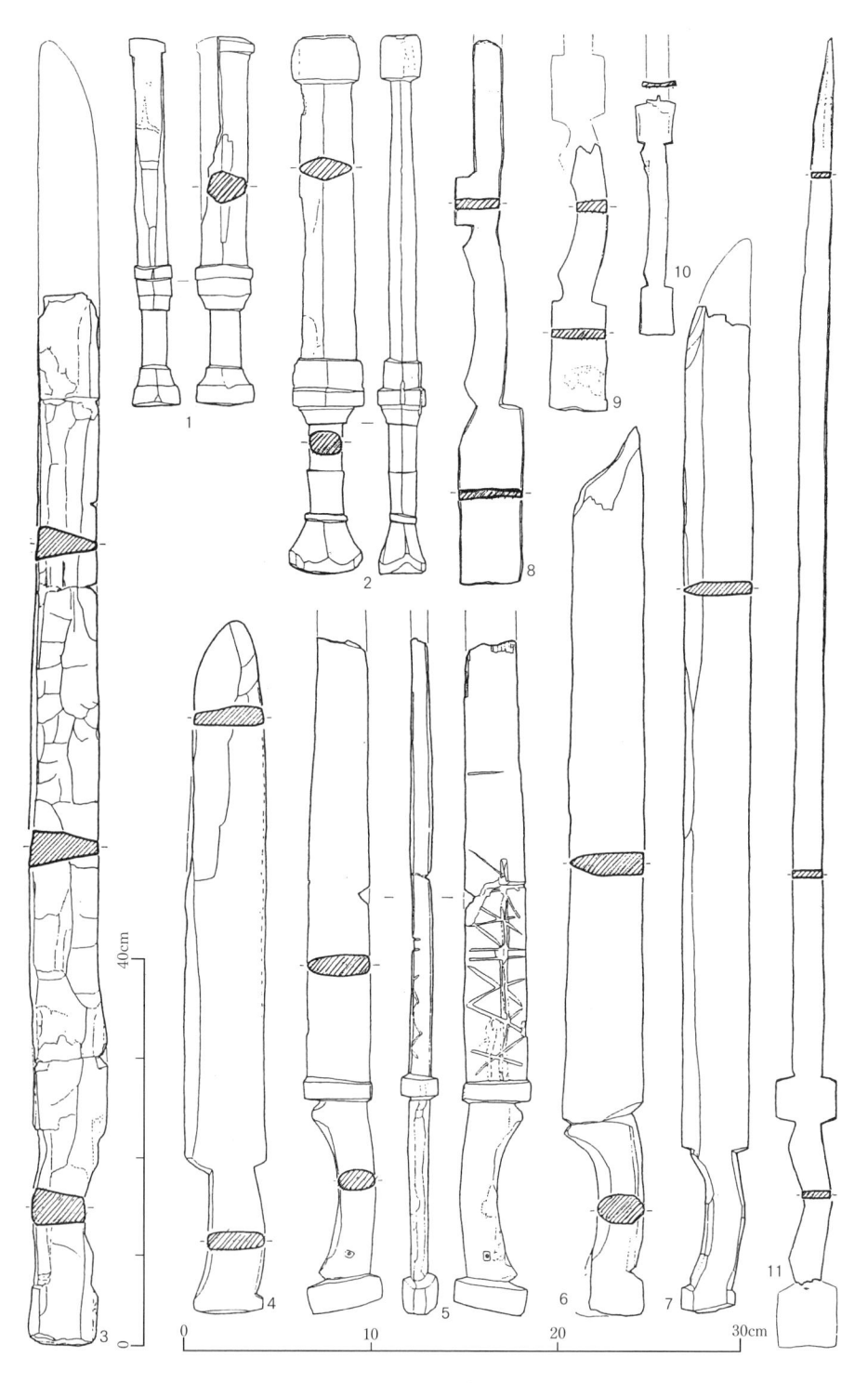

図129　木製の武器
1　福岡県拾六町ツイジ　　2・7　滋賀県服部　　3　鳥取県津波　　4・6　静岡県川合　　5　滋賀県鴨田
8〜11　奈良県平城宮

第1章　古墳時代の祭祀具　401

古墳時代の刀形の伝統を引くものとして注目できる。古墳時代の遺品にくらべると、長さは兎も角、作りや厚さは華奢でより刀形にふさわしい姿と言える。

真刀にはこのように把間を曲げる例がみあたらない。はじめから祭祀用として作られた刀とする想定もあり得るが、刀形に限らず形代は一般的に実在する対象をもとに簡略化して作ることが多く、この想定は難しいと思う。私はこの刀形の原型を木刀と考える。それを証するのが鳥取県津波遺跡の木刀である。これは推定全長が1.5m、刃の幅が9cm、厚さが4cmを測り、材質は木の刀には珍しく堅いカシ材。まさに木刀である。その年代は、5世紀はじめという。

把を曲げることは真刀では難しいが、木刀なら問題ではない。この木刀は弥生時代には例をみないから、その出現は階級社会に向かって大きく踏み出したこの時代の要請によるのであろう。類例はまだ少ないが、古墳時代には鉄の刃をもつ真刀とともに木刀があり、儀式や祭祀だけでなく実際の戦闘にも用いたのである。そうした背景が『記紀』の説話を生み出すとともに、多様な木の刀形を生み出し、奈良時代にまでその伝統の一端が及ぶのではなかろうか。

　c　打ち断つ刀

　木の刀を、祭人が模擬戦をする祭に用いたと主張するのは中村友博（1987）である。中村は金関恕説（1978）に従って、弥生時代の武器型木製品（木剣、木刀、木戈など）をもとに、農耕儀礼に伴う模擬戦を想定している。いくつかの集団が争い、その勝ち負けによって豊凶を占う方法は、武器による戦いだけでなく、綱引き競技などがあり、年中行事として今日までその姿を留めている。静岡県川合遺跡［静岡県埋蔵文化財調査研究所 1985］のように、狭い範囲から剣形あるいは刀形製品が50点余りみつかった遺跡ではこうした想定は可能かもしれない。実際に、古墳時代の木製刀形は、鳥取県津波遺跡などの例外を除けば、長さは別としても、材質や作りから戦闘用とは考えにくい例が少なくない。たとえば、平城宮朝堂院下層遺跡の刀形（4世紀末〜5世紀初）はヒノキであるし、千葉県菅生遺跡のそれ（6世紀）はスギである。それゆえ、中村の主張はこの時代にあっても一つの仮説になり得るが、長い古墳時代を通して大刀を模す刀形の用法が唯一ということはあり得ず、その間に多様な変化を考慮する必要があろう。

　先に木刀の系譜を引く刀形が、8世紀の奈良時代にもなお伝統を保つことを述べた。7世紀末ないし8世紀の初頭に始まる律令祭祀の実態を伝える史料の『延喜式』（927年撰進、967年施行）を繙くと、さまざまの祭祀に大刀あるいは刀形を見い出す。たとえば、大刀は伊勢神宮の諸祭や八十嶋祭、大祓など22の祭祀に、刀形は祈年祭、月次祭にみるのである。同書に載せる「祝詞」をもとにすると、美しい大刀を神に贈る目的は少なくとも二つある。一つはいわゆる反対給付を期待してのこと、今一つは、大刀本来の機能である武器として敵を実際に防ぐことである。後者の場合、大刀（形）が防ぐべき「敵」とは実在する敵ではなく、人間世界にさまざまの障害をもたらす疫神であり、豊かな実りを妨害する祟り神であった。大刀を象る木製品の一部は、その

原型がもつ武器本来の機能を受け継ぎ、人間世界に寄りくる無数の敵を遮り打ち断つこと（遷却祟神神祭祝詞）を期待して作られ、祭祀の場に機能したと思う。武器がもった威力は、武力としてのみでなく呪力としても古代の人々を規制した［田中 1977］のである。

d　除魔の弓

刀と同じ武器であるが、やはり想像世界の魔物を防ぐ手段に使われたものに弓がある。弓は縄文時代からの狩猟の道具であり、戦いの道具であった。しかし、実際に矢を射るのではなく、その時の弦の音をたてることで除魔の機能をもたせることが後世に行われた。平安時代に始まる鳴弦の儀礼である。

『日本書紀』「雄略紀」には、雄略の没後叛した蝦夷を平定する際、征新羅将軍吉備臣尾代が「空しく弾弓弦」して敵を討ったとあり、鳴弦の起源がかなり古いことを窺わせる。また中国では、古くから桃の弓が邪を避けるとする信仰がある［宗懍 1978］。弓は静岡県中津坂上遺跡や、埼玉県今泉狢山遺跡のように土製品でこれを模す場合は、祭祀用品とみて誤りないが、木製品の場合は、狩猟・戦闘用具との区別が難しい。矢を例に取ると、8世紀には多様な矢羽や鏃の木製模造品があり、古墳時代の木鏃にもその可能性を含む遺品があるが認定は容易ではない。そうした問題はあるが、前沢和之が群馬県三ツ寺遺跡の木の刀形と弓をもとに、水源となる用水に対する祭祀を想定した［前沢 1988］のは、おそらく上に述べた説話などを踏まえているのであろう。『延喜式』では、大刀を用いる祭祀に弓が伴うことが多く、新宮地鎮祭や八十嶋祭、大祓など15の祭祀に、また刀形を用いる祈年祭、月次祭にはともに弓が伴う。三ツ寺遺跡は5世紀の第3四半期に位置づけられており、この頃から祭祀の場にあっては、大刀や弓が想像世界の魔物を防ぐ手段に使うことが恒例化していた可能性がある。

(2) 赤い盾黒い盾

a　葬儀用の盾

刀や弓矢が主要な武器だった時代、盾はこれらを防ぐ重要な武具だった。『記紀』には盾にまつわる地名や、エピソードが多いのもこの武具の地位を物語っている。

古墳時代の盾は、古墳に副葬した盾と器財埴輪の盾形埴輪をもとに進められてきた［末永 1981、小林 1974］。副葬した盾やこれを模した埴輪の盾はいわゆる置き盾で、その多くは鋸弧文などで飾り、赤色や黒色で彩ることが多い。こうした盾が古墳時代の盾の実態をすべて伝えるか否かについては疑問があり、戦闘用ではなく儀仗用とする意見もある［末永 1981］。近年の「集落」の出土品には装飾性の乏しい盾があり、これらは古墳出土品と対比すべきものと思う。

たとえば、平城宮朝堂院下層遺跡例（4世紀末〜5世紀初）は、モミの一木をえぐって表面に反りをつけ、裏面に別作りの把手を付す持ち盾である。表面には目の字条に、細かい刺し縫いを施し墨を帯状に塗るが、現存部に鋸歯文などはみえない。同種の盾

は京都府古殿遺跡、奈良県保津・宮古遺跡にもある。前者は一部の破片だが、後者の奈良県保津・宮古遺跡例（3世紀後半）は完形で、平城宮朝堂院下層遺跡例と雰囲気が似ている。これは、オニグルミの一木をえぐって表を甲張りとし、表面に刺し縫いを施すが、刺し縫いがない無文帯を二段残す点など、平城宮下層遺跡例にくらべて様式的にも古い。

　集落出土の木製の盾には、文様がないものもあるらしい。徳島県庄遺跡には一木を削り裏面に把手を作り出した持ち盾がある。全長1.2m、最大幅12cm。先端部はやや狭く作り、表面は平らに整形するが文様の痕跡はない。把手付板と報告されている群馬県三ツ寺遺跡の板材［前沢 1988］も、盾の可能性があろう。集落出土の盾はまだ少数だが、古墳出土品や埴輪にくらべて装飾性が乏しく、鋸歯文などの文様はないようだ。片や儀杖用の置き盾、片や実戦用の持ち盾という違いに基づくのであろうか。

　b　飾る盾、簡素な盾

　盾を象る遺品には石製品・土製品・木製品がある。このうち木製品は滋賀県服部遺跡、奈良県四条古墳・小墓古墳などに例がある。服部遺跡例は、琵琶型木器と報告されたものがこれにあたるが、対比資料となる四条古墳・小墓古墳例の詳細が明らかでなくここでは触れないことにする。

　通常、盾型模造品と呼ぶのは小型の石製品や土製品である。これらは原型となった盾の年代の違いや、先に述べた性格の違いなどを含むためか、材質と個体による違いが大きい。たとえば石製品と土製品の違いは、盾面の懸垂用の小孔の有無から、外形や盾表面の文様の差違にまで及ぶ（図130-11〜14）。その理由の一つは、年代の違いである。亀井正道は、石製盾の年代を伴出遺物からほぼ5世紀代に位置づけている［亀井 1966など］。他方、土製の盾は6世紀代に下る可能性が強い。たとえば、静岡県中津坂上遺跡の土製品の年代を向坂鋼二は、短甲や紡織具などを含むことを根拠に6世紀前半に考えた［向坂 1963］。白石太一郎の研究もそれを裏づけている［白石 1985］。中津坂上遺跡と似た土製盾がある埼玉県今泉狢山遺跡では、その他の土製模造品もここと共通し、中津坂上遺跡とほぼ同時期と考えてさしつかえないようだ。5世紀代と報告がある兵庫県河高遺跡の土製盾［加藤 1980］も、中津坂上遺跡と類似した人形土製品があり、やはり6世紀代に降らせるべきと思う。

　古墳出土の盾は5世紀を境に、木製の盾から革盾（木枠に革を張る置き楯）に変化し多様化する［高橋 1988］といい、石製品と土製品の違いが原型となった盾の違いを反映している可能性は大きい。さらに、土製の盾にみる外形や表面の文様の違いは、模造する際に姿のみ原型に似せて他は手抜きをした可能性とともに、儀杖用と実戦用の違いなどいくつかの要因が重なっているのであろう。

　c　神に供える盾と矛

　盾は実戦の矢を防ぐだけでなく、疫神という目にみえない敵との戦いにも有効性を発揮した。『古事記』「崇神記」には、疫神が流行して多くの民が死亡したので占った

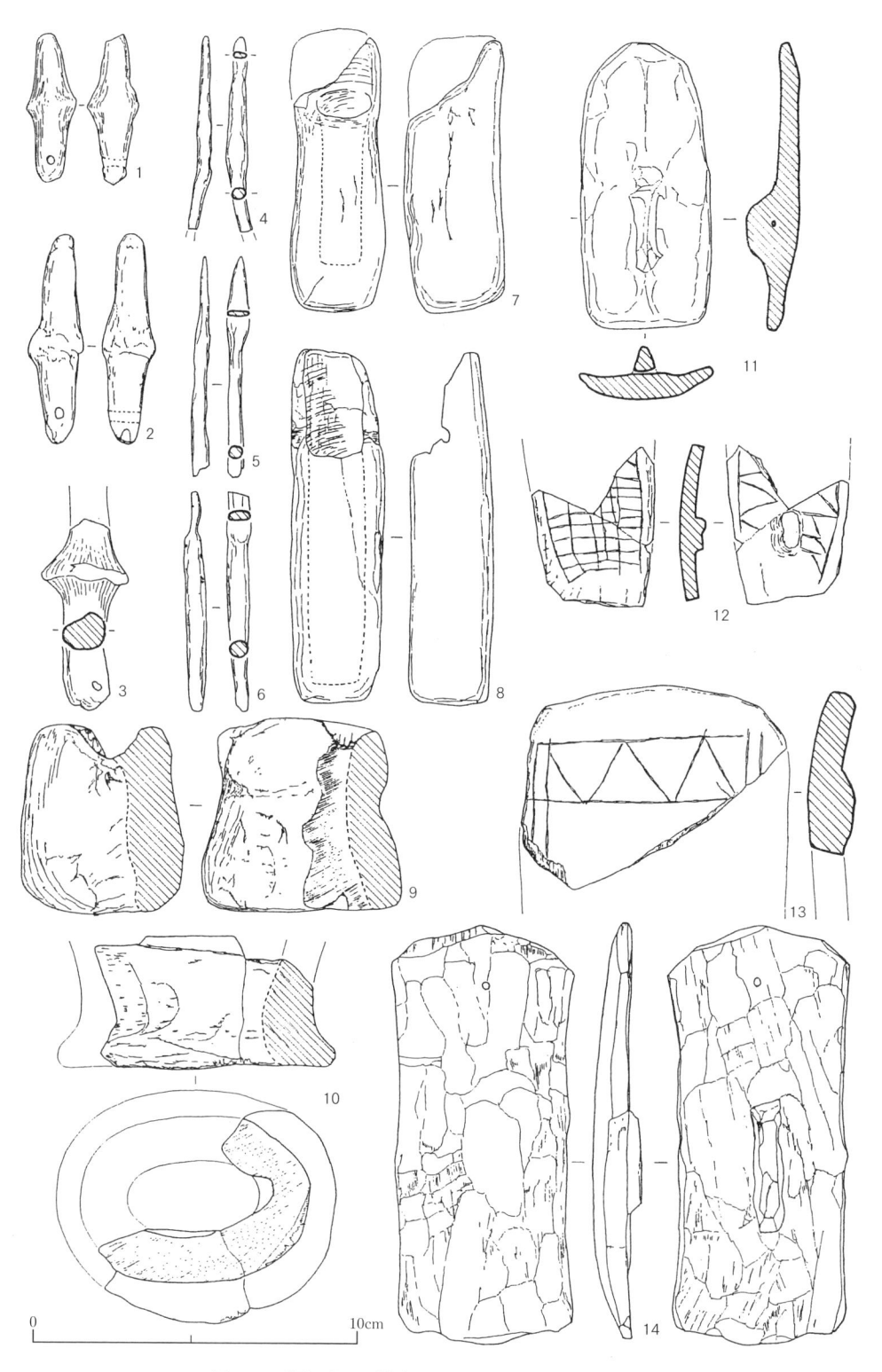

図130　武器・武具の模造品（1～13　土製品　　14　石製品）
　　剣形（1～3）　　鏃形（4～6）　　靱（7・8）　　短甲（9・10）　　楯（11～14）
　　1～10・12・13　静岡県中津坂上　　11　兵庫県河高　　14　群馬県井出村東

第1章　古墳時代の祭祀具　405

ところ、赤色の盾と矛を宇陀の墨坂神に、黒色の盾と矛を大阪神に祭れとする神託があり、その通りにすると果して疫病がやんだとある。防御兵器としての有効性が、人間世界にさまざまの害悪をもたらすみえざる敵に対しても有効と信じられたのである。このように、観念上の敵に盾を用い始める萌芽は、古墳の墳丘に盾型埴輪を立て並べ、被葬者を守護することに認められる。その詳細は水野正好がすでに説いたところであり[水野 1978]、高橋克壽はそれが4世紀後半に始まり、以降その意味の変質を伴いながら6世紀前半まで断続すると説く[高橋 1988]。

戦いの場で威力を発揮した盾は、その姿を誇ることで敵を圧倒し、そのため、より大きさ厳めしさを増してゆく。神託によって墨坂神などに祭った盾は、まさにこうした威儀をも示す盾だったのだろう。福永光司によると、道教では赤色は南に配当し、生命力を象徴する色、黒色は北に配当し、死没を象徴し合わせて陰陽を表すという[福永 1988]。5世紀の石製盾、6世紀代に下る土製の盾はともに盾を象りながら、微妙な違いがある。一方の石製品は上端に小孔を穿ち、枝などに取り懸けて神や古墳の被葬者への捧げ物としたらしい。他方、土製品はやはり土製の人形や動物形などを伴うことが多い。土製の人形は「荒ぶる神」の鎮魂に捧げたものであり、この場合、おそらく祭儀の場を荘厳する武具としてあったと思う。石製品とは機能を異にするのである。

内外に威儀を示す盾は下って奈良時代には、践祚大嘗祭などに樹てる大盾としてみることができる。朱雀門などに樹てる大盾は『延喜式』によると、1丈2尺4寸（約3.8m）の巨大な置き盾である。『延喜式』にはこのほかにも7種の置き盾や持ち盾がみえ、また形態にも3種があるが、方相氏が持ち歩く追儺盾を除けば、神盾、神宝盾、装束盾など威儀を示す盾の性格が強いようだ。

古墳時代に武威を誇った盾は奈良時代以降、武具ほんらいの機能から離れ、いわゆる儀式の器として神財の一部や祭儀の場に命脈を保ったのである。

(3) 美しい農具

a　子日手辛鋤

聖武天皇遺愛の品々を納める正倉院宝物には、他の宝物とは異質の1組の農具がある。子日手辛鋤である。ヒノキの鋤にカシの柄をつけ、鋤の先には鉄の鋤先を装着する。そして、木部には淡紅を塗り、蘇芳で木理文を描く。鉄鍬先は黒漆塗とし、表裏には金銀絵による鳥や草花文を描くのである。美しく装うこの鋤を実際の農作業に使うとは誰も考えまい。実際に柄にある墨書きによって、この1組の鋤は孝謙女帝が、天平宝字2（758）年正月3日の子の日の儀礼に用いたことが明らかである。これは天皇が行う予祝行事の一つで、特異な構造をした手辛鋤は、朝鮮半島からの影響によるという[飯沼・堀尾 1976]。ただし、儀礼は中国の皇帝が行う籍田の儀式、すなわち天子自らが耕し、皇妃は親しく蠶すに倣ったことが定説となっている。

秋の豊かな実りを願うさまざまの予祝行事は、古墳時代にも想像できるが、農耕具

を滑石や粘土によって模造することは時期によってかなり差がある。4世紀から5世紀代までは刀子、斧、鎌など石製の農耕具を古墳に副葬することがかなり盛んだが、6世紀代にはこの種の模造品は数えるほどしかない。千葉県日秀西遺跡の土製の鍬（鋤）先はその数少ない実例である。ここでは、6世紀代（鬼高期）の竪穴住居址3棟から鉄の鍬（鋤）先を忠実に模した土製品があわせて10点出土しており、類似例が兵庫県丸山遺跡［松岡 1976］、疑問符つきが静岡県坂上遺跡にある［亀井 1985］。今一つの農具は鎌である。刃部のみを表した石製品と違い、鎌全体を表現するらしい。静岡県中津坂上遺跡、鳥取県谷畑遺跡（6世紀末から7世紀はじめ）にある［土井 1985］。ただし、土製の鎌はその認定に問題がないわけではない。石製模造品の工具を農具製作工具とみる白石太一郎は、農耕儀礼の実修に必要な品々を副葬したと説く［白石 1985］。他方、土製の鍬（鋤）先は財貨の意味が強いのだろう。

b 財貨としての鍬

下って奈良・平安時代の祭祀の様相を示す『延喜式』神祇巻には、107もの祭の料に鍬をみる。この鍬は鍬全体を指すのではなく、通常は鉄製の鍬先を指し、鋤鍬兼用であった（延喜内膳司凡作園所条）。鉄の鍬先は農業生産力を高めるのに効果があり、そのため貴族などには禄の一種として支給した（「養老禄令給季禄条」、『続日本紀』養老5〈721〉年正月甲戌条など）。鳥取県諏訪遺跡群西山ノ後地区の胞衣壺に、和同銭、墨、刀子とともに納めた鍬先は［米子市教委 1981］、この意味であろう。千葉県日秀西遺跡などの土製の鍬（鋤）先は、貴重品の鉄製鍬（鋤）先を粘土で象り、財貨として神に捧げたのかもしれない。調査者は住居内のカマドに関わる祭祀かと言う［清藤・上野 1980］。

いずれにしても、古墳時代には鍬（鋤）の一部を小型模造化して祭祀を行うことはあまり盛んではないようである。古墳時代の鋤や鍬を用いる祭祀は木製の刀と同じく、鍬や鋤の実物大の形代を用いた可能性がある。その点で子日手辛鋤がヒノキを用いることは示唆的である。堅牢さが必要な鋤や鍬は、通常アラカシ、シラカシなど常緑のカシ材を用い、これが分布しない地域では、ナラ、コナラなど落葉のカシ材を使用するから、ヒノキやスギなど軟質の材を用いる鋤鍬は儀式・祭祀用の仮器の蓋然性が高い。滋賀県服部遺跡にはスギ材を用いる一木の鋤が4点ある。長さ約1.2m、大きさ形ともに普通の鋤と変わらない。これらは3基の方形周溝墓の周溝（6世紀前半）から出土しており、使用痕がない。上原真人はこの鋤を、墓前祭祀に使用した形代と考えている。ヒノキの農具は大阪府亀井北遺跡（4世紀）にもあり、今後類例が増せばこの祭祀の実態に迫ることができると思う。

ただし、正倉院の子日手辛鋤のごとく中国の籍田の儀式、すなわち天子自らが耕し、皇妃は親しく蠶す儀礼は古墳時代に遡らず、その開始は7世紀末ないし8世紀初頭に下ると思う。それは、子日手辛鋤の他に例をみない特異な構造がよく示している。

2　楽器・酒造具・紡織具

(1) 楽器 ── 倭琴の誕生

a　神を呼ぶ琴音

『常陸風土記』行方郡条には、楽器としての琴がみえる。崇神天皇の世、東国征服に赴いた建借間命が、固い守りの敵を攻めるために、海に船を連ね、筏をくみ蓋をたて、虹のように旗をたてて天の鳥琴を七日七夜弾き杵島曲を歌い踊って油断させ、敵を滅ぼすのである。しかし、楽器としての琴を語る説話は神話の中ではむしろ例外で、多くは神の声を聞くものとして登場する。『古事記』「仲哀記」には、琴によって神意を占う興味深い説話がある。仲哀が熊曽国を攻めるにあたり、大御琴を奏して神意を問うたところ、神功皇后に神懸かりし、「西の方に国あり。金銀をはじめ目の輝く種々の珍宝、その国にさわなるを、吾いまその国を帰せ賜わむ」と、託宣した。しかし、仲哀天皇は「西の方を見れば国土は見えず、ただ大海のみこそあれ」と、この神を詐りをする神とみなしてその言を信じず、ゆえに神罰を受けて彼は急死したのである。

これらの説話は、琴が人を楽しませる楽器というより、神意を占う大事な道具であること、その奏者が後世と違い男性だったことなどを語っている。

b　板作りと槽作りの琴

神話に登場する古墳時代の琴は、埴輪の弾琴像と千葉県菅生遺跡例をはじめとする琴の遺例によって、明らかになりつつある。これらの琴は板作りのもの、側板をもつもの、共鳴装置としての箱（槽）を備えたものがあり、尾端の突起が4から6まであるなど、作りや構造にいくつかの型がある。

ところで、天平文化の粋を集めた奈良の正倉院宝物には、10面ほどの倭琴がある。長さは1.5mから2mまで長短があるが、琴の尾端に6つの突起があること、6本の弦を張ること、中高にし裏板をもつ槽作りであるなど、共通の構造をもつ。正倉院に伝来する同時代の琴は、中国のそれが7弦、新羅の琴が12弦などであり、槽の構造も倭琴とは違う。

では、神話世界の琴が8世紀の倭琴の祖型になるのか、あるいは大きな懸隔があるのか。後者なら、古墳の琴が倭琴に転化する契機とその時期が問題になる。

林謙三は、埴輪の弾琴像をもとに、5弦の板作りの琴が共鳴設備として側板をもつようになり、ついで裏板をもつ槽作りの琴へ発展したと考えた。そして、5弦から6弦へ転換する契機に朝鮮半島の影響をみ、日本は「五弦琴笛」とある『隋書倭国伝』の記事をもとに、その時期を、飛鳥時代から奈良時代の間、すなわち、7世紀代に想定した［林 1964］。

倭琴の原型を精力的に追う水野正好は、琴を板作りの琴と共鳴箱をもつ槽作りの琴に大別し、さらに尾端の突起から前者を5弦琴、後者を6弦琴と定立、これらが弥生

時代以来並存し、奈良時代にいたったとした［水野 1980］。琴の尾端に作る突起の数がそのまま弦数を意味するのかどうか、常に問題になるところである。たとえば、滋賀県服部遺跡の琴（古墳前期）は、尾端の突起が6だが4弦琴とする見方が依然として根強い。その根拠は、琴の両側面（磯）から琴尾側に突起が延びており、これが琴尾両側の突起に弦を張るのに邪魔になると考えることと、服部遺跡では方形周溝墓の溝内にずり落ちて逆転した琴に、弦を張る琴柱が4個しかなかったことが理由である。しかし、弥生時代の京都府正垣遺跡や滋賀県中沢遺跡、石川県西念南新保遺跡の例では、倭琴と同様に、尾端の突起中央に弦を留めた糸穴の痕跡があり、突起の数と弦の数はほぼ対応すると考えるべきであろう。それゆえ、6弦の制に関しては、弥生時代以来の槽作りの琴が倭琴の母胎、といって誤りあるまい。ただし、槽作りの琴でも古墳時代と奈良時代のそれとは構造上の違いが大きい。

　c　倭琴への道

　つまり、古墳時代の琴は、一木から側板と底板を⊔形に刳り抜き、小口板をはめ、上に大きめの表板を置きカバ（桜の樹皮）で綴じる。倭琴はこれとは逆に、一木を⊓形に刳り抜いて表板から側面（磯）まで作り、小口板をはめ底板を合わせる。では、古墳時代の琴はいつ倭琴と同じ構造になるのか。埴輪の琴には断面が⊓形を示す例（栃木県羽田）があり、水野正好はこれと、倭琴と同じ構造の福岡県沖ノ島遺跡の金銅琴（7世紀）と結びつけ、⊔形の槽作りから⊓形の槽作りに転換したとし、その時期を6世紀後半（古墳後期）と考えた。1986年、滋賀県中沢遺跡（弥生後期）から倭琴と同じく、表板と側板を刳り抜いた⊓形の琴が出土した。これを踏まえた水野は上の想定を一部修正し、槽作りの琴を⊔形と⊓形に二分し、両者が古墳時代を遡る弥生時代から並存した可能性を示唆した［水野 1987］。発見から4年を経て、草津市教育委員会は中沢遺跡の琴を公表し、水野説を踏まえて古代の琴を、甲作り、槽作り、板作りに三分した［草津市教委 1990］。ここに中沢遺跡例を、底板と木口板を欠くが栃木県羽田の埴輪琴、沖ノ島例（7世紀）とつなぐことができれば、倭琴への道筋は明快に説明できることになった。しかし、疑問がないわけではない。それは、中沢例の側板の高さが4.5cmとやや低いこと。⊔形の服部遺跡例や奈良県藤原京跡例は、側板の高さが8〜10cmもあり、これにのる表板には大阪府巨摩廃寺遺跡例のごとく、裏面の両端部を⊓形に削り出すものがある。削り出しが深ければ、中沢例と類似する可能性も否定できない。

　d　大頭の琴、小頭の琴

　沖ノ島の金銅の琴は、琴の頭部を扇状に作る。いわゆる大頭の琴である。大頭の琴は、古墳後期の埴輪琴、埼玉県舟山古墳や栃木県鶏塚例などにみる［林 1964、椙山 1985］。他方、ほぼ同時代の千葉県菅生遺跡の板作り琴は、従来の琴と同様に頭部は小さい。おそらく、この頃に大頭の琴と、小頭の琴とが分かれたのであろう。この現象は、板作りの琴にのみ起きたのではなく、槽作りの琴にも共通したようで、すでに古墳中期、大阪府亀井遺跡の琴板の一種にその徴候をみる。こうした大頭の琴が、7世紀には沖

ノ島の琴に、さらにはのちの伊勢神宮の神宝の一つ鴟尾琴へと連なって行き、他方、小頭の琴は倭琴に姿を変えるのであろう。倭琴を含めた古代の琴にとって、6世紀後半はそれまでの姿を変える転換期であった。これがさらに中国の影響によって、8世紀前に倭琴へと再度転回するのだが［水野 1980］、この時期の考古資料が稀なこともあって、詳細に跡づける資料には恵まれていない。

　その欠を補うのが弦を張り、音を調節する琴柱である。琴柱の変化は6世紀と7世紀に大きな変革があったことを教えている（図131）。つまり、滋賀県服部遺跡や森浜遺跡の4・5世紀代の琴柱は、まだ下端部に三角形の刳り込みをもたない。琴の遺品とともに表板が平らであることを物語る。6世紀後半には下端部の刳り込みが明確になり（滋賀県湖西線遺跡例）、奈良県山田寺、坂田寺遺跡例など7世紀中葉には下端部の刳り込み、上端の弦受けの溝、両側面の傾斜など8世紀以降の基本形が成立している。琴柱下端の刳り込みは、琴の表面が甲高になることを意味し、より倭琴に近づいた証拠である。6世紀後半の変化は古墳時代の琴の転換期、7世紀中葉の変化は、次の倭琴への変革を意味すると思う。

　倭琴の時代に入った平城宮・京跡、ここにみる8世紀代の琴柱

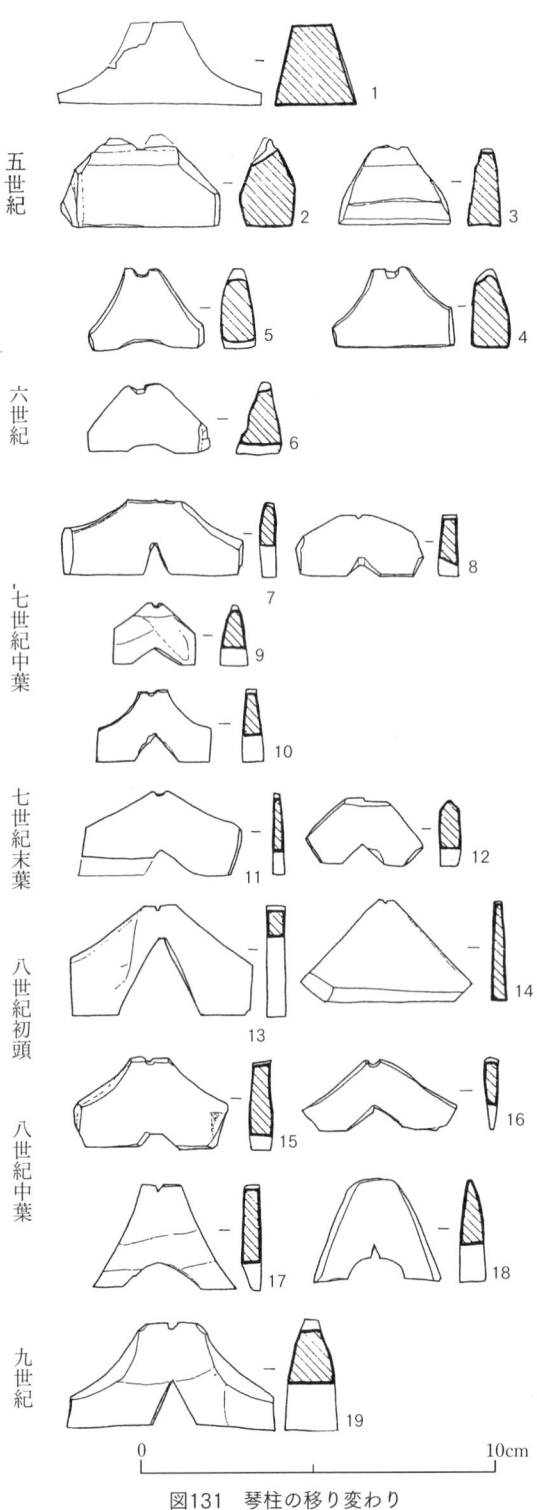

図131　琴柱の移り変わり
1　大阪府古池　2　滋賀県森浜　3　和歌山県田屋　4・5　滋賀県服部　6　滋賀県湖西線　7・8　奈良県坂田寺　9　奈良県山田寺　10　奈良県上の宮　11・12　奈良県紀寺　13・14　奈良県長屋王邸　15　奈良県平城京　16〜19　奈良県平城宮

は、なぜか規格性に欠けるところがある。この時期、倭琴の制が確固としたものではなく、なお揺らいでいることを語るのであろうか。

(2) 酒造具

a 神を饗える酒

古代祭祀を集成した『延喜式』(延長5〈927〉年撰進)の神祇の巻には、多数の祭祀に酒がみえ、日本でも神と酒は深い関係にある。縄文時代はさておき、弥生時代には、『魏志倭人伝』に倭人の飲酒の風俗がみえ、続いて『古事記』『日本書紀』の神話には、酒の起源説話に「天甜酒」が、素戔嗚尊の大蛇退治神話には「八塩折酒」「八甕酒」がみえる。

古代の酒には、ヤマブドウなどの液果類を発酵させた液果酒、木実を使う木実酒、コメ澱粉を糖化して作る醸造酒があった。液果酒などはともかく、問題は後者の醸造酒であるが、これに関わる考古遺物が奈良県桜井市三輪山山の神遺跡にある。ここからは、土製の臼、杵、甑、案、箕などの模造品が出土しており、大場磐雄は『延喜式』の「造酒司」条などにみる酒造具とセットが一致することを理由に、これらを酒造具の模造品と考えた[大場 1951]。

『延喜式』「造酒司」条にみる酒は、律令時代の宮廷での酒であり、山の神遺跡の年代が限定できれば、「造酒司」の規定が土製品の年代まで遡る可能性もある。「造酒司」条の酒は6種ある。①御酒、蒸米に米麹、水を加えて作る甘口・濃醇型の澄酒。②御井酒、初秋に作る酒。③醴酒、汲み水の代わりに酒を用いる盛夏用の甘口酒。④三番槽、味醂系の酒で、米麹に麦芽などを併用する。⑤擣糟。⑥頓酒・熟酒・汁酒・粉酒、濁酒の系統の酒。⑦白酒・黒酒、新嘗祭の酒である。このうち、④⑤は大陸直輸入の酒といい[加藤 1980]、大場説ではこれを除く5種の酒造りの道具と、山の神遺跡の土製品とが関連するという。

b 唯一の酒造具

では、山の神遺跡の年代はいつか。結論からいえば、これはなお決め難い。その理由は、山の神遺跡が偶然の機会にみつかって全容が明らかでないこと、他に類例が乏しい特殊な土製品があることの2点である。杵や臼などの模造品は、たとえば石製品が群馬県白石稲荷山古墳(5世紀)などにある。ここでは、案や箕もあってこれらが酒造具の疑いもある。しかし、土製品では杵や臼は静岡県中津坂上遺跡(6世紀)や埼玉県今泉遺跡(6世紀?)などにみるが、他の器具はみない。亀井正道は両遺跡の杵・臼を酒造具の一部としている[亀井 1985]。仮に亀井説のごとくであれば、山の神遺跡の酒造具の年代を6世紀に遡らせることも可能である。しかし、大場自身が認めているように、杵や臼は脱穀具として重要な器具だが、それのみで酒造具とは特定できない。たとえば、杵・臼は『延喜式』では27ヵ所にみえる。ここでは酒との関わりだけでなく、典薬寮で薬を調合する料などとしてみる。同じことは後世の豊富な民俗例が支持

している。やはり、現状では山の神遺跡例が酒造具の模造品としては唯一[大場 1967]と認めるべきと思う。なお、山の神遺跡の模造品を『延喜式』（延長5〈927〉年撰進、957年施行）の年代まで下らせるべき、との考え方もある[樋口 1972]。この山の神遺跡の模造品をめぐる問題は、酒造具の実物が将来出現するまで、その解決を待たねばならない。

(3) 紡織具―神に捧げる機―

a 荒ぶる女神

興味ある伝承を数多く伝える『肥前国風土記』には、荒ぶる機織女に関わる説話がある。その「基肄郡」姫社郷条には、山道川の上流に荒ぶる神がいて、道行く人の半ばを殺し、半ばを生かしたとある。占ったところ、宗像郡の人珂是古に、自分の社を祭らせるようにとの託宣があり、珂是古が幡をあげて神の所在を探ると、その夜、夢に臥機や絡栧利が舞い現れ、祟りをなすのが女神とわかった。この姫神のために社を建てて祭ったところ、果して鎮まったとある。

これは姫社の起源説話で、荒ぶる神を鎮める話は『播磨国風土記』にも類話があって珍しくないが、興味深いのはこれが宗像氏の伝承と関わることである。祭神の機織女に関しては不詳だが、占い師として登場する珂是古は、宗像氏と同族の水間氏の一族とする見方がある[秋本 1958]。

宗像氏の神は、天照大神と素戔鳴尊の誓約により出現した田心姫、湍津姫、市杵嶋姫の宗像三女神をいい（『日本書紀』神代上）、この神を祭る宗像社の沖津宮が沖ノ島である。ここには、古墳時代から中世にいたる祭祀遺跡がある。そのうち、22号遺跡や1号遺跡（9世紀初頭）には金銅製の榺、桛、紡輪などの紡織具があり、さらに、辺津宮に伝わる金銅製高機の模造品をみる。時代が下る絹の高機についてはしばらくおき、紡織具の模造品については、これを作る習慣は古墳時代の前半に始まる。その一端は奈良県室大墓古墳や群馬県上細井古墳などの副葬品にみるが、種類は筬推定品などわずかで、これを副葬する古墳も少ない。紡織具の種類が増えるのは土製模造品が増える6世紀代で、静岡県中津坂上遺跡や広島県宇山遺跡には多数をみる[亀井 1985]。これらは紡織具に榺、桛、麻笥、紡輪、回転などが、織機に関して筬、刀杼、䈄、複（千巻）などがあり、金銅製品と土製品は年代の違いとともに種類にやや違いがある。

b 麻を紡む具

榺は麻を紡む時の道具で、長方形の台座に頭部が分岐した柱をつけたものである。麻を柱の途中にある分岐に懸け、その一端を爪で細く割り裂いて紡むという。沖ノ島遺跡では金銅の薄板を組み合わせた高さが14.9cmの榺があり、柱の途中の耳の有無や頭部の分岐形などに数種がある。金銅製の榺は三重県神島の八代神社にもある。総高19cm。沖ノ島遺跡の多くの例と違い、鋳銅製のしっかりとした作りである。伝沖ノ島遺跡の遺品に類品がある。土製品では、中津坂上遺跡や福岡県下白水大塚古墳の墳丘

出土品に、下半部が円柱状を呈し上部が三方に分岐する製品があり、香川県下川津遺跡の木製品（7世紀）をもとにすると梻の可能性がある。

紡輪は細かく割り裂いた繊維に撚りをかける弾み車。沖ノ島遺跡例は金銅製品だが、他の遺跡では表面に鋸歯文を彫刻した石製品が多い。撚りをかけた麻糸を一時、貯蔵する容器が麻笥である。7世紀に成立、沖ノ島遺跡例は金銅製品だが、通常はヒノキの薄板を曲げて側板としカバ（桜の樹皮）で綴じ合わせ、別作りの底板を釘留めした。その名は麻糸の容器に由来するが、多様な用途があり、殊に液体を入れる容器として古代から中世初期まで一世を風靡し、杉板を縦に組み合わせ箍で締める結桶の登場とともにその座を譲った。今日なお残る「おけ」の名はこれによる。これは土製品にはみない。

桛は工字形の道具で、伝香川県出土の銅鐸絵画にみることで著名である。この銅鐸絵画の桛については近年、農具説の提唱がある。紡輪で撚りをかけた麻糸を繰る道具で、桛は糸の量を示す単位ともなる。金銅製の桛は沖ノ島遺跡、三重県神島にあり、土製品が中津坂上遺跡にある。なお、いわゆる実用の木製品は京都府古殿遺跡（4世紀）や奈良県谷遺跡（5世紀後半）、兵庫県丁柳カ瀬遺跡（古墳前期）にみる。縢は織機の付属品で、両端を方形ないし長方形に作り間を細くしたもの。金銅製品のほか、土製品が中津坂遺跡にある。金銅製品と土製品は一部が共通するが、麻笥や回転のように他方にみないものもある。

c　女神と紡織具

さきの説話などにみられるように、紡織具は女神に献じた。中津坂上遺跡など古墳時代の紡織具は、人々に災いをもたらす荒ぶる神の鎮魂をめざす性格が色濃く、同じ目的をもつ土製人形などが伴う。他方、8・9世紀のそれは通説のごとく神衣の調進に替え、女神が自ら織ることを願う。

宗像三女神誕生のきっかけとなった天照大神を祀る伊勢神宮では、大神に神衣を進める神衣祭が5月と10月にあり、また、大神の神宝21種の中に紡織具が4種もある。ここにみる紡織具は金・銀・銅製で、梻、桛、紡輪、麻笥がある（図132）。その大きさは、多多利高各1尺1寸6分、土居径3寸6分、賀世比長各3寸6分、手長5寸8分などとある（『延喜式』伊勢太神宮式）。この麻笥は沖ノ島遺跡例にみる麻笥と違って椀型である。紡織具は伊勢神宮末社の滝原宮、伊雑宮の装束にもみるが、種類と数量は大幅に減じている（『皇太神宮儀式帳』）。

神に紡織具を奉ることは奈良県龍田社にもみる。河内国との堺に近い大和川の傍らに鎮座するこの社では、4月と7月に行う風神祭に金麻笥、金梻、金桛を姫神に献じる（『延喜式祝詞』）。この社は『日本書紀』天武4（675）年紀に、「風神を竜田の立野に祀らしむ」とあって、7世紀末に創祀する。

紡織具は、平安末や鎌倉時代に下る古社の神宝史料に例をみるが、本来の意義から変質し女神の道具の意味が強いようである。たとえば、千葉県香取神宮（梻と桛）、奈

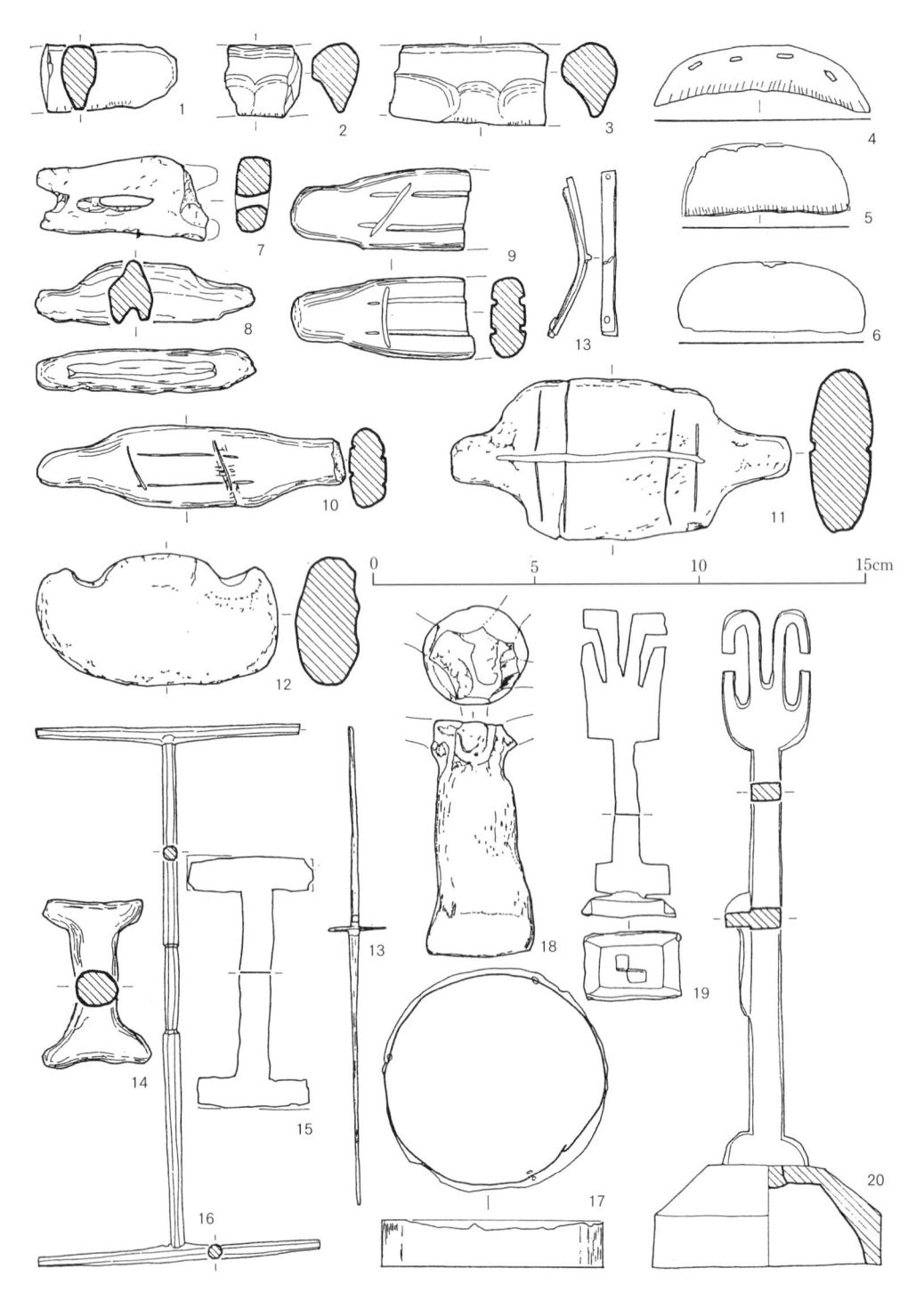

図132 紡織具の模造品（1〜3・7〜12・14・18 土製品　他は金属品）
刀杼（1〜6）　梭（7）　榎（8）　縢または筬（9〜11）　回転（13）　腰当（12）　紡輪（13）　枅（14〜16）　麻筒（17）　椊（18〜20）
1〜3・7〜12　静岡県坂上　　4・13・19　福岡県沖ノ島22号　　17　福岡県沖ノ島5号　　5・6・15　福岡県沖ノ島1号　　16・20　三重県八代神社

414　第Ⅲ部　都城と律令祭祀

良県春日社（線柱と麻笥）、滋賀県日吉大社（線柱、麻笥）、京都府賀茂神社（線柱、麻笥）があり、現存する春日社の線柱に類似するそれや麻笥は和歌山県熊野速玉社の神宝にもみる。太田英蔵はこの線柱を麻を積む榑ではなく、裁縫具という［太田 1972］。類似の裁縫具は今日でもあり、中世の神宝では榑が紡織具から裁縫具に転化したのではないか。

d　海神信仰との関わり

　紡織具を献ずる女神は海神と密接に関わるようである。宗像三女神は玄海灘の道主貴であり（『日本書紀』神代上）、福岡県沖ノ島遺跡は、その宗像三女神のうち市杵嶋姫を祭る。榑が伝沖ノ島例と類似する三重県神島八代神社例も、海神と関わる。それは、この神島が鳥羽と渥美半島の間という、伊勢湾を扼くする海上に所在することがなにより物語るし、八代神社の名が八代龍王に由来するとの説もある。八代龍王は龍神信仰と仏教とが習合したものである。

　風神を祭る龍田社もまた、海神と結びつく。風を司り雷雨を呼ぶこの神は雷神と関わり、そして水神、海神と結びつく。海神の女として『日本書紀』神代巻にみる豊玉姫は一書の中では龍に、また別の一書では八尋の大鰐となって神武天皇の父にあたる鵜鶿草葺不合尊を出産する。この豊玉姫の妹で尊を育て、のちに神武を生む玉依姫は、また紡織具を神宝の一種とする京都の賀茂社と関わる。上賀茂社の祭神は賀茂別雷命で、川上から流れ下った丹塗矢によって玉依姫から生まれたのである（『山城国風土記逸文』）。

　伊勢神宮の祭神、天照大神の性格については幾多の論攷があるが、山上伊豆母は海洋性の神と考え、風神としての性格を強調している［山上 1976］。このような紡織具の奉献は、海神を祭る集団の信仰に関わると思う。はじめに引いた『肥前国風土記』に登場する珂是古も、山上は風神の巫覡とみている。

　こうした点を踏まえ、古代の模造紡織具がいわゆる棚機女の伝承に関わる、との見通しをもっている。この伝承は、遠来の客神を迎えるため海岸に棚を作り、特に選ばれた処女が客神の衣にするため機を織りながら待つという信仰で［折口 1940］、女神と紡織具と海神信仰との深い結びつきを語っている。

［註］
1）同様な説話は、『日本書紀』「崇神紀」に、出雲振根・入根兄弟の物語としてみえる。

［参考文献］
秋本吉郎　1958『風土記』日本古典文学大系2、岩波書店、pp.382〜385。
飯沼二郎・堀尾尚志　1976『農具』ものと人間の文化史19、法政大学出版局。
大場磐雄　1951「三輪山麓発見古代祭器の一考察」『古代』第3号、pp.1〜9。
大場磐雄　1967『まつり』学生社、pp.56〜57。
太田英蔵　1972「沖ノ島遺跡の紡織具」『海の正倉院　沖ノ島遺跡』毎日新聞社。

折口信夫　1940「七夕祭りの話」『折口信夫全集』15、中央公論社、pp.169〜184。
加藤百一　1980「日本の酒の発掘」『月刊文化財』昭和55年1月号、pp.18〜24。
亀井正道　1966『建鉾山──福島県表郷村古代祭祀遺跡の研究──』吉川弘文館。
亀井正道　1985「浜松市中津坂上遺跡の土製模造品」『国立歴史民俗博物館研究報告』第7集、pp.135〜164。
草津市教育委員会　1990「中沢遺跡出土の琴について」『草津の古代を掘る』。
倉吉博物館　1983『古墳の時代──伯耆国』1983年特別展図録。
小林行雄　1974『埴輪』陶磁大系3、平凡社。
静岡県埋蔵文化財調査研究所　1985『宮下遺跡　内荒遺跡　川合遺跡』。
白石太一郎　1985「神祭りと古墳祭祀」『国立歴史民俗博物館研究報告』第7集。
末永雅雄　1981『増補日本上代の武器』木耳社。
椙山林継　1985「やまとごとの系譜」『國學院雑誌』第81巻第11号、pp.284〜302。
清藤一順・上野純司　1980『千葉県我孫子市日秀西遺跡発掘調査報告書』。
宗　懍（守屋美都雄訳注）　1978『荊楚歳時記』東洋文庫324、平凡社。
高橋克壽　1988「器財埴輪の編年と古墳祭祀」『史林』第71巻第2号。
田中　琢　1977『鐸剣鏡』日本原始美術大系5、講談社。
土井珠美　1985「谷畑遺跡」『倉吉市内遺跡群分布調査報告書』倉吉市教育委員会。
林　謙三　1964「倭琴の生成」『正倉院楽器の研究』pp.284〜301。
樋口清之　1972「山の神遺跡」『神道考古学講座』第5巻、雄山閣、pp.152〜156。
福永光司　1988『中国の哲学・宗教・芸術』人文書院。
前沢和之　1988「三ツ寺遺跡の意義と性格」『三ツ寺遺跡』群馬県教育委員会。
松岡秀樹　1976「土製U字型鋤先について」『古代学研究』第81号。
水野正好　1978「埴輪祭式」『土偶埴輪』講談社。
水野正好　1980「琴の誕生とその展開」『考古学雑誌』第66巻第1号、pp.1〜25。
水野正好　1987「楽器の世界」『弥生文化の研究』第8巻、雄山閣、pp.13〜21。
向坂鋼二　1963「浜松市都田町中津・坂上出土の祭祀遺物」『考古学雑誌』第50巻第1号。
山口譲治・村松道博　1983『拾六町ツイジ遺跡』福岡市埋蔵文化財調査報告書、第92集。
山上伊豆母　1976「風神考」『柴田実先生古稀記念　日本文化史論叢』関西大学文学部史学研究室、pp.901〜912。
米子市教育委員会　1981『米子市諏訪遺跡群発掘調査概報』II。

第2章

古代の木製模造品

はじめに

　本論に入るに先立ち、模造品についての研究史を、小稿に関係する範囲内で整理しておこう。

　古墳時代には模造品と呼ぶ祭祀に用いた一連の遺物がある。それは材質の違いによって石製品、土製品、金属製品などに分かれる。このうち、石製模造品について初めて体系的な叙述を行ったのは髙橋健自であった。髙橋は『古墳発見石製模造品具の研究』［髙橋 1919］において石製模造品具の語を用いた。髙橋によると、古墳発見の遺物のうち石材をもって製作した石製品には、人が生前において原品をそのまま使用した石釧や車輪石などと、葬儀用として特に調製した石製鏡や石製刀子などがあるとする。この両者の違いをはっきりさせるため前者を石製品と呼び、後者の葬儀用の器具を特に石製模造品具と呼んだ。そして、石製模造品具とは、かたちのみを写した仮器であって、一種の模型（雛形）であると述べている。この髙橋説は基本的にはその後の研究者に受け継がれていった。

　たとえば、後藤守一は古墳時代の石製品を石製品と石製模造品具とに分けたが、新たに葬儀用だけでなく、祭祀用の模造品があることを論じた。後藤によると、石製模造品は古墳のほかにも神社境内などから出土することがあり、この神社境内などの遺跡（祭祀遺跡）から出土した模造品は祭祀に用いた一種の祭器、祭器具であるとした。さらに、祭祀遺跡出土の石製模造品は、古墳出土品にくらべて種類が少ないこと、祭祀遺跡には土製模造品もあることなどを明らかにした［後藤 1930］。

　後藤守一が指摘した祭祀遺跡とその出土遺物について研究を進め、集大成したのが大場磐雄であった。大場はこれらを神道考古学の名称をもって体系化したのである。

　大場の諸業績の中の模造品に関する説明をみてみると、主に古墳時代の遺物であること、材質は石製・土製・金属製品があり、稀に木製品があること、祭祀用の仮器であるため大型品もあるが、おおむね形状は小さく粗造であること、もとの器物を判別し難いものがあることなどの特徴をあげている［大場 1970］。

　これらの各材質の模造品は古墳時代のある時期に同時に展開するのではなく、消長があった。亀井正道は遺物の内容と組み合わせをもとに、4世紀から7世紀中葉までの祭祀遺跡を6期に区分した［亀井 1966］。亀井説を要約して、模造品の変遷をたどる

と次のごとくとなる。

 第1期（4世紀末～5世紀前半）碧玉製品を主体とする時期。

 第2期（5世紀中葉）碧玉製品に滑石製の各種模造品が加わってくる時期。

 第3期（5世紀後半～6世紀初頭）滑石製模造品が主体となるが、これらが形式化、粗造化し、品目も3種ないし4種に固定化する。さらに少量の手捏土器が加わる場合がある。

 第4期（6世紀前半～中葉）滑石製模造品は数量が減少し始め、これに代わるように土製品が少数だが出現してくる。手捏土器は第3期よりも増大してくる。

 第5期（6世紀後半～7世紀初頭）滑石製模造品は原則としてみられず、土製模造品と手捏土器が主役となる。ただし、特殊な遺跡である沖の島遺跡では、第1期から少数伴っていた金属器や金属製模造品がこの時期に増加してくる。

 第6期（7世紀前半～中葉）手捏土器が主体となり、これに土製模造品が少数伴う場合や従来みられなかった特殊な滑石製模造品を伴う場合がある。

亀井は第5・6期については、沖ノ島遺跡で新たに多量に出土した金銅製模造品をもとに別に論じ、国家を背景とした祭祀には金銅製模造品を用い、国家が関与しない一般の祭祀は土製模造品を使用したと述べた［亀井 1971］。ただし亀井が6世紀後半から7世紀中葉とした沖ノ島遺跡の祭祀遺物は、最近の研究報告では、金銅製模造品は7世紀後半代に、特殊な滑石製模造品は8・9世紀に位置づけている。したがって亀井説のうち、沖ノ島遺跡の遺物の年代上の位置づけは今後の再検討が必要となっている。

以上の整理によって明らかになったことを列挙すると、以下の通りである。

模造品には石製・土製・金属製品があり、これらはかたちのみを写した仮器であるため主に雛形で、作りは粗雑である。年代は4世紀末に始まり、古墳時代を中心とするが、一部は8・9世紀に及ぶ。

ところで近年、古代の宮都や各地の官衙遺跡の調査が進むに従って、木製の各種遺物が類例を増している。この中には上述の模造品と同じく祭祀用と考えられる遺物が少なからず含まれており、従来は木製祭祀具とか木製形代類の名称で報告されてきた。小稿はそれらを木製模造品の名称をもって概括し、論ずることにする。

木製模造品は、ふるく三重県柚井貝塚や長野県箕輪遺跡での発見があったが、類例が少なかったこともあり、特殊な遺物として扱われていた。したがって、第1に木製模造品の具体的内容の紹介をし、第2に年代上の位置づけを明らかにしよう。

木製模造品の年代は、結論を先に述べると、5世紀から8・9世紀代に及ぶ。後述のごとく、5・6世紀代と8・9世紀代の模造品とは、7世紀後半の天武・持統朝を境に種類と分布に質的な変化がある。7世紀後半以降にみる新しい木製模造品の出現を指して、ここでは木製模造品の成立と呼ぶ。

木製模造品の成立時期、つまり7世紀後半は、律令と呼ぶ法体系が整備されてゆく

時期にあたる。8世紀初頭に完成した「大宝令」の「神祇令」には国家の手によって行う国家的祭祀を規定しており、一般には律令的祭祀の名称で呼んでいる［井上 1978］。

「令」の規定は施行細則である「式」によって実施したのであり、律令的祭祀の具体的な内容は10世紀に成立した『延喜式』によって一応知ることができる。

第3の課題はこの律令的祭祀と木製模造品の関係を検討することにある。律令的祭祀と祭祀遺物の関係については[1]、最近、岡崎敬［岡崎 1979］、井上光貞［井上 1976][2]らが沖ノ島遺跡の遺構と遺物をもとに詳細に論じている。しかし、沖ノ島遺跡において律令的祭祀が成立してくる時期には、金銅製を含めた金属製模造品と特殊な滑石製模造品が主体をなしており、木製模造品がこれらといかなる関係にあったか、検討の余地がある。

小稿は以上の諸課題を検討する。

1 木製模造品の種類と年代

(1) 武器

a 刀形

刀形はAからCの3型式に分類できる。

刀形A：いわゆる飾大刀を模した刀形。刀身と把部を削り出す。型式の違いによって3種類ある。奈良県藤原京跡の薬師寺西南隅、西三坊大路と交差する八条大路の側溝SD104からは蕨手刀を模した刀形が出土。刀身は把部より細身に作る。平造りとし刃はつけない。把は背の部分を把頭まで真直ぐに通す。把間は刃方を弧状に刳り込み、把頭は丸味をつけて削り出す。墨書によって、把頭には渦巻文を、把間には斜線を引き、把巻の状態を表す。年代は遺構の状況から7世紀後半である［奈文研 1976］。図133－9は平城宮跡6AAB区土壙SK820の例である［町田 1978][3]。刀身を把部より細身に作り、鍔および把頭は長方形に削り出す。刃はつけない。平城宮跡には、把間や鍔の形状を若干異にする類例がある。この刀形は54cmを測る。把頭を欠損するが、推定全長は70cmに達する。いずれも8世紀代。SK820例は遺構の埋没年代から下限を840年代に推定されている。図137－1は平城宮跡東三坊大路側溝SD650出土例［黒崎 1975］。把頭は撥状に削り、把間は中央部をやや削り細める。鍔は把との境を台形状に刳り込み、表現する。刀身は平造りとし、刃はつけない。年代は遺構の状況からみて9世紀代と推定されている。

図136－2は藤原宮跡下層大溝SD1901A出土。前2者は刀身を把より細身に作るが、これは逆に把を刀身より細身に作り、刃をつける。身と把の境は両関とする。鍔の表現はなく、この部位を厚くする。把頭は山形状に削る。年代は遺構の状況から7世紀後半と報告されている［奈文研 1978］。静岡県伊場遺跡［浜松市立郷土資料館 1978］には比較的近い例があるが、把頭の形状は異なり、不整円形とする。報告者は頭椎大刀形

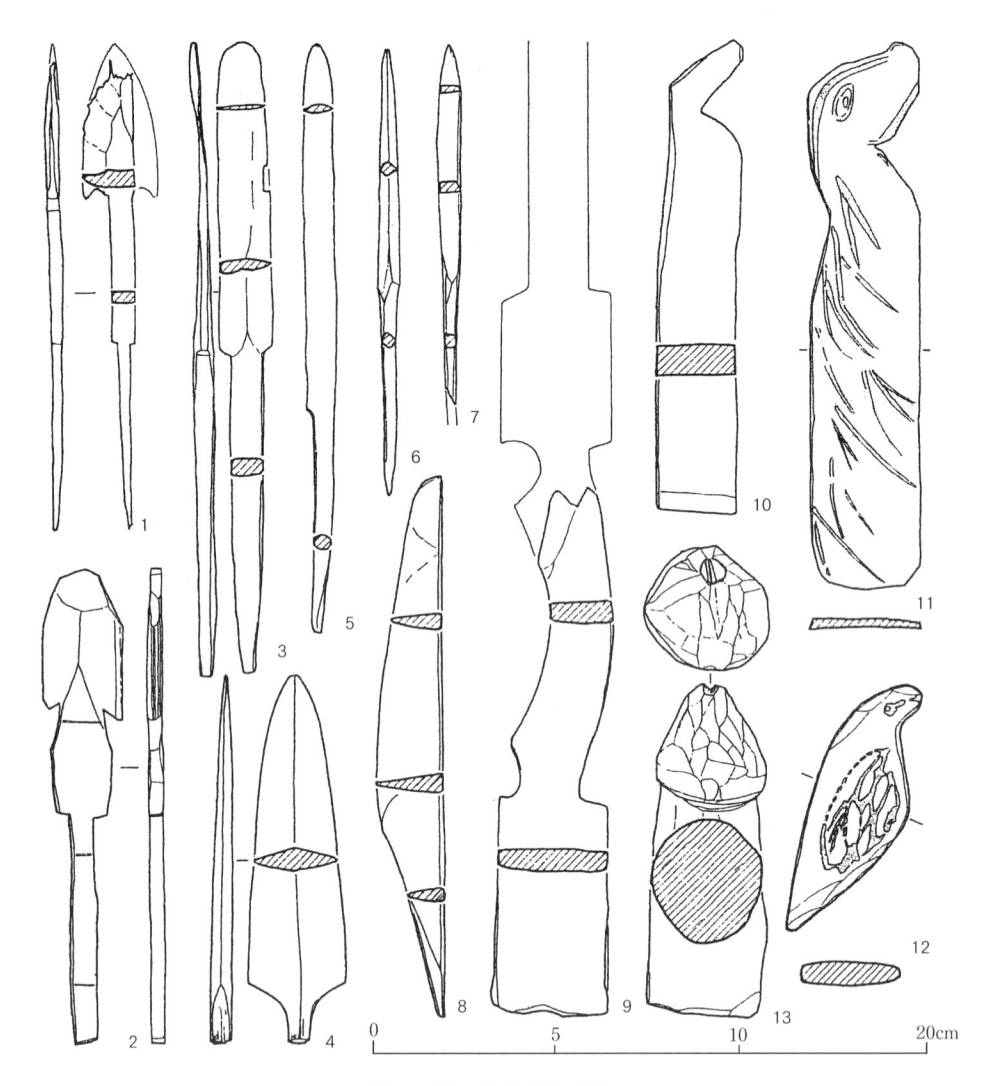

図133 刀形、鏃形、鳥形、陽物

かと述べ、伴出遺物からみて6世紀と推定している。

　刀形B：図137-3にみえるように刀子を模したもの。細棒状の材の上半部分を刀身形に下半部分を把に作るが、身と把の区別はない。刃の部分は緩やかな弧状に作り、先端を削り細めて切っ先とする。多くは片刃だが、なかに切っ先付近の背を削り、この部分を両刃とする例がある。把頭は特別な表現はなく、端部を圭頭状にすることが多い。類例は滋賀県湖西線関係遺跡［湖西線関係遺跡発掘調査団 1973］や平城宮・京跡などにあり、年代は6世紀末から9世紀代に及ぶが、大きな変化はない。全長は長いもので24cm、短いもので13cm程度である。

　刀形C：鉄製刀身のみを忠実に模したもの。2種類ある。図133-8は平城宮跡6AAB区土壙SK820の例［町田 1978］。刀背が茎先まで真直ぐに通る。関の身幅をもっとも広く作り、刃の部分は緩やかな弧状に作る。茎は刃関から端部に向かって狭くす

る。年代は遺構の状況から8世紀中葉を若干遡る。大阪府上田部遺跡［高槻市史編纂委員会 1968］に類似例がある。関の部分は両関としている。

　平城宮跡6 ADF区土壙SK1979の例は、身はもとから先までほぼ同幅とし、先端を斜めに切り落とし、切っ先とする。関は両関とし、茎は長く、端部は両側から削り細める。茎には目釘穴を表す。この遺構は鍛冶工房の跡で、出土した模造品は金属製品を鍛造する場合の雛形と推定されている［佐藤 1979］。

　刀形Aは、伊場遺跡に頭椎大刀形かと報告者が推定する例があって、年代は6世紀代という。しかし、この年代については大溝の堆積層中であること、他にも6世紀に遡る類例がないことなどの理由から、なお今後の検討を待ちたい。現在、年代が確実なものは、7世紀後半代にいたってからである。藤原宮・京跡の例がそれである。8世紀代の例は、平城宮跡に数例あり、平城宮跡には9世紀代の例がある。刀形Aとして3種類あげたが、蕨手刀形を除き、原型となった大刀の型式については今後の検討が必要である。

　刀形Aの類似の滑石製品が埼玉県湯殿神社裏遺跡［大場・小川 1963］にある。これは、従来馬形とされていたが、伴出品には別に扁平な馬形があること、刃身と把部を作っていることから、大刀の模造品と考える。把頭の形状から蕨手刀の可能性を考えている。

　刀形Bは、他の材質の模造品は未見である。

　刀形Cは、鉄製の雛形品が福岡県沖ノ島遺跡にある。5・6世紀代の22号遺跡をはじめとして、後続の遺跡から出土している［第三次沖の島学術調査隊 1979］。

　b　鏃形

　鏃形は2型式がある。

　鏃形A：奈良時代の鉄鏃を忠実に模した6種があり、いずれも平城宮跡から出土。

　図133－1は身の中央部分を平滑にし、両側縁に刃をつける。身の下辺に箆被のかつぎと茎をつくる。6 AAB区土壙SK820出土［町田 1978］。図133－2は1に鳴鏑をつけた形をとる。身の中央部は平滑にするが、側縁に刃はつけない。6 AAC区東大溝SD2700出土。図133－4は尖った三角形の身と細い茎を作る。身は断面菱形とし、茎の部分はやや丸味をもたせる。茎の端部は四面より切り込み、折っている。6 ADF区土壙SK1979出土［佐藤 1979］。図133－3は幅の狭い剣形を呈する身と長い茎を作り、両関とする。6 ACC区東大溝SD2700と6 ADF区土壙SK1979出土。図133－6は身と茎を細く、断面を四角に作る。6 ADF区SK1979に2例ある。図133－5は身と茎を細く作り、関を一方に設ける片関式。身の両側縁には刃をつける。6 ABE区出土。以上の例のうち、6 ADF区土壙SK1979出土品は工具の雛形という。

　鏃形B：図137－2は矢羽部分の模造品。矢柄の先端と矢筈部を欠損。もとは矢羽部分のみを模したのか、矢柄全体を模したものかは不詳。平城宮跡東三坊大路側溝SD650出土。年代は9世紀代である［黒崎 1975］。

鏃形Aは8世紀に出現する。ここにあげた6種のうち、工具の雛形と言われるものを除いた4種が祭祀具として使われた。最古の例は図133-1の6AAB区土壙SK820の例で、紀年銘木簡から土壙の埋没は天平末年（840年代）と推定されている。

鏃形は、木製品のほかに鉄製品が福岡県沖ノ島遺跡から出土しているが、報告によると[第三次沖の島学術調査隊 1979]、いわゆる柳葉形が多く、木製品に類似した例はない。

(2) 農具

a 鎌形

図137-5の平城宮跡東三坊大路側溝SD650出土品が唯一である。鎌の把を忠実に模す。把の先端は切っ先状とし、木口面から刃を受ける縦の割り目を入れる。ここに木製刃形を挿入したのであろう。年代は、遺構の状況から、9世紀代である[黒崎 1975]。

(3) 楽器

a 琴柱形

琴柱を模した琴柱形は2型式ある。

琴柱形A：基本の形は等脚台形の両斜辺を途中から垂直に裁ち落した六角形となる。裁ち落した部分にできた辺を、仮に垂辺と呼ぶ。平城宮の朱雀門地区の溝SD1900B[佐藤 1979]や平城宮跡東三坊大路側溝SD650[黒崎 1975]に例がある。前者は上底に弦受けの溝を作り、斜辺は弧状に削る。通常は下底部を厚く、上底部を薄く作るが、この場合は逆に下底部を薄くそぐ。図137-6～7は後者の例。6は上底に弦受けの溝がなく、下底部の切り欠きは大きく、この左右に長方形の透し孔を穿つ。

琴柱形B：基本の形は等脚台形に作り、下底部中央を三角形に切り欠く。平城宮跡6AAI区に2例ある。上底には弦受けの溝を作り、斜辺を弧状に削る。下底部の切り欠きが大きいため、斜辺との幅はわずか0.5cmである。

以上の琴柱形は、琴柱の外形のみを模倣し、機能面を無視している。たとえば、上底に弦受け溝を作らない例や、琴の槽板に接する下底部を薄くそぎ、立ち難くした例、特殊な透しをあける例などである。

琴柱形の類例は、福岡県沖ノ島遺跡の5号遺跡に琴とセットになった金銅製品がある[大場・小川 1963]。琴柱形は少ないが、琴柱は5世紀代の例が滋賀県森浜遺跡[兼保 1977]、服部遺跡[滋賀県・守山市教委 1979]から琴とセットで出土している。大阪府古池遺跡[豊中・古池遺跡調査会 1976]にも例がある。奈良県坂田寺跡[奈文研 1973]には7世紀前半の例がある。8・9世紀には平城宮跡や静岡県伊場遺跡[浜松市立郷土資料館 1978]、滋賀県湖西線関係遺跡[湖西線関係遺跡発掘調査団 1973]に例があって、琴柱の型式変遷がたどれる。すなわち、琴柱形Aの原型となる5世紀代の琴柱は、先に述べた六角形で、上底部に弦受け溝を作る。6世紀末から7世紀前半にいたると、下底部に切り欠きを入れる。坂田寺跡池SG100の例は、8世紀代の基本型となるもので、下底部の切り欠き

は三角形と台形の2種がある。上述の沖の島5号遺跡の金銅製琴柱形は、7世紀末と報告書は述べているが、形態は坂田寺跡の前者の例に近い。8世紀には下底部の切り欠きは三角形のものが主流となり、同時に上底部の幅が弦受け溝の溝幅分だけに狭まる。

　琴柱形Bの原型となる琴柱は8世紀に出現する。下底部の切り欠きは三角形と半円形とがあり、半円形に切り欠いた後、さらに三角形に切り欠く例がある。後2者の切り欠きの形は、正倉院に現存する新羅琴の琴柱と類似する。

(4) 乗物

a　舟形

　舟形は角材や半截の丸木の両端を尖らせて形作る。舟形の上面に一種の甲板を表現したと考える舟形Aと、丸木舟を模した舟形Bがある。

　舟形A：図135-6は静岡県伊場遺跡［浜松市立郷土資料館 1978］の例。舟形の上面両端を、主軸に直交して溝状に削り、甲板を表す。船艙は箱形に作る例がある。舟底の形は、丸底、平底、丸底と平底の中間形態などの種類がある。

　舟形B：丸木舟の型式である。船首、船尾は尖らせたもののほか、四角、隅丸方形状にする例がある。岡山県下市瀬遺跡［新東 1973］の例は船首部分に引綱用の穴をあけ、船艙に帆柱用の穴と腰掛用の横棒を付設しているという。また、静岡県伊場遺跡には舟底に小孔を穿った例がある。これは後に述べる馬形の場合と同様に、舟を細棒上に立て並た痕跡と報告者は述べている。

　小型の舟は弥生時代以来各地の遺跡にあり、舟形Bはその伝統に連なるものであろう。類例は、先にあげた遺跡のほか、藤原宮跡に7世紀末の例がある［奈文研 1978］。伊場遺跡では舟形A・B合わせて64点を検出しているが、そのうち7割が8世紀後半から9世紀代の層から出土したと報告者は述べている。

　福岡県沖ノ島1号遺跡には、金銅製と滑石製の舟形がある［第三次沖の島学術調査隊 1979］。滑石製品には舟形A・Bがあって、特に舟形Aは伊場遺跡例と類似品がある。1号遺跡は、8・9世紀代といわれ、年代の上からも両者が関連したものであることがわかる。

(5) 人、動物

a　人形

　木を削って、人間を表現した人形は、棒状の木に顔を刻んだやや立体的なものと、扁平な短冊状の板材を切り欠き、全身を表すものがある。ここでは扁平な全身像について述べる。この人形は時代と地域によって型式差があり、A～Dに分類できる。

　人形A：A₁（図134-1～2）とA₂（図134-3）がある。A₁は短冊状の薄板の一端を削って頭とし、側面を切り欠いて顔と肩を作る。この場合、側面の上下から同角度で

図134　人形

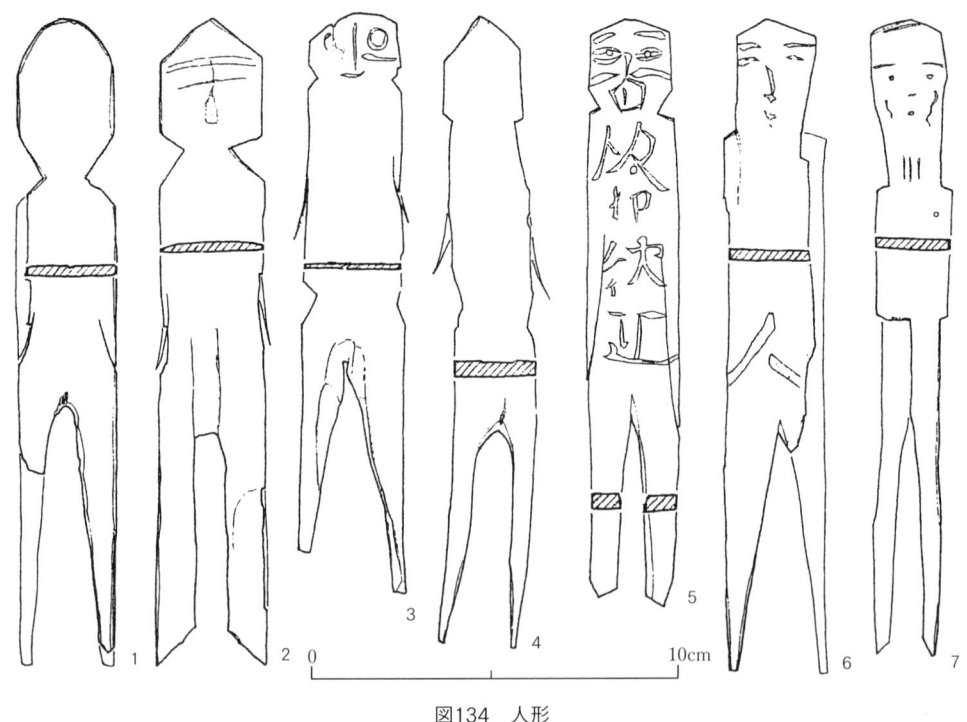

切り欠き、肩がいわゆる撫で肩となる。手は側面下方から浅く切り込む。足は下端部を三角形に切り欠いて作る場合と平行に切り込み、腰の位置で折って作る場合がある。前者が時期的に古く、一般的である。A₂はA₁とほぼ同じだが、違う点は腰の部位の左右を切り欠くことにある。A₁・A₂ともに顔を墨書きで表現する例がある。長さは15cmから18cm程度がもっとも多く、このような小型品のほかに、全長が1mを超すとみられる超大型品もある。

　人形B：図134－4である。製作方法はAとほぼ同じだが、肩部の切り欠きの形が違う。顎の部位は水平に切り込み、肩の下方から大きく切り欠く。腰部の切り欠きの有無によってB1・B2に分ける。B1・B2ともに頭部は圭頭が多いが、ほぼ平らにする例もある。顔は墨書きによって表す場合もある。

　人形C：図134－5〜6である。製作方法は人形A・Bとほぼ同じだが、肩部の切り欠きの形が違う。顔の上方から大きく切り欠き、肩の線を水平にし、いわゆる怒り肩になる。顔は倒卵形に近くなり、より写実的となった。人形A・Bのように腰部以下を欠く例はない。頭は圭頭や頭頂を平らにすることが多く、円頭は少ない。墨書によって顔を表す場合は多くが顎鬚を加える。目鼻を刻み込んで表す例が京都府古殿遺跡［京都府教委 1978］、長野県箕輪遺跡［藤沢 1955、大場 1975］、兵庫県但馬国分寺跡などにある。

　人形D：図134－7である。人形Cの手の切り込みを、胸に近い部位で切り欠き、後世の立雛に近い形に作る。頭は圭頭のほか、頭頂を平らにする例がある。顔は墨書き

で写実的に描くものがある。足は下端部を三角形に切り欠く形である。長さ20cm未満の小型品の他に、平城京跡東三坊大路側溝SD650出土の全長1.13m、幅0.12mの超大型品がある［黒崎 1977］。

木製人形は7世紀後半の天武・持統朝にAが出現する。藤原宮跡下層大溝SD1901Aの例が最古である［奈文研 1978］。これ以降、藤原宮跡、平城宮・京跡、長岡京跡と、宮都とその周辺を通じてA₁→C→Dの変遷をたどる。A₁は8世紀の平城宮・京跡に類例が多い。人形Cへの変化は8世紀末にあり、延暦3（784）年頃に廃絶した平城宮大膳職の井戸SE311Aのいわゆる「呪い人形」［岡田 1966］にその萌芽を認める。福岡県沖の島遺跡の22号・5号遺跡には鉄・金銅製人形がある［第三次沖の島学術調査隊 1979］。報告書では7世紀としているが、型式は「呪い人形」と一致する。

人形Dは平城京跡東三坊大路側溝SD650の例によって、9世紀に出現し、人形Cと併存することが明らかであり、京都府大藪遺跡や静岡県伊場遺跡からも出土している。

人形A₂・B₂は静岡県伊場遺跡［浜松市立郷土資料館 1978］から多数出土した。このうちA₂は、8世紀の例が平城宮・京跡［奈文研 1976］にもごく少数あり、平安時代の大藪遺跡［橿考研 1977］には全長が1mを超す超大型品がある。他方、B₂の分布は今のところ伊場遺跡に限られ、8世紀代の平城宮跡と伊場遺跡との間に地域差があった。ただし、人形Dが伊場遺跡から出土しており、9世紀代にはこの地域差は解消した可能性がある。

なお、福岡県沖ノ島遺跡には金属製人形のほかに、滑石製人形があり、8・9世紀代の1号遺跡から出土している。肩部や胸部の切り欠きが人形C・Dと共通するものがあり、滑石製品の一部は木製品を模倣して成立した可能性を考えている。

b 馬形

馬形は、裸馬を表した馬形A・Bと鞍を置いた飾馬を表現した馬形Cがある。

馬形A：横長の薄板材の上辺を1ヵ所、下辺を2ヵ所切り欠き、馬を表現する。図135－1は材の両端を垂直に裁ち落し、稜角を面取りする。藤原宮跡下層大溝SD1901Aの例［奈文研 1978］で、7世紀後半代である。岡山県下市瀬遺跡に類例［新東 1973］がある。図135－2～3は材の両端を菱形に作り、稜角を面取りする。2は目などを墨書きする。図示例を含め、静岡県伊場遺跡に例が多い［浜松市立郷土資料館 1978］。伊場遺跡の馬形には腹部にあたる下辺の切り込みに細棒片が残存したものがあり、細棒に挿し立てたことがわかる。全長14cmから16cm、大溝の出土層位からみて7世紀末から8世紀という。図135－4は材の両端を等脚台形に削る。逆台形とする場合もある。やはり伊場遺跡に8世紀代の例が多くあり、なかには胴部に波文や手綱などを丹で描くものがある。図示したのは京都府大藪遺跡［六勝寺研究会 1973］の例。出土遺物からみて8世紀末であろう。

馬形B：横長の材の上辺を1ヵ所切り欠き、背を表現する。下辺は頭部にあたる部位を1ヵ所切り欠く。尻尾にあたる部位は削り細める。静岡県伊場遺跡に8世紀代の

図135　馬形、舟形

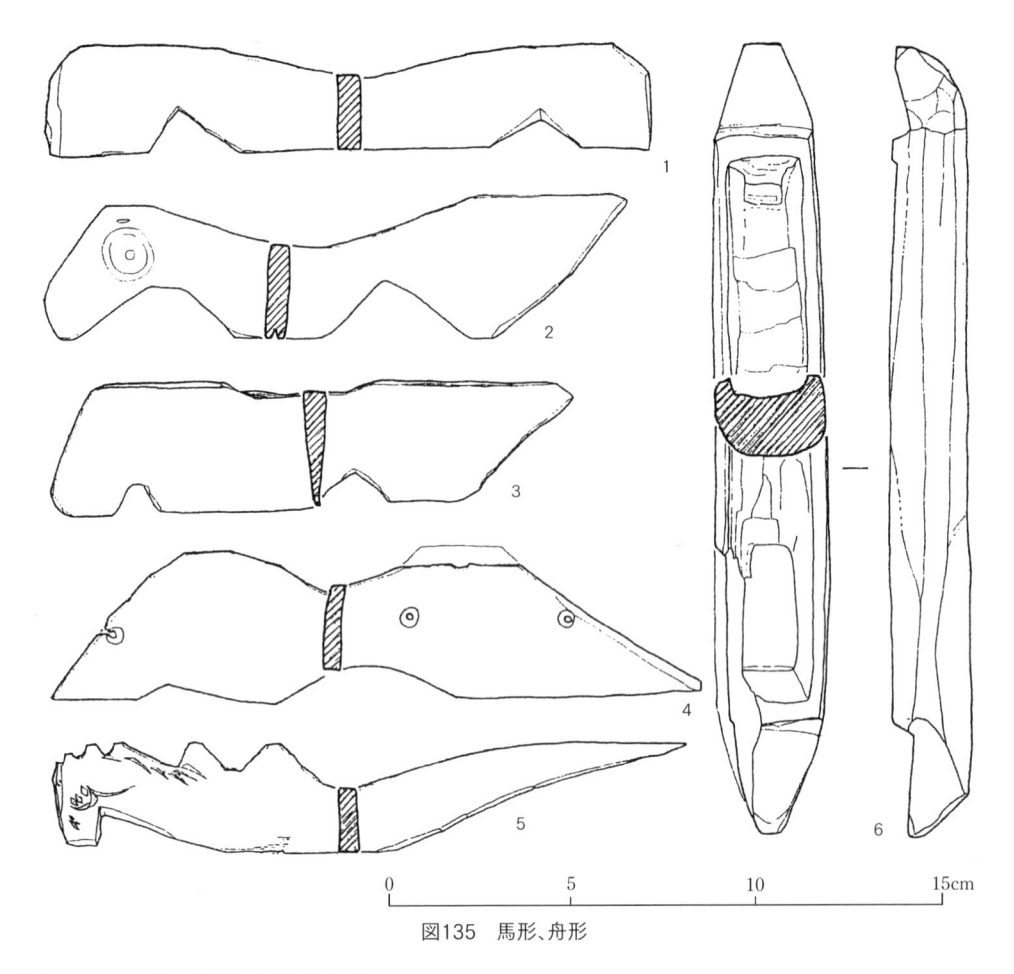

例があり、目の部分を墨書きする。

馬形Ｃ：鞍を作る飾り馬は富山県じょうべのま遺跡[入善町教委 1975]と長野県箕輪遺跡[藤沢 1955、大場 1975]に例がある。図135－5は前者の例。全長17.3cm。頭部や鞍のほか、鬣(たてがみ)も作る。顔面や手綱を墨書きする。年代は9世紀といわれている。

木製馬形は、7世紀後半の天武・持統朝に馬形Ａが出現する。藤原宮跡下層大溝SD1901Ａの例が最古である。これ以降、伊場・大藪遺跡の例からみて8世紀を通じて作られた。馬形Ｂはじょうべのま・箕輪遺跡の例からみて、9世紀に近い頃出現し、両者は併存したのであろう。

滑石製の馬形は、福岡県沖ノ島１号遺跡[第三次沖の島学術調査隊 1979]と埼玉県湯殿神社裏遺跡[大場・小川 1963]にある。沖ノ島には裸馬と飾り馬が、湯殿神社裏遺跡には裸馬がある。これらの裸馬は馬形Ｂと比較的類似し、飾り馬は馬形Ｃと類似する。沖ノ島１号遺跡は８・９世紀といわれ、年代もほぼ一致する。

　ｃ　鳥形

鳥の全形を表現した鳥形Ａと、部分を表現した鳥形Ｂがある。

鳥形Ａ：横長の薄板材の上・下辺を切り欠き、鳥の全形を簡潔に表現する。平城宮

跡と長岡京跡に数例ある。図133－10は 6 AAB区土壙SK820の例。頭部のみを作る。鳥の種類は不詳。年代は遺構の状況からみて、下限を740年代と報告者は推定している。図133－11は 6 ACC区東大溝SD2700の例。頭部を作り、目や羽毛を墨書きする。同じ作り方をした鷹の形代が第一次朝堂地区の楼建物SB7802の柱抜取穴から出土している［奈文研 1973］。図133－12は長岡京跡［向日市教委 1978］の溝SD1301の例。小さな頭部を作り、尻尾を削り細める。目や羽毛を墨書きする。年代は出土した紀年木簡からみて、8世紀末である。

鳥形B：図137－10は鳥足形である。上端を長方形に削り残し、以下は丸棒状に削り、足を作る。足の関節、前爪や蹴足を写実的に表現する。上端の長方形の突起からみて大型の鳥の一部分である可能性がある。平城京跡東三坊大路側溝SD650出土［黒崎 1975］。

鳥形は、8世紀に出現し、9世紀代に及ぶが、類例が少なく、不詳な点が多い。鳥形Aには馬形Bに近い形態のものがある。また、平城宮跡出土例には、腹部下辺に小孔があって、細棒片が残存したものがあり、馬形・舟形同様、細棒に挿し立てたことがわかる。

(6) その他

a 陽物

丸棒状の材の一端を削り、亀頭部としたもの。他端部の作りに 2 型式ある。

陽物A：図133－13は他端部の木口を平らに削った例。平城京跡左京三条二坊の井戸SE367の出土品［山本 1975］。年代は出土遺物からみて 8 世紀末である。

陽物B：他端部近くの表面を主軸に直交して溝状に削る。木口は切断時の荒い削りを残す。全体を丹念に調整する場合もあるが、多くは亀頭部と端部を作るだけである。長さは陽物Aより長いものが多い。

陽物Aは端部のつくりからみて、おそらく立て並べることを意図したものであろう。類似の滑石製品が宮城県多賀城跡の外郭官衙地区から出土している［宮城県多賀城跡調査研究所 1971］。

陽物Bは平城宮大膳職の井戸SE311A［岡田 1966］や滋賀県湖西線関係遺跡、宮城県多賀城跡［宮城県多賀城跡調査研究所 1977］に 8・9 世紀代の例がある。中世に下る例は、奈良県山田寺跡［奈文研 1977］などにあり、近世まで系譜をたどり得る。

b 削りかけ

削りかけは細長い板材の両端を尖らせ、側面に切り込み（削りかけ）などを施した串状の木製品である。斎串［黒崎 1976］、小塔婆などと呼ぶこともある。木製模造品と関係の深い遺物である[4]。削りかけは細長い板材の両端の作りに 3 型式ある。

削りかけA：細長い板材の両端を圭頭状にする。側面の切り込みの有無、および切り込みの回数によって 6 種に細分できる。A_1－切り込みを加えないもの。A_2－側面

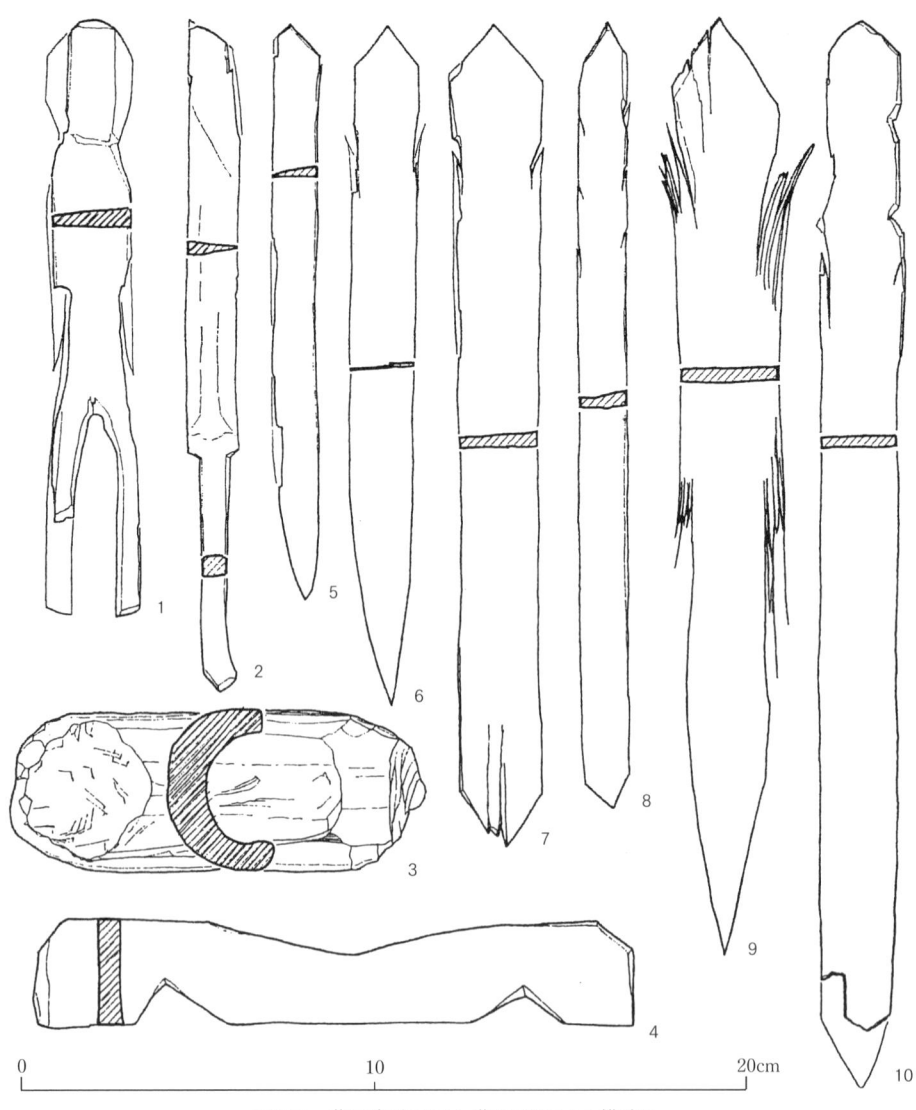

図136　藤原宮跡下層大溝SD1901Aの模造品

を割り裂くように、上端から切り込むもの。A₃－図136－7に示したごとく、上端近くの側面の左右を各1ヵ所切り込む。上端の斜辺から切り込む場合もある。A₄－図136－8に示したごとく、上端近くの側面の左右を各2ヵ所以上切り込む。この場合、1ヵ所における切り込み回数は1回である。A₅－削りかけの側面に、上・下方向から向きあうように切り込みを入れる。1ヵ所の切り込み回数は4～5回に及ぶことがある。A₆－両側面の左右対称位置を三角形に切り欠く。

削りかけB：細長い板材の上端を圭頭状に、下端を剣先状に作る。削りかけAと同様に切り込みの有無と回数によってB₁からB₆まで細分できる。

削りかけC：削りかけの全体を平行四辺形に作ったり、角棒状の上端を圭頭状に、下端を斜めにそぐなどの各種類を含めた。削りかけAと同様、切り込みの有無と回数

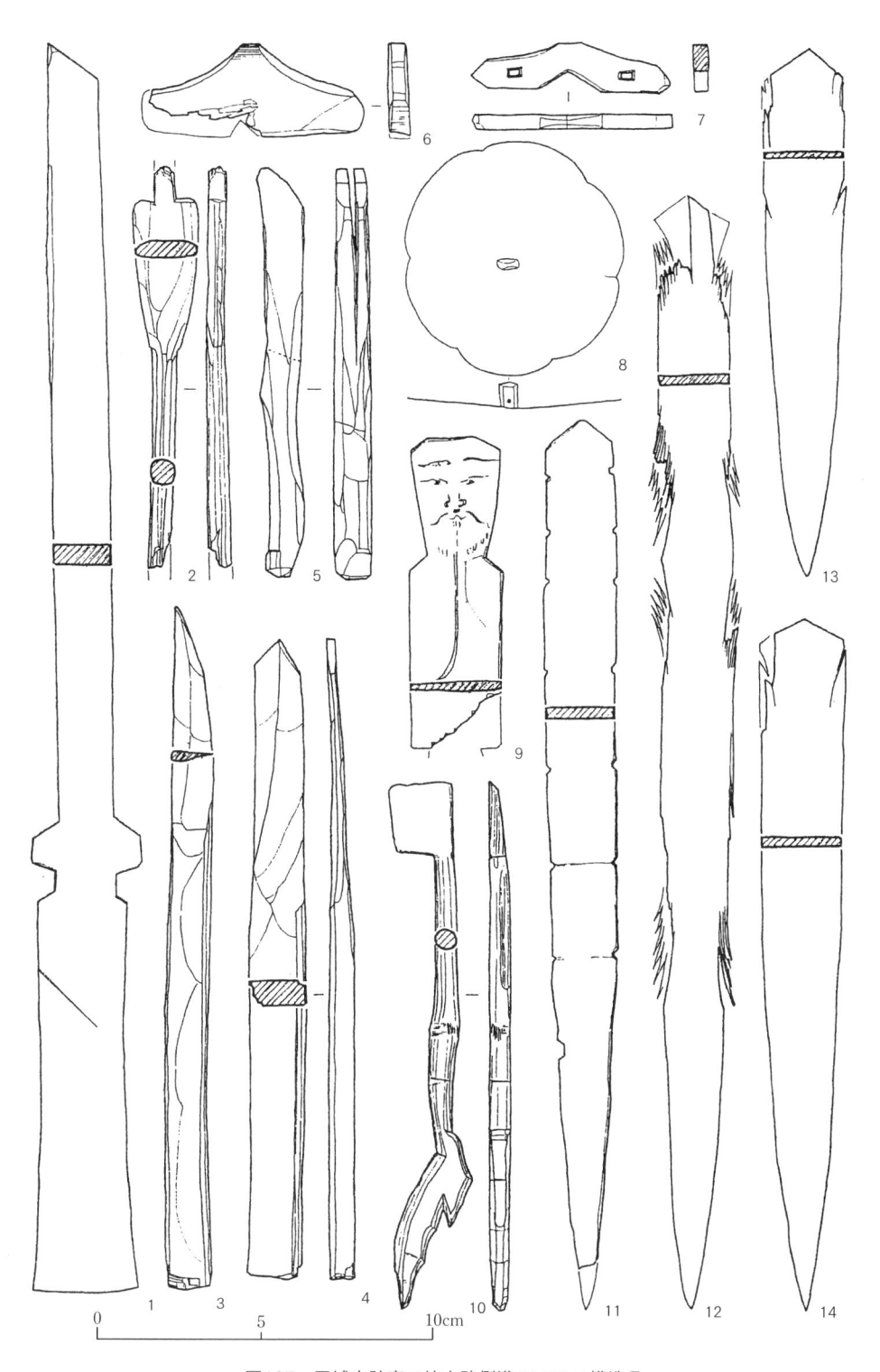

図137 平城京跡東三坊大路側溝SD650の模造品

第2章 古代の木製模造品　429

によってC₁、C₂、C₅に分類できる。ただし、切り込みが側面の一方にしかない場合もある。

　年代は、削りかけCの一部が古く、6世紀後半といわれる奈良県和爾遺跡の井戸［橿考研 1977］、滋賀県湖西線関係遺跡の溝［湖西線関係遺跡発掘調査団 1973］から出土している。次いで、削りかけAやBの一部が7世紀後半に出現する［奈文研 1978］。藤原宮跡下層大溝SD1901Aは、天武期の末年から藤原宮遷都までの間に埋められたと推定されているが、ここからはA₂〜A₄、B₅、B₆、Cの一部などが出土した。8世紀以降は削りかけBの各種が展開するが、その種類の大半がこの時期に成立していることがわかる。同時に、これらは個体によって製作や法量に大きな差があり、定型化する以前の過渡的段階にあることを示している。

　削りかけの法量は、8世紀の平城宮・京跡の資料では、全長14cm前後から23cm前後が多く、10cm未満のもの、40cmに近いものなども少数ある。ただし、側面を三角形に切り欠く削りかけB6は長く、30cmを超すものがある。なお、静岡県伊場遺跡には全長約1.2mの長大な例があり［浜松市立郷土資料館 1978］、平城宮跡にも大型の端部片がある。人形と同様に、削りかけも小型品と超大型品があった可能性を考えている。

　削りかけの分布は、7世紀後半以降に出現するA・Bに限ってみると、7世紀末には福岡県太宰府遺跡の蔵司地区［九州歴史資料館 1979］や静岡県伊場遺跡に及ぶ。8世紀には、平城宮・京跡、長岡京跡を中心に畿内周辺に及び、9世紀以降は中部、関東、東北地方[5]の一部に拡大する。

2　木製模造品の成立と律令的祭祀

　木製模造品は、8・9世紀代にもっとも種類が多くなる。それ以前にも少数のものについては、たとえば剣形は5世紀代に、刀形の一部は6世紀代にみられるが、表33に示したように8・9世紀には、刀形、鏃形、鎌形、琴柱形、舟形、人形、馬形、鳥

表33　木製模造品の種類と年代

種類＼年代	5	6	7	8	9世紀
剣　　形	──				
刀　形　A			┄───	───────	─────
刀　形　B			─────	───────	─────
鏃　　形				───────	─────
鎌　　形				───────	─────
琴　柱　形				───────	─────
舟　　形			─────────	───────	─────
人　　形			───────	───────	┄┄┄┄
馬　　形				───────	─────
鳥　　形				───────	─────
陽　　物			┄┄┄┄┄┄┄	───────	─────
削 り か け			─────	───────	─────

形、陽物など、多種多様のものが現れる。これらは、5世紀代から順次種類が増えていった結果ではなく、7世紀後半のある時期を境に、複数の新種が現れ、これを契機に、それ以降種類が増えていったことによる。

7世紀後半の契機をなすのが、人形、馬形の出現である。これは、藤原宮跡下層大溝SD1901Aにある。この大溝から出土した模造品には、人形A、馬形Aのほか、刀形A、舟形Bおよび削りかけA・Bの一部がある。

SD1901Aは、藤原宮の下層にある南北方向の大溝で、大極殿北側と宮の北面中門の地域で一部を検出した。溝内には、建築部材の一部や手斧の削り屑が含まれ、藤原宮造営用の運河と考えられる。上述の模造品は、大極殿北側の地域で検出したものである。SD1901Aの年代は、層位からみて、開鑿は宮造営以前に遡り、大極殿院の造営工事に伴う整地工事によって埋められている。出土した木簡には、天武11～13（682～684）年に相当する紀年木簡を含むほか、天武14年（685）制定の冠位「進大肆」「大宝令」にはみえない官名「陶官」などを記した木簡がある。以上から、下限は天武末年から持統8（694）年の藤原宮遷都までと推定されている［奈文研 1978］。

人形と馬形は、静岡県伊場遺跡においても、7世紀に出現するという。これらは、遺跡の主要部分をなす大溝から出土したもので、多量の遺物から、各堆積層の年代が推定されている。報告者は、人形と馬形は舟形および削りかけとともに「中心をなす時期はIV層とした8世紀後半代で、9世紀前半まで盛んに行われていた」［浜松市立郷土資料館 1978］とし、その出現は7世紀末にあると述べている。ただし、7世紀末に出現するとした種類のうち、人形は型式上疑問があり、なお今後の検討が必要と考える。

8世紀前半に、新たに確認できる模造品は、鏃形と鳥形がある。平城宮跡6AAB区土壙SK820からは、鏃形A、鳥形Aと刀形A・Cなどが出土している。

SK820は、内裏北外郭官衙の一画に掘られた土壙で、出土木簡には養老年間（717～724）から天平年間（729～749）までの紀年木簡を含んでいる。この紀年と木簡の内容から、土壙の埋没年代は天平19（747）年をそう隔たらない時期と考えられている［町田 1978］。鳥形Aには、750年代の例もある。平城宮跡6ABR区建物SB7802の柱抜取穴から、鷹と水鳥の模造品が出土している。SB7802は、第一次内裏地区南面中央門の東側にある楼建物である。出土木簡は、天平勝宝年間（749～757）の紀年木簡を含んでいる。この紀年と木簡の内容などから、柱抜取穴の埋没は天平勝宝5（753）年をあまり隔らない時期と推定されている［奈文研 1973］。

9世紀代には、鎌形が加わる。平城京跡の左京一条三坊、東三坊大路側溝SD650から出土している。SD650は奈良時代に開鑿され、浚渫工事を受けながら存続し、平安時代の初頭に埋没した。溝の堆積は上、下2層に分かれ、出土した紀年木簡や大量の皇朝銭によって、下層は9世紀前半に、上層は9世紀末から10世紀初頭に比定できる。模造品は主に下層から出土し、鎌形のほかに、刀形A・B、鏃形B、琴柱形A、人形C・D、鳥形B、および削りかけA・Bの一部がある。また、唐式鏡を模した青銅製

の鏡形2点や土馬なども出土している［黒崎 1975］。

　以上から、木製模造品は7世紀後半の天武・持統朝を境に段階的に種類が増えていったことがわかる。ところが、このような変化は分布の問題とも関連している。つまり、天武・持統朝以降は藤原宮・京跡、平城宮・京跡、長岡京跡、および地方官衙の一つと考えられている伊場遺跡など、古代の宮都とその周辺地帯に分布するのである。

　このように、種類と分布の両面からみて、7世紀後半の天武・持統朝が木製模造品にとって重要な画期となったことは明らかであろう。この点を踏まえ、天武・持統朝以降の新種の出現を指して、ここでは木製模造品の成立と呼ぶ。

　それでは、木製模造品の成立と、「大宝令」に規定された律令的祭祀とはいかなる関係にあったのであろうか。次にこの問題を考えてみよう。

　律令的祭祀の具体的内容は、10世紀初頭に成立した『延喜式』の「神祇式」によって一応知ることができる。『延喜式』は、成立年代が下るとはいえ、内容的には、先立つ弘仁・貞観式およびそれ以降の新定式に部分的な修正・削除・追加を行って、一大集成したものである［宮城 1957］。これまでの研究から、一部には8世紀、あるいは7世紀後半にまで遡る内容を含むことが明らかになっている。

　「神祇式」は四時祭式、臨時祭式、伊勢太神宮式、践祚大嘗祭などから成り、ここに記載された祭祀と祭料はおびただしい数にのぼる。祭料についてみると、武器（大刀、弓、矢）、武具（靫）、威儀具（楯、鉾）、農具（鍬、鎌）、工具（鑿、斧、刀子）、紡織具（楛、桛）、厨房具（竈）、化粧具（鏡）、装身具（玉）、銭貨、形代など、土器等の容器類、海産物、穀物、各種の繊維製品染料、医薬品などが記されている。

　表34は、木製模造品と『延喜式』の祭料との関係を示したものである。木製模造品は7〜9世紀のうち、種類の上でエポックをなす3遺跡を選んだ。すなわち、成立期の藤原宮跡下層大溝SD1901Aの例、8世紀代の平城宮跡東大溝SD2700の例、9世紀の平城京跡東三坊大路側溝SD650の例である。他方、『延喜式』の祭料は、木製模造品の一部と共通した項目を含む祭祀から選んだ。すなわち、鎮魂祭（四時祭式）、八十嶋祭、鎮新宮地祭（以上臨時祭式）、鎮祭宮地祭（伊勢太神宮式）および比較のため伊勢内宮神宝をあげた。ここでは、祭料の項目を、木製模造品と関連した項目、武器から形代までに限った。

　この表によると、藤原宮跡SD1901Aの模造品は、『延喜式』と共通する項目があるが、その項目は模造品の種類が少ないこともあって、1、2に過ぎない。平城宮跡SD2700の例では、その項目は増え、平城京SD650の例では、その大半が共通することがわかる。

　このように、木製模造品と『延喜式』祭料の一部の項目が共通することをもって、律令的祭祀が木製模造品に反映した結果とするなら、逆に木製模造品からみた律令的祭祀のはじまりは、7世紀後半、天武・持統朝に求めることができる。他方、8・9世紀に共通項目が多いことは、表34に取り上げた祭料記載が、8・9世紀代の実態を

表34 木製模造品と『延喜式』の祭料（○木製模造品　◎金属製模造品　＊『皇太神宮儀式帳』による。＊＊『皇太神宮儀式帳』は大刀とする。）

	木製模造品			延喜式にみえる祭料				伊勢太神宮内宮神宝	
	藤原宮 SD1901	平城宮 SD2700	平城京 SD650	鎮魂祭（四時祭）	八十島神祭（臨時祭）	鎮新宮地祭（臨時祭）	鎮祭宮地（伊勢神宮）		
大刀	○	○	○	1	1	5	長刀子＊ 20	玉纏横刀 須我流横刀 雑作横刀	1 1 20
弓 矢		○	○	1 2	1 50	5		梓弓 征箭 箭	24 1490 768
鉾 靭					胡籙 1		40	姫靫 蒲靫 革靫	24 24 20 24
鞆 楯									24 24
鍬(鉏) 鎌 刀子		○	○ ○		40	6 2	2 2 小刀子 1		
斧 鶏		鳥　形	鳥足形 ○				4 2		
鶏卵 人形	○	○	○		金銀人像 各　80		10 鉄人像 40		
馬 舟 御輿形 鏡 鈴	○ ○		◎	20	40 82 金塗鈴 80		40	(2)　＊＊	
玉 サナギ 琴(柱)		○	○	20	100			鶏尾琴	1
その他	削りかけ ○	削りかけ ○	削りかけ ○ 銭 ○		挿幣木 120枝 銭 2貫文 金銀各5両 銅鉄郭50斤			楯 柂 麻笥 鏄	金銅 2 銀銅 2 金銅 2 銀銅 1 金銅 2 銀銅 1 金銅 2 銀銅 1

反映しているためではないかと考えている。

　それでは、木製模造品と、律令的祭祀を記載した『延喜式』の内容が、なぜ関連するのであろうか。この問題は木製模造品成立の背景を考えることで解決しよう。

　先述のごとく、木製模造品が成立する天武・持統朝は、律令の体系化が進んだ時期

第2章　古代の木製模造品　433

にあたる。この天武・持統朝に、初の本格的都城として造営され始めた藤原宮に、成立期の模造品を見い出すことは重要である。さらに、成立期模造品の一つ、人形は、かつて論じたように［金子 1983］、縄文・弥生時代の土偶とは別系統の、中国起源の祭祀具であり、日本へは道教系の技能者といわれる呪禁師の制度とともに、令に伴って移入されたと考えている。その時期は、これまでの記述によって、天武・持統朝に遡ることになる。

以上を論拠に、木製模造品の成立は、その背後に政治的な要素があったと考える。おそらく、天武・持統朝の祭祀政策に関係するかたちで、6世紀以降の伝統に基づき、新たに中国系の祭祀具を付け加え、再編成したのであろう。政府のこうした祭祀政策が背景にあったという仮定に立つと、木製模造品の一部が律令的祭祀の中に受け継がれていったことや、模造品の分布が宮都中心であること、地方官衙の一画とされる伊場遺跡に、すでに7世紀末に一部模造品が分布することなどの理由が了解できるのである。

3　沖ノ島遺跡の模造品と木製模造品

木製模造品とほぼ同時代にあって、律令的祭祀との関係が論じられている模造品に、沖ノ島遺跡出土の金属製品と滑石製品がある。ここでは木製模造品とこれらの模造品との関係について検討しよう。

沖ノ島遺跡の金属製模造品は、種類が多いことと、金銅製品が多いことが特徴である。たとえば、金属製模造品の種類は、刀形、矛形、鏃形などの武器、榻（たたり）、桛（かせ）、麻笥（おけ）、刀杼などの紡織具、五弦琴、人形、舟形、鏡形、櫛形、鐸状品、斧形、容器形などがある。このうち、紡織具、琴、人形の一部、櫛形、容器の一部などが金銅製である。

次に、滑石製模造品は、古墳時代にはみられない種類、人形、馬形、舟形のほか、扁平の大型勾玉、何を模したのか不明の円板などがある。これらの年代は、金属製模造品の主要なものが7世紀末、滑石製模造品は8・9世紀代といわれる［小田 1979］。

沖ノ島は玄海灘に浮かぶ孤島で、宗像三女神を祭る宗像大社の沖津宮がある。現在の沖津宮の社殿背後の巨石群の間に、4世紀代から9・10世紀に及ぶ祭祀遺跡がある。これらは優れた遺物が多いところから、古墳時代は大和王権が、奈良時代以降は律令国家が、対外使節を派遣して行った祭祀の跡といわれてきた。

沖ノ島の祭祀遺跡は、祭祀の場の変遷と出土遺物から4段階に区分できる。

第1段階：巨岩上に方形の祭壇を築き、祭祀を行う岩上祭祀の段階。4世紀後半から6世紀に及ぶ。

第2段階：岩陰に祭壇を築き、祭祀を行う岩陰祭祀の段階。5・6世紀を中心とし、一部は7世紀に及ぶ。

第3段階：わずかな岩陰から露天に広がる半岩陰・半露天祭祀の段階。7世紀後半

から8世紀に及ぶ。
第4段階：巨岩の密集地域を外れ、露天の緩斜面で祭祀を行う露天祭祀の段階。8世紀から9・10世紀に及ぶ。

死者を葬り祭ることと、神を祭ることが未分化であった第1・2段階の諸遺跡には、前期や後期古墳の副葬品と同一種目のものが奉献されている。これに対し、葬儀と神祭の分化を示す金属製模造品は、第2段階最後の22号遺跡から出現してくる。これには先に述べた種類のうち、鉄製の刀や矛などの武器、鏡形、人形、金銅製の槌、桙、紡錘車、刀杼などの紡織具、容器類などがある。第3段階の5号遺跡ではさらに充実し、金銅製品は五弦琴や人形、櫛形などが加わる。第4段階の1号遺跡では、金属製模造品のほかに、新たに滑石製の人形、馬形、舟形、扁平勾玉、円板などが現れてくる。

以上から報告者は、沖ノ島遺跡において、神祭用の金属製模造品と、それによる祭祀が確立するのは、第3段階の5号遺跡からとし、その年代は7世紀末の持統朝（690年頃）と述べている。

ただしこの年代は遺物の型式から決めたというより、文献史料との対比によっている。つまり、金属製の琴や紡織具は、延暦23（804）年に伊勢神宮が国家に提出した『皇太神宮儀式帳』や『延喜式』の伊勢神宮の神宝（表34）と共通し、金銅製・鉄製人形はやはり伊勢神宮の諸祭にみる。この一致はすなわち、律令的祭祀との密接な関係を示すわけである。さらに、伊勢神宮の式年遷宮は、起源が持統4（690）年と推定されることから、金銅製模造品の開始年代をこの時期に置き［岡崎 1979］、他方、滑石製模造品の年代は、同じ遺跡から施釉陶器を含む多量の土器や、富寿神宝銭（弘仁9〈818〉年初鋳）などが出土し、これをもとに8・9世紀代としているものである。

以上、報告書をもとに沖ノ島遺跡の模造品の種類と、その年代の根拠について明らかにした。沖ノ島遺跡の模造品に類似した例は、ほかにもある。金銅製槌は伝沖ノ島出土の遺物と同型式の例が、三重県神島八代神社の神宝中にある［大西 1955、亀井 1965］[6]。完形品で、大きさは『延喜式』木工寮の供神条にみえる法量と一致する。この神宝には金銅製桙2点もある。

滑石製品は、裸馬の形をとる馬形が、埼玉県湯殿神社裏遺跡にある［大場・小川 1963］。この遺跡からは、やはり滑石製の刀形、櫛形、円板、勾玉などが出土している。

次に、沖ノ島遺跡の模造品と木製模造品との関係を検討してみよう。

沖ノ島遺跡の模造品と木製模造品との間には、共通する品目があり、なかには材質の差を越えて型式の一致をみるものがある。共通する金属製品の品目には、刀形、鏃形、刀子形、舟形、人形、琴柱形などがあり、このうち木製品の型式と類似するのは、人形と琴柱形の2種である。前述のように、五弦琴の琴柱形は「琴柱形A」のうちの7世紀前半から8世紀代のものに近い特徴を示している。人形は「人形C」のうち、年代を8世紀末に限定できるいわゆる「呪い人形」に類似し、報告書において述べて

いる年代と大幅な違いがある。そのことは、すでに述べた通りである。

滑石製品は、人形、馬形、舟形の3種が木製品と共通する。このうち、人形は一部の遺物が、「人形C・D」と肩部や胸部の切り欠きに類似点を見い出す。馬形は、一部が「馬形C」に、舟形は、一部が「舟形A」に類似している。年代もほぼ一致するが、木製品を基準にみると、これらの主体は8世紀代から9世紀前半にあるのでなかろうか。

このように、材質を異にした模造品が、品目において共通することは、ともに律令的祭祀の様相を示しているためであろう。それとともに、人形、馬形、舟形などのように、型式が一致する品目は、木製模造品をもとに、他の模造品が成立したためと考えている。これは木製品の成立が年代的に古いことに加えて、古い時期から新しい時期のものまで型式編年が可能なこと、沖ノ島遺跡は、国家が主体となって実施した祭祀の跡と言われるように、これらの模造品成立の背景にも、木製模造品同様、国家の祭祀政策を考えることができる、等の理由による。

以上の仮定に立つと、新たな問題が生じてくる。つまり、ともに国家の祭祀政策を背景にしていながら、沖ノ島遺跡にみられる金属製模造品は、当時の都である藤原宮跡や平城宮跡からは出土していない。これをいかに考えるかということである。

これについては、いくつかの可能性をあげることができる[7]。しかし、その前提として沖ノ島遺跡の金属製模造品の年代観が、改めて問題になってくる。

7世紀後半、690年代に成立するといわれる金属製模造品のうち、木製模造品の型式に類似する人形は、5号遺跡から、各種の金属製模造品と折り重なって出土しており、仮に人形の年代を8世紀後半とした場合には、他の模造品も年代を下げる必要が生じる。

金属製模造品は、先にその種類が多いことを特徴としてあげた。木製模造品の場合、種類は7世紀後半から段階的に増え、9世紀にいたってもっとも多くなる。しかも、この9世紀代の遺跡には金属製の模造品が少数だが、存在している。また、静岡県伊場遺跡では、模造品の種類は人形、馬形、舟形の3種に限られているが、もっとも盛んに使われたのは、8世紀後半～9世紀前半と報告されている。さらに沖ノ島遺跡の滑石製模造品は、木製品と類似した馬形や舟形を基準にすると、主体は8世紀後半から9世紀前半にあると考えることができる。

以上述べたことによって、律令的祭祀の内容を示す古代の模造品が、「盛行」する時期は、8世紀後半から9世紀、言い換えると平安時代に入ってからと考えている。このような観点に立って、沖ノ島遺跡の多種多様な金属製模造品の成立時期は、7世紀末ではなく、8世紀後半以降にあるのではないかとの推測を抱いている。とはいえ、上述の論拠は大半が状況証拠であり、有力な反証とはなっていないことも事実である。したがってここでは一応の問題点をあげるのに留め、その解決は今後の検討に委ねることにしたい。この問題は、沖ノ島遺跡出土遺物の検討とともに、今後の長岡宮・平安宮跡と、それを含めた平安時代初期の遺跡の調査によって明らかにし得ると思う。

まとめ

　これまで、古代の木製模造品について、種類と年代、律令的祭祀との関係、および沖ノ島遺跡の金属製、滑石製模造品との関係について検討してきた。改めて要約すると、

　1）木製模造品の種類には、武器、農工具、楽器、乗物、人、動物の形代、その他がある。

　2）このうち、一部は5世紀ないし6世紀代に出現するが、7世紀後半の天武・持統朝に複数の新種が出現し、それ以降段階的に種類が増え、9世紀代にもっとも多くなる。

　3）天武・持統朝以降、木製模造品の分布は、古代の宮都を中心とし、その周辺と地方官衙遺跡などに及ぶ。したがって、模造品の種類と分布の両面からみた時、天武・持統朝に画期を認め、この時期以降の新種の出現を指して、木製模造品の成立と呼ぶ。

　4）木製模造品の種類と、律令的祭祀の具体的内容を記録した『延喜式』の祭料とを比較した時、いくつかの共通項目を見い出す。これは、木製模造品に律令的祭祀の内容が反映しているためと解釈できる。また、木製模造品からみたとき、律令的祭祀のはじまりは、天武・持統朝にまで遡るといえる。

　5）木製模造品の成立は、天武・持統朝の祭祀政策に関係するかたちで、従来の伝統をもとに、新たに中国系の祭祀具をつけ加え、再編成したものと推定する。

　6）律令的祭祀の内容と関連した沖ノ島遺跡の金属製・滑石製模造品と木製模造品を比較した時、いくつか共通する品目があり、なかには型式の一致をみるものもある。これはいずれの模造品も律令的祭祀と関連していることによるのであろう。また、型式が一致するものについては、木製模造品を原型にして、他のものが成立したためと考える。

　7）沖ノ島遺跡にみられる金属製模造品は、国家を背景に、7世紀末に成立したものと言われるが、当時の宮都である藤原宮跡や平城宮跡からは、今日まで出土していない。木製模造品の型式的研究や、古代の模造品のあり方からみた時、この問題の前提となる金属製模造品の成立年代に疑問が生じる。報告者が述べる年代は、少なくとも1世紀近く下げるべきではないかと推測しているが、なお十分な反証をあげるにはいたらなかった。この問題に関しては、なお今後の検討が必要と考えている。

［註］
　1）この問題は、従来から神社祭祀との類似という観点から問題にされてきた。

2）また、井上光貞は以下の説を提出している。「神祇令」に定める律令的祭祀の内容は、8世紀初頭に初めて成立したものではなく、律令制定以前に「神祇令」の原型となる祭祀形態がすでに存在し、これを唐の祠令に基づいて整理した。この体系化の仕事は、天智朝に始まり、天武・持統朝におおきく展開し、「大宝令」でほぼ完成した［井上 1976］。
3）なお、この種の刀形が、『延喜式』にみる倭纏刀形にあたる可能性を指摘している。
4）斎藤忠・向坂鋼二は『伊場遺跡遺物篇Ⅰ』の中で、『豊受皇太神宮年中行事今式』（1768年成立）の内容をもとに、削りかけ＝鉾説を提示した。この説は興味あるところであるが、両者も指摘の通り、史料の内容が近世以前に遡るか否かの問題と、『延喜式』にみる鉾は限定的な使用状況であるのに、削りかけは分布も広く、出土数も多いという問題がある。
5）たとえば、秋田県小谷地遺跡などがある。
6）奈良国立文化財研究所も1975年に神宝の調査を行った。本文の記述はその成果に基づく。
7）金属製模造品は、藤原宮・平城宮でも使用したが、金属材料として、祭祀終了後に回収・再生したために遺存しないという可能性がある。これについては、調査が比較的進んでいる平城宮跡の例をもとにみてみよう。平城宮内から出土する農工具のうち、鉄製刃先を装着した農工具は、木質部は残っていても、刃自体が残っていることは稀である。比較的出土数が多い鎌や刀子などの場合、大部分が柄を割り裂き、刃部を回収している。したがって上に述べた可能性もないとは言い切れない。しかし、一方宮内からは、祭祀用と考える小型の唐式鏡が数面出土しており、仮に沖ノ島遺跡にみるような金属製模造品が、平城宮内で使われていれば、何らかの痕跡を残すと考える。

[参考文献]
井上光貞 1976「神祇令」『律令』（日本思想大系3）、岩波書店、pp.529～530。
井上光貞 1978「古代沖の島の祭祀」『東大30余年』山川出版社、pp.50～51。
大西源一 1955「志摩八代神社の古神宝」『國學院雑誌』第56巻第2号。
大場磐雄・小川国平 1963「新発見の祭祀遺跡」『史跡と美術』第33巻第8号、第71図。
大場磐雄 1970『祭祀遺跡——神道考古学の基礎的研究』角川書店。
大場磐雄 1975「上伊那郡箕輪町発見の祭祀遺物」『歴史考古学論考』大場磐雄著作集4、雄山閣。
岡崎 敬 1979「律令時代における宗像大社と沖ノ島」『宗像沖ノ島Ⅰ』宗像大社復興期成会、特にp.494。
岡田茂弘 1966「木製品・金属製品」『平城宮発掘調査報告Ⅳ』奈良国立文化財研究所学報、第17冊、pp.33～34、図版46－3、図版47－8。
小田富士雄 1979「沖の島祭祀遺跡の時代とその祭祀形態」『宗像沖ノ島Ⅰ』宗像大社復興期成会、pp.255～266。
金子裕之 1983「木製人形」『神道考古学講座』第3巻、雄山閣、p.208。
兼保康明 1977「古代の琴——森浜遺跡出土などの遺品をめぐって」『月刊文化財』1977年10月。
亀井正道 1965「志摩神島八代神社神宝の意義」『石田博士頌寿記念東洋史論叢』石田博士古稀記念事業会、pp.177～194。
亀井正道 1966「祭祀遺跡の年代」『建鉾山』吉川弘文館、特にpp.248～258。
亀井正道 1971「祭祀遺物——模造品の変遷——」『古代の日本』2、角川書店、特にpp.186～187。
九州歴史資料館 1979『大宰府史跡昭和53年度発掘調査概報』p.34 第25図5・6。
京都府教育委員会 1978「古殿遺跡発掘調査概要」『埋没文化財発掘調査概報1978』。

草戸千軒町遺跡調査研究所 1977『草戸千軒町遺跡』第20図 164。
黒崎 直 1975「木製品」『平城宮発掘調査報告Ⅳ』奈良国立文化財研究所学報、第23冊、pp.139～140、図版87－116・121、図版88－119・120・827。
黒崎 直 1976「斎串考」『古代研究』第10号。
黒崎 直 1977「平城京東三坊大路側溝出土の大形人形」『奈良国立文化財研究所年報1977』p.44。
湖西線関係遺跡発掘調査団 1973『湖西線関係遺跡調査報告書』図版74 CW.108挿図 CW.140～141、第74図 CW130～139、第79図 DW30～35。
後藤守一 1930『上古の工芸』考古学講座、第25巻、雄山閣、pp.69～101。
佐藤興治 1979「木製品」『平城宮発掘調査報告Ⅸ』奈良国立文化財研究所学報、第34冊、pp.71～72、図版58－44、図版66－79・80・81・82。
滋賀県・守山市教育委員会 1979『服部遺跡発掘調査概報』p.36。
新東晃一 1973「岡山県下市瀬遺跡」『中国縦貫自動車道建設に伴う発掘調査1』岡山県文化財発掘調査報告3、図版16。
第三次沖の島学術調査隊 1979『宗像沖の島Ⅰ』pp.72～75、p.237、第31図、第42図～46図、第72図1～6、第111図1。
高槻市史編纂委員会 1968『高槻市史第6巻』図版571－182。
髙橋健自 1919『古墳発見石製模造品具の研究』帝室博物館学報、第1冊。
豊中・古池遺跡調査会 1976『豊中・古池遺跡』発掘調査概報Ⅲ、図版50－19。
奈良県立橿原考古学研究所 1977『古代人のいのり』p.8、p.18。
奈良国立文化財研究所 1973『飛鳥・藤原宮発掘調査概報』3、p.8。
奈良国立文化財研究所 1973『昭和47年度平城宮跡発掘調査概報』1、pp.7～8。
奈良国立文化財研究所 1976『平城京左京八条三坊発掘調査概報』。
奈良国立文化財研究所 1976『飛鳥・藤原宮跡発掘調査概報』6、p.52。
奈良国立文化財研究所 1977『飛鳥・藤原宮跡発掘調査概報』7、p.26。
奈良国立文化財研究所 1978『飛鳥・藤原宮跡発掘調査概報』8、pp.3～13。
入善町教育委員会 1975『入善町じょうべのま遺跡発掘調査概要』3。
浜松市立郷土資料館編 1978『伊場遺跡遺物篇1』伊場遺跡発掘調査報告、第3冊、p.25 琴柱の項、p.30 舟形の項、p.28 人形の項、p.29 馬形の項、p.30～32 斎串の項、p.32 刀形の項、p.33、p.35表6、p.67付表。
町田 章 1978「木製品」『平城宮発掘調査報告Ⅳ』奈良国立文化財研究所学報、第26冊、p.58、p.115、図版66－27・28・29。
藤沢宗平 1955「長野県上伊那郡箕輪遺跡について」『信濃』第7巻第2号。
宮城栄昌 1957『延喜式の研究・論述篇』大修館書店、p.33。
宮城県多賀城跡調査研究所 1971『宮城県多賀城跡調査研究所年報1970』第16図11。
宮城県多賀城跡調査研究所 1977『宮城県多賀城跡調査研究所年報1976』第53図。
向日市教育委員会編 1978「長岡京跡左京第13次（7ANE SH地区）発掘調査報告」『向日市埋蔵文化財調査報告書』第4集。
山本忠尚 1975「木製品」『平城京左京三条二坊』奈良国立文化財研究所学報、第25冊、p.31。
六勝寺研究会 1973『大藪遺跡1972発掘調査報告』図版2－5。

〔追 記〕
　伊場遺跡については向坂鋼二の、湯殿神社裏遺跡の遺物については椙山林継の教示を得た。

また、小稿の作成にあたっては、町田章・工楽善通・佐藤興治をはじめとする奈良国立文化財研究所の諸氏に多くの教示を得た。実測図の多くは諸氏が永年にわたって作成されたものを利用させていただいた。記して感謝する。稿了後、岡崎正雄・加賀見省一の教示によって、兵庫県日高町姫谷遺跡から人形C、馬形C、鳥形と推定される製品、削りかけが、同町但馬国分寺跡からは人形C、B_1のほか、やや特異な形をした馬形Cが出土していることを知った。前者の姫谷遺跡の馬形Cは、沖ノ島遺跡の滑石製品と類似し、個体数は20点近くあるという。

第3章

律令期の祭祀遺物

はじめに

　律令期の祭祀遺物には、7世紀末〜8世紀初頭に始まる律令的祭祀の祭祀形態を反映したものと、古墳時代祭祀の伝統を色濃く伝えるものがある。律令的祭祀とは、8世紀初頭に公布された「大宝令」の「神祇令」に規定された国家的祭祀をいう［井上 1984］。その祭祀の具体的な姿は、令の施行細則の「式」にあり、今日では『延喜式』（延長5〈927〉年撰進）に窺うことができる。10世紀に下る『延喜式』が、8世紀の律令的祭祀をどこまで伝えているのかは興味深い別の問題として、律令的祭祀の概念が重要なのは、『延喜式』と共通する祭祀関係遺物の法律的根拠を「神祇令」と、その施行細則の「式」に求めることを可能にした点にある。この律令的祭祀の代表は人形・馬形・鳥形などの木製品を中心とする模造品、人面墨書土器、模型竈、鏡、鈴などであり、古墳時代の面影を留める祭祀の代表が勾玉、玉類などの土製模造品である。

　前者のうち、人形や人面墨書土器の出現は律令的祭祀の開始に前後するが、鳥形などは古墳時代後期かそれ以前に遡る。このことは、律令的祭祀の開始にあたり、新たな祭祀具を中国などから導入すると同時に、古墳時代の祭祀具の一部を律令的祭祀の体系に取り込み再編成したことを物語っている。この祭祀は、政治体制における中央と地方という関係を通し、地方に次第に広まっていった。その動機にはさまざまなものがあって、詳しくは個々について考える必要があるが、いくつかの例をあげると、中央政府の政治的強制力を伴う場合、あるいは、貴族が地方に赴任した場合、または地方出身の官人が都の最新の風俗を地元にもち帰った場合などを考えてよい。

　人形、人面墨書土器などは律令的祭祀の中でも重要だった大祓に関わると考えている［金子 1985・1988］。同じ律令的祭祀でも、これらとは性格を異にするのが金銅製の模造品である。福岡県沖ノ島遺跡における金銅製の紡織具・琴・容器類などは、一部が伊勢太神宮の神宝と共通し、宗像神の神宝としての性格をもつのであろう。

　他方、古墳時代祭祀の伝統を伝える土製模造品は、人形・勾玉・円板・玉類を主体とするが、特殊なものとして鎌形・刀形（福島・岩谷）などがある。土製模造品の分布は、今のところ関東・東北地方に偏っている。これが律令期におけるこの地方の祭祀形態を反映しているのか、模造品自体の年代比定に問題があるのか、検討が必要と思う。なお、福島県岩谷遺跡の土製模造品は律令的祭祀形態の影響による、との解釈が

ある［木本 1987］。

1　木製模造品

(1) 人形

　人形には木製・金属製・石製・土製の各材質があり、このうち金属製・石製品は形や用法が木製品と密接に関わる。木製人形には、扁平な板材を加工した人形と、やや立体的な人形がある。このうち数多くある扁平人形には正面全身像と側面像があって、前者の正面像が一般的である。正面像には長さがわずか5cmほどの人形から、2mに近い長大な「等身人形」まである。その大きさは、年代と地域によって違いがあり、8世紀の平城京跡では17、8cm前後の人形がもっとも多い。

　人形は年代の違いが形に現れやすい。特徴的なのは肩と腰の作りである。肩はいわゆる撫で肩と怒り肩の2タイプがあり、7世紀末～8世紀には撫で肩タイプが、8世紀末以降は怒り肩タイプが一般的である。腰の作りには、腋から脚まで滑らかに作るものと、腰の両側を大きく切り欠く型とがあって、前者は早くからあるのに対し、後者は8世紀の前半に出現するらしい。

　人形は、人間の形代として呪い、病気治療、祓などに用いたが、日本の古代にあっては、罪・穢を流す祓がその一般的な用法であった。呪いの場合は、人形を単数で用いた可能性があるが、祓では人形を2枚・4枚と組み合わせた。この時、大・中・小あるいは大・小の人形を組み合わせる場合と、同大の人形を組み合わせる方法とがあった。各地から出土する人形は前者に属し、後者は10世紀に撰進の『延喜式』にみる。組み合わせの数が多い出土例には京都府長岡京跡SD1301（8世紀末）の13枚、兵庫県砂入遺跡（9世紀初頭）の12枚などがある。祓にこうした多数の人形を用いることは、人形の数が多いほど祓の効果があるとする観念に基づく。この多いほどよしとする数への信仰は祓の効果を高めるため、その回数を増やす方向に作用し、平安京におけるいわゆる七瀬の祓へと発展する。史料にみる円融天皇の天禄3（972）年12月の河臨御禊では、等身人形7と5寸の鉄・錫・木人形21、計28枚を使用している。これは4種の人形各1枚を一単位として、加茂川の瀬ごとに7回流したのである［水野 1976］。

　祓の人形は、俗にひと撫でひと吹きと言うように、息を吹き、体を撫でて人形に穢を移した。この人の穢を負った人形を無事に他界に送るために、後に述べる馬形・鳥形・舟形および刀形・斎串などの道具だてを必要としたのである。

　こうした人形は、藤原宮などの古代都城で使用が始まり、地方官衙を通じて各地に広まった。木製人形は、今のところ北は秋田城跡（秋田県・9世紀中頃）から、南は大宰府跡（福岡県・8世紀）にわたる全国110余ヵ所から出土している。ここにみる扁平な人形はもともとは中国に起源する［金子 1989］。中国では、漢代から史料に錫や鉛、木製の人形がみえ、また、その実例が墳墓から出土している（図138）［泉 1982］。この

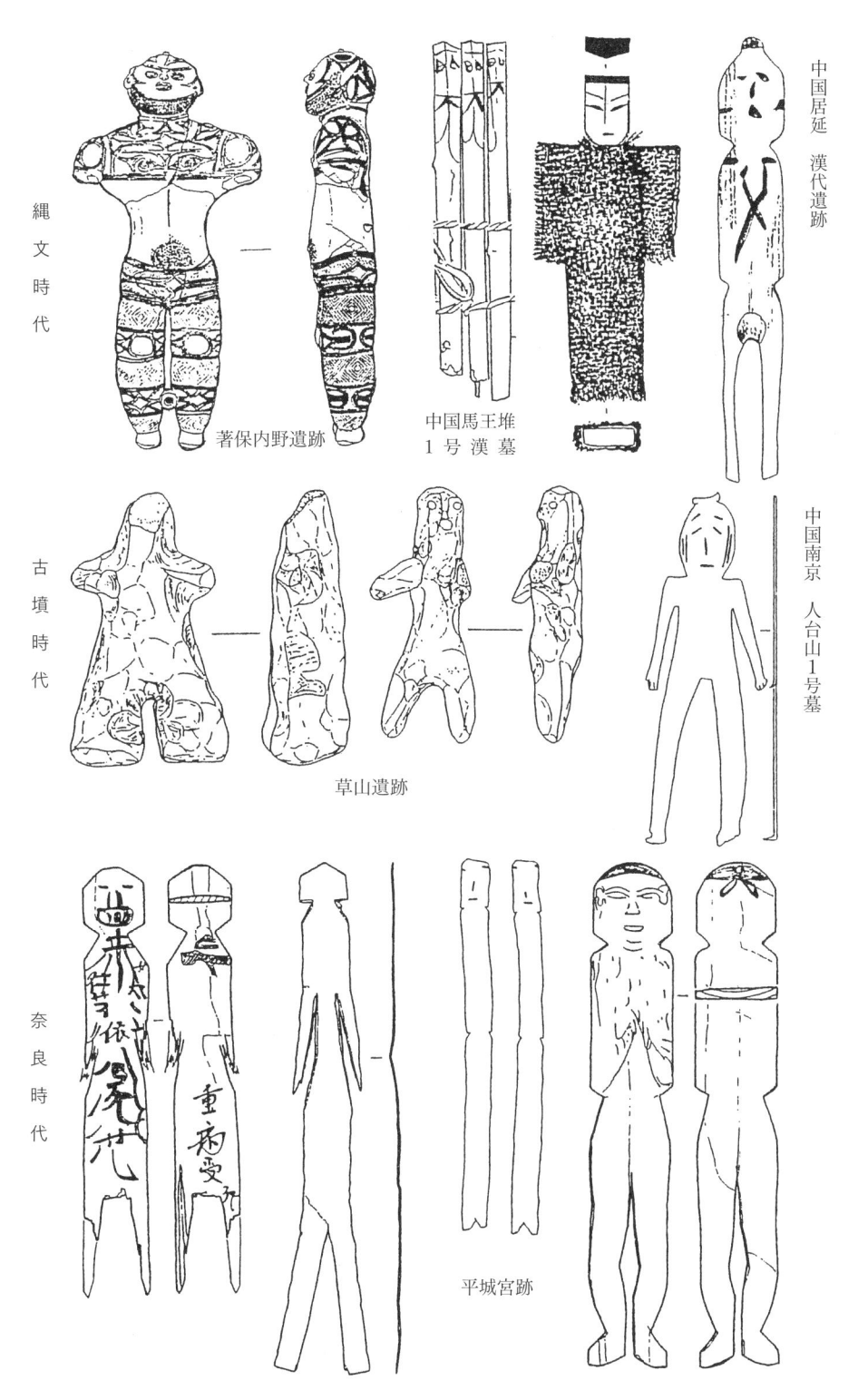

図138　日本および中国の人形

第3章　律令期の祭祀遺物　443

中国起源の人形とその祭祀が日本に伝来した時期について、筆者はかつて、藤原宮下層運河出土の天武10年代（680年代）の紀年銘木簡をもとに、7世紀後半の天武・持統朝前後と考えた［金子 1980］。近年、静岡県神明原・元宮川遺跡では古墳時代後期（7世紀初頭）の遺物とともに、人形の出土が報じられている。これが事実なら、人形の起源を7世紀初頭に遡らせる必要があるが、この遺跡は古墳時代から中世に及ぶ川跡であること、その人形には大・中・小の違いがあり、さらには木製馬形が伴うなど、8・9世紀の都城における人形の用法と変わらないこと、この遺跡の人形・馬形と同型式のものが同じ静岡県伊場遺跡などでは8世紀代の遺物に伴うなど、いくつか問題がある。その是非は、今後の調査の進展に委ねたい。なお山形県俵田遺跡、秋田県秋田城跡の人形は9世紀中葉であり、これは律令的祭祀の体系が陸奥・出羽国へ浸透した時期を物語るのであろう。

金属製人形には銅製品と鉄製品があり、銅製品の一部は金銅・銀銅製である。福岡県沖ノ島遺跡、平城宮跡とその周辺からは銅製品と鉄製品が、山梨県釈迦堂遺跡からは鉄人形が出土している。このうち、沖ノ島遺跡例（金銅製・鉄製）と釈迦堂遺跡例は腰に切り欠きがない種類のみがあり、平城宮・京跡の銅人形（一部は銀銅製）は2種類がある。このうち、腰を切り欠く形は細身に作り、一見すると木製人形と形が違うようにみえるが、詳細にみると形や腰の作りに木製人形との類似が窺える。腰に切り欠きがない形は、平城宮跡内裏東方の東大溝SD2700の調査では、8世紀の初頭に遡り、腰を切り欠く形も、1988年の長屋王邸跡の調査で8世紀前半（天平11〈739〉年頃）に遡ることが判明した［奈文研 1989・1991］。鉄人形は平城宮東南隅の溝から出土し、いずれも短冊状の鉄片に目鼻を刻む特異な形である。6〜8cm前後の小型品と20cmを超す長いものがあり、後者は『延喜式』の鉄偶人と同じく、30cm（1尺）の可能性がある。釈迦堂遺跡例は推定全長が10cmほどの小型品で、その年代は8世紀という。確かに8世紀の人形の特徴を備えているが、この年代は同じ土壙から出土した須恵器片から決めたらしい。祓に土器などを使用することはあまりなく、人形と須恵器が同時代か否かの吟味が必要と思う。

平城宮・京跡の金属人形は、木製人形と同じく溝から出土することが多く、また、数枚単位で使用したことが作りの上から推定できる。実際に、平城宮跡内裏東方の東大溝の銅人形は2枚1組で出土した。他方、沖ノ島遺跡例は岩陰と露天、釈迦堂遺跡例は土壙から出土している。木の代わりに滑石を用いた人形は、福岡県沖ノ島1号遺跡（8・9世紀）に、同じく滑石製の馬形、舟形とともにある。

(2) 馬形

扁平な馬形には、木製品・石製品および金属製品があり（図139）、木製品と石製品は形や用法が密接に関連する。馬形は、扁平板材の側面の上下を刳って馬の側面全身像を表現したもの。鞍を作り出したいわゆる飾り馬と、鞍のない裸馬とがあり、裸馬

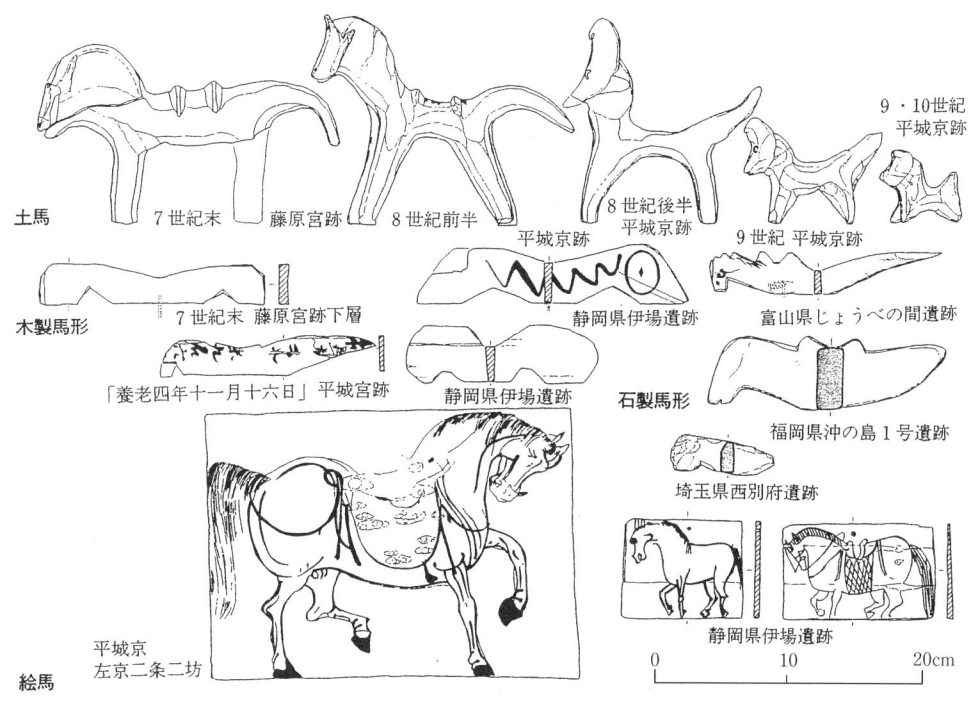

図139　奈良時代の馬形遺物

はその形の単純さから、一部は鳥形との区別が難しい。馬形は人形と同様、目鼻や鬣（たてがみ）、手綱などを墨書き、あるいは刻むことがある。静岡県伊場遺跡の馬形は手綱を朱書きし、兵庫県但馬国分寺遺跡のそれは壺鐙を表現する。馬形は「土馬」の項において述べるように、水霊信仰と関わり水神への捧げ物、とする見方が強い。しかし、今日の祭礼においても馬が神の乗馬として美しく装うように、馬は奈良時代にあっても貴人の乗り物であり、さらに聖徳太子の乗馬は「空を凌ぎ雲を踏む」駿馬（『上宮聖徳太子伝補闕記』）というように、天空をも自由に駆けるものであった。万葉歌人の大伴旅人は「龍の馬」を得て、任地の大宰府から都に戻りたいと詠った。『万葉集』には、大宰の帥大伴旅人卿と答うる歌2首がある。

　　龍の馬を今も得てしかあをによし奈良の都に行きて来むため　　　　（巻5－806）
　　龍の馬をあれは求めむあをによし奈良の都に来む人のために　　　　（巻5－808）

　天駆ける馬、いわゆるペガサスの具体的な姿は「天平神護三（七六七）年二月四日」銘がある正倉院宝物の銀壺にみることができる。

　ここにみる馬形は、人間の穢を負った人形を他界（根の国、底の国）に運ぶため、人形の傍らに立てたのであろう。その様子は、山形県俵田遺跡（9世紀中葉）の出土状況が示している。また、滋賀県尾上湖岸遺跡の馬形には「黒毛祓」の墨書きがある。

　扁平な馬形を地上に立てるにはいくつか方法があった。一つは馬形の下腹部に小孔を穿ち、細棒に挿す方法。俵田遺跡例など各地に多く、静岡県神明原遺跡から、実際に腹部に棒を挿した馬形が出土した。今一つは、馬形の両側面に2対の小孔を穿ち小

棒を斜めに挿し込むもの。この方式では脚は4本になり、より馬に近い。兵庫県砂入遺跡で1988年に明らかになった。下腹部に小孔がなく立て方が不明な馬形は、この方式の可能性もある。さらに、尻にあたる他端部を尖らせて地上に挿すか、他端部側面に切り込みを入れて細棒に挿す方法などがある。

　木製馬形は、今のところ北は青森県石上神社遺跡、南は岡山県下市瀬遺跡まで約25ヵ所の遺跡から出土し、最近では兵庫県の但馬国府関連遺跡での類例が増している。その一つ、砂入遺跡では1000点を超す人形や斎串とともに数百点の馬形が出土している。

　馬形は、7世紀初頭という静岡県神明原・元宮川遺跡例、京都府石本遺跡例を例外として、7世紀末〜9世紀を中心とする。このうち神明原・元宮川遺跡例は先に述べた問題があり、石本遺跡例も8世紀代の特徴を示す横櫛が伴うなど、その年代の位置づけについてはなお検討が必要と思う。

　馬形の鞍の有無については先に述べた。静岡県伊場遺跡、神明原・元宮川遺跡例はすべて裸馬の形式であるのに対し、兵庫県但馬国府関連遺跡では飾り馬が中心という違いがある。

　滑石製馬形は、埼玉県西別府、群馬県羽田倉、長野県神坂峠、福岡県沖ノ島1号の各遺跡などにあり、西別府、羽田倉、神坂峠の各遺跡では裸馬のみが、8・9世紀代の沖ノ島遺跡では、裸馬と飾り馬の両者が出土している。

　金属製馬形は、栃木県日光男体山山頂遺跡に鉄製品が2点ある。その系譜を木製馬形に求めるのか、後述の土馬とすべきか、あるいは愛知県鎌田1号古墳例のごとく、朝鮮半島に類例が多い鉄馬と関連づけるべきか検討を要しよう。

(3) 舟形

　舟を模した模造品は弥生時代からあり、近世までその伝統を遡ることができる。律令期の舟形は、前後の時代と同じく木製品を主体とし、他に石製品・金属製品がある。木製舟形は全国の約20ヵ所の遺跡から出土している。これらは丸木舟を模した舟形と、舟形の上面を主軸に直交して溝状に削り、甲板を表す準構造船の舟形がある。舟形の出土遺跡には偏りがあり、静岡県伊場遺跡では64点も出土している反面、藤原宮・平城宮・長岡宮跡などでは各々数点程度しか出土していない。

　伊場遺跡の舟形は、同遺跡中央の大溝から出土し、水神への捧げ物とする見解が強い。確かに神霊を和めるため、神の好む物を捧げる習慣は否定し得ないが、舟はあくまでも水上をゆく乗り物であり、乗り物としての機能を期待されていた、と思う。平城宮南面東門の壬生門跡の調査では、門前の濠中から207点余の人形、2点の鳥形とともに舟形が1点出土した（図140）。

　壬生門の西に接した朱雀門とその周辺は、毎年6月と12月の晦日に恒例の大祓を行う場所であり、壬生門前の濠から出土した人形は、いくつかの証拠から、740年代の

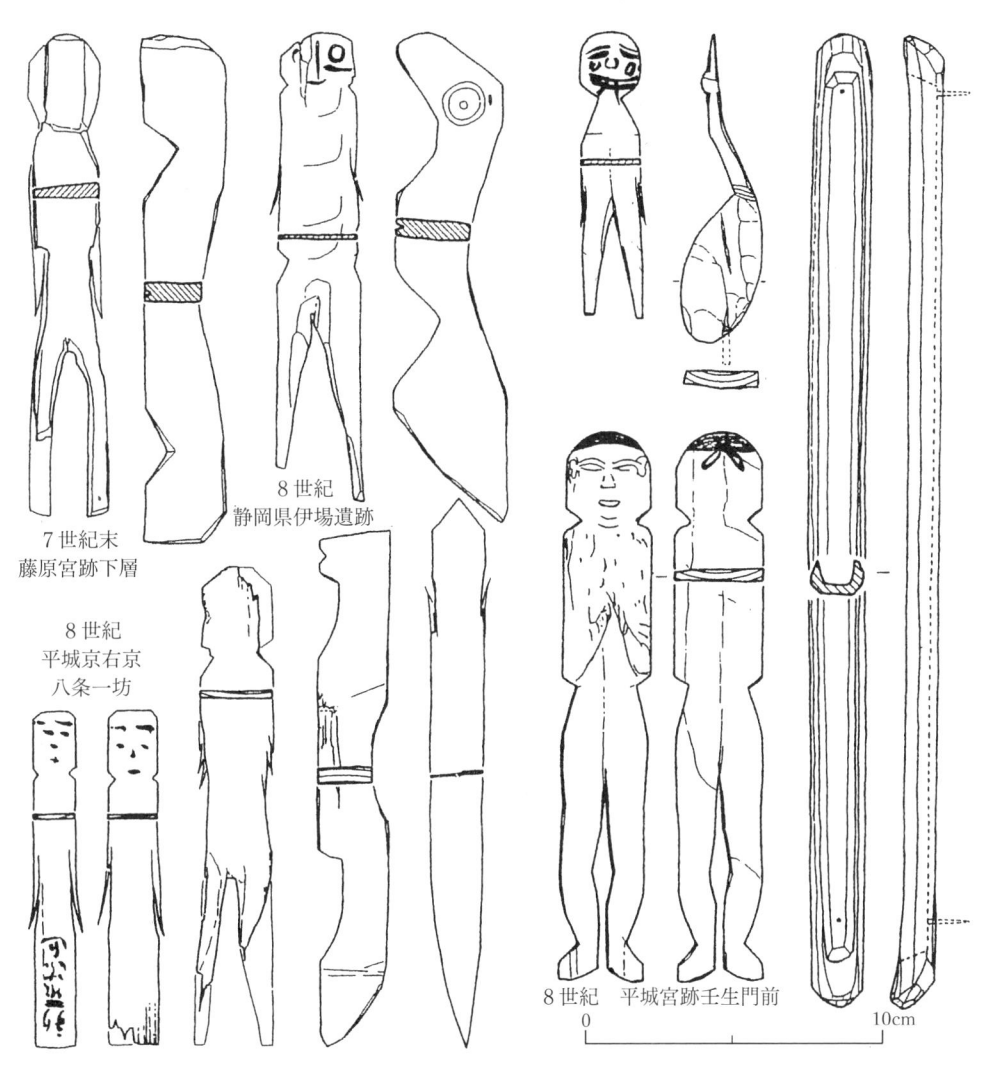

図140　木製馬形と人形、舟形、斎串

大祓に流したものと判明した。ここの舟形は細棒によって地上に挿し立てたもので、舟底の両端には小孔がある。大祓の「祝詞」などをもとに考えると、百官男女の穢を負った人形は、根の国、底の国に赴くが、舟形や鳥形はこの根の国、底の国に人形を運ぶ役割を担った、と思う。舟は水上の乗り物だが、『古事記』などの日本神話には天鳥舟とみえ、『播磨国風土記』揖保郡条にみるように、神の乗り物で天空を往くものであった。また鳥は神話の中で、この世とあの世の橋わたし役として登場してくる。したがって、壬生門前出土の舟形や鳥形は、各々穢を負った人形を乗せるため、と解することができる。鳥形の数が少ないところから、人形は舟に乗り、鳥が先導したと考えてもよい。福岡県沖ノ島1号遺跡には滑石製の舟形がある。その型は木製品と変わらない。この遺跡にはやはり滑石製の人形・馬形もあり、木製品と同じく3者を組み合わせたのであろう。

第3章　律令期の祭祀遺物　447

(4) 斎串

　斎串は、短冊状の薄板の先端を剣先状に、他端を圭頭に作る「串」状品である。側面に加える切り込みの形や回数などによって、いくつかの型に分けることができる。また、長さも時代と地域によって、10cm前後から１mを超すものまでさまざまある。

　斎串の初現時期については、６世紀後半ないし７世紀前半とする見方が強い。これは奈良県和爾遺跡の井戸出土例や、すでに述べた静岡県神明原・元宮川遺跡例などをもとにした意見である。しかし天武末年（680年代）の紀年銘木簡が伴った藤原宮大極殿院下層の運河SD1901Aの斎串は、８・９世紀代に展開する型をほとんど含むが、作りや形に拙さが残り、定型化する以前の姿を示していると思う。斎串が人形などと密接に関連することを考慮すると、その上限については慎重な検討が必要ではなかろうか。

　斎串の語は、『万葉集』の、
　　斎串立て神酒坐ゑ奉る神主部の髻華の玉蔭見ればともしも　　　　　　（巻13－3229）
に由来する。

　日本の民俗では、先端を尖らせた聖なる串を忌刺と呼び、祭の場の結界に用いる。黒崎直が諸例をもとに明らかにしたように［黒崎 1976］、斎串もまた地上などに挿し立てて結界を象徴したようだ。「人形」の項に述べた山形県俵田遺跡の状況は、人形・馬形の周囲に斎串を挿し立てた祓の場の雰囲気を伝えている。

　斎串は道路側溝、溝、河川跡とともに井戸内部から出土することが多く、よく井戸祭祀との関連が問題となる。しかし、井戸内部からの出土は、たとえそれが井戸祭祀の結果としても、それのみでは論証ができない。これに対し、据付掘形からの出土は、井戸を設置する際の井戸祭祀を示す。平城京左京四条二坊一坪の井戸SE2600では、八角井戸の枠外側の各辺中央に、大型のやや特殊な斎串を小割にして立てかけていたし、同じく左京三条二坊七坪の長屋王邸の井戸では、斎串を方形井戸の枠外側の各辺中央に立てていた。

　斎串によって井戸を聖化し、清浄な水を得ようとしたのであろうか。斎串がもつ結界の意味を如実に示す例である。

　斎串は、律令期の祭祀具の中でも特に全国的な広がりをもち、東北から九州にいたる全国170ヵ所余りの遺跡から出土している。また、その数も多く、一地点で数十点から数百点に及ぶところもある。結界という斎串の機能が、さまざまの祭祀に要請された結果であろう。

2　土　馬

　土で馬を象ったものを埴輪と呼ぶが、それより小型の馬形を埴輪の馬と区別するため、土製馬形（土馬）と称す。土馬は古墳時代の後期に出現し、福島県天王壇古墳（６

世紀後半）では埴輪馬と共にある。しかし、埴輪が消滅した後も土馬は生き続け、奈良・平安時代には律令的祭祀と結びつき重要な位置を占めた。

　土馬は、馬体のみを象る場合と、鞍などの馬具を装着した姿を表す場合があり、前者を裸馬、後者を飾り馬と呼ぶことが多い。古墳時代の土馬は、地方によって作り方に違いがある。その一つが、胴体を中空に作るもの。胴体の成形時に、円筒形の芯に粘土を巻くため、この形になる。この胴体に、別に用意した円柱状の脚を貼り付けるが、地域によっては植物質の串状品を脚の芯とし、胴体に挿し込む。鞍は粘土貼り付けにより、手綱や、面繋、尻繋などは、陰刻と円形竹管文等により表現することが多い。こうした古墳時代以来の技法は、地方によっては奈良時代にも認めることができる。

　他方、8世紀初頭の平城京において、顔の側面型を三日月型に作る大和型の土馬が出現し、土馬の製作方法・形態は大きく変化した。この土馬はその型式変化の激しいことも、特徴である。7世紀末、藤原京時代の尻尾を垂らした土馬の伝統は8世紀初頭にも遺存するが、8世紀中葉以降には尻尾をピンとはね上げるようになり、作り方も粘土板を折り曲げ、脚などを引き出すため、胴体の断面が逆U字型を呈する。この後、次第に小型化して9世紀の中葉には犬形と見紛うほどになり、10世紀前半を境に消滅するらしい。

　大和型土馬は、平城京・長岡京・平安京など古代の都城を中心に分布し、その出土遺跡・数量ともに多い。全国の土馬出土遺跡数は、1984年末の統計で約550ヵ所、その半分がこの地域に集中する。しかも、一遺跡で100個体を超える例があって出土数も多い。土馬は後にも触れるように破片が多く、個体数の算出が難しいが、概算で全国の総個体数1800余点。この実に8割が上記の地域に集中する。その内訳は平城京と周辺が5割半、長岡京・平安京と周辺が2割半である。ただし、難波宮のある大阪府下は旧河内国を中心に分布するが、今のところ遺跡数・出土数ともに少ない。この理由については今後検討すべきであるが、調査が進んでいないためとする意見もある。

　大和型土馬は、古代の都を外れるとその例は極端に少なく、奈良・京都に接する滋賀県では大伴遺跡など少数の遺跡でみるだけである。なお、伊勢神宮に奉仕する斎王が居住し、古代の都と深い関係にある三重県斎王宮跡では今のところ大和型土馬をみない。

　古代都城の所在地を外れると、土馬は地域独特の様相を呈する。各地の系統は十分に解明できていないが、北陸や、山陰―特に島根―、九州地方などは各々独特の様相を呈している。なお、郡(こおり)遺跡や神明原・元宮川遺跡など静岡県下の小型の土馬には、9世紀初頭の大和型土馬に似た雰囲気をもつものがある。

　土馬は馬形と同様に、水霊信仰に密接に関わるとの意見が強い［泉森 1975、小笠原 1975］。たとえば、奈良時代にあっても、日照りには黒毛馬を、霖雨には白毛馬(あおげのうま)を吉野の丹生川上社などに奉る記事が『続日本紀』にみえ、水神と馬との関わりは強固なも

のがある。

　　　幣帛を四畿内の群神に奉る。その丹生川上神には黒毛馬を加う。旱すればなり。
　　　　　　　　　　　　　　　　　　　　　　　　　　　　（天平宝字7〈763〉年5月28日条）
　　　黒毛馬を丹生川上神に奉る。　　　　　　　　　　　（宝亀2〈771〉年6月10日条）
　　　使いをして白馬及び幣を丹生川上・畿内の群神に奉らしむ。霖雨すればなり。
　　　　　　　　　　　　　　　　　　　　　　　　　　　　（宝亀6〈775〉年9月20日条）

　黒毛馬は黒々とした雨雲を、白毛馬は逆に晴天を象徴する呪術である。

　他方、馬形の項に述べたように、馬は貴人の乗り物でもあった。水野正好は、馬が貴人の乗り物から祟りをなす行疫神の乗り物に転じたとし、行疫神の猛威を事前に防止するために、土馬を応和の意味で献じたか、逆に行動の自由を奪うため足などを折って流したとする［水野 1983］。平城京跡など古代の都城では、土馬は道路両側の溝や運河などから大量に出土し、また完形品がほとんどないなど水野説を支持しているように思う。

　なお、南九州では、火葬蔵骨器に土馬と土製人形を副葬する習慣があり、この意義は別途考える必要がある。

3　人面土器

　8世紀に新たに登場する人面墨書土器（以下、人面土器と略す）は、甕などの外面に人面を描くものを言う。その顔は髭面の恐ろしげな姿が多いが、顔全体ではなく鬚の象徴か斜線、あるいは波紋などを描く例があり、また容器も後に述べるように地域によっては長甕、杯などを用いた。人の顔と土器とが如何なる契機によって結びついたのか。これを正倉院蔵の布作面に求める見解［水野 1982］、あるいは道教の符録の人面に求める見解があるが［東野 1986］、いまだに定説の地位を確立していない。

　人面土器は、罪穢を気息とともに土器に込めて流す祭祀具の可能性がある。時代が下るが『延喜式』（延長5〈927〉年撰進）の四時祭大祓条には、この土器の末裔と思う一対の壺（坩）を供する記事がみえ、平安時代の有職書『西宮記』には、この坩に天皇が気息を3度吹くとある。ただし、この頃の人面土器は8世紀と違って甕などではなく、浅い皿などになっている。

　人面土器は、8世紀前半の平城京に出現し、当初は煮沸用の甕などを転用したが、8世紀の中頃に底部型押し、外面に粘土紐の巻き上げ痕跡を留める独特な作りの専用の土器（壺Bという分類名で呼ぶ）が成立した。平城京前川遺跡、右京八条三坊SD1155の人面土器（750年頃）は、その最古の例である。これ以降、専用の人面土器とともに什器の転用品を用いた。什器を転用する場合は、底部などに小孔を穿つことが多い。いわゆる仮器化の作業であり、これによって、現実の生活道具から特殊な非日常世界の道具へと転化したのである。

人面土器の出土量は多く、平城京右京八条一坊の西一坊坊間路側溝からは700余個体の資料が、長岡京西山田遺跡からは数百個体の資料がそれぞれ出土している。大量の人面土器はこの祭祀の盛行とともに、その使用方法の一端を物語ると思う。

　土器に描く顔の数は、1面から8面（奈良県纒向遺跡）まであるが、通常は二面が多い。この単位の違いは、人面土器の使用法に関連すると思う。すなわち、人面土器は通常1個体ではなく複数の個体を用いた。先の『延喜式』では、天皇に供した坩は2個であったし、福岡県仲島遺跡では同一人物の筆になる人面土器が2個一対で出土している。これらは同じ大きさの土器を組み合わせた例だが、他に大小を組み合わせることもあったようだ。試みに、平城京跡から一括出土した人面（専用）土器の口径と高さの関係をグラフに表すと、型・作りが似た土器は大小があっても相関関係を示すことが多い。西弘海は、奈良時代の土器が同一器形の法量による器種分化を基調とすること、それが金属食器の影響によることなどを明らかにした[西 1986]。同一器形の法量による器種分化とは、型を同じくし、口径と高さに相関関係があって入子にできる容器をいう。人面土器に関する上の事実は、人面（専用）土器も奈良時代土器の特性を備えること、人面土器が1個体ではなく少なくとも2個体、あるいは大小複数個の組み合わせを前提としたことなどを物語るのではなかろうか。

　江戸時代の『呪咀重宝記大全』「長病人餓鬼まつりの事」には、病人の干支に定められた2〜8人の餓鬼を符に書くことがみえ、人面土器との関連が問題になったことがある[田中 1973]。両者を関連させて考えると、すでに述べたように、人面土器の顔の数は2面が普通だから、干支による顔の数は土器の数によって調節したと解せよう。一つの土器に、4面あるいは8面もの顔を描く例は、この方式から外れた年代的・地方的な変形などによるのではないか。

　人面土器の分布は、平城京・長岡京跡および平安京跡とその周辺を中心として、北の秋田城跡から南の佐賀県水江遺跡まで及ぶ。これらの地域によっては人面を描く器種にやや違いがある。東北地方では甕や長甕、関東地方では杯が多い。地方には、平城京跡や長岡京跡などにみる専用の人面土器は今のところみないが、似た雰囲気の土器は宮城県市川橋遺跡や富山県太閤山遺跡にみる。

　平城京の陪都、難波京跡の周辺では近年人面土器の類例が増しているが、出土数・遺跡数ともまだ平城京跡などには及ばない。このうち、大阪市今橋遺跡などは、後期難波宮と、八尾市長原遺跡、大和川河床遺跡などは道鏡の由義宮との関わりを考えるべきと思う。

[参考文献]
　泉　武　1982「人形祭祀の基礎的考察」『橿原考古学研究所紀要考古学論攷』第八冊。
　泉　武　1989「律令祭祀論の一視点」『道教と東アジア』人文書院。
　泉森　皎　1975「大和の土馬」『橿原考古学研究所論集』創立三十五周年記念、吉川弘文館。
　井上光貞　1984「古代沖の島の祭祀」『日本古代の王権と祭祀』東京大学出版会。

小笠原好彦 1975「土馬考」『物質文化』第25号。
小田富士雄 1979「古代形代馬考」『九州考古学研究 古墳時代篇』学生社。
金子裕之 1980「古代の木製模造品」『奈良国立文化財研究所研究論集』Ⅵ、明新社。
金子裕之 1985「平城京と祭場」『国立歴史民俗博物館研究報告』第7集。
金子裕之 1988「都城と祭祀」『古代を考える 沖の島と古代祭祀』吉川弘文館。
金子裕之 1989「日本における人形の起源」『道教と東アジア』人文書院。
木本元治 1987「伊達郡保原町岩谷遺跡とその出土遺物について」『福大史学』第44号。
久保寿一郎 1987「舟形模造品の基礎的研究」『東アジアの考古と歴史』同朋舎出版。
黒崎 直 1976「斎串考」『古代研究』第10号。
田中勝弘 1973「墨書人面土器について」『考古学雑誌』第58巻第4号。
東野治之 1986「木簡雑識」『長岡京古文化論叢』同朋舎出版、pp.69〜76。
奈良国立文化財研究所 1989『昭和六十三年度平城宮跡発掘調査部発掘調査概報』。
奈良国立文化財研究所 1991『平城京長屋王邸と木簡』吉川弘文館。
西 弘海 1986『土器様式の成立とその背景』真陽社、pp.1〜28。
藤沢一夫 1986「古代の呪咀とその遺物」『帝塚山考古学』第1号。
水野正好 1976「等身の人形代」『京都考古』第21号。
水野正好 1982「福徳──その心の考古学」『奈良大学文化財学報』第1集。
水野正好 1982「人面墨書土器──その世界──」『古代の顔』福岡市立歴史博物館。
水野正好 1983「馬・馬・馬──その語りの考古学」『奈良大学文化財学報』第2集。

第4章

人形の起源 I

1 古代の人形

　今日はかく思す事ある人は、御禊し給ふべき（略）この国に通ひける陰陽師召して祓へせさせ給ふ。船にことごとしき人形載せて流すと見給ふにも…

　『源氏物語』須磨の一節には、光源氏が3月上巳の祓に、人形を流す場面がある。罪穢を流す祓に、人形を使うことは、『源氏物語』だけではなく、貴族の日記にもみえ、平安後期の貴族社会の年中行事として一般化していた。ここで述べる人形とは、いうまでもなく人間の姿形を写した扁平なものを指す。鉄や金銅製の人形もあったが、多くは薄い木の板を削ったもので、紙製品もあった。現在でも神社などで供される人形は、7世紀末に遡る藤原京、それ以降の平城京・長岡京・平安京という日本の古代都城と密接な関わりをもつことから、日本人の習慣に根付いてきたといえる。わが国における人形の起源をいつに求めるか、の問題は後に述べるとして、奈良・平安時代の人形の使い方を、いま少しみてみよう。

　人形は人間の形代であるだけに万能の働きをした。近代医学が発達するまで、病気治療と呪術は密接不可離なところがあり、日本においても人形による施療が推定されていた。それを実証したのが、1984年1月、平城宮の内裏東側の溝から出土した人形である。これは表に顔を墨書きした長さ11cmの人形であるが、裏面には「左目病作今日」とあった。「病作」は『正倉院文書』の「請暇解」の例などから、やまいおこると読める。本日、左眼が発病したので病のもとを人形に移し、平癒を祈願するという意味であろう。病気を悪霊の仕業と考え、これを人形に移したり、悪霊を追い出すために患部を傷つけ、あるいは強調することは、現代にも生きているが、この方法が奈良時代に遡ることを実証したのである。当時の役所には薬や医師を司った典薬寮があった。平安時代、この典薬寮の長官（頭）と針博士を兼ねた丹波康頼の著書『医心方』（永観〈984〉年成立）は、日本最古の医書であるが、この中に木人形がみえる。平城宮跡の眼病治療の人形も、典薬寮の医師か、呪禁師と呼ぶ一種のマジシャンが使用したのであろう。古代の人形には胸や足などに、墨痕を付すものがいくつかあり、これらも施療目的の可能性がある。

　施療と似て非なるのが呪い（呪詛）である。大宝元（701）年に成立した『大宝律令』

の賊盗律や律書裏書には、厭魅の方法に「或は人身を刻作して、心を刺し眼に釘うち、手を繋ぎ足を縛る」とある。賊盗律は主に、君主への反逆や殺人、呪い、盗みなどに対する罰則である。

呪いは、これを防ぐ有効な手段がないことから恐怖の対象となり、最高刑は死刑であった。逆にこうした事件を利用し、ライバルを失脚させることが、たびたび行われた。中国では『漢書』「武帝記」に有名な巫蠱の獄がみえる。武帝の晩年にあたる征和2（紀元前91）年7月、江充が戻太子のことを、木偶人を埋め武帝を呪った、と密告。窮地に陥った皇太子が江充を殺害したことから、数万人に災いが及んだ事件である。同種の事件は『宋書』「二凶伝」、『隋書』「文四子伝」、『旧唐書』「高鞭伝」などにみる。

1961年、平城宮の内裏西北にある大膳職の大井戸から、両眼と胸に木釘を打った人形が出土。これこそ呪い人形と喧伝された。人形の両面には、墨書きがあったが判然としなかった。近年、保存処理の結果、「坂部秋□」という人名とわかった。呪う相手であろうか。人形に呪う相手の名を記することは、「太子（秀）陰かに個人を作りて上（帝）及び漢王姓字を書し」（『隋書』）、「銅人を得る、長さ三尺余り、身は桎梏せられ、その心に釘うち、高鞭の二字を胸蓋に刻む」（『旧唐書』）など、中国史に例をみる。大膳職は宮内省付属の給食センターのこと。井戸に呪い人形を投げ込んだのは、奈良時代末、長岡京遷都前後の混乱期と推定されている。木釘ではなく鉄釘を打った人形もある。平城宮の朱雀門の西隣、若犬養門を入った園池からは、鉄釘を打たれた人形が出土した。釘の先は折れており、若犬養門に打ちつけてあったものを、警備の兵士が傍らの池に捨てたのだろう。これには人名はなかったが、何か政治的な陰謀と関わっているのであろうか。釘を打った呪い人形は平城京跡ではこの2例だけだが、静岡県伊場遺跡には、胸に小孔のある人形がある。やはり数は少ない。呪いは人知れぬよう行うものだから、盛んであってもみつかる例は少ないのかもしれない。

人形は、まさに人間の形代として棺に副葬することもあった。『中右記』の大治4（1129）年7月15日条に、「宮々人形を御棺に入れらる、新院は入れられず、子ならびに兄弟は先ず入らるなり」とある。『中右記』は中御門右大臣藤原宗忠の日記である。これより約100年ほど前の藤原行成の日記『権記』にも似た記事がある。このように人形の納棺例がどこまで遡るのか、不詳だが、後に述べる中国例との関連で興味深い。なお、時代が下るが、民俗例には、妊婦の死や、一家に続いて2人の死者が出た時、3人目の死者が出ないように人形を納棺することがあるという［土井 1981］。

奈良・平安時代において、人形の一般的な用法は身中にたまった罪穢を祓うことだった。この時の祓の代表は、6月と12月の晦日に宮中で実施した大祓である。大祓は井上光貞によると二段階があり、臨時大祓は天武5（676）年8月が起源で、次いで恒例のそれは大宝2（702）年12月30日から、という。令文の儀式次第によると、中臣が天皇に御祓麻を、次いで東西文部が祓刀を上、祓詞を読む。これが終わって百官の男

女が朱雀門前に集まり、中臣が祓詞を宣べ、卜部が解除をなして終わる。この行事の目的は、祝詞の文言によると、天皇の禍災をふせぎ、帝祚を延べること、親王以下百官が過ち犯した種々の罪を祓い清めることにあった。『儀式』などにみる大祓は平安時代のもので、奈良時代の実態は明らかではなかったが、1982年春、平城宮朱雀門の東隣の門である壬生門跡の調査によって、この問題が急展開した。つまり壬生門前を流れる宮外濠（二条大路北側溝）から207点もの人形が出土したのである。流れやすく腐りやすい木製人形が、これほど大量にみつかったのは、ある時期、門前の濠を埋めて陸橋化したためである。平安時代編纂の法律書『法曹類林』に引く「式部記文」には、「大祓を大伴壬生二門間の大路においてす」とみえる。大伴門は朱雀門のこと。この大祓がいつのことか不詳であるが、平安宮応天門が大伴門の転訛であることから、この記事の大伴門は平安宮のことではあり得ず、遺構の状況から平城宮の可能性が高く、壬生前の大量の人形は、朱雀門前の大祓の跡と考えてよい。その大祓は伴出の紀年銘木簡等から、天平末年（745）頃と考えている。

　この朱雀門前の人形はさまざまなことを教えてくれる。まず、祓において人形は1枚単位ではなく、2枚1組を最低単位とすることである。すなわち、作りや形に同巧なものが2枚・3枚とまとまって出土した。9世紀末に撰進の『延喜式』の神祇巻などに、鉄や、鉄に金・銀箔を押した金・銀人形がみえ、これらは2枚1組を最低単位としている。次に、作りや形が同巧といっても、組み合わせる人形の大きさに幾段階かあったようである。同様なことは、長岡京左京二条二坊六町の延暦8（789）年頃埋没の溝出土の人形13点にもあてはまり、これらは大・中・小に分けることができる。史料によると、10世紀末、円融天皇の天禄3（972）年12月10日の河臨御禊では、等身人形7枚と5寸の木・錫・鉄人形各21枚の計28枚を使用している。この数は7の倍数となっており、鴨川七瀬と解せるので、瀬ごとに等身人形1枚と5寸の各人形3枚、計4枚を組み合わせたことがわかる。他方、『延喜式』にみる金属人形は長さが1尺である。このように、人形は複数を使用すること、それには大小の組み合わせと、同大の組み合わせの二種があったようである。

　壬生門の人形が教えてくれる、今一つの事実は、祓の人形は単独ではなく、道具だてを必要としたことである。その道具だてとは、鳥形・馬形・舟形、刀形などの形代類、それに斎串と呼ぶ先端を尖らせた串状品である。壬生門の207点の人形には、小さな水鳥形と鳥形、舟形、刀形各1点に少数の斎串が伴った。水鳥形と鳥形の底面には細棒によって地上に挿し立てた痕があった。

　人形に鳥形が伴うことは、平城京以外では、兵庫県姫谷遺跡などに例があり、舟形を伴うことは、静岡県伊場遺跡や福岡県沖ノ島遺跡などに類例がある。こうした馬形や舟形の意味については、これまで水神へ捧げたものとする説が有力であった。しかし、山形県酒田市俵田遺跡の発見によって、別の解釈が可能になった。俵田遺跡は城輪柵に近接し、その条坊推定線上に位置する祓所の一種である。ここでは人面と磯鬼

坐と墨書した土師器甕と小型の須恵器壺に人形などを入れており、その周囲から馬形や斎串、刀形が出土した。もとの状態を復原すると、人形のまわりに馬形、斎串を立てて囲んでいたようである。馬は汎世界的に水神と結びつけることが多いが、この場合は別の役割を考える必要がある。『万葉集』には「龍の馬」という表現があり、聖徳太子の乗馬は「空を凌ぎ雲を蹴む」駿馬とあるように（『上宮聖徳太子伝補闕記』）、馬は貴人の乗り物であり、しかも天空を自由に駆けるものだった。天駆ける馬、いわゆるペガサスの具体的な姿は、「天平神護三（七六七）年二月四日」銘がある正倉院宝物の銀壺などにみる。時代は下るが、『今昔物語』には、有名な陰陽師賀茂保憲の幼少時の目撃談として、鬼神が祓殿（所）に造り置いた船・車・馬に乗って消える話を載せている（24巻第15）。このように、馬形や舟形は乗り物であり、俵田遺跡の馬形は罪穢を負った人形を他界（根の国、底の国）に運ぶため、人形の傍に立てたのであろう。この行為は、斎串を立てた空間内で行われた。この場合、斎串は結界を表し、外部の悪気の遮断と同時に、人形が負った罪穢を外に漏らさぬ役割を果した。迫りくる悪気は武器の刀形がこれを防いだのであろう。平城宮壬生門前の鳥形・舟形も、俵田遺跡の馬形と同じ役割を担った。日本神話の中では、鳥は他界との間を往復し、ひとの魂を運ぶ。舟は「天鳥舟」の語があるように、天空をもゆくものである。あるいは舟に乗った人形を鳥が先導した、と解してもよい。冒頭に引いた『源氏物語』では、人形は舟で、他界に赴くのである。

2 人形の起源

　古代の人形は、北は秋田県から南は福岡県まで110余の遺跡から出土し（図141）、人形による祓いが平安時代には、全国に及んだ。もっとも、これらの遺跡が国衙・郡衙など、当時の地方行政機関とその周辺に集中することからも明らかなように、その中心は当時の都があった奈良・京都である。今日、もっとも調査が進んでいる平城宮・京跡では42ヵ所から数百点にのぼる人形が出土、往時の様子を知ることができる。このように、古代の都で人形の祓が盛んだったのは、前述の大祓と関連するためである。
　数千年の長きにわたった縄文時代には土偶という人形が無数に作られた。しかし弥生時代に入ると、農耕稲作の開始とともに偶像を作り始める世界の趨勢とは逆に、こうした土偶はほぼ姿を消す。以後6世紀後半にいたるまでこうしたものはない。立体的な土偶ですら、この有様である。ここに述べている扁平人形に類するものは古代に初めて出現し、それは、後述のように中国の人形を原型とするものである。人形と関わりをもつ大祓は、「大宝令」の「神祇令」に規定された公的な祭祀であり、いわゆる律令祭祀の一つである。したがって、人形の起源を探ることは、日本における律令祭祀、あるいはその先駆形態の形成時期を知る手懸かりになると思う。こうした観点から、かつて私は、藤原宮の中心部で検出した運河SD1901Aの資料をもとに、中国伝来

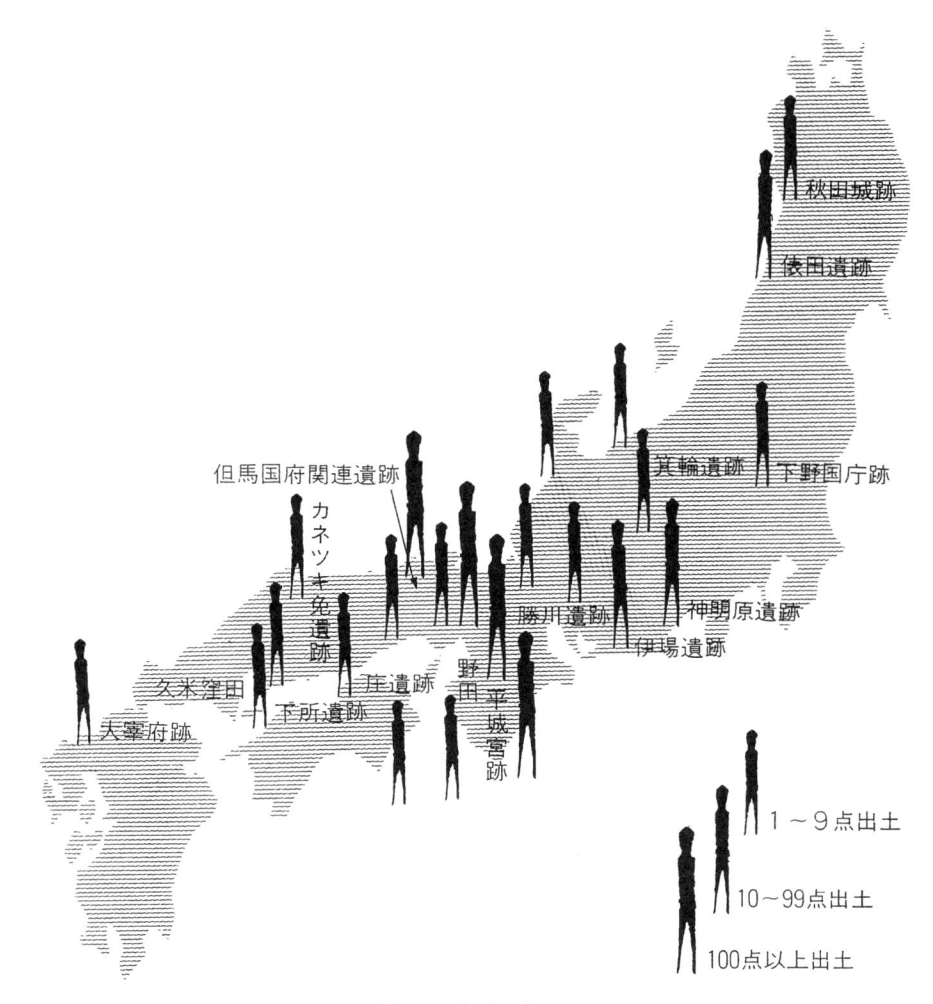

図141　人形分布図

　の人形を律令祭祀の中に取り込む時期を、7世紀後半と考えた。このSD1901Aからは大量の土器などとともに、木製の人形・同馬形・斎串・刀形、土馬および天武天皇10年代（680年代）の紀年銘木簡が出土している。これは当時知られた人形のうち、年代の確実な最古の例であること、天武・持統朝が日本の律令国家成立期において画期をなすこと、などを根拠としたものであった［金子 1980］。
　ところが近年、静岡県神明原・元宮川遺跡から、6世紀後半～7世紀初頭に遡る人形の出土が報じられた。この遺跡は、静岡市を南北に流れる大谷川の旧流路である。河川改修工事に先立つ発掘によって、川跡から大量の祭祀遺物が出土した。この川跡は時代によって蛇行位置が変わるが、木製人形は、6世紀後半～7世紀初頭の古墳時代と奈良・平安時代の両方の層から出土したという［静岡県埋蔵文化財調査研究所 1987］。前者の人形は平城京など、8・9世紀代のものと形があまり変わらず、また木製馬形が伴う点も似る。馬形は、腹部位置に長い棒が挿してある。さらに人形には形・作り

第4章　人形の起源 I　　457

が同巧のものが複数あり、やはり8・9世紀代の人形のあり方と似ている。したがって、これらの人形が6世紀後半～7世紀初頭に遡るとすると、従来の見方を大幅に変更する必要が生じる。これは型式という考古学の考え方からは理解が難しいと思う。加えて川跡は流れが複雑で、年代の認定に困難が伴うことが多く、その是非は今後の類例を待ちたい。が、仮に6世紀末～7世紀初頭に遡るなら、二通りの考え方が可能なので、一応みておこう。すなわち、

　A　律令的祭祀、あるいはその先駆的形態がこの頃まで遡る。
　B　本来人形は律令的祭祀とは別物で、地方に早く伝わったが、7世紀後半に律令的祭祀に取り込まれた、とするものである。

　まずAとすると、井上光貞が福岡県沖ノ島遺跡に関連して述べた、律令的祭祀(「神響令」)の先駆的形態の出現期に近くなる。つまり、井上はこうした先駆的形態が6・7世紀の交、すなわち推古朝の前後にはすでに行われ始めていたとする[井上 1984]。Bの場合、他地域での類例をまたねばならないが、静岡という土地で想起する史料に『日本書紀』「皇極紀」の記事がある。皇極3（644）年条に、富士川の辺りで常世神を祭る話があり、長さ4寸の常世虫に財宝を喜捨し、歌舞にして祭れば現世利益が得られる、というのである。この話自体、道教——後述のように人形と密接に関わる——と関係している。神明原・元宮川遺跡の人形は、この「皇極紀」の記事より遡るが、静岡という地域が早くから道教的な思想と何らかの関わりをもっていたのであろうか。これらの点を含め今後の検討が必要であろう。

　次に、日本の人形の原型として中国の人形をみることにしよう。

3　中国の人形

　中国の人形は、漢代以降の史書に散見し、その一端はすでに述べた。ここでは出土例をもとに、話を進めよう。中国での人形の報告例は少なく、今日まで20件弱である。出土状況が不明の1、2を除けば、他はすべて墳墓からの出土である。墳墓の「人形」は、通常俑を指すが、立体的で美しく装飾した大量の俑に混じって、扁平小型の人形と呼ぶのにふさわしい俑が少数、存在する。これらは木、金属、草、紙などから成り、通常の俑と区別するため考古報告では、桃木小俑、麻衣小俑、桃木黒絵、木片俑、扁平立俑、鉛人（えんじん）、草俑、紙人などと呼称する。このうち、鉛人のみは同時代史料にみるが、他はその状態から報告者が付けた呼び名である。こうした人形は、日本では弥生時代のはじめにあたる紀元前100年代の西（前）漢期の例を最古とし、10世紀中頃、唐末五代の例まである。その形態はいくつかあり、

　A　短冊状の板の両側片を刳り込み、首と腰を表すもの
　B　首や腰だけでなく、頭部や脚部の刳り込みなどを表すもの
　C　棒状品の一端に顔を描くもの

などがある。Aは日本のいわゆる立雛に似た形で、湖北省江陵鳳凰山168号例などは、衣服の表現がある。有名な馬王堆1号漢墓の麻衣小俑などは、実際に衣服を着けていた。この型は西漢期からある。なお、これには下端を平らに作るほかに、先端を剣状に作る例などがあり、小木剣などと呼ぶことがある。10世紀代の合肥西郊南唐墓例も、この型に含まれよう。

　Bは、今のところAよりやや遅れて出現するようである。これには木製品と金属製品がある。金属製品は鉛を加工したもので、鋳造品と鉛板を切り抜いたものがある。5世紀代の南京人台山1号墓例や、年代・出土地とも不詳の京都大学文学部博物館蔵の錫人(しゃくじん)は切り込みによって手を表現しており、木製品とともに日本の奈良・平安時代の人形との関連で興味深い。なお、唐代の新疆省阿斯塔那(アスターナ)出土の紙人は、強いて分類すればこの型に含まれる。Cは多数を束ねて使用したようで、馬王堆1号漢墓にはその実例がある。これも西漢期に遡る。

　こうした人形の意味は一様ではないが、まず魔除の意味があろう。長沙馬王堆漢墓の桃木小俑は、桃の木を用いる点と、中棺と内棺の間に納入していたという出土状況から、魔除用と報告されている。「桃は五行の精にして邪気を厭伏し、百鬼を制すなり」（『荊楚歳時記』）とあって桃は中国では古くから魔除に効ありとされている。木片俑など、扁平な俑は他の立体的な俑とはやや違って墓主人の身辺近くに副葬される例があり、こうした意味が強かったのであろう。今一つは、墓主人の奴隷として、また死者の生前の罪を償うものとしての意味がある。陝西省長安県三里村東漢墓や、河南省霊宝県張湾漢墓では墓室内の陶罐に鉛人を2体1組として入れていた。後者の場合は、形状から明らかに男女の組み合わせとわかる。これら鉛人の意味は、陶罐表面の朱書きから明らかになった。つまり前者には「故に自らをもって鉛人に代える。鉛人は能く舂(つ)き能く炊(かし)ぎ、車に上りては能く御し、筆を把りては能く書し…」とあり、後者には「謹んで鉛人、金玉をもって死者の解適、生人の罪過を除かんとす」とある。朱で字を書くことは『春秋左氏伝』などに、神と契約する時に行うことがみえ、これに従っているのであろう。前者は死者の奴隷としての意味である。後者の解適は、道教の用語で死者の生前における罪過・懲罰の解除をいい、それを天帝の使者に願っているという。このことから泉武は、鉛人は死人の代わりを果しているとする［泉 1982］。生命の代わりではなく罪の身代わりであり、死者本人は神仙世界に昇仙する、という意味であろう。いわば死者の祓の機能を果していると思う。いずれにしてもこうした思想的背景や人形副葬墳墓の分布から、これら人形が道教と深く関与しているとする見方は妥当であろう。

　以上の人形には、古代日本の人形と姿形が似た例（図142）があるが、中国の人形が副葬品であるのに対し、日本の人形は多くが溝などからの出土品であり、両者を直接結びつけるにはやや抵抗があるかもしれない。そこで次に、日本にも影響を及ぼした道教の経典の中に人形の機能をみてみよう。人形は、道教の祝詞・願文類を集めた「赤

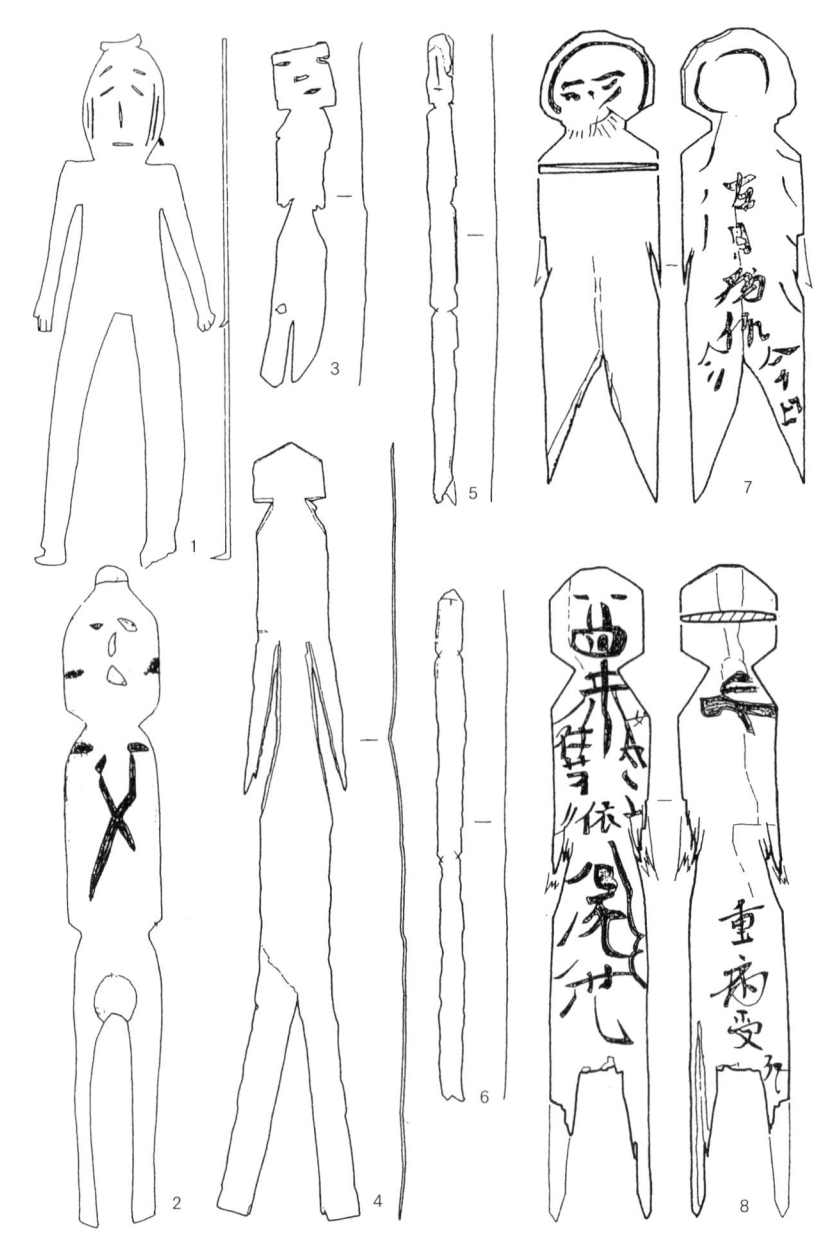

図142　中国と日本の人形（金属人形1・3〜6　木製人形2・7・8）
1　南京人台山1号墓　5世紀初　　2　居延出土　　3〜8　平城宮跡出土　8世紀

松子章暦」などに金人、銀人、錫人がみえる。これらの人形は字句上材質の違いが明らかであるが、それが機能差と結びついていたようである。すなわち、福永光司によると、金人は官吏赴任旅行の安全を祈願するもの、銀人は病死人が続出する時の身代わり、錫人は鎮墓・延命祈願のもの［福永 1986］、という。「赤松子章暦」では、銀人がない場合は錫人でもよいとあり、銀色をていする材質であれば、同じ効果が期待できたようである。「赤松子章暦」は6・7世紀から9世紀頃までの文を含み、各々の年

代については厳密な史料批判が必要という。それらは将来の課題としても、その人形が日本の人形と密接な関連があることも事実である。たとえば、銀人は『延喜式』大祓祝詞の呪に、「捧ぐるに銀人をもって禍災を除かんことを請い」とみえる。平城宮跡出土の人形には、銅に鍍銀した銀銅人形があって、これが8世紀に遡ることを証している［村松 1985］[1]。また金人は、すでにみたように『延喜式』「神祇巻」などに散見するし、福岡県沖ノ島遺跡からは金銅製の人形が出土している。さらに、「赤松子章暦」の銀人は、願文を唱えたのち水に投ずる、とあるなど用法まで類似している。このように、日本古代の人形は中国のそれと関連し、中国の影響下に成立したことはほぼ疑いがないと思う。

大筋はこのように結論づけができるとしても、なお問題がないわけではない。日本の祓の人形は、すでに述べたように、人形単独ではなく馬形・舟形・鳥形などと組み合わさって機能した。例をあげた多くは木製品および石製品であったが、金属製品は福岡県沖ノ島遺跡に金銅人形・鉄人形とともに銅舟形がある。

こうした組み合わせは、果していかなる契機によって、どこで成立したのであろうか。今後検討すべき問題の一つといえる。

次に、新たな問題点も生じる。福永光司の説では、道教経典にみる三種の金属人形は機能差を意味している。しかし、日本では材質の違いは使用者の違いという階級性を象徴している。すなわち、8世紀の平城宮跡で確認できる人形の大半は、木製品であり、銅・鉄製品は少数にすぎない。加えるに後者の出土状況などからみて、金属人形は、かつて論じたように天皇・東宮等の、木製品は百官男女の祓用と考えて誤りあるまい［金子 1985］。一方、平安時代の『延喜式』にみる金属人形は、鉄に金・銀箔を押したものである。これらは四時祭以下の22の祭祀にみえるが、金銀人形は天皇・中宮・東宮の料物として記載があり、他にはみえない。それゆえ、奈良時代には金属製品と木製品という差であったものが、10世紀の『延喜式』の中では、金属製品がさらに金・銀と鉄に分化し、段階分けが一層進んだのである。その時期は平安時代前半であろう。もっとも、こうした規定がどれほどの実効を伴ったか疑わしい。たとえば、保安元（1120）年の「豊後国柞原八幡宮祓祭物注文」（『平安遺文』5巻-1912）には宮廷では天皇・東宮等と規定のある金・銀等の人形がみえる。同種の人形はすでに、寛平元（889）年の「宇佐八幡宮行事例定文」（『平安遺文』9巻-4549）にもみえ、一部の地方では平安時代の比較的早い時期からこうした人形を用いたようである。それゆえ、『延喜式』の規定は、平安宮の宮廷におけるたてまえの可能性が高い。

過去の歴史にみる文化の交流は、各々の国、あるいは集団の置かれた歴史的諸条件によって、本来の意義からの逸脱・変質を生じることがある。したがって、ある分野におけるそうしたケースを詳細に跡づけることができれば、逆に、その時代における此彼の歴史的背景・制約等を明らかにできると思う。ここに述べた人形は、かかる役割を担い得る貴重な手懸かりといえよう。

[註]
1) 平城宮出土の銅製人形には、わずかに鍍銀の痕が残る。全面にあった鍍銀が錆化によって失われた可能性もあるが、福岡県沖ノ島遺跡の金銅製紡織具の例を参照すると、もともと鍍銀は人形のごく一部にだけあったのではなかろうか。沖ノ島1号遺跡紡織具の場合、金箔は紡織具全体に貼るのではなく、小さな箔を数ヵ所に貼るだけである。一部に金箔を置くことで、全体を金銅製に見立てたのであろう。いわば一部で全体を代表させる思想である。

[参考文献]
泉　武　1982「人形祭祀の基礎的考察」『橿原考古学研究所・考古学論攷』第8冊。
井上光貞　1984「古代沖の島の祭祀」『日本古代の王権と祭祀』東京大学出版会。
金子裕之　1980「古代の木製模造品」『奈良国立文化財研究所研究論集』Ⅵ。
金子裕之　1985「平城京と祭場」『国立歴史民俗博物館研究報告』第7集。
静岡県埋蔵文化財調査研究所　1987『大谷川2』静岡県埋蔵文化財調査研究所調査報告、第11集。
土井卓治　1981「副葬品の民俗学的研究」『東アジアにおける民俗と宗教』吉川弘文館。
福永光司　1986『朝日新聞』4月30日夕刊。
松村恵司　1985「平城宮出土金属製人形」『奈良国立文化財研究所年報1984』。

第5章

人形の起源 II

1 祭祀信仰と人形

　8世紀初頭に成立した『大宝律令』は、古代社会を大きく変革させる重要な契機となった。この律令による統治の体系、いわゆる律令体制は、政治・経済の分野に留まらずわが国のさまざまの分野に影響を及ぼした。祭祀・信仰・精神生活の分野もまた、例外ではなかった。

　ところで、『大宝律令』はわが国における律令体制の確立を象徴する記念碑ではあるが、この時初めて、中国に由来するこの統治の体系を移入したわけではない。少なくとも、7世紀のある段階からそうした模索があったようで、その年代や具体的な内容についてはさまざまな論議があるが、本章では、祭祀信仰に関わる要素のうち人形という象徴的な事例を通して、古代の祭祀・信仰・精神生活が律令体制の導入とどのように関わるのかをみることにしたい。

　古代の人形については、別に論じたことがある。そのうち、本章に関わる部分を要約すると、

　1) 8・9世紀に盛行する人形は、わが国の律令体制の成立と密接に関わること
　2) その祖型は中国に求められるべきこと
　3) 日中の人形は、単にその姿形が似ているだけでなく、その背景となる思想も密接に関連していることなどを明らかにした［金子 1989］。

　ところで、律令時代に先立つ古墳時代には、各地に土製の人形が存在する。この古墳時代の人形と古代のそれとの関わりについては、これまで十分に触れることができなかった。そこで、ここでは古墳時代の人形を主に取り上げ、それが律令時代の人形といかに関わるのか明らかにしたい。

2 古墳時代の人形

(1) 人形の類型

　古墳時代の人形は土で人を象るものである。小児の粘土細工のように、丸い胴体に顔や手足をつけた人形は、大きいものでも全長が16cmほどで、大部分は10cm未満と小さく、素朴で独特な趣をもつ。この土製人形は、今日では全国20数ヵ所の遺跡から

表35 主要な土製人形

遺跡名	遺構	人形	動物形	装身具	武器・武具	機織具・農具	厨房具	推定年代	備考
鳥取県倉吉市谷畑	包含層？	44	猪1、獣18	鏡5、丸玉2、円板9		鎌4	手捏土器151	6世紀後〜7世紀前半	①
三重県松阪市草山	方形土壇	♂28♀	犬1、獣6	鏡1、勾玉3、円板9、丸玉9				5世紀末〜6世紀初	②
静岡県浜松市中津坂上	不詳	♂25♀	犬3	鏡7、勾玉4	弓1、鞍2、楯3、剣1、短甲2	筬6、腰当1、梭1、鎌1	飯2、杵2、臼5、手捏土器18	6世紀前半	③
埼玉県大里郡今泉洛山	包含層？	4*	獣（数不明）	鏡1*、丸玉3*、円板1*	弓？1矢？		臼2、手捏土器杵3		④
広島県世羅郡御床松原	不詳	人形？1		円板3、丸玉8、棗玉、勾玉2、円板（鏡？）1、管玉3	短甲2		手捏土器、他	6世紀後半〜7世紀？	⑤
福岡県糸島郡御床松原	包含層	4？						弥生？	⑥
大分県大分市浜	包含層	5		円板5、丸玉1、鈴鏡2片4			手捏土器1	古墳？	⑦
静岡県静岡市神明原	旧河川	100	馬256	丸玉8			手捏土器33	6世紀末〜7世紀	⑧
静岡県静岡市神明原	旧河川	9〜10	（牛1）				？	8世紀末（平安？）	⑨
静岡県袋井市坂尻	溝	人形？頭部1					？	8世紀	⑩
滋賀県守山市赤野井	溝	1					手捏土器	6世紀	⑪
滋賀県安土町小中	旧河川	3					手捏土器34	6世紀	⑫
佐賀県神崎郡神崎町荒堅目	竪穴住居内	7		鏡12、勾玉7				5世紀？	⑬
兵庫県加東郡滝野町河高	竪穴住居内	3	獣3	鏡2、勾玉3	楯1		手捏土器	5世紀後半	⑭
千葉県印旛郡印西町北の台	竪穴住居内	1	馬3					平安初（9世紀）	⑮
大阪府四条畷市奈良井	方形周溝内	12	鳥5				手捏土器（壺）多	5世紀後半〜6世紀	⑯

二百数十点余りが出土している。かつては、偶然の機会に少数が採集されることがあり、子供の玩具とする説などの背景ともなったが、最近では静岡県静岡市神明原・元宮川遺跡例や、鳥取県倉吉市谷畑(はた)遺跡例など正式の調査例が増え、しかも前者は107点、後者は44点とその出土量も増えてきた（表35）。今後ますます資料は増加することであろう。

土製人形は作りや表現に個性的な遺品が多く、従来は、地域ごとの独自性が強いとする見方があった。たしかに、そうした傾向は否めないが、新資料を仔細に眺めると、土製人形には地域を越えた共通性がいくつか存在することが明らかである。それらの共通点をあげると、まず、多くの人形が男女を表現することがある。それは直截的に性器の表現で行い、男性の場合は巨大な性器を貼り付け、女性の場合は陰部に切り込みを入れる。静岡県浜松市坂上(さかうえ)遺跡や、三重県松阪市草山(くさやま)遺跡[三重県埋蔵文化財センター 1983]にその典型な例をみる。性器による性別の表現は、中国では漢代の鉛人（鉛の人形）の一部にあるが、日本古代の人形では明確ではなく、土製人形の特徴の一つといえる。使用にあたって、男女を組み合わせることを前提としているのであろう。

(2) 共通するつくり

次に、立つ人形と伏せる人形の2種がある。前者は、起きあがりこぼしのように脚部から足先にかけてどっしりと作り、安定感がある。他方、後者は手足を同じ太さにつくったり、足先を尖らせるなど、より人間に近い。これは前者にくらべる

第5章 人形の起源Ⅱ　465

とやや小振りである。2種類の人形の典型的な例を、三重県草山遺跡や兵庫県滝野町河高上池遺跡などにみる。これらは遺跡によって山土比率が違い、静岡県坂上遺跡では立つ人形が、三重県草山遺跡では伏せる人形がやや多い。2種の人形がいわゆる主従の関係を表すのか否か明らかでないが、祭の場では先述した男女像と合わせて、数組の人形を一単位として使用した可能性がある。

特徴の第3としては、手足を広げる姿態が多いことである。手足の広げ方は前の2種類の人形で少し違うが、多くの土製人形にあてはまる。こうした特徴の意味については後述するとして、以上は土製人形がある共通した思想的背景をもとに各地に成立したのであって、いわゆる玩具の類などではないことを物語っている。

今一つの土製人形の特徴は、人形が単独で存在するのではなく、他の動物や武器・武具、機織具、農具、装身具類、手捏土器などの土製模造品とセットになることである。動物でははっきりしたもので馬・犬・猪が、武器・武具では弓・矢・剣・盾・短甲が、機織具では筬・梭などが、農具には鎌が、装身具には鏡・勾玉・丸玉などがある。今のところこれらすべてを網羅するのは静岡県坂上遺跡のみで、他の遺跡ではいくつかが欠落している。

(3) 人形の年代

では、この人形および各種の模造品は、古墳時代のどの時点に始まるのであろうか。土製の人形は、これまで年代を決める有力な資料に恵まれず、弥生時代説から古墳時代説［斎藤1955］、奈良・平安時代説、あるいは中世説までさまざまあった。しかし、疑問が多かった年代については、最近の調査・研究により、古墳時代の後期、6世紀～7世紀初頭に中心があり、一部は8・9世紀に下る可能性が強くなった。この年代は、伴った土器によって決める場合と、模造品の組み合わせによって推定する場合［亀井1961］がある。まず、人形の上限からみてみよう。

静岡県神明原・元宮川遺跡は、登呂遺跡の東南1.3～1.5kmを流れる大谷川の古墳時代後期から平安時代にいたる流路跡である。ここでは300点余りの土製人形が、6世紀末の層から平安時代の層にわたって出土している。膨大な量にのぼる古墳時代後期の土器との関連によって、人形の年代は6世紀末に位置づけられ、これが蛇行する流路の変更によって、一部では木製人形など律令期に下る遺物群と混在しているようである［静岡県埋蔵文化財調査研究所1991］。

鳥取県谷畑遺跡は、大山の火山活動により生成した丘陵地のいわば谷間の遺跡である。二つの尾根に挟まれた谷奥の浅く広い窪みの中に、人形は獣形品や鏡、丸玉、円板、手捏土器、その他、6世紀末～7世紀初頭の土器とともに散在していた［倉吉市教委1985］。

静岡県坂上遺跡は、低平な丘陵地の尾根近くの遺跡である。偶然の機会にみつかったため、土製品の出土状況は不詳であり、また明確な年代を示す土器がないが、土製

品の組み合わせから年代推定が可能である。すなわち、土製品には人形や獣形品のほかに盾・短甲・刀形の武器・武具、紡織具、手捏土器などがある。このうち、短甲や盾など武具の類は、中期から後期古墳の副葬品と一致し、6世紀の前半にその年代を置くことが妥当である［向坂 1964、亀井 1985］。

　坂上遺跡と品目が類似するのが、埼玉県岡部町今泉狢山(いまいずみむじなやま)遺跡例である。ここも丘陵の一角にあり、やはり偶然の機会にみつかり、遺物も早く散逸したためその全体像は不詳である。しかし、土製模造品の種類は多く、人形のほかに獣形品、短甲・盾、手捏土器などがあり［文化財保護委員会 1959］、坂上遺跡例とほぼ同時代の可能性が高い。

(4) 下限は8・9世紀

　土製人形の盛期が6世紀代にあることは誤りないと思うが、これがさらに5世紀代に遡るとする報告もある。その一つ、兵庫県河高上の池遺跡の人形は、竪穴住居跡の南隅から土製の盾・鏡・勾玉とともに出土した［兵庫県加東町教委 1985］。その年代は伴った土器から決めたようである。盾や鏡などの模造品は静岡県坂上遺跡や埼玉県今泉狢山遺跡例と共通する。また、長野市長礼山(ながれやま)2号墳からは女子を象った土製人形が出土しており、墳丘の埴輪の年代からみて5世紀中葉という［若松 1992］。土製人形が5世紀代に遡るのか否かは、今後の調査の進展に委ねたい。

　他方、その下限はいつか。静岡県坂尻遺跡では、土製人形が奈良時代の溝から出土し［静岡県教委ほか 1982］、千葉県印西町北の台遺跡では、平安時代の竪穴住居跡から土製の馬形とともに出土した［中山 1975］。後世の攪乱の跡はなく、いずれの年代も信頼できる。静岡県浜松市阿弥陀堂遺跡例もこの時代に下るといい、一部の土製人形は8・9世紀に下ることはほぼ確実と思う。

　このように、土製人形は古墳時代の後期に盛期があり、一部は奈良・平安時代にまで命脈を保つようである。ただし、これまで述べたことで明らかなように、土製人形それ自体で編年する段階にはいたらず、この点は将来の課題としなければならない。

3　神が好む人形

(1) 万能の人形

　人形の機能はいくつかある。後の時代を含め、ここでは史料や考古事象からみてみよう。大きく呪詛(じゅそ)、病気治療、祓(はらえ)、鎮(しず)めなどに分け得る。

　呪詛とは敵対する相手を呪うことで、近世の「呪いのワラ人形」が端的に示すように、相手に見立てた人形の目や胸に釘を打ち、敵に打撃を与えるいわゆる類感呪術である。呪詛の人形は漢の武帝時代の巫蠱(ふれやま)の獄（紀元前91年）をはじめとして、中国史にはたびたび登場し、わが国でも8世紀の平城宮大膳職推定地の井戸から出土した「呪い人形」が有名である。この目や胸に釘を打つ人形は、唐賊盗律厭魅(えんみ)条の「人身を刻

作して、心を刺し眼に釘うち、手を繋ぎ足を縛る」を彷彿とさせる遺品であり、日本律の名例律不道条、賊盗律厭魅条に類似の文言をみる。

　病気の原因を、ある種の魔物が患部に取りついた結果と考え、これを人形に移して治癒する施療の人形は、汎世界的に類例がある。縄文時代の土偶は完全な形で出土することが少なく、施療のために体の一部を破壊したとする見方がある。8世紀の例では、1984年に平城宮内裏東方の排水溝（東大溝）から出土した木製人形が、この施療の人形の数少ない実例である。表は、顔の表現がある何の変哲もない全長12cmの人形だが、その裏面には「左目病作今日」との墨書がある［町田編 1985］。今日左目が発病したので、病気のもとを人形に取りつけて流すとの意味であろう。出土位置からみて、内裏に出仕した女官が眼病治癒に用いた可能性がある。

(2) 祓の人形

　8・9世紀の人形では、呪詛や施療よりも身中にたまった罪穢を人形に託す祓が一般的だった。「ひと撫でひと吹き」によって、人々の罪穢を人形に移し、自らは再生する祓の代表が大祓である。1年を6月（真夏）と12月（真冬）の2季に分け、各季の終わりの晦日に朱雀門前で行う大祓は、7世紀末に始まり古代社会では重要な儀式であった。人形はそこで大きな役割を担った。平城宮壬生門（朱雀門の東隣の門）前の、二条大路北側溝からは8世紀の大祓に流した人形が200点余りも出土し、この行事のあり方を考える貴重な資料となっている。大祓の行事は中央から地方にも伝わり、諸国でも人形を流して盛大に行ったようで、各地から人形の出土をみ、最近では兵庫県下の但馬国府関連遺跡で、8世紀末〜9世紀初頭の類例が増している。その一つ、出石町の袴狭遺跡群では1万点を超す木製人形がこれまでに出土した。

　人形は単数ではなく、複数を単位として使用する。初期には数枚単位であったが、奈良時代末以降は次第に数が増え、袴狭遺跡群では一度に12点から13点の人形を流したことが確認できる。それとともに、大・中・小といった大きさの違う人形を組み合わせることも多く、記録にみえる天禄3（972）年の円融天皇の河臨御禊では、「等身の人形」と5寸の人形、合わせて28枚の人形を流している（『親信卿記』天禄3〈972〉年12月10日条）［水野 1976］。このように多数を用いるのは、数が多いほど効果が上がるとするいわゆる数への信仰に基づく。土製人形も先に述べたように、複数個体で使用することは間違いないが、その数は今のところはっきりしない。

(3) 神に供えるひと

　神への捧げものでもっとも価値があるのは、ひとそれ自身である。『古事記』『日本書紀』など古典には、神の怒りに触れた人々が、その怒りを和らげ、あるいは神の許しを請うために人間を捧げる人身御供の伝説がある。なかでも有名なのは、日本武尊説話にみる弟橘姫の物語であろう（『日本書紀』景行40年）。東京湾を航行中に天候の

急変に襲われ、日本武尊と乗組員の安全を守るために、弟橘姫が入水する伝説はいわゆる人柱伝説の一種である。現在でも築堤や架橋に伴う人柱伝説は、各地に枚挙に暇がないほどである。このひとの身代わりが、いわゆる鎮めものの人形であろう。伊勢の皇太神宮では20年ごとの式年遷宮の宮地鎮めに、「鉄人形・鏡・鉾各40枚、長刀子20枚、斧4柄、鎌2張、小刀子1枚、地1枚」などを用いている(『延喜式』)。

　土製人形は、この鎮めものとしてあった可能性が大きい。8世紀初頭に成立した『肥前国風土記』佐嘉条に、興味深い説話がある。佐嘉川の上流の峠に住む荒ぶる神が、通行人の半ばを殺し半ばを生かした。占ったところ、荒田村の土をとって人形と馬形を作りこれを捧げれば止むとあり、そのようにしたところ神の怒りが鎮まったという。神が土製の人形と馬形を要求したことを説くのである。

　ちなみに、山あるいは峠の神が通行人に災いをもたらす類似の説話はいくつかある。『播磨国風土記』枚方里神尾山条には出雲御蔭大神のこととしてあり、ここでは捧げものが「佐比」(鉄の鋤先)に置き替わっている。また、『肥前国風土記』基肄郡姫社郷条には、山道川の上流の荒ぶる神のこととしてあり、宗像郡の人珂是古が幡をあげて神の所在を探ると、その夜、夢に臥機や絡垜が舞い現れ、この姫神を祭ったとある。荒ぶる神が通行人に祟るモチーフは同じだが、捧げるものが人形・馬形、鉄の鋤先、紡織具と異なるのは、この伝承を各地にもたらした集団の生業形態や、彼らが奉じた神々の性格に起因しているのであろう。

　先に、土製人形の特徴を述べた際、これらは両手を広げた姿勢が多いことを指摘した。日本民俗学の父折口信夫はかつて、ワラ人形に言及し、その両手を広げた姿こそ神に捧げる姿、すなわち磔刑の状態を示すと説いたことがある[折口 1966]。ひとの身代わりとして神に捧げる人形、それは人身御供そのものであろう。神がもっとも嘉みするものを捧げ、神の許しを請い、加護を願うことは珍しいことではない。

(4) 武器・武具・神饌

　神が好むものはほかにもいろいろある。武器・武具の模造品を考える上で興味深いのが、「天武紀」などにみる説話である。壬申の乱の過程で、事代主神を名乗る神が高市郡大領高市県主許梅に託宣し、神武天皇の陵に馬および種々の兵器を奉れば天武側に利するであろう、と宣った。そこで、神武陵に馬と兵器を献じたところ、事が成った(『日本書紀』天武元〈672〉年7月条)という。種々の兵器とは具体的な種類がみえないが、『日本書紀』の用例では、兵器の語は刀・弓・矢などのいわゆる武器だけでなく、広く盾や短甲など武器・武具全般を含む。

　託宣によって武具を献じる話は、『肥前国風土記』基肄郡長岡神社条にもあり、ここでは鎧を献じている。こうした説話は、静岡県坂上遺跡などの弓矢・刀・盾・短甲などの模造品を考える上に示唆を与えよう。

　今一つ、神が嘉みしたのは山海の珍味である。時代は下るが『延喜式』に載す「遷

図143　谷畑遺跡と西山遺跡（報告書Ⅱ、1985、概報1985より倉吉市教育委員会作図）

却祟神祭祝詞」には、世の中に災いを振りまく祟り神を鎮めるため、酒をはじめとする山海の珍味を供えてこの神を饗し、平和裡に他界へ遷すことがみえる。また、先に引いた『播磨国風土記』の出雲御蔭大神の別伝では、神を慰めるために酒屋（酒造りの殿舎）を造って祭り、宴遊したとある。土製人形には、容器の模造品（いわゆる手捏土器）が伴うことが多い。ここには酒、穀物、塩など神が嘉みする供物を入れたのであろう。

(5) 祭の場

　人形などを神々に供した祭の場、それは荒ぶる神が座す峠やムラの境、古墳などさまざまであったようである。この点は、8・9世紀の人形が道路傍らの側溝や川の辺

りなど、いわば水みちに接した場がその祭の場であったのと大きく異なる。

ところで、土製人形を用いた祭の場を推定し得る好例がある。一般に、祭器具は祭に使用された状態のままで出土することは稀で、祭の終了後、一定の場所に置くなり、埋めるなりした状態で出土する。表35にみる人形の出土位置はまさにこの投棄場にほかならず、祭器具のあり方から祭の場や状態を推定することは、よほどの好運に恵まれないと難しい。この数少ない例が、先に触れた鳥取県谷畑遺跡である（図143）。

この遺跡は、南北に延びる二つの大きな尾根に挟まれた浅い谷の奥にある。谷畑遺跡の西側の尾根には、古墳時代後期の古墳と集落（西山遺跡）がある。この西山遺跡は三つの区域から成る。すなわち、なだらかに傾斜する尾根北側の高所には広場が、中央部には十数棟の竪穴住居から成る住居が、南部には古墳があり、古墳の一部は尾根最南端の傾斜変換点にかかる。尾根北半部の高所を占める広場は、東側の崖線が谷畑遺跡と接し、ここから谷畑遺跡に下る通路状の遺構があって、頻繁に行き来があったらしい。西山遺跡の住居跡や古墳からは、鈴や猪などやはり土製の模造品が出土している［倉吉市教委 1985］。祭を西山遺跡の広場で行った後、使用した土製模造品を谷畑遺跡の地に廃棄したのであろう。遺物分布図によると、中心部に遺物が分布しない空白部分がある。おそらく、ここに老木など聖なる目印があり、その根元に祭器具を置いたのではないか。その行為は数度にわたるようで、遺物群が数グループに分かれている。１回の祭で投棄した人形と他の模造品の組み合わせ、その数量などの分析は報告書に待ちたいが、ここでは台地上の広場、住居、墓、それと祭器具の捨て場とが統一的に把握できるのである（図144）。

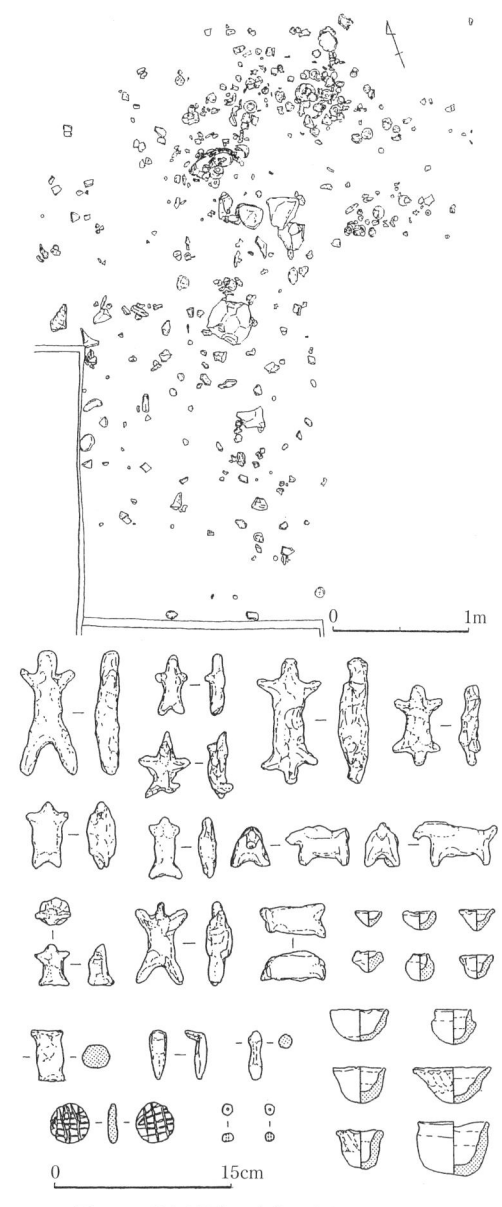

図144　谷畑遺跡の遺物分布状況（上）と土製模造品（報告書Ⅱ、1985より）

第５章　人形の起源Ⅱ

4 偶像としての人形

(1) 土製人形の出自

　人を象る偶像は、縄文時代には各時期各地で盛んに作られた。しかし、弥生時代の開始とともにその習慣は基本的に消滅した。これをギリシャ主義からヘブライ主義への転換と評価する説もある［角田 1939］。ここにみる土製人形は、人の偶像にほかならず、その出現は弥生時代以来の偶像観の変更を意味しよう。では、土製人形が出現する契機は何か。古墳時代の中期以降には、埴輪と装飾付須恵器の人物像という偶像が、土製人形とほぼ同じく存在している。これらとの関わりをみてみよう。

　人物埴輪は古墳時代の中期以降に現れ、地域によって上限と下限にやや年代差がある。畿内での出現は5世紀代であり、6世紀末に消滅するが、関東地方などでは、下限は7世紀初頭に下る。人物埴輪は当初単純であった人物の種類が次第に数を増し、武人や農民、巫女などさまざまの姿をとる。たいていは成人の男女を表現し、それらは、身分や職務にふさわしい衣服や装具を身に着けている［小林 1974］。

　また、その姿態は椅子に掛ける、あぐらをかく、跪くなどがあるが圧倒的に直立像が多い。これには全身像と半身像とがあり、足まで表現する全身像は特異な階級である。こうした埴輪像は古墳における祭儀——前王の死、新しい王者の誕生に際し、彼の奉仕者から忠誠と職掌霊を集めて自己の権力を強化するとともに、自らの即位継承

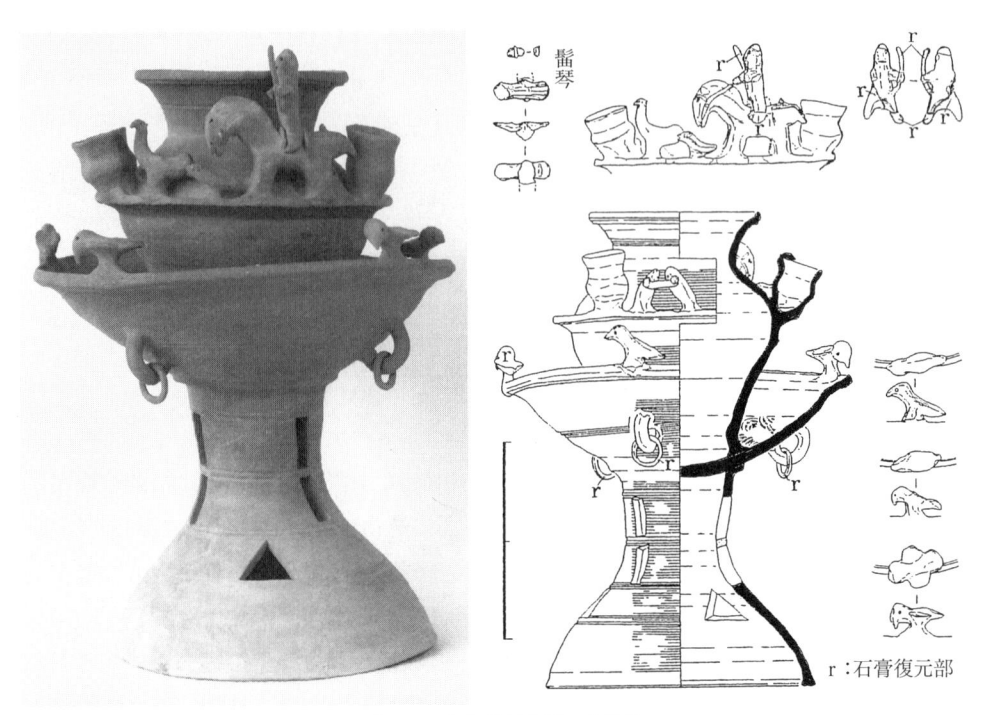

図145　装飾付須恵器の人物像
（鳥取県倉吉市野口1号墳出土）（実測図：報告書17、1993より　写真：倉吉博物館提供）

儀礼の祭儀を表現している、と水野正好は主張する［水野 1977］。

装飾付須恵器は、二つ以上の土器を合わせて1個の土器としたもので、小型の容器類をつけ加えたものや、人物像や動物像などの小像群を配置した型、両者の混合型などがある（図145）。この装飾付須恵器の出現は5世紀末にあるが、人物像などの出現はやや遅れて6世紀前半にあり、6世紀後半までが盛期で、7世紀はじめには人物像などは消滅するらしい［岸本 1975、柴垣 1984、間壁 1988］。これまた古墳と深く関わる文物である。装飾付須恵器のうちここで問題となるのは、小像群を配置した型式で、この小像群はいくつかの類型分けが可能である。すなわち、相撲像、荷物運搬像、踊る群像、狩猟の情景、乗馬像とそれに手を差しだす女性像、鉢巻姿の像などがある。また、これに登場する動物には、鹿・猪・馬・犬・鳥などがあり、器物には舟や琴、枕（おうこ）などがある。

(2) 死者に供える器

装飾付須恵器は、生産遺跡（窯跡）を除けば、大半が前方後円墳や円墳などの一画から出土し、葬送儀礼に関わる器物である。その葬送儀礼の内容を間壁は、墓主人に供える犠牲を狩る行為など、葬送の場の行事を表現したものと考えている。この須恵器は分布が大きく偏り、今日まで明らかになった遺品は、全国で91遺跡、110点余りである。地域的にみると岡山県・兵庫県が最多で、大阪府・和歌山県・愛媛県がこれに次ぎ［間壁 1988］、渡来人との関わりが注目される。実際、装飾付須恵器は日本独自の文物ではなく、朝鮮半島の影響によるものであろう。

すなわち、朝鮮半島には各種の異形土器がある。東潮の分類ではこれは形象土器（動物形土器・人物形土器・器財形土器）、装飾土器（人物付・動物付・器財付・小形坏付など）、土製品・土偶（人物形・動物形・器財形・先刻文）、先刻文土器に分けられる。このうち、人物や動物、器財などをつける装飾土器（韓国では土偶群像土器、土偶装飾土器と称す）がわが国の装飾付土器と類似し、高坏の蓋部や壺の頸部などに人物像や動物像などの小像群を配置する。人物像は男女の像、男性性器の表現があるほか、弾琴像やさまざまの姿態の群像などがある。また、動物は種類が多く、鹿・猪・馬・犬・牛・虎・兎から鳥・亀・蛇・蛙・蟹・魚など、哺乳類・鳥類・爬虫類・両性類・甲殻類・魚類にまで及ぶ。これらは慶州古墳群の皇南洞（ファンアムドン）の地に多く、30ほどの例があり、年代は5世紀後半～6世紀初頭という［東 1985］。

彼我の装飾付須恵器の年代や小像表現のあり方は、ともに葬送儀礼に関わること、日本におけるその分布状況が渡来人との関わりを示唆するなどの点からみて、わが国の装飾付須恵器が朝鮮半島の影響下に成立したことは疑いがないようである。

ただし、仔細にみると小像を載せる器種や小像の類型に違いがあり、また、登場する動物の種類が朝鮮半島にくらべて日本では少なく、鹿・猪・馬・犬などに限られるといった看過できない相違点も多い。これはいわゆる直輸入ではなく、製作の契機は

朝鮮半島によりながらも細部では日本化した姿を示していると思う。

(3) 朝鮮半島との関わり

　土製人形は、以上の埴輪像および装飾付須恵器の小像群と関わりをもつのであろうか。製作についてみると、土製人形はすべて素焼きで、その点では埴輪の一部と共通する。しかし、埴輪が葬送の場に機能したことをしばらくおくとしても、大きさが人形にくらべ巨大で、多様な姿態・動作・表現方法をとる埴輪と土製人形を直接結びつけることは、かなり難しい。

　他方、装飾付須恵器の小像と土製人形とは大きさや人物の姿、動物の種類などに共通したところもある。しかし、前者が須恵質であるのに後者が土師質、前者の人物像は一部に鉢巻した姿があるのに、後者は基本的に裸身らしいこと、動物の種類は前者が多いなどといった違いがある。さらに、前者の装飾付須恵器では動物や武器、人物が全体で、たとえば弓矢で鹿を追う狩りの状況を動的に表すのに、後者の土製人形に伴う武器・武具は器物自体に意味があるという表現方法の違いがある。

　このようにみると、土製人形はほぼ時代が重なる装飾付須恵器の小像群と関わった可能性は否定できないが、その関わり方、あるいは影響の度合はそれほど強くなかったのではなかろうか。

　土製人形の出自を考える上に今一つ見逃せないのが、朝鮮半島の「土偶」である。朝鮮半島にはすでに述べた装飾付須恵器の小像とは別に、それ自体が独立した「土偶」がある。「土偶」は一部において装飾土器の小像が本体から分離したものと見誤るほど、その種類や作り、表現が似る。また、その分布もやはり慶州古墳群を中心とし、年代も6世紀代と装飾土器と同時代という［東1985］。ただし、この「土偶」は確実な例が少なく、実態を把握するにはほど遠いのが現状である。それゆえ、半島の「土偶」と土製人形との間に系譜関係を読み取ることは、現時点では時期尚早であろう。その点は今後の課題としても、朝鮮半島の装飾土器および「土偶」とほぼ同時代にある日本の装飾付須恵器の小像、および土製人形が相互に無関係であったとすることもまた難しい。

　古墳時代の土製人形が装飾付須恵器の小像とも、朝鮮半島の「土偶」ともある距離を保っている実情は、ある「原型」を模倣して土製人形が成立したとするより、朝鮮半島から偶像製作に関する強い刺激を受け、それが一方で装飾付須恵器の小像群として、他方で土製人形という形で発露したのではなかろうか。すなわち、古墳時代の土製人形は5世紀の後半〜6世紀にかけて朝鮮半島から受けた影響のもとに、彼の地の偶像概念をもとに、日本で独自に成立した可能性が強いと考える。この姿はあたかも8世紀の『大宝律令』が、その概念から構成にいたるまで唐の律令を手本にしながら、細部では日本の実情に合致するように、大幅な手直しを加えている状況と似ていなくもない。

5　古墳時代の人形と律令期の人形

(1) 二系統の人形

　古墳時代の人形と律令時代のそれとの違いは、その姿形、材質から使用方法、祭の場にいたる広範な部分に及んでいる（図138）。その根本的な理由は、何より時代の違いに求められるだろう。この年代観は研究史的にみると、比較的最近の知見によるといえる。たとえば、人形を含めた土製模造品を概括的に論じた亀井正道は、かつて、土製人形と扁平な人形の違いを階層差と考えた。この場合の扁平人形は、福岡県沖ノ島遺跡の金銅製人形を例にしているが、これを含む金属製模造品の背景を宮廷あるいは国家とし、土製模造品の背景を民間祭祀と定立した［亀井 1971］。そして、並存する両者が簡略化、衰退していく時期に、石製の人形や馬形が出現すると考えたのである。したがって、亀井説では土製人形と金属製人形とは同時代であるが、石製人形との間には年代差があることになろう。この説は、金属製品を含めた扁平人形の年代的位置づけがまだ確立していない時期の論説であり、時代の異なる人形を同時代の文物として比較している。たとえば、沖ノ島遺跡の石製人形は木製の扁平人形と密接に関連する遺品で9世紀に下るのに対し、土製人形は先に述べたごとく、古墳時代後期に遡る。ただし、日本の扁平人形の起源に関しては、土製人形と同じく古墳時代後期に遡るとする意見がある。その根拠の一つが静岡県神明原・元宮川遺跡の調査成果で、ここでは、木製の扁平人形が古墳時代後期の遺物に伴ったこと、その人形の型式が8世紀の人形とやや異なることがその根拠になっている［静岡県埋蔵文化財調査研究所 1991］。この立場からすると亀井説の一部は、なお有効であろう。

　しかし、木製の扁平人形の年代に関しては、紀年銘木簡などが伴う確実な例では、今のところ7世紀第4四半期以前には遡らず、神明原・元宮川遺跡の報告書の「古墳時代の木製人形」は、報告者が述べるように特異な形などではなくて8世紀の人形の特徴を備えているなど、土製人形はともかく、木製の扁平人形と石製人形や馬形は律令期の所産と考えるべきである。

　ここにみた二つの時代の人形は、当時の日本が置かれた国際的環境と無縁ではなかったようである。律令体制の成立は、当時の日本と大陸との関わり方をも大きく変えた。通説では、それ以前は朝鮮半島を経由して大陸の文化を摂取したものが、以降は、唐（中国）からの直接受容に転換したとする。こうした状況が実際にいつの時点で始まるのか、論議を呼ぶところだが、祭祀信仰の分野でも例外ではないようである。ここに述べた二つの時代の人形は、あたかも一方が朝鮮半島を経由した文化を、他方が唐（中国）の文化を背景とし、古墳時代から奈良時代に移り変わる当時の政治・文化の状況を語っていて興味深い。

[参考文献]

東　潮　1985「古代朝鮮の祭祀遺物に関する一考察」『国立歴史民俗博物館研究報告』第7集。
折口信夫　1966「偶人信仰の民俗化並びに伝説化せる道」『折口信夫全集』3、中央公論社。
金子裕之　1989「日本における人形の起源」『道教と東アジア』人文書院。
亀井正道　1961『建鉾山』吉川弘文館。
亀井正道　1971「祭祀遺物──模造品の変遷──」『古代の日本』2、角川書店。
亀井正道　1985「浜松市坂上遺跡の土製模造品」『国立歴史民俗博物館研究報告』第7集。
岸本雅敏　1975「装飾付須恵器と首長墓」『考古学研究』第22巻第1号。
倉吉市教育委員会　1985『倉吉市内遺跡分布調査報告』2。
向坂鋼二　1964「浜松市都田町坂上出土の祭祀遺物」『考古学雑誌』第50巻第1号。
小林行雄　1974『埴輪』陶磁大系3、平凡社。
斎藤　忠　1955『日本考古学図鑑』吉川弘文館。
静岡県教育委員会ほか　1982『一般国道1号袋井バイパス埋蔵文化財調査概報──坂尻遺跡第二次──』。
静岡県埋蔵文化財調査研究所　1991『大谷川』4。
柴垣勇夫　1984「装飾付須恵器の器種と分布について」『愛知県陶磁資料館研究紀要』3。
角田文衛　1939「偶人について」『考古学論叢』第14輯、考古学研究会。
中山吉秀　1975「北の台遺跡」『千葉県ニュータウン埋蔵文化財調査報告』Ⅲ、千葉県企業庁。
兵庫県加東町教育委員会　1985『穂積・高町遺跡』。
文化財保護委員会　1959「今泉祭祀遺跡出土品一括」『埋蔵文化財要覧』Ⅱ。
間壁葭子　1988「装飾須恵器の小像群」『倉敷考古館研究集報』第20号。
町田　章編　1985『木器集成図録　近畿古代編』奈良国立文化財研究所。
三重県埋蔵文化財センター　1983『草山遺跡発掘調査月報』6。
水野正好　1976「等身の人形代」『京都考古』21。
水野正好　1977「埴輪の世界」『日本原始美術大系』3、講談社。
若松良一　1992「人物・動物埴輪」『古墳時代の研究』9、雄山閣。

第6章

アマテラス神話と金銅製紡織具

1　祭祀関連遺物とは

　祭祀とはまつり、すなわち神祭のことであるが、考古学では神や霊を祀ることまでを広く含めて祭祀と呼び、そうした宗教的な儀礼を挙行した場所を祭祀遺跡や祭祀遺構とし、ここで用いる祭器具――祭祀用に小型粗造化した模造品（雛形）が多い――を祭祀具とか祭祀関連遺物と称している。こうした遺跡や遺物について、そこで執行されたはずの祭祀や儀礼の内容を復原することはたとえ文献史料がある時代でも容易なことではなく、民族学・宗教学など諸学の調査研究の成果と比較して仮説を提示することになる。

　7・8世紀の祭祀関連遺物の一つに金銅製紡織具がある。紡織は動植物などの繊維を加工して糸を紡ぐことであり、それに用いる器具が紡織具である。かつて機織は女性の仕事であり、どの家でも紡織具は必需品であった。

　日常の機織りに用いた木製の紡織具は、今のところ4世紀代の静岡県山の花遺跡例に遡り、これに対応して祭祀用の土製模造品が古墳時代（6世紀代？）の静岡県浜松市中津坂上遺跡にある［亀井 1985］。しかし、7世紀代に下る金銅製品はこれらとは性格を異にする。伊勢神宮の祭神であるアマテラス女神は、日本神話では機を織る姫神としてみえ、ここでは金銅製の紡織具を神宝として奉る。神宝とは神に献げる宝物としての品々（御料）をいうこともあるが、ほんらいは神自身の使用を目的に奉るものである。

　金銅製の紡織具は数は少ないが、三重県神島八代神社や福岡県沖ノ島遺跡に遺品があり（図146）、史料にもみえる。これらを総合すると金銅製紡織具はアマテラス神話と関わり、そこにはある種宇宙論的な意味があった。ここでは隠されたその意味に迫ってみよう。

2　神島の金銅製紡織具

　まずは三重県神島八代神社の神宝からみよう。神島は鳥羽市の海上約17km、伊勢湾上に浮かぶ孤島である。三島由紀夫の小説『潮騒』の舞台ともなったこの島の八代神社には、金銅製の紡織具模造品をはじめとして古墳時代から中世に下る神宝がある。

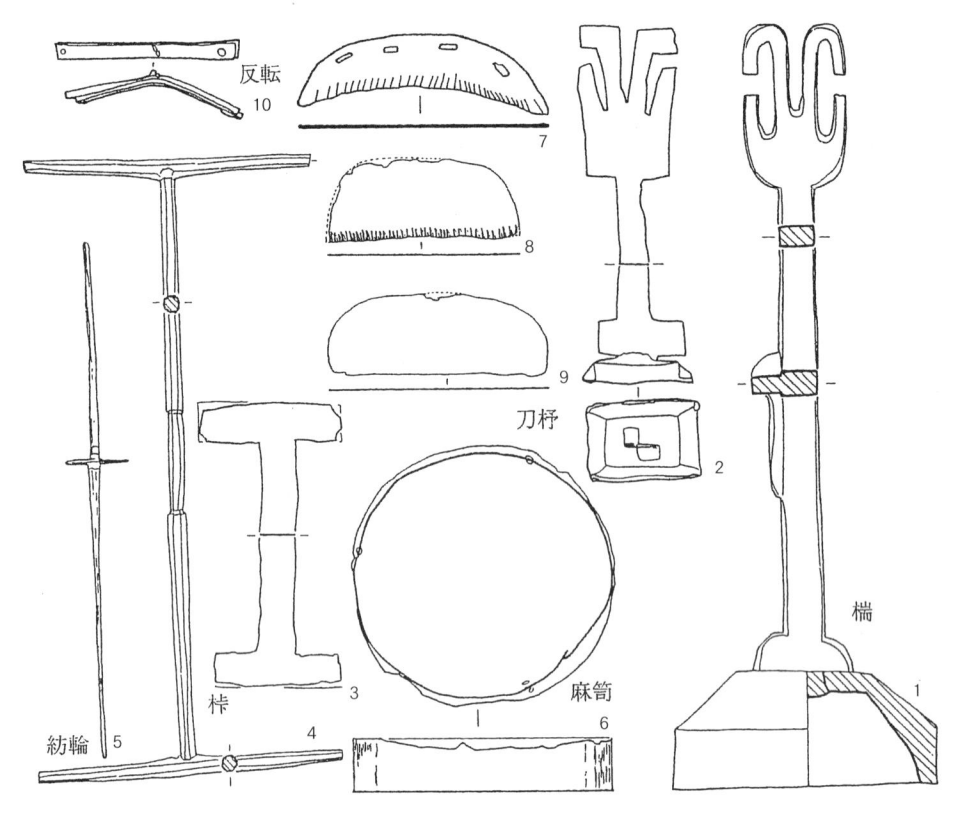

図146　金銅製紡織具の模造品（八代神社神宝：[金子 1991a]、沖ノ島遺跡：[第三次沖の島学術調査隊 1979]）
1・4　三重県八代神社神宝　　3・8・9　福岡県沖ノ島1号遺跡　　6　福岡県沖ノ島5号遺跡
2・5・7・10　福岡県沖ノ島22号遺跡

言い伝えでは島の桟橋付近での発見品を納めたもので、現在は重要文化財として特別収蔵庫に保存されている（図146）。

神宝の性格について亀井正道は、航海の安全を祈願して島の神に献じたもので、いわゆる海島祭祀の跡とした[亀井 1965]。神島周辺の伊良湖水道は潮の流れが速く難所であることがその背景で、「神の島」の名と合わせて妥当な説であろう。進んで国家による国家祭祀説があるが[三村 2002、和田 1995]、疑問である。

紡織具には糸を整える製糸具の榺と桛があり、ともに鋳銅に鍍金する。榺は麻の繊維を細かく裂いて糸状にする工具。桛は糸の単位を示す語でもあるように、撚りをかけた麻の繊維を巻き取る工字型の工具である。榺は支柱と土居を別作りとした組立式で支柱頭部は四つに分岐し（四分岐）、支柱片側には耳状突起を造る。高さは19.3cmである。

苧麻の繊維をこの榺の分岐する頭部に直交するように引っかけ、両端から繊維を細かく裂くのであろう。桛は全長22.3cmと16cmの2点があり、柄の作りに違いがある。

製糸工程では細かく裂いて糸状にした繊維に撚りをかける紡輪（錘）と、績んだ糸を貯える麻筥が不可欠であるがここにはない。桛の作りが違うことと考えあわせると、

2組あったのであろうか。

3　宗像の神と紡織具

　いっぽう福岡県宗像社沖ノ島遺跡は多種類の金銅製紡織具を出土したことで知られる。市杵嶋姫、湍津姫、田心姫の宗像三女神を祭る宗像社は辺津宮、中津宮、沖津宮に分かれ、本社の辺津宮は宗像市田島に、中津宮は北の大島に、沖津宮は陸から約57km離れた玄界灘の沖ノ島にある。この沖ノ島が「お言わず島」といわれた大祭祀遺跡で、島南端の巨岩地帯には古墳時代から中世にかけての祭祀遺跡群がある。

　紡織具は6号、22号、5号、1号の各遺跡から出土している（表36）。種類は豊富で榺と桛、麻笥、刀杼、反転、紡輪などの製糸具に加え織具など多数がある［太田 1972］。いずれも金銅の薄板製品で、榺は最大でも14.3cm、桛は8.7cmしかなく、形だけを写した小型の模造品である。これとは別に沖ノ島遺跡出土品と伝える鋳造の榺があり、これは神島八代神社例に酷似する。なお辺津宮には、機織り道具の金銅製高機の模造品が伝来している。

表36　金銅製紡織具の雛形

三重県鳥羽市神島八代神社	金銅榺1、桛2、榺は基部土居に支柱　榺高19.3cm、桛1）23.3cm、桛2）16cm
福岡県宗像市宗像社沖ノ島	
Ⅱ段階　6号遺跡	金銅麻笥、榺？桛？
22号遺跡	金銅榺、刀杼、榺、反転、紡輪
Ⅲ段階　5号遺跡	金銅榺（2種）、刀杼、麻笥
Ⅳ段階　1号遺跡	金銅榺、金銅桛、麻笥、紡錘、刀杼、杼頭、反転、榺
伝承沖ノ島遺跡	金銅榺（支柱の一部現存高14.8cm）
福岡県宗像市宗像社辺津宮	金銅製高機

沖ノ島遺跡：〔第三次沖の島学術調査隊、1979〕

4　アマテラスと紡織具

　伊勢神宝の紡織具は『延喜式』「伊勢太神宮式」（延長5〈927〉年撰進）に詳しい。そこには神宝21種（延暦23〈804〉年の『皇太神宮儀式帳』では19種）があり、中に金銅・銀銅の榺と金銅・銀銅加世比（桛）、麻笥、鏄の4種がある。また、伊勢神宮の別宮の滝原宮、伊雑宮にも桛、麻笥がみえる（表37）。別宮のものはもとは1セットがあったのであろう。その大きさは榺が高さ34cm（1尺1寸16分）、桛が全長28cm（9寸6分）と、実用品に近い大きさで、特に榺は神島例の約1.8倍、桛は約1.3倍もある。

　伊勢神宮の神宝は20年ごとの遷宮に際してすべて新調することになっているが、「神祇令」によると即位直後の天皇が国土の神々を祭る天神地祇の惣祭にも、大幣として伊勢神宮に同様のものを奉ることがみえる。『令義解』（天長10〈833〉年成立）の即位条

表37　史料および神宝にみえる紡織具

伊勢神宮神宝	金銅榺2基、麻笥2合、金銅加世比2枚、鏄2枚 銀銅榺1基、麻笥1合、銀銅加世比2枚、鏄1枚	延暦23年（804）8月28日『皇太神宮儀式帳』群書類従巻1
伊勢別宮・滝原宮	銀桶1口、銀桛1枚	『皇太神宮儀式帳』
伊勢別宮・伊雑宮	金桶2口、金桛1枝、金高機1具	『皇太神宮儀式帳』
伊勢別宮・風宮	金銅榺、金銅桛、桶、高機	「嘉元2年（1304）送官符」群書類従
龍田社風神祭	金榺、金桛、金麻笥	「龍田風神祭祝詞」延喜式巻8
住吉大社	金銅榺、金銅桛、麻笥、杼頭	「天平3年7月5日付住吉大社司解」『平安遺文補1』
香取神宮	榺、甕（わく）	保元3年（1158）「下総国香取社造進注文事」群書類従巻70
春日大社	金銅榺（線柱）、麻笥	『勘仲記』弘安9年（1286）3月27日神宝送文、史料大成35
日枝大社	金銅榺（線柱）、麻笥	『元亨2年（1322）日吉大社遷宮神宝等選文』
賀茂神社	金銅榺（線柱）、麻笥	『執政所抄』下
熊野速玉大社	金銅桛、鏄、苧笥	〔太田、1967〕

〔吉村、1975をもとに補訂〕
史料：『令義解』巻2神祇令即位条の注には、即位した天皇が天神地祇の惣祭において伊勢神宮に大幣として、「金水桶、金線柱」を住吉神の楯戈とともに奉るとする。伊勢神宮の神宝に関し『続日本紀』天平10年（738）5月24日条に神宝を奉る記事がある。「右大臣正三位橘宿禰諸兄、神祇伯従四位下中臣朝臣名代、右少弁従五位下紀朝臣宇美、陰陽頭外従五位下高麦太を使して、神宝をもちて伊勢大神宮に奉らしむ。」

の注釈はこの大幣を金水桶（こがねのみずおけ）、金線柱（こがねのたたり）とする。金とあるから金銅製の榺の意味であろう。

　天神地祇の惣祭は大嘗祭（だいじょうさい）とともに古代国家にとって重要な祭であり、金銅製紡織具を伊勢神宮へ奉ることはこれに次ぐ重要行事であった。紡織具である理由は、アマテラス女神が機織りの神だからである。

　天岩戸（あまのいわと）神話では、天上世界に上ったスサノヲが大暴れして天上の機殿（はたどの）に馬を逆剥（さかはぎ）にして投げ込むが、それはアマテラス女神が機織り中のことであった（『日本書紀』神代上、第7段）。

　また、「神祇令」では国家が行うべき祭祀を規定し、そこには毎年の4月と9月に神衣祭（かんみそさい）がみえるが、これはアマテラス女神に神衣を奉る伊勢神宮の祭である。

5　アマテラスと宗像三神

　記紀神話ではスサノヲの暴力が原因となってアマテラス女神とスサノヲとの誓約（うけい）となり、宗像三神誕生に連なる（『日本書紀』神代上、瑞珠盟約第6段第3書）。誓約とはあらかじめ結果を予想しておき、その正否によって神意を判定する方法である。井上光貞はこれらを根拠に、沖ノ島遺跡と伊勢神宮神宝の紡織具が密接に関連するとした。

　史料にみる金銅製紡織具もアマテラスと関わるようである。航海の神、住吉大社の『天平三年七月五日付住吉大社司解』に関連した『住吉大社神代記』（すみよしたいしゃじんだいき）には金銅製の榺と桛などがみえる。この史料は天平3（731）年ではなく元慶年間（877〜885年）以後に成立が下るが、アマテラスと住吉三神（底筒男命・中筒男命・表筒男命）との結びつきは『日本書紀』神代上、第5段第1書にみられる。

今一つは龍田社に関わる祝詞の『龍田風神祭』である。祝詞によると毎年4月・7月に行う龍田風神祭では姫神に金麻笥、金桛、金桙を奉る。この社は『日本書紀』天武4（675）年4月条に、「風神を龍田の立野に祀らしむ」とあって7世紀後半に遡る。ただし、アマテラス女神との関わりについては、アマテラスに風神の面影があるとの説があるが、この点はなお課題である。

6　神衣祭と八代神社

このように問題はあるが、7・8世紀の金銅製紡織具はアマテラス女神（伊勢神宮）との関わりで解釈すべきと思う。八代神社の紡織具を伊勢神宝の撤下品とする説があったが、神宝は式年遷宮ごとに造り替えるためにどこまで初期の姿を留めるのか問題で、古式を留めるとされる重要文化財の古神宝も15世紀中頃のものであり[奈良県立橿原考古学研究所附属博物館 1985]、これとは形も大きさも異なる[大西 1955]。

八代神社の神宝は神衣祭との関わりで理解すべきと考える。神衣祭では神衣を伊勢大神と荒祭宮に奉るが、そこでは駿河国（愛知県）が調進する「赤引糸」が中心になる[1]。「赤引糸」を駿河から伊勢神宮へ送る最短距離は伊勢湾を横切ることであり、伊良湖岬と伊勢を結ぶ伊良湖水道は先にも述べたように難所であるが、5世紀代には成立していた[澄田 1963]。八代神社の紡織具はそうした難所の航海安全のために、神宮に関わる集団が奉献したのではなかろうか。沖ノ島遺跡では発掘調査以前に、この遺跡から出土したと伝えられる桛の一部があり、それとの類似も、同じ文脈で解釈すべきであろう。

7　紡織具を好む姫神

アマテラス女神と紡織具を結びつけたのは宗像氏の信仰であろう。肥前国（佐賀県）の8世紀はじめの説話には、女神が紡織具を求めるものがある。『肥前国風土記』によると、基肄郡姫社郷（現佐賀県鳥栖市）の山道川上流には荒ぶる神がいて、道行く人の半ばを殺し、半ばを生かした。占ったところ、宗像郡の人珂是古に、自分の社を立てて祭らせるようにとの託宣があり、珂是古が幡をあげて神の所在を探ると、その夜、夢に臥機（綜すなわち経糸をまとめる用具を上下させ、緯糸を通す隙間を作る織機の部品）や絡垜（桛）など紡織具が舞い現れ、祟りをなすのが女神とわかり姫神のために社を立てて祭り、鎮めたという[秋本校注 1958]。社を立てるとは社殿を建てる意味ではなく、「神の降臨される屋を建てるための特別地」を意味することである[西宮 1990]。宗像君は北部九州を本拠とし、水沼君とともに奉祭した（『日本書紀』神代上、第6段）宗像神は外征外交に関わる航海神として早くから国家的祭祀の対象であった。水沼君は水沼すなわち筑後国三潴郡三潴（水間）を本拠とした豪族であり、5世紀代に中国南朝と

の交渉が行われた頃、新機織りの技術の導入があり、その織女集団に関わって宗像姫を祭るようになったようである[井上 1991]。沖ノ島遺跡における一連の紡織具は、『肥前国風土記』さながらで、宗像の女神と紡織具、織機の結びつきを物語っている。

8　七夕伝説と機織り

　姫神と紡織に関わるものに棚機津女の伝承がある。七夕に遠来の客神を迎えるため水辺や海岸に棚を作り、特に選ばれた処女が客神の衣にするため機を織りながらに待つというものである[折口 1940、金関 1976]。この七夕は折口信夫によると、古くからの信仰であり、中国の織女星の伝承と結びつくのはのちのことという。織女星の伝承とは、天の川を挟んだ牽牛と織女が年に一度だけ7月7日の晩に交会できるとする、いわゆる七夕のことであり、中国伝来のこの行事は年中行事として平城京では8世紀前半から行われた。たとえば天平2（730）年7月7日には聖武天皇が平城宮内の苑である南苑で、「文人に命じて七夕の詩」を作らせたとあるし（『続日本紀』）、『万葉集』の巻11などに関連する歌がみえる。

　伝統的な棚機津女とアマテラス女神とがいつの頃か二重写しになり、アマテラスが天上で機を織っていることについても、棚機津女として訪れてくる神のために神衣を織るということに結びつけられたようである[小南 1984]。

　アマテラス女神の機織りの意味については、中国思想史の観点から大胆な解釈がある。小南一郎は中国神話の創世神の1人、西王母とアマテラスを対比させ、アマテラスが天上で機を織ることには、宇宙の秩序を織り出す機能があったと推測する。それは両女神がともに創世神であることや、西王母が石室に住むのに対し岩戸に籠もるアマテラス女神が対応することなどを根拠とし、西王母が頭に戴く織機の部品を、西王母が宇宙の秩序を織り成す象徴とした[小南 1984]。さらに七夕伝説についても西王母に始まるとした。すなわち西王母が神秘の力をもつのは男女の両性を備えた両性具有であることに由来し、これが男の牽牛と女の織女に分解して七夕伝説が始まったとした。かくて機織りと七夕は西王母を介して結びつくのである。

　たしかに、牽牛と織女が天の川を挟む図式もアマテラス神話と類似点がある。宗像三神誕生にまつわる誓約では、アマテラス女神とスサノヲとが天安河を挟んで相対した。天安河の一方に立つ女神が機を織る姿は、中国の織女と相似形である。

　ともに紡織具をもつとはいえ西王母は織機の部品、他方の女神は製糸具という違いがあってなお検討の余地があるが、アマテラスが天上世界の秩序を織り成す象徴なら、皇祖神として神話で期待されたことと齟齬はない。

9　織り姫信仰の中央化

　紡織具を好む女神に対する宗像氏の信仰とアマテラス女神とが結びつく契機は、井上光貞が説くように大和王権による沖ノ島祭祀への介入であろう［井上 1984］。その年代は金銅製紡織具を有する沖ノ島遺跡6、22、5、1号の各遺跡の年代が決め手になる。調査報告書は各遺跡の年代を、

　　6号・22号：5世紀後半〜6世紀代。ただし22号には7世紀代の土器がある。
　　5号　　　　：7世紀代〜8世紀まで及ぶ。
　　1号　　　　：8・9世紀代。初鋳が弘仁9（818）年の富寿神宝がある。

とする［第三次沖の島学術調査隊 1979］。しかし沖ノ島遺跡の最大の問題は、遺構面を覆う包含層でないことであり、そのために各遺跡の祭器具が、もともとそこにあったのか、のちにもたらされたのか層位の違いによって判別ができないことにある。それゆえ、各遺跡の年代の大枠は別として、金銅製紡織具の年代——その初現年代——については慎重な検討が必要であろう。

　北部九州の豪族宗像氏が中央政界に進出するきっかけは、胸形徳善の娘尼子姫が天武の後宮に入り高市皇子を生んだことである（『日本書紀』天武2〈673〉年2月27日条）。金銅製紡織具の製作年代が7・8世紀のこととすると、これは年代の一定点となろう。

10　天上世界を写す地上

　その天武朝の初期に広大な都市域を備えた新都の建設が始まる。持統8（694）年に遷都する藤原京であり、東西南北の路によって碁盤目の街区を形成した。この区画は天上世界の姿を写したものである。

　古代中国では天子が地上を治める正統性を天上世界（星宿）に求めた。天子は付託の証しとして、地上を天に似せたのである。しかし、ドーム型と考えた天上に対しそれを写す地上は、なぜか方形であった。天円地方（天はまるく地はしかく）である。そこでは天と地は密接な関係にあり、地上の豊作や安寧は天上世界の秩序正しく規則的な動きに左右される。機織りはそうした規則的な動きを紡ぐ、重要な手段であった。

　藤原京の建設は680年代初期には始まっており、天武4（675）年まで遡るとの見方もある。アマテラス女神が天上で機を織るという神話と、藤原京の背景となる思想が無関係とは考え難い。

　　［註］
　　1）赤引糸の神調　赤は明で清浄の意味であり、赤引糸は伊勢神宮の6月・12月の月次祭のため神宮の神郡や御厨やから進る糸である。

[参考文献]

秋本吉郎校注 1958『風土記』日本古典文学大系第2巻、岩波書店、pp.382〜385、当刻条の頭注。
井上辰雄 1991「地方豪族の歴史的性格」『日本歴史』第280号。
井上光貞 1984「古代沖の島の祭祀」『日本古代の王権と祭祀』東京大学出版会。
太田英蔵 1967「紡織具と調庸絁布」『日本の考古学Ⅵ 歴史時代（上）』河出書房。
太田英蔵 1972「沖ノ島遺跡の紡織具」『海の正倉院 沖ノ島遺跡』毎日新聞社。
大西源一 1955「志摩国神島八代神社の古神宝」『國學院雑誌』第56巻第2号。
折口信夫 1940「七夕祭りの話」『折口信夫全集』第15巻、中央公論社。
金関丈夫 1976「箸・櫛・つるぎ」『木馬と石牛』角川書店。
金子裕之 1991a「武器・武具・農耕具」『古墳時代の研究』3、雄山閣。
金子裕之 1991b「楽器・酒造具・紡織具」『古墳時代の研究』3、雄山閣。
亀井正道 1965「志摩八代神社神宝の意義」『石田博士頌寿記念東洋史論叢』。
亀井正道 1985「浜松市坂上遺跡の土製模造品」『国立歴史民俗博物館研究報告』第7集。
小南一郎 1984「西王母と七夕伝承」『中国の神話と物語り』岩波書店、p.92、註2。
澄田正一 1963「伊勢湾沿岸の画文帯神獣鏡について」『近畿古文化論攷』吉川弘文館。
第三次沖の島学術調査隊 1979「第4章 沖ノ島遺跡の年代とその祭祀形態」『宗像沖ノ島』。
田中琢・佐原真編 2002『日本考古学事典』三省堂、「祭祀」の項。
奈良県立橿原考古学研究所附属博物館 1985『特別展 伊勢神宝と考古学』。
西宮一民 1990「ヤシロ（社）考」『上代文学と言語』桜楓社。
三村翰弘 2002「伊勢斎宮の立地に関する考察──「神島」古代祭司との関連を中心に」『筑波大学芸術研究報』22。
吉村元雄 1975「古神宝」『仏教美術研究上野記念財団助成研究会報告書』2、京都国立博物館。
和田 萃 1995「東国への海つ路」『日本古代の儀礼と祭祀・信仰』下、塙書房。

第7章

絵馬と猿の絵皿

1　最古の絵馬

　先頃、奈良時代の都、平城京の跡から日本最古の絵馬が出土した（図147）。その場所は奈良時代のはじめ、天平元（729）年2月、藤原氏の陰謀によって殺された悲劇の政治家、長屋王の邸宅跡の近くである。

　この長屋王の邸宅は、奈良市内のデパート建設中にみつかったもので、平城宮の東南隅に接した当時の1等地、左京三条二坊にある。その広さは確認しただけで6万4000㎡、推定ではこの倍はあったようで、邸内には長大な曲水跡や巨大な建物跡が無数にある。今度絵馬がみつかったのは、この長屋王邸の北に接した溝である。長屋王邸の北側の二条大路である。大宮大路にあたるこの大路は朱雀大路に次いで広く、道

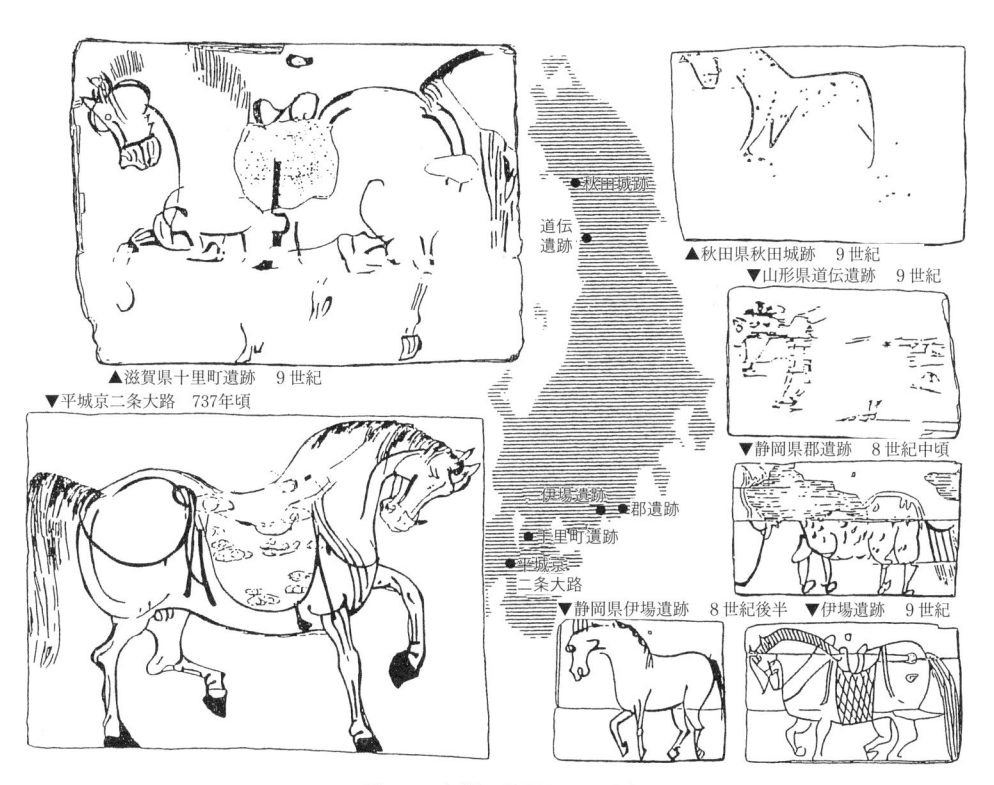

図147　初期の絵馬とその分布

幅が35mを測り、平城宮の南面から東大寺の西大門に通じる。デパート建設に伴う事前調査で、この二条大路の南北西側溝に接して、長さが100m以上、幅3m、深さ1.3mの東西溝二条が新たに明らかになった。この溝からは絵馬をはじめとする大量の木簡や木製品、食器などが出土している。二条大路の北には平城宮東院があるが、二条大路と東院との間には4町（6万4,000㎡。平城京の宅地単位1町は1万6,000㎡）の邸宅がある。同時に出土した木簡から、ここに長屋王のライバルの1人、兵部卿従三位藤原麻呂の邸があった可能性が高い［奈文研 1990・1991］。

絵馬は、藤原麻呂邸の門傍の溝から出土した。絵馬のまわりの木簡は天平8～10（736～738）年の年紀があり、絵馬は天平10年を下限とする。これは、今日まで知られている絵馬の最古の例である。

絵馬は板に馬の姿を描き、生きた馬と同じ意味がある。中世の絵馬は、人が馬の手綱を曳く曳馬図であるが、奈良・平安時代に属す初期の絵馬（7遺跡14点）は馬の側面形のみを描く（図147）。新発見の絵馬は縦29cm、横が27cmのヒノキの薄板に、右向きの馬を表す。初期の絵馬は左向きの馬を描くことが多く、その点、本例はやや異質である。絵馬はふつう、上端の中央付近に吊り下げ用の細孔があるが、本例にはみえない。縁の痕跡から、簡単な額に入れたのであろうか。この絵馬は風蝕痕があり、溝に捨てるまでかなりの期間外気に晒されていたらしい。

馬は、鞍を置くいわゆる飾り馬。鞍のほか障泥、胸繋、尻繋、壺鐙などの表現がある。馬の輪郭や馬具は黒線を引き、馬体は赤色（ベンガラ）を、鞍は白色顔料を塗る。障泥には特殊な材質を塗ったのか、その痕跡が焼け火箸を押したように斑点に残る。いわゆる一筆描きの絵馬が多い中にあって、筆使いや彩色の鮮やかさなど、絵画資料としても1級品である。この絵馬の意義を明らかにするためには、同時代の馬の遺品について考える必要がある。

2　奈良時代の馬の遺品

奈良時代の馬の遺品には、絵馬のほかに土馬や木製馬形などがある（図139）。土で馬を象ったものに埴輪があるが、それより小型の馬形を埴輪馬と区別するため、土製馬形（土馬）と称す。土馬は古墳時代の後期に出現し、福島県天王壇古墳では埴輪馬とともにある。しかし、埴輪が消滅した後も、土馬は生き続け、奈良・平安時代に新たな形で甦った。

土馬は、馬体のみを象る場合と、鞍などの馬具を装着した姿を表す場合があり、前者を裸馬、後者を飾り馬と呼ぶことが多い。古墳時代の土馬は、地方によって作り方に違いがある。その一つが胴体を中空に作るもの。胴体の成形時に、円筒形の芯に粘土を巻くため、この形になる。この胴体に、別に用意した内柱状の脚を貼り付けるが、地域によっては植物質の串状品を雇い枘とし胴体に挿し込む。この方法は焼成によっ

て焼けた串の跡が中空になり、判別が容易である。

　鞍は粘土を貼り付け、手綱や、面繋（おもがい）、尻繋などは、陰刻と円形竹管文等により表現することが多い。こうした古墳時代以来の技法は、地方によっては奈良時代にも認め得る。

　他方、8世紀初頭の平城京において、顔の側面を三日月型に作る大和型の土馬が出現し、作り方や形態は大きく変化した。この土馬はその型式変化が特に激しい。7世紀末、藤原京時代の尻尾を垂らした土馬の伝統は8世紀初頭にも遺存するが、8世紀中葉以降には尻尾をピーンとはね上げるようになり、作り方も粘土板を折り曲げ、脚などを引き出すため、胴体の断面が逆U字型を呈する。この後、次第に小型化、9世紀の中葉には犬形と見紛うほどになり、10世紀前半を境に消滅するらしい。

　大和型土馬は、平城京・長岡京・平安京など古代都城を中心に分布し、その出土遺跡・数量ともに多い。全国の土馬出土遺跡数は、1984年末の統計で約550ヵ所、その半分がこの地域に集中する。しかも、1遺跡で100個体を超える例があって出土数も多い。土馬は後にも触れるように破片が多く、個体数の算出が難しいが、概算で全国の総個体数1,800余点。このうちの実に8割が上記の地域に集中する。その内訳は平城京と周辺が5割半、長岡京・平安京と周辺が2割半である。ただし、古代都城でも難波宮のある大阪府下は旧河内国を中心に分布するが、今のところ遺跡数、数量とも少ない。これについては調査が進んでいないためとする見方もある。

　大和型土馬は古代都城の所在地を外れるとその出土遺跡・数は極端に減り、滋賀県下では大伴遺跡などごく少数の遺跡で出土するだけである。なお、古代都城と関係が深い三重県斎王宮跡（さいおうきゅうせき）では、今のところ大和型土馬をみない。

　北陸や、島根など山陰の一部、九州地方などでは、土馬は独特の様相を呈する。なお、静岡県の郡（こおり）遺跡などの小型の土馬は、9世紀初頭の大和型土馬に似た雰囲気をもつ［金子 1988］。

　馬を象る遺品の第2は板状の馬形である。これは扁平な板材の上下をえぐり、馬の側面像を象徴的に表現したもの。鞍を作るいわゆる飾り馬と、鞍のない裸馬とがあり、目鼻やたてがみ、鐙などを墨書きしたり、刻むことがある。また、静岡県伊場遺跡には手綱を朱書きした例がある。

　扁平な馬形を地上に立てるには、いくつか方法があった。一つは馬形の下腹部に小孔を穿ち、細棒に挿す方法。俵田遺跡例など各地に多く、静岡県神明原・元宮川遺跡から、実際に腹部に棒を挿した馬形が出土した。二つは馬形の両側面に二対の傷をつけ、小棒を斜めに挿し込むもの。この方式では脚は4本になり、盆行事の精霊送りの馬とよく似た形となる。兵庫県砂入遺跡など但馬国府関連遺跡に多くの例がある。下腹部に小孔がなく立て方が不詳な馬形は、この方式の可能性もあろう。三つは尻にあたる一方の端部を尖らせて地上に挿すか、他端部側面に切り込みを入れて細棒に挿す方法などがある。

木製馬形は、今のところ北は青森県石上神社遺跡から南は岡山県下市瀬遺跡まで、約30ヵ所の遺跡から出土、最近では兵庫県下の但馬国府関連遺跡での出土例が増している。その年代は7世紀初頭という静岡県神明原・元宮川遺跡［静岡県埋蔵文化財調査研究所 1988］例、京都府石本(いしもと)遺跡例を例外として、7世紀末〜9世紀代を中心とする。このうち神明原・元宮川遺跡例は古墳時代から平安時代にいたる川の跡という問題があり、石本遺跡例は8世紀代の特徴を示す横櫛が伴うなど、その年代についてはなお検討が必要と思う。

　この馬形は静岡県伊場遺跡、神明原・元宮川遺跡例はすべて裸馬の形を取るが、9世紀初頭の兵庫県但馬国府関連遺跡では飾り馬が中心、という違いがある。年代による違いとともに、さまざまな要因が絡んでいるのであろう。

　木の代わりに滑石を用いる馬形は、群馬県羽田倉遺跡、埼玉県西別府(にしべっぷ)遺跡、長野県神坂峠(みさか)遺跡、福岡県沖ノ島1号遺跡などにあり、羽田倉・西別府・神坂峠の各遺跡は裸馬のみが、8・9世紀代の沖ノ島遺跡では、裸馬と飾り馬の両者が出土している。材料が石というだけで木製品とあまり変わらない。

　金属製馬形は、古墳時代に遡る例が愛知県鎌田1号古墳にあり、平安時代に下る例が、栃木県日光男体山山頂遺跡にある。ともに鉄製品で、古墳時代の鉄馬は朝鮮半島の鉄馬と関わる［東 1985］。平安時代の鉄馬については、系譜を木製馬形に求めるのか、土馬に求めるのか、あるいは古墳時代の鉄馬と関連づけるべきか検討を要しよう。

　なお、遺品としてはまだみないが、史料には「板立馬」（『類聚符宣抄』天暦2〈948〉年）があり、「北野天神供御幣並種種物文」（『本朝文粋』）に「色紙絵馬三疋走馬十列」とみえ、『延喜式』「陰陽寮御本命祭」に紙「馬形五十疋」がある。

　板立馬にあたるものは日枝神社本『山王霊験記』絵巻（弘安11〈1288〉年）にみえる。これは下端に細棒を付けた3枚の板絵馬で、御幣を立てた祭壇下の地上に挿している（図72）。また、紙に描く紙絵馬は、『不動利益縁起』（鎌倉時代末）にみる。この絵巻の第二段、安倍清明（921〜1005）が僧智興の重病を身代わりの証空に移すべき願文を読む場面には、御幣や供物器を並べた祭壇の天板全面に、2枚の紙絵馬を貼り付けている。図柄は曳馬図である。

3　馬と奈良朝貴族

　日本における馬の起源をどの時代に求めるべきか、早くから論争があった。以前は縄文時代にすでに馬がいたとする論調があったが、精密な発掘調査の普及とともに、縄文の遺跡から馬の遺体が出土したとする所見は否定され、少なくとも、弥生時代以降に下る見解が有力になっている。『魏志倭人伝』に、倭に「牛馬なし」とある記事は事実を述べた可能性が強い。いずれにしても、馬の本格的導入・普及は古墳時代も5世紀に下る［小林 1961］。

馬は農耕馬、役馬としても有用であるが、古墳時代はその稀少価値から、貴人の乗り物であった。この観念は、数世紀を経た奈良時代にあっても変わらず、奈良時代の貴族の意識では馬は貴人の、あるいはその最高位者の神の乗り物だった。そして、優れた馬は地上を往くだけでなく天空をも往くものだった。

　たとえば、片岡伝説で道教と関わりの深い聖徳太子の愛馬は、「空を凌ぎ雲を踏む」駿馬で、太子を中国や朝鮮半島の師の許に運んだ（『上宮聖徳太子伝補闕記』）し、万葉歌人として有名な大伴旅人は「龍の馬」を得て、任地の大宰府から恋人のいる奈良の都に戻りたいと詠った。

　『万葉集』には、大宰の帥大伴旅人卿の歌とそれに答うる歌2首がある。
　　龍の馬を今も得てしかあおによし奈良の都に行きて来むため　　　　　（巻5－806）
　　龍の馬をあれは求めつあおによし奈良の都に来む人のために　　　　　（巻5－808）
　この天空を往く馬、龍の馬（ペガサス）の思想はいうまでもなく中国に由来する。『日本書紀』雄略天皇9年7月条にはこれを裏づける有名な説話がある。

　すなわち、河内の国の田辺史伯孫が、外孫の誕生祝いにでかけた帰途、古市の誉田陵（いわゆる応神陵）の傍を通りかかったところ、赤駿に騎った人物に出会った。轡を並べて走るうちに、龍のごとくに飛び鴻のごとくに驚く。赤駿のすばらしさに、この馬と自分のまだらの馬とを交換して帰ったが、翌朝にはその馬が埴輪の馬に変わっていた、という説話である。同主旨の話は『新撰姓氏録』の田辺氏の条にみえるが、こちらの話は簡潔で短く、『日本書紀』に赤駿とあるところが単に馬とある。『日本書紀』の説話は『文選』の「赭白馬賦」をもとに『日本書紀』の編者が潤色したことが通説化しており［佐伯1974］、奈良朝貴族はこうした文学によって天駆ける馬の思想に親しんでいた。

　思想だけでなく、天馬の具体像も彼らは知っていたのである。正倉院宝物には、宝物の中でも一際異彩を放つ巨大な銀壺がある。高さ43cm、最大径61.9cmのこの壺は、「天平神護三年（767）二月四日」の銘があり、称徳女帝の施入に関わる品で、唐からの招来品という。この銀壺の台外面には、狩猟の場面とともに天馬の姿を刻んでいるのである。また、「法隆寺献納宝物」には、銅に銀鍍金した有名な龍首水瓶があり、これにも2頭の天馬をみる。この水瓶の年代については、水瓶にある墨書を「比曽丈六」云々と読み、吉野の比曽寺旧蔵品として、7世紀後半とする見方があった。しかし、最近の赤外線テレビを用いた調査によって、墨書の「比曽」は「北堂」と判読できた。この「北堂」は法隆寺の堂塔を指すらしい。このように、龍首水瓶は当初から法隆寺に伝来したこと、その年代は作風から7世紀中葉で、しかも日本製の可能性が高いという［東野1989、中野1989］。それゆえ、奈良朝貴族にとって天駆ける馬は、言葉だけでなく早くから具体的なイメージがあったのである。貴人の最高位者は神であるから、馬はまた神の乗り物でもあった。柳田国男が多くの伝説や地名などから明らかにしたように、日本の各地には白馬に乗って神が光臨する伝説がある［柳田1970］。

時代がやや下るが、平安時代には人間世界に祟りをなす鬼神と馬との関わりを示す史料がある。『今昔物語』には、陰陽師安倍清明の師、賀茂保憲（917〜977）の優れた資質を語る「賀茂忠行道を子保憲に傳うる物語」がある。これは、保憲の父賀茂忠行が子の保憲を祓所に同道したところ、10歳ばかりの童の保憲が、祓の場に表れた鬼神が形代の馬などに乗って消えるのを目撃したとし、修行を積んでようやく見えるようになった自分に対し、子の保憲がいかに優れた才能の持ち主かと感嘆する話である。その一部を引くと、「祓の所にて、わが見つる、けしき怖ろしげなる姿したる者どもの人にもあらぬが口に、また人の形の様にして、二・三十人ばかり出で来てなみ居て、すえたる物どもを取り食いて、其の造り置きたる船車馬などに乗りてこそ、散り散りに返りつれ」（巻24－第15話）とある。ここでは馬は舟車とともに、鬼神の乗り物としてみえるのである。物語とはいえ当時の人々の馬に対する観念、すなわち馬は神あるいは鬼神の乗り物、とする意識を語って興味深い。

　馬を象る器物は生きた馬と同じ意味をもつ。本来は生きた馬を献じたものが次第にその形代に変わっていくことは、馬に限らず、人間をはじめさまざまな器物についてもいえることである。では、馬の形代を神に捧げることは古代においていかなる意味をもつのであろうか。神に捧げ物をする狙いは無数にあるが、ここでは次の場合を考えることができる。

　1）日常のお供えとしての意味
　2）ある種の反対給付を求める
　3）神が平和裡に、別の世界へ移ることを願う

　1）2）は一部で重なるが、馬を象る遺物の意義について、従来はこのケース、特に2）で説明することが多い。2）には予約型ともいうべき形、先に捧げるものを約束し、神に願望の実現を迫ることも多い。

　3）は人間世界にとって好ましくない祟神や疫神を、平和裡に別世界に遷す方法である。たとえば平安時代の法律書、『延喜式』（延長5〈927〉年撰進、康保4〈957〉年施行）に収める「遷却祟神祭祝詞」では、海山の珍味・酒を無数並べて祟神を饗し、平安のうちに遷却することを唱えている。

　馬形のうち、もっとも数が多い土馬については大場磐雄［大場 1970］以来、降雨や涌水を願望して水神に捧げたとする説が有力である。大場は『風土記』や『記紀』神話をもとに、土馬の目的を水霊祭祀・祈雨祭祀・峠神祭祀・墓前祭祀に分けた。このうち、水霊祭祀と祈雨祭祀はともに水神に関わる点で共通する。水神と馬の結びつきを語る伝承や史料は、早くに柳田国男が「河童駒引」［柳田 1970］（1914『山島民譚集』1）で明らかにしたように、古くからある。柳田によれば、河童は水神の零落した姿であり、水神（河童）が水辺の馬を淵に引き込む伝説は広く分布する。この水神と馬の関わりが汎世界的なものであることを論証した石田英一郎は、水神と牛の関わりが原初形態で、のちに牛が馬に換わったという［石田 1966］。

奈良時代にあっても、日照りには黒毛馬を、霖雨には白毛馬を吉野の丹生川上社などに奉る記事が『続日本紀』にみえ、水神と馬との関わりは強固なものがある。

「幣帛を四畿内の群神に奉る。その丹生川上神には黒毛馬を加う。旱すればなり」
（天平宝字7〈763〉年5月28日条）

「黒毛馬を丹生川上神に奉る」　　　　　　　　　　（宝亀2〈771〉年6月10日条）

「使いをして白馬及び幣を丹生川上・畿内の群神に奉らしむ。霖雨すればなり」
（宝亀6〈775〉年6月20日条）

　黒毛馬は黒々とした雨雲を、白毛馬は逆に晴天を象徴する呪術である。

　農業は古代最大の産業であり、降雨の多少は農作物の豊凶に直接関わる。したがって、土馬を水神に捧げたとする説は合理性をもつかのようであるが、先にも述べたごとく、土馬の中でも質量ともに他を圧倒している大和型土馬は、分布がきわめて狭く、平城京や長岡京、平安京という古代都城とその周辺に限られるのである。律令政府にとって畿内は政治的にも経済的にも重要だが、大和型土馬の分布はその畿内の範囲よりははるかに狭い。大和型土馬が分布しない地域では土馬の出土は少なく、土馬すなわち水神奉献説で解釈すると、これらの地域ではそれはきわめて稀な行為となろう。

　土馬水神奉献説に立つ小笠原好彦は、その根拠の一つとして、平城宮の陰陽寮推定地や神祇官推定地の周辺に土馬が集中することをあげ、陰陽寮や神祇官が、祈雨祭祀の場を自らの官衙の傍らに設けた結果と考えている［小笠原 1975］。しかし、その後の調査の進展に伴って、土馬の出土地や出土数は増大し、たとえば、平城京内の運河や主要な道路側溝では、1ヵ所で100個体を超える例もあるなど、平城宮内の陰陽寮や神祇官推定地周辺のそれを凌駕している。この傾向は今後ますます増えることが予想でき、土馬の出土数から、その祭祀を主宰した官衙を単純に推定することは難しい。

　他方、土馬をこの世に災いをもたらす祟神、疫神に供えたとするのは水野正好である［水野 1983］。水野は先に述べた、奈良朝貴族の馬に関する観念などをもとに、この説を提唱する。これは、上にあげた捧げ物の目的では3）にあたろう。土馬は完全な形で出土することは稀で、ほとんどが破片で出土する。水野は祟神や疫神に乗馬となる土馬を捧げ、彼らを速やかに他界へ移したのち再びこの世界へ戻れぬようにするため馬の足を折ったからだと説く。平城京や長岡京・平安京では運河や道路側溝・川跡などから、土馬が人形や人面土器など祓に関わる遺物とともに出土することが多く、水野説は合理性をもち得ると思う。

　この水野説は、先に触れた大場磐雄の土馬墓前祭祀説と共通するところがある。大場は高市郡大領高市剣主許梅に託宣があり、神武天皇の陵に馬および種々の兵器を奉ったとある『日本書紀』天武元（672）年7月条を傍証に、古墳の霊の祟りを和める祭祀を推定している。古墳から土馬が出土することは奈良県新沢千塚古墳などに類例があるが、これらの土馬は小笠原が明らかにしたように、古墳築造期から遥かに時代が下り、8世紀ないし9世紀代に属する。古墳の霊の祟りを和めるために埋納したとす

ると、平城京や長岡京・平安京の内外における大和型土馬の祭祀と共通するのではないか。

　崇神や疫神に捧げる馬形は土馬だけでなく、絵馬もその可能性を考える必要がある。絵馬はやはり水神奉献説が有力である。これに対し、水野正好は絵馬もまた崇神・疫神と関わると説く。その論拠としたのは『本朝法華験記』128「紀伊美奈部道祖神条」に収載する天王寺僧道公の説話である。すなわち天王寺僧道公が熊野詣の帰途、紀伊の国の美奈部郡の海辺で2晩野宿した折の体験談のかたちを取り、老樹のもとの道祖が翁となって道公の前に現れ、年来、自分は疫神の先駆を強いられ、絵馬に乗って勤めたと語るのである。

　時代は江戸時代に下り、絵馬と行疫神の代表、牛頭天王との結びつきを語って興味深いのが『先代旧事本紀大成経』である。この12巻には、端午の日に絵馬2枚を1組にして牛頭天王を祀ることがみえる。すなわち、「三輪大神のいわく、わが和魂神・牛頭大神、往古よりこのかた、悉く大地を宰る。貧富病快に任かせて、世間の疫病等をば、皆なこの神の徒なり。午月端午、能く其の役を定む。五色の餅を以て各々茅の葉に包み、五色の線を以て各々五処を結び、双つの木瓶をもって甘辛の酒を盛り、絵馬双頭、これを副えて土に埋み、精誠の方をもってこの神を祭らば、行疫兵乱、直ちに止み、五穀重穂、大に登らん。遂に教えのごとくこれを行う、果して告げの加く治めまりぬ」(『修験道要典』所引)とある。五色の線云々は、4世紀のはじめに成立した葛洪の『抱朴子』に、山中で五色の絵を大きな岩に懸ければ、求めるところ必ず得られん（登渉篇）とあることに基づく。絵馬を添えるのは、牛頭天王が馬とともに速やかに世界に赴くことを願う意味であろう。この書は、志摩国伊雑宮の祀官永野采女らが若干の古記録をもとに作り上げた偽書である［飯田 1947］が、初期の絵馬の一つ、滋賀県十里町遺跡の絵馬は土壙から出土しており、いかなる記録によったのか興味をそそられる。

　絵馬を2枚1組とすることは、中世の絵巻物『春日権現験記』（延慶2〈1309〉年）や『慕帰絵詞』（文明14〈1482〉年）『一遍聖人絵伝』（正安元〈1299〉年）にみる。その一部は同じ向きだけでなく、左右を向く絵馬をセットにしている。冒頭に紹介した絵馬が、同時代の諸例と違って右向きの馬であるのは、今一つ左を向く絵馬を前提にしているのではないか。つまり、奈良時代の初期から絵馬は2枚1組で用いた証左と思う。

　ところで、絵巻物にみる絵馬は、寺社の社頭に懸けるもの（『年中行事絵巻』『春日権現験記』『天狗草紙絵巻』）、道祖神の傍の老樹に懸けるもの（『慕帰絵詞』）が多く、絵馬の奉献すなわち水神説の根拠になっているようである。しかし、『一遍聖人絵伝』の「第4巻第4段」には、有力者とはいえ民家の舞良戸に懸けており（図148）、水神説だけでは説明が難しい。岩井宏美は、時の経過によって絵馬の意義が多様化し、魔除などにも使用するようになったと説く［岩井 1974］が、果してそうであろうか。

このたびの絵馬は、出土地の傍ら、藤原麻呂邸の門に懸けていた可能性が高く、それは絵馬の風蝕痕が物語る。これは絵馬と疫神との関わりを重視する立場を支持するようである。天平9（737）年秋、西日本から流行した疫病は、たちまち都に蔓延。この藤原麻呂を含め、長屋王のライバルだった藤原四兄弟は次々に倒れた［岩井 1974］。想像を逞しくすると、その疫病を防ぐためにこの絵馬を門前に懸

図148　『一遍上人絵伝』第四巻第四段にみえる絵馬

けたと解しても矛盾はあるまい。従来、新しい祭祀の形はまず地方に新しい動きがあって、のちに政府が中央の祭祀に取り入れたとする見方が強固にあり、絵馬もその例外ではないとみなす説があった[1]。しかし、最古の絵馬が平城京の中枢部から出現したことから、絵馬も他の馬形などと同じく、中央から始まり、地方官衙などに広まった蓋然性が高い。

　同じ馬形であるが、以上とやや違うのが板形の馬である。この馬形は罪穢を負った人形を他界（根の国、底の国）に運ぶため、人形の傍に立てたと思う。その様子を語るのが、山形県酒田市俵田遺跡である［山形県教委 1984］。俵田遺跡（9世紀中葉）は城輪柵に近接し、その条坊推定線上に位置する祓所（はらえど）の一種である。ここでは人形を流す際に、人形や刀形などを二つの容器に入れていた。一つは、人面と「磯　鬼坐」と墨書した土師器の甕。他方は、小型の須恵器の壺である。これらの周囲には馬形と斎串を立て並べたことを示すように多数の馬形、斎串が出土した。おそらく斎串を立てた結界のなかで、穢を負う人形を馬形が他界へ運んだのであろう。人形に馬形が伴うことは、平城京のほか、兵庫県姫谷遺跡、静岡県伊場遺跡などに例がある。

　以上、最古の絵馬の出現を機会に、同時代の馬形遺物の諸相を述べてきた。従来、水神奉献説との関わりで説かれてきた馬形の意義に対し、馬は貴人・神の乗り物とする思想の流れから、疫神・祟神に供し疫を祓い、あるいは人形に託した穢を他界に遷すためこれらがあることを述べた。このような馬を用いた祭、主に祓に関わる祭の方法は、7世紀の末から8世紀の初頭、日本が中国から律令の法体系を導入し、律令制度による国家建設を目指した時代に始まり、律令政府が所在する藤原京・平城京・長岡京・平安京など古代都城を中心とする。

　土馬などの分布から約言すれば、馬形遺物による祓は古代都城を穢から防御するため、中国思想をもとに政府が新たに創造、あるいは古墳時代の祭祀を再編成しその一

部が地方官衙を中心に各地に広まったと思う。その成立の背景や使用法を含め、道教の人形などと密接に関連するものである［金子 1989］。

4　猿を描く絵皿

　奈良時代、馬を象る遺物が人間の穢を祓うために存在したとすれば、その馬の穢を祓うのが猿であった。冒頭に述べた絵馬の出土地のすぐ南には、長屋王の広大な邸宅がある。この邸宅の井戸から、猿を描いた絵皿が出土している。直径21cmの土師器皿の外面に、猿5頭分の頭や手を差しのべる側面像を描き、猿のほかには習書らしき字、船連縣麻呂などの人名もみえる（図149）。

　皿の年代は神亀2（725）年前後。この絵皿の猿については、いくつかの解釈が可能である。

　その一つは、猿がある種の前兆を示すとするもの。『日本書紀』の「皇極紀」は、蘇我入鹿が聖徳太子の子、山背大兄皇子を滅ぼす前後のエピソードを伝える。「岩の上に子猿米焼く米だにも食たげて通らせ山羊の老翁」とある童謡をあげ、子猿を入鹿に山羊を山背大兄に擬しているのである。『日本書紀』の上梓は養老4（720）年、絵皿の年代は長屋王と藤原氏をめぐる政治情勢が緊迫の度を加えてゆく時期と重なる。

　絵皿の猿を藤原氏に置き換えれば、「皇極紀」の記事はまさに今日的な風刺画となろう（長屋王の滅亡は天平元〈729〉年）。絵皿の猿の1頭は、左手を差しのべる姿勢を取る。山背大兄の滅亡後、『日本書紀』は三輪山に昼寝する猿の歌をあげ、これは山背大兄滅亡の前兆なりとする。その歌には「向つ嶺に立てる夫らが柔手こそ我が手を取らめ、誰が裂手裂手そもや我が手取らすもや」とある。大意は、猿が誰のひび割れた手が私の手を取ろうとするのかと歌うのであり、猿が手を延ばす絵皿の構図とも一致する。

　1988年8月、長屋王邸の一画から推定3万点に達する「長屋王家木簡」が出現し、今一つの解釈が可能となった。この3万点という数は、平城京跡の過去30年間にわたる調査で蓄積してきた約2万点の木簡を凌駕する規模である。これらは長屋王邸の運営に関わる伝票群を主体とし、8世紀の貴族生活を復原するのに貴重な資料となり得る。その中に、長屋王邸で馬を飼っていたことを示す木簡があった。その一部（『平城京発

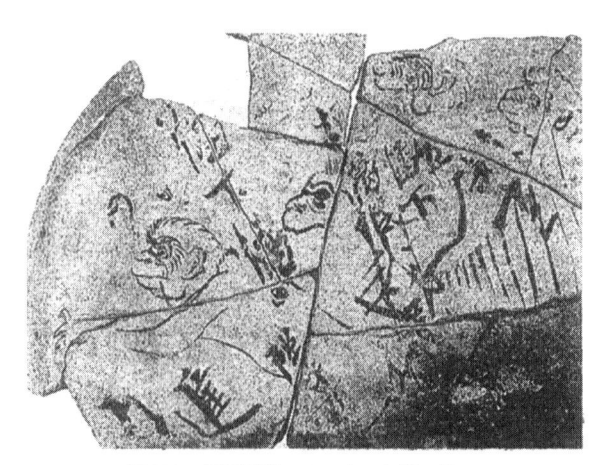

図149　長屋王邸でみつかった猿の絵皿

掘調査出土木簡概報21――長屋王家木簡1――』20頁）を示せば、

「御馬屋犬二口米一升　受　乙末呂
　　　　　　　　　　　　　古万呂」

「（表）馬司帳内一口米七合五夕　　川瀬末呂」
　（裏）二升　　受大嶋　七月十三日　綱万呂」

などがある。長屋王邸では国の機関に準じ、邸内の係に「司」という名称を用いていた。この木簡は長屋（廐）や、馬の世話係に米を支給した伝票である。いずれにしても、長屋王邸には廐があり、何頭かの馬を飼っていたことは疑いがない。

馬と猿とは深い関わりがある。時代は下るが『一遍上人絵伝』や『石山寺縁起絵巻』（鎌倉末～室町）などには、廐の一郭に猿をつなぐ姿がみえる。いわゆる廐の猿である。猿が馬を守る、あるいは死んだ馬を甦らせることは中国の南北朝期の怪奇小説などにみえる。『独異志』や『捜神記』（4世紀）には、東晋大将軍趙固の乗馬を猿が生き返らせる説話があり、また、北魏の賈思勰撰になる農書、『斉民要術』（6世紀中葉）の注釈には、「術に曰く、常に猿猴を馬坊に繋ぎ馬を畏らせず、悪を避け百病を消すなり」とある。猿を馬の守護神とする思想は、遡ってインドに起源するという［石田 1966］。

馬と猿の関わりは、日本では中世に下るとするのが通説である。ここにみた絵皿の猿は、長屋王邸に猿がいたことを示すのではなかろうか。猿の姿がいろいろな姿勢を取るのは、実際に生きた猿を観察した結果と思う。この仮定が認められるなら、日本では馬と猿との関わりが8世紀の初頭に遡ることになる。

先に述べたように、7世紀の末から馬を象る遺品群が都人の穢を祓うために存在している。8世紀のはじめには、馬が人の疫を祓い、その馬の疫を猿が祓うという図式が成立していたのではなかろうか。これが中国思想の影響によることは言うまでもあるまい。長屋王邸とその近辺から出土した絵馬と猿の資料は、奈良時代における人と動物――馬と猿の関わりもまた、中国思想と無縁ではないことを語っていると思う。

[註]
1）「是の年の春、疫病大いに発る。初め筑紫より来れり。夏を経て秋に渉りて公卿以下天下の百姓相継ぎて没死すること勝て計うべからず。近代以来いまだこれあらざるなり」（『続日本紀』天平9〈737〉年12月条）。

[参考文献]
東　潮 1985「古代朝鮮の祭祀遺物に関する一考察」『国立歴史民俗博物館研究報告』第7集、pp.453～496。
飯田季治 1947『校訂標注旧事紀校本』明文社。
石田英一郎 1966『新版河童駒引考』東京大学出版会。
岩井宏美 1974『絵馬』ものと人間の文化史、法政大学出版局。
大場磐雄 1970「上代馬形遺物再考」『祭祀遺蹟』角川書店、pp.480～505。
小笠原好彦 1975「土馬考」『物質文化』第25号、pp.37～47。

金子裕之 1988『律令期祭祀遺物集成』文部省科学研究費報告。
金子裕之 1989「日本における人形の起源」『道教と東アジア』人文書院、pp.37〜54。
小林行雄 1961「上代日本における乗馬の風習」『古墳時代の研究』青木書店、pp.261〜286。
佐伯有清 1974「馬の伝承と馬飼いの成立」『日本古代文化の探求　馬』社会思想社、pp.119〜139。
静岡県埋蔵文化財調査研究所 1988『大谷川3』静岡県埋蔵文化財調査研究所調査報告、第13集。
東野治之 1989「法隆寺献納宝物　竜首水瓶の墨書銘」『MUSEUM』457号、pp.17〜26。
中野政樹 1989「法隆寺献納宝物　竜首水瓶について」『MUSEUM』457号、pp.4〜26。
奈良国立文化財研究所 1990『1989年度平城京発掘調査部発掘調査概報』。
奈良国立文化財研究所 1991『平城京長屋王邸と木簡』吉川弘文館。
水野正好 1983「馬・馬・馬──その語りの考古学」『奈良大学文化財学報』第2集、pp.23〜43。
柳田国男 1970「河童駒引」『定本柳田国男集』第27巻、筑摩書房、pp.49〜110。
山形県教育委員会 1984『俵田遺跡発掘調査報告書』。

第8章

都城祭祀と沖ノ島祭祀

1 都でのさまざまな祭祀

(1) 律令的祭祀

　近年、わが国の古代都城遺跡の調査が進展するのに伴って、都城とその周辺から、さまざまな祭祀が行われたことを窺わせる遺物が出土している（図150）。8世紀の平城京を例に取ると、それらは宅地や邸宅の安寧を祈る地鎮祭具、母胎内で子供を育んだ胞衣（えな）の処理に関わる遺構遺物、呪詛（じゅそ）に関わる遺物、未だ祭祀を特定できない遺構・遺物などさまざまである。そうした中で、殊に目を引くのが、罪・穢（けがれ）などを祓う祭祀遺物で、宮内・京内を問わず、排水路・道路側溝・運河跡などからおびただしく出土する。それらは、人形（ひとがた）・鳥形（とりがた）・斎串（ゆぐし）など、木の薄板を削った形代（かたしろ）類、土製の馬形（土馬）、あるいは土師器の壺外面に顔を描く人面土器、模型竈（かまど）、および小銅鏡や金銅鈴などである。

　これらの多くは、都城において盛んであった律令的祭祀と関わるものである。律令的祭祀とは、井上光貞の造語である。井上は「古代沖ノ島の祭祀」と題する東京大学

図150　さまざまな祓い具

退官記念講演の中で、この概念を「8世紀初頭に公布された大宝令の神祇令とよぶ篇目によって規定され、実施された国家的祭祀のことである。この国家的祭祀の内容は、日本の神祇制度の骨格を定めたものであるので、その日本思想史上に占める位置は巨大であって、ふつう太古の昔から伝わっていると考えられる神道や神社の諸制度でも、否その神学でも、この神祇令によって改めて、またはあらたに規定され、後世を規定したものが多い」とした上で、一般に、令は「『式』と呼ぶ施行細則なくしては実施できない」ので、令の施行は式の施行をも意味し、「8世紀初頭にできた大宝律令は（略）10世紀初頭成立の延喜式の祖型によって実施された」と考えるべきである。それゆえ、「私は、律令的祭祀とよぶとき、その言葉のなかに『令』とともに、同時的にそれに伴う『式』を含ませておくのである」［井上 1984］と規定した。

(2) 律令的祭祀の展開

　古代都城の祭祀を考える時に、この「律令的祭祀」の概念が重要なのは次の点にある。それまで考古学による祭祀研究は、遺構・遺物の関係から、古墳時代を中心とするものであり、古代の祭祀は、わずかに神社祭祀との類似という形で論じられたにすぎなかった。井上が説くように、神社祭祀が個々の神社の任意に委ねられたものではなく、「令・式」に規定されたものなら、それに類似した祭祀遺物の法律的根拠を「神祇令・式」に求めることが可能となる。また、逆にこうした祭祀遺物を年代順に配列することで、「神祇令・式」の起源を追求する手懸かりを得ることができよう。

　この視点から、井上は「律令的祭祀ないし、その先駆的形態」を沖ノ島遺跡の諸段階に適用し、「神祇令・式」の成立時期を考察したのである。

　私は、以前、この「律令的祭祀」概念に則りつつ、古代都城における木製祭祀具の性格を考察した。そこでは木製祭祀具を木製模造品の名で概括し、5世紀代からみる木製模造品が7世紀後半の天武・持統期を境として、種類やあり方に質的な差を見い出すこと、以降の模造品と『延喜式』の祭祀記載とに、いくつかの共通項目を見い出すことから、木製模造品の一部に律令的祭祀の内容が反映していると指摘した［金子 1980］。

　その後の調査の進展を踏まえ、別稿では、木製模造品と密接に関連する人面墨書土器・土馬・模型竈および金属製祭祀具の性格について考察を加え、これらは基本的には律令的祭祀のなかでも重要であった大祓に関与したものと考えた。そして都城の内外に無数の大祓の場（祓所）があることは、皇都（天皇の都）のケガレを祓い都を清浄に保つため、大祓が頻繁に、しかも複数の場で行われた結果と解し、これが歴史的には、のちの平安宮の宮廷で行われた七瀬祓の原型になるとの見通しを示した。さらに七瀬祓の場（七瀬川）が平安宮を重層的に囲む事実を明らかにし、この祓が従来の説のごとく儀式的なものではなく、大祓同様、平安宮の宮廷をケガレから守護し、皇都を清浄に保つ意図のもとに、計画的に設定されたとした［金子 1985］。

以上の２稿によって、古代都城の律令的祭祀の展開について私なりの見通しを提示したのであるが、この祭祀の地方への展開については若干の見通しを述べただけで、具体的な事実をもとに論じることができなかった。それゆえ、ここでは、都城における律令的祭祀が地方にどのように展開したかという問題を中心に述べ、さらに、沖ノ島遺跡との関わりについても検討することにしよう。

2　都城祭祀の実態

(1) さまざまな祓の道具

　先に進む前に、都城における律令的祭祀の実態を簡単に説明しておかなければならない。まず、本章が用いる古代都城とは、７世紀後半（持統８〈694〉年）に遷都した藤原宮および、以降の平城・長岡・平安の各宮を指す。この都城をもとに展開する祭祀具は、８世紀では先に掲げた人形・鳥形・刀形などの木製模造品群、人面土器・土馬・模型竈などの土器・土製品群、鏡・鈴などの金属製品がある。人形は呪詛・病気治療などにも使われたが、罪穢や悪気を人形に移し、流れに投ずる祓がその一般的な使われ方であった。奈良時代の祓の代表は、６月と12月の晦日に宮中で実修された大祓である。「神祇令」や、平安初期の「儀式」などによると、この日、天皇や中宮は内裏において御祓麻を上られ、親王以下の百官の男女は宮正面の朱雀門前で祓を行った。

(2) 平城宮の大祓のあと

　平城宮における大祓の実態は長らく不明であったが、1980年春、朱雀門の東隣の壬生門跡の調査で、この問題が急展開した。この調査では、壬生門前を流れる二条大路北側溝（宮外濠）から207点もの大量の木製人形が出土した（図151）。流れやすく、また腐りやすい木製人形がこれほど大量に遺存したのは、門前の側溝をある時期埋めて陸橋化したことが幸いしたのである。平安時代編纂の法律書『法曹類林』巻200に引く「式部記文」には、大祓を大伴門（朱雀門）と壬生門の間の大路で行うとみえる。大伴・壬生二門間の大路とは二条大路を指すので、前述の人形の出土状況ともよく一致すること、年紀のある木簡などから、これらの人形が天平年間（729～749）の大祓に用いられたことが判明した。ここでは、作りや顔の表現で同巧の人形が２枚、３枚と組みになって出土し、祓の人形は複数で組み合わせて使うことも同時に明らかとなった。
　207点の人形には、小さな鳥形２点と舟形１点、斎串と呼ぶ、先端を尖らせた串状品がごく少数伴った。この鳥形と舟形の意味は最初わからなかったが、やがて、山形県酒田市の俵田遺跡の発見によって、その意味が明らかになった。俵田遺跡では、人面と「磯　鬼坐」と書いた土師器の甕、および須恵器の壺に入った人形、その周囲から木製馬形や斎串・刀形が出土した。もとの状態を復原すると、人形のまわりに馬形・斎串を立てて囲んでいたようである。馬は汎世界的に水神に結びつけられることが多

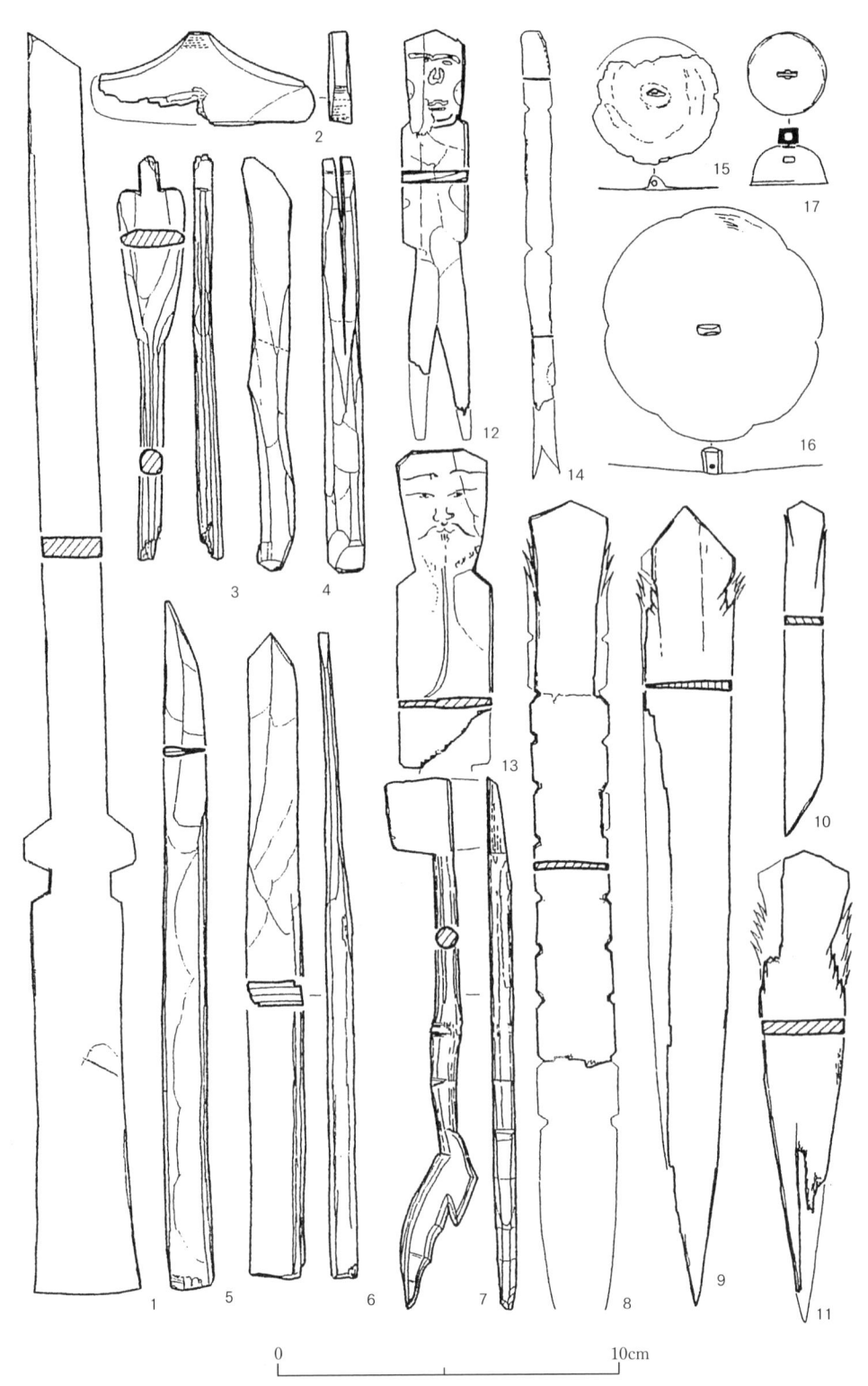

図151　平城京東三坊大路側溝出土の祭祀遺物
刀形(1・5・6)　琴柱(2)　鏃形(3)　鎌形(4)　鳥足形(7)　斎串(8〜11)　人形(12〜14)
鏡形(15・16)　銅鈴(17)

く、後に述べる土馬とともに水神への祈願のために流れに投じたとする見方がある。しかし、この場合は別の役割を考える必要があろう。『万葉集』には竜の馬という表現があり（巻5－806・808）、聖徳太子の愛馬は「空を凌ぎ雲を蹴む」（『上宮聖徳太子伝補闕記』）駿馬とあるように、当時の知識人にとって、馬は貴人の乗り物であると同時に、天空を自由に駆けるものだった。『延喜式』の大祓の「祝詞」によると、穢を移した御麻を四国の卜部が祓所に解除をする。俵田遺跡の状況は、この祓所にあたり、馬形は罪穢を負った人形を他界（根の国、底の国）に運ぶために、人形の傍らに立てたのであろう。この行為は斎串を立てた空間内で行われた。この場合の斎串は結界を表し、外部の悪気を遮断するとともに、人形が負った悪気を外に漏らさぬ役割を果し、迫りくる外部の悪気は、刀形が武器としてこれを打ち断ち遮ったのであろう。壬生門の鳥形・舟形は、俵田遺跡の馬形と同じ役割を担ったと思う。日本神話の中で、鳥は他界との間を往復し、人の魂を運ぶ。舟は水上の乗り物だが、「天の鳥船」（『日本書紀』神代下、第9段）の言葉があるように、天空をも往くものである。あるいは、舟は人形を乗せ、鳥形はその先導役と解してもよい。人形は平城宮・京跡の41遺跡から出土している。

　平城宮跡には木製人形のほかに銅・鉄の金属製人形もある。20年余り前から出土していたのだが、木製品とあまりに形が異なることから見逃していた。その年代も、奈良時代か平安時代か確実ではなかったが、ごく最近、宮内の溝の8世紀初頭の堆積層から、木製品と同形の銅人形と独特の形をした銅人形が出土し、銅人形が8世紀初頭に遡ることが確実となった。これに対し、鉄人形が出土した宮東南隅の溝は平安時代初期まで機能しており、鉄人形が、8世紀に遡るかどうか、なお問題である。詳しく述べる余裕はないが、のちの『延喜式』の鉄人形の規定や、平城宮跡での銅人形の出土が極端に少なく（全点数が約30点）、しかも、宮とその周辺に集中している事実を考慮すると、銅人形は天皇・東宮などの祓用、木製人形はそれ以下の祓用という決まりがあったのだろう。

(3) 厄病神を描く土器

　人面墨書土器（人面土器と略す）は、文字通り壺の外面に人面を墨書きしたものである。通常、その顔は二面で、恐ろしげなものが多く、なかには鬚の象徴か、斜線だけを引く例や、口縁に沿って波文だけを描く例などもある。人面土器は、8世紀に出現する新しい祭祀具で、最初は煮炊用の甕などを転用して顔を描いたが、8世紀中葉以降、独特の形態・製作手法をもつにいたる。人面土器の機能を考える上に参考となるのは『延喜式』四時祭中宮御贖条である。この条文には、大祓に中臣氏の女が小石の入った坩（壺）を天皇に供する記事があり、これに天皇が気息を3度吹き込むことが、平安時代の有職書『西宮記』にみえる。この記事などをもとに、身中にたまった罪穢を気息とともに人面土器に封じ込め、流れに投じたと考えられている。ただし、

『延喜式』が施行された10世紀には、人面土器は壺や甕ではなく、皿など浅い器となっている。人面土器は、平城宮・京跡の17遺跡から出土し、多いところでは500個体にも及ぶ。そこでは作りや顔の表現に同巧のものがあり、人形同様2個を基本的な単位として使用したと思われる。先の『延喜式』四時祭中宮御贖条でも中臣氏の女が供する坩は2個体である。

(4) 土馬もハラエ

　土馬は古墳時代に出自をみる土製品であるが、8世紀の初頭には大和型と呼ぶ顔を三日月型に作るタイプが確立する。大和型土馬は、尻尾を垂れ、鞍を作り出したものから、尻尾をピンと立てたものに変わり、鞍の表現を失うとともに小型化する。9・10世紀の交には小犬のような形に変化して消滅する。土馬は水神への捧げ物とする通説に対し、行疫神・祟神の乗り物であり、行疫神が猛威を振るわぬようにこれを捧げて穏やかに他所に遷ることを願ったか、逆に足などを折って、行疫神の動きを封じたとする説［水野 1983］がある。土馬は平城宮・京内の80弱の遺跡から出土し、1遺跡で150体を超すところもある。こうしたところでも完全品はなく、破片が多いことから、土馬は壊し、流したとする見方はうなずける。土馬は平城京に限ったことではないが、溝や井戸からだけではなく、土壙や丘陵上の遺跡からも出土する。後で述べるように、土中に埋めることは流すことにも通じ、祓の一形態と認められるので、この場合も、溝に投ずるのと同趣旨と考えてよいだろう。土馬も、作りや表現に酷似したものがあり、やはり複数を単位として用いたと思われる。

(5) 恐るべき竈神

　模型の竈は、いわゆる韓竈（からかまど）と呼ばれる移動式竈の雛形（ひながた）をいう。原型になった竈と同様に、竈・甕・甑（こしき）、あるいは鍋がセットになっている。竈は本来炊さんの道具である。それがなぜ祭祀用具となり得たのか。

　8世紀の竈は韓（辛）竈と呼ばれるように、外来の要素で、中国の伝統が伝わった可能性が高い。中国で竈神（かまどのかみ）は恐るべき神と信じられていた。それは竈神が天帝の眷属で、毎年天帝のもとに上って、その家族の功過を報告し、それに基づき、天帝が家族に罰を下すことにある。こうした信仰は、漢代頃に始まり、唐・宋時代には、竈神の上天時期が毎年12月に定まったという。中国では、竈神の上天にあたって天帝の罰を逃れるために、竈神にさまざまな品物を献じて、偽りの報告をさせるとか、逆に上天そのものを阻止するためにさまざまの祭祀を行っている。模型竈は、平城宮・京内の13ヵ所から出土し、そこでは土馬や人面土器を伴うことをみると、竈神を喜ばす捧げ物とするより、逆に壊して竈神の動きを封じようとしたものではなかろうか。こうした祓を目的とした模型竈の出現は、今のところ8世紀代にみられ、9・10世紀の交までは消息が辿れる。

(6) 魔除の鏡

　以上の祭祀具とともに、近年数を増しつつあるのが、銅鏡や鈴などの（金）銅製品である。鏡は、径が5cmから3cm前後の小さなものが多い。鏡は、『延喜式』神祇の各祭祀に、合わせて九つの祭にその使用がみえる。『古事記』『日本書紀』『風土記』などの神話の中で、鏡は大きな霊威をもつと意識されている。福永光司は、道教の教理において、鏡に霊妙な威力を認め、そこに呪術的宗教的な意味を強調することが行われたとし、日本の鏡をめぐる思想も、この影響によるものとしている。多くの祭祀遺物とともに出土する鏡は、木などにかけ、祭場の表示・浄化という機能を果たしたと思われる。鈴もまた、鏡とともに祭祀には欠かせぬもので、やはり『延喜式』の五つの祭祀に規定がある。福永は、『真誥』などの道教教理書をもとに、鈴も道教に関連したもの、とする［福永 1987］。

(7) 大祓の流行

　8・9世紀の都城遺跡にみられる人形・人面土器・土馬・模型竈などの祭祀遺物について、それらが祓に関与したものであることを述べてきた。奈良時代の祓の代表は大祓である。先にみたように、この大祓との結びつきの明らかな人形とともに、そのほかの遺物もまた、基本的には大祓に関係したものと考えている。それは、平城京の臨時の大祓の場として史料にみえる羅城門付近で、人形以下4種の遺物が伴うこと、独自の祭祀体系をもつこれら4種の遺物が共伴する祭祀は、水野正好が主張するように、大祓がふさわしいと思うからである。この仮定に立つと、壬生門前など、宮南辺の外濠と、羅城門付近の遺物の組み合わせの違いが問題となるが、大祓も、恒例と臨時によって料物に違いがあり、さらに臨時のそれも、動機によって、やはり料物に違いがあったと予測している。延暦25（806）年5月10日の太政官符に、神事の違反に対する科祓の規定があり、大祓・上祓・中祓・下祓の科祓がみえるが、そこでは大祓と中祓、および中以下の祓では、各々料物に差がある（『類聚三代格』）。

　人形以下の祭祀遺物を大祓と関連づけた時に派生する問題の一つは、土馬や模型竈が『延喜式』にみえないことの解釈である。生きた馬は、『延喜式』では朱雀門前の大祓など、合わせて22の祭祀にみえるが、土馬はみえず（神財としての青毛土馬は『皇太神宮儀式帳』にみえる）、馬形は陰陽寮御本命祭の紙馬形があるだけである。

　土馬や模型竈が、なぜ『延喜式』の祭祀の条にみえないのか答えることは難しいが、理由の一つに、土馬は同書の撰進時期には、その実態を失うことをあげておこう。『延喜式』は、藤原時平・忠平らが、延喜5（905）年に醍醐天皇の命をうけて編纂に着手し、延長5（927）年にいたってようやく撰進をみた50巻の法令書である。宮城栄昌によると、同書は、内容的には先立つ「弘仁・貞観式」以後の新定式に部分的に修正・削除・追加を行い、一大集成したものとされ、この成立の事情から、内容に不統一の部分があり、各条文の成立年代は、厳密に批判する必要があるという［宮城 1995］。

ここで扱っている人形や人面土器についてみると、条文はともかく、書き出されている"物"自体の特徴は、撰進年代をあまり隔たらないとの印象を受ける。先に、人面土器に関連して、中臣氏の女が天皇に供する坩のことを引いた。この坩は、条文に壺とあるが、「御贖(みあがた)」の料には坩杯（ツボツキ・カワシリツキ）とある。杯の字が、文字通り浅い杯状を示すならば、先に述べたように、ほぼ当時の実態を反映したものとなる。また、平城宮跡では、金属人形に銅と鉄の2種類があり、銅人形は8世紀初頭に遡るが、鉄人形は9世紀代に下る可能性も述べた。『延喜式』には、木製人形（木人像・偶人）と金属人形（金・銀・鉄人像）があり、後者は、四時祭式から斎宮までの22の祭祀にみえる。ここにみる金・銀人形は鉄人形に箔を押したもので、銅人形はみえず、両者の大きさも違い、『延喜式』の金属人形は、8世紀のそれとは異なるように思う。余談だが、同書の大祓の祝詞に付された「東文忌寸部献二横刀一時咒」に、道教の呪文とともに「捧(ささ)るに銀人を以ってし、禍災を除かむことを請う」の文言がある。この銀人は一書では禄(ろく)人とある。禄人では意味をなさないが、ではなぜ銀人で、なぜ同書のほかの巻にみえる金人でないのかという疑問が生じる。これは、道教の祝詞・願文類を収めた「赤松子章暦」などに、銀人が金人・錫人とともにみえ、銀人は人の身代として用いられている［福永 1986］ことに由来するのであろう。銀の人形は、平城宮跡に鍍銀した痕の残る銅人形があるから、咒の文言が8世紀の実情をある程度伝えている可能性もある。

(8) 七瀬祓の原型

　人形・人面土器などを用いた祭祀が、平城京や長岡京などにおいていかに盛んであったかは、これらの祭祀に使用された各遺物の分布図（図152）が如実に示している。人形以下4種の祭祀遺物が集中する地点を、先に述べたように大祓の場（祓所）とすると、平城京では、大祓は恒例の場である朱雀門前と周辺だけでなく、宮内や京内の主だった道路の辻々・運河・羅城門付近、および羅城門の南約1.5kmの稗田(ひえだ)遺跡など、複数の場で行われたことになる。長岡京跡の場合も平城京跡と似た状況にあるが、違うのは、平城京跡では稗田遺跡しかみつかっていない京外の遺跡が、北京極に接する大藪(おおやぶ)遺跡と西京極に接する西山田遺跡の2ヵ所みつかっていることである。こうしたことから、大祓の場は京内外に複数あり、京外の場合は京を囲む位置にあったと考えている。

　10世紀に下るが、平城宮の宮廷で行われた「七瀬祓」には3種があった。①賀茂川の瀬における賀茂川七瀬、②平安宮の北方を主に大きく囲む霊所七瀬、③琵琶湖から難波海にいたる淀川に設けられた七瀬、の3種である（図153）。この「七瀬祓」には、賀茂川七瀬のように、川の数ヵ所で何度も祓の行為を行い、堀一郎のいう、数を重ねるほど効果があるという信仰形態と、ほかの二つの七瀬にみるように宮のまわりに位置し、宮廷の穢を祓い、外の穢を防ぐという二つの意味をもつと考える。平城京内や

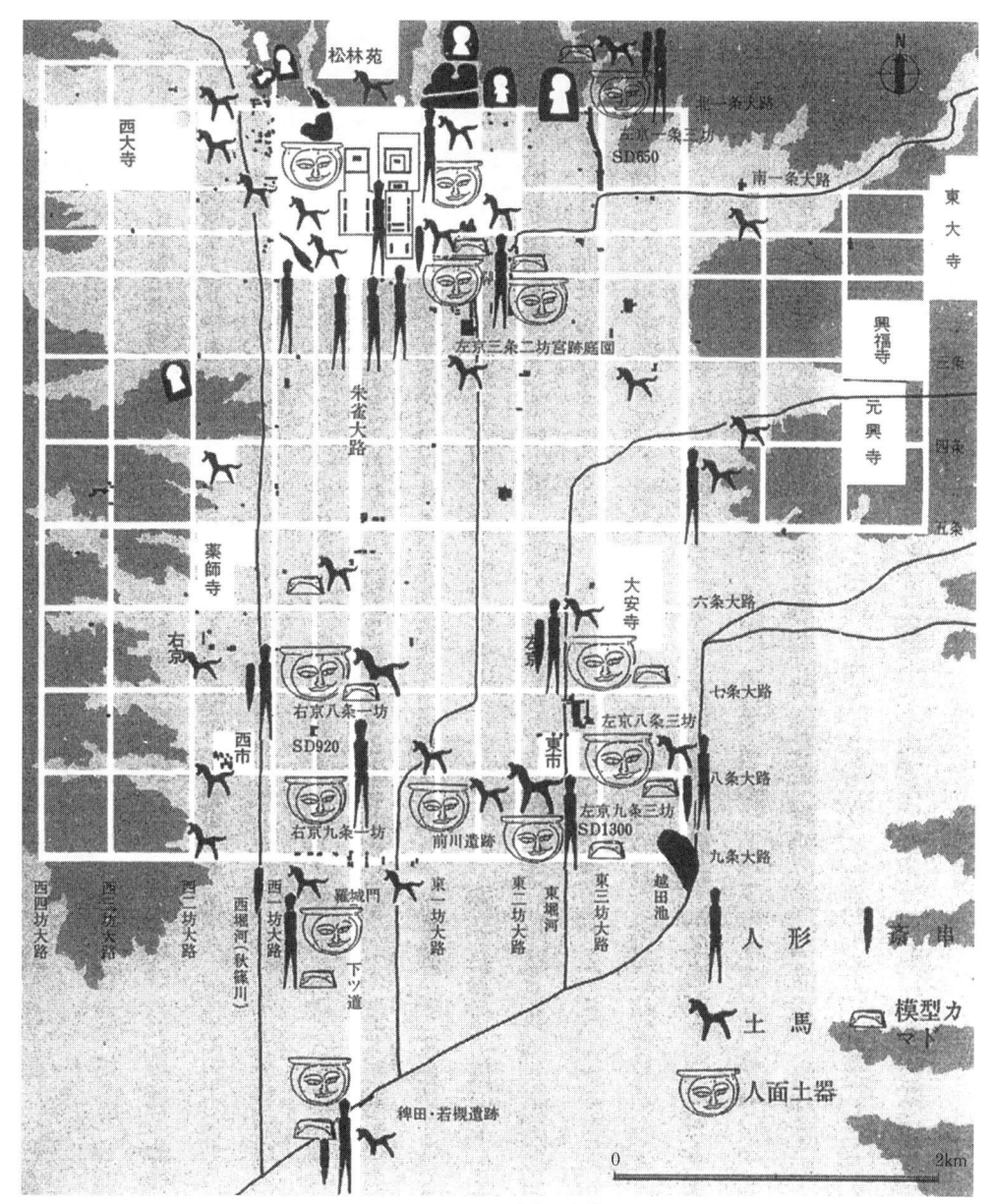

図152　平城京と祭物

長岡京内の複数の大祓の場は賀茂川七瀬の原型であり、稗田遺跡や西山田遺跡などは、後者の原型といえよう。平城京跡や長岡京跡の大祓の場は、調査の進展でさらに増える見込みである。京内のいたるところに祓所があるということは、貴族官人のみでなく、京の住民もこれに参加した可能性をも示唆するものである。のちの『延喜式』に、羅城門前の大嘗祭に伴う臨時の大祓に左右京職の官人が坊令坊長姓（滝川政次郎説は「百姓」とする）を率いて行うことがみえ、祭祀遺物の分布状況は、こうした状況が8世紀に遡るとの見方を支持しているようである。平城京や長岡京で大祓が盛んだったのは、皇都は常に壮麗であるべきとの理念からであろう。神亀元（724）年11月8日付の太政

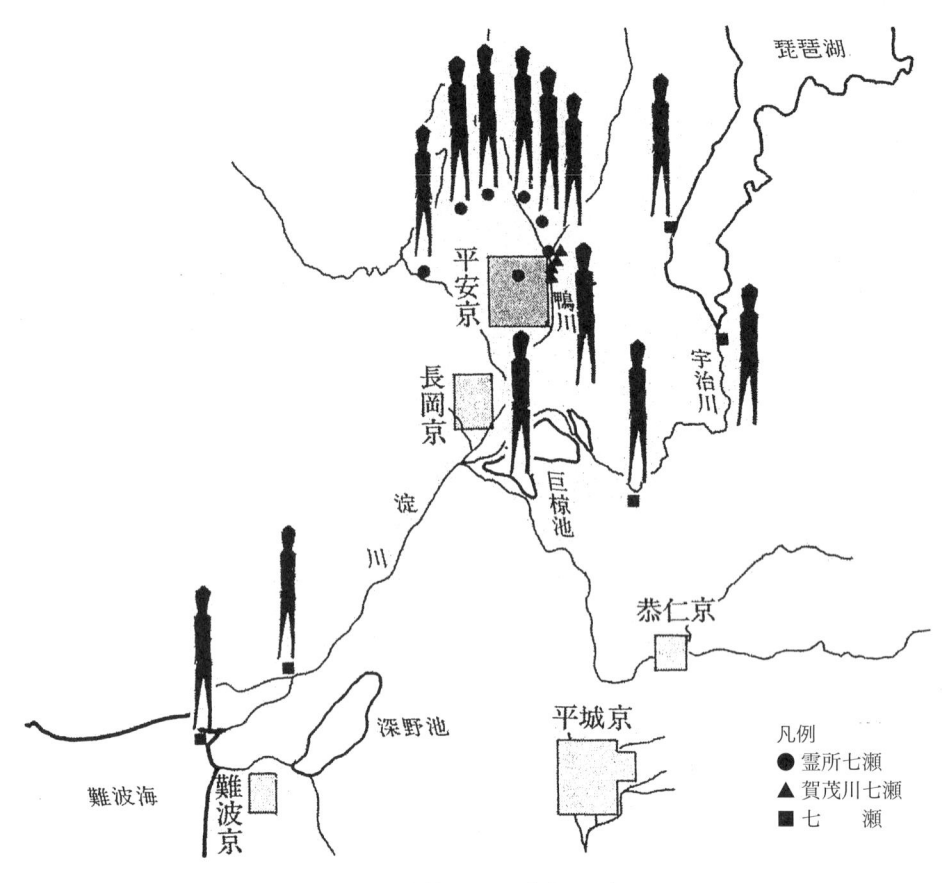

図153　史料にみる平安京の七瀬川

　官奏には、「万国の朝する所、是壮麗にあらざらんは、何をもってか徳を表せん」（『続日本紀』）とある。壮麗さは、穢を嫌う。皇都への埋葬を禁じた「喪葬令皇都条」によって死の穢を避け、大祓によって人々の罪穢を除こうと企図したのであろう。

3　地方への展開

　8・9世紀の都城で盛んであった大祓は、地方でも実施をみた（「神祇令」諸国条）が、人形に人面土器・土馬などを併用した大祓は今のところ明確な例をみず、逆にこれを都城に特有の祭祀と考えるべき様相が呈されている。ここでは、人形と人面土器・土馬の分布を検討することで、それを用いた祓が地方へどのように展開したかを考えてみよう。

(1) 但馬国の七瀬川
　人形の出土遺跡は、都城とその周辺部を除くと、今日までに、全国40ヵ所を数える。

これらの遺跡の多くは、国府や郡衙・駅家など、地方行政の拠点と関連するが、ここでは、平城京に芽生えた「七瀬祓」の原型を、地方がどのように受容したか、近年調査が進行している但馬国府（兵庫県城崎郡日高町）推定地を例に、検討しよう。但馬国府は、『日本後紀』延暦23（804）年正月条に、「但馬の国治を気田郡高田郷に遷す」とあり、兵庫県日高町に推定地がある。国府に関連する遺構のうち、明確なものは、国分寺と国分尼寺である。国分寺は、JR山陰線江原駅の西北に接し、その北々東約1kmに国分尼寺がある。いずれも山丘を背に負う形で南面する。国分寺・尼寺の東方を円山川がゆっくりと蛇行しながら北流し、この間に沖積扇状地が広がる。国府推定地はこの沖積扇状地に4ヵ所、円山川の東側に1ヵ所、西側、国分寺・尼寺の西方2.5kmのところに1ヵ所の都合6ヵ所がある［日高町 1980］。このうち1ヵ所は、バイパス道路の建設に伴って調査が進行中であるが、ほかは未調査である。

　この国府推定地を含めた周辺6ヵ所の川跡や溝、池状遺構からは、人形・馬形などの祭祀遺物が出土している（この点については、以下引用の報告書とともに、加賀見省一・吉識雅仁両氏のご教示を受けた）。北から列挙すると、川岸、国府推定地カナゲダ地区・深田、国分寺跡、禰布ヶ森、姫谷の各遺跡である。国分寺跡を含めた前3ヵ所が、国分寺・尼寺跡より東方に、そのほか2ヵ所が西方にある。国分寺の西方約2.5kmの姫谷遺跡を除く5遺跡は、南北2kmの範囲に収まるので、これらの遺跡の間に国府の中心部があるのだろう。実際、カナゲダ地区からは、檜扇・算木が、深田地区からは、表に「官稲」、裏に「大同五年」（810）と記した木簡が出土する［兵庫県埋蔵文化財調査事務所 1986・1987］など、国衙的雰囲気をただよわせている。

　これらの遺跡からは、複数の人形とともに、鞍を作り出した飾り馬タイプの馬形・斎串、さらに遺跡によっては刀形などが出土し、国府の内と外という二重構造を考えてよいだろう。すなわち、都城の内外にある無数の祓所の雛形がその遺物の組み合わせとともに実現している。さらに注目すべき点は、人形の顔の表現には墨を用いるものと、刀子による刺突法とがあることである。国分尼寺跡の東南東約0.6kmの川岸遺跡では、45点の人形の3割以上に墨による見事な顔の表現があった［日高町教委 1985］が、西方の姫谷遺跡では墨書のものは皆無であった［金子・加賀見 1980］。墨は高価であり、顔を描くのに技巧者を要するとすれば、そうした人形の使用者は限られよう。都城の人形には、墨書の有無も確かにみるが、それほど顕著ではない。平城宮では金属製品と木製品という材質の違いに、階級差を見い出すが、ここでは、墨の使用や表現の巧拙に発現しているのであろうか。

　このように、但馬国府推定地では、都城における「七瀬祓」が、その祭祀具の組み合わせや階層性とともに見事に実現している姿をみる。これらの遺物は、伴出遺物などから9世紀前半代という。これは先の『日本後紀』の国府移転記事とも矛盾せず、この地における「七瀬祓」の成立時期を示している。これは地方における大祓普及の年代を考える、一つの定点となる。地方の人形による大祓には、中央が強制したとす

る水野正好説がある［水野 1978］。人形の用法が中央に准じていることをみれば、正鵠を得ているのであろう。人形の類例がさらに増せば、国ごとによる都城的祭祀方法の受け入れ方をめぐる状況の比較検討が可能となるが、それは将来の課題として、人面土器の問題に進もう。人面土器や土馬の祭祀は、人形ほどの普及をみなかったようである。

(2) 点と点の分布

　人面土器は、平城京・長岡京跡などの都城とその周辺を除くと、北が秋田県から西は佐賀県まで、全国20ヵ所の遺跡に分布している（図154）［巽 1986］。これらの人面土器は地域によって人面を描く器種に違いがあることが特徴である。平城京跡や長岡京跡にみる人面土器専用の土器（壺Bという分類名で呼ぶ）は今のところどの遺跡にもみないが、似た器種は、宮城県市川橋遺跡や富山県大閤山遺跡（この場合は墨書がない）などにみる。東北地方では、甕・長甕が目立ち、秋田県秋田城跡・山形県俵田遺跡・宮城県市川橋遺跡・同沢辺遺跡などから出土している。甕は、茨城県鹿の子遺跡に、長甕は茨城県北の谷遺跡・福岡県仲島遺跡にあり、平城宮跡東市周辺の出土品にも近い形態があるが、東北地方では特徴的である。

　これらが深い器形であるのに対し、杯や皿など、浅い器形の地域がある。千葉県江原台遺跡・同権現後遺跡・茨城県大串遺跡や、愛知県矢作川遺跡・富山県大閤山遺跡などでは杯であり、三重県斎王宮（さいおうきゅう）遺跡・福岡県大宰府跡などでは皿である。このよ

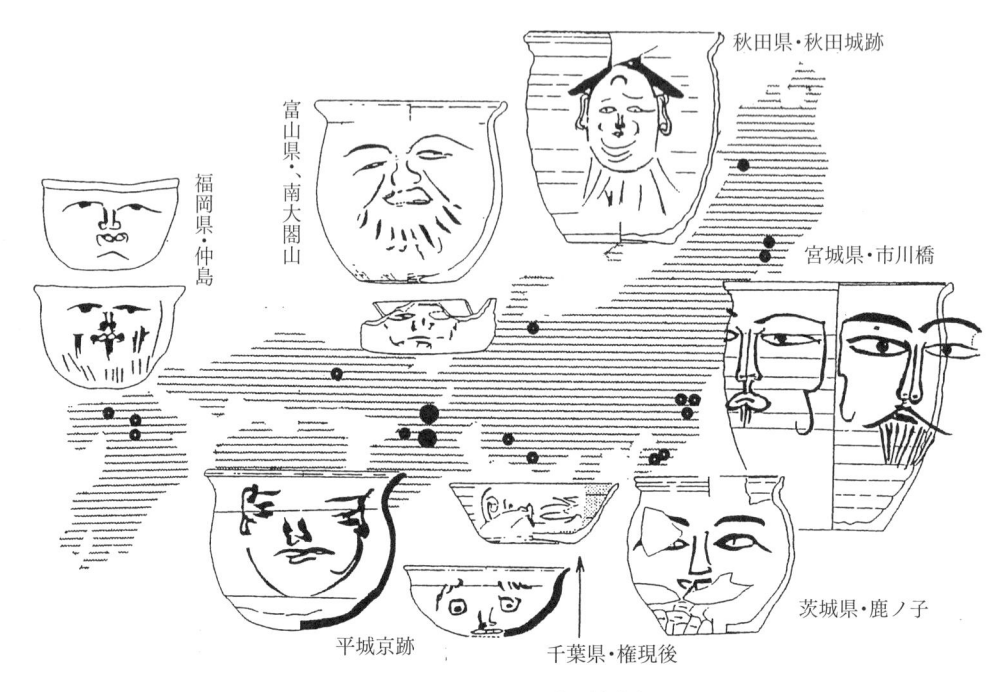

図154　人面土器の分布と地方色

に、各地の人面土器の器種に違いがあるのは、一つには時代の違いにもよる。矢作川遺跡の杯は平安時代末から中世、斎王宮遺跡・大宰府跡の皿は10世紀頃に比定されている。9世紀ないし10世紀に下る人面土器は、すでに触れたように杯や皿という浅い器形にみられるということと一致する。同じ杯でも、大閣山遺跡など、8世紀代に比定される杯は、平城京跡などの「壺B」の中の、器高が杯に近い浅い器形のものとの関連が考えられる。器種の違いをもたらせた今一つの理由は、いわゆる地域化であろう。

　東北地方の甕・長甕は、遡るもので8世紀末、多くは9世紀代である。これは、都城で、時代が下ると人面土器が浅い器形となるのと対照的である。東北地方の遺跡のうち、宮城県市川橋遺跡は、多賀城外郭線の西南隅に接するように流れる砂押川の河床中である。人面土器は、偶然の機会に出土し、正式調査は行われていないが［加藤 1971］、遺跡の位置や遺物の内容から、ここを多賀城の祓所の一所と考えて誤りあるまい。多賀城は、陸奥国府であるとともに、陸奥鎮守府が併設された延暦21（802）年まで「東北経営」の一大拠点であった。この事実と、都城遺跡の人面土器は、本来、煮沸形態で、機能上は甕・長甕と共通性があることから、東北地方の甕・長甕は、多賀城などを中心とした東北化の結果と考える。この過程には2段階があり、8世紀代は都城からもち込んだ土器とともに、機能的に似た在地の土器を用い、9世紀には在地の土器を使用するようになる。これを証するのが同じ市川橋遺跡の8世紀代の土器で、畿内からの搬入品は「壺B」に類似する。

　次に、人面土器の使用法を復原する上に重要な出土状態をみてみよう。都城では、人面土器が道路側溝や運河・河川跡など、水みちから出土することはすでに述べた。各地の人面土器の多くも、やはり水みちから出土するが、関東地方では竪穴式住居跡から出土することがある。千葉県江原台遺跡や、同権現後遺跡・茨城県鹿の子遺跡などである。ただし、茨城県下では河川出土例もあり［茨城県教育財団 1983］、住居跡出土例の意味は、今後の課題である。

　このように、例外もあるが、各地の人面土器の器形や水みちへの投棄という出土状況は、都城における人面土器祭祀との類似性を窺わせる。ごく少例だが、細部まで都城の方式を真似た例もある。福岡県沖ノ島遺跡例は、器種が小型の把手付鉢という点に違いをみるが、人面の表現方法や、2個1対で流している点など、平城京跡のそれと同巧といってもよい。また、平城京跡では、墨書のある土器とない土器を組み合わせることを先に述べたが、富山県大閣山遺跡例はこのケースにあてはまるものである。特に、ここでは墨書のない土器は、平城京跡における「人面専用土器」を、地元の生産技術によって忠実に模倣したものを用いる点に特色がある［富山県教委 1985］。

　このように、地方によっては、都城の人面土器の祭祀をセオリー通りに実行しているのである。それでは、地方におけるこの祭祀の担い手は誰だったのか。これは遺跡の性格を検討することで、ある程度の見通しがつけられよう。東北地方の類例は、い

ずれも律令政府による「東北経営」の拠点と関わりがある。市川橋遺跡については既述した通りである。宮城県沢辺遺跡は、やはり城柵の一つである伊治城推定地の東北約8kmの河川跡で、伊治城の北方に東西にあったと推定される伊治城堡塁の東端に接している［加藤1967］。秋田城跡は、出羽柵を北進して築城した城柵で、人面土器は城の東外郭の東門位置に接して出土した。山形県俵田遺跡は、城輪柵に接近し、推定国府城の条坊計画線上にある。

多賀城と市川橋遺跡の関係に類似するのが福岡県仲島遺跡である。ここは大宰府の北西6kmにあたる三笠川の旧河床である［大野城市教委 1981・1984］。周知のごとく、大宰府は九州を統べた「遠の朝延(とおのみかど)」である。三笠川は大宰府の祓川であり、この川での祓は、出土した数点の人面土器が語っている。

以上述べてきたように、人面土器出土遺跡のいくつかは、国府・城柵など、当時の地方行政の拠点と関連することが明らかである。こうした事実を踏まえ、逆に、人面土器出土地の周辺に、この土器による祭祀を行い得る有力官人を推定する試み［富山県教委 1985］もある。

人面土器の祭祀は、地方によっては都と同様に実行されたのであるが、人面土器の出土が極端に少なく、しかも9世紀には地方化が進行していることをみると、この祭祀が人形による大祓のようにある種の強制力を背景にしたとするよりも、都の習慣の一つとして広まったと考えるほうが、より真実に近いようである。都の習慣を身につけ、任地に赴いた（あるいは帰任した）官人は、その担い手の有力な候補者である。

(3) 狭い土馬の分布

人形・人面土器が数の多少を別にすれば、それなりに全国的な分布を示すのと対照的に、大和型土馬のそれは極端に狭く、都城祭祀の特異性を浮き彫りにしている。

土馬は、古墳時代の後半に出現し、地域によって形や製作手法などに多様なあり方をみせる［馬の博物館 1986］。こうした中に、顔の側面形を三日月型とする特殊な土馬が、8世紀初頭に出現する。この土馬を、大場磐雄はかつて橿原式と呼んだ［大場 1970］。現在、この土馬の数は大場の集成時と比較にならない数に達し、その段階でははっきりしなかった分布も、藤原・平城・長岡・平安・難波諸京とその周辺に及び、これらの地域では、その出土数が際だって多い。

1984年現在の資料［国立歴史民俗博物館 1985］をもとに計算すると、古墳時代のものも含めた全国の土馬出土遺跡数は、約550ヵ所にのぼる（古墳時代の土馬も統計に加えたのは、大和型以外の土馬は、単独出土の場合、古墳時代か、奈良時代か区別をつけ難いからである）。このうち、藤原・平城京のある奈良県が30％強、長岡・平安京のある京都府が約17％である。遺跡数では多いようにみえないが、先に述べたように、都城内外の祓所では100個体以上がまとまって出土することもあり、両府県合わせた出土個体数を求めると――土馬は破片で出土するため、頭・胴・足など、算定基準とする部位によって個体

数が変動し、ここで述べる数が、必ずしも絶対数を示さない—。1,300弱となる。これは、全国の土馬の7割にも達する数字で、今後の調査の進展によって、さらに増える見込みである。

都城の周辺を外れると、土馬の出土数は極端に減る。兵庫県は14遺跡14個体、滋賀県は11遺跡28個体である。奈良時代の陪都難波宮がある大阪府は20遺跡39個体と少ないが、これは都市化などの要因を考えるべきであろうか。三重県は25遺跡に45個体とやや多く、これは伊勢神宮の祭祀に奉仕（御杖代(みつえしろ)）した斎王の宮殿斎王宮跡から17個体が出土したことによる。

こうした中で静岡県は50遺跡から150個体近い土馬が出土している。古墳時代のものが比較的多く、土馬（陶馬）を生産する窯跡例もある。さらに、浜名郡可美村城山遺跡や浜松市伊場遺跡など、官衙やそれに関連した遺跡があることも、出土個体数が多いことの理由であろう。数がやや多いことは伊勢斎王宮と共通し、都城の土馬祭祀の影響によるのであろうか。なお、静岡市神明原(しんめいばら)遺跡や藤枝市郡(こおり)遺跡に、顔はともかく、四肢の形が8・9世紀の交の大和型土馬と似た雰囲気のものがある。県下の土馬の出土数とともに、両者の関連性が今後の問題となろう。

大和型土馬の分布が狭いことは、いくつかの理由を考え得る。製作者の問題もその一つである。『万葉集』には「駒造る土師の志婢麻梠白くあれば、うべ欲しからむその黒色を」（巻16-3845）の歌がある。初句の駒が通説のように土馬の意味ならば、奈良時代に土師(はじ)氏の関わった集団が土馬の製作に携わった一証左となる。土師器の名をもつ彼らの作る土器の流通範囲が、須恵器にくらべて限られることを思えば、大和型土馬の分布圏は、その製作集団との関わりで、一部説明が可能であろう。

以上、地方における人形・人面土器・大和型土馬など古代都城で盛んに用いた祭祀遺物の分布を概観し、若干は地方における大祓の普及を考えてみた。祭祀遺物の分布状況を要約すると、①大和型土馬は、都城とその周辺に限られるのに対し、人形・人面土器は、数量的にはともかく、一応、東北地方から九州地方にまで広汎に分布していること、②こうした地方における人形・人面土器の祭祀は、時代が下ると、地方化の動きもみられるが、8世紀後半あるいは9世紀初頭の例でみる限り、都城の方式を逐一模倣する姿勢が明確であること、の2点に要約できる。祭祀遺物の分布は、都城の祭祀の地方への浸透を考える上に今後、考究すべき問題の一つだが、さしあたり次節に述べる沖ノ島遺跡の祭祀遺物を考える上で、②が重要である。

4　都城祭祀と沖ノ島

(1) 奉献か祓か

　「形代の奉献も7～9世紀代に流行した祭祀の重要な一翼を担っている。金属製人形にはじまり、1号遺跡では滑石製の人形・馬形・舟形の奉献が盛況を呈して

いた。人形は、本来、海神に対する最も重い投供物であった。馬形は水霊と交って生きる竜馬伝説から転じて、神が乗って天降ってくるという思想にもとづいて発生した。(略)行旅の平穏を祈って、その代替品たる人形・馬形を神に奉納して加護を得ようという祭祀形態を生みだした。(略)舟形もまた、海上交通の無事を祈念するには重要な幣物であったのである」[小田 1972]。

　人形・馬形・舟形模造品は、沖ノ島遺跡に多数の類例がある。これらの模造品には、金属製と石(滑石)製があり、金銅製人形は、7世紀末とされる22号・5号遺跡から出土している。後者からは鉄製人形も出土している。滑石製の人形・馬形・舟形、銅製舟形は1号遺跡にみられ、これは8・9世紀に下るという。冒頭の文章は、こうした人形・馬形・舟形の意義について論じたもので、沖ノ島遺跡の調査に深く関わった、小田富士雄の手になるものである。

　沖ノ島は、聖なる島であるゆえに、ここにみる人形・馬形・舟形はほかの多数の模造品・土器類などとともに、宗像神へ奉献したものとする見解は、沖ノ島遺跡の正報告書の随所にみられ、また、調査関係者だけでなく、神話学の岡田精司なども強く支持している[岡田 1984]。しかし、私は沖ノ島遺跡の人形・馬形・舟形が、都城におけるのと同様に、祓に用いたものと考えている。沖ノ島遺跡の滑石製人形・馬形・舟形や金属製人形は、かつて論じたように[金子 1980]、基本的には木製品のそれを模倣したものと考える。木製の人形に馬形・舟形の組み合わせは、静岡県伊場遺跡にみられる。人形に馬形あるいは舟形などが伴うことの意義は、平城宮壬生門前の大祓の跡や、山形県俵田遺跡の例をもとに説いた。さらに、馬形や舟形などの道具だてを必要とした祓の方式が、9世紀には一部の地方では忠実に実践されている例をみた。

　以上を理由に、沖ノ島遺跡の人形・馬形・舟形を祓に用いたものと考えるが、都城のあり方との違いも目立つ。沖ノ島遺跡の模造品のうち、金属製人形は『延喜式』などにみるので問題はないとして、なぜ石(滑石)という材料を選んだのか、なぜ(この場合は海?)に流さなかったのかの2点である。現状では難しい設問であるが、この点について少し考えてみよう。

(2) 祓の対象

　滑石製の祭祀遺物は、古墳時代には剣形品・有孔円板・勾玉などをはじめとする祭祀具に広くみられたが、8・9世紀にはごく少数みるのみである。人形は、沖ノ島とその周辺を除けばほかに例をみないが、馬形は若干例がある。裸馬のタイプが、長野県神坂峠遺跡や埼玉県熊谷市湯殿神社裏遺跡にあり、特に後者では滑石製刀形や櫛形などを伴なっている[椙山 1981]。一部で説かれているように、滑石は沖ノ島周辺では木よりも入手しやすい材料であったためとの解釈もあり得るが、この点に関してはなお検討が必要である。

　金銅製や鉄製人形を出土した5号・22号遺跡は岩陰遺跡で、滑石製品などを出土し

た1号遺跡は岩陰遺跡の西の高みにあるテラス状の場所である。1号遺跡では、土器などが累々と積み重なり、それらに混じって模造品類が出土した。これはあたかも祭器の捨て場を連想させるもので、捨てるという点では共通するが、水のない高みは都城などでの一般的な出土状況とは異なる。これについては祓の一形態としての土中埋納を考えている。ごく少数だが、土壙から銅人形が出土することは、平城京跡にあり、同様に、土馬の出土は、平城京跡や長岡京跡などにみる。馬形に関連深い絵馬については、5月5日に双頭の絵馬に五色餅・甘辛酒を副えて埋め、牛頭天王を祭れば、役疫兵乱が止むとする記事が、『旧事本紀大成経』にある。この書は、江戸時代の偽書であるが、絵馬を複数埋納することは土馬の埋納に通じ、いかなる史料によったのか興味あるところである。なお、これに関連して興味深いのは、現在、伊勢神宮では同じ祓の人形であっても紙人形は流し、鉄人形は埋納するという、皇學館大学の渡辺寛のご教示である。神事は秘儀に属し、こうしたことがいつ頃から恒常化したのか不詳であるが、沖ノ島1号遺跡の人形の出土状態を考える上に、一つの示唆となる。

　以上から、沖ノ島遺跡の人形・馬形・舟形は祓具と考えるのだが、では、その祓の対象は何かということが次の課題となる。ここでは二つの可能性を考えておこう。一つは都城で一般的な個人を対象とするもの。この場合は、宗像神の奉仕者が候補者となろう。もう一つは特定空間を対象とするものである。古代日本の人形祭祀が、道教のそれと関連することは先にも述べたが、可児弘明によると、現代台湾の民間道教では、人形を用いる祓に、個人の解厄を目的とする補運ないし解運と、特定空間の平安回復を目的とする祭殺とがある［可児 1973］。人形による特定空間の平安回復をめざす祭殺がいつ頃から始まるのか、私の能力を超えた問題だが、沖ノ島遺跡の模造品の解釈を、仮にこうした祓の形態に即して考えると、律令期の沖ノ島祭祀に関して通常いわれている遣唐使派遣に関したものか、8世紀後半から始まり、9世紀代には、たびたび西日本の沿岸を掠奪した新羅賊に関するもの［岡崎 1979、田村 1982］か、あるいはほかの穢であろう。ただし、道教という共通接点のみで、現代台湾の信仰形態を、1000年以上の時を隔てた沖ノ島遺跡の解釈に直ちに適用させることは無謀な試みといわねばなるまい。それゆえ、これ以上屋上屋を重ねる愚はやめ、今はこうした二つの可能性をあげるに留め、後考を待つことにしたい。

［参考文献］
井上光貞 1984「古代沖の島の祭祀」『日本古代の王権と祭祀』東京大学出版会。
茨城県教育財団 1983『鹿の子遺跡』。
馬の博物館 1986『古代文化　馬形の謎』。
大野城市教育委員会 1981・1984『仲島遺跡』Ⅱ・Ⅳ。
大場磐雄 1970「土馬再考」『祭祀遺蹟』角川書店。
岡崎　敬 1979「律令時代における宗像大社と沖ノ島」『宗像沖ノ島』宗像大社期成会。
岡田精司 1984「沖の島祭祀遺跡の再検討」『古代を考える』37号。

小田富士雄 1972「沖の島祭祀遺跡の遺構と遺宝」『海の正倉院　沖ノ島』吉川弘文館。
可児弘明 1973「人形芝居と道教」『史学』第45巻第2号。
加藤　孝 1967「東北地方出土の人面墨画土師器」『山形県の考古と歴史』。
加藤　孝 1971「人面墨描土師器考」『東北学院大学東北文化研究所紀要』第3号。
金子裕之 1980「古代の木製模造品」『奈良国立文化財研究所研究論集』Ⅴ。
金子裕之・加賀見省一 1980「特異な木製模造品を出土した兵庫県姫谷遺跡」『月刊文化財』7月号。
金子裕之 1985「平城京と祭場」『国立歴史民俗博物館研究報告』第7集。
国立歴史民俗博物館 1985「祭祀関係遺物出土地名表」『国立歴史民俗博物館研究報告』第7集（別冊）。
椙山林継 1981「石製模造品」『神道考古学講座』第3巻、雄山閣。
巽淳一郎 1986「古代における墨書人面土器祭祀」奈良国立文化財研究所公開講演会。
田村圓澄 1982「宗像沖ノ島祭祀の歴史的諸段階」『九州歴史資料館研究論集』第8集。
富山県教育委員会 1985『都市計画街路七美・高岡線内遺跡群発掘調査概要』3。
日高町 1980『日高町史』資料編。
日高町教育委員会 1985『川岸遺跡発掘調査概報』。
兵庫県埋蔵文化財調査事務所 1986「兵庫・但馬国府推定地」『木簡研究』第8号。
兵庫県埋蔵文化財調査事務所 1987『兵庫県埋蔵文化財調査事務所展示会図録』4。
福永光司 1986『朝日新聞』4月8日夕刊。
福永光司 1987『道教と古代日本』人文書院。
水野正好 1978「まじないの考古学事始」『どるめん』第18号。
水野正好 1983「馬・馬・馬──その語りの考古学」『奈良大学文化財学報』第2集。
宮城栄昌 1995『延喜式の研究』全2冊、大修館書店。

第9章

都をめぐる祭

　『大宝律令』を頂点とする律令制の成立は、従来にない思想、文物、施設をもたらせた。令制都城は天皇権威の象徴であり、都やその主である天皇、さらには貴族官僚を護るさまざまな祭があった。新思想として積極的に摂取し、伝統を再編成したものがある反面、医学や貨幣経済の一環として拡大した信仰も少なくない。それは地方諸国に及び、新たな習俗を広める結果となった。その一部は7世紀後半の天武朝に胚胎する。本章ではそうした様相の一端を、垣間見ることにしたい。

1　父母の願い

　子供の誕生にあたり、その成長を願わない親はあるまい。新生児の将来を左右する重大事が、胞衣（後産、胎盤）の処理である。病院での出産が当たり前の現代では想像がつかないが、かつては胞衣の埋め方が悪いと、子は育たないとさえいわれた。胞衣を容器に入れて埋める胞衣壺（容器は壺と限らないが、便宜的に胞衣壺と呼ぶ）の習俗が縄文時代に起源する［木下 1981］か否かは別として、奈良時代のそれは、中国思想を背景とする体系をもっていた。新しい体系をもたらせたのは中国の最新医学である。日本最初の医学書である丹波康頼撰『医心方』（永観2〈984〉年）は、今日の産科にあたる巻23の一部を『産経』を引いて胞衣とその処理方法にあてる。

　奈良時代の胞衣壺は、洗い清めた胞衣を絹布に包み、これに銭や筆、墨を添えて封をし、入り口の側などに埋める方式である。1976年、平城京右京五条四坊の貴族の邸宅跡から最初の例がみつかった時、正体がわからず、調査概報では蔵骨器と報告した［奈文研 1977］。しかし、都への埋葬を禁じた「喪葬令皇都条」の規定などから疑問が多かった。

　やがて水野正好が『玉蕊（ぎょくずい）』など、中世貴族の日記に対応する記事を見い出し、胞衣壺と判明した［水野 1984］。貴族の日記が、出産を含めた細々とした些事まで記し留めるのは、日記には今日と違って、宮廷の有職故実を子孫に伝える意味があるためである。重要な儀式での先例に反する行いは、直ちに貴族社会での権威の失墜、失脚につながる。『玉蕊』は左大臣、関白を歴任した九条（藤原）道家の承元3（1209）年から12年にわたる日記であり、承元3（1209）年5月25日丁巳条には、

　「次に銭五文を白瓷の瓶子に入る（文をもって上と為して用いん、九十九文は外なり）。

次に胞衣をもって銭の上に入る、次に新筆一管を胞衣上に入る。次に瓶の蓋を掩い、生気の方土をもってこれを塗り塞ぐ」
とある。

似た記事は、参議兼大蔵卿を勤めた勧修寺(藤原)為房の延久4(1072)〜長治元(1104)年の日記である『大記』や、室町七代将軍、足利義勝の誕生を記した『御産所日記』の永享6(1434)年2月9日条などにみる。これら日記から胞衣に添える品々をみると、下記となる。

『玉蕊』………銭、筆、墨
『大記』……筆、墨、小刀、金、銀、犀角
『御産所日記』……銭、筆、墨

胞衣に添える銭は和同開珎が多い。開元通宝を模したこの銭は本朝12銭のはじめであり、8世紀の特徴である。銭の枚数は中世の記録では5、13、16、33があるが、奈良時代は1〜5があって5がもっとも多い。5は五方(四方と中央)に由来し、胞衣を埋める土地神や、寿命を司る神への賄と思う。『玉蕊』では銭文を上に向けて入れる。銭文の面が陽だからであり、平城京右京八条一坊の例では和同開珎5枚はすべて銭文を上に向けていた(図155)。

役人を刀筆の吏と呼ぶように、筆や墨はその象徴であろう。やや時代が下る丹波康頼撰『医心方』では、特に文才を願う時に新筆を添える、とする。中国の高級役人の試験(のちの科挙)が重視したのは文才である。日本では大学などの試験を受験してもせいぜい中級役人止まりだが、それでも破格の出世とみれば納得ができよう。平城京右京八条一坊や福岡県京都郡豊津町川の上遺跡では、使い差しの墨を入れている[福岡県 1997]。高価な墨を入れるためどれほど親が苦心したか、目に浮かぶようである。

江戸時代の胞衣壺には男子の場合には筆と墨を、女子の場合には針と糸を添えるが、それ以前

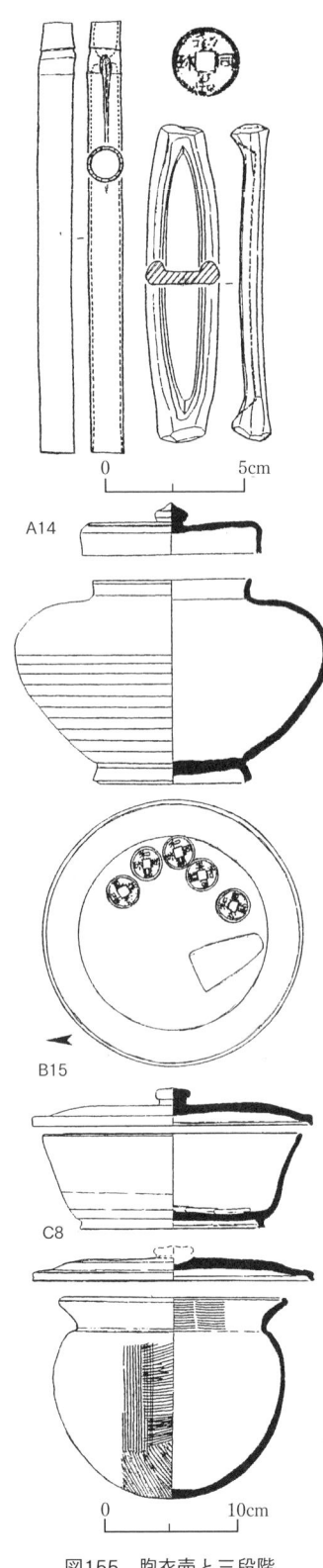

図155 胞衣壺と三段階
(左の番号は表38に対応)

は筆と墨だけだったらしい。文才を願うのは男子であり、筆墨がない胞衣壺は女子の可能性が高い。

　胞衣壺の発見例は、北が秋田県から南が福岡県に及び、このうち20例ほどが平城京に集中する。この習慣が平城京を中心に、各地に広がったことを示唆している（表38）。

　胞衣壺は戸口や門口に埋めるという。平城京では建物の入り口や土間付近からみつかることが多く、この信仰が8世紀に遡ることは確かである。ところで、建物との位置関係でみると、胞衣壺を埋めた方角はさまざまで、東西南北すべてがある。これは中国に学んだ暦によって、埋める方角を決めたことによると思う。『医心方』などでは天徳、月徳の地を選び胞衣を埋めれば大吉で富貴・長寿に恵まれるとある。その天徳（中世には牛頭天王と同義）の位置は月ごとに動き、正月の南を起点に12月まで時計廻りに順次移動する。おそらく平城京では生まれ月の暦をみて、胞衣壺を邸宅の周囲などに埋めたのであり、それがさまざまな方位として現れているのであろう［金子 1991b］。

　胞衣壺の埋納に関してはなお問題が多い。平城京左京五条五坊では宮外官衙推定地の西脇殿の柱に接して埋めてあった。この壺は発掘時に別置したところ、一時所在不明になり、再発見した時には内部の土を洗い流してしまっており、脂肪酸分析が出来なかった経緯があるが、銭貨が入っており胞衣壺の蓋然性が高いものである。

　また、右京二条二坊にあり、西大寺（僧寺）に対する西隆寺（尼寺）では、回廊の東南隅柱推定地の下に、胞衣壺が埋めてある。地鎮具とみて脂肪酸分析をしたところ、胞衣壺とする分析結果が出たため、この方法の有効性を疑う意見も一方にある［奈文研 1993］。

　前者の場合はこれをもとに、逆に官衙ではなく貴族の邸宅とみるべきとしても、後者に関しては課題が多い。

　胞衣の容器には今のところ、須恵器の薬壺、須恵器の蓋付きの坏、土師器の甕に土師器や須恵器の坏などあり合わせの蓋をするといった種類がある。蔵骨器の場合、金銅製の容器、三彩の薬壺、須恵器の薬壺といった区分があるから、これと同様に容器が階層性を表す可能性もある。水野正好はさらに、胞衣を洗う回数にも同じ思想があるとする［水野 1995］。

　いずれにしても、奈良時代の胞衣埋納は子供の富貴長寿を願う祭であるが、中国の医学思想を背景とする整然とした体系をもっていた［金子 1997］。

2　最新医学の呪文

　中国文明は最新の医療技術をもたらせた。中国医学は現代でいう外科や内科に針灸などの医学、方術を加えた三本立ての医療であり、令制下の典薬寮はこれに基づき、医師、針師のほかに方術による治療を行う呪禁師がいた。方術による治療の根本にあるのは、死者を鬼（霊とか霊魂の意味）とする思想である。

表38　胞衣壺の分布

NO	遺跡名	所在地	遺構番号	年代
A 1	奈良山	奈良県奈良市良坂町		奈良末
2	平城京左京三条二坊三坪	奈良県奈良市二条大路南1-594	SX2982	平城Ⅲ・750頃
		奈良県奈良市三条大路2-542	SX5670	平城Ⅱ・720頃
C 3	平城京左京四条二坊十六坪	奈良県奈良市四条大路1-720	SX07	
B 4	平城京左京四条四坊十一坪	奈良県奈良市三条大宮町352・3	SX14	
A 5	平城京左京五条一坊八坪	奈良県奈良市柏木町8 他	SX48	
C 6	平城京左京五条二坊十四坪	奈良県奈良市大安寺町331-1 他	SX	Ⅲ期建物?
A 7	平城京左京五条五坊十坪	奈良県奈良市西木辻町45	SX17	奈良中〜後
C 8	平城京左京八条一坊三坪	奈良県奈良市杏町197-1	SX3388	
B 9	平城京左京八条一坊三坪	奈良県奈良市杏町197-1	SX3434	
B10	平城京左京八条一坊三坪	奈良県奈良市杏町197-1	SX3466	
C11	西隆寺跡(右京一条二坊)	奈良県奈良市西大寺東町2-1	SX	
C	平城京右京二条三坊三坪	奈良県奈良市青野町4-1	SX801	
C	平城京右京二条三坊六坪	奈良県奈良市菅原町	SX801	
B12	平城京右京三条二坊一坪	奈良県奈良市菅原東町114 他	SX	
A13	平城京右京三条二坊十五坪	奈良県奈良市菅原東町114 他	SX	
A14	平城京右京五条四坊三坪	奈良県奈良市松平町312・五条町812	SX30	平城Ⅲ・750頃
B15	平城京右京八条一坊十四坪	奈良県大和郡山市九条町	SX1535	
A	平城京右京八条三坊三坪	奈良県大和郡山市九条町	SX39	奈良前半中頃
B16	大直禰子神社	奈良県桜井市三輪	SX03	
17	大直禰子神社	奈良県桜井市三輪	SX02	飛鳥Ⅴ
	飛鳥小谷	奈良県明日香村飛鳥737-1	SX03	
C	長岡京右京五条二坊十五町	京都府長岡京市長岡1-414 他	SX07	
C	〃	〃	SX08	
B	日光寺	京都府久美浜町浦明字日光寺		
C18	郡家今城	大阪府高槻市		
C19	郡家今城	大阪府高槻市		
20	岡田	和歌山県和歌山市		
C21	津寺	岡山県岡山市津寺	SX	
B	馬屋	岡山県山陽町馬屋		
C22	稲木	香川県善通寺市稲木	SX13	
C23	諏訪遺跡群西の山後地区	鳥取県米子市		
C	小畑	兵庫県竜野市小畑十郎殿谷		
C	川の上	福岡県京都郡豊津町川の上		
A	秋田城	秋田県秋田市		

　先に、都への埋葬を禁じた「喪葬令皇都条」の規定に触れたように、中国では生者と死者は住む世界を異にする。しかし、子孫から先祖としての正当な祭を受けられない死者や、不慮の死を遂げた者がさまざまな鬼となって現世に現れ、悪戯を働く。これが疫病などの原因であり、その思想は今日まで続く。文彦生『鬼の話』[鈴木訳 1997、

不確実な資料を含む　A：須恵器薬壺、B：須恵器坏（有蓋）、C：土師器甕、蓋土師器坏など

胞　衣　壺	伴出物　銭・墨・他	分析	出　　典
須恵器薬壺形（蓋有）	銭5（万年、神功3）、墨、布		佐藤興治「奈良山出土の蔵骨器と墨」奈文研年報1977p.45
須恵器壺H（蓋不明）	銭2（和同）		奈文研　平城京三条二坊三坪発掘調査報告、"84
須恵器薬壺形、須恵坏	墨、筆、銅刀子	○	奈文研　平城京左京三条一坊十四坪発掘調査報告、1995
土師器甕、蓋＝須恵坏	なし		奈良市埋蔵文化財調査報告書昭和58年度、40−
須恵器坏B（蓋有）	銭2（和同）		奈良市埋蔵文化財調査概要報告昭和60年度、87
須恵器薬壺形（蓋有）	なし		奈良市埋蔵文化財調査報告書昭和59年度、p.83
土師器甕、蓋＝土師坏	銭3？（和同）	△	奈良市埋蔵文化財調査報告書昭和54年度、1980
須恵器薬壺形（蓋有）	銭5（和同）	○	奈良市埋蔵文化財調査概要報告昭和63年度、89
土師器甕A、蓋＝須恵坏A	なし		平城京左京八条一坊三・六坪発掘調査報告、85
須恵器坏F（蓋有）	なし		平城京左京八条一坊三・六坪発掘調査報告、85
須恵器坏F（蓋有）	銭1（神功）		平城京左京八条一坊三・六坪発掘調査報告、85
土師器甕A（蓋＝土師甕）	銭5（和同、万年、神功）、布、土師器皿	○	奈文研平城宮跡発掘調査部調査1990、1991
土師器壺A（蓋有）			奈良市埋蔵文化財調査概要報告書平成5年度
土師器甕A（蓋亡）	なし（地鎮？）		奈良市埋蔵文化財調査概要報告書平成6年度
須恵器坏F（蓋有）	銭5（和同）		奈良市埋蔵文化財調査概要報告平成2年度、91
須恵器薬壺形（蓋有）	なし	△	〃
須恵器薬壺形（蓋有）	銭4（和同）、墨、筆、骨片？（＝犀角？）、布		奈文研　平城京右京五条四坊三坪発掘調査概報、1977
須恵器坏F（蓋有）	銭5（和同）、墨		奈文研　平城京右京八条一坊十三・十四坪発掘調査報告、1989学報第46冊
須恵器薬壺形（蓋有）	銭5（古和同）		平城京右京八条三坊三坪発掘調査1993大和郡山市大三輪第75号、1988
須恵器坏F（蓋有）	銭5（和同）地鎮とする　　　　地鎮とする		大三輪第75号、1988
土師器甕・須恵器坏	なし		明日香村遺跡調査概報平成7年度、1997
土師器甕・坏	銭5（和同〜万年）		長岡京市埋蔵文化財センター年報、1993
土師器甕・坏	銭5（神功）		京都府遺跡調査概報、37、1990
須恵器坏・蓋	なし	○	高槻市史第6巻考古編、1973
土師器甕	銭4（和同）		高槻市史第6巻考古編、1973
土師器甕	銭2（和同）		津寺遺跡4、岡山県埋文調査報告116、1997
土師器甕、蓋＝須恵器	銭5（和同銭）	○	岡山県埋蔵文化財調査報告99、1995
須恵器坏・蓋	銭5（和同）		四国横断自動車道建設に伴う埋蔵発掘調文化財調査報告第6冊、1989
土師器甕	銭5（承和昌宝）土師器皿		米子市諏訪遺跡発掘調査概報Ⅲ、1981
土師器甕	銭3（和同）、墨、金鋤先、刀子		
土師器甕、蓋＝須恵器	銭5（富壽他）、布		竜野の文化財2、1992
土師器甕・蓋	墨片		徳永川の上遺跡Ⅲ、1997
須恵器薬壺（有蓋）	銭5（万年）、胞衣遺存	○	平成5年度秋田城跡調査概報

青土社]は現代中国の民話であるが、東晋（4〜5世紀）の干宝『捜神記』、陶潜（365？〜427？）『捜神後記』などの説話と共通するモチーフが少なくない。

　さまざまな鬼が起こす疫病などの対策が、呪符であり、呪文である。呪符が符籙、いわゆるお札によって鬼を撃退するのに対して、呪文は唱えることで駆逐し薬で殺す。

こうした呪文はこれまで知られなかった。しかし、8世紀初頭の平城京では、中国最新の呪文が流布した。これを示すのが、平城宮東南隅に接する二条大路からみつかった呪文木簡である（図156）。長さ11.1cm、2.7cmの小さなもので、表裏に

「・南山之下有不流水其中有
　　一大蛇九頭一尾不食余物但
　　　　　　　　　　　　　　（表）

　食唐鬼朝三千暮食
・八百　急々如律令　　　　」
　　　　　　　　　　　　　　（裏）

とある。「南山の下に流れざる水有り。其の中に一大蛇有り。九頭一尾にして余物を食わず。ただし唐（瘧か）鬼を朝には三千食し、暮には八百食す。急々如律令」である。南山は道教の聖地終南山のこと。その下にいる九頭一尾の大蛇が唐鬼を朝に三千、夕べに八百食らう、の意味である。類似した呪文は唐の孫思邈

図156　平城宮東南に接する二条大路でみつかった呪文木簡〈奈良文化財研究所提供〉

（？〜682）が編集した医学書の『千金翼方』巻29・30に収載する『禁経』にみる〔大形1996〕。

　孫思邈は中国医学史上の聖人の1人であり、『医心方』に多数引用がある『千金要方』（人命は千金に値するとして書名とした）の編者である。『千金翼方』はこれを増補したものである。『禁経』は当時最新の呪いで、この「瘧病を禁ずる第八」などに類似の文言がある。瘧病は定期的に高熱を発する病で、マラリヤ説があるが、緯度では日本はこの病気の分布圏から外れるから、難病を十把ひと絡げにこの名で呼んだ可能性も否定できない。

　瘧鬼は瘧病の原因となる鬼で、『禁経』にはこれを駆逐する呪文がいくつかあるし、永観2（984）年成立の『医心方』にも『范東陽方』105巻（長沢元夫・後藤志朗説は、370年頃に成立した東晋范汪撰とする）を引いて、「高山上に大樹有り、下に流れざるの水あり、水中に三頭九尾の神虫有り、五穀を食らわず、ただ瘧鬼を食う、朝に三千、暮に八百、急々如律令」とある。さらに、平安末期・12世紀終末に成立した『益田家本地獄草子絵巻』「神虫、虎・鬼を食らう」段には、「瞻部洲南方の山のなかにすみて、

ひとつの神虫あり。もろもろの虎・鬼を食とす。あしたに三千、ゆうべに三百の鬼をとりてくらふ」(『日本の絵巻』第7巻、1987)と、『禁経』と同類の、しかし異なる呪文がある。本場の中国では長期にわたり、同種の呪文が流布したようである。

呪文木簡がみつかった二条大路は、平城宮から東大寺西大門にいたる大宮大路で、聖武天皇を呪ったとし天平元(729)年に殺害された長屋王邸の北と、さらに北に推定される藤原麻呂邸との中間にある。長屋王邸跡はその後、光明皇后の宮になったといい[奈文研1995a]、二条大路木簡は光明皇后宮から捨てられたようである。

木簡の年代は不詳とはいえ、周辺からみつかった木簡から天平9(737)年の可能性がある。この年は前年に九州に上陸した疫病(疱瘡・天然痘)が都で大流行し、藤原武智麻呂、藤原麻呂など藤原四兄弟が相次いで病没した時にあたる。『続日本紀』天平9(737)年12月条には、「是の年の春、疫病大いに発る。初め筑紫より来れり。夏を経て秋に渉りて公卿以下天下の百姓相継ぎて没死すること勝て計うべからず。近代以来いまだこれあらざるなり」と惨状を伝える。この呪文はそうした疫病対策用であり、光明皇后宮で用いたのではなかろうか。

鬼を駆逐する呪文の唱え方はいくつかある。『医心方』が引く『范東陽方』では、『平家物語』の耳無し芳一のように呪文を体に朱書して唱えるし、澤田瑞穂があげた清代の例では、道士が棗1個で病人の口を押さえ、三遍呪文を唱える[澤田1984]。こうして駆逐した鬼を、最終的には薬で殺すという。

いずれにしても、平城京における最高位の人々が中国最新の医学情報に通じたことは興味深い。

3　漢神に祈る

奈良時代の雰囲気を伝える『日本霊異記』には、崇った漢神を祭るために牛を7頭殺した摂津国撫凹村の長者が改心し、放生を行った結果、地獄で彼らに救われる話がある(中巻第5)。そうした生け贄の祭が都で盛んであったことを裏づける殺馬跡が1994年、平城京左京七条一坊でみつかった。

東一坊坊間路と交差する傍らの七条条間小路の側溝に穿った土壙SX6530に、馬の顎骨3と下肢骨1を埋めていた。骨の周囲には須恵器と人面墨書土器と石があった。石で土器の蓋をしたのであろう。土器の年代は730年頃。人面墨書土器は土師器の甕(壺Bなどと呼ぶ)に疫神などの顔を描き、穢や疫をこめる8世紀特有の容器である[奈文研1995b]。

馬の首を埋めることは、摂津国三島郡衙推定地の大阪府茨木市郡遺跡などに先例があり[水野1974]、左京七条一坊の場合には交差点付近の路上で生け贄の祭を行い、残骸と人面墨書土器などを土壙に埋めたのであろう。『日本霊異記』の説話では生け贄の牛を膾にする具体的な方法として、四肢を切ったとある。

似た例は長岡京左京二条二坊の二条大路南側溝にもある。ここでは土壙に1頭分の骨格が横たわり、周囲に人面土器3と模型竈と鍋、土馬、鉄鏃、木製鳴り鏑などを埋めていた[山中 1994]。やはり交差点近くの道路上で、生け贄祭を行ったのであろう。首を切り離すが解体していないようである。生け贄もいくつかの型があり、なかには解体しない方法もあるように思う[桃崎 1993]。

牛馬を生け贄とすることは『日本書紀』皇極元（642）年7月条に、雨乞いの方法と

表39　都の祭関係年表

577	敏達6	百済が経論と律師・禅師・造仏・造寺工、呪禁師を贈る
587	用明2	蘇我馬子と物部守屋、崇仏を巡り闘う（押坂彦人・武田皇子像を詛う）
600	推古8	倭王隋都大興（長安）に使を遣す
603	推古11	小墾田宮に遷る（～628年）
608	推古16	小野妹子、隋使斐世清と帰国
642	皇極1	雨乞いのために牛馬を殺すことを禁止
645	大化1	中大兄ら入鹿を暗殺（大化改新）。難波長柄豊崎宮に移る
664	天智3	白村江で日本・百済軍が唐・新羅軍に大敗
672	天武1	壬申の乱。天武飛鳥浄御原宮に遷る
676	天武5	四方大解除（大祓）。諸国放生
689	持統3	飛鳥浄御原礼を頒布
694	持統8	藤原京遷都
701	大宝1	大宝律令完成。粟田真人第七次遣唐使（702～704）
710	和銅3	平城京遷都
729	天平1	長屋王事件（左道による呪詛）
737	天平9	疫病大流行。藤原四兄弟病没
741	天平13	殺牛馬禁止令
769	神護景雲3	髑髏による称徳女帝呪詛事件
780	宝亀11	京中街路の祭祀を禁断する事
784	延暦3	長岡京「遷都」
791	延暦10	漢神を祭る殺牛禁止

してみえる。平城京や長岡京の例は雨乞いか疫病対策か明らかでないが、長岡京の例は延暦10（791）年9月16日条の「伊勢、尾張、近江、美濃、若狭、越前、紀伊等の百姓。牛を殺し用いて漢神を祭ることを断ず」と年代が近接し、この前後には疫病流行があったから、疫神対策の可能性がある（表39）。

生け贄については皇極元年紀だけでなく、天平13（741）年2月7日条、延暦10年条などたびたび禁止令がみえ、天平13年2月7日条では、まずむち打ちとした上で位階によって処分を決めるとする。そして、殺牛馬を禁止する理由として、最大の産業である農業への支障をあげる。これを信じる限り、生け贄祭の担い手を政府とすることは難しい。

8・9世紀代の生け贄は、説話や史料に牛とみえるのに今のところ発見例のほとんどは馬という矛盾がある。この点はなお課題であるが、首都の大路で生け贄が流行したことは疑いがない。

廃馬でも1頭が稲50束で400文ほどとすると、平城京左京七条一坊例は馬が3頭で、

合わせて 1 貫200文となる。奈良時代の初期、米 1 升が 1 文だった貨幣価値もこの頃にはかなり下がったが、それなりの長者か大衆の合力でないとこの祭は実行できない。『日本霊異記』が長者を主人公とするのは、経済的な現実を反映しているのであろう。彼か、彼らが漢神に祈ったのは、難病平癒か一族の安寧であろうか。

　道路上で馬を生け贄にし、疫神を祭る構図は道饗祭と同じである。道饗祭とは 6 月と12月の晦日に、鬼魅が京師に入ることを防ぐために京城の四隅で行う祭で、「神祇令集解道饗条」によると、「京城四隅の道上（みちのほとり）に」祭るもので、鬼魅を路に迎えて饗遏（きょうあつ）するという。すなわち路の上で鬼魅を饗応し、退去させることに主眼がある。奈良時代後半の宝亀元（770）年に初見する疫神祭もまた、似た発想によるという。

　道饗祭に関連して問題になるのが、人面墨書土器である（以下、人面土器と略す）。この土器の出現は平城京前川遺跡、右京八条三坊SD1155例などから 8 世紀前半としたが、藤原京右京五条四坊下ツ道側溝の調査によって、8 世紀初頭に遡る。土器は日常什器の転用品もあるが、器面に粘土帯の輪積み痕跡を留める特徴的なものである。

　人面土器の分布は、北は秋田城から南は福岡県、佐賀県下まで及ぶものの、先の特徴を備える土器の分布は藤原・平城・長岡・平安各京と周辺に濃密であり、ここでは 8 世紀中葉の藤原京右京八条二坊例のように、廃都後の旧都にまで分布をみる［橿原市 1993］。他方、この地域を離れると長甕や坏など器種の違いがあったり、9 世紀に下ったりする。こうした分布のあり方は、大和型土馬と似たところがある。土馬は 8 世紀初頭の平城京において、顔の側面型を三日月形に作る大和型が出現する。大和型土馬の変化はダイナミックで、8 世紀中葉以降には垂れた尻尾をはね上げるとともに小型化し、9 世紀中葉には犬形と見紛うほどになり、10世紀前半頃に消滅する。

　この土馬は、平城京・長岡京・平安京と周辺を中心に分布し［泉森 1975］、出土数も奈良市七条西町一ノ谷遺跡では総破片数1,258点、うち頭部は71点など数が多い。ただし、難波宮のある大阪府下は旧河内国を中心に分布するが少なく、さらに古代都城の所在地を外れるとその遺跡・数は極端に減り、滋賀県下では大伴遺跡など少数である反面、のちの七瀬祓の場所となる唐崎には例をみる。古代都城と関係が深い三重県斎王宮跡では今のところ大和型土馬をみない［金子 1991c］。

　これは令制下の国家儀式として重要な大祓に関わる人形が、その用法も含めて全国的な分布を示すことと対照的である。その理由は、各祭を管轄する官司の違いではなかろうか。大祓は神祇官が関わるが（「神祇令」）、分布域が狭い人面土器や土馬を用いる祭は神祇官とは別の組織、おそらくは主都の行政や治安を担う京職が関わったのではなかろうか。このように考えた時の最大の障害が、藤原京右京八条二坊例のごとく、旧都から時代が下る人面土器などがみつかることである。旧都にまで京職の力が及ぶのか否かが課題となる。

　いわゆる遷都をすると、旧都が直ちに水田化するわけではなく、かなりの期間にわたり主都と同じ意識で扱われ、しかもそこの行政・治安は新都の京職が関与したよう

である。平城京遷都後の藤原京は大和国ではなく、平城京の京職が担うのであり［舘野 1998］、この意識は12・13世紀の平安京にも続くという［山田 1998］。人面土器や土馬のように、都に特有な祭具は、そうした観点から考えるべきではなかろうか。

　千葉県など南関東の一部でみる人面土器は、都と違い坏を主体とし、内外面に墨書や人面を描くことが多い。坏は食物などを盛る器であり、これを道饗祭に用いたとする見方もある［笹生 1986］。

　他方、平川南は、これまでの人面土器の地方化とする考え方を否定し、これら土器が中国の冥道思想の影響によって8世紀の比較的早い段階に東国独自に広まるもので、土器に国玉神などへの供え物を入れて延命祈願をしたとする［平川 1996］。生け贄祭や道饗祭の問題とも含めて、さらに検討する必要があろう。

4　放生儀礼の隆盛

　仏道に帰依した摂津国の長者が放生を行うことは、これまた奈良時代の現実としてある。放生は捕えた魚や動物などを解放し、仏教における慈悲を実践する救済儀礼であり、その記録は天武朝初期に始まる。

　天武紀5（676）年8月17日条には、「諸国に詔して生を放たしむ」とあり、以下、天武5年11月19日条、持統3（689）年8月16日条、文武元（697）年8月17日条、神亀3（726）年6月15日条などにみる。そして、神亀3年6月条以降は放生の語を殺生禁断と改め、平安時代まで続く行事となった。

　国家が行う放生の目的は、即位、太上天皇などの不豫（重病）、流行病や旱害など災害への対処（除災）が主体である［野尻 1985・1989］。このように国家儀礼の一環であり、諸国では国衙や郡衙が中心となって行ったようである。この図式を明らかにしたのが、静岡県浜松市伊場遺跡の「放生木簡」である（図157下）。伊場木簡には、

　　　「己丑年八月放
　　　　二万千三百卅　　　」

とある。裏面の数字は放生した生き物の数で、年紀の己丑年は持統3（689）年である。これは、『書紀』持統3年8月16日条にみえる「漁労禁断」記事に対応し、裏面の数字は布知郡が実際に放生した生き物の数を国に報告するため、書き留めたという［水野 1977］。

　さらに水野は、元慶6（882）年6月3日付太政官符「応に実に依りて放生すべき事」（『類聚三代格』国史大系25）をもとに、放生とはいえ実際は魚、鳥、虫などが事前に準備されていた可能性を示唆した。

　　史料1　放生史料（史料1、2の読み下しは、渡邊洋子による）
　　　太政官符「応に実に依りて放生すべき事」2箇条の初条なり

右、権僧正法印大和尚位遍照の奏状を得るに称わく、謹んで太政官去る天平宝字三年六月廿三日の符を案ずるに称わく、唐の曇静法師の奏状を得るに称わく、夫れ蠢々昆蚑は誰も死を畏むことなし。振々翾走して咸く身を愛することあり。故に生を殺さば短命の報いを招き、死を救わば長年の福を保つ。伏して請うらくは、遍く諸国に勅して放生池を立て、厳しく禁断を加え、捕漁を許さざれてへり。勅を奉るに請うるに依れてへり。それより降して国ごとに放生田を置きて其の獲稲を以って死を贖うの資に充つ。而るに今聞くならく、諸国放生の時に臨みて両三日前に符を諸郡の郡司百姓等に下して不要の蟲介を聚いて国吏の臨視に候す。数日に及ぶころ、死者半ばを過ぐ。夫れ放生は死せんと欲するところの命を活かし、絶えんとすべきところの生を続ける所以なり。今聞くところの如きは名は放生と称えども実は殺生に似たり。伏して望むらくは自今以後講読師若しくは部内浄行僧をして漁釣の江海に臨み、田猟の山林を尋ね、懸魚を網置の中に贖いて、窮獣を弓矢の下に救わしめよ。但し其の糧物は歳の始めに件等の僧をして一向しらしめ、即ち年の終わりに具に贖うの色を注して帳に附して言上せしめよてへり。

　以前の條事、件の如し。右大臣宣す。勅を奉るに請うるに依れ。

　「二條の一」

　元慶六年六月三日（『類聚三代格』巻3、新訂増補国史大系25）

神奈川県茅ヶ崎埼市居村B遺跡の放生木簡

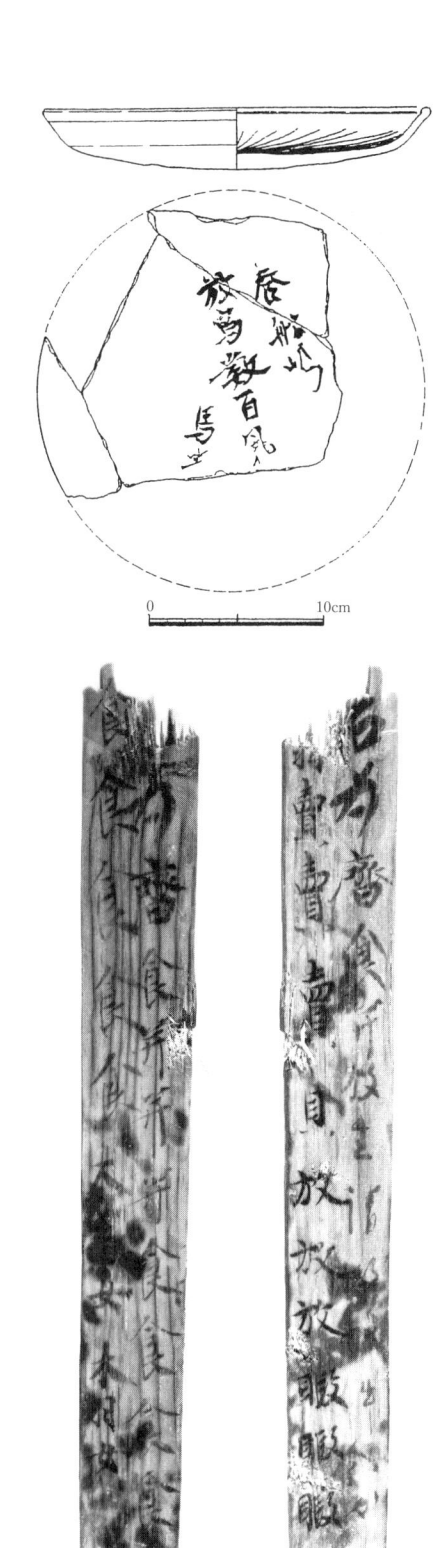

図157　墨書土器（上）と放生木簡（下）
〈奈良文化財研究所提供〉

は、水野の放生に関する構図を裏づけた。居村B木簡には、

　　「□郡十年料□　放生布施□事」（裏面は人名）

とある。相模国から某郡に宛てた文書で、某郡の某十年のある物品（品名は不明）を放生の費用（布施）にあてるように指示しており、東国でも公費による放生を郡単位で行っている。なお、この木簡は刀形を再利用したとするが、表面の文字を削り木簡を再利用した削りが大きく、一見すると刀子に見えるためこれを見誤ったものであろう。

　他方、都では8世紀初頭から官人層に広まったらしい。それを示すのが、平城京二条大路木簡である。

　　「・右為斎食并放生請暇如件　今□□以□
　　　「羽賣賣賣貝放放放暇暇暇」
　　・為斎食并并并食食食食食
　　　食食食食食木羽女　木羽女　　　」

　斎食と放生を理由とした請暇解（休暇願い）の習書であり、木羽女（賣）は人名であろう。斎食は僧侶への食事のこと。奈良時代後半の写経生の請暇解ならびに不参の解（解は上の役所に出す文書の形式）にみる斎食は、肉親など近親者の供養理由が主であるが（『奈良遺文』中巻、宗教編）、この場合は放生供養後の食事の意味であろう。遺構SD5100の木簡群は天平7～10（735～738）年頃に限定でき、天平9（737）年の可能性が強い。

　二条大路木簡は光明皇后の皇后宮（長屋王邸跡を改造）に由来し、皇后宮関係者の請暇解であろう。天平9（737）年夏の疫病流行では5月と8月に殺生禁断の詔が出されており、これと関わると思う。

　官人層の放生に関わるのが平城京に隣接する法華寺の南、二条条間路北側溝で1997年10月にみつかった墨書土師器である。土師器の皿には、

　　「　　養船嶋□□
　　　　放鳥数百篭
　　　　　　馬養」

とある。年代は8世紀前半、養船嶋は施主であろうか。放生は魚だけではなく、猪など哺乳動物にまで及んだ。『続日本紀』天平4（732）年7月6日条には、「畿内の百姓の私に蓄える猪四十頭を和ひ買ひて山野に放ち、性命を遂げしむ」とある。畿内諸国と同様に都でも放生が奨励されたことを先の木簡や、この墨書土器は示唆する。

　唐の長安城には東西市の隅に放生池があり、殺生の禁止と同時に六斎日などに放生した。『日本霊異記』上巻の備後国（広島県）三谷寺に関する創建説話「亀の命を贖ひて放生し、現報を得て、亀に助けらるる縁　第七」は、653年頃に成立した唐臨撰『冥報記』の影響下にある［田村 1969］。摂津国の長者説話が中国説話の翻案としても、国家儀礼としての放生は現実にあり、その成立は中国の情勢と無関係ではなかった。

5　たまふりの琴

　この時代は新来の信仰に基づく祭ばかりではなかった。古墳時代以来の伝統に新思想を合体し、あるいは新たに再編成したものもあった。大祓は前者の代表であり、後者には鎮魂祭がある。令制下の鎮魂祭は毎年11月の、新嘗祭前夜に天皇、皇后、皇太子の長寿と健康を祈って宮中で行った祭で、天武14（685）年11月に重病になった天武天皇の招魂が起源という。これまた、天武朝に関わる。

　鎮魂祭には琴が重要な働きをした。今日の琴と呼ぶ楽器は中国伝来の十三弦楽器であり、正しくは箏である。これを琴と呼ぶようになるのは江戸時代からのこと。これに対し、正倉院宝物には「檜倭琴」という六弦の楽器が十面余り伝存する。これは同時代の七弦の唐琴や、十二弦の新羅琴と弦数や構造にやや違いがあり、古墳時代の伝統を引くものとして倭琴と呼んでいる。古墳時代の伝統を引き継ぐといっても、弦数などは近いが、構造上は中国・朝鮮の琴の影響が著しい［水野 1980、金子 1991a］。

　それとともに用い方にも違いがある。神話の世界では琴は神の言葉を聞く（託宣）重要な手段だった。『古事記』「仲哀記」には、筑紫の香椎宮において琴を弾き、熊襲征討の是非を神に問う場面がある。

　　「西の方に国あり金銀をはじめて、目の輝く種々の宝その国に多くあるを、吾れ今その国を賜はむ」。仲哀天皇が琴を弾くと神功皇后に神懸かりし、上の言葉を告げるが、疑った仲哀は神罰をうけて急死する。……

　古典に「楽」としての琴がないわけではない。これにまつわる悲話がある。

　　「天之鳥琴、天之鳥笙は波にしたがい、潮をおいて、杵嶋の唱曲（うたぶり）を七日七夜遊び楽しみ歌い舞い……」（『常陸国風土記』行方郡条）。

崇神天皇の世に、東国の征服に赴いた建借間命（神武の子孫）が、霞ヶ浦周辺に勢力を張る土着勢力を征服するために霞ヶ浦に船を連ね筏を編み、連日連夜琴と笙の音で踊り狂うようにしたところ、果して敵も全員が浜にでて踊り狂った。すかさず背後から攻め、皆殺しにしたという。

　「楽」の音に関して重要なのがたまふり（魂振り）である。桜の季節に花見が盛んなのは、花のもつ霊力をみることで体内に取り入れ、たまふりをする意味がある。耳で聞く喜び、楽しみもまた、同様の行為である。たまふりは、肉体から遊離した魂を呼び戻し体内に鎮め、あるいは衰えた魂を揺り動かして霊力を復活させる呪術で、たましずめ、魂結びともいう［土橋 1989］。琴の音をはじめ、楽はもともと神霊を楽しませるものであり［白川 1984］、たまふり効果があるのだろう。

　鎮魂祭の次第は『貞観儀式』（貞観13〈871〉年頃）によると、宮内省の庁内に神座を設け、天皇の御服を入れた筥（箱）をその前に置く。宇気槽（液体の容器、木製か）を逆に伏せて、矛（『延喜式』ではさなぎ）を持った御巫（巫女）が上に立ち、倭琴の音に合

わせて槽の表を10度突いて轟かせ、これに合わせて木綿の糸を結ぶとともに、御服の筥を開き筥ごと揺らすという。11月は冬至の季節。太陽の活動（生命力）とともに天皇のたま（生命力）も衰える。それでこの時期に鎮魂祭を行い、翌日の新嘗祭に備えるのであろう。

　逆に伏せた槽は内部が虚ろであり、これを太鼓のように響かせるのは、神懸かりした天鈿女命（あめのうずめのみこと）が矛を持ち胸も露に躍る天岩戸神話を思わせる。鎮魂祭の御服は形代であり、琴のさやかな音とともに揺り動かし強いたまを取りつけ、間接的にこれを身に着ける天皇や皇太子のたまふりをするのである。

史料2　鎮魂祭の義『儀式』巻第5（抜粋）

　鎮魂祭の義（11月中寅の日、中宮祭此に准ず。但し東宮は巳の日を用う。）
その日諸司、預め、神座を宮内省の庁事に敷く。次に大臣以下の座、西舎の南に於いてす。少し西に弁大夫の座を設く。其の南に外記史の座、其の南に太政官及び左右の史生の座、（共に東面絶席）其の南少し東に官掌（北面）、東舎に座有りて三列。北第一の間に外記史、式部の丞・録の座、第二の間に太政官ならびに左右の史生、式部の史生の座、第三の間に官掌・省掌の座を設く。（北面西上）酉の二点大臣以下西舎の座に就く。神祇伯以下琴師・御巫・神部・卜部等を率いて榛摺の衣を着して供神物を持たしむ。左右に相分かれて入りて庭中に立つ。神部、東階より昇りて神宝を堂上に置く。次に神机をかきて昇る。御巫これに従う。次に神部四人各琴を持ち、左右相分かれて昇りて堂上に置く。神祇の五位已上の官人、西階より昇る。六位以下、西の側階より昇りて座に就く。（伯以下使部以上は、東面南上。御巫は、南面東上。）次に大膳職・造酒司、八代物を供ず。縫殿寮、媛女を率いて東の側階より昇りて座に就く。次に内侍、御衣の匣をもたらしむ。大内より退出し、東階より昇りて座に就く。治部省、雅楽寮の歌人・歌女等を率いて西の側階より昇りて座に就く。訖りて大臣、西舎より出で、西の側階より昇りて座に就く。召使を喚すこと二声。召使、称唯し、趨りて版に就く。大臣問う、誰そ。召使、姓・名を称す。大臣宣す、式部を喚せ。召使、称唯し、趨り出でて南外に立ち、これを喚す。丞已上一人入りて版位に就く。大臣問う、誰そ。丞、官・姓・名を称し、大臣宣す、刀禰を入れ奉れ。丞、称唯して出でて本列に復す。仰せて云わく、刀禰を入れ奉らしめよと。録、称唯して省掌の名を喚す。省掌、称唯す。録、仰せて云わく、刀禰入れ奉らんと。省掌、少し進みて云わく、大夫等参拝せよと。五位以上先ず入りて堂上の座に就く。外記史、史生・官掌等を率いて西舎より出でて屏下に立ち、式部省の相引きて入るを待ちて、東舎の座に就く。訖りて大臣、召使を喚すこと二音。召使、称唯して版に赴く。大臣問う、誰そ。召使、姓・名を称す。大臣宣す、大蔵省喚せ。召使、称唯し退出し、これを喚す。丞、称唯し、進みて版に就く。大臣問う、誰そ。丞、官・姓・名を称す。

大臣宣す、鬘木綿を賜え。丞、称唯して退く。丞、録・史生・蔵部等を率いて木綿を筥に実して入れる。先ず神祇の官人に賜う。次に丞、大臣に賜う。録、五位已上に賜う。次に、史生、判官以下主典已上に賜う。蔵部、史生以下に賜う。（主典已上は安藝の木綿、史生已下は凡の木綿）訖りて神祇伯、琴師の名を喚す。二人共に称唯す。次に笛工の名を喚す。二人共に称唯す。伯命ず、琴・笛相和せ。（詞に云わく、ミコトニフエアハセ）四人共に称唯して、先ず笛を吹くこと一曲。次に琴の声を調う。訖りて琴師、絃を弾き、神部と共に歌うこと二成。次に雅楽の歌人、同音に歌うこと二成。神部一人、拍子に候す。御巫、始めて舞う。舞う毎に巫部、舞を誉むこと三廻。（誉めて云わく、アナ、タフト）大蔵の録、安藝の木綿二枚を以って筥の中に実し、進めて伯の前に置く。御巫、宇気槽を覆い、その上に立ち、桙を以って、槽を撞く。十度終わる毎に伯、木綿の鬘を結う。訖りて御巫、舞い訖る。次に、諸の御巫・媛女舞い訖る。次に宮内の丞一人、次に侍従二人、次に内舎人二人、次に大舎人二人舞訖りて、本座に復す。

　鎮魂祭の意味からすると、宮廷だけではなく官人層や民間でも行われた可能性がある。平城京左京七条一坊の東一坊大路西側溝では、舟形をした特異な琴形２点と木製矛形、金銅の鈴などがみつかったし、長岡京左京二条二坊の太政官厨家に接した東西溝SD1301では、全長28.6cmの琴形（延暦9〈790〉年頃）と矛形各１点がみつかっている。こちらは倭琴のかなり忠実な模造品である。琴形らしき遺品は、平城京羅城門南約1.5km、奈良県大和郡山市稗田遺跡にもある。概報の写真だけで詳しいことは明らかではないが、都人の鎮魂に関わるのではなかろうか。先に述べた例は３例とも、道路側溝や道路と交差する川跡からみつかっており、生け贄祭などと同様に路の辺りでこの祭を行ったのであろう。

6　いのちの泉

　都人の生活に水は欠かせない。平城京では井戸から水を得たから、井戸の開鑿、維持管理は重要であり各段階での祭がある。困るのは水が涸れること。対策には井戸の神に賄として、和同開珎などを井戸に投ずることがある。
　藤原京左京六条三坊の８世紀代の井戸SD4740では、無文銀銭１、和同銭27のうち、銀銭と和同銭４を最下段の枠木に置いていたし、平城京左京三条二坊長屋王邸の井戸SD4580では、和同銭24、万年銭３、神功銭72を投じていた。同邸井戸SD4225では、神功銭に素文小鏡を加える。この方法は長屋王邸跡で検出した井戸（８世紀末まで）の４割強に達するが、平城宮内では２割程度と差がある。
　秘めやかな方法で井戸神を喜ばすこともある。1997年、奈良県明日香村の飛鳥池遺跡から珍しい井戸がみつかった（図158）。方形区画の内部を石敷きとし、中央に井戸

を設ける。井筒は上段が方形、下段が円形で下段は柱材を組み合わせる構造である。造営年代は7世紀後半の藤原宮期（694～710）。扉板を転用した井戸上段の枠木裏面に、興味深い墨描きがあった。すなわち、男性の象徴などを描くのである。男性のそれはそそり立つ［奈文研 1999］。仮に扉板段階での落書としても、湧水の永遠を願い、削らずに用いたのであろう。

　二元的世界観がある。陰陽、プラスとマイナス、男と女など世界が二つの異なる根本原理から成るとする考え方のことである。これらを象徴的に表現することも少なくない。人間では←や△は男性の、○は女性の意味であり、♂♀記号は世界共通である。山城国（京都）賀茂社の伝承では、玉依姫が川上から流れ来った丹塗矢によって懐妊する（『山城国風土記逸文』）。男女の営みを象徴したことになろう。

　井戸は二元的世界観でいずれか。8世紀代の井戸は方形の井筒が多く、中でも蒸籠組が格が高いという。他方、平城宮内裏の井戸は蒸籠組の枠木下部に、円筒形の刳り抜き井筒を据える。型は飛鳥池遺跡例と同じである。また、方形井筒も井戸底に円形曲物（麻笥）を据える例が多い。加えて底に湛える水をみれば、結論はいうまでもない。

　裏面とはいえ、飛鳥池遺跡の井

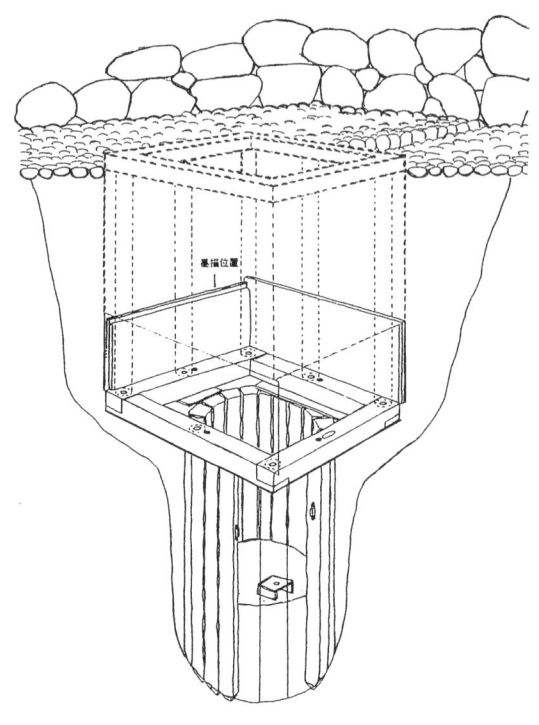

図158　飛鳥池遺跡井戸と墨描（上）
（井戸の枠木は図の左辺が上）〈奈良文化財研究所提供〉

筒上部に男性の象徴を描くのは、玉依姫神話などと似た意味であろう。やや異なるのは、この行為による持続的な湧水作用を願うことである。似た機能をもつものに陽物形がある。奈良時代では木製品が多いが、石製品も宮城県多賀城跡にみる。平城宮内では大膳職井戸や、東大溝に、京内では左京三条二坊の邸宅跡井戸などに類例がある。平城宮大膳職の報告書［奈文研 1966］は、石上堅『竪水の伝説』をもとに、男の隠しどころの形を井戸に覗かせると湧水がよくなるとする埼玉県秩父地方の正月14日の民俗をあげ、井戸と陽物の結びつきを強調した。覗かせるだけでなく、所作を伴うと思う。フレーザーのいう模倣（imitative）呪術の一種である。

飛鳥池遺跡の墨描きは、この発想が7世紀後半代にあることを示す。水野正好は陽根が陽を呼び陰を祓うとし、道術の一種とした［水野 1974］。土器の甕底を抜いた円形井戸枠は弥生時代にすでにあるし、縄文深鉢を母性の象徴とする徴候も少なくない。井戸を女性の象徴とみる系譜をそこまで遡らせるべきか、大陸の波と合体して新時代に生まれ変わったとすべきか否か、検討が必要である。

奈良時代の都の祭の一端を述べた。上の例でも明らかなように、さまざまな信仰が複雑に絡みあった様相を呈し、通説のように道教、仏教、神祇といった枠組みだけでは解釈が難しい。平川南説が『日本霊異記』の説話の根底にある思想を冥道信仰と呼ぶように、一部は中国で成立した祭のあり方を受容した可能性がある。こうした姿が、のちに神仏習合といった新たな様相を生み出す素地となるのであるまいか。

[参考文献]
朝枝善照 1990『日本霊異記研究』永田文昌堂。
泉森　皎 1975「大和の土馬」『橿原考古学研究所論集』創立三十五周年記念、吉川弘文館。
池田弥三郎 1967「鎮魂のあそび」『日本文学の歴史』第1巻、角川書店。
石田英一郎 1966『新版河童駒引考』東京大学出版会。
茨城県立歴史館 1995『音の考古学　音貝と鳴器の世界』。
大形　徹 1995「「鬼」系の病因論──新出土資料を中心にして──」『大阪府立大学紀要（人文・社会科学）』第43巻。
大形　徹 1996「二条大路木簡の呪文木簡」『木簡研究』第18号。
橿原市 1993『古代のかお』橿原市千塚資料館。
金子裕之 1991a「楽器・酒造具・紡織具」『古墳時代の研究』3、雄山閣。
金子裕之 1991b「誕生と死」『別冊太陽　占いとまじない』第73号、平凡社。
金子裕之 1991c「律令期祭祀遺物集成」『律令祭祀の研究』塙書房。
金子裕之 1991d『木簡は語る』歴史発掘12、講談社。
金子裕之 1997『平城京の精神生活』角川選書282。
木下　忠 1981『埋甕　古代の出産風俗』雄山閣。
佐伯有清 1967『牛と古代人の生活』至文堂。
桜井秀雄 1996「牛と馬と猪と鹿と」『長野県の考古学』（財）長野県埋蔵文化財センター。
笹生　衛 1986「奈良・平安時代における疫神観の諸相──坏・皿形人面土器とその祭祀」『平

安時代の神社と祭祀』。
澤田瑞穂　1984『中国の呪法』平河出版社。
下出積与　1972『日本古代の神祇と道教』吉川弘文館。
白川　静　1984『字統』平凡社。
舘野和己　1998「遷都後の都城」『古代都市の構造と展開』奈良国立文化財研究所。
田村圓澄　1969『飛鳥仏教史研究』塙書房。
土橋　寛　1989『日本古代の呪術と文学』塙書房。
土橋　寛　1990『日本語に探る古代信仰』中央公論社。
奈良県立橿原考古学研究所附属博物館　1982『音の考古学　古代の響き』。
奈良国立文化財研究所　1966『平城宮発掘調査報告』Ⅳ。
奈良国立文化財研究所　1977『平城京右京五条四坊発掘調査概報』。
奈良国立文化財研究所　1993『西隆寺跡発掘調査報告書』。
奈良国立文化財研究所　1995a『一九九四年度　平城宮跡発掘調査部発掘調査概報』。
奈良国立文化財研究所　1995b『平城京左京二条二坊・三条二坊発掘調査報告書』。
奈良国立文化財研究所　1999『奈良国立文化財研究所年報1998』Ⅱ、Ⅲ。
野尻　靖　1985「律令制支配と放生・殺生禁断」『続日本紀研究』第240号。
野尻　靖　1989「古代における放生の意義」『居村「放生木簡」シンポジュームの記録』。
速水　侑　1986『日本仏教史　古代』吉川弘文館。
平川　南　1996「"古代人の死"と墨書土器」『国立歴史民俗博物館研究報告』第68集。
福岡県　1997『福岡県京都郡豊津町川の上遺跡発掘調査報告書』。
松井　章　1995「古代・中世の村落における動物祭祀」『国立歴史民俗博物館研究報告』第61集。
水野正好　1974「祭礼と儀礼」『古代史発掘』第10巻、講談社。
水野正好　1977「伊場遺跡放生木簡の顕現」『三浦古文化』第21号。
水野正好　1977「埴輪弾琴像幻想」『月刊文化財』10月号。
水野正好　1980「琴の誕生とその展開」『考古学雑誌』第66巻第1号。
水野正好　1984「想蒼籠記」『奈良大学紀要』第13号。
水野正好　1987「楽器の世界」『弥生文化の研究』第8巻、雄山閣。
水野正好　1994『まじなひの文化史──水野正好主要著作目録──』水野正好さんの奈良大学学長就任を祝う会。
水野正好　1995「紙魚想考（五）」『奈良大学紀要』第23号。
宮崎まゆみ　1993『埴輪の楽器──楽器史からみた考古資料』三交社。
桃崎祐輔　1993「古墳に伴う牛馬供儀の検討」『古文化談叢』第31集。
山田邦和　1998「中世都市京都の成立」『古代都市の構造と展開』奈良国立文化財研究所。
山中　章　1994「長岡京──馬の埋葬と馬の祭祀──」『日本考古学協会1994年度大会研究発表要旨』日本考古学協会。
横田健一　1992　第1章第5節「葛木御歳神社の生贄と祈年祭」『飛鳥の神々』吉川弘文館。
渡辺勝義　1994『鎮魂祭の研究』名著出版。

第10章

考古学からみた律令的祭祀の成立

1 律令的祭祀と考古学

　祭祀の語は白川静『字通』によると、「祭」は原字が「肉＋又（ゆう）＋示」の象。その上に牲肉を供え祭る意味で、「祀」は蛇の形に従う字で自然物を祀るといい、もと自然神をまつりのち祖祭をもいう、とある。律令的祭祀は「神祇令」に規定された国家（神祇官）が定時に執行し、天皇が奉幣する19種の年間祭祀（律令祭祀）と、これに関連した祭祀を含めた意味である[井上 1976]。現行の「神祇令」は養老2（718）年に藤原不比等らが編纂を開始し、天平宝字元（757）年に藤原仲麻呂によって施行された『養老令』のものであるが、内容は「大宝令」とほぼ同文とされる。ここには季ごとに神祇官が行う祭祀の規定がある。

　　仲春　祈年祭
　　季春　鎮花祭
　　孟夏　神衣祭、大忌祭、三枝祭、風神祭
　　季夏　月次祭、鎮火祭、道饗祭
　　孟秋　大忌祭、風神祭
　　季秋　神衣祭、神嘗祭
　　仲冬　相嘗祭、鎮魂祭、大嘗祭
　　大嘗―新嘗―祭（仲冬）
　　季冬　月次祭、鎮火祭、道饗祭

季ごとに行う四時祭（しいじのまつり）は、祈年祭から大祓まで広汎な内容を含む。その内容や祭料など詳細な規定は、施行細則である式にあった[1]。この律令祭祀は祭祀の内容や祭祀主体、目的などをもとにした分類がある。中村英重によると、祭祀の執行主体による二宮説[二宮 1988]、祭祀場所による加藤・矢野説[加藤 1978、矢野 1986]、祭祀の性格・目的による中村説[中村 1999]、などがある[2]。

　内容を加味した西宮秀紀の分類などをもとに概観すると、収穫祈願と感謝に関連した祈年祭（仲春）・風神祭（孟夏・孟秋）、神嘗祭（季秋）、相嘗祭（仲冬）・大嘗―新嘗―祭（仲冬）が、疫病退散などに関連して鎮花祭（季春）・道饗祭（季夏・季冬）が、宇宙の秩序を整える祭ともいう[小南 1991]神衣祭（孟夏・季秋）が、天皇御魂の再生強化に関わる祭として鎮魂祭（仲冬）が、人々の穢（けがれ）を除き都城を守護するものに大祓（6・12

月）がある。祓は祭とは別物で、大祓はのちに加わったともいう。いずれにしても、国家にとって重要な農業経済だけでなく、国家秩序の維持や天皇御魂強化など呪術的な諸祭を含むことが特徴といえよう。こうした諸祭の内容からみて、これらが一時期に成立したのではなく複雑な過程を経たことは想像に難くない［西宮 1986］。

　文献史料とは別に、1960年代以降平城宮跡や藤原宮跡など都城遺跡の調査が本格化するのに従って人形や馬形、斎串など木製模造品とその関連品、大和型土馬や人面墨書土器、ミニチュア竈・竈子・鍋といった模造品の存在が明らかになってきた。発見地が宮都であること、年代的にも矛盾がないことから、これらと律令祭祀との関わりが課題になった。

　現在はこれらの祭祀具による祭祀を都城祭祀、あるいは都宮祭祀といった語によって分類することが多い。これは罪穢などの解消を目的とする祓や、疫鬼などによる疫病の予防退散をめざすものが多いようであり[3]、その起源年代や地理的分布などに特徴がある。

　木製模造品の人形などは大祓に関わると思う［金子 1985］。人形は形代として万能であり呪詛、病気治療、鎮め、祓などに用いたが令制下では祓が一般的な用法である。祓は災厄、汚穢、罪障などを除き去るために行う行為であり、解除とも表記する。その折の罪過のあがないとして出すものを祓つ物などという［野口 1991］。大祓は6月12月の晦日に、百官男女が宮城正門の朱雀門前に会衆して行う儀式で［三宅 1995］、のちの大上中下とある祓の代表であろう。大上中下祓は、延暦20（801）年5月14日条（『類聚三代格』巻1）にみえる。

　朱雀門の東に隣接し朱雀門前とともに大祓の場であった平城宮壬生門跡の発掘では、門前の二条大路北側溝から207点の人形がみつかっており、『法曹類林』巻200にみる大祓史料と一致する。これらは遺構の状況や伴出した土器などから［玉田 1997］、8世紀中葉（天平17〈745〉年頃）の臨時大祓の跡と考えている。

　壬生門前調査成果などからみて、祓には人形のほか、馬形や鳥形、刀形、斎串など木製模造品や木製祭祀具などを用いた。1999年、福岡県福岡市西区元岡遺跡でみつかった「解除法」木簡はその推定を補強する（図159）。現品は折敷の底板に書いており破損によって後半は欠損し、前半も部分的に欠ける［福岡市教委 1999］。

　　「凡人言事解除法　進奉物者　人方七十七隻　□□六十隻　須加〔　　　　〕
　　　水船十隻　弓廿張　矢冊隻　五色物十柄　久□多志五十本　赤玉百□　立志玉百
　　　□□□二柄□□〔　　　　　　　　〕米二升　桑木二□　□□木八
　　　束　」

　ここには解除に用いる人方（人形）、馬（鳥カ）方などを具体的に書きあげ、一部に合点があって実際に用いたようである。年代は層位から、7世紀末8世紀前半という。延暦20（801）年5月14日条では人形、馬、大刀、弓、矢の順であり須加〔　　〕は須加利大刀であろうか。現地説明会資料では「凡人」と訓み人名とみる。いずれにして

も8世紀前半にはこうした解除（祓）法が流布した可能性がある。

　土師器外面に「人面」などを墨画する人面墨書土器は、藤原京下ツ道側溝発見例を最古とする。8世紀初頭という。これは炊飯具の甕形土器などを転用することもあるが、8世紀前半以降、表面に粘土紐の積み上げ痕跡を残す特徴的な壺Bを用いることが多い。長岡京左京六・七条三坊の水垂遺跡は、完形に復原できる例だけで200個体近くもみつかった稀な遺跡である。

　この土器の用法については、解釈が2種ある。その一つは、疫や穢を籠めて流すとするもので、広い意味で病気治療と関わる。これは近世の呪書『呪詛重宝記大全』などにみる餓鬼流し法などからの類推による［田中 1973］。山形県八幡町俵田遺跡の「磯鬼坐」とある墨書［山形県教委 1984］などをもとにした水野正好説では［水野 1982・1986］、疫病のもとになる疫「鬼」（死者霊）を甕（壺B）に気息とともに吹き込み、内部に取り憑けたことになろう。こうした考え方の背景には、死者霊の一部の疫鬼が病気の原因とする中国思想がある［金子 2000、大形 2000］。近世朝鮮半島の民俗にみる封鬼瓶・封鬼壺に類するものとすると［村山 1929］、もともと医学療法の一部であった可能性がある。

図159　解除法木簡（福岡県元岡遺跡）
〈福岡市埋蔵文化財センター所蔵、写真：奈良文化財研究所提供〉

　他方、令制の道饗祭やその後身とみられる疫神祭に用いたとする［巽 1996、長宗 1998］。この場合、甕（壺B）の具体的な用法は明らかではない。あるいは疫神への賄となる供物を入れたとするのであろうか。

　道饗祭は『令集解』の注釈に鬼魅を京城四隅の道上に饗遏するとあり、重点は饗応し、防ぎ除くことにある。食物や酒を盛る器として甕（壺B）はあまりふさわしくない。仮に饗応後に「鬼」を封じるのなら、封鬼瓶・封鬼壺と同じと思う。ただし、人面墨書土器の用法としては二次的とすべきであろう。

　人面墨書土器に関連するのがミニチュアの竈・竈子・鍋のセットである。いずれも、

第10章　考古学からみた律令的祭祀の成立　535

表に粘土紐の輪積み痕を残す手法など製作技法が人面墨書土器と類似し、同一の集団が製作に関わったものかという[玉田 1997]。

　竈信仰は中国では古くからあり、のちの庚申信仰に大きな影響を及ぼす。本品についてはこの竈神信仰に関わるとする説、饗応主体の道饗祭にこそ炊飯に関わる竈セットはふさわしいとの説がある。

　土馬は、馬と水神の関わりが汎世界的とする説をもとにした水神奉献説が有力である[大場 1970、小笠原 1975]。他方、馬は貴人の乗り物であり転じて疫神への供物とする説がある[水野 1983]。8世紀初頭に成立する大和型土馬は古墳時代の土馬とは製作法が異なり、頭の側面も三日月形に作る。さらに数が多いことと型式変化が激しいことが特徴であり、9世紀代には小型化し犬形となる。犬は疫鬼を逐うとの見方からするなら、後説を支持するべきであろうか。

　木製模造品には他に琴形がある。これは毎年の11月に行う鎮魂祭に関わる可能性を考えている[金子 1998]、都城祭祀には井戸祭祀、誕生に関わる胞衣祭祀などさまざまなものがある。ただし、これらすべてが「祭祀」かは疑問がある。胞衣（後産）を壺に封じて埋納する習俗は、永観2（984）年に成立した『医心方』巻24にみるなど、最新医療の一環であった可能性が強い。

　これらは初現年代が7世紀代に遡るものと8世紀に下るものがあるし、地理的分布も全国に及ぶものと、古代都城——藤原・平城・長岡・平安京跡とその周辺に偏る二者がある[金子 1989]。

2　律令的祭祀の成立年代

　祭祀遺物からもとの祭祀を推定することは難しくとも、考古学的手法をもとに別視点からみることは容易である[4]。先述の祭祀具などが律令的祭祀と関わるとすると、その起源を探ることは律令的祭祀の成立を解明することになる。古代史の井上光貞はこの視点から、律令的祭祀の先駆形態を律令的祭祀形態と呼び、成立時期を解明する道筋を示した。

　神代紀の神話で伊勢神宮の天照大神と密接な関係にある福岡県宗像社の宗像三女神は、紡織具を有する点も共通する。つまり、伊勢の神宝21種には紡織具がある。これは孟夏・季秋の神衣祭に関わるのだろう。他方、宗像社の沖津宮である沖ノ島遺跡には金銅製紡織具が多数ある。井上は沖ノ島遺跡で紡織具が出現する時期を検討することで律令的祭祀の先駆形態（律令的祭祀形態）が7世紀初頭に成立し、7世紀後半の天智・天武朝に展開し「大宝令」で成立するという図式を描いた[井上 1984]。井上説は「浄御原令」以前に、「近江令」が存在したとする見通しのもとに構築したものである。

　岡田精司は井上の律令祭祀概念を批判し、律令祭祀の本質は国家が神々に幣帛を頒つ班幣制にあるとする[岡田 1970]。班幣とは国家が神々を秩序づけ、それに幣帛を頒

つとする制度である。『延喜式』（延長5〈927〉年撰進）では幣帛は布製品を主とするが、もとは紡織具を含めた具体的な器物と考えれば井上説は有効であるし、考古学には重要な視点と思う。

筆者は井上の方法に従って7・8世紀の木製模造品群の成立を検討し、天武朝において中国伝来の人形に、弥生・古墳時代以来の舟形、刀形などを付加し大祓の祭祀具として再編成したと考えた［金子 1980］。

二つの説では律令（的）祭祀の先駆形態が成立する年代に差があり、一方は7世紀初頭、他方は7世紀後半とする。両説にはともに批判がある。井上説の問題は、拠り所にした沖ノ島遺跡の遺跡変遷と金銅製模造品群の対応が厳密でないこと［金子 1980］。私説への批判は人形や斎串の出現年代が7世紀後半より遡るとすること。その意味については2説があり、これらの出現・展開は律令的祭祀とは無関係とする説［泉 1989］、天武朝に中央で再編成される以前に地方で"民間祭祀"としてあり、これが宮廷祭祀に吸収されたとする説などがある［宮島 1999、群馬県教委 1990］。人形や斎串の出現年代を7世紀後半より古く考える説が増している背景には、静岡県神明原・元宮川遺跡の調査（1983～85年）による6世紀後半代の人形、斎串などの発見があろう［静岡県埋蔵文化財研究所 1989］。

井上説に関しては進展はないようである。私説への批判には疑問がいくつかある。まず宮島説などが援用する民俗学の考え方では「民間」概念が明らかでない[5]。これは「民間」概念を曖昧にしただけでなく、基本となる時間軸もまた不詳として安易に用いる傾向がある。しかし、時間軸が逆転した時には、中央から周縁に拡大した残滓が諸国に残った明確な証拠、となる危険性を常に孕む。また、発見された人形などの年代的な基礎が確実か否か、やはり慎重な検討が必要と思う。この点で諸説が拠り所とする神明原・元宮川遺跡の人形、斎串などの改訂年代は注目すべきであろう。1999年には、調査機関自らが編んだ図録では年代を7世紀代に下げている。根拠は明確ではないが、木製品に伴った「鬼高式」土器の検討結果ともいう［静岡県埋蔵文化財研究所 1999][6]。

紀年銘木簡のように年代を示す資料を欠く場合は、実年代の特定が難しい。令制下に普遍的な扁平人形は正面像で、木製・金属製品がある。確実に遡る例は奈良県飛鳥池遺跡の金属製品で、年代は天武朝前半期という（図160）［奈文研 1999］。他方、1999年11月、大阪市難波宮跡の西北に接した溝から戊申（648）年の紀年銘木簡に伴って、8世紀代の組み合

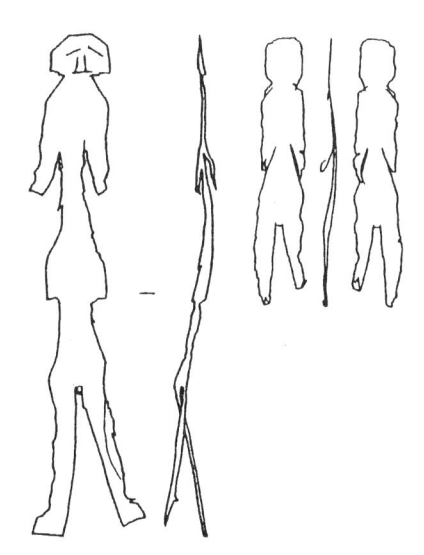

図160　天武紀の銅人形（奈良県飛鳥池遺跡）

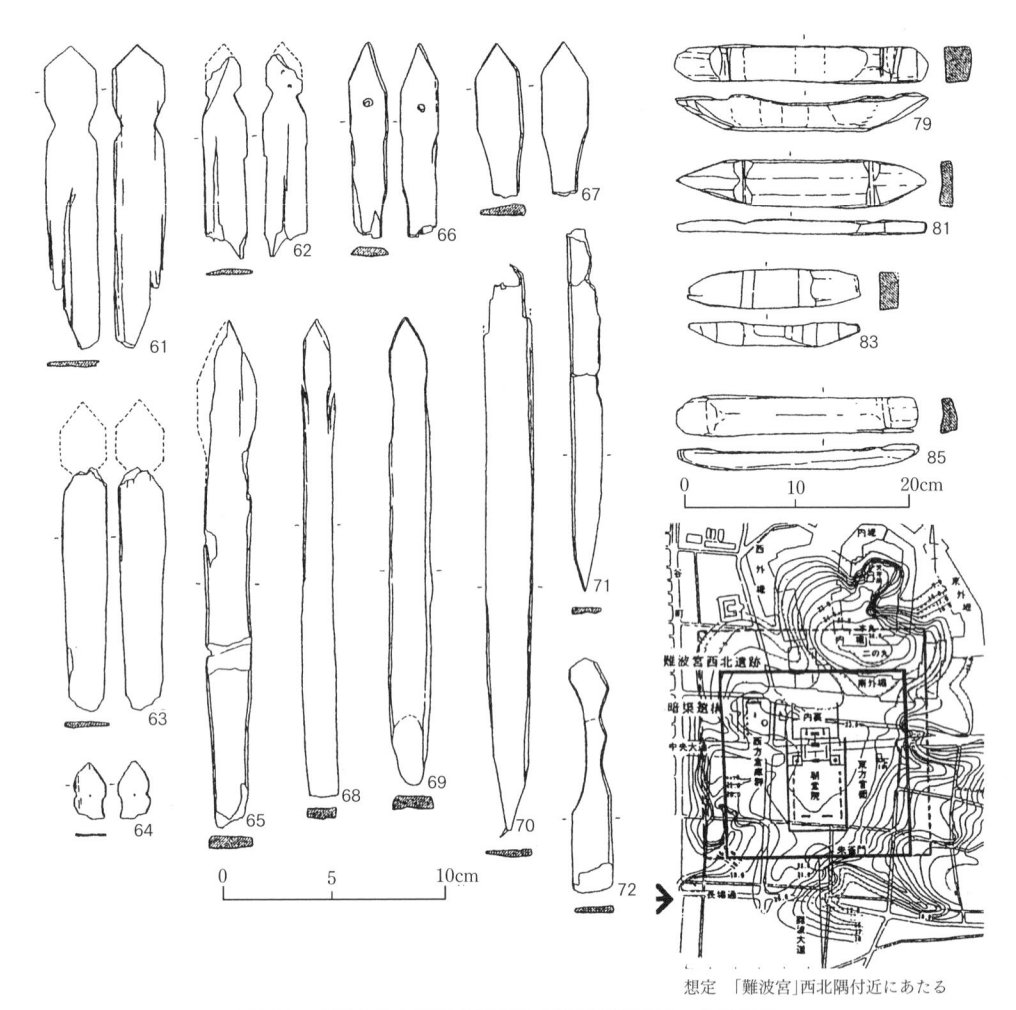

図161 大阪市住友銅吹所跡下層木製品（難波宮との位置関係）

わせ人形（いわゆるマリオネット型）に類似した側面像の一部がみつかった。頭部に木釘を打つ側面像は同じ難波宮西北隅の石組み暗渠遺構にある。ここでは人形状木製品、斎串状木製品などもあるという。後2者は、前期難波宮跡西南に近接した住友銅吹所遺跡下層にもあり（図161）、ここでは舟形もある[大阪市文化財協会 1998]。人形状木製品は下端部を欠くために、のちのそれと同型式か否かはなお判別し難い。とはいえ令制下の人形などの起源が7世紀中葉に遡るのは、時間の問題かのようである[7]。これらが次の時代のものと一連とすると、従来の考え方を改める必要があろう。

　前期難波宮はこれまで孝徳朝の白雉3（652）年に竣工した難波長柄豊碕宮説と、難波に羅城を築くとある天武8（679）年の記事などに基づく天武朝説があり、1999年11月の調査成果が誤りなければ孝徳朝説が重みを増すであろう。これに、飛鳥期（7世紀後半）の斎串などが天智朝の近江京の一画にあたる滋賀県大津市の湖西線遺跡群にあることも重視し[滋賀県文化財保護協会 1973]、仮に大祓の「祖型」といったものが想定

できるなら、前期難波宮で7世紀中葉にそれが誕生し、天智朝を経て天武朝に「大祓」として成立したとみることもできる。そして孝徳朝、天智朝段階で周辺に影響を及ぼしたとすると、地域によっては天武朝以前に大祓の「祖型」（先駆形態）があることになろう。

これは古代都城成立の道筋と類似し[8]、井上説が描いた図式に近づくことになる。ただし、現状はあくまでも推測と仮説の積み重ねであり、その是非は今後に委ねる必要がある。

人形など木製模造品の遺跡は8世紀代に入ると急増し、全国で100ヵ所以上がある。なかでも奈良時代と平安時代（延暦23〈804〉年以後）の但馬国国庁跡と、周辺の兵庫県出石郡袴狭遺跡や砂入遺跡、川岸遺跡、姫谷遺跡では多数の人形、馬形、斎串などがみつかっている。奈良時代の国府推定地に近接する袴狭遺跡では人形1,016点、馬形1,475点が［兵庫県教委 2000］、砂入遺跡では人形約3,000点、馬形450点以上、斎串2,500点以上がある［兵庫県教委 1998］。これがすべて大祓跡か否かは検討が必要としても、国々に祓が浸透した証しとして興味深い。

3 　都城祭祀の二元性

都城祭祀にみる祭祀具は初現年代だけでなく、材質の違いや分布の違いがある。人面墨書土器や大和型土馬など8世紀に出現する祭祀具は基本的に、都城遺跡とその周辺を主とする。基本的にというのは、人面墨書土器のように一部九州や北陸、東北に分布するものがあるからである。人面墨書土器の類品には、関東の千葉県香取地方などに独特な例がある。ここでは坏の内外面に人面とともに、延命に関わる文言などを墨書する例が多い。千葉県八千代市白幡前遺跡では土師器の甕外面に墨書人面と「丈部人足召代」とあるし、千葉県庄作遺跡では、67号住居跡の土師器坏は外面に墨書人面が内面に「国玉神奉」とあり、58号住居跡の坏は「竈神」とある。

平川南はこれを中国の冥道思想に基づき、延命祈願のために容器に供物を入れて供えたとする［平川 1996］。平川説の通りなら、病魔（鬼）などを籠めるとする都城の人面墨書土器とは異なる用法といえるし、このような信仰が東国独自に拡大する［高島 2000］実年代、担い手などについては興味が尽きない[9]。

一部こうした例はあるにしても、人面墨書土器や大和型土馬が都城ローカルというべき分布を示すことも確かであり、人形など木製模造品のあり方とはかなり異なる。その背景として、祭祀主体による違いを考慮すべきではなかろうか。

「神祇令」では神祇官が令制祭祀を管轄することがみえる。大祓や道饗祭などを諸国で行う例は史料にみえるし、下野国府跡の木簡に「鎮火□□」木簡があり、鎮火祭を諸国で行った可能性が高い［栃木県教委 1987］。この場合、宮都では神祇官が行うとしても、国々は太政官が下す符によって全国一律に行うのであろう。型式的な斉一性が強

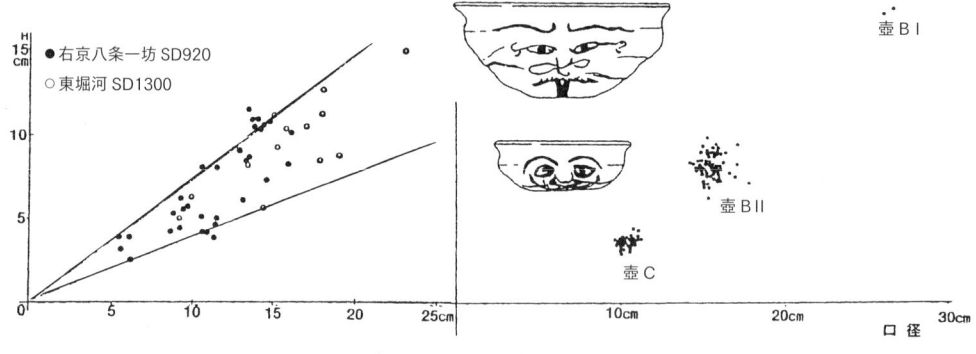

図162　人面墨書土器にみる器高指数の変化と人面土器
（平城京〜長岡京左京六条三坊SD285）

い人形がほぼ全国的に分布する理由は、このシステムによる可能性が大きい。
　他方、人面墨書土器や土馬など8世紀に初現し、都城遺跡を中心に広がる祭祀は京職との関わりを考慮すべきかもしれない。京職は宮都の行政や警察権を司る官司である。令の左右京職条には祭祀のことはみえないが、これは令の成立後であることに関わると思う[10]。右の推定を傍証するのがいわゆる「大和型甕」である。
　炊飯具の土師器甕には大和型土馬などと同じく、分布が都城遺跡に限られる一群の土器がある。かつてはこれを「大和型甕」と呼んだが、近年は製作集団が遷都ごとに新都に移住し継続して生産に関わったとして「都城型甕」と呼称する。[古代の土器研究会 1990]。『延喜式』では西市に土器塵があるし、土器の流通は市司が管轄した（巻42「染物土器」条）。東西市を管掌する市司はいうまでもなく、京職傘下の官司である。
　人面墨書土器が同時代の土器群と似た変化を示すことも、この傍証とすべきであろう。長岡京左京六・七条三坊水垂遺跡の人面墨書土器は規格制に富み、器高指数は明確な3グループを示す（図162）[京都市埋文研 1998]。これは平城京の人面墨書土器の器高指数がかなりバラエティに富むことと対照的である。こうした変化を桓武天皇の祭祀政策に結びつける見方があるが[山中 1996、國下 1996]、この場合は、8世紀後半以降の都城の土器にみる器種数の減少・統一化に対応した現象と考えるべきと思う。
　このようにみた時、問題になるのが旧宮都である藤原京跡に8世紀の大和型土馬や人面墨書土器などが分布すること。これまた京職の職掌によるようで、京職の管轄は現宮都だけでなく廃都後の旧宮都にも及ぶとする説が有力化しつつある[舘野 1998・2000]。このように律令的祭祀には神祇官型と京職型ともいうべき二重性があり、初現年代とともに分布の違いとして表れていることになろう。都城遺跡ではこのほかにも平城京左京七条一坊や、長岡京左京二条二坊など殺馬に関わる祭の遺構[奈文研 1997、金子 1998、山中 1994]、放生に関わる二条大路木簡、「放鳥」墨書土器がある[11]。これらは鎮護国家を実現する性格があり、官司との関わりについては検討が必要と思う。

4　世俗の権威と神——鎮護国家の神々——

　先に前期難波宮の時期が、ある種の木製模造品成立の契機になる可能性を述べた。この前期難波宮は神社社殿の成立を考える上にも重要である。ここでいう神社社殿は、近年各地で発見例が増加している「弥生・古墳神殿」ではなく、令制期以降の神社のことである。

　仏教以前の伝統的な神々（令の語では神祇）が宮という住居に住むようになる契機は何か。この問題は古代の祭のあり方を考える上に重要であろう。7世紀末以降、天災などに際し、国家による諸社への奉幣記事が増大する[三宅 1995]。伝統的な神々も国家の危難に対処したのであり、史料にみえる多数の奉幣記事は、各地に神社が成立したことを示唆するのであろう。

　神社の成立に関しては農耕祭祀や磐座、神籬（ひもろぎ）など古墳時代以降の祭祀遺跡が発展し、ある段階に社殿になるとする素朴な段階論[大場 1970、福山 1984、稲垣 1977]に対して、近年は天武朝の官社制が社殿成立の契機、とする見方がある。官社とは祈年祭で班幣の対象となる神社のこと。官社制はこの行為によって国家が全国の有力神社を一元的に掌握する制度のことで、具体的には天武10（681）年1月19日条、「畿内諸国に詔す。天社他社の神宮を修理らしむ」とある記事をもととする。建築史の丸山茂は天武朝に存在した1、2の例外を除き、多くの社殿はこの制度がきっかけとなり成立したとする[丸山 1999]。

　丸山茂説では官社制以前に遡る神社は、伊勢神宮と島根県出雲大社となる。伊勢神宮は内宮と外宮の2社に分かれるが、正殿（しょうでん）はいずれも近年各地で弥生・古墳時代神殿のもととされる独立棟持柱をもつ。

　福山敏男の復原では、伊勢神宮は正殿背後の倉などは内宮、外宮でやや異なるが正殿の周囲は内玉垣、外玉垣など四重の区画をもつ[福山 1984a]。他方の出雲大社は大社造りとして知られる。出雲国造千家家には平安期本殿の平面図「金輪御造営差図」いわゆる「金輪造営図」が伝世し、これに基づいた福山敏男らの巨大な柱の上にそびえる社殿復原がある[福山 1984b]。2000年4月には現社殿の北から、杉の巨木3本を組み合わせた掘立柱が見つかった。平安時代末の本殿宇豆柱（棟持柱）と側柱にあたるという[島根県大社町教委 2000、大林組 2000]。

　両社の成立時期については諸説がある。伊勢神宮は7世紀後半の天武朝説、出雲大社は斉明5（659）年説が有力なようである[岡田 1999]。ここでは都城史研究の視点から伊勢神宮をみてみよう。対象となるのは神宮の平面プランと、祭儀における神宮等の動線の2点。平面プランは少なくとも7世紀中葉に遡る可能性がある。秋山日出雄は伊勢神宮の平面形が、平城宮内裏正殿のあり方に酷似するとした。伊勢神宮では正殿を四重の垣で囲み四門二門の制をとるとする。すなわち、外から板垣、三玉垣、二

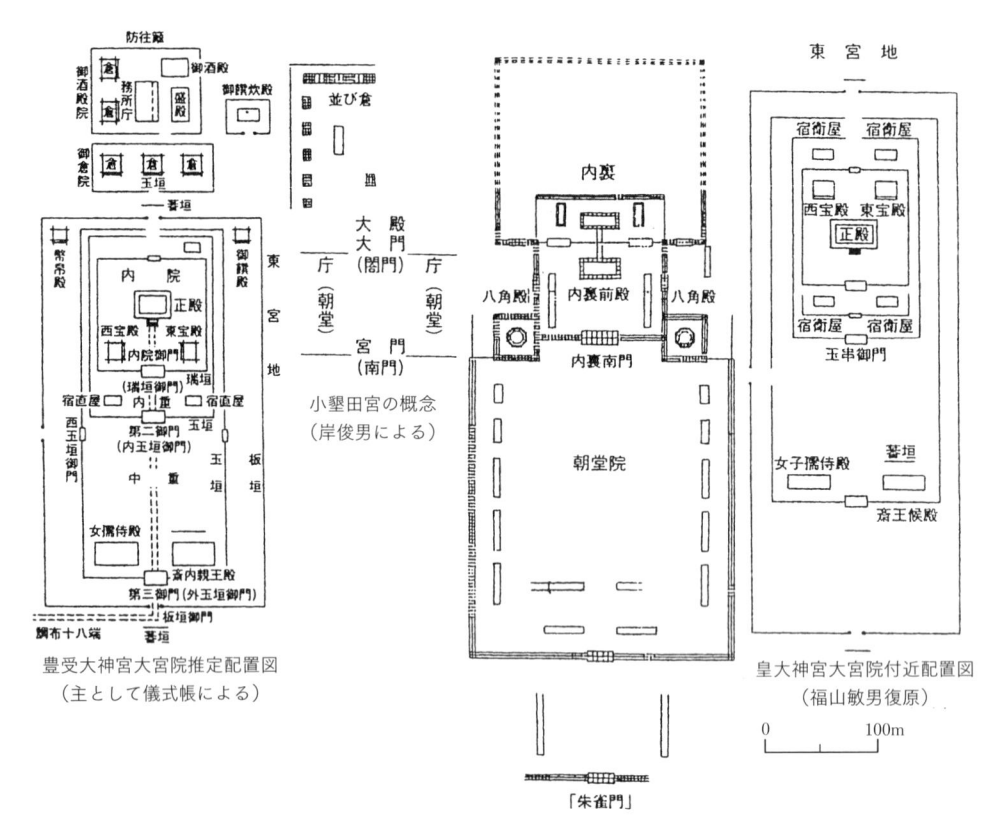

図163　前期難波宮と伊勢神宮のプラン

　玉垣、瑞垣によって区画し、これに開く門は板垣・三玉垣が四面に、二玉垣・瑞垣が南北に二面ある。これは平城宮内裏正殿のあり方に酷似するだけでなく、前期難波宮まで系譜が辿れるとするのである（図163）［秋山 1971］。類似、酷似は主観的要素に傾きがちであるが、妥当な見方と思う。

　次に、伊勢神宮の祭祀のうち三節祭（6・12月の月次祭、神嘗祭）における四重垣での祭儀のあり方を加えると、類似度は増してくる。すなわち、三節祭では神官の位による動線が垣ごとの区画で異なる。いわゆる職能分化である［榎村 1996］。これは『日本書紀』白雉元（650）年2月15日条、難波長柄豊碕宮での白雉献上記事における官人の動線と似るように思う。難波宮では紫門の外に左右大臣・百官人等が4列に並ぶ中、粟田臣飯蟲等4人が雉の輿を執り左右大臣等を従えて中庭に入ると、三国公麻呂等4人が代わって輿を執り殿前に進める。次に左右大臣等がこの輿を御座の前に置く。すると天皇が皇太子を召して共に執って観す、とあって白雉をのせた輿が天皇の前まで「リレー方式」で進むのである。

　このようにみると伊勢神宮の平面プランや、儀式における神官らの動線は7世紀中葉に遡る可能性がある。ただし、これは伊勢神宮自体の成立がその時期に遡るというのではなく、あくまでも伊勢神宮には7世紀中葉に上る要素があることを述べたのに

過ぎない。

　なお、難波宮での「リレー方式」は、推古朝小墾田宮における推古16（608）年8月条、隋使裴世清、推古18（610）年10月条、新羅使迎接記事での官人の動線にも共通するように思う。すなわち推古16（608）年の条では、裴世清が推古女帝に大唐国の信物・書を直接渡すことはない。裴世清が宮の南門から庭に入り、進物を置いた庭中で書を読むと、はじめに阿部臣が次いで大伴齧連が受け取り、天皇の大殿がある大門前の机上に置いて奏す、といったかたちである。ここでの女官の動線は、平安宮内裏紫宸殿の女官（宮人）のそれに受け継がれるという［吉川 1998］。

　このように伊勢神宮のプランや儀式要素の一部が前期難波宮と共通性をもつとすると、社殿の形やそこでの儀式には宮廷のそれが反映した可能性がある。この点で興味深いのは、出雲大神をめぐる伝承である。

　『古事記』「垂仁記」の本牟智和気王説話は、「我が宮を天皇の御舎の如く修理めたまわば」と、出雲大神が大王宮と同じ神宮を求める。たしかに、神宮（かみつみや）が茅屋を真似ることは、考え難い。「出雲国造に命じて神宮を修厳はしむ」とある斉明5（659）年是年条は、この神の求めに応じるかのごとき記事であり、年代的にも難波長柄豊碕宮に近接するとともに官社制以前の特定の神と世俗の権威との関わりを語るようである。

　律令的祭祀の先駆形態や神社と共通する要素の一部が、7世紀中葉の難波長柄豊碕宮期に成立したとするなら、都城制と令制祭祀の発達は相関関係にあった可能性がある。井上光貞説を敷衍すると令制祭祀の先駆形態は7世紀初頭、小墾田宮期まで上ることになるが、こうした見通しの是非を含めた検証は今後の課題としたい。

［註］
1）現存する『延喜式』50巻は撰進が延長5（927）年、施行は康保4（967）年に下るが式の内容を伝えるものとして貴重。『延喜式』は異なる年代の条文を含んでおり、使用にあたっては成立年代の考証が必要である。巽淳一郎は巻34「主計上」の焼物調納規定は天平9（737）年まで遡るとする［巽 2000］
2）中村英重 1999『古代祭祀論』吉川弘文館をもとに列記すると、
　⑴　祭祀の執行主体による分類［二宮 1988］
　　イ　宮中祭祀　　月次祭、鎮魂祭、大嘗祭
　　ロ　神宮祭祀　　神衣祭、神嘗祭
　　ハ　神社祭祀　　鎮花祭、三枝祭、大忌祭、風神祭、相嘗祭
　　ニ　神祇官設定祭祀　　祈年祭、鎮火祭、道饗祭
　⑵　祭祀場所による分類［加藤 1978、矢野 1986］
　　イ　諸神社で行う祭祀　　鎮花祭、三枝祭、大忌祭、風神祭、相嘗祭
　　ロ　伊勢神宮で行う祭祀　　神衣祭、神嘗祭
　　ハ　京城で行う祭祀　　鎮火祭、道饗祭
　　ニ　宮城内で行う祭祀　　祈年祭、月次祭、鎮魂祭、大（新）嘗祭［加藤 1978、矢野 1986］
　⑶　祭祀の性格・目的による分類［中村 1999］
　　イ　国家祭祀　　祈年祭、月次祭、大（新）嘗祭、即位条祭祀

ロ　聖体祭祀　　　鎮魂祭、大祓
　　　ハ　都宮祭祀　　　鎮火祭、道饗祭
　　　ニ　神宮祭祀　　　神衣祭、神嘗祭
　　　ホ　神社祭祀　　　鎮花祭、三枝祭、大忌祭、風神祭、相嘗祭

3）大宝元（701）年に成立した『大宝律令』制下の国家信仰を、通説は「鎮護国家」とする。『仁王般若経』『金光明最勝王経』『法華経』など平安時代に護国三部経といわれる教典を受持、読誦して国家の繁栄を実現する体制である。しかし、朱鳥元（686）年5月の天武不豫から9月病没までの経過が象徴するように、仏法以前の神（神祇）、道術を含めた諸信仰を包括するものであった可能性が高い。

　『日本書紀』朱鳥元（686）年条による天武不豫の経過は次のごとくである。5/24天武不豫、川原寺に薬師経を説き、宮中安居。5月是月左右大舎人が諸寺堂塔を清掃、天下大祓。6/10天皇の病を卜に草薙剣の祟りと。6/12飛鳥寺衆僧に読経、三綱の律師、四寺和上等に衣を賜う。6/19百官を川原寺に遣し燃灯供養、斎、悔過。7/2宮中に悔過。7/3諸国に詔して大解除（大祓）。7/5紀伊国国懸社、飛鳥四社、住吉大神に奉幣。7/8百僧を請せ金光明経を宮中に読む。7/15大祓。7/19出挙の免除。7/20朱鳥改元。7/28宮号を飛鳥浄御原宮とす。浄行者70人を出家。宮中御窟院に斎を設く。是月　諸王諸臣等天皇のために観世音像を造り、観世音経を大官大寺に説く。8/1僧80人を度す。8/2僧尼100人を度し、100菩薩を宮中に坐え、観世音経200巻を読む。8/9天皇不豫のため神祇に祈る。8/13土佐神に奉幣。9/4親王以下諸臣、川原寺にて誓う。9/9天武天皇正宮に没す。

4）1985年平城宮第二次朝堂院朝庭部分で大嘗宮跡を検出したことは［奈文研 1985・1986］、考古学が令制祭祀の中でも最重要な王位継承に関わる大嘗祭に迫る有力な手懸かりとなることを示すが、本格的な検討はまだない。

5）長野県屋代遺跡の総括編では「民間」を郡司層とし、郡家での祭祀とするようである［寺島 2000］。これが「民間」か否かは別に問題になろう。

6）鬼高式の製作技法と編年研究の進展によるという。また同時期の土器がないこともあり、土器や木器などそれぞれの編年による相互批判が必要と思う。

7）史料では6世紀後半の例がある。蘇我・物部氏の崇仏戦争を記述する用明2（587）年紀4月条には、竹田皇子などの「像を詛う」と呪詛人形がみえる。呪詛人形は中国漢代の巫蠱獄の記録（紀元前91）にある。また、令制下では典薬寮の呪禁師が人形を治療目的に用いたようである。呪禁師は敏達6（577）年紀に百済王が経論とともに将来したことがみえ、人形の一種が仏教伝来に遡る可能性は否定できない。木釘を頭部に打つ難波宮西北隅暗渠の側面像が病気治療の人形とすると、典薬寮呪禁師の職掌からみて当初は病気治療が主体とみるべきであろうか。

8）古代都城で宮中枢部に大極殿、朝堂院が成立し、大極殿・朝堂儀式が成立するのは持統8（694）年12月に遷居した藤原宮が最初であるが、巨大な「朝堂院」は前期難波宮で成立しているし、岸俊男説はその初現形態が推古小墾田宮にあるとする［岸 1988］。

9）平川によると、類品の一部は8世紀の中葉から流布するという。なお、平川らが8世紀後半とした伊場遺跡「海ママ象子女形」土器は、浜松市博物館の川江秀孝の教示（1999年10月3日）によると9世紀代であり、どんなに遡らせても8世紀末にいくかどうか、という。土器編年と実年代の対比は研究者による差が大きいようである。

10）『岩波思想大系律令』の頭注は国司の職掌とほぼ同じとし、「祀社」などは同じ京官の所管としたためか掌になしとする［井上・関ほか 1976］。

11）「放鳥」墨書土器は平城京左京二条二坊の二条条間路北側溝SD7090B発見。土師器皿外

面に、
　　「　養船嶋
　　　放鳥数百籠
　　　馬養　　　」
とある[奈文研 1998]。

[参考文献]
秋山日出雄 1971「「飛鳥京」都制の復原」『飛鳥京跡』奈良県史跡名勝天然記念物調査報告、第26冊、pp.297〜298。
泉　武 1989「律令祭祀論の一視点」『道教と東アジア』人文書院、pp.55〜99。
稲垣栄三 1977「古代の神社建築」『日本の建築Ⅰ　古代Ⅰ』第一法規、pp.83〜120。
井上光貞 1984「古代沖の島の祭祀」『日本古代の王権と祭祀』東京大学出版会、pp.207〜245。
井上光貞・関晃ほか校注 1976『律令』日本思想大系3、岩波書店、p.189、註66。
榎村寛之 1996「古代日本の「信仰」」『まじないの世界Ⅰ』日本の美術360、至文堂、pp.87〜98。
岡田精司 1970「律令的祭祀形態の成立」『古代王権の祭祀と神話』塙書房。
岡田精司 1999「神社建築の源流──古代日本に神殿建築はあったか──」『考古学研究』第46巻第2号、pp.36〜52。
大形　徹 1995「「鬼」系の病因論──新出土資料を中心にして──」『大阪府立大学紀要(人文・社会科学)』第43巻。
大形　徹 1998「疫鬼について」『大阪府立大学人文学論集』第16集、pp.71〜88。
大形　徹 2000『魂のありか─中国古代の霊魂観』角川選書315、角川書店(本書は、上記の2論文を合わせ再編成している)。
小笠原好彦 1975「土馬考」『物質文化』第25号。
大阪市文化財協会 1998『大阪市中央区住友銅吹所跡発掘調査報告』pp.65〜68。
大場磐雄 1970『祭祀遺蹟』角川書店。
大林組　2000『古代出雲大社の復元』増補版、学生社。
加藤　優 1978「律令祭祀と天神地祇の惣祭」『奈良国立文化財研究所研究論集』Ⅳ。
金子裕之 1980「古代の木製模造品」『奈良国立文化財研究所研究論集』Ⅵ、pp.5〜28。
金子裕之 1985「平城京と祭場」『国立歴史民俗博物館研究報告』第7集、pp.219〜290。
金子裕之 1989『律令期祭祀遺物集成』文部省科学研究費補助金研究成果報告、のち菊地康明編 1991『律令祭祀の研究』塙書房、pp.323〜602。
金子裕之 1998「都をめぐるまつり」『日本の信仰遺跡』奈良国立文化財研究所学報、第57冊、pp.202〜206。
金子裕之 2000「基層信仰の変遷と祖先祭祀(奈良・平安時代)」『考古学による日本の歴史』第11巻、信仰と宗教、雄山閣。
岸　俊男 1988「朝堂の初歩的考察」『日本古代宮都の研究』岩波書店、pp.239〜270。
京都市埋蔵文化財研究所 1998『水垂遺跡　長岡京左京六・七条三坊』京都市埋蔵文化財研究所調査報告、第17冊。
國下多美樹 1996「桓武朝の祭祀」『考古学ジャーナル』No.399、pp.15〜24。
黒崎　直 1976「斎串考」『古代研究』第10号。
群馬県教育委員会ほか 1990『長根羽田倉遺跡』群馬埋蔵文化財調査事業団調査報告、第99集。
古代の土器研究会 1990『古代の土器4　炊飯具(近畿編)』。

小南一郎　1991『西王母と七夕伝説』平凡社。
滋賀県文化財保護協会編　1973『湖西線関係遺跡調査報告書』真陽社。
静岡県埋蔵文化財研究所　1989『大谷川Ⅳ（遺物・考察編）』静岡県埋蔵文化財研究所調査報告、第20集。
静岡県埋蔵文化財研究所　1999『出土品図録』。
島根県大社町教育委員会　2000『出雲大社境内遺跡の発掘調査』。
舘野和己　1998「遷都後の都城」『古代都市の構造と展開』pp.316〜182。
舘野和己　2000『古代都城廃絶後の変遷過程』文部省科学研究費補助金研究成果報告、課題番号09610355。
高島英之　2000「墨書土器村落祭祀論序説」『日本考古学』第9号、pp.53〜70。
巽淳一郎　1996「呪いの世界Ⅱ」『日本の美術』361号、至文堂。
巽淳一郎　2000『記号・文字・印を刻した須恵器の集成』文部省科学研究費補助金研究成果報告、課題番号09610415、p.63。
田中勝弘　1973「墨書人面土器について」『考古学雑誌』第58巻第4号、pp.1〜27。
玉田芳英　1997「B出土遺物から見た奈良時代の祭祀」『平城京左京七条一坊十五・十六坪発掘調査報告』奈良国立文化財研究所学報、第56冊、pp.188〜195。
寺島隆夫　2000「第5章第10節　屋代遺跡群における官衙および有力集落関連資料」『上信越自動車道埋蔵文化財発掘調査報告書28　更埴条里遺跡・屋代遺跡群——総論編——』pp.184〜186。
逵日出典　1986『神仏習合』臨川書店。
栃木県教育委員会　1987『下野国府跡木簡・漆紙文書調査報告』栃木県埋蔵文化財調査報告書、第74冊。
中村英重　1999『古代祭祀論』吉川弘文館。
長宗繁一　1998『水垂遺跡　長岡京左京六・七条三坊』京都市埋蔵文化財研究所調査報告、第17冊。
奈良国立文化財研究所　1985・1986『平城宮跡発掘調査部発掘調査概報昭和60年度』。
奈良国立文化財研究所　1997『平城京左京七条一坊十五・十六坪発掘調査報告』奈良国立文化財研究所学報、第56冊。
奈良国立文化財研究所　1998「二条条間路の調査——第281次」『奈良国立文化財研究所年報1998－Ⅲ』pp.56〜64。
奈良国立文化財研究所　1999『飛鳥池遺跡』。
西宮秀紀　1986「律令国家の〈祭祀〉構造とその歴史的特質」『日本史研究』第283号。
二宮正彦　1988「古代祭祀制度の考察」『古代の神社と祭祀』創元社。
野口　剛　1991「御贖物について」『延喜式研究』第5号、pp.92〜124。
兵庫県教育委員会　1998『砂入遺跡調査』兵庫県文化財調査報告、第161冊。
兵庫県教育委員会　2000『袴狭遺跡　小野川放水路事業に伴う埋蔵文化財発掘調査報告』兵庫県文化財調査報告、第197冊。
平川　南　1996「"古代人の死"と墨書土器」『国立歴史民俗博物館研究報告』第68集。
古川　登　1991「古墳時代後半の祭祀について」『福井考古学会会誌』第9号、pp.87〜128。
福岡市教育委員会　1999『福岡県元岡遺跡群15次調査現地説明会資料』。
福山敏男　1984「神社建築概説」『神社建築の研究』福山敏男著作集4、中央公論美術出版、pp.3〜22。
福山敏男　1984a・b「神宮の建築とその歴史」『神社建築の研究』「神宮正殿の建築」「出雲大

社の鉄輪造営図」「神社建築」福山敏男著作集4、中央公論美術出版、pp.68〜194、pp.204〜209、pp.23〜31、pp.32〜42、など。

丸山　茂　1999「神社建築の形成過程における官社制の意義について」『建築史学』第33号、pp.1〜45、ほか。

水野正好　1982「疫神・鬼神の祓流し」『古代の顔』福岡市立歴史博物館、pp.50〜55。

水野正好　1983「馬・馬・馬——その語りの考古学」『奈良大学文化財学報』第2集、pp.23〜43。

水野正好　1986「鬼神と人とその動き——招福除災のまじなひに——」『奈良大学文化財学報』第4集。

三宅和朗　1995「古代日本の「名山大川」祭祀」『古代国家の神祇と祭祀』吉川弘文館、pp.14〜61。

宮島義和　1999「第8章第3節　木製祭祀具の変遷」「第7節　祭祀遺構と祭祀具集中廃棄」『更埴条里遺跡・屋代遺跡群　上信越自動車道埋蔵文化財発掘調査報告書26』長野県埋蔵文化財センター発掘調査報告書42のうち、pp.474〜482、pp.529〜535。

村山智順　1929『朝鮮の鬼』朝鮮総督府、国書刊行会　1972再刊、第2編禳鬼編第6章、pp.287〜303、など。禳は神を祭って災難を避け祓う意味。悪鬼を除く方法で、疫鬼を人形に移し壺に封じる封疫瓶、封疫壺の例がある。

矢野健一　1986「律令国家の祭祀と天皇」『歴史学研究』第560号。

山形県教育委員会　1984『俵田遺跡第二次発掘調査報告書』。

山中　章　1994「長岡京——馬の埋葬と祭祀——」『日本考古学協会1994年度大会研究発表要旨』日本考古学協会。

山中　章　1996「桓武朝の日本社会」『考古学ジャーナル』No.399、pp.2〜14。

吉川真司　1998「律令国家の女官」『律令官僚制の研究』塙書房、特にpp.91〜98「小墾田宮の宮人」。

資　料

初出一覧

※〈　〉は初出時の論文名　〔　〕は初出時のサブタイトル

序　説　　古代都宮の変遷
- 第1章　豊浦宮と小墾田宮（『別冊太陽　飛鳥―古代への旅』平凡社、2005年11月）
- 第2章　藤原京（「藤原京は手狭だったか」を取り込む）
    藤原京（「古代都市文化と考古学」季刊考古学・別冊5、雄山閣出版、1994年12月）
    藤原京は手狭だったか（季刊『明日香風』55、飛鳥保存財団、1995年7月）
- 第3章　平城宮（『月刊文化財』第239号、第一法規、1983年8月）

第Ⅰ部　古代都城の構造
- 第1章　飛鳥・藤原京から平城京へ〈飛鳥・藤原京と平城京――七・八世紀の都と舒明王朝――〉（『古代都市文化と考古学』季刊考古学・別冊5、雄山閣出版、1994年12月）
- 第2章　古代都市と条坊制（『東アジアにおける古代都市と宮殿』奈良女子大学21世紀COEプログラム報告集Vol.5、2005年12月）
- 第3章　朝堂院の変遷〈朝堂院の変遷に関する諸問題〉（『古代都城の儀礼空間と構造』奈良国立文化財研究所、1996年1月）
- 第4章　平城宮の大嘗宮〈平城宮・大嘗宮の諸問題〉（『古代の信仰と社会』六一書房、2006年10月）
- 第5章　藤原京とキトラ古墳（『藤原京と人・歌・ロマン』ムーンライトIN・藤原京実行委員会、2004年10月）
- 第6章　藤原京の葬送地〈山に昇る魂　藤原京の葬送地〉（季刊『明日香風』50、飛鳥保存財団、1994年4月）
- 第7章　神武神話と藤原京（『日本史の方法』Ⅶ、日本史の方法研究会、2008年5月）
- 第8章　大化改新の舞台〈明らかになる大化改新の舞台〉（初出不詳）
- 第9章　平城京と祭場（『国立歴史民俗博物館研究報告』第7集、1985年3月）
- 第10章　平城京と葬地（『文化財学報』第3集、奈良大学文学部文化財学科、1984年3月）
- 第11章　都城における山陵〔―藤原・平城京と喪葬制―〕（『文化の多様性と比較考古学』考古学研究会50周年記念論文集、2004年3月）
- 第12章　なぜ都城に神社がないのか〔―都城とその周辺―〕（『古代日本の支配と文化』奈良女子大学21世紀COEプログラム報告集Vol.18、2008年2月）
- 第13章　古代都城と道教思想〔―張寅成教授「百済大香炉の道教文化的背景」と藤原・平城京―〕（『古文化談叢』第53集、2005年5月）
- 第14章　記紀と古代都城の発掘〔―舒明王朝論からみた古事記・日本書紀―〕（『日本史の方法』Ⅶ、日本史の方法研究会、2008年5月）
- 第15章　長岡宮会昌門の楼閣遺構とその意義（『古代都市とその形制』奈良女子大学21世紀COEプログラム報告集Vol.14、2007年8月）

第Ⅱ部　苑池と園林
- 第1章　宮廷と苑池（『古代庭園の思想―神仙世界への憧憬』角川選書339、角川書店、2002年6月）
- 第2章　宮と後苑（『瓦衣千年―森郁夫先生還暦記念論文集』森郁夫先生還暦記念論文集刊行会、1999年11月）

第 3 章　平城宮の園林とその源流（『東アジアの古代都城』奈良文化財研究所学報第66冊、奈良文化財研究所、2003年3月）

第 4 章　嶋と神仙思想〔――7～9世紀の庭園の系譜――〕（『道教と東アジア文化』国際シンポジウム13集、国際日本文化研究センタ、2000年12月）

第 5 章　宮廷と苑池〔――平城宮にみる嶋の用語――〕（『文化財論叢』III、奈良文化財研究所、2002年12月）

第 6 章　平城京の寺院園林〔――阿弥陀浄土院を廻る諸問題――〕（『考古学論究――小笠原好彦先生退任記念論集――』真陽社、2007年3月）

第Ⅲ部　都城と律令祭祀

第 1 章　古墳時代の祭祀具〈祭祀具〉（『古墳時代の研究』「生活と祭祀」第3巻、雄山閣、1991年3月）

第 2 章　古代の木製模造品（『研究論集Ⅵ』奈良国立文化財研究所学報、第38冊、1980年3月）

第 3 章　律令期の祭祀遺物〈律令期祭祀遺物集成〉（『律令制祭祀論考』塙書房、1991年2月）

第 4 章　人形の起源Ⅰ〈日本における人形の起源〉（『神道考古学講座』第3巻、原始神道期2、1981年10月）

第 5 章　人形の起源Ⅱ〈考古資料と祭祀・信仰・精神生活〉（『新版古代の日本』第10巻、角川書店、1993年7月）

第 6 章　アマテラス神話と金銅製紡織具〔――祭祀関連遺物〕（『信仰と世界観』列島の古代史　ひと・もの・こと　7、岩波書店、2006年5月）

第 7 章　絵馬と猿の絵皿〔――長屋王邸の調査から――〕（『環シナ海文化と古代日本――道教とその周辺――』人文書院、1990年10月）

第 8 章　都城祭祀と沖ノ島祭祀〈都城と祭祀〉（『古代を考える　沖ノ島と古代祭祀』吉川弘文館、1988年8月）

第 9 章　都をめぐる祭〈都をめぐるまつり〉（『日本の信仰遺跡』奈良国立文化財研究所学報、第57冊、1998年12月）

第10章　考古学からみた律令的祭祀の成立（『考古学研究』第47巻第2号、2000年9月）

口絵図版一覧

図版 1　藤原宮全景と東方官衙（東から）
図版 2　藤原宮大極殿跡（北東・上空から）
図版 3　藤原宮の全景（南・上空から）
図版 4　藤原宮大極殿跡と下層の条坊道路・運河
図版 5　藤原宮大極殿北側の下層条坊道路
図版 6　雷東方遺跡（西側の丘は雷丘）
図版 7　雷東方遺跡全景（南から、北にみえる山は香具山）
図版 8　西南からみた本薬師寺跡（北東は藤原宮大極殿）
図版 9　本薬師寺の中門・塔・金堂跡（東から）

図版10　本薬師寺中門（西南から）
図版11　松林苑南面築地塀
図版12　空濠
図版13　東院庭園の全景
図版14　西池宮跡
図版15　園池の洲浜
図版16　西南池亭推定地
図版17　若犬養門跡
　　　　（写真提供：図版1～17奈良文化財研究所）

挿図一覧

図1　墨書土器〈明日香村教育委員会提供〉
図2　雷丘東方遺跡〈奈良文化財研究所提供〉
図3　飛鳥の遺跡地図
図4　藤原京・平城京の比較図（岸説に秋山説を加筆）
図5　藤原京の条坊と藤原宮（京域は岸説による）
図6　藤原宮東方官衙の変遷
図7　小墾田宮の構造（岸説）
図8　小墾田宮推定地の庭園跡（7世紀）（南から　北の木立が古宮土壇）
　　　〈奈良文化財研究所提供〉
図9　「小治田宮」墨書土器（平安初期）〈明日香村教育委員会所蔵、写真：奈良文化財研究所提供〉
図10　藤原京の復原模型〈橿原市教育委員会所蔵〉
図11　藤原宮西方官衙の調査（1994年9月）〈奈良文化財研究所提供〉
図12　平城京の大和三山の位置（「平城天皇陵」・御蓋山・「垂仁天皇陵」）
図13　平城宮の全体図
図14　第一次朝堂院東第2堂遺構（人は柱位置を示す、南東より）〈奈良文化財研究所提供〉
図15　第二次大極殿院の発掘（西南より）〈奈良文化財研究所提供〉
図16　長安城の構造図
図17　東院の庭園跡（東南より）〈奈良文化財研究所提供〉
図18　飛鳥京の宮殿と寺
図19　舒明天皇をめぐる血筋
図20　磐余・飛鳥・藤原地域の遺跡
図21　平城京の平面形
図22　妹尾達彦復原の長安城の平面形（『長安の都市計画』より）
図23　奈良時代の大宰府街区と鴻臚館に通ずる官道
図24　12世紀前葉における宇治街区の成立（作図は杉本宏による。奈良女子大学COE研究

　　　　　　　会発表資料の「権門都市宇治の成立」2005年6月28日から引用）
　図25　　小墾田宮の概念図
　図26　　初期の朝堂
　図27　　大極殿・朝堂院の系譜
　図28　　平城宮の大嘗宮跡と大嘗宮復原図
　　　　　a平城宮復原図と二つの朝庭の位置
　　　　　b大嘗宮悠紀院復原図（岩永省三画）
　　　　　c大嘗宮復原図（『大内裏図考証』の復原）
　　　　　d『儀式』による大嘗宮復原図［奈文研2005］
　　　　　e大嘗宮外院復原図［池1983］
　図29　　平城宮聖武大嘗宮の遺構（［岩永1996］を一部改変して引用）
　図30　　平城宮桓武大嘗宮の遺構配置推定（［岩永1996］を一部改変して引用）
　図31　　奈良時代後半の大嘗宮（［奈文研2005］）単位：尺
　図32　　藤原京の葬送地
　図33　　藤原宮からみる纒向山・三輪山・初瀬山
　図34　　平城京全図（黒塗り部分は発掘調査区を示す）
　図35　　稗田遺跡周辺の奈良時代河川（奈文研作成「大和国主要荘園図―若槻荘」1／2,000を使用）
　図36　　稗田遺跡の祭祀遺物
　図37　　羅城門周辺の調査区
　図38　　小型海獣葡萄鏡（九条大路北側溝SD950）〈奈良文化財研究所提供〉
　図39　　九条大路周辺の祭祀用土器
　　　　　SD950：101・104・110・115　SD920：105〜109・114
　　　　　SD959：102・103・111・116　SK960：112
　図40　　前川遺跡の人面土器
　図41　　東堀河と調査位置（奈文研作成1／1,000地形図「八条・大安寺・西九条・東九条」使用。地形地物は1962年12月現在）
　図42　　東堀河の遺構と堆積状況
　　　　　（上）左京八条三坊　奈良市調査区
　　　　　（下）左京九条三坊　奈文研調査区
　図43　　左京八条三坊九・十・十五・十六坪遺構配置図
　図44　　東堀河の木製模造品ほか　左京八条三坊
　図45　　東堀河の木製模造品ほか　左京九条三坊
　図46　　東堀河の人面土器　左京九条三坊
　図47　　東堀河の人面土器　左京九条三坊
　図48　　SD920の祭祀遺物分布
　図49　　西一坊坊間路西側溝SD920の木製模造品
　図50　　西一坊坊間路西側溝SD920の人面土器（1）

図51	西一坊坊間路西側溝SD920の人面土器（2）	
図52	西一坊坊間路西側溝SD920の人面土器（3）	
図53	西一坊坊間路西側溝SD920の小型模型土器	
図54	西一坊坊間路西側溝SD920の土馬	
図55	西一坊坊間路西側溝SD920の鏡・鈴そのほか	
図56	平城宮跡壬生門地区の遺構	
図57	若犬養門北側溝出土の木製模造品	
図58	平城宮跡東南隅地区の遺構	
図59	東一坊大路西側溝出土の金属製人形	
図60	平城宮跡小子部門地区の遺構	
図61	金属製人形の分布	
図62	東大溝SD2700と堆積状態〈奈良文化財研究所提供〉	
図63	平城宮復原図（大極殿朝堂は奈良時代後半のもの。数字は発掘調査次数）	
図64	東三坊大路西側溝SD650の祭祀遺物（木製模造品1~13 金属製模造品ほか14~17）	
図65	呪詛療治などの人形
	1 平城宮跡東大溝　2 壬生門前二条大路側溝
	3 大膳職井戸SE311　4 若犬養門地区園池
図66	祓所の状況（山形県俵田遺跡の遺物出土状態）	
図67	左京一条三坊SD485の木製模造品	
図68	人面土器の分布	
図69	人面土器の器高指数	
図70	京都府の今里遺跡の土馬（1／4）（『京都府遺跡調査概報』1982）	
図71	土馬の分布	
図72	板立馬（日枝『山王霊験記』）	
図73	模型カマドの分布	
図74	長岡京跡における祭祀遺物の分布（長岡京市教育委員会作成「長岡京条坊復原図1／10,000」使用）	
図75	中世の人形
	1 神奈川県鶴岡八幡宮　2 大阪府水走遺跡　3・4 広島県草戸千軒町遺跡
	5~7 奈良県薬師寺境内　8・9 奈良県法隆寺境内
図76	奈良盆地の葬地	
図77	長安周辺の葬地概念図（本図は愛宕作成の「長安郊区郷比定図」をもとに、報告のある唐代墳墓、墓誌等の史料にみえる葬地を投影したもの。図中の数字は発見墓の数を示す。ゴチックの郷名は愛宕による比定郷名を示し、○印明朝は現地名を示す。）	
図78	西京三苑図（徐松「唐両京条坊攷」〈平岡武夫『唐代の長安と洛陽』による〉（長安城の北には、西内苑、東内苑と、これらを包み込む形で広がる東西27里（約14.3km）、南北23里（約12.2km）、周120里（63.5km）の禁苑があった。禁苑には多くの園池、亭、宮殿等があった。）	

図79	平城宮北方の遺跡分布（国土地理院1971年作成 1／25,000「奈良」を使用。「元正天皇陵」と奈良山53号窯を結ぶ線の北側丘陵は、平城ニュータウンおよび民間の住宅地として開発され、現況は本図と著しく異なる。）
図80	藤原京と平城京の山陵
図81	伊勢神宮内宮の構造（福山敏男『神社建築の研究』による）
図82	伊勢神宮外宮の構造（福山敏男『神社建築の研究』による）
図83	前期難波宮の中枢部遺構図（古市晃「難波地域の開発と難波宮・難波京」による）
図84	平安宮内裏の構造（古代学協会・古代学研究所編『平安京提要』による）
図85	藤原京と京南西古墳群 　　1 神武陵　2 綏靖陵　3 安寧陵　4 懿徳陵
図86	検出遺構による長岡京条坊図［国下2007］
図87	会昌門・西楼閣遺構図［松崎2006］
図88	東西楼閣復原図［松崎2006］
図89	復原された平安宮大極殿と東西楼（平安神宮、上：大極殿、左：白虎楼、右：蒼龍楼）
図90	平安宮応天門と棲鳳楼・翔鸞楼（陽明文庫蔵『宮城図』による）
図91	唐懿徳太子墓壁画にみる門闕［王仁波1973］
図92	洛陽城則天門の門闕復原図［楊鴻勛2001］
図93	長安城大明宮含元殿復原図［楊鴻勛2001］
図94	長安城の宮城図［妹尾2001］
図95	宮の構造比較対照（1）
図96	岸説による朝座概念図［岸1988］
図97	平城宮壬生門付近の復原図［奈文研1993］
図98	宮の構造比較対照（2）
図99	唐長安城と西内苑（呂大望長安城図）（『唐代研究のしおり』による）
図100	唐長安城と西内苑の復原図（第6回古代史シンポジウム『古代宮都のしおり』による）
図101	古墳時代の湧泉遺跡（三重県城之越遺跡）〈三重県埋蔵文化財センター提供〉
図102	平城宮の苑池
図103	韓国慶州の雁鴨池
図104	六朝建康城の配置図（『文物』1999年第5期）
図105	平城京長屋王邸と長屋王家木簡の「嶋造司」〈写真：奈良文化財研究所提供〉
図106	飛鳥京跡の弥勒石〈奈良文化財研究所提供〉
図107	神泉苑の復原図（嵯峨～弘仁朝頃）（太田静六著『寝殿造の研究』による）
図108	後苑の展開過程概念図
図109	漢昆明池と関連遺跡の遺存状態（胡謙盈1980「漢昆明池及関連遺存踏査記」『考古与文物』1985-1）
図110	徐松「西京三苑図」『唐両京条坊考』（平岡武夫『唐代の長安と洛陽』による）
図111	禁圃の文字瓦（禁苑の圃を管理した禁圃の瓦、陝西省戸県甘河郷坳子村出土）（左：直径15.2cm　右：直径11.5cm、張天恩2001「"禁圃"瓦当及禁圃有関的問題」『考古与文物』

1985-5）

図112　東院地区の地形　1:4000

図113　東院楼閣宮殿の復原透視図

図114　佐紀池周辺の地形　1:4000

図115　西池宮推定地の東脇殿〈奈良文化財研究所提供〉

図116　宮西南部の地形　1:4000

図117　若犬養門跡と園池南端部の遺構　1:800

図118　宮滝遺跡付近の地形図と特別史跡左京三条二坊宮跡庭園（高山瀍治1974年および『平城京左京三条二坊六坪発掘調査報告』PLAN6による）

図119　雁鴨池入水口の石槽（『雁鴨池発掘調査報告書』による）

図120　東院庭園全体図（奈良国立文化財研究所「東院庭園」による）

図121　東院庭園の西側の曲水渠（岩永省三「平城宮の苑池東院庭園」『シンポジュームいま探る古代の庭園』2000による）〈奈良文化財研究所提供〉

図122　東院庭園の南側の曲水渠〈奈良文化財研究所提供〉

図123　東院庭園南西部の変遷（『奈良国立文化財研究所年報1998-III』による）

図124　二条大路楼閣山水図と図解（図解は浅川滋男1996年による）

図125　龍の造形
　　　　a.中国河南省西水坡遺跡の新石器時代の貝殻龍
　　　　b.正倉院金銀山水八卦背八角鏡

図126　雁鴨池と周辺建物配置図（『雁鴨池発掘調査報告書』による）

図127　法金剛院庭園実測図（森蘊『寝殿系庭園の立地的考察』による）

図128　宋代の艮岳復原図（河原武敏1992年による）

図129　木製の武器
　　　　1 福岡県拾六町ツイジ　2・7 滋賀県服部　3 鳥取県津波　4・6 静岡県川合
　　　　5 滋賀県鴨田　8〜11 奈良県平城宮

図130　武器・武具の模造品（1〜13 土製品　14 石製品）　剣形（1〜3）　鏃形（4〜6）　靫（7・8）　短甲（9・10）　楯（11〜14）　1〜10・12・13 静岡県中津坂上　11 兵庫県河高　14 群馬県井出村東

図131　琴柱の移り変わり
　　　　1 大阪府古池　2 滋賀県森浜　3 和歌山県田屋　4・5 滋賀県服部　6 滋賀県湖西線　7・8 奈良県坂田寺　9 奈良県山田寺　10 奈良県上の宮　11・12 奈良県紀寺　13・14 奈良県長屋王邸　15 奈良県平城京　16〜19 奈良県平城宮

図132　紡織具の模造品（1〜3・7〜12・14・18 土製品　他は金属品）　刀杼（1〜6）　梭（7）　榎（8）　滕または筬（9〜11）　回転（13）　腰当（12）　紡輪（13）　枑（14〜16）　麻笥（17）　榾（18〜20）　1〜3・7〜12 静岡県坂上　4・13・19 福岡県沖ノ島22号　17 福岡県沖ノ島5号　5・6・15 福岡県沖ノ島1号　16・20 三重県八代神社

図133　刀形、鏃形、鳥形、陽物

図134　人形

図135　馬形、舟形

図136　藤原宮跡下層大溝SD1901Aの模造品

図137　平城京跡東三坊大路側溝SD650の模造品

図138　日本および中国の人形

図139　奈良時代の馬形遺物

図140　木製馬形と人形、舟形、斎串

図141　人形分布図

図142　中国と日本の人形（金属人形　1・3～6　木製人形　2・7・8）
　　　　1 南京人台山1号墓 5世紀初　2 居延出土　3～8 平城宮跡出土 8世紀

図143　谷畑遺跡と西山遺跡（報告書II、1985、概報1985より倉吉市教育委員会作図）

図144　谷畑遺跡の遺物分布状況（上）と土製模造品（報告書II、1985より）

図145　装飾付須恵器の人物像（鳥取県倉吉市野口1号墳出土）（実測図：報告書17、1993より）〈写真：倉吉博物館提供〉

図146　金銅製紡織具の模造品（八代神社神宝：［金子 1991a］、沖ノ島遺跡：［第三次沖の島学術調査隊 1979］）　1・4 三重県八代神社神宝　3・8・9 福岡県沖ノ島1号遺跡　6 福岡県沖ノ島5号遺跡　2・5・7・10 福岡県沖ノ島22号遺跡

図147　初期の絵馬とその分布

図148　『一遍上人絵伝』第四巻第四段にみえる絵馬

図149　長屋王邸でみつかった猿の絵皿

図150　さまざまな祓い具

図151　平城京東三坊大路側溝出土の祭祀遺物
　　　　刀形（1・5・6）　琴柱（2）　鏃形（3）　鎌形（4）　鳥足形（7）　斎串（8～11）人形（12～14）　鏡形(15・16)銅鈴（17）

図152　平城京と祭物

図153　史料にみる平安京の七瀬川

図154　人面土器の分布と地方色

図155　胞衣壺と三段階（左の番号は表38に対応）

図156　平城宮東南に接する二条大路でみつかった呪文木簡〈奈良文化財研究所提供〉

図157　墨書土器（上）と放生木簡（下）〈奈良文化財研究所提供〉

図158　飛鳥池遺跡井戸と墨描（上）（井戸の枠木は図の左辺が上）〈奈良文化財研究所提供〉

図159　解除法木簡（福岡県元岡遺跡）〈福岡市埋蔵文化財センター所蔵、写真：奈良文化財研究所提供〉

図160　天武紀の銅人形（奈良県飛鳥池遺跡）

図161　大阪市住友銅吹所跡下層木製品（難波宮との位置関係）

図162　人面墨書土器にみる器高指数の変化と人面土器（平城京～長岡京左京六条三坊SD285）

図163　前期難波宮と伊勢神宮のプラン

表一覧

表1　藤原京関係年表（抜粋）
表2　平城宮研究と保存の歩み
表3　朝堂（朝廷・朝庭・庭・朝堂・南庭）の用例　儀式は一連で続くが個別に書き出す。但し賜宴・賜物は賜宴に一括
表4　奈良時代の大嘗祭略年表
表5　大嘗祭の次第（『儀式』『延喜式』による）
表6　平城宮における大嘗宮遺構と天皇
表7　大嘗宮遺構③④⑤⑥期規模一覧表（1尺＝0.296mとする）
表8　『儀式』と平城宮大嘗宮の比較
表9　『儀式』と平城宮大嘗宮
表10　神武天皇の系図（『日本書紀』神代下による）
表11　神武以下初期天皇の陵
表12　『儀式』『延喜式』にみる大儀の儀仗・纛幡の配置
表13　調度図にみる大儀の儀仗
表14　調度図儀仗の復原
表15　延喜式における人形の使用状況
表16　延喜式の祭祀にみえる鏡と鈴
表17　奈良盆地発見の墓誌
表18　長安周辺発掘の隋・唐墓と墓誌
表19　長安周辺発見の唐代墓誌・神道碑文
表20　藤原京と平城京における山陵
表21　奈良時代の天皇陵（『延喜式』巻21諸陵寮をもとに作成）
表22　「南池・宮南池」関連史料
表23　「南苑」史料
表24　「穿池造山」類似表現
表25　後苑の系譜
表26　平城宮園林の用例
表27　平城宮苑池の推定規模
表28　苑四面監の位置と職掌［徐松（愛宕元訳注)1994年による］
表29　唐禁苑の用例『旧唐書』による［村上嘉実1955年（一部改訂)］
表30　園池司と司農寺上林署の職掌比較
表31　『懐風藻』『万葉集』山斎歌にみる園池の構成要素
表32　園池と宮殿・殿舎の相互位置
表33　木製模造品の種類と年代
表34　木製模造品と『延喜式』の祭料（○木製模造品　◎金属製模造品　＊『皇太神宮儀式

帳』による。　＊＊『皇太神宮儀式帳』は大刀とする。）

表35　　主要な土製人形
表36　　金銅製紡織具の雛形
表37　　史料および神宝にみえる紡織具
表38　　胞衣壺の分布
表39　　都の祭関係年表

史料一覧

史料1　　藤原宮の御井の歌
史料2　　小治田宮に関する記事
史料3　　呪詛関係資料
史料4　　金属製人形に関する文書
史料5　　「大祓史料」
史料6　　「道饗祭、疫神祭等史料」

金子裕之年譜

1945年	2月16日	富山県高岡市で生まれる。
1963年	3月	熊本県立八代東高等学校卒業
1964年	4月	國學院大學文学部入学
1968年	3月	同大学　　卒業
1968年	4月	國學院大學大学院入学
1970年	3月	同大学院　　修了
1970年	4月	埼玉県座間中学校教諭
1972年	4月	奈良国立文化財研究所入所 平城宮跡発掘調査部・考古第三調査室 文化庁文化財保護部・記念物課併任
1973年	3月	平城宮跡発掘調査部・考古第一調査室
1974年	4月	同　第三調査室
1975年	4月	飛鳥藤原宮跡発掘調査部・第二調査室
1976年	4月	歴史研究室併任
1978年	4月	平城宮跡発掘調査部・考古第一調査室
1980～84年		奈良大学非常勤講師
1981年	6月	奈良国立文化財研究所・主任研究官
1981～84年		国立歴史民俗博物館・共同研究員
1986年	4月	平城宮跡発掘調査部・考古第一調査室長
1988年		立命館大学講師
1993年	4月	飛鳥藤原宮跡発掘調査部・遺構調査室長 大阪大学文学部講師
1995年	4月	奈良国立文化財研究所・埋蔵文化財センター・研究指導部・考古計画研究室長
1996～2003年		国際日本文化センター・共同研究員
1999年	4月	奈良女子大学教授併任（2004年3月まで） 徳島大学講師
1999年	8月	埋蔵文化財センター・研究指導部長
2001年	4月	独立行政法人・文化財研究所・平城宮跡発掘調査部長
2001～04年		神戸市博物館協議会委員
2003年	4月	独立行政法人・文化財研究所・飛鳥藤原宮跡発掘調査部長
2004年	4月	国立大学法人・奈良女子大学・客員教授（2008年3月まで）
2005年	3月	独立行政法人・文化財研究所退職
2008年	3月17日	死去（享年63歳）

金子裕之さんを偲ぶ

　金子裕之さん（奈良女子大学COE特任教授）は2008年3月17日に亡くなられた。
2月16・17日に開催したCOE国際シンポジウム「古代東アジアにおける都市の成立」一日目には、奥様とともに来られていたが、随分体調が悪そうに見受けられ、翌日は来られなかったので心配していたところだった。金子さんの全業績を振り返る準備はできていないので、ここでは本学に関わる範囲で金子さんを偲んでみたい。
　金子さんには奈良文化財研究所を定年でやめられた2005年から、奈良女子大学21世紀COEプログラム担当の特任教授になっていただいた。その間、きわめて精力的に研究報告や論文執筆をされ、COEの研究面で多大な貢献をしていただいた。また教育面でも奈良文化財研究所在職中の1999年以来、客員教授として博士後期課程の院生の授業を担当され、本学に移られてからも引き続き2007年度まで授業をお願いしてきた。
　私は1984年に奈文研（当時は奈良国立文化財研究所だった）に採用されたが、その時の新人研修の講師として以来、大先輩の金子さんには実にお世話になった。研修の一環として遺跡見学があったが、講師の金子さんがバイクで行くと言われ、それまで乗ったことのないバイクの運転を急ぎ練習し、西大寺の研究所から桜井辺りまで出かけ、怖い思いをしたことをよく覚えている。その後も同じ調査部にいたことが長かったため、仕事の上でさまざまなことを教えていただき、また注意されたこともあったが、いずれも正論であった。厳しい人という印象があるが、一方でたいへん親切な人であるということは、話をした人や授業を受けた院生なら、感じたことと思う。学生の指導が熱心であったのは、大学卒業後に一時期高校で教鞭をとられた経験が根底にあったからであろうか。女子大生は遺跡を知らなすぎるといつも言われ、よく自ら院生を遺跡に連れて行かれていた。現場を大切にする金子さんらしいところであった。
　本書に収録された論文を一見すればわかるように、金子さんの研究上の視野は大変広い。考古学に立脚しながら文献史料にも造詣が深く、また園林などを通じて中国・朝鮮半島とのつながりを重視され、その分野の知識も深い。さらに新たな問題が生じると、すぐに自分でその解明にトライされる。そのエネルギーは目を見張るものがあった。しかも晩年の本学での多数の報告や論文執筆は、体調不良の中でなされたことを考えると、少し

でも自分の考えを残しておこうとされたのだと思う。先のことはわからないから、何ヶ月も先の研究会やシンポジウムでの口頭報告を約束することはできないと言われ、次第に報告の機会は少なくなっていったが、執筆の方は精力的に続けられた。

　そうした中で、本書にも収録された二本の論考が絶筆となった。いずれも藤原京の京域に関わるものである。「記紀と古代都城の発掘」では、天武・持統天皇によって造営され、十条十坊に復元される巨大な藤原京の京域は、舒明天皇の営んだ諸宮や百済大寺（吉備池廃寺）がその中に収まるように設定されているが、藤原京造営は新国家建設の象徴であるとともに、彼らが舒明天皇に始まる王朝に属する天皇であることからすれば、始祖の事績を顕彰する事業でもあったと主張されている。近年藤原京は十条十坊の京域を占め、それは『周礼』に見える思想に基づくものとの説が有力になっているが、それだけでは具体的な設定場所の問題は解けない。金子さんは、それを舒明王朝の都という見方で解決しようとされたわけである。一方「神武神話と藤原京」は藤原京右京域に含まれる畝傍山周辺に神武天皇をはじめとする初期の天皇陵が設定されているが、それは実在が疑われる始祖天皇の権威を借りて壬申の乱を勝ち抜いた天武天皇が、藤原京を建設する際に、京域内に始祖の陵墓を造ったためであるとして、神武神話の具現化は天武朝でのことであったと述べられる。

　いずれも短いものであるが、その問題提起は深いものがある。金子さんがわれわれにこれらの論文を提示して「さあ、どう考える？　そんなこともわからないの」と言われているような気がする。

　63歳はあまりにも若い。ご病気の具体的なことは何もいわれなかったが、さぞ無念だったことと思う。われわれにとっても、金子さんを失った悲しみと痛手は大きいが、残していただいた財産を何とか生かしていきたいと考えている。

　　　2014年2月

奈良女子大学教授
舘野和己

（この一文は金子さんが亡くなった直後『日本史の方法』VII〈日本史の方法研究会、2008年5月刊〉に書いたものを、本書編者の希望で若干手直ししてここに収録していただいた。）

編集後記

　本書の著者金子裕之さんは、歴史時代の都城・祭祀・生活の研究を専門にして、あと奈良文化財研究所に入所するまでは縄文時代の勉強をしていた関係で、縄文土器・祭祀遺物の研究を少し続けていた。私は、だいたい縄文・弥生時代の社会や祭祀を研究しているので、金子さんとの学問的な交流はほとんどなく、親しい関係にあったとはいえない。金子さんに生前に会ったのは10回にも満たないし、目的をもって会い、話しをしたのは、弥生時代の龍を研究するために平城宮内の苑池を見にいったときの1回しかない。しかし、執筆した著書・論文の中味と、報告書つくりのテキストを公刊するほどの厳格さをもつ金子さんに私は敬意を表していた。

　その私が金子さんの論文集を編集するにいたったのは理由がある。

　2007年12月15日、私は金子さんから1通の葉書を受け取った。それにはこう書いてあった。「たびたび著作集のお勧めをいただきありがとうございます。しかし、出版事情は益々厳しく、実現はやはり難しいようです。とり急ぎ近況まで」

　金子さんが亡くなったのはそれから3ヵ月後の2008年3月17日のことである。

　私は金子さんに論文集の上梓をすすめ、出版社の紹介までしていた。それが不調に終わってしまうと、彼と親密な間柄でないことや研究分野も違うこととは無関係に、彼からの葉書は私への遺言状になっているように感じた。しかし、その遺言を執行してくれる人は簡単に見つかるものではない。結局、私は金子さんの研究成果を学ぶことを兼ねて、みずから編集して刊行するほかないと考えていたところ、柳原出版の木村京子さんが私の願いを社に取り次ぎ、その計画は実現す

ることになった。

　編集にあたっては、金子さんが最後に特任教授を務めた奈良女子大学の舘野和己さんから金子さんの著作目録と助言をいただいた。金子さんが32年の長きにわたって勤めた奈良文化財研究所の深澤芳樹さんは金子さんの研究論文の収集に協力してくださった。奈文研時代に同僚で、日本考古学協会理事としてもいっしょに仕事をした小笠原好彦さんからは序文をいただくことができた。柳原出版の木村京子さんには、校正と古文献からの引用文の照合、註・参考文献の表記の統一など面倒な作業を担当していただいた。以上の方々に金子さんに代わってあつくお礼申し上げたい。

　金子さんが生涯に書いた論文の数は多かった。本書では書名にあう論文を選ぶことにしたが、それでも一書としての分量に限度があり、割愛せざるを得なかったものが少なくなかった。

　編者がおこなった作業は、論文の選定と配列、似通った二つの文章の一本化、古文献からの引用文の最終点検、註・文献の補訂、挿図の版下作りである。企画を実行に移して5年、木村さんと私の苦悩の日々は漸く終わろうとしている。

　金子さんが本書を手にして、「いやあ、あなたにこういうことをやってもらおうとは思ってもいませんでした」と、あの声で申し訳なさそうにいいながら笑顔を浮かべてくれることを、私はいま夢見ている。

　本書がこの方面の研究に生涯を捧げた金子さんの学問的記念碑になり、多くの研究者に活用されることを心から願うしだいである。

　　2013年12月

　　　　　　　　　　国立歴史民俗博物館名誉教授
　　　　　　　　　　春成秀爾

金子裕之（かねこ ひろゆき）

略歴

1945年	富山県高岡に生まれる。
1968年	國學院大學文学部(考古学専攻)卒業。
1970年	國學院大學大学院修士課程(考古学専攻)修了。
1972年	奈良国立文化財研究所(のちに奈良文化財研究所)入所。埋蔵文化財センター研究指導部長、平城宮跡発掘調査部長、飛鳥藤原宮跡発掘調査部長を経て
2005年	同研究所を退職。
2004年	奈良女子大学大学院人間文化研究科客員教授（2008年3月まで）。
2008年	死去(63歳)。

主な編著書

1982年	『縄文土器3（後期・晩期）』日本の美術191、至文堂。
1989年	『古代の都と村』(編著)、古代史復元9、講談社。
1991年	「律令期祭祀遺物集成」(菊地康明編)『律令制祭祀論考』所収、塙書房。
1991年	『百萬搭・陀羅尼経』法隆寺の至宝第5巻、小学館。
1996年	『木簡は語る』歴史発掘12、講談社。
1996年	『まじないの世界I(縄文〜古代)』日本の美術360、至文堂。
1997年	『平城京の精神生活』角川選書282、角川書店。
2002年	『古代庭園の思想』(編著)、角川選書339、角川書店。

古代都城と律令祭祀

発行日	2014年5月12日　初版第一刷
著者	金子裕之
編者	春成秀爾
発行者	柳原浩也
発行所	柳原出版株式会社
	〒615-8107 京都市西京区川島北裏町74
	電話　075-381-1010
	FAX　075-393-0469
印刷／製本	亜細亜印刷株式会社

http://www.yanagihara-pub.com

© 2014 Printed in Japan　ISBN978-4-8409-5026-8　C3021

落丁・乱丁本のお取り替えは、お手数ですが小社まで直接お送りください（送料は小社で負担いたします）。